中國與美國的
經貿關係

王勇　著

中外專家學者對《中國與美國的經貿關係》一書的評審推薦意見

　　《中國與美國的經貿關係》可視為作者 1998 年出版的《最惠國待遇的回合——1989 至 1997 年美國對華貿易政策》一書的續篇；它也是作者論述中國和美國（以下簡稱「中美」）關係的又一部力作。《最惠國待遇的回合》出版後，在中國頗獲好評。包括美國已故著名學者奧克森伯格（Michael Oksenberg）就曾在一次關於中美關係的美國高層研討會上熱情推薦。

　　《中國與美國的經貿關係》論述中國加入世界貿易組織以來，中美關係的重要變化和存在的主要問題。作者結合國際政治經濟學（IPE）理論、貿易政治理論來剖析兩國關係發生的變化以及發展前景。這裏涉及的自然不只是兩國經貿關係，而是全方位關係；並且也不只是兩國關係，而是通過中美兩個巨人之間的關係變化，折射出全世界形勢的急劇發展。本書的重要意義還在於它對當今舉世驚愕的中國和平崛起，給予了科學的解讀和理性的剖析。

——趙寶煦

北京大學政治學資深教授、中國政治學會顧問

　　中國與美國的經貿關係是兩國關係中最厚實的部分，一定程度上起到穩定雙邊關係的作用。中國與美國的經貿關係是利益互補性與摩擦性同時存在，具有明顯的兩面性特色。21 世紀以來，一方面中美雙邊經貿呈現出突飛猛進的發展勢頭，另一方面雙方在諸多問題上又爭吵不休。經貿方面的分歧再注入政治的因素，經常鬧得沸沸揚揚，使問題變得錯綜複雜，更令人難以理喻。

　　王勇教授的新作《中國與美國的經貿關係》用國際政治經濟學理論和貿易政治學理論，就經濟全球化背景下的中國與美國的經貿關係特點以及中國「入世」後的重大變化進行了深刻而透徹的分析，對我們全面認識中國與美國的經貿關係的實質、理解其中出現的各種複雜現象，都大有裨益，很值得一讀。

——馬振崗

中國國際問題研究所所長、前任中國駐英大使

　　王勇的新著《中國與美國的經貿關係》把豐富的案例研究與對中國政治集團的分析相結合，探討了當今中美宏觀經濟利益格局及其深層動力。作者基於精深研究，在結論處提出了處理中國與美國的經貿關係的重要途徑與政策建議，值得兩國政府人士與學術界的注意。本書是一本值得一讀的好書。

——李侃如（Kenneth Lieberthal）

美國密歇根大學教授、柯林頓總統國家安全事務特別助理

　　王勇教授關於當代中國與美國的經貿關係的最新分析，是一項十分重要的、值得歡迎的研究。該書論述全面，發人深省，值得中美兩國學術界和政策制訂者的廣泛關注。王教授憑其研究再次證明，他不愧為中國分析中美兩國複雜的機遇與挑戰及全球經濟的頂尖學者之一。

——柯白（Robert A. Kapp）

美中貿易全國委員會前任會長（1994-2004 年）

　　中美迅速上升為世界體系中一對主要的貿易、商業與安全關係，王勇教授的新著《中國與美國的經貿關係》為這一問題的研究做出了重要的貢獻。2001 年中國加入 WTO 以來，隨著中國與歐盟一道成長為美國的主要貿易夥伴，全球化的步伐得以加快。正如王勇教授指出

的，中國過去兩個多世紀戲劇性的衰落形成了該國作為國際體系的「受害者」的認識，但是這一認識今天已不再適用。中國的崛起，以及在全球化進程中促進中國崛起的種種複雜力量，均是在美國支配的國際體系下發生的，並且從中受益匪淺。另外，這本重要而及時的著作還分析了一個令人困惑不解的矛盾現象，即美國有許多人把美國自身看成全球化及中國崛起的「受害者」。王勇教授運用國際政治經濟學的方法，特別是集中論述了利益集團的關鍵作用，有力地解釋了這一現象的發生與發展。作者深入剖析了農業、紡織業、製造業以及華爾街在美國的遊說活動，這些分析使得中美關係變得栩栩如生，讓人讀來心潮澎湃。他還對中國處理這一複雜關係的進程提出了珍貴的建議，包括加強對於多邊體制的支持，利用「外壓」推動國內必須進行的改革，通過與美國達成一致的戰略理解，以管理這一對兩國乃至整個世界均十分有利的關係。王勇教授的著作應當成為所有人的必讀書，包括決策者、商人、學者以及參與中國崛起或對中國崛起抱有興趣的公眾。簡言之，本書是對中國及世界其他國家思考如何實現中國「和平崛起」這一課題的重大貢獻。

——喬納森・斯道理（Jonathan Story）
歐洲管理學院（Insead）國際政治經濟學教授（法國楓丹白露）

　　王勇教授的新著一如既往地給我留下了深刻的印象。我們常講，全球化時代的中美關係發生了深刻的新變化，但是如何總結、把握這些變化呢？我認為，該書給予了很有說服力的解答。本書凸出論述了「入世」後中國與美國的經貿關係、中美關係的新格局、新特點與新動力，特別是精確論述了中美間日益密切而複雜的既鬥爭又合作的關係特性，讓人耳目一新。本書是當前運用國際政治經濟學理論方法研究中國與美國的經貿關係的不可多得的重要成果。

——楊潔勉
上海國際問題研究所副所長、研究員

　　如果說中美關係是當今最複雜的雙邊關係，那麼中國與美國的經貿關係就是當今最複雜的雙邊經貿關係。人們需要本書這樣的嚮導，撥開歷史的迷霧，釐清利益的糾葛，探索未來的路徑。

——張向晨

中國商務部 WTO 司司長、WTO 通報諮詢局局長

　　本書作者為中國頂尖學者之一，其最新力作解釋了促使中美兩個大國在貿易事務上陷於既相互合作又彼此衝突的關係的諸多動力因素。作者對兩國均有深入研究，揭示了美國國內利益集團之間在中國加入 WTO 之後對於關鍵談判的影響。本書結論部分權衡了與美國不斷加深經濟聯繫帶來的利弊得失，為中國決策者提供了精密周到的政策建議。我向讀者強烈推薦此書。

——約翰·奧德爾（John S. Odell）

美國南加州大學教授、《國際組織》（IO）雜誌主編（1992-1996 年）

　　如果是無條件贊成自由貿易，你就是一位標準的經濟學家。如果是有條件贊成自由貿易，你就是一位合格的政治經濟學家。如果除了關注國內各衝突利益之外還考慮各國受益多寡，那你就是一位稱職的國際政治經濟學家。在《中國與美國的經貿關係》一書中，王勇博士用國際政治經濟學之筆，向我們描繪了一幅展示當今世界大國間複雜多變的貿易關係之圖畫。

——張宇燕

中國社科院亞太研究所研究員、副所長

　　王勇教授深入剖析利益集團政治的影響，為我們展示了「入世」後中國與美國的經貿關係發生的巨變，揭示了其中蘊藏的內在規律。作者提出，為維護國家利益，既要勇於鬥爭，不畏衝突，又須

在摩擦同時看到中美巨大的共同利益，把握互利合作的歷史大趨勢。本書對於瞭解中國與美國的經貿關係具有重要參考價值，值得政府決策者及新聞從業人員的廣泛關注。

——張少剛

中國商務部助理談判代表、國際司副司長

　　王勇教授所著《中國與美國的經貿關係》是對我們理解日益興起的中國與美國的經貿關係的一個重大貢獻。作者為中國研究國際政治經濟學的主要學者之一，該書探討了中美兩國市場、政府與社會利益集團之間複雜的關係網絡，揭示了圍繞雙邊貿易關係政治的本質。特別是，該書有助於我們解釋圍繞日益對稱的關係的貿易摩擦，並為處理這些摩擦提出了重要建議。我強烈推薦該書。

——瑪格麗特・皮爾遜（Margaret M. Pearson）

美國馬里蘭大學政府與政治系教授

王緝思　序

　　對中國與美國的經貿關係的探究，可以也必須建立在兩個不同研究領域的交會點上。第一個領域是中美關係，包括兩國在安全、政治、意識形態等方面的關係，經貿關係是其中一個重要部分。在這個領域中，國際政治理論及其分支提供了不同的理論分析框架。另一個領域是國際經濟，包括跨國的貿易、投資、金融等等分支，各自有其理論分析框架的支撐。

　　讀完王勇博士這部《中國與美國的經貿關係》，感到很興奮，因為在我眼中，它正是在中美關係和國際經濟的交會點上蓋起的一座標誌性建築。這部書的時代背景是還在加速發展的全球化。它的學術基礎是國際政治經濟學，即把國際政治和國際經濟結合起來的一套理論體系。同時，它不滿足於在原有理論框架上填充新的內容，而是在近年來中國與美國的經貿關係中大量鮮活材料的基礎上，提出了新的理論構想，澄清了許多原本大而化之甚至似是而非的認識。

　　在美國發展起來的國際政治經濟學，其基本視角之一是國家與市場的兩分法，即通過分析國家政府同跨國公司之間的互動關係，來研判國家的對外經濟行為和國家間的合作與競爭。雖然也有一些學者試圖將社會（主要是利益集團）的因素引進研究之中，但明確提出「國家─市場─社會三維度、多角色互動」的框架，並對中國與美國的經貿關係進行詳盡分析的，王勇博士是第一人，是開拓者。

　　我以為，只有像本書這樣，將兩國的「社會」作為重要角色，將中美兩國國內的利益集團、美國的勞工組織、美國國會的某些議員等等作為重點研究對象，才能找到宏觀研究與微觀研究的結合點，對中國與美國的經貿關係中的諸多難題作出合理的解釋。

　　多年來，我們習慣於向美國人強調「美國是最大的發達國家，中國是最大的發展中國家」，因而中美經濟具有強大的互補性，經貿關係是一個雙贏格局。我們更相信美國是經濟全球化的最大受益者。但是，美國人卻似乎並不「領情」，不「買帳」，而總是在製造經貿摩擦，壓人民幣升值；美國社會中的「反全球化」情緒，比中國社會還要激烈。如果我們不做社會層面的深入分析，就只能認為美國是在顛倒黑白、別有用心、遏制中國發展。

　　通過本書的論述可以看到，雖然從國家宏觀層次上說，中國與美國的經貿關係的確是雙贏，而美國也的確是全球化的最大贏家，但美國的許多產業如紡織業、製鞋業、家具製造業，卻是中美經貿競爭中的輸家，而相關產業的工人，某些地區和某些階層的美國人，客觀上也是全球化的受害者。這些輸家、受害者，以及號稱代表他們的利益集團和政客，為了維護自身利益，自然要向中國政府和企業施加壓力，加劇了一些領域的中美經貿摩擦。由於美國社會一貫提倡自由競爭，同時美國政府的經濟政策和社會政策長期偏向於經濟全球化的受益者，也就是大企業財團和富人，致使社會貧富懸殊不斷加大，增加了中美關係中的負面因素。

　　本書充分探討了兩國利益集團之間錯綜複雜的利害關係。細細分析下來，中美經貿往來中兩國的有些利益集團是雙贏的，或者可以做到雙贏。正如本書第一章提到的，中美經濟的相互開放和彼此滲透，延長了各自國內利益的鏈條，促生了中美間的一些「跨國利益集團」。比如，美國要求中國開放市場的壓力不僅讓美國企業得益，而且中國民營企業也獲得了市場准入的好處。這就是一種形式的雙贏。第五章指出，即使在摩擦最公開、最激烈的中美紡織品服裝貿易中，也有典型的中美「利益共同體」：中國企業在對美紡織品服裝中獲利，美國國內進口商與零售商、消費者組織等組成的開放貿易集團，還有向中國出售棉花、化纖等原料以及紡織機械的美國公司，都是贏家。

　　但是，一方獲益、另一方受損的「零和博弈」，同樣隨處可見。比如，美國經濟中不斷萎縮的紡織業集中分布在東南部的幾個州，對於那裏的紡織服裝製造業及其雇員來說，佔領美國市場最大宗的中國紡織品和服裝，當然就是「威脅」。同樣，對於被沃爾瑪公司擠佔了國內零售市場的中國公司來說，這家世界最大零售商大舉進軍中國絕不是什麼「福音」。在這些競爭領域，有贏家就必有輸家。

　　中國與美國的經貿關係中「雙輸」情況也不少見。人民幣對美元升值，對中國進口美國商品來說是好消息，但對某些中國出口企業和美國進口商來說，就至少是暫時的「雙輸」。雖然盜版行為能使某些企業、商家獲益，如果任憑侵犯知識產權的現象泛濫，中美兩大經濟體都是長久的受害者。美國一些失去相對優勢的產業聲稱，中國產品湧入美國搶了美國人的飯碗，美國的勞工組織也在大聲疾呼中國勞動成本太低。儘管我們可以根據市場競爭的規則來對這些論調加以駁斥，但這部分美國人的利益受損，應是不爭的事實。在中國方面，也並非所有人都能從大量廉價紡織品出口到美國而獲益。據估算，大陸紡織品製造企業在對美出口中獲得的利潤不超過整個交易利潤總額的 10%，其餘 90%的利潤則被國外服裝品牌所有者、美國批發商和進口商共同賺走。於是，相關企業的勞工待遇就可想而知了，「血汗工廠」現象並不是無中生有。

　　隨著中美經貿往來的不斷擴大，中美兩國社會中的跨國利益共同體和「利害共同體」在大量增加。用以國家為中心的傳統範式來研究中國與美國的經貿關係，遠遠不能說明如此紛繁複雜的問題，甚至可能把人們的思想引向傳統國際衝突的零和模式。當然，這並不是說政府的宏觀經濟政策和社會政策以及政府間協定的作用下降了。正如本書所指出的，中美兩國政府都在調整各自政策並且彼此協調行動，以平衡國內各方利益，控制內外摩擦。美國亟需抑制過度消費，提高儲蓄率，平衡國際收支；中國則應當擴大內需，促進消費，減少對外資和出口的依賴，加強知識產權保護，縮小貧富差

距和地區差距，保護勞工權益。在很多方面，國內政策的調整和各方面利益的權衡協調，比兩國政府之間談判解決爭端更為重要，也更為困難。

本書描述了美國貿易保護主義和經濟民族主義上升的現象，以及美國利用其相對優勢向中國施壓的事例，並由此指出美國主導的國際經濟體系存在的明顯的「不公平」問題。同時，作者也看到了現存國際經濟秩序所具有的兩面性，指出美國經濟的主導地位還有作為國際「公共物品」（public goods）的一面。由於美國霸權的存在，國際經濟體系維持了開放與穩定，大大降低了國際交易的成本與風險。在雙邊關係中，美國的壓力可以轉換為中國改革的動力。其實，美國霸權的穩定既減少了國際風險，又增加了不公正現象，這種兩重性在國際政治和安全領域也同樣存在。關鍵是中國如何利用這一兩重性發展自己，趨利避害。

本書對中國與美國的經貿關係的未來走向是抱樂觀態度的，因為總體來說，中美互惠利益在增加，而且法治、市場經濟、開放貿易等共同理念、共通原則也在增加。擴大雙贏部分，減少零和博弈和雙輸因素，使兩國社會中更多的利益集團和個人從中美互動中得到好處，是客觀發展趨勢，更是努力的方向。儘管中美經貿摩擦從表面上看正在擴大，有時甚至十分激烈，但透過公開爭執去觀察利益的互動和交換，可以看到經貿關係實際上是整個中美關係的發動機和壓艙石。如果中美兩國各自的經濟和相互合作以現在的速度發展下去，相互依存的中美經濟將成為全球經濟的最大發動機和壓艙石。

在本書的最後一章，王勇博士為中國與美國的經貿關係和中國對美政策提出了許多很好的思路和中肯的建議。不過，既然書中著重強調了社會、行業和利益集團的因素，那麼在給國家政府出謀劃策的同時，似乎也可以給從事中美經貿交往的公司和個人提出更多

的建議，幫助他們規避風險、解讀政策，加深對中美國情的瞭解。這可以說是本書應該能夠錦上添花的部分吧。

最後我還想說，本書的研究方法和態度，為國際政治領域的學者特別是青年學者和學生提供了很好的範例。近年來，不少論著有一個通病，即以西方某一項理論為本為宗，作為論證的宏觀起點，而後以已經發生的事件或資料「為例」，最終證實這項理論框架之正確。這樣作學問是省力而快速的辦法，但卻無法取得任何創新。王勇這部新著做到了理論與實際的結合，體現了應當著力提倡的學風。我從中汲取了很多營養，並願意以撰序的方式，向他表示祝賀和敬意。

王緝思
2007 年 3 月於北京大學

自　序

　　我們生活在一個偉大的時代，全球化的加深給我們帶來了巨大的發展空間與機遇，同時也帶來了激烈的矛盾、衝突與挑戰。進入 21 世紀的中國與美國的經貿關係以其發展之迅速、變化之深刻、影響之巨大，引起世人的廣泛關注。其實，此一進程並非自今日始，30 餘年前兩國選擇結束對抗，構築互利合作關係，開創了一個有利於兩國與世界人民的新紀元。冷戰的結束與經濟全球化的發展，同時促進了中美兩國在全球政治經濟格局中的份量，並加速形成了更加對等的相互依賴關係。中美經貿交流又反過來促進了全球化的深入發展，即使在世界遭受「九一一」悲劇和全球經濟衰退的困難時期，全球化的步伐反而更快了。

　　在中美關係發展的過程中，經貿關係一直被認為是穩定的力量。其穩定的作用不僅體現在構築共同利害關係，將兩國緊緊「黏合」在一起，還在於編織一個複雜互動的跨國人際與組織的網絡，讓中美兩個迥異的社會維持相互交往，增加瞭解，進而從根本上改變彼此的看法。

　　但是，經貿關係也是導致中美關係緊張的重要根源。從這個角度講，一部分現實主義者懷疑經濟相互依賴的作用是有其道理的。這是本書在深信中美經濟相互依賴關係「黏合」作用的同時，仍把關注的焦點放在經貿問題上的競爭、矛盾、衝突與鬥爭的原因。我要解釋的一個問題是，按照「比較優勢」理論對中美兩國具有明顯利益的事情，為什麼仍可能發生摩擦與衝突。事實也的確如此，尤以美國國內圍繞永久性正常貿易關係（PNTR）立法之戰為甚。這樣一個對美國有百利而無一害的立法案，卻需要從總統到國會領袖、

從諾貝爾獎經濟學家到工商企業界聯袂做工作方能促進美事，讓人頗感費解，可能遠非「唱紅臉」、「唱白臉」這樣的認識所能完全概括的。這就是我採用利益集團政治作為理論框架分析、闡述兩國經貿紛爭的主要原因，也是作者在有關中美經貿問題第一本著作《最惠國待遇的回合》（1998年）中嘗試並堅持的理論與方法。

中美對外決策體制表面看來差異很大，這也是多數學者強調的，但是，其實又有諸多共通之處，在國家與市場的關係上尤為如此。中美兩國在國家促進本國工商業的海外經濟利益方面越來越具有明顯的共同點。隨著研究的逐漸深入，我更加明顯地感到這一點。兩國之間的差異主要在國家、市場與社會三者間關係表現形式的不同。中國國家與企業的關係雖處於過渡時期，但是，政府與國有大企業間的緊密聯繫仍在繼續，只是中小企業相對處於缺少代言的弱勢地位，不過，這種狀況隨著行業協會功能的完善正在改變。美國國家與企業的關係主要是通過發達的行業協會開展專業、高效的遊說活動實現的。當然，在這個過程中，大企業起著決定方向的作用。在國家與市場關係上，中美兩國不僅有相似之處，而且還有趨同的趨勢。從目前情況看，中國市場經濟日益完善，特別是行業協會作用的發揮，工商界作為利益集團影響國家政策的作用越來越明顯了。這實際上是一種正常的發展狀態。在中國與美國的經貿關係中，我們可以預計，所謂官—產—學之間的互動關係將越來越成為兩國對外經濟關係的常態，雙邊關係將更多的發生在相似的政治社會組織架構中。兩者如何相互適應這一「趨同」的變化，未來將是一個值得研究的有趣問題。

當然，研究經貿關係的意義不僅僅局限於中國與美國的經貿關係本身，而且關係到雙邊安全戰略關係。正如歐洲管理學院國際政治經濟學教授喬納森・斯道理（Jonathan Story）教授在本書評審意見中指出的，從根本上說是思考中國「和平崛起」的問題，找出中國與國際社會實現中國「和平崛起」的途徑。在研究過程中我深刻

體悟到，中國在全球化時代的「和平崛起」實際上就是一個中國與全球利益與目標不斷融合的過程，是一個與國際體系主導者美國在利益與價值取向上不斷相互適應、調整的複雜互動過程。最容易妥協的部分恰恰就是兩國在雙邊、地區和全球三個層次上的經貿關係，而這個過程又受到國內國際複雜因素與利益關係的影響。如果我們能夠順利地處理好經貿關係，那麼，我們就有可能找出中美兩國在全球安全戰略格局中相互妥協的基礎與辦法。這是作者進行研究時的一個深層考慮。

要說明的是，本書雖力爭更加全面準確地把握中國與美國的經貿關係，但由於時間與篇幅所限，不少重要問題領域雖有所涉及，但並未作專章分析，比如中美農業貿易政治、外國直接投資政治等問題，這是一個小小的遺憾。這或許是好事，因為在魂牽夢縈之下，可能找到未來突破的方向。

在本書付梓之際，我心中最想表達的話語就是「感念師恩」。正是在求學路途不同階段得到各位導師的指點，才使我開愚鈍，在學業上取得少許進步。這裏要感謝小學、中學為我傾注心血的各位老師。特別感謝王緝思教授，他是我本科學習期間的班主任，也是我國際關係專業思想的最早啟蒙者，耳濡目染迄今，讓我終身受益無盡。感謝碩士生導師袁明教授，求學期間給予學生特別的鼓勵和鞭策；在我踏上講壇之後，她又以對世界大勢敏銳的觀察，鼓勵我勇敢地選擇國際政治經濟學（IPE）這一「朝陽」學科，冀望我能開拓一片新天地。感謝博士生導師趙寶煦教授，趙先生平易近人，獎掖後學，學高道高，讓人高山仰止。也感念負笈美國加州大學聖疊戈分校期間謝淑麗（Susan Shirk）教授的指導，兩周一次的博士論文寫作討論讓我獲益匪淺，中美師道雖有風格差異，但我同樣領略到大家風範。這些先生長期亦師亦友，不僅在科研上予我指導，更在做人、做學問的態度上耳提面命。「仰之彌高，鑽之彌堅」，雖竭力不能學習於萬一。

　　感謝北大國關學院的歷任領導，正是他們的辛勤工作才創造出和諧的小環境，才使年輕教員得以抵制外界誘惑，安心寂寞的學術工作。感謝本院各位老師與同事多年的指導與幫助，從點滴的接觸中我獲得了很多的啟發。

　　本研究是 2000 年度國家社科基金專案成果的一部分，感謝國家社科基金與北大科研配套資金的支持；感謝參加專案研究的所有專家，特別感謝張向晨、傅夢孜、張亞雄、鄭建民、張鵬以及臺灣童振源等朋友的參與和支持。

　　作者在 20 世紀 90 年代末以來的研究努力主要圍繞本課題研究活動進行，參與專案的國內外同事提供了大量的幫助與啟發，特提出來表示感謝。1999 年，作者在擔任美國西部思想庫太平洋國際政策委員會（PCIP）與南加州大學聯合客座研究員期間，就中國加入 WTO 及中美經貿談判開展專題研究，得到委員會主席 Abe Lowenthal 教授，南加州大學國際關係學院教授 John Odell、院長 Jonathan Aronson 以及東亞研究中心主任 Otto Schnepp 的鼎力相助。與中國問題專家、加州大學洛杉磯分校教授 Richard Baum、專欄作家 Tom Plate 等人的交往與討論讓我收穫良多。

　　在對全美有關機構進行訪問的過程中，作者應邀先後在哈佛大學費正清東亞研究中心、美中貿易全國委員會、喬治・華盛頓大學國際關係學院、史丹福大學以及布魯金斯學會、對外關係委員會等機構發表演講或與專家進行座談。這些交流大大增加了我對美國學術界、政界與工商界對中國加入 WTO 問題態度的認識。對哈佛大學費正清東亞研究中心陸伯彬（Bob Ross）、柯慶生（Tom Christensen）、張純（Leo S. Chang）、哈里・哈丁（Harry Harding）、羅迪（Nicholas Lardy）、易明（Liz Economy）、Taylor Fravel 等在此期間給予的幫助表示感謝。尤其需要提到的，在時任美中貿易全國委員會會長柯白（Bob Kapp）先生的精心安排下，作者分別對華盛頓、紐約幾十家跨國企業負責人發表了兩次演講，與他們的討論

中切身體會到美國工商界對於中國加入 WTO 的重視程度與熱切期盼。

在有關「入世」與中國與美國的經貿關係的研究調查中，得到了張向晨、張少剛、王遠鴻、徐林、鄧立、潘光偉、任厚祥等先生的幫助與指點，在此表示謝意。

作者還不禁回憶起已故著名中國問題專家邁克爾・奧克森伯格（Michael Oksenberg）教授對我有關 WTO 研究的多次支持與鼓勵。他 1999 年邀請我去史丹福大學亞太中心演講，對於我進行的有關中國加入 WTO 與中國與美國的經貿關係的「機制政治」觀點十分讚賞，並誠請我為其有關 GATT ／ WTO 等國際經濟組織的著作提出意見。不久之後，他又專門邀請我去史丹福開會，參加有關臺灣問題的類比談判與和解會議。奧克森伯格教授更在 1999 年底於佛吉尼亞州舉行的中美關係高層研討會上向與會學者官員強烈推薦作者 1998 年出版的拙作。奧克森伯格先生在美國中國學研究界可謂桃李滿天下，其泰斗與領軍人物的地位迄今無人替代。其對學生之關心，對中國研究之專心，對中美關係事業推動之功，難有人超過先生的。哲人已去，音容猶在，以此文字對其表達緬懷。

在本書構思、寫作的過程中，作者有幸參加了「中美安全對話」的系列活動。作為中方對話成員，我幾乎參加了歷年的活動，無論是美國科羅拉多高原上 Boulder 山花爛漫中的木屋別墅閒話，還是北京居庸關長城腳下的激辯，無論是水鄉周莊會議的爭論，還是夏威夷盛夏海濱的餐會，我都從與會中美同行身上汲取了營養，明顯豐富了本書的構思。其中，尤要感謝「中美安全對話」專案中美雙方發起人、組織者 Peter Gries 博士、唐世平博士、徐輝博士與吳心伯教授的辛勤勞動。

寫作期間，還有幸參加了日本學者倡導建立的「中日學者 21 世紀亞洲論壇」以及「東亞學者 21 世紀亞洲論壇」等專案，論壇負責人毛里和子教授、天兒慧教授主張把中日關係放在更大框架下加以

考察，以期推動中日關係和東亞合作的實質發展。在半年一次的例會中，中日雙方成員進行了富有成效的討論。對我來說，這些時光至今難忘，從中日同行們心與心的交流中，我加深了對全球化與東亞、中美日戰略關係以及東亞地區合作等關鍵問題的認識。尤其是與毛里和子、天兒慧、五百旗頭真、山本吉宣、藤原歸一、高橋克秀等日本學者的意見交換，使我加深了對中日關係的信心。在歷次訪日中得到橫濱市立大學教授唐亮、宮崎國際大學教授洪淳杓、日本防衛研究所研究員高木誠一郎、川勝千可子等的熱情幫助，對此表示感謝。作者也從中方對話成員張蘊嶺、王逸舟、陸忠偉、金燦榮、楊伯江、黃仁偉、沈丁立、王少普、金熙德、田中青等學者身上汲取了很多智慧與營養。記得作者曾在中日總結會上提出建立中日「知識共同體」的倡議，得到五百旗頭真教授等的回應。我想，作為亞洲合作基石的中日關係必須搞好，其中凝聚共識、構築一個知識共同體是其中最為關鍵的一步。這一中日對話應該是其中重要的組成部分。

也有幸作為中方委員參加了韓國東亞基金會發起的「東亞協定會」的對話活動，對於文正仁教授等韓國學者表示由衷謝意。

本書研究寫作中還得到了很多朋友、同行的幫助。80 年代末在南京大學─美國霍普金斯大學中美文化研究中心求學的同窗好友季瑞達（Ken Jarrett）、張清彥（David Blumental），是我經常與之討論的夥伴，他們豐富的政府與業界經驗為我觀察中美關係、中國與美國的經貿關係提供了「驗證」想法的機會。德國漢堡亞洲研究所研究員 Heike Holbig、韓國開發研究院（KDI）公共管理學院安德根教授、美國電話電報公司政府關係部前任副總裁 Michael Murtaugh、1994-1995 年赴美求學期間同窗、《聖叠戈聯盟論壇報》（San Diego Union Tribune）前任記者 David Smollar、美國哈佛大學臺灣研究小組 Steve Goldstein 教授、加州大學聖叠戈分校 Miles Kahler 教授等，為我在《美中商貿評論》（US-China Business Council）發表的論文

以及在不同英文文集中的研究提供了重要機會和幫助，感謝他們敏銳的觀察力與批判精神，使我的文章得到進一步的改進。2002 年夏作者在臺灣進行兩岸加入 WTO 影響的研究課題，得到夏潮基金會與政治大學國關中心的大力支持，衷心感謝基金會宋東文董事長、陳德升所長、徐思勤、徐斯儉、童振源、丁永康等朋友的襄助，使我臺灣之行愉快而有收穫。

感謝北京大學國際合作部港澳臺辦劉然玲老師的邀請，在為北京大學香港、澳門特別行政區公務員、社會工作者培訓專案授課中，與學員們討論全球化時代中國外交政治經濟等問題，受到學員啟發良多，從不同角度加深了對中國崛起問題的認識。

也感謝在北大選修我所開相關課程的歷屆本科生與研究生同學。「教學相長」，絕非虛言，同學們的發問與活躍的思想，讓我時時感到壓力與興奮，不斷把我推向更廣的知識邊界，感謝臺灣郭玫蘭女士、彭思舟先生的推薦，感謝秀威資訊科技黃姣潔女士等同仁出色的編輯工作，使本書得以在較短的時間內在臺灣發行。

感謝中國市場出版社天下風華的孫忠先生，作為本書簡體中文版責任編輯，沒有他的努力工作，本書難以在較短時間內於大陸問世，其敬業精神與出版家的專業眼光給我留下了深刻印象。

出版社囑我出面邀請十餘位中外傑出專家學者對本書進行鑒定評審。專家們在繁忙日程中抽出時間或乾脆犧牲休假認真審讀，提出及時的反饋意見。對於各位專家學者的意見、建議與鼓勵表示衷心謝忱。美國印第安那大學甘思德（Scott Kennedy）教授對本書英文摘要進行了潤色、編輯，對此深表謝意。

最後，我想表達對家人長期無私的關愛與鼓勵的感激之情。感謝父母的養育之恩。我的父親王國信作為本書的第一位讀者，仔細閱讀幫我校正筆誤，並以普通讀者的眼光逐章提出讀後感受，大大增強了我寫作的信心。父親年輕時即有文名，雖長期在政府任職，

但仍筆耕不輟，發表了大量文學作品、新聞報導、時評與調研報告。父親也是我寫作的啟蒙老師。父母的勉勵始終是我前進的動力。

　　感謝岳父母的關心和幫助。他們總是在我們小家庭最困難的時候伸出援手。他們也是我討教政治經濟問題的夥伴，從他們那裏我增長了科技與中國國防科技發展的相關知識。

　　感謝太太孫晴的支持與體諒。她從事外企政府關係、公共關係工作多年，經常的交流為我提供了一個觀察當今中外經濟格局調整中不同利益主體作用與策略變遷的「窗口」。在緊張忙碌的工作之餘，她還盡己所能抽時間照顧家與孩子，特別是在我最艱苦的後期寫作中，她承擔了全部家務與教育孩子的任務。可以說，沒有她的犧牲奉獻，這本書可能尚在難產中。女兒王世揚懂事、體貼，給我許多安慰。每當寫作遭遇困難沮喪或急躁時，女兒總來開導我，並願意以自己小小的勞動「換取」我更多的「字數」。

　　孔子雲：「四十而不惑」。跨進四十門檻，人生旅途行半，似乎突然明白了一個道理，人類歷史與文明的發展本是一個薪火相承、精神相繼的過程；一個人每個小小的進步其實都是師長、朋友、同事與親人呵護的結果。「周雖舊邦，其命維新」，我輩有幸躬逢盛世，親歷全球化與中國和平崛起帶來的翻天覆地變革，作為國際關係學人慶幸之餘，也備感肩上擔子的沉重。吾儕理應竭盡綿力，以無愧於偉大的時代。

王勇
2007 年初春自序於燕園未名湖畔

目　　次

圖　目　次

表 目 次

第一章　分析框架：

國際政治經濟學和中國與美國的經貿關係

第一節　新發展與新課題

2001 年底，中國加入世界貿易組織（WTO），開啟了中國與美國的經貿關係的新階段。

中國與美國的經貿關係出現了幾個方面的重要變化：

（一）中美雙邊貿易呈現前所未有的發展勢頭。雙邊貿易總量無論是按中方統計還是按美方統計，都有極大的增長。按照中方統計，中美貿易總額從 2001 年的 705 億美元猛漲到 2005 年的 2,117 億美元；按照美方資料，則從 2001 年的 1,215 億美元增長到 2005 年的 2,853 億美元。中國超越日本成為美國第三大貿易夥伴；中國超過德國、英國成為美國海外第四大出口市場。

（二）中美宏觀經濟「相關性」更加密切，相互關係更加複雜。中國經常專案順差與鉅額外匯儲備的形成，與美國財政赤字與經常專案赤字的所謂「雙赤字」問題幾乎同時出現，引起世界廣泛關注。截至 2006 年底，中國外匯儲備超過 1 萬億美元大關，中國通過購買美國鉅額國債與其他美元資產，使美元大量回流美國，成為彌補美國財政缺口的重要資金來源。中國人民幣匯率與外匯儲備構成的調整開始對美元價值產生重大影響。中美共同利害關係大大增強，雙邊經貿關係變得更加平等。

（三）中美經貿摩擦開始加劇，但是並未瀕臨類似 1990 年代以相互威脅制裁為特徵的貿易戰邊緣。美國國內形成利益集團聯盟，在人民幣匯率、知識產權保護、市場准入、中國履行 WTO 協定義

務等方面向中國施加強大壓力；中美兩國領導人運用經濟外交與金融外交的手段，成功管理了彼此間摩擦與衝突。雖然摩擦與衝突一波未平，一波又起，但是，雙邊經貿關係保持基本穩定，合作關係不斷深化。

（四）中國經濟崛起的影響超出雙邊範圍，向地區與全球經濟擴延。中國作為東亞地區加工貿易平臺的地位進一步上升，中美貿易衝突同樣影響整個東亞地區；中美兩國的經濟活動在全球範圍內的「交叉」明顯增多；中美經濟互動直接影響到全球經濟、金融框架的穩定。重要的是，糾正中美經濟發展的失衡對全球經濟平衡的恢復將產生重大影響。

（五）中美在維護全球開放貿易體制與國際金融體制的穩定方面利害關係、共識都在不斷增加。中國崛起為全球第三大貿易國家，對全球開放貿易體制的依賴度日益提高。在全球金融市場的框架內，中美正形成一種「一榮俱榮、一損俱損」的關係，美元、人民幣幣值的走向與全球金融體系的穩定緊緊連在了一起。

（六）中美兩國調整任務加重，考驗雙邊合作管理摩擦與衝突的意願與能力。中國作為開放大國的崛起，有力促進了經濟全球化的深化發展，同時也帶來了美國經濟與全球經濟的調整壓力。中美兩國國內均出現了懷疑、反對全球化的呼聲，國內利益集團政治成為干擾兩國對外經濟政策的重要因素。經濟全球化與中美關係的未來既取決於兩國內部利益集團或利益集團聯盟的力量對比，更取決於兩國合作維護全球經濟體制開放與穩定的意願與能力。

有一些研究傾向於認為，中國與美國的經貿關係中合作性大於競爭性，中國與美國的經貿關係成為中美關係的「防護欄」或「穩定器」，這是中國與美國的經貿關係研究者中的普遍看法；另外一些研究則認為，中國與美國的經貿關係本身也是引起中美關係緊張的重要根源，這是中美關係研究者中較為普遍的看法。其實，如果我們仔細研究，都能發現支持這兩種判斷的種種證據，因為經貿關係

對中美關係具有「兩面性」的影響，它既促進了中美雙方共同利益的增長，同時又帶來了摩擦與緊張。但是，如果我們超越特定事件，考察較長時段的趨勢，我們會發現，日益密切的經貿關係顯然極大增強了中美雙方的共同利害關係。由於國家目標的分歧和國內政治因素的存在，中國與美國的經貿關係並不意味著利益競爭與衝突的消除，但是，基於共同利害關係的增長，雙方均感到放棄或破壞這種關係自身也將遭受重大的損失。中國「入世」迄今，中美貿易、投資與金融等方面的關係全面增長，共同利害關係大大增強，這是中美關係發生結構性重大變化的基礎。

另一方面，中美兩國經貿關係的日益緊密，共同利害關係的不斷增長，也攪動了兩國國內利益集團政治的格局，不同利益集團發生了分化、組合，它們彼此結盟企圖擴大在中美經貿問題上的影響力，一些利益集團圍繞某些問題甚至結成了臨時性的所謂「跨國」利益集團聯盟。比如，在中美兩國內部我們均看到，圍繞反傾銷問題、匯率調整問題發生了不同利益集團之間的競爭與衝突，「跨國」利益集團之間的變相聯盟也出現了。利益集團政治的「跨國化」發展早在 1990 年代就開始存在，中國加入 WTO 後獲得了更加明顯的發展。

中國與美國的經貿關係上述深刻變化，為我們提出了嶄新的研究課題：如何構建新的分析框架，把握中國與美國的經貿關係發生的根本性變化？本書試圖通過對中國與美國的經貿關係主要問題的研究，回答下面一些核心問題：

1、　中美雙邊經貿與全球經濟體系之間的關係發生了怎樣的結構性變化？

2、　作為對於雙邊關係結構性變化的反應，中美兩國國內利益集團政治發生了哪些新的變化？

3、　國內與國際兩層次發生的變化之間的互動關係，如何影響中美經貿政策的制訂？

　　本書試圖從國際政治經濟學關於國家與市場關係的概念出發，揭示經濟全球化加深發展的大背景下中國與美國的經貿關係發生的結構性變化及其背後的動力。

第二節　國際政治經濟學「國家─市場」兩分法及其缺陷

　　國際政治經濟學（IPE）作為一個理論流派出現在 1970 年代初的美國。美國學術界當時試圖結束國際經濟與國際政治研究彼此割裂的局面，嘗試把經濟學與政治學重新整合。按照中國學者王正毅的說法，推動國際政治經濟學產生的動力主要來自對於 20 世紀 60 年代末、70 年代初國際體系內發生的一系列大事的反思。這些大事包括：世界範圍內的經濟衰退；尼克松衝擊以及由此引發的國際貨幣體系從固定匯率制向浮動匯率制的轉變；美國霸權的衰退；歐洲區域合作的初步成功等。他指出，「正是這些研究議題和研究方法框定了 20 世紀 70～80 年代的理論範式」。[1]這裏需要指出的是，有關國際政治經濟學的研究早已有之，比如在後來被封為國際政治經濟學三大範式之一的馬克思主義流派早就開始對世界政治經濟問題的綜合研究。儘管如此，我們還必須承認，正是由於美國學術界的倡導與探索，才逐步出現對國際範圍內國家與市場關係進行大規模、綜合性的研究，而且吸引了不同價值觀、不同方法論的學者參與其中。

　　美國學者羅伯特・吉爾平（Robert Gilpin）在 1987 年出版的著作中，就國際政治經濟學的內容提出了一個影響廣泛的定義。他認為，國際政治經濟學就是有關國家與市場、權力與財富之間互動關係的研究。他從兩個方面論述了國家與市場的關係：一方面，國家或權力的因素如何影響財富的創造與分配，即國家及其政治作用如

---

[1]　王正毅：〈超越「吉爾平式」的國際政治經濟學〉，《國際政治研究》，2006 年第 2 期，第 23 頁。

何影響生產和財富的分配，尤其是國家及其政治作用如何影響經濟活動分布，以及這種活動的成本與利潤的分配。另一方面，市場和經濟力量如何對國家和其他政治行為體之間的權力與福利的分配發生影響，特別是這些經濟力量如何改變政治權力與福利的分配在國際上的分布。[2]這一定義獲得了多數學者的認同，幾乎所有國際政治經濟學的研究者都把研究的範疇放在國家與市場的關係上，對於美國「霸權」持批判態度的英國學者蘇珊·斯特蘭奇（Susan Strange）也不例外，其代表作就叫《國家與市場》。儘管她在後來對書名有所反思，認為考慮到國家權力的下降，跨國公司等行為體的興起，應該改為「權威與市場」（Authority and Markets）更為恰當。[3]

　　但是，「國家—市場兩分法」存在明顯的缺失，那就是，忽視了「社會」層面的重要性，忽視了政府、企業之外的行為體社會集團以及社會價值觀念等因素對國際政治經濟生活的影響。西方國際政治經濟學主要代表人物對於國際政治經濟的看法之所以限定在國家與市場兩個維度，有幾個方面的原因：第一，他們沒有擺脫冷戰與現實主義權力政治的影響，美國學者尤為凸出。他們不少人有關國家與市場的研究仍然主要停留在國際層次的民族國家與跨國公司的關係上。第二，他們仍然把國際政治視為「國家間」政治，而沒有把日益活躍的眾多社會行為體納入其中。第三，他們對於市場的定義雖然也包括了利益集團，但是，這部分的份量顯然是十分不夠的。[4]

---

[2]　羅伯特·吉爾平：《國際關係的政治經濟學》（楊宇光譯），經濟科學出版社，1990 年版，第 14 頁。

[3]　See Susan Strange, *The retreat of the state: The diffusion of power in the world economy*. Cambridge, New York and Melbourne: Cambridge University Press, 1996；Roger Tooze and Christopher May, eds. *Authority and Markets: Susan Strange's Writings on International Political Economy*, Palgrave Macmillan, 2002.

[4]　美國學術界也出現了諸如對外經濟政策的國內政治經濟的研究，有關國家間互動的政治經濟學研究以及有關國內與國際互動的政治經濟學研究，但是，

　　我認為，要把國際政治經濟學的研究推向深入，必須走出國家與市場兩分法、國內層次與國際層次相互割裂的狹隘研究視角，在國家、市場維度之外納入「社會維度」，同時打通國際與國內層次，才有可能比較全面深入地瞭解全球化發展給國際關係與人類社會帶來的深刻變化。

　　在國際學術界，一些歐美學者已經開始了這方面的努力。比如，美國學者海倫‧米爾納（Helen Milner）在「雙層博弈」（two-level games）理論的基礎上進行了一系列實證研究，考察不同政治體制對於外經貿政策和國際談判結果的制約性影響。[5]一些歐洲學者則更直接把「社會」層次帶入到國際政治經濟學的研究中，凸出社會層次的重要性。

　　我認為，對於提高國際政治經濟學的解釋力、反映全球化最新發展，在新添加的社會層次上，最重要的是要研究社會集團，特別是私人利益集團（private interest groups）與公共利益集團（public interest groups）的作用。這是因為：

　　第一，價值與認同問題日益重要。社會集團的價值取向，特別是對全球化發展的認同程度，影響到國家、市場或公司的作用。

　　第二，利益集團的分化組合加劇。全球化的發展帶來產業結構的調整，帶來了觀念的分裂。基於利益與認同的利益集團的分化組合在某種程度上是對全球化發展的一種反應。

總的來說，仍然沒有擺脫國家─市場的兩維層次。見王勇：《國際政治經濟學研究的新進展》，《世界政治與經濟》，2003 年第 5 期。

[5]　海倫‧米爾納這方面的創新性研究包括 Helen Milner, *Interests, Institutions, and Information: Domestic Politics and International Relations*, Princeton: Princeton University Press, 1997; "Rationalizing Politics: The Emerging Synthesis of International, American and Comparative Politics", in *International Organization*, Vol. 52, No.4 (1998), pp.759-786; Helen Milner and Peter B.Rosendorf, "Democratic Politics and International Trade Negotiations", in *Journal of Conflict Resolution*, Vol. 41, No. 1 (1997), pp.117-146.

　　第三，國家的管理能力受到重大挑戰。如何塑造社會的普遍認同，平衡不同利益集團，維護對外開放政策，成為對國家能力的重要挑戰。

　　第四，迫切需要解決「國際治理」問題。國家之間如何合作，解決社會危機，減少調整的代價，是全球化發展帶來的重大課題。

　　因此，對於國際政治經濟學來說，增添「社會維度」，形成國家、市場與社會三邊互動的新分析框架，對於國際政治經濟學轉變為真正意義上的全球政治經濟學（GPE）具有極其重要的意義。在某種程度上，中國與美國的經貿關係可以成為新分析框架的試驗場。

第三節　國家─市場─社會框架和中國與美國的經貿關係

　　本書提出的分析框架，主要是擴展國際政治經濟學當前公認的國家與市場「兩維」分析框架，代之以國家、市場與社會「三維」互動的分析框架。

　　在三個維度中，國家作為政治體制的核心，由政府官僚操縱國家機器。不同類型的政治體制在決策體制上存在較大的差異。有關國家的作用，不同學派存在不同的觀點：一派意見認為國家是一個具有「獨立性」的政治行為體，具有超然於社會集團之外的國家利益和國家目標；另外一派意見認為，所謂國家意志只不過是占主導地位的社會集團政治經濟利益的反映。

　　市場力量可以視為經濟行為體公司作用的「集合」，公司是社會生產的組織者、社會財富的重要分配者、公共決策的重要參與者，是國家的國際競爭力的主要體現。公司更多關注的是其國內外市場中的競爭地位、市場份額，尤其關注在國際技術競爭中的地位。毫無疑問，公司的規模與水平直接關係到一國國民經濟與社會生活的狀況。

　　在社會維度上，社會行為體主要有兩種類型，一類是所謂「公共利益」（public interest）集團，這些集團包括人權、發展、環境、反腐敗、政治民主化、政府監督與公司行為監督等不同類型的非政府組織或非營利組織；另一類是「私人利益」（private interest）集團，如勞工集團、各類工商集團、國防工業綜合體等，它們顯然代表了各自狹隘的部門利益和集團利益。但是，在不少情況下，兩類集團往往難以區分開來，這是因為，為了實現自己的利益目標，「私人利益」集團有時也借助「公共利益」的名義，而公共利益集團也經常與私人利益集團合作或結成結盟。比如，在 1990 年代，反對給予中國最惠國待遇（MFN）或正常貿易關係（NTR）的美國利益集團聯盟中就包括了這兩類集團。

　　具體來說，國家、市場與社會三個維度上的中國與美國的經貿關係，主要體現在中美兩國政府、企業與社會利益集團之間的互動關係上，這種關係不可避免地包含合作與衝突兩個方面，在一些問題上，合作大於衝突；在另外一些問題上，衝突大於合作。

　　在國家—市場層面的互動上，政府幫助公司打開國外市場，或建立貿易「壁壘」保護本國的產業；國家出臺的國內法規又影響著公司在國際經濟競爭中的表現。尤為明顯的是，國家與市場之間、政府與企業之間在海外市場的拓展上形成了一種結盟關係。比如，美國政府在幫助美國跨國公司打開海外市場方面是不遺餘力的，政府與公司兩方面合作之密切超過了任何一個國家。這與美國政府標榜的「經濟自由」、「自由競爭」大相徑庭。從這個角度講，國家並沒有什麼「獨立性」可言，國家就是本國企業利益的代言人，這一觀念其實早已深嵌在美國的政治制度中。中國政府對開拓海外市場的中國公司來說，同樣具有極大的幫助作用。不過，在不少情況下，特別在美國等發達國家的併購行動中，中國國有公司往往處於弱勢，因為美國國會和公眾對中國公司的國有性質及收購動機表示強烈懷疑。比如，在併購美國優尼科石油公司的競爭中，中國國有公

司中海油的競爭對手雪佛龍公司正是利用美國公眾與政客的認同傾向，操弄輿論，對中海油併購行為採取「抹黑」、「抹紅」的戰術，最終把中海油公司排擠出競購遊戲之外。

這裏，我們可以得出幾點有啟發的觀察：「認同」傾向或「價值觀」取向影響著中美政治經濟關係，提出併購優尼科的中海油公司顯然深受其害。美國國會通過決議排斥中海油併購優尼科的行為，使得一部分反對美國公司在中國大肆收購的中國新國家主義派學者、官員和公司找到了「口實」。他們提出，中國也必須進行外資併購審查，以保證中國的產業安全與經濟安全。這是中國國家六部委2006年8月《外資併購中國境內企業管理辦法》出臺的大背景。當然，我們也可以把這種審查措施看成是對美經濟談判的一種「籌碼」，這一做法有助於反制美國單方面排斥中國國有企業的偏見與不公平措施。

在市場與社會層面的互動上，市場與公司顯然具有極大的影響力，它們是支撐經濟、消費與社會穩定的重要力量。公司的狀況關乎民生，關乎眾多就業者與投資者的利益，因此，社會力量往往要求政府幫助公司改善經濟與經營狀態。但是，在另一方面，公共利益集團又可能指責公司盲目追求利潤和少數股東的利益，而置社會責任於不顧。比如，美國人權與勞工權利觀察組織嚴厲批評全美乃至全球第一大公司沃爾瑪公司違反勞工法，輕視員工福利和工作安全的行為；環保組織國際聯盟更對跨國公司的行為加以嚴格監督。在經濟全球化深化發展的今天，跨國公司在全球經濟與生活中的作用顯著加強了，但是，它們與公共利益之間的衝突也同樣大大增強。

由於利益的差異，社會行為體又分化成為不同的利益集團。公司利益結構的不同，特別是海外利益結構的不同，又導致利益集團之間的摩擦與對立。那些受到進口產品損害的集團即「進口競爭」集團（import-competing groups），要求國家予以救助，以減少進口產品對自身利益的衝擊。相反，那些「出口促進」集團

（export-promoting groups）則希望打開海外市場，期冀本國政府為它們「走出去」創造條件。在這種情況下，我們看到，美國政府的政策往往傾向於「出口促進」集團的利益，利用「出口促進」集團抵制「進口競爭」集團的貿易保護要求。[6]

在國家與社會互動方面，國家具有雙重的職能。按照馬克思主義的觀點，國家的職能之一是作為階級利益的代表，國家的政策反映統治階級或主導集團的利益和意識形態；另一種職能則是維護社會的穩定發展。按照西方自由主義的看法，國家是公民選舉出來的代表多數人意志與利益的政治代理人，國家必須維護公平正義，維護國家的長遠利益。或者按照政治經濟學「公共選擇」（public choice）理論，政治家提供公共服務即「公共物品」（public goods），選民和納稅人是公共物品的消費者，他們為獲取一定數量與質量的「公共物品」支出成本。選舉的過程就是政治家與選民就公共物品的種類、數量和稅收額討價還價並達成妥協的過程。[7]

前面主要論述了一國範圍內，國家、市場與社會三邊互動關係的一般情況。但是，為了更好地解釋經濟全球化加深發展的新現實，我們還必須「打通」國內與國際兩個層次，整合兩個層次上的三邊多對互動關係。在國內與國際層次上，存在著十分複雜的交叉互動關係，在中國與美國的經貿關係中，兩層次三邊多對交叉互動關係也越來越明顯了。正是這些複雜的互動關係，構成了中國與美國的經貿關係乃至中美關係的結構性變化。

關於國內與國際層次的「互動」聯繫，英國學者熊•布思林（Shaun Breslin）提出了不少使人深受啟發的看法。[8]他認為，中國的國際問

<hr>

[6]　參見 I.M.戴斯勒：《美國貿易政治》，中國市場出版社，2006 年版；王勇：《最惠國待遇的回合——1989 至 1997 年美國對華貿易政策》，中央編譯出版社，1998 年版。

[7]　參見樊勇明：《西方國際政治經濟學》，上海人民出版社，2000 年版。

[8]　Shaun Breslin, "Decentralisation, Globalisation and China's Partial Re-engagement with the Global Economy," *New Political Economy*, Vol. 5, No.

題研究過多地受到美國「現實主義」、「國家主義」傳統的影響，傾向於割裂國內與國際兩個層次。他認為，在全球化時代，國內與全球層次的界限越來越模糊，只有打破兩者的界限才能夠分析越來越複雜的決策過程的現實。布思林寫道：「政治與國際關係的分野越來越模糊了，因為全球事務更多地植根於國內事務中」。他提出的核心論點有四個：第一，全球化進一步模糊了國內與國際的分野、政治與經濟的分野；第二，全球化導致了在一國範圍內國家與各種行為體關係的重新談判；第三，全球化增加了國際關係中行為角色的數量；第四，全球化導致了主權的「多洞化」，並且增加了外部角色對於國內政策的影響力。他主張採用包括安東尼·佩恩（Anthony Payne）等學者提出的關於地區研究的政治經濟分析方法，也提倡恢復羅伯特·考克斯（Robert Cox）倡導的新政治經濟學的分析傳統。[9]

表 1-1　中國與美國的經貿關係：國家—市場—社會的互動關係

	美國政府	美國企業	美國國內利益集團
中國政府	合作：維護經濟增長，抵制保護主義，維護國際經貿體系的開放與穩定 衝突：國內、國際目標利益存在差異	合作：經濟穩定增長；穩定中國與美國的經貿關係 衝突：市場開放的速度，對國內企業的保護	衝突：勞工等集團反對正常中國與美國的經貿關係；某些公共利益集團批評中國國內政策 合作：溫和派集團

2, 2000; "Power and Production: Rethinking China's Global Economic Role, " *Review of International Studies* (2005), Vol.31, pp.735-753.

[9] 熊·布思林：「國際關係學、區域研究與國際政治經濟學——關於使用 IPE 批評理論研究中國的問題」，龐中英譯，《世界經濟與政治》，2003 年第 3 期，第 64 頁；Shaun Breslin,"Beyond Bilateralism: Rethinking the Study of China's International Relations, " Paper prepared for the Workshop on *Asia-Pacific Studies in Australia and Europe: A Research Agenda for the Future*, Australian National University, 5-6 July 2002.

			與中國政策推動，穩定中國與美國的經貿關係；中國漸進改革
中國企業	合作：經貿關係穩定；中國市場開放、法治、增加透明度 衝突：美國推動中國市場過快開放，增加競爭，威脅中國企業的利益	合作：維護中美經貿穩定；合併開拓市場 衝突：開放市場與規制衝突；市場份額與控制力的競爭	衝突：勞工、人權等組織批評一些中國企業為「血汗工廠」 合作：美國進口行業、消費者遊說組織希望穩定從中國的進口
中國國內利益集團	衝突：批評美國推行新自由主義政策的陰謀 合作：一些公益組織「歡迎」美國的「外壓」	衝突：批評跨國公司的擴張，對中國經濟主權的破壞 合作：借鑑美國企業的「社會責任」的做法；合作保護知識產權	合作：公益集團之間的對話與合作，促進共同目標；促進經貿關係的穩定 衝突：對於國家與國際目標看法存在差異

　　在現有研究文獻中，西方學者傾向於依據分析主義的傳統，從某個特定的視角、維度或層次探討中國與美國的經貿關係，這顯然難以得出完整的看法。兩個層次三邊多對因素之間實際上構成了一個密切互動的整體，彼此難以割裂。在同一問題上，同時存在著兩個層次三邊多對因素的交叉影響。

　　從表 1-1 中，我們看到任何一對因素之間都存在合作與衝突並存的關係，在有的情況下是合作大於衝突，在另外一些情況下則是

衝突大於合作。這些行為體的共同作用，構成了當今中國與美國的經貿關係的複雜格局；正是在這些因素相互平衡、彼此牽制的情況下，決定了中美兩國對外經貿政策的方向。

例如，中美兩國政府為了抵制國內反對派的壓力，在談判中往往相互合作，達成妥協，相互「幫助」以平息利益集團對政府的壓力。無論是知識產權協定，還是紡織品貿易協定、人民幣匯率問題，都體現了這種雙邊合作化解國內利益集團壓力的特性。

第四節　經濟全球化與國家─市場─社會關係的重構

經濟全球化深化發展是當今中國與美國的經貿關係在結構上日漸複雜的根本背景。我們要準確把握中國與美國的經貿關係的重大變化，離不開深入考察經濟全球化的發展變遷。

經濟全球化，主要表現在制約經濟要素跨國流動的政治障礙逐漸消除，商品、資本、管理人才等在全球範圍內實現更加自由的流動、更有效率的配置。還有學者以「物價趨同」、「時空壓縮」等現象定義「全球化」。

經濟全球化極大地促進了世界經濟的發展，同時也帶來了世界政治社會結構的重大變化。我們看到，圍繞國家與市場力量孰消孰漲的問題，國際學術界發生了激烈的辯論。

一派學者認為，以跨國公司為代表的經濟全球化的發展，導致了國家力量的下降。過去更多的是國家控制跨國公司的發展，現在則是跨國公司主導國家政策的方向。資本「用腳投票」，造成了「競爭性自由化」（competitive liberalization）的世界性壓力，迫使國家為適應競爭而遷就跨國公司的種種要求。英國學者羅能·帕蘭（Ronen Palan）指出，全球政治經濟的變化反映在國家與市場關係的變化上。全球經濟力量超過了國界，市場力量開始「主導」各國政策的制定過程，國家的作用更多地體現在為本國公司開拓國際市場空

間，為提高公司的競爭力創造條件。因此，他反對國家與市場的兩分法，堅持認為現實世界實際上是「國家服務市場」的市場中心的一元化觀點。[10]

　　但是，另外一派認為，國家本身就是經濟全球化的「發起者」，同時國家對於全球化發展具有很大的適應性。英國學者約翰・斯托普福德（John Stopford）指出，「全球化」的力量並未像某些人聲稱的那樣，即在所謂「新秩序」下國家權力弱化到微不足道的地位。他認為，相反，經濟的發展「必須在國家政權創造的氛圍中才能繁榮」。在新秩序下，國家之間的競爭「更多的是爭奪能夠保持內部穩定和社會團結的統治地位，而不是進行海外征服或者防衛進攻的統治地位。」[11]美國學者琳達・韋斯（Linda Weiss）也堅持認為，「全球主義者不僅誇大了國家無能的程度，而且也失之於過分概括，沒有看到不同國家的不同反應。實際上，處於動態的經濟和國家間體系中的現代國家，適應性是其實質。在全球化進程中，民族國家的作用不是更小而是更大了，不是在阻滯發展而是在推動進步。」[12]

　　經濟全球化深化發展及其在發展過程中出現的諸多困難，表明在世界政府遙遙無期的情況下，我們依然需要國家發揮重要作用。國家與市場之間儘管存在著一定的緊張關係，但它們並不是一種對立的關係，而且更可能是一種相互適應、相互配合的關係。國際輿論普遍認為中美兩國是本輪經濟全球化受益最大的兩個國家，無論是作為發達國家代表的美國，還是作為最大發展中國家的中國，國家與市場、政府與企業之間的相互促進作用都是相當明顯的。中美經濟發展再次證明，國家與市場可以形成一種彼此受益的關係。

---

[10] See Ronen Palan and Jason Abbott, *State Strategies in the Global Political Economy*, London and New York: Pinter, 1996, chapter 1.

[11] 約翰・斯托普福德、蘇珊・斯特蘭奇：《競爭的國家，競爭的公司》，社科文獻出版社，2003 年版，第 2-3 頁。

[12] 琳達・韋斯：「全球化與國家無能的神話」，載王列、楊雪冬編譯：《全球化與世界》，中央編譯出版社，1998 年版，第 94 頁。

　　經濟全球化的發展帶來的最大變化發生在「社會」層面。主要表現在，國家間經濟競爭日益激烈，迫使國家削減社會福利，從而增加了社會風險。企業「用腳投票」的結果，侵蝕了二戰以來構築的西方福利社會體系。按照美國學者約翰‧魯傑（John Ruggie）提出的「內嵌式自由主義」（embedded liberalism）理論的看法，第二次世界大戰之後西方國家之所以能夠不斷推進貿易自由化的進程，主要原因在於各國國內建立了普遍的社會福利體制，為開放貿易帶來的衝擊提供了社會安全網，從而避免了進口衝擊導致保護主義上升、保護主義最終導致國家間衝突悲劇的再度發生。魯傑認為，二戰後西方建立起來的以布雷頓森林體系為中心的國際經濟秩序，「迥異於 20 世紀 30 年代流行的經濟民族主義，它是多邊主義的、開放的，但又並未推行純粹自由放任的政策，它還要求政府的干預。」也就是說，二戰後建立起來的福利國家體系是與多邊貿易體制相配套的政策，其中的關鍵就是，國家保留實行社會政策的權力與能力。[13]西方國際政治經濟學學者有一個共識，即「以鄰為壑」的貿易保護主義是導致第二次世界大戰爆發的重要根源。當時保護主義情緒之所以愈演愈烈，就在於各國普遍缺少健全的社會保障體系，民眾中廣泛存在的不安全感加之極端民族主義的蠱惑，催生了德、意、日法西斯政權的出現。

　　1980 年代末以來，經濟全球化與貿易自由化給西方福利國家帶來的衝擊是空前的，無論是在推行高社會福利政策的北歐，還是在福利本身就不多的美國，政府為了適應國際競爭的需要，均採取了降低福利的政策。也就是說，在國際競爭面前，國家更多地認同於公司競爭與投資者的要求。結果，「福利國家」遭到了很大的削弱。有關福利國家面臨的挑戰，西方學者已經有了許多的論述。

---

[13] John Gerard Ruggie, "International Regimes, Transactions and Change: Embedded Liberalism in the Postwar Economic Order," *International Organization,* 36 (1982), pp.379-415.

　　英國學者蘇珊・斯特蘭奇提出，當代國家的權力主要表現在三個方面：第一是防務權，以確保社會免於暴力的侵害；第二是金融權，以維持貨幣的穩定；第三是提供福利，以確保大量財富的某些收益能轉到老弱病窮者手中。社會福利服務是國家權力的極其重要的體現，「這對於資本主義市場經濟來說也是特別必要的，因為在這種經濟環境中，世界體系往往使富人變得更富，使他們與社會條件低下者的差距越來越大。」她認為，當前國家的權力在第二、第三方面遭到了極大的挑戰。[14]

　　美國經濟學家丹尼・羅德里克（Dani Rodrick）在《全球化走得太遠了嗎？》（該書被美國《商業周刊》評為十年來「最重要的著作」）一書中分析了社會福利制度當前遭到的挑戰及其根源。他指出，經濟全球化時代貿易、投資壁壘的減少，加劇了能夠直接或間接（例如通過「外包」）跨越邊境的集團（主要指資本所有者、高級技術工人和專業人士）與不能跨越邊境的集團（主要是非熟練或半熟練技術工人以及多數中等管理人員）之間的權力不對稱。「全球化從根本上改變了雇傭關係」。[15]如果把當前全球化的發展與 19 世紀末 20 世紀初的全球化加以比較，我們就會發現，兩者在生產要素流動性方面的差別。19 世紀的全球化生產要素如資本、勞動均可以流動，而當前的全球化則以資本可流動、勞動力不可流動為特徵。資本的「可流動性」與勞動力的「不可流動性」構成了當前全球化諸多矛盾的總根源。

　　同時，經濟全球化也使得政府提供社會福利變得越來越困難了。提供社會福利是戰後西方國家的主要功能之一，是維持社會團結，民眾支持戰後經濟自由化的主要動力。羅德里克指出，那些經

---

[14] 蘇珊・斯特蘭奇：「全球化與國家的銷蝕」，美國《當代史》，1997 年 11 月號，載王列、楊雪冬編譯：《全球化與世界》，中央編譯出版社，1998 年版，第 118 頁。

[15] Dani Rodrik, *Has Globalization Gone Too Far?* Washington, DC: Institute for International Economics, 1997, p.4.

濟最開放的國家如瑞典、丹麥和荷蘭，恰恰是國內收入「轉移支付」比例最大的國家。他強調，在經濟越來越開放、越需要化解開放帶來的風險的情況下，社會福利水平卻在資本流動的壓迫之下不斷下降。但是，人們對於國家承擔社會福利的期望值依然很高。他認為，如果不能明智地和創造性地管理這一緊張關係，那麼，開放市場的「國內共識」最終將會大大削弱，從而使當前經濟全球化再次陷入危機。[16]在經濟自由化與福利國家關係的問題上，不同學科的專家均持有十分相似的看法。

　　當今世界蓬勃發展中的反全球化運動證實了以上學者的擔心。經濟全球化的不平衡發展，激發了世界範圍的反全球化聲浪，在西方發達國家尤為嚴重。不同目標、不同價值觀、不同利益訴求的組織聯合起來，反對經濟自由化，反對作為經濟全球化象徵的世界貿易組織（WTO）、國際貨幣基金組織（IMF）、世界銀行（WB）以及西方國家首腦峰會（G-8）。所有這一切都說明，我們必須把「社會」維度納入到國際政治經濟或全球政治經濟的分析框架中，國家與市場兩維度的分析方法確實不能滿足全球化發展的要求了。

　　經濟全球化的發展及其挑戰也同樣影響到中美兩國。前面已經講過，美國和中國被公認為經濟全球化的最大受益者。但是，美國卻是反全球化力量最為強大的國家，1999年反全球化運動使得世界貿易組織西雅圖部長會議發起「千年回合」談判的計劃流產，就是重要的明證。美國是世界貿易組織的主要創始國，是多邊貿易組織新的市場開放協定的主要提出國，美國也是 WTO 推動的市場開放的主要受益方。但是，美國公眾卻對 WTO 產生了高度的懷疑，1995年美國簽署加入 WTO 的協定時，美國國會甚至提出幾個附加條件，以便美國保有隨時退出該組織的靈活性。

[16]　ibid, pp.5-6.

　　根據華盛頓國際經濟研究所（IIE）的研究，1945 年以來，美國經濟因與世界經濟的不斷融合，財富每年增加約 1 萬億美元，即美國每個家庭平均收入增加了約 9,000 美元；全球化使得美國的財富增加了 10%。如果實現全面自由化，美國經濟每年還會增加 5,000億美元。在損失的一方面，因貿易下崗的工人在某個特定年份裏蒙受的終生工資損失約為 540 億美元。[17]另外，中美互為最大的貿易夥伴之一，「中國製造」的物美價廉的商品每年使美國消費者節約2,000 億美元；更有甚者，美國投資者從在華投資中獲取了巨大的利益。但是，儘管如此，美國不少利益集團和為數不少的國會議員在整個 90 年代不斷試圖取消給予中國的「最惠國待遇」（後來改為「正常貿易關係」）；2000 年，在給予中國永久性正常貿易關係地位（PNTR）的問題上，美國行政部門和工商界發起了有史以來最大規模的遊說運動，才使這一法案獲得通過。即使在中國「入世」之後，美國國內反對對華正常貿易的利益集團仍然在不斷的活動。上述現象表明，在美國對外貿易政策、中國與美國的經貿關係中除了國家與市場的維度外，還有一個十分重要的「社會」維度。要解釋上面種種看似矛盾的現象，我們就必須瞭解「社會」維度，瞭解在社會維度中發揮作用的諸多行為體，瞭解它們得以發揮作用的內外條件。

第五節　中美利益集團政治的比較：模型與體制

　　美國、中國作為參與經濟全球化的重要國家，兩國經濟國際化的水平在過去 20 年中均有很大的提高。以對外依存度，即以進出口占 GDP 的比例來看，中國的對外依存度從 1978 年的 13% 上升到 2005

---

[17] 參見 Fred Bergsten, ed., *The United States and the World Economy: Foreign Economic Policy for the Next Decade*, Washington DC: Institute for International Economics, 2005；I.M.戴斯勒：《美國貿易政治》（王恩冕、於少蔚譯），中國市場出版社，2006 年，第 328 頁。

年的 80%。美國的對外依存度 2005 年也上升到 21%。國際經濟因素早已成為中美兩國經濟發展不可或缺的重要動力。

一、貿易政治的模型

從總體上講，中美貿易最適合於用大衛・李嘉圖提出的「比較優勢」的經典模型與赫克歇爾—奧林資源稟賦模型（the Heckscher-Ohlin Theorem）進行解釋。中美之間的貿易互補性極強，兩國均能從雙邊貿易中獲得巨大的利益。

但是，這兩個模型不能解釋，為什麼在中美貿易均使雙方獲得巨大利益的情況下，仍會存在強大的反對中美正常貿易的勢力。這是典型的「貿易政治」問題，在這個問題上我們可以求助於另外兩個模型，即斯托普勒—薩繆爾遜模型（the Stopler-Samuelson theorem）和李嘉圖—維納貿易模型（the Ricardo-Viner model of trade）。

斯托普勒—薩繆爾遜模型解釋了在開放貿易的情況下，一國國內為什麼會產生反對開放貿易的集團和支持開放貿易的集團。其基本解釋是，在開放貿易的情況下，相對匱乏的生產要素面臨進口商品與服務的競爭，收入將下降，故而他們反對開放貿易，比如在美國勞工與勞動密集型產業往往是貿易自由化的反對者；相反，那些相對豐裕的生產要素則會因貿易自由化而受益，他們自然成為支持貿易自由化的力量，比如美國的高科技產業。斯托普勒—薩繆爾遜模型的基本假定是，勞動、資本等生產要素可以在產業間自由流動。

李嘉圖—維納貿易模型，又稱之為「特別要素」模型（the specific-factors model），它提出：在至少有一個生產要素不能流動的情況下，與進口競爭部門有關的所有要素的收入均下降，相反，出口導向型產業收入則提高。該國的利益集團政治，將主要體現為進口產業與出口產業之間的衝突。[18]

---

[18] 有關不同貿易政治模型的比較，有關論述參見 Jeffrey Frieden and David Lake, eds., *International Political Economy: A struggle for power and wealth*, Peking

以上兩個貿易政治模型具有重要的理論與現實意義。它們較好地解釋了為什麼在中美兩國均能從開放貿易中受益的情況下，還會產生反對貿易自由化的政治力量。它們告訴我們，兩國間不斷開放的貿易，必然產生貿易調整的問題：美國相對豐裕的資本、人力資本和土地密集行業受益最大，相反，勞動密集型產業如紡織業等將不可避免地遭受衝擊。相應地，中國的比較優勢體現在勞動密集型行業如紡織業上，他們迫切希望美國能夠遵守 WTO 紡織品成衣貿易自由化的協定，不再給中美紡織品貿易設置障礙，而中國的資本密集型工業企業、土地匱乏的農業則希望國家提供保護，減少美國進口產品的衝擊，至少應給予它們更長的過渡保護期。

二、政治體制與貿易政治

為了保護自己的利益，或為了促進自己預期利益的實現，從開放貿易中獲益或受損的利益集團自然而然傾向於通過政治活動，影響兩國對外經貿政策的制訂過程。但是，利益集團活動的空間、形式與對政策的影響力與不同國家的政治體制有很多的關係。

中美政治制度不同，因此，利益集團政治的表現與作用也不盡相同。

美國是利益集團政治最為發達的國家。美國的政治體制保障並鼓勵利益集團在公共政策與社會生活中發揮作用。無論是外交政策、貿易政策，還是國內問題（墮胎、槍支管理等），利益集團均有很大的活動空間。

美國貿易政治的基本特點可以歸納為「衝突型政治」，任何一項公共政策都是在不同利益集團的激烈競爭下，在利益集團與立法機關、行政部門之間艱難的討價還價的基礎上達成的。利益集團的競

University Press, 2004.

爭應當說是「實質性」的，遠非所謂「唱白臉」或「唱紅臉」的政府與利益集團相互配合所能概括的。

美國憲政體制是鼓勵利益集團政治發展的關鍵體制因素。美國憲法的內容十分豐富，200 多年來基本框架與主要內容並無大的修改。三權分立的基本權力架構與競爭性選舉體制是美國利益集團政治欣欣向榮的基礎。從政治體制與政治文化的角度作具體分析，我認為有以下一些原因：

第一，憲法保護人權條款，包括言論自由與結社自由，這是利益集團大量產生並存在的法律依據。憲政體制鼓勵保護利益團體參與決策的權利。

第二，三權分立的政府體制缺乏一個統一的權力集中體制，一切權力來自憲法。憲法雖然處於最高權威地位，但憲法只是大的原則。這一體制鼓勵美國立法、行政與司法體系之間相互制約、相互牽制，為利益集團的影響提供了空間。

第三，周期性選舉以及參選人對於政治資金的需求為利益集團「實質」參政提供了肥沃的土壤。定期而頻繁的各級選舉是美國政治過程的重要環節，是推動政策變革的主要力量。國會選舉兩年一次，總統大選四年一次，地方各級政府和重要官員選舉不計其數。但是，除了總統選舉有政府補貼外，其他各級選舉經費主要靠自籌方式解決。因此對於政治家來說，尤其對於任期只有短短兩年的眾議員來說，本次競選的結束即意味著下次競選籌資活動的開始。他們自然而然成為各類利益集團通過政治捐資影響政策的主要途徑。在任議員的競選資金主要來自本選區的國防合同承包商、農業利益集團、勞工集團以及選區中重要的製造業廠商。美國龐大的專業遊說團體更是有目的地向議員提供政治資金。美國金錢政治的結果必然是，利益集團為美國決策設定議題，它們之間的博弈競爭決定政策的結果。

第四，後冷戰時期，美國對外政策與決策過程更加多元化。冷戰時期，反共與國家安全的冷戰目標成為約束國內利益集團活動的制約性因素。但是，冷戰的結束在某種程度上打開了美國國內利益集團政治的「潘多拉盒子」，利益集團參與公共決策的角逐越來越激烈。正如一位在華盛頓思想庫工作的美國學者指出的，美國內外決策機制前所未有的複雜化，參與其中的利益集團在數量上達到前所未有多的程度，決策多元化成為一種被動的、無可奈何的選擇。[19]

後冷戰時期美國外交政策在議題上發生了重要的變化，從過去國家安全壓倒一切，到現在多元目標並存。後冷戰時期，美國外交至少強調三大價值目標，即安全、人權與經濟。比如，主張維護美國傳統安全或美國國際支配地位的集團往往強調，加強出口控制有利於美國的國家安全，而關注經濟利益的集團則強調放鬆出口管制最有利於美國的國家安全。後者認為，在有關先進技術產品在其他國家同樣可以得到的情況下，美國保持出口管制措施只會使美國公司白白丟掉國際市場。美國國際經濟競爭力的下降將最終損害國家安全利益。

第五，當代資訊技術的進步大大降低了利益集團的動員、組織成本，美國政治更加「草根化」、基層化、地方化。過去受活動經費限制的小集團因此獲得了巨大的能量，較小規模的利益集團之間的結盟變得更加容易。正因如此，利益集團迫使政治領導人「屈服」的能力也相應大大增強了。要求人民幣升值的「中國貨幣同盟」（China Currency Coalition）實際上就是眾多中小利益集團的臨時性結盟，但是，沒有當代資訊技術的奧援，他們發揮當前的政策影響力是難以想像的。

中國的利益集團政治當前正處於發展壯大的階段。中國利益集團政治的發展，是市場經濟下利益「細化」、「分化」，利益矛盾與衝

---

[19] 作者與美國企業研究所（AEI）研究員、國會美中經濟安全審查委員會委員卜大年（Dan Blumenthal）的討論，美國夏威夷，2006年6月。

突加劇造成的，同時也是社會日益開放、特別是中國融入全球經濟
的一個必然結果。中國學者王逸舟對此作了深刻觀察，他指出：「中
國的市民社會，正是在這種政治氣氛和環境下逐步成長起來的。作
為一種經濟、社會現象，市民社會產生於市場經濟的土壤上。市場
經濟在中國社會結構轉化過程中成為重要的推動力，新的觀念和思
想的產生以承認個人的自由和法權為基礎。在中國，『市場』確實
成為『國家與社會』良性互動的重要仲介。」[20]在對外經濟關係當
中，中國加入 WTO 的談判過程以及「入世」後社會的發展變化，
展現了中國涉外利益集團政治不斷發展壯大的現況。我認為，中國
利益集團政治的發展有以下一些特點：

　　（一）憲法權威的不斷提高，各種與市場經濟、人權保障等相
關的法律法規的出臺，正在構成利益集團政治的法律框架。

　　（二）大眾傳媒的興起為不同利益集團提供了表達理念、主張
與利益訴求的巨大平臺，這一平臺又成為聯絡、動員共同或相似利
益群體的重要渠道。

　　（三）涉外經濟團體「組織化」獲得了長足的發展，包括各類
企業協會、進出口商會、投資協會等層出不窮。各級政府起到了重
要的鼓勵與組織作用。

　　（四）外國在華投資貿易企業及其組織成為影響中國對外經濟
政策制訂的重要利益集團。在中美經貿方面，不僅中國美國商會、
美中貿易全國委員會等大型的公司團體組織成為與中國政府溝通、
保護美國投資企業在華利益的主要渠道，而且那些外商投資專業協
會，如掛靠在外國投資企業協會下的外國投資醫藥企業協會也開始
發揮重要作用，影響公共輿論和政府政策的制定。

　　不過，中美利益集團政治仍然有很大的差距，這一差距主要體
現在政府與利益集團之間的力量對比上。中國政府具有相對的「獨

---

[20] 王逸舟：〈市民社會與中國外交〉，《中國社會科學》，2000 年第 3 期，
　　第 31-32 頁。

立性」，對於對外經濟事務的權力相對集中，利益集團則處於一種弱勢的地位。美國的對外經濟政策受到利益集團的制約更為明顯，很多涉外經濟決策就是由某些利益集團發起的，這種情況反映了美國政策體制中行政、國會與利益集團「分享」決策權的本質特徵。

第六節　跨國利益集團的出現與中美經貿政治

中美經濟相互開放、彼此滲透，延長了各自國內利益的鏈條，中美間共同利益正在超越民族國家的邊界，形成了中美間「跨國」利益集團政治的現象。這方面的例子很多，比如，美國政府與企業在中國「入世」談判中要求中國最大程度地開放市場，實行非歧視性待遇，經貿政策最大程度透明化。美國在華企業無疑是其中的受益者，但是，中國公司特別是民營企業也同樣是這些開放措施的受益者。在中國加入 WTO 前，中國民營企業在市場准入上受到國家規制政策的很大限制，限制進入或不能進入的高盈利行業達到 30 多個。也就是說，美國要求中國市場的開放，同時成為中國企業約束國家規制權的重要外來因素，自然逐漸受到中國企業的理解與歡迎。隨著美國在華投資企業的增多，類似的現象正變得越來越多。

有關所謂「跨國利益集團」的問題，中外不少學者已經做了某些研究，但是應用在中美案例中的還較少。

有關「跨國利益集團」的定義，有的主張相對狹窄一些，把它定義為既非政府也非經濟類型的利益集團，主要包括非營利組織。[21]也有的把它定義為跨國統治階級的聯合，如新葛蘭西主義的看法。[22]我認為，為方便起見，對於跨國利益集團或聯盟，採納一個寬泛的

---

[21]　比如蘇長河等傾向於認為，跨國利益集團應該排除經濟組織，見蘇長和、朱鳴：〈世界政治中的跨國利益集團〉，《現代國際關係》，1998 年第 11 期。
[22]　參見王鐵軍：〈新葛蘭西主義對國際關係理論的創新〉，《歐洲》，2000 年第 1 期。

定義將是一個明智的研究策略，因為我們的關注焦點是在「跨國」上，這不同於國內範疇的研究。因此，這裏的定義既包括國家政府間在利益目標、意識形態上相近以及建立在政府領導人個人關係上的政治聯盟關係，也包括所謂「公民社會」；既包括私人經濟組織，也包括眾多非經濟類的非政府組織的聯合或結盟。

在國際政治經濟學的研究中，無論是左派還是右派都關注跨國利益集團的影響，經濟全球化的發展更使這一問題成為研究的熱點。比如新功能主義（neo-functionalism）代表人物理查德‧哈斯（Richard E.B.Haas）在有關歐洲一體化的研究中就強調，所謂「超國家主義」（supranationalism）來源於跨國利益集團、跨國機構包括聯盟機構及其官員集團的聯繫，由於他們相互之間的支持和聯繫加強了成員國之間的共同利益。他們還強調議題的非固定化以及「溢出效應」等方面的作用。[23]

新自由制度主義學派則強調從全球社會和跨國關係的發展，從各國間相互依賴關係的加深來理解國際關係。他們的研究強調國際組織、跨國利益集團日益上升的重要性，強調國家之間存在多重目標並在諸多領域存在廣泛的共同利益。國家之間固然仍然基於理性主義的原則追求利益最大化，但是存在通過建立制度實現國際合作的可能性。[24]這裏國際制度與國際合作的實現的基礎來自於跨國利益集團和國際組織。

新馬克思主義是進行跨國利益集團政治研究最早也最系統的流派。他們認為，全球化是西方跨國公司、跨國利益集團與西方國家政府共同推動的結果。新葛蘭西學派代表學者羅伯特‧考克斯在《生

---

[23] See Richard E.B. Haas, *The uniting of Europe: Political, social, and economic forces, 1950-1957*, Stanford, Calif.: Stanford University Press, 1958; Leon Lindberg and Stuart Scheingold, *Europe's world-be polity: patterns of change in the European Community*, Englewood Cliffs, N.J.: Prentice Hall, 1970.

[24] 參見何曜：〈國際關係理論的合理性與局限性〉，《美國研究》，2001 年第 1 期。

產、權力與世界秩序》一書中建立了一整套有關跨國利益集團與國際秩序的理論。考克斯提出，生產關係的結構構成了整個世界秩序的物質基礎。生產結構是階級結構的基礎，占支配地位的階級以自己的意識形態操縱國家機器，並以此決定國家的性質。他認為，如果生產關係的模式及其代表階級是國際性的，那麼，它們就能夠把支配性的影響擴展到世界秩序中，從而成為世界秩序的支配者。單個國家的生產通過與世界市場的聯繫融入世界生產體系中，支配性大國的統治階級與外國統治階級結成同盟，並以共同的意識和利益形成一個全球階級。[25]在此之前，一些新馬克思主義學者從資產階級「跨大西洋聯盟」的角度論述過二戰後西方主導的世界秩序。但是，隨著市場經濟觀念的普及和經濟全球化的發展，處於支配地位的跨國利益集團不僅包括發達國家，還包括了發展中國家中認同開放經濟的勢力。跨國利益集團的聯盟是全球化的政治基礎。

　　在應用跨國利益集團的概念來說明中國與美國的經貿關係的背後動力時，我們可以從自由主義和新馬克思主義理論流派中汲取有用的營養成分，豐富我們的分析框架。

　　中美兩國社會精英在意識形態方面的差距在逐漸縮小。中美對於市場經濟的認同也在不斷接近，對於經濟全球化的看法彼此相似，中美在經濟政策理念上的差距也越來越小了。中美兩國在政治體制與意識形態方面的看法也在縮短距離。美國對華懷疑派往往忽視一點，即中國在進行經濟轉軌的同時，在意識形態上也進行了很多大膽革新；在政治方面，中國不斷推進民主政治與法制建設，「法治」、「透明度」、「責任政府」、「聽證會」等已經成為中國人耳熟能詳的政治辭彙。胡錦濤主席在 2006 年 4 月訪美時曾指出，沒有民主就沒有現代化，預示中國將加快中國特色的民主政治體制的建設。

---

[25]　羅伯特・考克斯：《生產、權力、世界秩序》，世界知識出版社，2004 年；王鐵軍對新葛蘭西主義理論作了很好的概括，見王鐵軍：「新葛蘭西主義對國際關係理論的創新」，《歐洲》2000 年第 1 期。

　　在經濟方面，中美多數的經濟組織認同全球化，認同競爭、自由貿易與開放投資的理念。由於中美經濟相互滲透，中美之間正在形成彼此連接的價值鏈條。比如，在 2000 年爭取給予中國永久性正常貿易關係地位（PNTR）的過程中，美國行政部門與跨國公司等相互結盟，共同遊說國會，反對貿易保護主義陣營的阻撓。中國出口商和投資商自然是其中的受益者。美國學者注意到，在眾議院高票通過給予中國 PNTR 後，中國領導人第一時間給柯林頓總統打去「感謝」電話，研究分析指出，「這在過去是沒有的」。顯然，柯林頓政府主要為美國的利益在努力，但是，同時也有助於保護中國在美經濟與政治利益。

　　中美上下游生產過程的「一體化」也使得兩國的利益進一步融合在一體。比如，中國進口作為中間產品或經營中國產品的美國企業，顯然希望看到中國與美國的經貿關係的穩定，他們反對貿易保護集團提出的反傾銷等方面的措施，其自身的利益促使他們與中國的出口商與生產商站在一起。在中國方面也正在出現越來越多類似的情況，中國國內企業發起針對美國鋼鐵、化工原料、新聞紙等產品的反傾銷案，獲得了中國商務部的支持，裁定傾銷成立。但是，一旦實施反傾銷關稅必將加大那些把美國進口產品當作中間品的其他中國企業的生產成本。正是這些中國進口企業聯合起來向政府施加壓力，反對徵收反傾銷稅，或為他們網開一面，免徵他們使用產品的反傾銷稅。在這些案例中，我們可以說，中國廠商是美國出口商的最好支持者。隨著兩國經濟關係的進一步密切，類似的利益交叉乃至結成共同利益同盟的案例將會越來越多。[26]

---

[26] 美國學者甘思德（Scott Kennedy）對類似問題作了很好的研究，見 Scott Kennedy, "China's Porous Protectionism: The Changing Political Economy of Trade Policy," *Political Science Quarterly,* Volume 120, Number 3(2005), pp.407-432.

中美社會相互開放度越來越大，兩國公民社會的交流與合作越來越多，促進了雙邊公共利益集團之間合作。當前，兩國公共利益團體在教育、環保、勞工權利、公司社會責任的交流越來越多了。他們彼此交流與合作促進了兩國人民之間的理解，同時，也將發揮中美公共利益團體對兩國經濟決策的有益影響力。

第七節　解構中美經濟相互依賴與安全關係的難題

中美關係被廣泛認為是 21 世紀最重要的雙邊關係，影響整個國際關係的走向。當前國際關係理論學者面對一個重大的理論困惑，即如何解釋當前中美關係的發展。主要是因為，中美差異與共同利益都存在，對於現存的國際關係理論的解釋提出了挑戰。如果從政治制度、意識形態的角度看，中美關係難以維持，有可能導致一種衝突的關係；從現實主義角度看，中美關係存在維護霸權和挑戰霸權的危機，可能導致西方學者所謂的霸權的衝突。但是，兩國的共同利益又在不斷增長，特別是在經貿領域中，美國跨國公司在中國市場與中國企業、中國國家正在形成一種「共贏」的關係。一個關鍵的問題就是，經濟交往、相互依賴的發展能否促進兩邊關係的發展與國際合作和平？在什麼樣的情況下，中美關係才能朝向和平的方向發展？

國際關係理論不同流派對於中美關係提出了各自的解釋。現實主義強調：中國作為大國的崛起，必然會對美國的霸權地位提出挑戰，因此，他們認為，最好的辦法是對中國加以防範。新現實主義的相互依賴理論強調：國際相互依賴關係中國家間爭奪權力的鬥爭並沒有變化，變化的只是權力鬥爭的形式。

在自由主義方面，既有有關相互依賴的廣義的解釋，即經濟相互依賴帶來各國政策的理性調整，相互依賴要求相互協調合作，維護和擴大共同利益。但是，自由主義在另外一面，又強調所謂「民

主和平」論，強調民主國家不打仗，強調民主價值觀的推進對於世界和平的重要性。

建構主義則強調，對於國家利益、兩國關係的看法是一個不斷建構的過程。中美關係的變化是事實，挑戰是存在的，但是，關鍵看兩國權力精英與國民如何相互溝通，如何縮小認知的差距。

理論的分歧也反映在中美兩國對外政策的分歧上。面對全球化世界不斷加強的經濟相互依賴，中美之間的政策選擇的差異耐人尋味。中美政策都同時存在現實主義、自由主義和建構主義的成分，但是，它們在國家對外戰略的影響是不同的。比如，美國當前的對外政策帶有明顯的權力政治的烙印，美國堅持傳統現實主義、保持軍事優先加上意識形態的解決方案，引起了世界的動盪。美國一些溫和派提倡採取基於所謂「軟權力」的政策，但是這些政策的最深層考慮仍然是維護美國對世界的支配地位。中國的國際理念與對外政策則朝向相反的方向運動，不斷朝向經濟自由主義轉變，即相信相互依賴能夠解決國家間矛盾與衝突，並通過參與多邊主義和地區經濟合作來實現自己的利益目標。中國對外政策的發展對於世界的穩定與有序化發展產生了良好的影響。

中美外交政策理念的差異是由多種複雜的因素造成的。這些因素可以包括：

（一）中美在國際體系中的地位不同，美國更多的想維護在體系中的支配地位，而中國則處於上升的階段，採取國際合作的政策將有助於化解中國實力上升過程的外部阻力。

（二）歷史文化傳統的不同也是重要的原因。

（三）也許最主要的一個原因是，國家中心主義對於美國外交政策和國際關係理論的影響。國家中心主義的結果是只重視國際結構的變化，國家間實力分布與權力分配的變化，而忽視了全球化發展帶來的社會經濟政治利益相互交叉的現實，忽視了在競爭、鬥爭的過程中出現的共同利益不斷擴大的現實。國家中心主義的偏見不

糾正，就無法解開經濟相互依賴與大國爭霸政治兩種理論給中美關係的解釋造成的困惑。

（四）具體到中美關係，我們也能看到美國外交思想與不斷變化的現實之間的脫節現象。全球化正在改變中美關係的現實，中美共同利益與跨國利益集團的興起，已經成為影響兩國外交與安全關係定位的重要因素。但是，不少美國人的外交理念仍然局限於過去。試想，如果沒有大規模的貿易投資運動，那麼，中美關係僅按照一些主張所謂霸權與挑戰霸權的現實主義邏輯發展，所謂「爭霸」戰爭似乎不可避免。這種現實主義權力政治觀，以美國學者提出的所謂「進攻性現實主義」為代表，對美國對外政策產生了很大的誤導。一些深受現實主義影響的中國學者也似乎傾向於認為，中美間難免一戰。

美國強烈關注中國的崛起給美國帶來的外部挑戰。美國對中國的擔心包括：

（一）中國成為超級大國可能威脅美國現有的國際霸權地位。中國在人口、國土規模、經濟潛力、地緣政治地位等方面，是唯一一個可能對美國構成挑戰的國家。

（二）中國代表著不同的意識形態、價值觀念、發展模式，與美國當前倡導的發展模式與意識形態差別很大。其中最主要的一點是，中國仍然是由共產黨執政的國家。

（三）美國全球化帶來了美國產業必須做出的調整，造成了一部分利益受損者。同時，他們也擔心，中美貿易與投資關係過於密切，將加大美國對中國產品與科技的依賴，最終對美國的國家安全造成威脅。

（四）美國擔心中國國家的作用太強，導致美國在中國的競爭中失利。比如，美國當前認為，中國一系列產業政策不符合 WTO 的有關規定，中國的「技術民族主義」將形成對美國的技術領先地位的挑戰。

（五）美國認為中國市場不夠開放，造成美國向中國出口的困難，相反，美國市場開放，接受中國的出口產品多。

（六）美國認為中國政府體制是個重要障礙，對於美國投資者來說，是個「迷宮」，中國的商業環境具有很大的不確定性。

（七）中國出口企業與對外投資企業很多屬於國有企業，它們代表了政府政策的企圖，是實現國家利益目標的工具。那些股份制企業與私人企業，也能夠從中國政府獲得大量優惠貸款，比如，對於聯想、中海油併購的批評等等。

美國上述看法存在不小的片面性，沒有看到中國體制的複雜性。中國既有強調國家利益與政策統一的一面，同時又缺乏一個統一協調的機制，部門利益、地方利益、中央與地方的利益之爭已經使中國成為發展中國家最為開放的市場。最明顯的一點是，地方的開放程度往往會超過中央政府對外承諾的程度，中央政府在宏觀經濟調控方面的部署經常為地方引進外資、創造政績的衝動所打破。因此，為了降低美國人對中國發展模式的疑慮，有必要讓他們全面瞭解中國體制的特點。

中國也存在著對美國不信任的現實主義政治經濟觀，呼籲謹慎開放，在國家與市場的關係上，強化國家的作用。比如，經濟學家楊帆提倡「新國家主義」的發展觀。他指出，中國經濟實力的進一步增長，必須有國家的保護與支持。他認為，保護主義是西方發達國家經濟發展的基本經驗，「歷史上四個最大的市場經濟國家，英國、美國、德國和日本，都是在貿易壁壘的保護下工業化的。」他認為「以市場換技術」的引資策略是失敗的，這一策略損害了民營企業的利益，使得中國喪失了對於核心技術的佔有。但是，他也指出，他所主張實行的「全球化背景下的新國家主義」並不是完全的保護主義。這一政策有兩方面的特點：第一，承認全球化和市場化的基本規律並且積極參與。國家應當主導創造比較利益，國家支持企業進行根本性的技術創新，力爭多掌握一些核心技術，並參與國

際標準的制定。中國的技術和工業體系應該是開放的，與國際合作的，但應具備自主性，不能被國際跨國公司所整合，納入他們的軌道。第二，國家對於企業技術進步的支持，主要不是通過計劃經濟和國有制，而是通過扶植國家戰略產業，如核、航空、航太、電子、機械、基礎科技發明，進行戰略物資儲備。[27]

中國學者王緝思提出，國際關係研究者未能很好地解釋經濟相互依賴對於中美關係的影響。他指出：「在研究中最經常遇到的問題是經濟相互依存是否能夠改變國家之間的政治戰略關係。以中美關係為例，從理論上講似乎經濟相互融合能夠帶來政治關係的穩定，但事實情況未必如此。如果用西方傳統現實主義或者『文明衝突』範式來觀察中美關係，中美政治衝突就難以避免。我國的分析家沒有那麼多兜圈子的概念，僅僅用『亡我之心不死』、『西化、分化』、『接觸加遏制』等寥寥數語就把中美政治問題點透了。那麼，中美經濟關係加強是否有利於消解政治對立？鄧小平等中國領導人說過，中美之間應當『增加信任、減少麻煩、發展合作、不搞對抗』說明通過相互溝通、相互理解，很多麻煩是可以避免的。這裏面是不是包含著『建構主義』的思想呢？用新自由主義、傳統現實主義、建構主義的框架來觀察中美關係，能夠得出非常不同的結論。」[28]這一分析有助於我們反思我們在解釋有關中美經濟相互依賴與安全關係上的困惑問題。

我認為，我們可以在總結國內─國際層次關聯互動的基礎上，深化解釋中美相互依賴關係的成長對中美安全關係的諸方面影響。其中，超越「國家中心主義」是關鍵。從中國與美國的經貿關係方面來考察國內─國際關聯互動，將能夠得出許多有啟發的觀察：

---

[27] 楊帆：〈中國企業界真的不需要國家主義嗎？〉，新浪財經，2006 年 5 月 16 日。

[28] 王緝思：〈國際政治研究中的理論與政策〉，「國際政治研究方法」研討會發言摘要，《世界經濟與政治》，2004 年第 1 期，第 20-21 頁。

　　首先，國內不同利益集團的競爭對對外政策制定產生了很大的影響，在經貿問題上利益集團的影響更為廣泛。外交政策、外經貿政策是利益集團之間、利益集團與政府決策者之間妥協的產物。

　　其次，在對外政策的制定過程中，國際因素或跨國因素越來越重要，主要是在經濟全球化時代加速形成了全球生產體系，而中美兩國已經成為全球生產體系中最重要的組成部分。跨國經理集團或國際商業集團成為重要的決策參與者。國外因素對於政策制訂的影響主要是通過國內代理人（利益集團）實現的。

　　第三，區域經濟一體化的影響。中國成為全球最大的加工貿易平臺，成為全球生產體系中重要的一環。中國吸引、利用外資的政策，促使東亞地區經濟體向中國轉移勞動密集型產業，這些國家和地區又繼續把美國市場作為其在華加工出口的目的地。中美直接貿易的迅速發展，就實質上講是整個東亞地區與美國貿易的擴展。美國當前擔心中國主導東亞經濟一體化過程，形成一個排斥美國的地區經濟集團，但是，它沒有看到中國—東亞—美國經貿利益交叉、交織在一起的新現實，決定東亞地區主義只能選擇開放的道路，美國手裏的諸多籌碼足以使其更加自信。

　　第四，中國經濟發展、對外貿易增加，又反過來推動中國進入另外一個全球體系，即國際能源、原材料加工、消費和保障體系。經濟增長推動了中國對於能源、原材料的需求，中國因素在一定程度上導致了國際能源、原材料市場價格的上揚，以及競爭的增加。中國需求對於國際能源、原材料市場的影響加大了，由此，也加大了有關供應國家在全球經濟中的影響力。美國感到來自「中國需求」的競爭主要有兩個方面：一是市場競爭；二是地緣政治影響力的競爭。當前，中美全球對話已把這一方面納入到議題之中。從某種程度講，中美在能源原材料領域的緊張關係是由於全球生產體系的擴張造成的，主要是一種市場行為，是經濟全球化的集中體現。但是，又反過來「傳導」到中美關係中，加深了中美之間的不信任。對於

兩國來說，用全球化的眼光審視中美能源、原材料的競爭關係，是一個符合實情的有用分析框架。試想，美國在華投資及美國對中國產品需求激增恰恰正是拉動中國能源、原材料需求的重要因素；另外，中美作為兩個最大的能源消費國可以通過合作，增加彼此對石油輸出國組織「歐佩克」（OPEC）能源生產國家的集體談判能力。

第五，「美國因素」已經成為影響中國國內政治經濟決策的重要因素。這一現象在中國對外經貿政策制定方面表現尤為凸出。在對外打開市場方面，美國政府與企業彼此密切合作，在中國市場開放、知識產權保護、中國技術標準的制定、文化市場的開放、直銷市場的開放等方面發揮著很大的作用。「美國因素」的影響還表現在中國安全政策、臺灣問題與內政問題上。比如，在安全政策上，美國要求中國增加軍事透明度，加大敏感技術與物質的出口管制；在臺灣問題上，美國施加很大的壓力，要求中國維持現狀；在中國內政問題上，要求中國承諾政治改革、保護人權等，均能得到直接或間接的積極回應。美國因素成為中國經濟社會與政治變革的重要「外在」推動力。顯然，中方看到了「美國因素」有利於中國長遠國家利益的一面。透過這些例證，我們發現，中美在許多關鍵的問題上的立場正在縮小彼此的差距。

美國因素作用於中國政策的途徑與手段也很值得探討。美國對華政策的手段包括了觀念、制度、威脅制裁、利誘、遊說等各方面的內容。美國是向中國傳播觀念最多的國家，中國進行改革與現代化建設，離不開這些觀念，在某種程度上，美國成為中國學習與效仿的最好物件。在國際事務方面，美國「引導」中國參與國際制度，同時通過談判的形式讓中國接受美國為主導的國際組織的規範，從WTO到武器非擴散條約均如此。在一些關係相對緊張的問題上，美方傾向於採取威脅制裁與利誘兩手。比如，在打開中國市場、保護知識產權方面，美國利用本國經貿法規包括「特別301條款」，利

用中國出口產品對美國市場的依賴，威脅制裁，從而改變了中國國內有關法律法規。整個 1990 年代，中美間充斥著這樣的摩擦與衝突。

第六，「中國因素」在美國政治經濟決策中的影響明顯增加，展示政策制定過程相互影響的一面。儘管這種相互影響是不對稱的，但是中國畢竟在不斷加大對美國國內外政策的影響力。比如，中國改革開放政策，增加了美國社會對中國的認可程度，加強了中國市場對於外國投資者的吸引力。中國在全球生產體系和國際貿易體系中地位的急速上升，使得美國政府與跨國企業十分重視在華商業利益，因而在整個對華政策上更加謹慎、積極。中國因素也使得美國投資者和東亞地區的投資者希望看到中美關係的穩定發展，這也是美國決策者不得不考慮的重要因素。另外，中國手中制約美國的籌碼在不斷增多，特別是中國購買美國國債以及中國手裏積蓄大量的美元資產，都使得美國決策當局更加重視中國的實際或潛在的影響力。[29]

中國與美國的經貿關係加深了兩國相互依賴關係，成為積極引導中美關係發展的重要力量。儘管這種關係的發展不能排除兩國爆發摩擦與衝突，但是，兩國共同經貿利益的上升明顯起到抑制衝突升級乃至發生質變的可能性。

比如，維持多邊自由貿易體制、維護全球市場的開放日益成為中美兩國的共識。中美在市場經濟、自由貿易等問題上的看法日益接近，有助於減少政策思想反差帶來的摩擦，增大合作的機會。

中美都有擴大合作、牽制國內保護主義的需要。中國利用加入WTO 推動了國內改革，美國則通過中國加入 WTO 緩解了對華「遏制」派與貿易保護主義派的壓力。中國加入 WTO 與給予中國 PNTR顯然是美國對華「接觸」派的重大勝利。

---

[29] 比如，美國夏威夷東西方中心推出了所謂「中國資本主義轉型」的研究課題。課題負責人 Chris McNail 認為，中國對於美國的金融實力在上升，可能迫使美國在很多問題上讓步。

　　中美經濟增長成為全球經濟的「雙引擎」，成為拉動全球經濟持續增長的重要動力。中美均希望維護全球經濟發展的勢頭，並認識到彼此合作的重要性。

　　儘管美國學者弗雷德・伯格斯滕（Fred Bergsten）等人認為，與1980年代美日經貿關係相比，中美沒有安全同盟關係，可能使雙邊貿易衝突更加激烈。[30]但是，兩國對於全球經濟的影響，兩國經貿關係的極大互利性，將有效地遏制中美經貿衝突的烈度。

---

[30] See C. Fred Bergsten, Bates Gill, Nicholas R. Lardy and Derek J. Mitchell, *China The Balance Sheet: What the World Needs to Know Now About the Emerging Superpower*, New York: Public Affairs, 2006.

第二章　經濟全球化加深下的
中國與美國的經貿關係

　　經濟全球化經過十年的發展之後，在人類邁入 21 世紀的門檻時，給世界帶來了更加深刻的變化。如果歷史學家今後回首 21 世紀之交，定會發現中美兩國發生的巨大變化決定了 21 世紀全球發展的總體格局。這兩個重大事件是：

　　其一，美國連續 100 多個月的「新經濟」繁榮與增長周期結束於 2001 年初結束，隨之而來的「九一一」恐怖襲擊極大震撼了美國與世界，暴露了世界最強大國家美國在安全上的脆弱性。接著美國捲入阿富汗與伊拉克戰爭，招致慘重的外交與軍事失敗。美國與伊斯蘭世界的尖銳對立短期內難以消除。

　　其二，中國在經過長達 15 年的談判之後，於 2001 年 12 月正式加入世界貿易組織（WTO），中國經濟迎來了第二次大開放，同時為調整中的經濟全球化增添了新的強大動力。在國際貿易與投資的作用下，中國經濟融入全球經濟的步伐大大加快。中國的開放與繁榮極具象徵意義，它預示著中國、印度以及其他發展中大國的經濟崛起，從而改變了全球經濟的格局。中、印等發展中國家正是借助全球化的推動力，發揮出經濟增長的潛能，並成為繼續推動經濟全球化深化前進的動力。

　　上述重大事件的影響仍然在持續發展著，其對 21 世紀全球政治經濟格局的影響力尚未得到完全釋放，目前仍難以判斷其最終結局。不過，有一點可以肯定，那就是全球經濟已從過去的「單引擎」（美國）轉變成為「雙引擎」乃至「多引擎」的發展格局，全球經

濟正因中國、印度等發展中大國的崛起而更加穩定發展，21 世紀全
球經濟的繁榮有可能持續更長的時間。

　　中國加入 WTO 的五年，也是中國與美國的經貿關係迅速發展
的五年，同時也是充滿爭議與摩擦的五年。美國貿易代表辦公室曾
在 2006 年初發布政策報告指出，中國與美國的經貿關係進入了一個
「新的」歷史階段。無論從任何指標看，這個判斷都是正確的。只
不過中美兩國的利益著眼點不同，中美強調的變化自然也是不同
的。美國政府強調，中美要建立「負責任的利益攸關者」的關係，
中國現在有義務、也有能力履行更多的國際責任，美國將加強監督
中國落實 WTO 的有關協定。另一方面，中國政府則強調繼續抓住
「戰略機遇期」，深化改革，擴大開放，加快發展，爭取中國經濟邁
上新臺階。

第一節　經濟全球化的曲折前進

　　1990 年代以來經濟全球化不斷加速發展，我們可以把它視為美
國在二戰後倡導建立的自由貿易、經濟自由化的思想與制度的新一輪
擴張。下面的因素無疑為經濟全球化的迅速發展提供了關鍵的動力：

　　（一）冷戰的結束終結了東西方兩大集團在政治與意識形態方
面的尖銳對立，為經濟全球化的啟動與加速發展創造了必需的國際
政治條件。

　　（二）對於市場經濟與經濟開放的普遍信仰為經濟全球化的發
展奠定了思想與政策的基礎。經濟自由化思想的普及始於 1970 年代
末，當時市場經濟思想在全球眾多經濟模式中脫穎而出，成為引導
未來 20 多年世界經濟發展的主導思潮。英國柴契爾首相的保守主義
革命與中國推行的改革開放政策，從不同側面印證了東西方經濟發
展思想上的「趨同性」，緩緩開啟了 1990 年代以來經濟全球化蓬勃
發展的先河。

（三）通信技術、運輸技術的進步，特別是資訊革命的到來與互聯網科技的普及，為經濟全球化打下了堅實的技術基礎。通信與運輸的技術革命大大降低了全球經濟活動的成本，它們把世界各個角落連在一起，各國從未像今天這樣彼此靠近。西方學者所謂的「世界的壓縮」、「世界意識的增長」、「時空的壓縮」、「時空的伸延」等世界一體化的發展逐漸變成現實。[1]儘管 2001 年後「新經濟」產生的金融泡沫破滅了，但是，以 IT 為龍頭的技術創新與進步依然保持強勁勢頭。技術的普及加深了全球化對於經濟生活的影響。

（四）以 WTO 為代表的國際經濟規範得到加強，為解決全球化引發的利益矛盾與衝突提供了國際制度的保證。烏拉圭回合協定後，多邊貿易規則調節的範圍已不限於貨物貿易，它還囊括了服務貿易、投資活動、知識產權保護等一系列新領域。儘管不少人對這些經濟規則的公平性持批評態度，但是，它們基本反映了經濟全球化對規則的需要，保證了跨國貿易和投資活動的有序進行。與此同時，我們還看到，為適應全球經濟發展的新現實，國際經濟政策協調機制也在不斷的改革與加強。比如，在布雷頓森林體系如國際貨幣基金組織、世界銀行之外，20 國集團的建立、八國集團（G-8）高峰會對話夥伴國的擴大等，都進一步加強了多邊經濟機制。

（五）在「競爭性自由主義」（competitive liberalism）的理念下，地區經濟合作進程明顯加快，成為經濟全球化發展的新動力。凸出的表現是，繼歐元啟動之後，歐盟的擴張進程大大加快，已經成為多達 25 個成員國的區域組織，俄羅斯也提出了要在適當時機加入歐盟的計劃。美國等國在北美自由貿易區（NAFTA）的基礎上加緊美洲自由貿易區的規劃與談判。在區域合作方面原本十分落後的東亞地區，在亞洲金融危機過後奮起直追全球區域化合作的浪潮，繼東盟與中國開展「10＋1」自由貿易區談判後，東盟先後啟動了與日本、

---

[1]　參見王逸舟主編：《全球化時代的國際安全》（第一章），上海：上海人民出版社，1999 年版。

韓國、印度等自由貿易協定的談判。2005 年底「東亞峰會」召開，東亞區域合作的地理範圍進一步擴大，代表著東亞推動合作的共同願望。在如何認識區域化與多邊主義的關係上，人們仁智互見，但是，多數人似乎傾向於認為，區域化發展與多邊主義之間絕非相互矛盾、排斥的關係，完全可以成為一種相互補充、相互加強的關係。可以相信，在「競爭性自由主義」的激勵下，全球經濟將迎來更大的發展。

　　但是，當世界進入 21 世紀後，經濟全球化進程出現了不少障礙。這些障礙包括普遍的反全球化運動，全球恐怖主義泛濫，不少國家出現貿易保護主義的思潮，美歐關係因伊拉克戰爭出現裂痕，以及 WTO 多哈回合談判屢現僵局等。這些負面發展顯然阻礙了經濟全球化的深化發展，同時也說明通過國際協調深化經濟全球化的必要性。不過，我們應當看到，1990 年代推動經濟全球化的基本動力仍然存在；更重要的是，中國、印度等發展中大國的崛起正為新的一輪經濟全球化的發展提供新的強大動力。此外，作為經濟全球化的最大受益國美國也在努力抵制貿易保護主義的影響。考慮以上新舊因素，我們有理由對經濟全球化的深化發展抱樂觀的態度。

第二節　美國與中國：全球化的最大受益者

　　經濟全球化帶來了世界經濟的繁榮，同時，也大大擴張了美國的利益。美國是經濟全球化最大的受益者。

　　根據美國國際經濟研究所的研究，美國從經濟開放和參與全球化中獲得了巨大的利益。從 1945 年起，貿易自由化為美國帶來了每年 1 萬億美元的經濟收益，美國每個家庭的平均收入增加了約 9,000 美元。全球化使美國的整個財富增加了 10%。其研究還指出，如果全球自由貿易繼續發展，完成 WTO 多哈回合談判，美國的經濟收入每年將再增加 5,000 億美元。在開放貿易的成本項上，美國付出

的調整成本每年僅 500 億美元左右。但是，美國政府每年實際只支
出 10～20 億美元，直接解決經濟全球化帶來的工人轉崗等問題。[2]

　　美國國際經濟研究所的研究強調，美國生產力的增長主要來自
廣泛應用於多數經濟部門的新技術，特別是資訊技術產業，生產力
增長總量的一半來自技術全球化的影響。研究預計，隨著「全球化
歷程的完成」，原本參與經濟全球化程度較淺的國內產業，如衛生保
健、建築、中小企業等，將參加到全球化的進程中去。屆時，美國
每個家庭的收入每年將可以再增加 4,500 美元，整個美國經濟每年
將再增加 5,000 億美元的收入，即約合 GDP 5%的收入。[3]

　　在中國方面，由於不斷開放，中國經濟加快融入全球經濟體系，
也同樣獲得了巨大的利益。1980 年代以來，中國經濟經歷了漸進融
入全球經濟的過程，完成了一個從所謂「淺層一體化」（hollow
integratlon）到「實質一體化」（substantial integration）的飛躍。其
中，中國「復關」到「入世」談判在推動經濟自由化與開放方面起
到了至關重要的作用。2001 年中國加入 WTO 迄今，中國與全球經
濟的聯繫更是發生了翻天覆地的變化，中國獲得了巨大的經濟利益。

　　根據美國經濟學家尼古拉斯·拉迪（Nicolas Lardy）的計算，
中國 2003 年的實際 GDP 是 1978 年改革開放伊始的 9 倍，「這項紀
錄使中國置身於現代經濟史中任何 25 年間增長最快的經濟體之
列」。[4]1979 年中國國內生產總值僅 4000 億元人民幣，2005 年中國
GDP 達到 13.8 萬億人民幣，位居世界第四位，僅次於美國、日本與
德國。[5]中國在全球貿易中的地位得到空前提高，中國在世界貿易中

---

[2]　C·弗雷德·伯格斯坦主編：《美國與世界經濟：未來十年美國的對外經濟政
　　策》，中國銀行國際金融研究所朱民等譯，經濟科學出版社，2005 年版，第
　　4 頁。

[3]　伯格斯坦前引書，第 16 頁。

[4]　尼古拉斯·拉迪，〈中國，是巨大的、新的經濟挑戰嗎？〉（第 4 章），載伯
　　格斯坦主編：《美國與世界經濟：未來十年美國的對外經濟政策》，第 122 頁。

[5]　財政部副部長李勇：〈融入世界共同發展〉（2006 第三屆國際金融論壇年會
　　的演講，2006 年 9 月 14 日，北京），新浪財經。

的份額從 1977 年的 0.6%上升到 2003 年的近 6%，在貿易國家中排
名從第 31 位一下竄升至第 4 位。[6]

　　2001 年加入 WTO 迄今，中國經濟的各項指標得到了顯著的增
強，中國對全球經濟的影響力大大提高。在 2001 至 2005 年的五年
間，中國進出口總額平均年增 24%，總額達到 14,221 億美元，成為
僅次於美國、德國的第三大貿易國家。中國成為吸收外資最多的國
家，2003 年和 2004 年超過美國，儘管又回落到第二的位置，中國
吸收外國直接投資的存量 2005 年末達到 6,224 億美元，成為世界第
三大外資利用國家，僅次於美國、英國。中國成為世界主要加工中
心，成為全球生產體系的重要組成部分。中國的外匯儲備增長迅速，
到 2006 年底超過 1 萬億美元，並早已超過日本成為世界外匯儲備最
多的國家。與此同時，中國購買了超過 3,500 美元的美國國債，成
為美國政府財政資金的重要供應者。

　　中國還加快了實施「走出去」的戰略構想，對外直接投資累計
超過 500 億美元，聯想集團等對外併購引起廣泛關注。為了保證能
源和原材料的安全供應，中國成為全球油氣、原材料資源競爭的積
極參與者。同時，中國參與地區經濟合作的步伐也明顯加速，中國
與 20 個以上的國家與地區已經簽署或正在談判自由貿易協定。中國
對於全球經濟增長的貢獻，被認為是美國經濟增長之外的新經濟增
長引擎。這一貢獻在中國從主要貿易夥伴進口每年平均增長超過
20%中體現出來。[7]

　　中、美兩國作為最大的發達國家與最大的發展中國家，從參與
經濟全球化的過程中獲得了巨大的利益，為其他國家提供了良好的
榜樣。正因為如此，儘管兩國內部都反覆出現貿易保護主義的聲音，
但是，兩國政府與多數民眾堅持經濟全球化的政策不動搖。

---

[6]　伯格斯坦前引書，第 122 頁。
[7]　Wang Yong, "China in WTO: A Chinese View," *China Business Review*,
September-October, 2006.

第三節　美國經濟的國際化

　　經過十多年的發展，我們看到美國經濟的性質正在發生巨大的變化。作為全球最大的經濟體，美國正從一個內向型經濟發展成為一個外向型經濟，美國經濟對全球經濟的依賴性大大增強了。

　　經濟全球化改變了美國。正如美國國際經濟研究所所長弗雷德·伯格斯坦指出的：「美國的繁榮和穩定在很大程度上取決於那些發生在國外，且美國無法左右的事件和活動。」他指出，美國經濟國際化主要體現在幾個重要的指標上：

　　第一，美國經濟的國際貿易依存度增加了近 2 倍，超過了歐盟和日本的外貿依存度；

　　第二，美國對外來資金的依賴大大提高，每個工作日必須引進 40 億美元，才能彌補經常專案赤字，並為對外投資提供資金。伯格斯坦是按照美國每年貿易赤字超過 6,000 億美元、資本流出大約 3,000 億美元、一年中包括 240 個工作日得出上述結論的；

　　第三，美國加大了對進口能源的依賴程度，需求的一半以上需要進口，而美國無法控制價格。

　　鑒於美國經濟的國際化程度，伯格斯坦指出：「儘管美國仍然是全球最大的國家經濟體，然而經濟孤立主義對美國早已不合時宜。」[8]

　　美國經濟學家凱瑟琳·L·曼分析整理了在過去的 10 多年中有關美國參與全球經濟的各種指標（見表 2-1）。她的研究進一步表明，無論從貨物貿易、服務貿易，還是跨境投資與海外銷售等指標看，美國當今與全球經濟的聯繫比本次經濟全球化剛剛啟動的 1992 年大大邁進了一步。正是仰賴經濟的國際化，美國才得以成為經濟全球化的最大受益國家。

---

[8]　伯特斯坦前引書，第 5 頁。

表 2-1　美國參與全球經濟的指標

單位：10 億美元

1992		最近的數據	變化
跨境貿易餘額 A	-39.1	-593.4	-554.2
商品	-96.9	-641.4	-544.5
服務	57.8	48.1	-9.7
其中：			
其他私人服務業	25.0	48.0	23.0
知識產權	15.7	27.8	12.2
外國直接投資淨頭寸 B	78.9	410.9	332.0
其中：			
金融服務	90.4	90.3	-0.2
專業服務	-50.4	-80.4	-30.0
分支機構淨銷售 C	69.0	505.1	436.1
分支機構服務淨銷售	12.6	14.4	1.8

			增長率 （%）
跨境出口	616.8	1,133.0	84
商品	439.6	797.1	81
服務	177.3	335.9	89
其中：			
其他私人服務業	50.3	141.7	182
知識產權	20.8	50.6	143
美國的對外直接投資	502.1	1,789.0	256
其中：			
金融服務	161.8	363.5	125
專業性服務	17.2	115.0	568
美國分支機構的海外銷售額	1,291.6	2,548.6	97
分支機構的服務海外銷售額	140.6	401.1	185
跨境進口	656.0	1,726.4	163
商品	536.5	1,438.6	168
服務	119.4	287.8	141
其中：			
其他私人服務業	25.3	93.6	271

知識產權	5.2	22.8	342
外國對美國的直接投資	423.1	1,378.0	226
其中：			
金融服務	71.4	273.2	283
專業性服務	67.6	195.5	189
外國分支機構在美國的銷售額	1,222.7	2,043.5	67
外國分支機構在美國的服務銷售額	128.0	386.7	202

說明：A.表示最新的資料是根據 2004 年第一、第二和第三季度推算出的年度變
　　　化資料。資料來源於美國商務部經濟分析局（BEA）《國際交易》
　　　（International Transactions）表 1。B.表示能獲得的最新資料是 2003（p）
　　　年，來源於 BEA 詳細的年度國際收支餘額和頭寸的估計資料。C.表示能
　　　獲得的最新資料是 2002 年，來源於「Majority Owned Affiliate Sales From
　　　BEA」，具體的估算值可參見 www.bea.doc.gov/bea/di/1001serv/intlserv.
　　　htm 與 www.bea.doc.gov/bea/ai/iidguide.htm#SRVS.
資料來源：凱瑟琳‧L‧曼：「美國服務業的離岸外包和全球化：成因、重要
　　　　　性以及政策建議」（第 9 章），載伯格斯坦主編：《美國與世界經濟：
　　　　　未來十年美國的對外經濟政策》，第 284-285 頁。

　　我們從表 2-1 看到，美國跨境出口包括商品與服務，從 1992 年
的 6,168 億美元上升到 2004 年的 11,330 億美元，增長率高達 84%；
同期，美國的跨境進口，從 1992 年的 6,560 億美元攀升至 2004 年
的 17,264 億美元，增幅高達 163%。美國對外投資從 1992 年的 5,021
億美元上升到 2004 年的 17,890 億美元，漲幅高達 256%。由此帶來
的美國公司在海外子公司的銷售額也從 1992 年的 12,916 億美元，
上升到 2004 年的 25,486 億美元，漲幅達到 97%，其中海外服務銷
售從 1,406 億美元上升到 4,011 億美元，漲幅達 185%。

　　與此同時，外國商品和直接投資也加大了對美國經濟的滲透和
影響。美國進口總額從 1992 年的 6,560 億美元上升到了 17,264 億美
元，升幅高到 163%。外國在美直接投資存量也從 1992 年的 4,231
億美元漲到 13,780 億美元，增幅更達 226%。

　　所有這一切變化表明，美國經濟的國際化程度在前所未有的加
深，美國要退出經濟全球化只會遭受巨大的損失。

第四節　雙赤字：美國宏觀經濟失衡的危險

　　美國當前面臨著嚴重的財政赤字與經常專案赤字這一「雙赤字」的問題。美國宏觀經濟的嚴重失衡主要發生在過去的幾年中。

　　小布希領導的共和黨政府上臺以來，美國政府財政狀況不斷惡化。2005 年聯邦政府赤字高達 3,190 億美元，2006 年有所好轉降至 2,480 億美元，成為 2002 年以來的最好水平。

　　與此同時，美國經常專案赤字主要貿易赤字嚴重。我們知道，貿易赤字，長期以來一直是美國經濟的一個重要而十分有爭議的問題。1991 年前後，貿易赤字基本消除，但是，從 1997 年開始，美國的經常專案赤字開始大幅度攀升，從不到 GDP 的 2%，升至 2004 年的 6%（見圖 2-1）。2005 年，更高達 8,000 億美元左右，比 2004 年多出 20.5%，占 GDP 的比重也升至 6.5%。不過，根據美國政府最新公布的資料，美國 2006 年經常專案赤字特別是貿易赤字減少，降至 8,000 億美元左右。

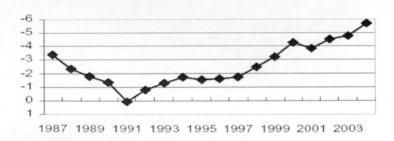

圖 2-1　美國經常專案赤字占國內生產總值的比例，
1987-2004 年占 GDP 的比例

資料來源：Marc Labonte,〈Is the U.S. Current Account Deficit Sustainable?〉December 13, 2005，CRS Report for Congress, Order Code RL33186.

　　美國經常專案赤字大幅度增長的原因有幾個：第一，2002 年以來，國際石油價格大幅度攀升；第二，海外進口產品猛增，美國消費能力增大；第三，美國儲蓄率降低至多年來的最低點。

　　而 2006 年美國貿易赤字出現下降，得益於幾個方面的原因。首先是，美元疲軟，2006 年美元對一籃子貿易夥伴貨幣累計貶值 3.8%，美元匯率走低，大大提高了美國商品的國際競爭力。其中，美國對華出口顯著增加。截至 2006 年 10 月，美國出口總值比上年同期增加 13.1%，對華出口更猛增了 34%。美國強勁出口增長有力地削減了貿易赤字。其次，歐洲和亞洲經濟增長強勁，帶來了它們對於美國商品與服務的需求。再次，國際油價下跌以及美國石油進口量的削減，降低了美國在進口石油專案的花銷。[9]

　　在這種情況下，美國為了保持國際收支平衡，並為美國政府財政進行融資，必須大舉舉債。從 1980 至 2004 年的 24 年間，除了 3 年之外，美國均維持資本專案順差、經常專案逆差的地位。但是，2001 年以來，這種情況更加嚴重。2004 年淨資本流入額上升至 6,680 億美元，比 2001 年增加了 3,000 億美元。淨資本流動占美國 GDP 的比重，從 1995 年的 1.5% 上升到 2000 年的 4.2%，2004 年更增至 5.7%。2006 年發表的《總統經濟報告》預計 2005 年淨資本流入量將超過 GDP 的 6%，達到 7,000 至 8,000 億美元。

　　為了保持國際收支平衡，美國必須借外債來彌補經常專案的赤字。以 2004 年為例（見表 2-2），經常專案赤字達到 6,680 億美元，結果美國接受了外國組合投資、銀行資金等流動資金以及其他國家官方儲備等大量外國資金，使資本專案餘額達到 6,680 億美元，從而實現了收支平衡。

---

[9]　唐勇：〈雙赤字緣何少了〉，《人民日報》2007 年 1 月 22 日，第 7 版；宿景祥：〈失衡對美國經濟的威脅〉，《瞭望新聞周刊》，2007 年 1 月 31 日。

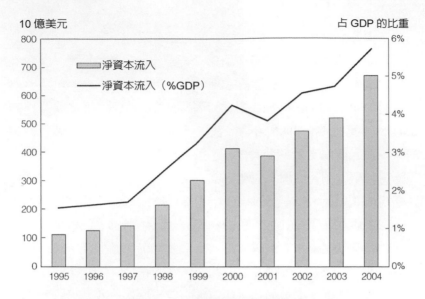

圖 2-2　美國資本流入餘額

說明：包括資本專案和金融專案的淨流入，以及金融專案的淨統計誤差。
資料來源：美國商務部經濟分析局（BEA），見《總統經濟報告 2006 年》，第
　　　　　126 頁。

表 2-2　美國 2004 年國際收支平衡表（經常專案、資本專案）

經常專案（10 億美元）		資本專案（10 億美元）	
貨物	-$665	資本轉移餘額	-$2
服務	+$48	外國直接投資餘額	$145
收入淨額	+$30	組合投資餘額	+$660
經常專案轉移餘額	-$81	銀行和其他流動餘額	+$67
總計	-$668	統計誤差餘額	+$85
		官方儲備資產變餘額	+$3
		總計	+$668

資料來源：美國商務部經濟分析局，國際貨幣基金組織，國際金融統計。《總統
　　　　　經濟報告 2006 年》，第 129 頁。

　　對於美國宏觀經濟中存在的嚴重失衡問題，特別是對於外資不斷擴大的依賴問題，以及經常專案赤字是否具有「可持續性」，美國國內存在著迥然不同的看法。

　　一部分意見認為，美國外債餘額不斷上升，反映了美國經濟的一些最新特點，既反映了美國經濟好的一面，比如美國經濟具有較強的競爭力，金融市場效率高、收益好等特點，同時也反映出美國經濟的一些弱點，如儲蓄率達到歷史谷底等。代表共和黨政府的 2006 年《總統經濟報告》更指出，應當從經濟全球化的角度更加全面地看待這些問題。導致美國經常專案赤字的因素很多，比如有油價高漲，美元在全球交易中的仲介作用，美元是石油交易報價記帳貨幣以及外匯儲備貨幣等特殊因素，還有全球主要國家經濟不景氣（德國投資率低，經濟增長慢、中國外匯政策問題導致人民幣幣值低估等）。[10]因此，這一批人認為，這些問題雖然存在，但是沒有必要過度擔心，美國只要對經濟進行微調即可。

　　但是，在學者和公共輿論中有更多的經濟學家表示了憂慮。比如，美國前助理財政部長保羅·羅伯茨（Paul C. Roberts）指出，美國經濟正遭遇嚴重的危機，即使診斷出來並採取措施，也可能難以治癒。當前，其他國家拋售美元資產將引發美元匯率的下跌，從而最終導致美國超級大國地位的喪失。他認為，「美國正在喪失美元的購買力，以及為中產階級創造就業的能力。」美國的貿易赤字和財政赤字加之美元的貶值，正削弱美元作為國際儲備貨幣的地位，不少國家的中央銀行正在考慮減持美元。為了保持外資進入美國，美國利率必然上升，以彌補赤字。

　　羅伯茨進一步分析認為，美國喪失了為中產階級創造工作的能力。比如，在 2001 年 1 月至 2005 年 1 月這 4 年間，美國私營部門工作崗位淨損失達 76 萬個。此外，美國的工作構成也在發生較大的

---

[10]　美國《總統經濟報告 2006》（Economic Report of President, 2006），2006 年 2 月，第 144 頁。

變化，高附加值、高生產率的製造業或服務業工作崗位越來越少，逐漸過渡到以不能「外包」的低效國內服務業崗位為主的局面。

他還批評認為，布希政府提出了社會保險「私有化」的計劃，該計劃將在未來的十年中花掉 4.5 萬億美元，美國必須向外借錢。但是，鑒於美國當今的負債情況，恐怕沒有人願意向美國這個內外交困、貨幣貶值的國家借貸。

最後，羅伯茨寫道：「自以為是的華盛頓官僚們加之保有全球化心態的公司，已經結束了美國人不斷上升的生活水平。美國作為超級大國的日子很快就要結束了。鑒於熱衷民族主義與單邊主義的新保守主義分子控制了布希政府，美國不可能得到前盟友以及新興大國的任何同情或幫助。」[11]

美國經濟失衡也許正是經濟全球化或美國在其中不適當的影響力的某種反映，如果長期不能解決必將給全球經濟帶來極大的風險。同時，也為美國國內貿易保護主義集團憑添了很多政治藉口。

第五節　美國經濟形態的巨變與美國對外經濟利益

在經濟全球化的影響下，美國經濟形態發生了一系列值得關注的變化。概括起來，這些變化包括，美國經濟的服務經濟化、知識經濟化、依賴外資程度提高等。這些變化無一例外地影響到美國對外經濟政策，包括對華經濟政策。

一、美國經濟的服務經濟化，製造業在經濟中的比重在不斷下降

美國國際經濟研究所經濟學家凱瑟琳・曼認為，服務業對於美國經濟的重要性早已遠遠大於製造業。在產出方面，服務包括運輸、批

---

[11] Paul Craig Roberts, "America's Superpower Status Coming To An End", February 28, 2005, see www.vdare.com/roberts/050228_america.htm.

發零售、金融、保險、不動產以及其他服務業，合計總值占到私人部門產業生產總值的 84%。私人部門實際 GDP 的 50%來自服務業。在國際貿易方面，服務業出口已占到整個出口的 30%，占整個進口大約 15%。在就業方面，服務行業占了私人部門 80%的勞動力，製造業方面僅有 13%，其餘分布在採礦和農業等產業。另外，占整個勞動力 13%的製造業工人，也並非人人都是生產性員工，他們中很多人只是從事服務型工作。從崗位本身來看，美國私營部門中只有 8%的勞動力從事真正的「生產型」職業，其餘 92%在服務業崗位上。[12]

　　美國製造業部門的就業人數目前仍在持續減少。2000 年是一個轉捩點，製造業勞動崗位急劇減少，從而形成了一個十分有爭議的政治問題。根據美國勞工部勞工統計局（BLS）的最新研究報告，製造業當前只占整個美國就業人口的 11%，但是，在整個機構（establishments）就業比重不到 5%。

單位：百萬人

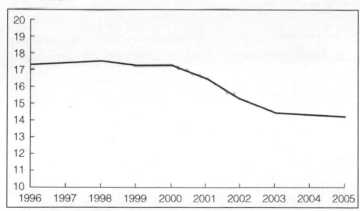

圖 2-3　美國製造業就業規模的變遷，1996-2005 年

資料來源：美國勞工部勞工統計局（BLS）。

---

[12] 凱瑟琳・曼：〈美國服務業的離岸外包和全球化：成因、重要性以及政策建議〉（第九章），載伯格斯坦前引書，第 282-283 頁。

　　我們從圖 2-3 清楚看到，2000 年是美國製造業就業的轉捩點。2000 年以前，製造業的年均就業人數在 1,700 萬人以上，此後開始大幅度下滑。2005 年，就業人數為 14,232,000（1,400 萬）人，2005 年全年就減少了 7.2 萬個製造業崗位（其中 2005 年 12 月就減少 12,000 人）。減少崗位最多的行業是汽車製造、金屬鑄造以及紡織業等。[13]

　　有關美國製造業就業人數日益萎縮的原因，美國有不同的解釋。主流經濟學家的一個解釋是，主要原因在於美國製造業勞動生產率近些年得到了大幅度提高。比如，美國平均小時產出率提高很快，如果以 1992 年為 100 的話，那麼到 2005 年美國增加到 195.7，同期，加拿大為 143.7，澳大利亞 142.4，日本 154.1。[14]美國製造業勞動生產率的提高遠遠快於日本等國。

　　美國全國製造商協會（NAM）以及勞聯—產聯等工會組織則認為，這種狀況主要由美元匯率定價過高導致的，因此，自 2002 年以來，他們不斷向政府施加壓力，要求美元貶值，解決中國等亞洲國家所謂的「操縱貨幣」的行為。

　　此外，經濟學家凱瑟琳・曼指出，正是由於美國就業人口中絕大多數人從事服務業工作，「外包」這一現象在美國社會才引起了如此普遍的恐慌。

二、製造業就業人口下降，引發美國工人入會率以及政治影響力的下降

　　作為美國社會中重要的政治力量，美國工會發揮著重要的作用。以勞聯、產聯為代表的美國工會組織積極參政，通過使用自己

---

[13]　Statement of Philip L. Rones, Acting Commissioner, Bureau of Labor Statistics, January 5, 2007,see ftp.bls.gov/pub/news.release/jec.txt.

[14]　BLS,"Table 1.1. Output per hour in manufacturing, 15 countries or areas, 1950-2005"， see ftp.bls.gov/pub/special.requests/ForeignLabor/prodsuppt01.txt.

手裏的選票，以及他們組織的各種政治行動委員會分配政治捐助，影響著美國的內外經濟政策。

　　但是，隨著美國經濟的轉型，製造業就業人口急劇減少，美國工會的作用也在下降。特別是製造業工人工會的影響力進一步萎縮，被人們戲稱為「正在消失的恐龍」。[15]

表 2-4　美國工人加入工會情況，1930-2006 年

年份	勞工總數（千人）	工會會員	
		總數	百分比
1930	29,424	3,401	11.6
1935	27,053	3,584	13.2
1940	32,376	8,717	26.9
1945	40,394	14,322	35.5
1950	45,222	14,267	31.5
1955	50,675	16,802	33.2
1960	54,234	17,049	31.4
1965	60,815	17,299	28.4
1970	70,920	19,381	27.3
1975	76,945	19,611	25.5
1980	90,564	19,843	21.9
1985	94,521	16,996	18.0
1990	103,905	16,740	16.1
1995	110,038	16,360	14.9
2000	120,786	16,258	13.5
2002	122,007	16,107	13.2
2005			12.5
2006			12.0

資料來源：美國勞工部勞工統計局（BLS）。

　　工人入會率從 1980 年的 21.9%開始逐漸下降，到 1995 年僅為 14.9%。但是，經濟全球化的加速發展顯然帶來了工會入會率的又一個低潮期，2005 年入會率為 13.5%，但是，到 2006 年只有 12.0%（見表 2-4）。

　　上面給出的數位是所有雇員（employed wage and salary workers）的入會率資料。其中包括了不同職業的人群。就職業與產業來劃分，

---

[15]　見羅伯特‧泰勒：〈瀕於滅絕的物種所面臨的挑戰〉，英國《金融時報》，1995 年 8 月 14 日。

2006年政府雇員入會比例最高（36.2%），比私人產業雇員（7.4%）
高出很多。其中，入會率最高的職業為教師、警察和消防隊員。在
私營部門中，入會比例最高的產業是運輸與公共服務業（23.2%），
其次是建築業（13.0%），再次是資訊產業包括電信業（20.7%）。製
造業生產崗位入會率為（15.5%），金融業入會率最低，只有1.9%。[16]

　　工會總的影響是下降了。但是，美國製造業工會也試圖重新進
行整合。在地區分布上，美國主張貿易保護主義政策的地區恰恰是
工人入會率較高的地區，其中尤其以東北部、中西部所謂的「鏽紅
色地帶」最凸出。這些州製造業工人入會率比較高，他們在國會中
的政治影響力也相對大一些。這些州也恰恰是要求限制中美經貿發
展聲音最強烈的地區。

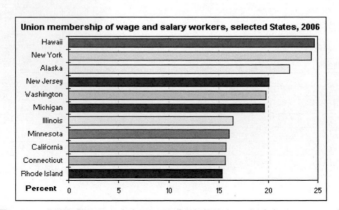

圖 2-4　美國各州工人加入工會比例（入會率），2006 年

資料來源：美國勞工部勞工統計局（BLS）。

　　圖 2-4 顯示，2006 年美國有 20 個州工人入會率超過全美 12.0%
的平均入會率。美國東北地區中部、大西洋中部地區與太平洋地區
的所有州的入會率都超過全國平均水平。有四個州工會入會率超過

---

[16] BLS,〈Table 3. Union affiliation of employed wage and salary workers by occupation and industry〉, see stats.bls.gov/news.release/union2.t03.htm.

20%，它們是夏威夷（24.7%），紐約州（24.4%），阿拉斯加州（22.2%）以及新澤西州（20.1%）。其中夏威夷與紐約州連續 11 年的 10 年位居全美之首。[17]

工會情況是觀察美國對華貿易政治的重要指標。

三、美國經濟的「知識產權化」

「知識產權產業」被稱為美國經濟的「第一產業」。美國總統經濟報告把所有依賴於專利保護、版權保護等產業都定義為知識產權產業（intellectual property industries）。化工、製藥、資訊技術和交通等行業依賴於專利的保護，以提供創新的動力。而軟體、娛樂、出版、廣播等「傳播」產業，高度依賴於版權保護，以保證創作者得到補償並繼續創造。美國把所有這些產業統稱為「知識產權產業」。

知識產權產業在美國經濟中的份量越來越高，以 2003 年為例，該年美國國內生產總值達到 11 萬億美元，知識產權產業占整個美國經濟活動的 17.3%，占整個私人經濟活動的 1／5，其中包括知識產權產業創造的價值 1.6 萬億美元（占 GDP 的 14.4%）以及由 IP 支撐的知識產權產業（IP support industries）創造的價值 3,000 億美元（占 GDP 的 2.9%），所有知識產權相關產業加在一起超過美國各級政府經濟活動的總和（1.4 萬億美元，占 GDP 的 12.7%）（圖 2-5）。[18]

另外，知識產權資產存量作為許多公司的無形資產產生的回報也是美國經濟的重要組成部分。除了知識產權外，其他形式的無形資產還包括品牌價值、組織效率、公司各具特色的人力資本等等內容。據統計，公開上市的公司大約 70%的價值來自無形資產（見圖 2-6）。[19]美國公開上市的公司的總資產價值按照有形資產、知識產權以其他形式的無形資產來區分。我們看到，知識產權占美國公司

---

[17] BLS,〈Union membership by State, 2006〉, see stats.bls.gov/opub/ted/2007/jan/wk5/art02.htm.
[18] 美國《總統經濟報告 2006》，第 219 頁。
[19] 同上。

價值的 33%，其中包括軟體、受版權保護的資料約占其中的 2／5，專利占其中 1／3，剩下的是「貿易秘密」（trade secrets）。這些單項加在一起，知識產權存量在美國整個上市公司總價值的比重大約為 1／3，總值超過 5 萬億美元。

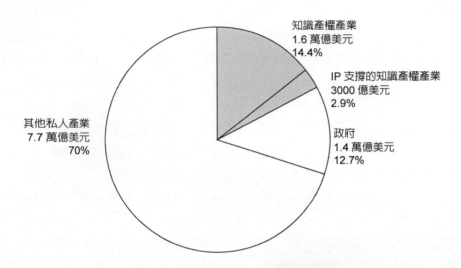

図 2-5　2003 年知識產權產業占美國國內生產總值的比重
2003 年，知識產權及其支撐的產業占總增加值的 17.3%

資料來源：Stephen E. Siwek, "Engines of Growth: Economic Contributions of the U.S. Intellectual Property Industries" (2005)，載美國《總統經濟報告 2006》(Economic Report of President, 2006)，2006 年 2 月，第 219 頁。

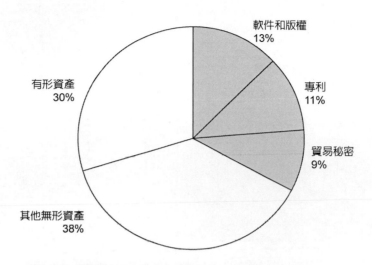

圖 2-6　美國上市公司市場現值中的各種資產的比例
知識產權資產占美國公司價值約 1／3

說明：截止 2005 年 9 月 6 日，美國上市公司的總市值為 15.2 萬億美元。
資料來源：《總統經濟報告 2006》，第 220 頁。

　　另一個衡量知識產權產業對於美國經濟的重要性的指標是出口
增長率。圖 2-7 顯示，在 1991 至 2002 年間，除去 1995 年，版權產
業的出口增長率均快於整個出口的增長率，平均高出 6 個百分點，
占整個出口的份額也不斷擴大。這對於不斷出現貿易赤字的美國出
口來說無疑是一個重要的幫助。

　　在過去的 10 多年中，知識產權作為美國服務貿易的一部分獲得
了長足的增長。美國知識產權的出口從 1992 年的 208 億美元，擴大
到 2004 年的 506 億美元，增長幅度超過 143%。與此同時，與知識
產權相關的服務貿易的進口也大幅度增長了，從 1992 年的 52 億美
元，增加到 2004 年的 228 億美元，增長幅度高達 342%。美國在與
知識產權相關的服務貿易中始終居於順差的地位，2004 年這個方面
的順差達到 278 億美元。[20]

---

[20]　伯格斯坦前引書，第 284 頁。

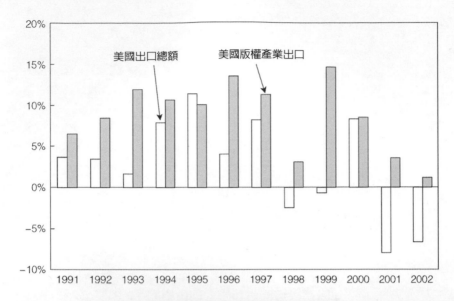

圖2-7　美國出口總額與版權產業出口的增長率比較，1991-2002年
1991年以來，版權產業的出口增長率超過總出口的增長率

資料來源：國際貨幣基金組織、美國勞工統計局和《美國的版權產業》報告
　　　　　（Copyright Industries in the US, 1998, 2004），載《總統經濟報告
　　　　　2006》，第221頁。

　　知識產權產業的發展依賴於國內外對知識產權的嚴格保護。
2004年，美國專利與商標局發放專利187,170件。有無適當的知識
產權保護是企業參與研發活動的重要決定因素。根據有關機構對100
家隨機抽取的美國製造業公司的調查發現，如果沒有專利保護，製
藥業60%的發明和化學工業將近40%的發明將沒有人去開發。[21]

　　正是在這些背景下，美國政府和產業界高度重視知識產權的保
護。他們已採取很多措施，保衛美國知識產權產業的利益，鞏固美
國在技術研發領域的領先地位。其中包括，第一，美國政府與產業
界合作推動修改其他國家知識產權法規體系以及多邊貿易規則，加

---

[21]　美國《總統經濟報告2006》，第219頁。

強對美國知識產權的保護。1995年烏拉圭回合談判達成的《與貿易相關的知識產權協定》（TRIPs）就是其中一個顯著的成果。第二，不斷威脅貿易制裁的手段，敦促其他國家加強保護。美國主要是利用國內「301條款」和「特別301」條款，定期發起對有關國家保護知識產權狀況的審查，決定採取各種相應的措施。因此，知識產權問題不可避免地成為美國對外貿易摩擦的高發點。第三，近期提出加強聯邦機構之間的配合，強化內外知識產權執法。2004年10月，美國政府推出了打擊有組織盜版行動的戰略（the Strategy Targeting Organized Piracy，簡稱 STOP！，縮寫意思為「住手！」），協調九大聯邦機構行動，包括貿易代表辦公室、商務部、司法部、國土安全部和國務院等機構。美國政府提出，將開發出新的執法工具，加強邊界執法，查獲冒牌商品，追查盜版和仿冒的犯罪企業，強制貿易夥伴國家共同打擊侵權犯罪等。[22]

　　瞭解到知識產權產業在美國經濟中不斷上升的重要性，有助於我們更清楚地理解知識產權保護在中國與美國的經貿關係當中的敏感性與重要性。

四、美國經濟的繁榮比以往更加依賴於外資的流入和所謂「金融霸權」

　　進入21世紀，美國多年保持的經常專案赤字特別是貿易赤字大幅增長，2004年高達6,680億美元，2005年上升到7,000億美元。根據國際收支平衡的原理，在大量經常專案赤字的情況下，美國必然會保持資本專案（主要指美國出售或購買資產餘額，包括股票、債券、貸款、外國直接投資和儲備等）的等值順差。因此，在過去十年中，特別是2001年以來，美國對於外國資本的依賴性大大增強

---

[22] 同上。

了。外債餘額從 1995 年占 GDP 的 4%，上升到 2004 年的 22%，上漲幅度高達 18%。

　　但是，有一點特別值得關注，就是美國從國外大肆舉債的情況下，每年仍能保持外債的收益。比如，2004 年美國的外債餘額高達 2.5 萬億美元，但是，美國仍有 300 億美元的淨外債收益。如果與日本進行比較，情況就更加令人驚奇。日本 2004 年擁有 1.8 萬億美元的國外資產，但是，其淨外債收益只有 860 元美元。如何解釋這種反常現象呢？美國 2006 年《總統經濟報告》提醒，對於外債等資料的使用應當要十分謹慎。總統經濟報告提供的解釋是，美國投資效率超過日本等國。美國總統經濟報告也因此指出：「在 1995 至 2004 年，儘管美國同期的經常專案赤字累計超過 3 萬億美元，但是，美國外來收入餘額累計超過 2,000 億美元。因此，按照這一指標，美國的外債看起來並不是什麼負擔，因為其外來收入餘額始終保持正值。」[23]

　　沿著這一思路進一步研究，我們發現，美國之所以能夠吸引大量外資流入，主要與美國經濟高增長、勞動生產率高以及投資收益高等因素有關。比如，1995 至 2004 年間，美國真實 GDP 增長率維持在年均 3.2%的水平，而同期日本為 1.1%，德國為 1.4%，整個歐元區為 2.3%（即統一採用歐元的 12 國）。近幾年來，美國與其他發達國家增長率的差距還在進一步拉大。高增長帶來了進口增長，帶動了對外國儲蓄的需求，同時也帶來了潛在的較高公司盈利和投資回報。[24]

　　在生產率方面，按照多要素勞動生產率（multi-factor productivity，包括資本和勞動投入的使用效率）的方法，對經濟合作與發展組織（OECD）成員國家 1995 至 2003 年的勞動生產率進

---

[23]　美國《總統經濟報告 2006》，第 145 頁。
[24]　美國《總統經濟報告 2006》，第 144 頁。

行統計，發現美國、澳大利亞的勞動生產力增長最快，其次是加拿大、英國和德國，日本最低。[25]

在商業環境與全球競爭力方面，美國創業環境好，行政干預少，企業破產、融資環境好，國際貿易開放程度高等因素，有利於專業化分工與經濟效率的提高。按照世界銀行關於「經營輕鬆指數」（ease of doing business index）調查排名來看，紐西蘭位列第一，美國第三，澳大利亞第六，英國第九，日本第十，德國第十九位，西班牙第三十位，俄羅斯第七十八位，中國第九一位。在競爭力排名方面，按照「世界經濟論壇」（WEF）有關競爭力的調查，芬蘭綜合競爭力世界排名第一，美國第二，日本第十二位，英國第十三位，中國第四十九位，俄羅斯第七十五位。[26]

另外一個因素是，美元作為國際儲備貨幣的地位不降反升。1995年，美元占全球儲備總量的59%，1999年達到巔峰的71%，2004年下降到66%，但是目前與十年前相比美元作為儲備貨幣的地位有不小程度的提高。[27]

2004年，美國金融市場的規模占全球各項金融市場總規模的32%，歐元區占26%，日本占15%。美國證券市場總股本占全球證券市場總量的44%，歐元區只有16%。美國債券市場占全球債券市場的39%，歐元區國家只有27%。[28]

因此，我們看到，金融市場優勢是保證美國成為全球化最大受益者的重要因素，正是由於美國憑藉其實力絕對掌控了全球金融市場，才使得美國得以無需儲蓄，即能進行過度消費和投資。從表面上看，正如美國總統經濟報告指出的，這是當前全球金融體系的相互依賴性以及美國市場效率造成的，但是從深層上講，這是由於全

---

[25]　同上。
[26]　同上。
[27]　同上。
[28]　美國《總統經濟報告2006》，第142-143頁。

球金融體系中極大的結構性不平衡造成的。美國市場位於全球金融市場的最高端，憑藉其世界最大經濟體的實力、效率最高的勞動生產率，佔用世界主要的金融資本為自己謀利益。一個明顯的例證是，美國金融市場吸納的資本很多來自發展中國家，而這正是它們經濟發展急需的資本。正是這種不平等的國際金融體制維持了美國宏觀經濟嚴重失衡下的繁榮。按照國際發展經濟學家羅伯特・韋德（Robert Wade）的理論，這種金融霸權使美國獲得了所謂的「債務人幸事」，即美國可以通過銷售短期國債來彌補貿易赤字和財政赤字，它完全可以在維持低通脹、低利率和低稅收的情況下，同時擁有更多的大炮，更多的黃油，享有不斷增加的國內消費、投資和軍事開支。這一「債務人幸事」顯然違反了任何一本標準教科書的基本理論。韋德指出，美國避開了一般借債人面對的「債務人災禍」，不需要收縮經濟或降低匯率來擺脫債務壓力。[29]所有這一切其實都來自美國占主導地位的國際經濟金融體系。有鑑於此，美國要想繼續獲得所謂「債務人幸事」，最重要的是保證全球資本市場的開放與資本的自由流動，因此，美國在國際上拼命反對一切形式的資本流動限制措施就可以理解了。據美國國際政治經濟學者羅伯特・吉爾平的研究，1997-1998 年亞洲金融危機過後，歐、日許多國家提出限制資本自由流動，防止再次發生大規模的金融危機災難，但是，他們的提議最終因美國的堅決反對而作罷。[30]

　　當然，實事求是的說，美國在全球資本市場中的主導地位並非全是「壞事」；對於那些能夠在其中進行競爭或提供資源參與其中進行交換的國家，也是有很多機會的。這是世界主要國家既看到當前全球金融體系的「不平等性」而沒有發動「革命」推翻現行體制的

---

[29]　《美利堅經濟帝國──美國政治科學家羅伯特・亨特・韋德訪談》，原載美國《挑戰》雜誌 2004 年 1/2 月號，何百華譯，《國外社會科學文摘》2004 年 12 期，第 61-65 頁。

[30]　羅伯特・吉爾平：《全球資本主義的挑戰：21 世紀的世界經濟》，楊宇光、楊炯譯，上海：上海世紀出版集團，2001 年版，第五章。

緣由。就拿中國來說，中國加入 WTO 後，中國與全球金融體系的聯繫大大加強了，中國在國際金融市場影響力的提高恰恰是通過美國這一途徑實現的。在這個過程中，中國掌握了龐大的美元外匯儲備，2006 年底超過 1 萬億美元，明顯增加了向美國施加影響的談判籌碼，同時也找到了中國實施「走出去」國際化戰略的途徑。中國在國際金融體系中地位的巨變是一項「革命性」的發展，它充分證明，中國的經濟發展與崛起並不必然與美國的金融霸權發生矛盾；如果利用得當，中國完全可以借助美國主導的國際金融體系擴大自己在其中的利益份額。

五、美國經濟越來越依賴於海外市場銷售

隨著美國參與經濟全球化程度的提高，美國經濟對海外市場的依賴程度不斷加深，其中美國公司海外子公司的銷售，美國公司與海外子公司的「關聯方貿易」（related party trade）均達到了前所未有的水平。

在表 2-1 中我們看到，美國對外直接投資 1992 年為 5,021 億美元，到 2004 年猛漲到 17,890 億美元，增幅達 256%。相應的，美國公司海外分支機構銷售總額也有大幅度的提高，即從 1992 年的 12,916 億美元上升到 2004 年的 25,486 億美元貿易，上升了 97%。其中，美國分支機構的海外服務銷售額從 1,406 億美元，增至 4,011 億美元，增幅達到 185%，大大超過整個美國分支機構海外銷售額的增幅。[31]可見，與海外製造業分支機構相比，美國金融行業等服務業的海外銷售額大大超過平均增幅。總之，分支機構海外銷售額已占到美國 2003 年 11 萬億美元 GDP 總額的 23%，美國本土經濟與海外市場之間的利益聯繫由此可見一斑。

---

[31] 伯格斯坦前引書，第 284-285 頁。

於此同時，我們也要看到，外國公司在美分支機構在美國本土的銷售額亦有大幅度的提高，從 1992 年的 12,227 美元，上升到 2004 年的 20,435 億美元，占美國 2003 年 GDP 總額的 18.5%。這一發展進一步說明，美國參與經濟全球化並非一個「單向」、「單贏」的過程，而是一個「雙向」、「雙贏」的過程。

美國的海外經濟利益決定美國政府把打開海外市場作為美國對外經濟戰略的重要組成部分。美國的海外戰略就是，保證美國在海外投資的安全，並為美國投資者不斷打開海外市場，為他們在貿易、投資、經營等方面謀取「最惠國待遇」與「國民待遇」。同時，力爭打開其他國家的資本市場，開放外國資金流入美國金融市場的通道，以能夠在美獲得更高回報為「誘餌」，為美國海外投資尋找資金的來源。

美國經濟的國際化、對於海外市場的依賴性可以通過所謂的「關聯方貿易」這一指標更清楚地反映出來。所謂「關聯方貿易」其實就是跨國公司的內部貿易，而跨國公司內部貿易正是經濟全球化時代的重要特色。

美國商務部統計局把「關聯方貿易」（related party trade）細分為進口與出口兩部分。根據美國《1930 年關稅法》402（e）條款的定義，關聯方貿易的「進口」被定義為直接或間接擁有 6%以上表決權股份的關聯公司間的進口貿易（即「任何直接或間接擁有、控制或掌握投票權，擁有任何組織公開發行股份或股票的 6%」）。關聯方貿易的「出口」，按照對外貿易統計資料條例（The Foreign Trade Statistics Regulations）30.7（v）條款的規定，包括美國出口商和外國委託人之間的任何交易，交易雙方直接或間接擁有對方 10%或 10%以上的股權。[32]

---

[32]　美國商務部美國統計局資料。

　　根據美國統計局（U.S. Census Bureau）最新統計，2005 年美國的「關聯方貿易」占美國貨物貿易總額的 41%，關聯方貿易達到 10,590 億美元，其中進口中關聯方貿易占 47%，總金額為 7,760 億美元；出口中占 31%，總金額為 2,830 億美元（見表 2-5、表 2-6）。2005 年全年關聯方貿易比 2004 年上升了 1,090 億美元。

　　在關聯方貿易的比例上，我們看到，1992 年以來在美國整個進口統計當中，變化不大。根據美國統計局的統計（見表 2-5），1992 年關聯方貿易在美國進口中的比例是 45%，而 2005 年為 46.7%，比例略增 1.7%左右，增幅不大。但是，在美國一些主要貿易夥伴中，這一比例則出現較大的變化，主要是中國、臺灣和韓國。在中國對美出口中，關聯方貿易從 1992 年的 10.5%增至 2005 年的 25.8%，可見跨國公司在中國對美國出口中的作用顯著增強了。

表 2-5　2005 年美國從相關國家或地區進口中的關聯方貿易的份額

年份	貿易總額	加拿大	日本	墨西哥	臺灣	中國	韓國
1992	45.0	46.0	75.0	63.3	15.9	10.5	26.8
1993	45.4	45.2	75.3	65.3	17.3	10.5	31.3
1994	46.4	44.6	75.5	69.2	18.8	13.3	37.5
1995	47.4	46.0	75.4	66.1	20.3	14.6	41.9
1996	46.5	44.8	72.7	66.5	21.4	15.2	44.0
1997	46.0	43.6	70.9	65.4	21.8	16.2	43.1
1998	46.9	44.1	73.7	66.3	21.8	17.7	44.9
1999	46.7	43.1	73.7	66.4	20.8	17.6	49.3
2000	46.7	44.0	74.3	66.1	21.6	18.1	55.4
2001	46.5	41.5	73.5	67.5	21.1	18.1	55.1
2002	47.6	42.4	76.6	66.7	22.2	20.5	56.1
2003	47.5	43.3	79.1	64.2	22.1	23.0	58.5
2004	47.8	45.7	78.9	61.1	23.9	27.1	62.3
2005	46.7	44.4	78.6	58.9	24.7	25.8	57.7

資料來源：U.S. Census Bureau, "U.S. Goods Trade: Imports & Exports by Related Parties 2005", 美國統計局網站。

表 2-6　2005 年美國對相關國家或地區出口中關聯方貿易份額

年份	貿易總額	加拿大	日本	墨西哥	臺灣	中國	韓國
1992	30.9	45.3	36.2	38.7	10.0	4.9	11.1
1993	31.9	44.8	35.3	44.8	10.5	5.8	10.6
1994	32.2	44.0	36.9	43.9	11.7	6.4	11.1
1995	31.9	44.0	34.6	47.7	11.6	4.7	12.0
1996	31.8	44.0	35.6	45.7	11.7	7.4	11.7
1997	31.7	43.1	38.2	46.1	13.1	7.3	12.4
1998	31.8	41.9	37.6	45.3	14.3	11.1	11.3
1999	32.1	42.4	36.3	44.3	16.0	11.6	11.4
2000	31.5	41.2	37.4	42.5	14.1	12.2	11.4
2001	30.6	39.7	36.9	40.9	16.3	13.0	12.9
2002	31.9	42.5	34.0	43.1	19.9	12.3	12.7
2003	32.2	43.5	33.8	40.7	18.7	14.8	14.1
2004	30.8	42.0	32.1	41.5	16.4	14.2	14.2
2005	31.3	42.4	33.8	43.8	17.5	12.6	16.1

資料來源：U.S. Census Bureau, "U.S. Goods Trade: Imports & Exports by Related Parties 2005"，美國統計局網站。

　　關聯方貿易在美國出口總額中的份額從 1992 年的 30.9%上升到 2005 年的 31.3%，變化亦不大。但是，其中變化最大的仍然是中國，美國對華出口中的關聯方出口從 1992 年的 4.9%增至 2005 年的 12.6%，美國等國跨國公司的作用也有顯著增加（見表 2-6）。

　　關聯方貿易在中美貿易中地位的上升，反映出中國加入 WTO 後開放貿易權以及外國加大對華投資的現實。跨國公司在中國與美國的經貿關係中的作用顯著加強了。

第六節　國內階層分化：
美國參與經濟全球化的「必然」代價？

　　上面論述指出，美國從經濟全球化中獲得了最大的利益，是全球化最大的受益者。美國多數經濟學家均用強有力的資料論證了全球化給美國經濟、美國家庭帶來財富與收入的增加。但是，我們看到，經濟全球化的受益分配不是也不可能是平均的。與總體受益相

對照，美國不同階層之間的收入差距越來越大，已經開始影響到美國民眾對於全球化的支持。

不少研究表明，全球化造成美國「中產階級」（middle class）[33]縮小，貧富懸殊擴大。比如，美國著名經濟學家保羅．克魯格曼（Paul Krugman）在《紐約時報》的專欄裏寫道，美國的中產階級正在迅速消失，美國重又回到 20 世紀 20 年代。克魯格曼指出，在過去的幾十年中，美國經濟與社會取得了很大進步，其中一個標誌就是美國中產階級不斷擴大，社會財富分配更加平均。但是，分析 2002 年的美國經濟，他發現美國基本的階層分布正在倒退到 20 世紀 20 年代。當時美國收入分布的主要特點是，有一個廣大的勞工和農民階層，還有一個很小的中產階層，再加上一個控制了美國大部分財富並且四處炫耀的富豪階層。但是，從第二次世界大戰到 20 世紀 70 年代，經濟與社會的發展使得美國階層構成格局發生了根本性的變化。按照克魯格曼的分析，這一根本變化主要得益於這一時期美國政府制定的擴大中產階級的經濟與財經政策，特別是稅收政策積極推動私人和公共資本用於國內發展，造就了一個龐大的中產階層。克魯格曼指出，這一繁榮景象到 20 世紀 70 年代達到巔峰，當時美國人人都認為自己是「中產階層」！他們有房子、汽車、冰箱、空調、電視，有閒暇度假，有專門用於度假的別墅；超級富豪也不敢公然炫耀財富。中產階級的聲勢強大，成為統治社會的主流階層。住在郊外的美國中產階級，取代了那些悠閒地品評咖啡的名流一族。[34]

但是，克魯格曼根據統計發現，從 1980 年代開始，美國社會階層開始了新的分化，階層分布開始呈現「鐘形」發展趨勢：1.3 萬個美國富裕家庭佔有的財富與 2,000 萬個社會低層家庭的財富之和相

---

[33] 美國經濟學家羅伯特．勞倫斯等人把收入在中位數 30%以內的人定義為「中產階級」。

[34] 保羅．克魯格曼：〈正在消失的美國中產階層〉，轉引自米爾頓．科特勒：〈中國式中產階層的未來〉，《新華航空》雜誌，見 finance.sina.com.cn/leadership/crz/20050213/18461358682.shtml.

當。於是，克魯格曼得出結論指出，在當今美國社會，富人越來越富，數量越來越少；而窮人則越來越窮，數量也越來越多。面對失業、實際收入下降以及沉重的債務負擔，美國的中產階級已經很難再自我陶醉地認為自己還是中產階級了。

克魯格曼認為，造成中產階級逐漸消失的原因有兩個，一是由於保守的政治勢力與新自由主義經濟學理論的聯手推動，二是由於大眾傳媒爆炸所造成的「放大」效應。[35]

克魯格曼的結論得到了其他許多研究與統計的支持。根據美國聯邦儲備委員會的最新資料，當前美國財富分配大概是這樣的格局：

首先，美國最富有的 1%的家庭 2004 年擁有 33.4%的全美淨資產。他們擁有的美國淨資產份額儘管低於 1995 年「新經濟」泡沫時的最高水準 34.6%，但是，高於 2001 年的 32.7%，其財富份額在歷經 2001 至 2004 年的通貨膨脹後小幅上漲。這 1%家庭占有美國 70%的債券，51%的股票以及 62.3%的商業資產。

其次，僅次於前 1%的最富有的 9%的家庭 2004 年擁有美國淨資產的 36.1%，比 2001 年的 37.1%有所下降。

再次，10%至 50%的富有家庭 2004 年擁有的淨資產份額為 27.9%，較 2001 年小幅上升。

最後，後 50%的家庭同年擁有的淨資產份額從 2001 年的 2.8%下降至 2.5%。

顯然，美國最富裕的前 10%的家庭 2004 年擁有了全美淨資產的 69.5%，而後 50%的家庭的淨資產份額只占到 2.5%。[36]

英國《金融時報》副主編馬丁‧沃爾夫援引美國經濟學家的研究，著文指出，90 年代全球化加速發展以來，英、法、日、美四個發達國家中，美國的貧富懸殊的差距上升的最快。他以最富的 0.1%

---

[35] 同上。

[36] Christopher Conkey，〈美國最富有家庭持有淨資產份額上升〉，《華爾街日報》中文版，2006 年 4 月 6 日。

的人占總收入中的份額來說明問題（見圖 2-8）：在 1990-2000 年的十年中，日本與法國變化不大，仍然為 2%多一點；英國的收入差距有所擴大，但也只是從 1990 年的 2%左右上升到 2.6%左右。變化最大的是美國，從 1990 年的 4.2%左右攀升到 2000 年的 7.5%。美國的貧富差距顯然在全球化的十年中顯著惡化了。[37]

我們可以說，經濟全球化的發展大大增加了美國企業高管的收入。比如，在美國收入分配的 0.01%的精英人士中，頂尖企業高管占到一半多；美國首席執行官的報酬與平均工資之比，從 1973 年的 27 倍猛漲到 2000 年的 300 倍。[38]

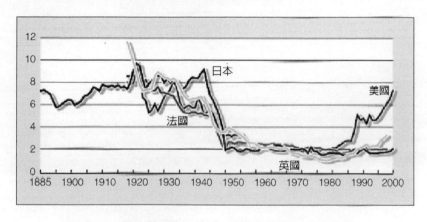

**圖 2-8　收入最高的 0.1%人群占總收入的比例：
美、英、法、日四國比較**

資料來源：馬丁・沃爾夫：「美國人收入不平等為何加劇」，英國《金融時報》，
　　　　　2006 年 5 月 8 日。

---

[37] 　馬丁・沃爾夫：〈美國人收入不平等為何加劇〉，英國《金融時報》，2006
年 5 月 8 日。
[38] 　同上。

　　馬丁・沃爾夫分析了美國貧富懸殊拉大的政治後果：美國國內政治不可避免地變得更加「民粹主義」，即美國「右派」已成為「富豪民粹主義」（pluto-populist）——一個由自由市場倡導者、民族主義者和社會保守主義者組成的聯盟，而「左派」則日益變成了「保護民粹主義者」（protecto-populist）——一個由貿易保護主義者、主張政府干預的人士、社會自由主義者和反民族主義者組成的聯盟。美國政治的「民粹化」最終危及知識份子的團結與公共決策的理性。[39]

　　分析美國貧富懸殊背後的深層原因，有下面幾個方面：

　　第一，美國自由市場經濟的傳統在全球化時代得到了更大的「弘揚」。儘管從 1930 年代以來，美國自由市場經濟融入了社會福利思想，但是，與歐洲大陸「社會市場」國家相比，其根基與公共政策措施都要薄弱得多。冷戰一旦結束，自由市場經濟的思想即克魯格曼所謂的「新自由主義經濟學」理論更加活躍了，他們開始在經濟決策上佔據主導地位。

　　第二，經濟全球化的發展加強了資本的影響力，資本相對於普通勞動者、政府的力量大大增強。資本所謂「用腳投票」，約束了政府的公共政策。我們看到，公司和政府聯合呼籲削減本來十分薄弱的社會福利措施，以加強美國經濟的效率和競爭力。

　　第三，工會等社會政治團體的力量衰落，這是美國經濟社會轉型的結果，也是新自由主義經濟思想對社會普遍影響的結果。工會等社會力量被看成破壞全球化、市場效率的「罪魁禍首」。

　　第四，美國大量新移民的進入，緩解了貧富懸殊給美國社會造成的壓力。位於社會收入底端的人群往往是受教育程度低的、同時對於社會不公正最具忍耐力的低技能新移民人群。1990 年代以來，美國接納的新移民達到上千萬人，他們作為「緩衝」緩解了全球化帶來的貧富懸殊的政治與社會壓力。根據美國有關研究，從 2000 至 2005 年，

---

[39]　同上。

美國吸納的新移民包括合法移民和非法移民，超過了歷史上任何一個
五年吸收的移民數量，達到 790 萬人。新移民占到農業、捕魚、森林
等行業勞動力的 44%，建築行業的 26%，以及建築清洗與維護行業的
34%。與此同時，新移民還佔據了一些需要較高教育程度的工作崗
位。比如，新移民占電腦、數學領域人員的 22%，占生命、物理和社
會科學的 18%，以及建築設計工程的 15%等。[40]

　　這些因素綜合作用，導致了當前美國社會分化的加劇。

第七節　「外包」的爭論

　　過去幾年中，美國國內圍繞工作崗位「外包」（outsourcing）
問題開展了激烈的爭論。「外包」可以說是經濟全球化發展的典型
例證，是全球化進入「深化」階段的表現。

　　美國跨國公司的遊說團體美國總商會發表報告認為，「外包」
並非單向的，不僅有「外包」還有「內包」（insourcing）。每年「內
包」同樣為美國創造出大量的就業機會。[41]

　　布希總統經濟顧問委員會主席格里高利・曼基（Gregory
Mankiw）在爭論中支持「外包」的開展，他指出，「外包」符合「比
較優勢」的規律，「如果國外生產的貨物或服務更便宜，那麼進口
就比國內生產或提供更划算。這樣做將使美國能夠把資源放在效率
更高的生產上……外包僅僅是一種國際貿易的新形式。可以貿易的
東西現在比以前更多了，這是好事。」[42]

---

[40] Stephen A. Camarota, "Immigrants at Mid-Decade: A Snapshot of America's
Foreign-Born Population in 2005," *Center for Immigration Studies*, December 2005,
see www.cis.org.

[41] See the U.S. Chamber of Commerce, "Global Engagement : How Americans Can
Win and Prosper In the Worldwide Economy," 2006.

[42] John Cassidy, "Winners and Losers," *The New Yorker*, Aug. 2, 2004, p. 26-30.

　　但是，有越來越多的美國經濟學家對「外包」進而對於經濟全球化開始持擔憂、懷疑的態度。他們的共同認識是，經濟全球化的深化發展將導致美國最終成為「輸家」。

　　反對「外包」的經濟學家中影響最大的是諾貝爾經濟學獎獲得者保羅‧薩繆爾森（Paul Samuelson）教授。薩繆爾森認為，經濟學的法則並不能保證美國成為長期競爭的「贏家」，由於有了「外包」等國際貿易的新形式，自由貿易信條有可能僅僅成為經濟學家們的「幻覺」而已（only an innuendo）。[43]薩繆爾森之所以改變了他對於「比較優勢」這一傳統理論的看法，主要是因為他越來越擔心美國與中國、印度等勞動密集型國家開展的貿易。他說，由於外部競爭，美國在勞動密集型行業已經失去競爭力；而不久的將來，中國和印度將爭奪高科技工作崗位，這將迫使美國通過降低工資來保持競爭力。在這種貿易下，儘管美國人可以享受到便宜的中國產品，卻仍然是一個「淨失敗者」。[44]

　　薩繆爾森認為，美國的經濟學家們低估了全球化的重要性。他們沒有意識到，這個進程遠遠沒有結束，在大多數國家裏除了出現「雙贏」局面之外，也有一些「贏—輸」局面，後者更是經濟史上的經典博弈結果。他指出，在全球化的世界裏，貧富差距會進一步拉大，全球化雖然會提高人們的富裕程度，但也會使社會變得更加「不安全」、「緊張」和「不平衡」，全球化正在使美國的就業者膽戰心驚。

　　他對美國的現行政策持批評的態度，認為美國已經變成了一個「只關心自我和眼前利益的社會。我們不考慮別人和明天。」美國社會不再節儉，美國人本該節省開支，但實際上他們仍大手大腳地

---

[43]　Paul A. Samuelson, "Where Ricardo and Mill Rebut and Confirm Arguments of Mainstream Economists Supporting Globalization," *Journal of Economic Perspectives*, Vol. 18, No. 3, Summer 2004, pp. 135-146.

[44]　轉引自魏城：〈世界如何適應中國的崛起？〉，英國《金融時報》，2005 年 7 月 14 日。

花錢。「我們在動用比我們窮得多的國家的積蓄。這些國家在用它們的貿易盈餘購買美國的低息國債」。他提出,「也許我們應該使全球化進程放慢一些,但不能讓全球化進程停下來,我們也不應該這樣做。我們能做的是,幫助忍受全球化後果之苦的人。我們可以用稅收制度的力量,把像我這樣的富人的錢再分配給不富裕的人。這幾乎不會阻止我們的經濟增長。」[45]

美國《國家》(The Nation)雜誌編輯威廉‧格萊德(William Greider)進一步解釋了薩繆爾森的看法。他指出,在一定的環境下,當一個貧窮並且野心勃勃的國家與一個富裕先進的國家進行貿易時,自由貿易將把富裕國家變成一個「醜陋的失敗者」——飽受永久性的經濟損失,工資停滯,不平等加劇等有害的後果。[46]

另一位反對「外包」、造成很大社會反響的經濟學家是美國前助理財政部長、專欄作家保羅‧C‧羅伯茨(Paul Craig Roberts)。羅伯茨提出,自由貿易不再是一個「雙贏」的命題,如果「外包」得以繼續,那麼,「美國將在20年後淪落為一個第三世界國家」。過去「比較優勢」理論之所以有效,主要是因為有關生產的要素如土地、勞動與資本等均是固定不能移動的。羅伯茨強調,「貿易是互利的,是一個雙向道。但是,在外包中沒有互惠,僅有國內工作的出口⋯⋯如果因為商業技能、資本和技術能在全球流動,資源稟賦不再固定,那麼,優勢就只在擁有無數受過良好教育的、有技能且工人工資很低的國家。」[47]

因此,他們提出美國應當抵制工作「外包」,要採取措施把高附加值的工作永遠留在美國。他們認為,近些年美國經濟得到了很大

---

[45] 德國《明鏡》周刊2005年9月17日一期對保羅‧薩繆爾森的專訪,見〈美經濟學家薩繆爾森:中國經濟不久將超過日本〉,新華網,2005年10月17日。

[46] William Greider, "Defunct Economists," *The Nation*, Dec. 20, 2004, p. 8.

[47] Paul Craig Roberts, "Notes for free traders," *townhall.com*, March 5, 2003, see www.townhall.com/columnists/paulcraigroberts/pcr20030305.shtml.

的恢復性增長，但是，並沒有帶來好工作，也許叫「失業性恢復」
（jobless recovery）更準確。美國經濟最近的增長實際上也創造了不
少新工作，只不過這些新崗位不在美國，而跑到別的國家去了。[48]

　　美國國際經濟研究所經濟學家凱瑟琳‧曼在分析人們恐懼「外包」
的原因時指出，美國當前經濟已經完成了向服務業的轉型，90%左右
的工作屬於服務型行業，而「外包」出去的正是服務性的工作。這是
人們害怕「外包」的深層原因。但是，她又指出，根據一些最新的研
究，「外包」對美國就業的實際影響並非如人們想像的那麼大。[49]

　　針對公眾對於「外包」的非難，美國商會 2006 年發表的報告進
行了系統的反駁。美國商會的基本觀點是，經濟現實告訴我們，全
球「外包」與「內包」相抵，對於美國工人和商業來說是一個「很
強的淨增數」。報告指出，辦公室工作職位往往被認為與「外包」
的聯繫最為緊密，實際的情況是，美國包進來的（insourcing）崗位
要遠大於包出去（outsourcing）的崗位。美國商會援引美國聯邦儲
備銀行舊金山分行 2003 年的統計資料指出，2003 年美國外包出去
770 億美元的辦公室工作，但是，包進來的服務行業收入卻超過了
1,300 億美元。報告指出，「外包」可以讓美國公司專注於研發新的
產品和服務，使它們更具競爭力，具備更強的盈利能力。外包帶來
的種種好處最終會轉到消費者、雇員、投資者身上，體現在政府的
稅收上。[50]

　　除了直接「內包」進來的工作崗位外，外國在美直接投資也創
造了大量的就業機會，這就是經濟全球化的典型表現。美國商會報

[48]　see Charles Schumer and Paul Craig Roberts, "Second Thoughts on Free Trade,"
　　　New York Times, Jan. 1,2004; "Event Summary: Free Trade in the New Global
　　　Economy",*Brookings Institution*, Jan. 7, 2004.

[49]　見凱瑟琳‧曼：〈美國服務業的離岸外包和全球化：成因、重要性以及政策
　　　建議〉（第九章），載伯格斯坦前引書。

[50]　the U.S. Chamber of Commerce, "Global Engagement: How Americans Can Win
　　　and Prosper In the Worldwide Economy", 2006.

告指出，2004 年，外國在美直接投資的存量為 1.5 萬億美元，而美國在其他國家的直接投資存量達到 2 萬億美元。[51]

美國商會綜合各種研究認為，外國投資在美國直接創造了 510 萬個就業崗位，其中，英國公司美國分公司雇用了 996,000 人，德國公司 674,000 人，日本公司 599,000 人，荷蘭公司 503,000，法國 452,000（見表 2-7）。這一數位還不包括那些為在美外國公司投資生產零配件的公司。比如，日本豐田公司直接雇用了大約 29,135 個美國人。如果加上其汽車經銷商和供應商，豐田支撐的工作崗位高達 386,300 個。另外的一些研究還發現，外國公司支付的平均報酬比美國公司高出 15%，外國公司平均年薪超過 6 萬美元。

此外，外國在美國公司還是美國研發的重要來源。比如，2003 年他們在研發上的投資高達 300 億美元，花在工廠和設備方面的投資達到 1,090 億美元，「這些投資有助於使美國獲得最先進的技術和獲得提高生產力的工具」。

表 2-7　外國直接投資在美國創造就業最多的五個國家

國家	創造就業數
英國	996,000
德國	674,000
日本	599,000
荷蘭	503,000
法國	452,000

資料來源：美國商務部經濟分析局(BEA)2003 年資料，轉引自 the U.S. Chamber of Commerce, "Global Engagement: How Americans Can Win and Prosper In the Worldwide Economy", 2006.

美國商會的報告還指出，美國公司在海外雇用了 840 萬人，但是美國公司雇傭海外員工的目的在於，通過這些海外分支機構把美國的產品和服務打出去，很多員工就是為本地市場服務的。2004 年，美國分公司在海外實現銷售 3.3 萬億美元，為美國公司贏得了利潤，

---

[51] 同上。

為保證美國公司在國內能夠不斷壯大、進行研發以及創造更好的工作創作了條件。[52]

　　美國商會還援引麥肯錫全球研究所的研究報告指出，美國「外包」出去的每一美元成本，給美國帶來的收益是 1.12 至 1.14 美元。外包對於美國工人與白領人員的影響其實很小。據麥肯錫公司計算，2003 年主要發達國家包括美國把 150 萬個服務業崗位「外包」給了發展中國家，這一數字到 2008 年可能達到 410 萬個。但是，單單美國的勞動力現在就有 1.5 億人，受過高等教育的白領人員的失業率只有負 2.1%。相反，據美國勞工統計局的資料，下個十年，電腦等資訊技術崗位將是職位增長最快的領域。[53]所以美國白領階層沒有必要擔憂。

　　有關「外包」的爭論還將在美國繼續下去，但是，其結果如何取決於多種因素，既取決於美國經濟增長的情況，也取決於美國政府如何補償那些在全球化深化發展過程中受到損害的所謂「輸家」的利益。

---

[52] U.S. Department of State, "How Foreign Direct Investment Benefits the United States," May 13, 2006, see www.state.gov.上述外國在美直接投資的影響，見以下研究：William J. Zeile, "U.S. Affiliates of Foreign Companies Operations in 2003," Bureau of Economic Analysis，*Survey of Current Business*, August 2006；Martin Regalia, "It's a Small World After All," uschamber.com, November 2005；Bureau of Economic Analysis, "Summary Estimates for Multinational Companies: Employment, Sales, and Capital Expenditures for 2004," April 20, 2006, see www.bea.gov，cited in the U.S. Chamber of Commerce, "Global Engagement：How Americans Can Win and Prosper In the Worldwide Economy", 2006, pp.9-10.

[53] 以上資料來自 Federal Reserve Bank of San Francisco, Economic Letter 2004-12, "Globalization: Threat or Opportunity for the U.S. Economy?," May 21, 2004, www.frbsf.org；McKinsey and Company, "Offshoring: Is It a Win-Win Game?," August 2003, www.mckinsey.com；McKinsey Global Institute, "The Emerging Global Market," June 2005, cited in the U.S. Chamber of Commerce, "Global Engagement", p.15.

第八節　「中國因素」與美國保護主義的上升

國際普遍認為，美國是經濟全球化的最大贏家。但是，令人難以理解的是，美國似乎有更多的輿論和民眾傾向於認為美國是全球化最大的「受害者」，美國留給國際社會的印象是，美國貿易保護主義的情緒正在逐步上升。前面提到的自由貿易的信奉者，如保羅・薩繆爾森、保羅・克魯格曼等為代表的經濟學家立場的轉變，顯示保護主義的影響絕不僅限於中下層人群，它在知識精英當中也有相當的影響。那麼，搞清楚近年美國保護主義情緒上升的原因將是十分重要的，關係到我們對美國對外經濟政策未來走向的判斷。

第一個因素就是中國與印度等發展中大國的崛起。

美國保護主義的輿論認為，中國、印度等國從經濟全球化中獲得了最大的利益。正如 20 世紀 90 年代初擔任歐盟首席貿易談判代表的雨果・皮曼（Hugo Paemen）指出的，「人們不知道確切的影響是什麼，但隨著中國變得越來越大，世界變得越來越小，他們在直覺上看到了某些潛在的危險，由於中國和印度的新發展，他們感覺被推到了一種防禦性的位置。」[54]如何應對中國、印度的崛起成為十分熱鬧的話題。

對於中印崛起的原因，美國聯邦參議員查爾斯・舒默與保羅・羅伯茨在給《紐約時報》撰寫的評論中分析指出，「全球經濟的變化消解了自由貿易的條件。如果生產要素能夠轉移到最有效率的地點，那麼所謂的比較優勢就不復存在了：今天的情況就是，轉移到少數幾個擁有豐富廉價勞動力的國家。在這種情況下，不再有什麼成果共用，只有一些國家成功而其他國家皆輸的局面了。」[55]

---

[54] 轉引自魏城：〈世界如何適應中國的崛起？〉，英國《金融時報》，2005 年 7 月 14 日。

[55] Charles Schumer and Paul Craig Roberts, "Second Thoughts on Free Trade," *New York Times*, Jan. 1, 2004.

　　舒默與羅伯茨的文章分析認為，全球政治經濟三個方面的巨變導致上述這種情況：（1）世界「新的政治穩定」使得資本和技術得以在全球範圍內更加自由地流動；（2）強大的教育體系正為發展中國家特別是中國與印度培養出成千上萬的聰明且積極上進的工人，他們與發達國家受過良好教育的工人一樣能幹，但是卻甘願接受為數很低的工資；（3）廉價而高速的通訊條件使得在任何地方都有可能有效地管理大量勞動力。[56]應當說，他們的分析在某種程度上反映了經濟全球化的部分現實，中國、印度的發展正是得益於上述因素。

　　第二，中國發展的一些特點容易引發反全球化勢力的關注，從而使中國成為代表全球化的一個符號。

　　美國對華貿易逆差增長過快。儘管中國出口取代的主要是非美產品，但是，激增的貿易赤字造成了巨大的心理壓力。根據美國的統計，2005 年美國對華貿易赤字高達 2,200 億美元，占美國整個貿易逆差的 20%以上。

　　中國加入 WTO 後市場更加開放，成為全球投資的重點，致使中國不僅成為紡織品、服裝等勞動密集型產品的出口者，而且還開始大量出口所謂「先進技術產品」（ATP）。美國在「先進技術產品」方面出現鉅額對華赤字，引發美國社會的普遍恐慌。

　　此外，中美之間的意識形態、社會制度等方面的差異加劇了美國人對中國崛起的擔心。正如經濟學家伯格斯坦總結指出的，中國的經濟發展讓美國人感到擔心，主要是由於中美間存在四點較大的不同導致的：（1）中國仍是相對貧困的窮國，到 2050 年，中國人均收入最多為美國的 1／4。中美富裕水平的差異使得中國繼續保持勞動力等方面的優勢；（2）國家在中國經濟中依然起著中心的作用，中國經濟的私有化程度有限；（3）中國仍將是一黨執政的國家，儘管取得了局部的民主政治進步，這對於美國構成了政治威脅；（4）

---

[56]　同上。

中國與西方七國集團（G-7）中的國家不同，中美不是盟友，可能互相視為威脅。[57]

第三，美國的政治體制與政治信仰為貿易保護主義的上升提供了肥沃的土壤。

主要是因為美國權力精英反對「福利國家」，不願意國家發揮過多的收入調節的作用，結果使美國中下層人群特別是受教育水平不高的低技能工人感到不安全。美國權力精英之所以持這樣的立場，除了堅信「自由市場」競爭是最好的發展模式外，還主要出於保護自我既得利益的考慮。有鑒於此，伯格斯坦等人提出的政策建議實際上是對美國政府現行做法的批評。伯格斯坦指出，美國政府完全可以花費很少就能夠幫助那些弱勢群體渡過適應全球化的難關。他們提出，為抵消全球化的不利影響而付出的調整成本每年僅為 500 億美元左右，即使這筆費用，美國政府也不願付出，美國現在每年僅花費 10 至 20 億美元來補償適應全球化而來的成本。[58]在這種情況下，美國弱勢群體訴諸貿易保護主義就一點都不奇怪了。而美國定期而頻繁的選舉恰恰為他們提供了推進保護主義的合法渠道。

美國弱勢群體表達自己聲音唯一的途徑就是通過自己手裏的選票施加影響，而對於爭取當選的美國政客來說，迎合選民自然成為他們的最佳政治策略。因此，我們看到，某些政客甘當貿易保護主義的代言人。對此，摩根‧士丹利全球首席經濟學家史蒂芬‧羅奇（Stephen Roach）指出：「全球化理論要求我們要有耐心，政客可沒有這樣的耐性。他們關注下一屆的選舉並且有著自己的時間表，所以他們沒有耐心去等待演變的力量逐漸打造出全新的世界。政客需要在短期內在本地國土取得成績，以抵擋來自同樣缺乏遠見的選民所發出的抗議之聲。所以，他們現在做出干預，播下貿易保護主義

---

[57]　伯格斯坦前引書，第 19-20 頁。
[58]　伯格斯坦前引書，第 4 頁。

的種子並且與全球化的黑暗面打交道，企圖緩解全球失衡帶來的影響。」[59]這一分析可謂一針見血。

第四，美國權力精英玩弄權謀，利用國內「貿易保護主義」的壓力向國外施壓，為進一步打開全球市場鋪路。

美國貿易政治中有一個明顯的策略，就是美國政府在所謂「出口促進集團」與「進口競爭集團」之間建立某種平衡，利用國內「進口競爭集團」的保護主義壓力，打開國際市場，滿足「出口促進集團」的需要。美國的這一策略可謂屢試不爽。

比如，在對外貿易談判中，美國政府經常提請外國領導人注意美國國內保護主義的壓力，呼籲他們儘快讓步，共同抵制貿易保護主義。1990 年代迄今，美國談判代表多次採用這一戰術，取得了很好的效果。最近的例子是，在中國經貿代表團和中國領導人胡錦濤2006 年 4 月訪美前夕，美國商務部長卡洛斯・古鐵雷斯（Carlos Gutierrez）在公開演講中呼籲中國領導人要高度重視美國國內的保護主義壓力。他聲稱，兩國關係已進入一個關鍵的「歷史性時刻」，在未來發展方向上面臨重大抉擇：「我們的中國同事應當認識到，要求實行保護主義政策的呼聲在美國是切實存在的。他們（中國領導人）能夠幫助我們消除這種保護主義情緒，使美國人民相信：對我們經濟所能做的最糟糕的事情是實行保護主義政策。」為此，他們呼籲，中國要進一步開放市場，為美國的出口與投資創造良好的條件。[60]

國際經濟研究所伯格斯坦等經濟學家建議，美國政府應當糾正當前的局面，他們對於半數美國人對全球化深化的結果褒貶不一表

---

[59] 轉引自魏城：〈世界如何適應中國的崛起？〉，英國《金融時報》，2005 年 7 月 14 日。

[60] U.S. Commerce Secretary Carlos M. Gutierrez，Remarks to Amcham/U.S.-China Business Council Breakfast，China World Hotel Beijing, China, March 29, 2006.

示擔憂，因為反全球化的輿論不符合美國作為全球化最大受益者的事實。為扭轉這一局面，他們建議，美國政府採取以下措施：

美國加強對貿易調整的支持力度：美國要創建適當的社會保障網絡，減緩離崗工人在短期轉型期間所受的衝擊；出臺更好的教育和培訓計劃來「武裝」美國工人，增強他們駕馭、利用全球化的能力。他們指出，勞動者每多接受一年的教育，那麼，支持進一步開放的人口比例就將增加 10%。另外，伯格斯坦等建議，擴大調整補貼的適用範圍，提高補貼水平，加大對教育的補貼；擴大創新補貼的適用範圍，比如工資保險、衛生保健的稅收減免；進一步出臺新的調整補貼形式，如房主保險、人力資本投資的減免稅等。[61]

不過，考慮上述一些原因，美國實施伯格斯坦等建議的前景是令人悲觀的，因為這樣做在權力精英看來不符合他們的根本利益。

第九節　中美「先進技術產品」貿易的顛倒：
中國經濟威脅？

中國加入 WTO 後，中國與美國的經貿關係引起廣泛爭議，其中一個最具爆炸性的問題就是，美國在中美「先進技術產品」（Advanced Technology Product，簡稱 ATP）貿易中開始出現較大幅度的逆差。這一發展一經披露，立即在美國國內引起軒然大波，ATP貿易被視為中國技術保護主義的產物，為美國的「中國經濟威脅論」提供了把柄。但事實是，「先進技術產品」貿易恰恰反映了中美在經濟全球化過程中的分工格局。

所謂「先進技術產品」（ATP）指的是美國有關統計機構從 22,000多種分類商品中抽取 500 種進行集中統計，抽取出來的商品必須符合下面的一些要求，1. 即包含被公認為高科技領域的技術的產品，

---

[61] 伯格斯坦前引書，第 17 頁。

比如生物科技；2. 代表該領域的領先技術；3. 占選定種類序號所有
專案的重要部分。[62]

　　根據這一標準，我們看到，美國從 2002 年開始變成先進技術產
品的淨進口國，而中國卻一下子成為先進技術產品的淨出口國，其
中，中國對美 ATP 貿易順差 2004 年超過 300 多億美元。根據表 2-8
顯示，2000 年美國對華出口 ATP 產品達到 55 億美元，從中國進口
107 億美元，美國逆差達到 52 億美元。但是，到 2005 年，這一貿
易逆差擴大到 470 億美元，其中美國對華出口 123 億美元，中國向
美國出口 593 億美元。

表 2-8　美國與中國先進技術產品貿易：2000 年與 2005 年的對照

單位：10 億美元，百分比

年份	出口（10 億美）	占美國對華出口總額的比例	占美國先進技術產品出口的比例	進口（10 億美元）	占美國自華進口總額的比例	占美國先進技術產品進口的比例
2000	5.5	33.7	2.2	10.7	10.7	5.4
2005	12.3	29.4	5.7	59.3	24.4	22.8

資料來源：U.S. Census Bureau, *Foreign Trade Statistics*.

　　美國對華 ATP 貿易逆差不斷擴大的消息震驚了整個美國，一時
間成為美國最大的新聞：「中國在 21 世紀之初沿著技術階梯上移的
步伐實在令人驚心動魄。」美國媒體舉例指出，在中國加入 WTO
前的 2000 年，中國出口美國的電腦設備只有 83 億美元，但是，到
2004 年，中國出口到美國的電腦設備猛升到 295 億美元，占美國進
口電腦設備 739 億美元的 40%。[63]

　　美國人對於中國的擔心，還源於對美國整個技術產品競爭地位
變化的關注。表 2-9 顯示，美國在先進技術產品上的貿易地位變化

[62]　Dick K. Nanto and Thomas Lum, "U.S. International Trade: Data and Forecasts", Updated March 20, 2006, CRS, Order Code IB96038.

[63]　趙憶寧：〈美國的失落感〉（上），《21 世紀經濟報導》，2005 年 6 月 8 日。

開始於 2002 年，此前美國始終處於貿易順差地位，順差最高的 1997
年，美國 ATP 貿易順差達到 322 億美元。不過，從 1999 年開始，
ATP 貿易的順差額開始大幅度下降，到 2001 年只剩下 48 億美元。
從 2002 年開始，美國 ATP 貿易出現逆差，當年逆差高達 166 億美
元，2003 年 268 億美元，2004 年 369 億美元，2005 年增加到 444
億美元。

表 2-9　美國在先進技術產品（ATP）貿易地位的變化

單位：10 億美元

年份	美國出口	美國進口	貿易平衡
1990	93.4	59.3	34.1
1995	138.4	124.8	13.6
1996	154.9	130.4	24.5
1997	179.5	147.3	32.2
1998	186.4	156.8	29.6
1999	200.3	181.2	19.1
2000	227.4	222.1	5.3
2001	200.1	195.3	4.8
2002	178.6	195.2	-16.6
2003	180.2	207.0	-26.8
2004	201.4	238.3	-36.9
2005	215.6	260.0	-44.4

資料來源：Dick K. Nanto and Thomas Lum, "U.S. International Trade: Data and
Forecasts", Updated March 20, 2006, CRS, Order Code IB96038.

　　美國電子協會在 2003 年的報告中指出，中國在電子和資訊技術
產品方面的出口近幾年異軍突起，成為消費類電子產品、辦公設備
和電腦、通訊設備等的主要生產國和出口國。中國這些產品對全球
的出口從 1999 年的 390 億美元猛升到 2003 年的 1,420 億美元。美
國從中國的進口量也從 1999 年的 250 億美元，上升到 2003 年的 590
億美元。到 2002 年，中國取代日本、墨西哥和歐盟，成為美國的最
大供應商。[64]

---

[64] 同上。

　　與此同時，美國方面的統計還發現，中國在加入 WTO 後的幾年裏對美出口結構改善之快令人難以置信。美國國際貿易委員會公布的資料顯示，美國從中國進口的前五大類產品 2000 年排序分別是製成品雜項（包括玩具、電子遊戲等）、鞋製品、電腦設備、服裝、音響設備，五項占整個自華進口總額的 47.0%。但是，2004 年排序發生了很大的變化，變成為電腦設備、製成品雜項、音響設備、鞋製品、服裝等，五大類產品占美國自華進口總額的 43.8%。美國得出結論指出，中國正在從勞動密集型產品加技術密集型產品的經濟，向技術密集型產品加勞動密集型產品經濟快速轉型。[65]

　　中國在全球 ATP 貿易地位的上升還引發對美國長遠發展的擔心。比如，具有保護主義傾向的美國經濟政策研究所（EPI）就指出，2004 年，美國向中國出口先進技術產品 98 億美元，但是從中國進口先進技術產品 416 億美元，兩者的差額正好等於美國在全球先進技術產品上進口的差額。他們分析指出：「美國 2004 年在先進技術產品領域內出現了 370 億美元的貿易赤字，其中 300 億美元要拜中國之賜。我們必須問問自己，美國今後還能出口些什麼產品，才能支付進口的開銷呢？」上述言論代表了眾多美國人的疑問。美國的深層擔心是，過去按照傳統貿易理論「比較優勢」的觀點，經濟全球化、貿易自由化只會導致服裝、鞋帽等低技術領域的工作流失，但是它將增加美國高科技領域的出口和就業。中國 ATP 貿易地位的上升似乎推翻了「比較優勢」的理論，使很多美國人一下子看到了嚴重的危機與挑戰。也就是說，全球化帶來的嚴酷現實是，不論在低技術領域，還是在先進技術領域，美國都將面對就業機會大量流失的問題。[66]

　　美國一些保護主義者和保守主義者認為，長此下去，美國必然失去研發方面的優勢地位。美國國會美中經濟安全審查委員會委員帕特里克·莫洛易就指出，美國 75% 的研發工作是與製造業緊密聯

[65]　同上。
[66]　同上。

繫在一起的，如果美國不斷地失去製造業的就業崗位，表面上看失去的僅僅是製造業崗位，但是當製造業就業崗位失去之後，美國75%的研發工作也不可避免地處於岌岌可危的狀態。此外，美國媒體對一些地方的相關變化進行了追蹤，比如，他們報導認為，高科技產業發達的華盛頓州從1999到2003年的出口額下降了6.8%，但是進口額卻增長28%，其中主要是大幅增加了對華貿易逆差。大量進口嚴重影響到當地製造業的工作，特別是集中在那些高附加價值、高工資的產業。軟體公司把大量的辦公室工作「外包」到中國、印度。美國專家估計，華盛頓州的發展可能是美國全國情況變化的前奏，「外包」不僅替代了勞動密集型崗位，也替代了相當多的高技術型的就業崗位和專業人員，研發崗位的大量「外包」將進一步侵蝕美國在全球技術創新領域中的領導地位。[67]

一些美國機構和學者認為，中國正以空前的速度在技術階梯（technology ladder）上攀登，已對美國商業和安全利益構成重大挑戰，而這背後正是中國政府實行的所謂「高技術重商主義」政策導致的。美國方面必須對此加以反擊，其中就包括要求中國嚴格遵守WTO規則，保證公平貿易和市場開放。美國國會美中經濟安全審查委員會發表的2005年年度報告典型地反映了這種擔憂。[68]

其實，上述擔心言過其實，沒有看到全球化催生了跨國生產體系，而中國憑藉其勞動力優勢處於價值鏈條的末端，並不對美國的技術領先地位造成威脅。所謂「中國製造」遠非「中國人製造」，中國在某種意義上只是這些ATP產品的最終組裝車間罷了。

針對這一擔憂，美國兩大思想庫國際戰略研究中心（CSIS）與國際經濟研究所（IIE）開展了聯合研究，他們得出的結論似乎可以平撫美國人的過度擔憂。該研究指出，有關中國高科技貿易的統計

---

[67] 同上。
[68] U.S.-China Economic and Security Review Commission, 2005 Annual Report, pp. 86-87, See www.uscc.gov/annual_report/2005/annual_report_full_05.pdf.

資料讓人「誤入歧途」，因為中國出口的電子和資訊技術產品的出口有 90%以上是外國公司在中國用進口零部件組裝的，比如電腦、手機等在出口前在中國本地的實際增值很少。也就是說，現在的貿易格局是，外國研發，中國組裝。他們得出結論指出，美國上述有關中國的 ATP 統計是失真的，「幾乎不能反映美國競爭力的急劇下降。這些資料僅僅反映出中國作為一小部分銷量很大的電子產品的最後組裝地的興起而已。」[69]經濟學家尼古拉斯‧拉迪也持同樣的觀點，他指出，中國所謂「先進技術產品」的出口並不表明中國在技術上的「蛙跳」。事實上，在中國投資的外資企業與中國國內企業之間的技術差距可能還在擴大，因為在華外資企業有很強的保護技術的意識，他們限制技術擴散到本土企業。[70]

第十節　中國貿易保護主義的抬頭？[71]

中國 2001 年加入 WTO 以來，中國參與全球經濟的廣度與深度空前提高，中國被認為成為經濟全球化的最大受益者之一。「入世」使得中國決策過程更加開放，社會的監督作用加大，政策批評的聲音也增多了。對於加入 WTO 影響的評估主要圍繞中國經濟的增長方式展開。

批評來自各種不同的視角，包括經濟、政治、環保和勞工等方面的批評性意見：

在經濟快速增長的背後，中國經濟增長過於依賴外資和外貿。中國經濟的外貿依存度（貿易總額占 GDP 的比重）大幅提高，從

[69] Center for Strategic and International Studies and the Institute for International Economics, China: The Balance Sheet, New York: Public Affairs, 2006, p. 105.
[70] 尼古拉斯‧拉迪：〈中國，是巨大的、新的經濟挑戰嗎？〉，載伯格斯坦前引文，第 133 頁。
[71] 部分內容來自王勇：〈中國：入世五周年，反思很重要〉，《環球時報》，2006 月 12 月 12 日，第 11 版。

2002 年的 51%增加到了 2005 年的 80%，結果導致中國對外摩擦大幅增加，影響到國家的經濟安全；WTO 使得中國市場更加開放，同時，中國產業政策的自由度包括對外資本地化和轉讓技術的要求均受到限制。結果，一些關鍵產業紛紛合資，排擠了國內產業的發展空間；已經合資的外資企業紛紛變成獨資企業，加強了技術的控制等。汽車行業是其中最凸出的例證。在入世「狼來了」的影響下，國有汽車公司基本都與外國汽車巨頭建立了合資企業，但是，從車型選擇到零配件的採購權均掌握在外方手中。中國企業領導人從短期業績的角度考慮，基本拋棄了過去積累的汽車開發力量；中方所得有限。結果，中國成為國際汽車業轉移剩餘產能、獲取巨大利潤的市場。根據中國汽車工業協會支持的調查，中外雙方出資為 2：1，但是，利潤所得為 1：2，外國公司賺取了 80%以上的利潤，同時也造成中國汽車產能過剩的問題。令人深思的是，這些國有大型企業在技術創新、出口業績方面不如長期受到壓制的奇瑞和吉利等中小汽車企業。同時，在地方政府和外資的共同作用下，中國汽車業的規模經濟不僅沒有改善，反而進一步惡化。中國整車生產廠家達到 145 個，但是，年銷量超過 10 萬輛的汽車整車廠只有 10 家。

　　加入 WTO 使得進入中國從事加工貿易的外國直接投資企業迅速增加，它們占中國出口的 60%以上。它們以中國為加工基地，不僅加大了中國與貿易夥伴的摩擦，而且有可能使中國長期固定在國際價值鏈的「最低端」：中國本地增值只有 10～15%。他們認為，WTO 帶來所謂中國經濟「崛起」只是一個欺人自欺的假象罷了。

　　一些主流經濟學家甚至指責，中國的經濟政策特別是扭曲的價格，補貼了外國投資企業。中國給予外資企業以能源補貼，給予其眾多的稅收、土地使用優惠等措施，結果是作為發展中國家的中國「補貼」了西方發達國家。中國付出的代價很大，承擔了來華投資的環境和勞工代價；造成中國外匯儲備過剩，中國大量購買美國國債實際上就是對美國經濟的一種直接補貼。

　　在對外出口方面，西方國家實際上對中國產品實行歧視性的待遇，與它們口頭倡導的「自由貿易」格格不入。按照市場決定商品的價格比例計算，中國經濟的市場化程度 2003 年就已經達到73.8%。即便如此，西方主要國家美、日、歐仍然拒絕給予中國出口商品以「市場經濟地位」。相反，市場化程度遠低於中國、並且是非WTO 成員國的俄羅斯卻獲得了市場經濟待遇。

　　2005 年美國政府拒絕中國海洋石油公司併購優尼科公司，無疑給中國主張經濟民族報主義和貿易保護主義的人提供了活生生的例證，他們進一步地相信，在當今經濟全球化時代，國家仍然需要發揮很大的作用，特別是面對外資併購時，必須考慮國家的經濟安全與產業安全，必須有類似於美國外國直接投資審查委員會（CFIUS）來把關。鑒於「入世」帶來中國社會與決策的重大變化，社會輿論對於政策制訂的公開監督明顯上升，政府在出臺新的政策之前必須考慮社會輿論的壓力。

　　中國經濟學家楊帆等人提出，中國需要「新國家主義」政策，通過國家的推動來發展中國的民營經濟。鼓吹自由貿易開放的新自由主義經濟理論既不適合中國當前的國情，也不符合歷史的真實。當今最發達的幾個西方國家英國、美國、德國和日本，在歷史上都是在嚴重貿易壁壘的保護下實現國家經濟的工業化的。當然，楊帆也強調並不排斥國際合作，但必須是以我為主的合作。他認為，國家應當制定規劃，協同企業進行工業化升級，同時應對未來世界性經濟危機的影響，包括應對大規模的衝突等。[72]

　　如果我們把中國出現的反自由貿易的思潮與美國因反對「外包」而來的保護主義思想加以比較，我們就會發現，經濟全球化的深化發展正在催生一個更加統一的全球經濟體系，同時也給不同發展階段的國家帶來了調整的壓力。中美兩國代表了兩種不同類型的國家

---

[72] 楊帆：〈中國企業界真的不需要國家主義嗎？〉，新浪財經，2006 年 5 月 16 日。

所遭受到的衝擊與調整的壓力。經濟全球化需要開展更多的國際合作，共同克服不利影響，從而引導經濟全球化更好地造福人類，否則人類就有可能重蹈 20 世紀經濟民族主義帶來的多次戰爭災難。我們知道，經濟全球化遠非某些人想像的是不可逆轉的人類大趨勢。經濟全球化需要管理，更需要國際合作。

第十一節　全球化下中美共同利益的增長

中國加入 WTO 開啟了中國參與經濟全球化的新里程，開始了中國與美國的經貿關係的新時代。出於自我利益的考量以及維護自身在國際經濟體系的領導地位，美國引導中國加入了多邊貿易組織，應該說在中國融入世界的進程中發揮了積極的作用。而中國提出的「和平崛起」或「和平發展」理念與美國提出的「負責任的利益攸關者」的思想兩者之間有著難得的戰略契合。這些戰略思想的提出表明中美之間共同利害關係正在迅速的生長，其中首推中國與美國的經貿關係的發展。

一般認為，美國國務院副國務卿羅伯特‧佐立克是「利益攸關者」（responsible stakeholder）概念的首創者。[73]其實，在這個概念出臺以前，美國政府的主要官員，特別是經濟官員及其顧問已經在考慮如何「定位」當前複雜的中美關係，並開始按照「利益攸關者」的思路談論美國對華政策。在某種程度上，美國財政部是「利益攸關者」的始作俑者，或至少由國務院與財政部在處理對華事務的過程中，共同提供了該概念，並且得到了布希總統的首肯。「利益攸關者」成為美國對華戰略思想的基調，首先反映了正在變化的中美經濟關係的現實。

---

[73] Robert B. Zoellick, "Whither China: From Membership to Responsibility? " Remarks to National Committee on U.S.-China Relations, New York City, September 21, 2005.

　　中國加入 WTO 迄今，中美經濟利益發生了巨大的變化，中美已經形成難以割捨的夥伴關係。這種變化相對於美國來說更加明顯，這是因為此前美國處於遠遠有利於中國的地位，中美在相互需求的程度上是不一樣的，中國對美國市場、技術與投資的依賴程度遠遠大於美國對中國的需要。但是，隨著中國參與經濟全球化的進程日益加深，美國認識到中國正在聚集影響美國的能量，其中包括鉅額貿易不平衡，鉅額外匯儲備，中國在海外能源原材料市場的擴張，以及中國在全球生產體系中不斷上升的地位等。所有這些變化特別是金融關係的變化，按照美國前財政副部長勞倫斯・薩莫斯的說法，中美之間已經形成了一種所謂的「恐怖金融平衡」。美國財政部最早覺察也最為關心中國對美國經濟的與日俱增的影響力。比如，2005 年 9 月 15 日，美國財政部負責國際事務的副部長蒂莫西・亞當斯（Timothy Adams）在對美中貿易全國委員會（U.S.-China Business Council）發表的演講中提出，中美經濟對於全球經濟增長越來越重要，因此，中國發展成繁榮安全的社會，全面融入全球經濟體系，符合美中兩國的共同利益。[74]

　　亞當斯講話的要點是，中美經濟已經成為全球經濟增長的火車頭，美中兩國發展建設性的經濟關係極為重要，將在未來很長時間內影響全球經濟增長的「形態」和速度。他指出，「美國和中國確實已成為全球經濟的火車頭，過去幾年的經濟增長占到全球經濟增長的一半。」不多，亞當斯把此次對華講話的重點放在了中美合作解決全球經濟不平衡的問題上，認為要解決中美貿易不平衡的問題，中國必須改變過於依賴出口的增長方式。但是，鑒於當時中美

---

[74] 美國財政部副部長蒂莫西・亞當斯（Timothy Adams）對美中貿易全國委員會（U.S.-China Business Council）發表的演講，2005 年 9 月 15 日，見〈美國財政部官員認為美中關係可影響全球經濟增長〉，美國國務院國際資訊局（IIP）《美國參考》，2005 年 9 月 20 日。

在人民幣匯率等一系列問題上的衝突形勢，人們更多地從負面的角度來解讀亞當斯的講話。

在美國財政部致力推動中國幫助解決全球經濟失衡問題的同時，2005 年 9 月 21 日，美國國務院副國務卿佐利克代表美國政府正式提出「利益攸關者」的概念，其動機顯然在於平息美國財政部、商務部、貿易代表辦公室在對華經貿問題上製造的緊張氣氛，強調中美之間更多的共同利益，以達到讓中國方面放心的目的。

從亞當斯、佐利克的言論中我們可以看出，所謂「利益攸關者」概念的含義是十分複雜的，不僅包括中美共同利益的增長，利害關係的增長，而且還包括了美國企圖引導中國按照美國的意圖行事的含義。這就是美國官方現在強調的，中國尚未完全成為「負責任的利益攸關者」，中國還必須努力才能完成這一角色。但是，無論如何，我們必須肯定這一戰略思想對中美關係的重要積極影響，它表明，共同的利害關係正在成為兩國關係的最重要基石。

美國方面已經出臺大量的研究，它們的共同結論都是，中國經濟的長期繁榮將給美國經濟帶來諸多具有「實質性的」正面影響，中國的發展將給美國帶來出口、投資、就業等各種機會。

比如，中國經濟會超過美國經濟嗎？這是美國十分關心的問題，各機構作了大量的預測。根據美國國會研究部的資料，Global Insight 研究機構的預測（在同類研究中預期最高）認為，按照購買力平價（PPP）計算，中國將在未來 20 年保持 GDP 年均 7.1% 的真實增長，而美國只有 3.0%，不到中國的一半。該研究預計，到 2013 年中國 PPP 經濟總量將超過美國；到 2025 年時，中國經濟將比美國經濟多出 59%（見表 2-10）。[75]

---

[75] Craig K. Elwell, Marc Labonte and Wayne M. Morrison, "Is China a Threat to the U.S. Economy?" August 10, 2006, CRS Report for Congress, Order Code RL33604, pp.18-19.

表2-10 Global Insight 對於美中 GDP 與人均收入（PPP 基礎）的預測

選擇的年份

	GDP（10 億美元）			人均收入（美元）		
	中國	美國	中國 GDP 占美國 GDP 的%.	中國	美國	中國人均收入占美國人均收入的%
2005	8,359	12,487	66.9	6,386	42,053	15.2
2010	13,882	16,041	86.5	10,247	51,702	19.8
2015	22,210	20,169	110.1	15,838	62,309	25.4
2020	35,734	27,584	129.5	25,102	75,971	33.0
2025	57,145	35,963	158.9	39,544	92,790	42.3

資料來源：Global Insight，in Craig K. Elwell, Marc Labonte and Wayne M. Morrison, "Is China a Threat to the U.S. Economy? " August 10, 2006, CRS Report for Congress, Order Code RL33604.

　　但是，這項研究又同時強調，即使如此，中國與美國相比在未來很長的時間仍將是一個比較貧窮的國家。根據 PPP 標準計算，2005 年中國人均 GDP 只有美國的 15.2%，2010 年將為 19.8%，2020 年將為 33.0%，2025 年也才只有美國的 42.3%。[76]所以，很多美國人對於中國經濟的擔心與恐懼其實是不必要的。

　　這些研究注意到，中國加入 WTO 後，中國對美出口出現快速增長，但同時中國也在迅速擴大自美進口，而且中國已經成為美國增長最快的海外出口市場。表 2-11 顯示，2005 年美國對華出口比 2004 年增長 20.5%，2001 至 2005 年五年間累計增長了 117.7%，平均年增 23.5%。美國國會研究部認為，「這些成長業績比美國 2005 年前 10 大貿易夥伴中的其他任何國家或對整個世界的出口快很多。」2006 年 1 至 3 月，美國對華出口更比同期增長了 39.3%。[77]

---

[76] Ibid, p.19.
[77] Ibid, p.21.

表 2-11　美國對主要貿易夥伴國家商品
出口情況比較，2001 年和 2005 年

	2001 年 （10 億美元）	2005 年 （10 億美元）	百分比變化： 2004-2005 年（%）	百分比變化： 2001-2005 年（%）
加拿大	163.7	211.4	12.6	29.1
墨西哥	101.5	120.0	8.4	18.2
日本	57.6	55.4	1.9	-3.8
中國	19.2	41.8	20.5	117.7
英國	40.8	38.6	7.4	-5.4
德國	30.1	34.1	8.8	13.3
韓國	22.2	27.7	5.1	24.8
荷蘭	19.6	26.5	9.1	35.9
法國	19.9	22.4	5.5	12.6
臺灣	18.2	22.1	1.5	21.4
世界	731.0	904.4	10.8	23.7

說明：順序按 2005 年美國商品前 10 大出口市場排列，由大至下排列，未扣除通
　　　脹因素。
資料來源：美國國際貿易委員會(USITC)資料網頁（DataWeb），載 Craig K. Elwell,
　　　Marc Labonte and Wayne M. Morrison, "Is China a Threat to the U.S.
　　　Economy?" August 10, 2006, CRS Report for Congress, Order Code
　　　RL33604.

　　美中貿易全國委員會、牛津經濟研究所（Oxford Economics）與
Signal Group 的最新聯合研究顯示，中國加入 WTO 後，美國對華貿
易與投資的增長對於美國經濟包括 GDP 增長、就業機會、消費物價
指數以及經常專案平衡等做出了良好的正面貢獻（見表 2-12）。研
究指出，2003 年，對華貿易與投資拉動美國 GDP 增長 0.05%，創造
了 30,000 個淨工作崗位，帶動消費價格水平下降 0.2%，經常專案赤
字下降 0.12%。對華經貿關係正以不斷提速的方式給美國經濟帶來
越來越多的好處：預計到 2010 年，可以拉動美國 GDP 增長 0.70%，
在過去增加就業的同時再增加 5,000 個淨工作崗位，消費價格水平
再降低 0.8%。

表 2-12　美國對華貿易與投資的增長對於美國經濟的影響

年份	GDP（%）	淨工作崗位（人）	消費價格水平（%）	經常專案（%GDP）
2001	-0.20	-66,000	0.0	-0.18
2002	-0.15	-64,000	-0.1	-0.15
2003	+0.05	+30,000	-0.2	-0.12
2004	+0.30	+35,000	-0.4	-0.10
2005	+0.40	+15,000	-0.5	-0.05
2006	+0.50	+25,000	-0.6	-0.05
2007	+0.60	+10,000	-0.7	-0.03
2008	+0.60	+5,000	-0.7	-0.01
2009	+0.60	+5,000	-0.8	0
2010	+0.70	+5,000	-0.8	0

說明：變化代表如果中國不加入世界貿易組織的差值。變化不是累計總值。
資料來源：The China Business Forum, "The China Effect: Assessing the Impact on the US Economyof Trade and Investment with China", A Report by Oxford Economics and The Signal Group, The Us-China Business Council, January 2006.

　　關於中美貿易對於美國就業形勢的影響問題，美國不少相關研究破除了一些似是而非的看法以及一些不必要的擔心。美國國會研究部的經濟學家根據勞工部勞工統計局的資料分析後指出，「外包」等關閉本土工廠對於美國本地經濟的影響很小。當前美國經濟增長快，失業率已經降至歷史最低水平。美國勞工部的資料顯示，對華工作外移在 2005 年造成裁員的數位很小，每個季度大概只有 3,000 至 5,000 名工人受到影響，全年也就是 1.2 至 2 萬個，僅為美國每季度總裁員的 2%，這在美國 1.49 億就業工人中只占微不足道的比例。[78]美國國際經濟研究所蓋里‧霍夫鮑爾等人的研究也持同樣的看法，美國製造業崗位的減少主要不是由中美貿易引起的，美國勞動生產率

---

[78] For these data, see United States Department of Labor, Bureau of Labor Statistics, Extended Mass Layoffs, various issues. For further discussion of layoffs, see CRS Report RL30799, "Unemployment Through Layoffs: What are the Underlying Reasons," by LindaLevine，轉引自 Craig K. Elwell, Marc Labonte and Wayne M. Morrison, "Is China a Threat to the U.S. Economy? " p.26.

提高才是主要的原因。[79]此外，美國各種研究還對未來中國經濟發展對進口的需求做出了令人心動的預測，認為，美國出口商將從中受益。這些研究均認為，中國經濟發展將帶動與基礎設施建設與產業升級相關的進口；同時，中國公民收入的進一步提高，也將大幅度增加中國人的購買力。隨著中國經濟的加快發展，在未來 10 多年，中國將成為美國更為重要的海外市場。比如，美國國會研究部指出，按照中國政府的預測，到 2020 年，中國汽車保有量將達到 1.4 億輛，是當前保有量的 7 倍，每年銷售的汽車從 440 萬輛將漲到 2,070 萬輛。美國波音公司預計，中國在未來的 20 年將成為僅次於美國本土的全球最大的商業航空市場。在此期間，中國將購買 2,300 架飛機，價值達 1,830 億美元。到 2023 年，中國將有 2,801 架商業飛機飛行，成為最大海外市場。國會研究部還援引瑞士信託銀行（Credit Suisse）的研究預計，到 2014 年，中國將成為僅次於美國的第二大消費市場，家庭消費按照 2004 年美元計算將達到 37,000 億美元，占世界消費額的 11%，而 2004 年中國僅為第 7 大消費市場，占世界的 3%。Global Insight 則預計，中國的商品進口在未來的十年將增加 475%（翻五倍），即從 2005 年的 6,600 億美元，上漲到 2015 年的 31,330 億美元。美國對華出口也將從 418 億美元猛增到 2015 年的 1,984 億美元。[80]

---

[79] Gary Clyde Hufbauer and Yee Wong, " China Basing 2004", *PB04-5*, September 2004, see www.iie.com/publications/pb/pb04-5.pdf.

[80] Craig K. Elwell, Marc Labonte and Wayne M. Morrison, "Is China a Threat to the U.S. Economy? " pp.22-23.

第十二節　中國與美國的經貿關係：進入更加平等的新階段

　　借助於經濟全球化的推動，中國與美國的經貿關係在深化發展的基礎上，正在進入一個全新的更加平等的階段。相對於這一新階段，我們無庸諱言，雙邊舊有經貿關係帶有更多的美國「主導」色彩，兩國依存度不對等，中國更多依賴於美國的市場、投資和技術。舊有階段也帶有明顯的過渡色彩，在與美國這一最重要的貿易國家和多邊貿易組織的領導國家打交道的過程中，中國逐漸熟悉並「內化」了多邊貿易規則，雖然多次經歷激烈的衝突和摩擦，但中國與國際規則、與全球經濟之間的距離越來越近了。

　　當前，中國與美國的經貿關係進入一個更加平等的新階段，反映在一系列新的指標上：

（1）中國成為美國成長最快的海外出口市場；

（2）中國成為美國公司分支機構海外銷售盈利最大的市場之一；

（3）中國通過購買美國國債和其他美元資產，「反哺」美國經濟，儘管中美不斷加強的金融聯繫在兩國均引發了很多爭論；

表 2-13　中國外匯儲備與中國持有美國國債數量

單位：10 億美元

年份	中國購買美國國債數量	中國央行外匯儲備總量
2000	60.3	168.3
2001	78.6	215.6
2002	118.4	291.1
2003	158.4	403.3
2004	222.9	609.9
2005	310.9	818.9

資料來源：U.S. Treasury, Economist Intelligence Unit, 載 Marc Labonte and Wayne M. Morrison, "Is China a Threat to the U.S. Economy?".

（4）中國成為拉動全球經濟增長的新動力，與美國並稱世界經濟的「雙引擎」；中美擴大在國際能源領域的對話與合作，作為第一、第二大的能源消費國和進口國，向世界能源市場施加壓力，加強了能源「消費方」的權力與影響；

（5）中國開始反投資美國，啟動收購技術、品牌、國內營銷網絡、能源等戰略投資行動，在投資數量與質量上均有很大提高，儘管引發美國國內的政治反彈；

（6）中美在國際貨幣基金組織改革、在中國加入美洲開發銀行等問題上開展合作，美國逐漸接受中國扮演更大的國際作用；

（7）與此同時，中美圍繞人民幣匯率等一系列問題激烈衝突，衝突與摩擦也凸現了中國與美國的經貿關係的更加「平等」的色彩；

（8）中美人民幣匯率問題上的摩擦事關美國、東亞與全球經濟的平衡發展，表明中國經濟的影響力業已超越本國範圍，中國成為全球經濟中舉足輕重的角色；

（9）中國擴大對世界各地區的戰略投資，特別是能源與原材料的投資，「侵入」了美國傳統的經濟領地，挑戰了美國在各地的影響力與主導權。但是，中美雙方都在努力用「雙贏」的思路看待對方；

（10）中美經貿摩擦範圍廣泛，開始涉及國內制度，如在知識產權、補貼政策、產業政策等重大問題上，不過中美均試圖通過 WTO 的有關規則解決問題。中美經貿爭端的解決更加有序化；

（11）中美在東亞地區經濟合作的戰略目標上發生衝突，不過都試圖依照「開放的地區主義」原則解決相關問題。

　　以上進程仍將繼續發展，將繼續強化中美兩國經濟融合的深度和廣度，也將同時增強兩國經貿關係的戰略合作性與戰略競爭性。如何處理彼此關係，繼續尋求擴大共贏、減少負面影響的途徑，將

關係到中美關係的未來，同時也關係到地區和全球的繁榮與和平。我們有理由對未來的中國與美國的經貿關係、雙邊關係抱謹慎樂觀的預期。

第三章　中國「入世」與 PNTR 的政治經濟學

中國與美國的經貿關係在全球化深化發展時代得到了加強，其最重要的起點有二：一是美國國會 2000 年通過立法案，授予中國永久性正常貿易關係地位（permanent normal trade relations，簡稱 PNTR）；二是 2001 年底中國正式加入 WTO，從此中國與美國的經貿關係更多地受到多邊規則的制約。其實，上述兩個條件缺一不可，這是因為如果沒有中國加入 WTO 的契機，不會激起全球投資者對於中國的投資熱情，中美貿易與投資的聯繫不會如此強烈。同樣，如果美國沒有給予中國 PNTR，那麼，中國與美國的經貿關係迄今可能還在受美國國內貿易法不合理但又難以擺脫的干擾。正如美國貿易政治學者 I.M.德斯勒所說，「美國在與（中國）這個極其重要的國家之間的貿易關係終於有了一個穩固的法律基礎……（儘管美中經貿關係仍將引發諸多爭議），但是，在處理此類問題方面已經有了一個更加堅實的框架，因為中國正在進一步融入國際組織的體系中，這些組織使各國之間的關係自第二次世界大戰以來有了極大的改善。」[1]

第一節　PNTR 對於中國與美國的經貿關係的意義

一、PNTR 問題的由來

給予中國正常貿易關係地位（NTR），此前稱為最惠國待遇（MFN），起源於美國國內貿易法與冷戰時期特殊的國際政治環

---

[1]　I.M.德斯勒：《美國貿易政治》（第四版），王恩冕、於少蔚譯，北京：中國市場出版社，第 278-279 頁。

境。根據美國《1974年貿易法》傑克遜—瓦尼克修正案，美國堅持
對給予「共產黨國家」的最惠國待遇進行年度審查，這一修正案顯
然帶有明顯的不平等與歧視性。在中美建交後，這一做法始終是一
個走形式的問題，由總統向國會提出建議延長中國MFN，國會一般
會進行象徵性的投票予以批准。但是，1989年之後，中美政治關係
極度下滑，特別是1991年蘇聯解體之後，美國不少人認為中國對美
的安全價值大大下降了；同時，按照西方經濟政治自由化的標準，
中國已經從一個自由化改革的「模範生」，變成了一個改革的「落伍
者」。在美國有更多的人開始認為，美國可以憑藉「最惠國待遇」向
中國施加壓力，迫使中國在一系列問題上讓步，滿足美國內外政策
的需要。

　　正是在這樣的大背景下，我們看到，圍繞中國最惠國待遇年度
審議問題，美國總統與國會之間，不同利益集團之間，中美兩國之
間進行著十分激烈的鬥爭。在國會方面，企圖加在最惠國待遇議案
中的要求中國讓步的清單也越來越多。傑克遜—瓦尼克修正案當初
要求的「移民自由」的基本條件不見了，增添了諸如人權、勞工、
墮胎、武器擴散、西藏、臺灣軍售、臺獨等五花八門的條件。

　　為了達到自己的政治目的，反華利益集團和反華議員利用美國
公眾有限的國際知識，拼命宣傳所謂「最惠國待遇」其實就是對中
國的「特殊優惠」，誤導公共輿論。為了避免混淆視聽，支持無條件
給予中國最惠國待遇的國會議員聯合起來，推動了一場「正名」運
動。參議員威廉・羅斯（William Roth）和丹尼爾・P・莫尼漢（Daniel
Patrick Moynihan）利用修改有關「國內收入署」（the Internal Revenue
Service）條款（美國公法105-206）的機會，把「最惠國待遇」（MFN）
改為「正常貿易關係」（NTR），並由柯林頓總統於1998年7月22
日簽署生效。[2]

---

[2]　德斯勒前引書，第276頁。

在中美 WTO 雙邊談判中，中國始終堅持，美國必須給予中國永久性的正常貿易關係地位（PNTR），否則美國不能享受中國市場開放的成果，這是因為 PNTR 是世界貿易組織「非歧視原則」的題中應用之意。

正是在這樣的雙邊安排下，2000 年美國國會眾、參兩院先後通過了授予中國永久性正常貿易關係（PNTR）的法案 H.R.4444，不過 PNTR 法案只有在中國成為 WTO 正式成員後才生效。2001 年 12 月 11 日，中國正式加入世界貿易組織。2001 年 12 月 27 日，美國總統布希宣布，正式給予中國「永久性正常貿易關係」地位，並稱這是「實現中美貿易關係正常化的最後步驟，同時也是美國歡迎中國加入世界貿易組織所採取的最後措施」。

二、PNTR 對於中國與美國的經貿關係的意義

中國加入多邊貿易組織的過程，經歷了從「復關」到「入世」的 15 年艱苦歷程，按照中國時任總理朱鎔基的話說，談判把人「從黑頭髮」談成了「白頭髮」。

中國「入世」除了大力推動改革與開放，加強中國經濟與社會的發展步伐外，另外一個重要的考慮就是使中國與美國的經貿關係正常化，擺脫美國國會一年一度審查中國最惠國待遇的做法，為中美貿易與投資的發展提供一個穩定的、可以預測的框架。

在美國方面，美國強調與中國保持「接觸」，促使中國融入國際體系的重要性。柯林頓政府在對華關係上力推「接觸戰略」，認為加入 WTO 將使中國的崛起受到國際規則的限制，因此關係到未來的國際和平。在遊說國會批准給予中國 PNTR 時，柯林頓本人多次強調：「我相信一個說『不』的表決結果將會在未來引發危險的對抗和持續的不安全。」美國貿易代表巴爾舍夫斯基特地引用了羅斯福總統 50 年前在要求美國國會通過「布雷頓森林協定」時的講話：「這是為了建立我們希望見到的和平世界而打下經濟基礎的機會」。她進而指

出，如果拒絕給予中國 PNTR，美國不僅將失去唾手可得的實質性利益，同時也向世界上人口最多的國家發出一項陰暗消極的聲明。這將威脅美國所關注的所有重要議題，將給美國在太平洋地區的盟國帶來可見的複雜前景。同樣，美國在亞洲的盟國將把國會做出的拒絕看成是美國無視亞洲地區的穩定，無視亞洲國家與中國之間的建設性關係。[3]可見，柯林頓政府支持中國加入 WTO 並支持給予中國 PNTR，有深刻的戰略背景考慮。

美國國內 PNTR 之爭，反映了中美兩國經濟相互依賴關係達到了一個很高的程度。同時，PNTR 繼西雅圖 WTO 千年回合談判啟動失敗之後，成為代表自由貿易的又一重要符號，因此，PNTR 成為美國國內支持自由貿易與反對自由貿易的兩股勢力鬥爭的戰場。支持保護貿易的勞工集團與支持開放貿易的工商界均投入了大量的人力財力物力，力爭在 PNTR 一戰而勝。

PNTR 法案的通過，體現了美國跨國公司與政府之間的結合，他們共同攜手發起了美國歷史上規模最大、代價最為昂貴的遊說運動，堪稱美國貿易政治教科書中的經典案例。

第二節　PNTR 立法苦戰的大背景：MFN 的最後回合？

筆者在 1998 年出版的著作中，曾經把總統、國會與利益集團圍繞中國最惠國待遇的鬥爭稱之為「最惠國待遇的回合」，鬥爭總是從春天開始到夏初結束，年復一年，周而復始。[4]但是，通過新的立法終止 1974 年美國貿易法傑克遜—瓦尼克修正案的對華適用性，

---

[3]　轉引自楊潔勉：〈美國院府的 PNTR 之爭〉，《國際觀察》2000 年第 10 期，第 3 頁。
[4]　參見王勇：《最惠國待遇的回合——1989 至 1997 年美國對華貿易政策》，北京：中央編譯出版社，1998 年版。

PNTR 成為 MFN 博弈的最後回合。正是由於這一點，2000 年 PNTR 立法之戰支持與反對雙方的角力才如此激烈。

為了獲得 PNTR 對華立法案的通過，2000 年柯林頓總統領導的行政部門開展了大規模的遊說國會的活動，這在美國立法史上也是極為罕見的。柯林頓政府認為，必須動用大規模的行政資源使法案獲得通過，主要是因為以下諸多因素：

第一，2000 年恰巧為美國大選年，在任國會議員特別是民主黨議員受到勞工集團、宗教右翼組織、人權組織以及支持藏獨勢力等利益集團的較大壓力。他們在是否支持給予中國 PNTR 的立法案上搖擺不定，猶豫不決。他們害怕丟掉選票，失去再次當選的機會。因此，行政部門必須給他們一個「推力」，使他們下定決心，對 PNTR 投贊成票。沒有這個推力，他們可能倒向否定 PNTR 的利益集團。

第二，美國國會在過去 10 年中已經習慣於利用「最惠國待遇」問題，也就是「正常貿易關係地位」問題，向中國政府與美國行政部門施加壓力，以撈取各種實際的好處，同時以強硬的對華姿態彰顯自己的「道德」水平。這是在 1989 年「六四」風波後特殊政治背景下的產物，但是，一旦形成，很多國會議員便難以擺脫。許多議員擔心，一旦給予中國「永久性」的正常貿易關係地位，他們將失去利用中國問題向總統討價還價的籌碼。但是，隨著中美貿易的加強，以人權等政治原因取消或限制正常貿易關係地位，變得越來越不現實和不明智，早已成為美國對華政策的重大「負擔」，每年均要消耗大量資源應付國會與利益集團的壓力。美國政府也有一勞永逸地解決這一問題的考量。

第三，在 PNTR 問題上，國會中民主黨極端自由派和共和黨極右派議員出於不同的意識形態利益，再次結成了無形的聯合陣線，成為 PNTR 立法過程中最難攻克的「堡壘」。為此，美國政府感到不得不大力遊說，以打破他們的政治同盟。

　　第四，民意對於通過 PNTR 立法極其不利。民意也是雙方陣營競爭的重點領域。我們看到，PNTR 立法運動之初，美國國內輿論環境對授予中國永久性正常貿易關係地位十分不利，這也是美國政府與工商界遊說如此艱難、眾多議員猶疑、反對 PNTR 的基本原因。美國著名的民意調查機構皮尤民眾新聞研究中心（the Pew Research Center for the People and the Press）在 2000 年 2 月所作的調查中發現，反對與贊成給予中國 PNTR 的人數比例為 2 比 1，即持反對立場的民眾占 56%，持贊成立場的民眾只有 28%。此外，62%的受訪者表示，他們沒有聽說過 1999 年 11 月中美達成的中國加入 WTO 的雙邊協定。在美國《商業周刊》與 Harris 所作的另一項民意調查中，有 79%的美國人認為，只有在中國同意遵守人權與勞工標準的情況下，才應該給予中國進入美國市場的權利。[5]立法運動之初的輿論顯然十分不利於 PNTR 法案。

　　面對民意，美國工商界與行政部門認識到，除非開展大規模的遊說運動，重塑輿論的基本傾向，否則國會立法之役必敗無疑。正是在這種壓力下，美國行政部門全體動員，向公眾喊話，向他們解釋給予中國 PNTR 的重要性，動員所有權力精英站在自己身後；美國工商界各遊說團體相互協調，制定了一個大規模的草根遊說運動，即通過說服民眾，影響民眾，再通過向本選區議員施加壓力，要求他們投票支持 PNTR。

[5]　"US-China Agreement and Battle For PNTR," in Robert Lawrence, Charan Devereaux and Michael Watkins, *eds.,* Making the Rules: Case Studies on U.S. Trade Negotiation. Washington: Peterson Institute for International Economics, 2006, Vol. 1, p.279.

第三節　總統、行政部門的遊說行動及其效果

一、破除三大關鍵問題「陷阱」

　　一個成功的遊說，必須能抓住公眾切實關心的、對他們有直接影響的問題。通過遊說說辭的設計，力爭主導輿論，佔據主動權。在交鋒十分激烈的三個問題上，柯林頓政府與行政部門提出了自己的觀點，對於改變公眾的看法發揮了重要作用：

　　第一，PNTR 是否是投票決定中國能否加入 WTO？反對派陣營鼓吹，能夠阻止 PNTR 就能阻止中國加入 WTO，從而可以減少中國入世給美國工人帶來的種種衝擊。

　　柯林頓政府在遊說國會山之初，即提出：國會投票決定的不是中國能否加入 WTO，而是投票決定是否給予中國永久性正常貿易關係地位。白宮與工商界、學術界的人士解釋說，美國國會無法決定中國能否加入 WTO，因為只有 WTO 成員國的投票才能決定中國是否能夠成為 WTO 的成員國。美國有一票，但是不能起決定的作用。說清楚這一點是十分重要的，讓那些擔心中國進口產品競爭的勞工組織、反全球化組織清楚認識，有關 PNTR 的投票不是有關中國加入 WTO 的投票，有利於說服他們放棄幻想。

　　第二，PNTR 是否是可有可無的東西，沒有 PNTR，美國是否可以照樣享受中國市場開放帶來的好處？

　　在這個問題上，兩派曾經發生激烈的爭論。反對 PNTR 的學者與組織援引 WTO 的「最惠國待遇」原則指出，PNTR 並非美國享受中國市場開放待遇的必需，美國完全可以享受中國市場開放的好處，而同時可以繼續保有對華施加壓力的工具。美國應當繼續堅持這一「兩全其美」的政策，使美國的利益最大化。比如，公民全球貿易觀察組織（Public Citizen's Global Trade Watch）等反對給予中國 PNTR 的遊說團體就指出，柯林頓政府宣傳的只有給予中國 PNTR，才能獲得在中國的經濟利益，是徹頭徹尾的「謊言」。他們

援引美國哥倫比亞大學法學院馬克・拜倫伯格（Mark Barenberg）的備忘錄指出，1979 年美中貿易協定已經規定了「最惠國待遇」的條款，中國加入 WTO 後將會依此條款給予美國「所有的」市場准入的好處。據此，他們呼籲國會議員們不要畏懼美國政府與工商界的恐嚇與壓力，堅決投票反對 PNTR 法案。[6]

柯林頓政府力爭說明，假設中國加入 WTO，如果美國不能及時通過立法給予中國 PNTR，那麼，美國在華利益將受到極大影響，美國將拱手把中國市場開放的好處讓給歐、日競爭對手獨享。為此，柯林頓政府動員一些專家對此問題作出說明。比如，有關 WTO 法的權威專家、喬治城大學教授約翰・傑克遜（John Jackson）等人表達了對柯林頓政府觀點的支持立場。他們的論點是，傑克遜—瓦尼克修正案的確構成了中美建立符合 WTO 規則的全面關係的法律障礙。這是因為，1979 年雙邊協定主要適用於貨物貿易的「關稅」問題，不包括市場准入或與 WTO 有關的其他義務。[7]而美國公司的主要在華利益恰恰是那些未包含進 1979 年協定的「非關稅」領域。對此，美國國際經濟研究所經濟學家蓋里・霍夫鮑爾、丹尼爾・羅森更明確地指出：「投票反對 PNTR，或對之採取置之不理的態度，都意味著……美國將不能享受中國入世協定達成的最有價值的那部分內容，即非關稅部分的自由化。」[8]專家們從此角度，有力地駁斥了 PNTR 反對派的觀點，對於說服某些尚在猶豫中的國會議員支持PNTR 立法顯然起到了重要作用。

[6] See testimony of Lori Wallach, Public Citizen's Global Trade Watch, "Permanent NTR for China: Neither Merited nor Necessary," Hearing of the Senate Commerce, Science and Transportation Committee, 106th Congress, 2nd Session, April 11, 2000.

[7] See John H. Jackson and Sylvia A. Rhodes, "United States Law and China's WTO Accession Process," *Journal of International Economic Law*, No.2, 1999.

[8] Gary Hufbauer and Daniel H. Rosen, "American Access to China's Market: The Congressional Vote on PNTR," *International Economics Policy Briefs*, Washington, D.C.: Institute for International Economics, April 2000 , p. 1.

第三，突破反對 PNTR 的利益集團製造的「道德困境」，柯林頓政府指出，PNTR 與中國加入 WTO 不僅有助於美國商業利益，同樣也有助於美國道德目標與安全利益的實現。

柯林頓政府指出，中國加入 WTO，能夠有力地促進美國實現經濟利益、人權與國家安全三大對外政策目標。柯林頓政府遊說班子的宣傳策略之一就是要打破一些反華利益集團製造的支持 PNTR 就等於「犧牲」人權換取工商界經濟利益的「不道德」行為。2000 年 3 月 8 日，柯林頓總統在約翰斯・霍普金斯大學發表演講，最全面地駁斥了這種看法，強調經濟、安全與人權三者的統一性。柯林頓指出，支持中國加入 WTO，「是我們自 1970 年代迄今在中國創造的積極變革的最重要機會……我認為，在所謂經濟權與人權，在經濟安全與國家安全之間只能選擇其一的觀點是一個虛假的問題。當然，成為 WTO 的成員不會使中國一夜之間成為一個自由的社會，或保證中國將按照全球規則行事。但是，我相信，假以時日，入世將使中國沿著正確的方向更快、更好地前進，其影響肯定遠遠超過美國拒絕中國加入 WTO。」[9]

二、總統、行政部門遊說的策略與行動

白宮成立了專門的遊說協調辦公室稱「中國作戰中心」（China War Room），協調遊說的立場與行動。其採取的遊說措施包括：

第一，把國會遊說的重點放在眾議院。

眾議院議員眾多，分成支持與反對 PNTR 的勢均力敵的兩派，在遊說開始的一個階段，反對派人數始終占上風；而參議院則更多考慮美國的國家利益，擁有更多的理性，在一開始摸底中，支持給予中國 PNTR 的參議員即占大多數。國會兩院投票傾向差異很大，主要是由於美國國會自身的結構性特點造成的。眾議院人數眾多，

---

[9]　轉引自楊潔勉前引文。

400 多位議員來自更多的選區，而選區之間差異很大，造成了每個議員利益訴求的不同。加之，選舉頻率遠遠高於參議院，每兩年一次的選舉與輪替，使得他們的投票行為更容易受到短期選舉利益與本選區選民利益傾向的影響。在這種情況下，柯林頓政府遊說策略是主攻眾議院，特別是鎖定那些搖擺不定的議員開展遊說。柯林頓總統親自做那些持猶疑態度或反對意見的眾議員的說服工作，不斷打電話或會見他們，敦促其支持 PNTR 立法。

第二，創造民主、共和兩黨團結一致的氣氛，通過展示 PNTR 超黨派性質，向猶疑派或反對派議員施加壓力，同時也為他們改變立場創造條件。

最典型的是，在白宮遊說協調辦公室的策劃下，在眾議院投票的前幾周，兩黨重量級人物均出來表示支持 PNTR 立法，認為該立法的通過將有助於維護美國的長遠國家利益。美國聯邦儲備委員會主席艾倫・格林斯潘站出來公開支持 PNTR；所有健在的前總統，包括共和黨前總統福特、民主黨前總統卡特以及共和黨前總統老布希發表聯署信予以支持。此外，兩黨四位前國務卿、四位前國防部長、三位前總統國家安全助理、42 位州長均通過不同方式公開表達支持對華正常貿易關係地位的立場。[10]

第三，動員龐大的學術資源，為 PNTR 提供超越政治的學術支持。一個典型做法就是，柯林頓政府動員 149 位知名經濟學家於 2000 年 4 月底發表了聯署公開信，支持中國加入 WTO，其中包括 10 位總統經濟顧問委員會（Council of Economic Advisers）前任主席、13 位諾貝爾經濟學獎獲得者。值得注意的是，這封由經濟學家聯合簽署的信件中並未公開提及 PNTR 問題，只是呼籲國會支持中國加入 WTO。這是因為，按照美國聯邦法律規定，禁止行政部門動用聯邦資金呼籲他人遊說國會，顯然，這一謹慎做法的目的是不讓反對

---

[10]　袁征：〈總統遊說與國會決策〉，《美國研究》，2001 年第 3 期。

PNTR 集團抓住把柄。[11]即便如此，所謂動用聯邦資金發動公眾遊說國會，仍然受到反對派的多次指控。

可能成為共和黨總統提名人的小布希也公開表達了支持 PNTR 法案的立場。

第四，利用臺灣因素遊說。反對派的一個藉口是，中國加入 WTO 將對臺灣入世不利。但是，臺灣地區新當選的領導人陳水扁也公開表示支持 PNTR，使得那些以臺灣為藉口反對 PNTR 的議員失去了口實。

第五，邀請一些重要的反對派議員訪華，開展所謂「旅行遊說」。眾所周知，不少美國國會議員的國際知識有限，而且偏執於自己的政治信仰不願意正視現實。考慮這一情況，柯林頓政府在政府官員訪華時，邀請某些猶豫不決的議員參團訪華，幫助他們瞭解中國的情況。比如，2000 年 4 月，即在眾議院投票前一個月，柯林頓政府邀請來自紐約州的眾議員格里高利‧密克斯（Gregory Meeks）、來自德克薩斯的魯賓‧西諾豪薩（Rubin Hinojosa）參加了由農業部長格利克曼（Dan Glickman）率領的訪華代表團，並有另外兩位支持 PNTR 的議員隨行做工作。[12]

第六，積極配合眾議員萊文的「萊文提案」，為那些猶豫或反對的議員轉變立場提供了一個相對安全的「出口」，政府在立法的具體做法上表現出了靈活立場。「萊文提案」的本質是，在通過授予中國 PNTR 的同時，附加一些條件，為一些持猶疑態度的議員轉變立場提供「說法」。

---

[11] 在美國進行遊說，必須對於美國的法律細節非常熟悉，否則將經常觸犯此類「陷阱」而不自知。由於多年的演變，美國的法律規定日益複雜，這是選擇當地公關公司、律師事務所進行遊說代理的重要原因。

[12] 關於此次中國之行在上海與北京兩次新聞發布會的對話，可參見"Transcript: Agriculture Secretary April 27 Briefing in Shanghai; Agriculture Secretary Delegation Beijing News Conference,"Washington File, April 28, 2000, 轉引自袁征前引文。

　　柯林頓這些策略發揮了很大的作用，特別是遊說活動刻意營造兩黨一致的策略，強化了「為國家利益投票」的理念，使部分試圖追求自己狹窄政治利益的議員倍感壓力。同時，不同勢力、不同派別從各自角度出發，表達支持授予中國 PNTR 的立場，也在不小的程度上為那些試圖轉變立場的議員找到了可下的「臺階」。

案例一：白宮發表立場文件——授予中國 PNTR 有助於美國勞工的權利

　　2002 年 5 月 12 日，在眾議院就 H.R.4444 授予中國 PNTR 立法案投票前的 11 天，美國白宮發表了〈PNTR 對勞工問題的影響：美國工人與農民的收益〉一文，試圖糾正勞聯—產聯等反對 PNTR 的利益集團散佈的有關 PNTR 的錯誤觀點。這個文件系統闡述了美國政府在這個問題上的立場，對於推動眾議院 5 月 24 日以 237 對 197 的多數票通過對華 PNTR 立法案，起到了重要的推動作用。文件摘要如下：

> 給予中國永久性正常貿易關係地位（PNTR），將使更多的「美國製造」產品向中國出口。如果國會批准 PNTR，美國工人、農民將獲得中國市場開放帶來的全部利益。但是，如果國會不予批准，那麼，美國的競爭者就將獲得所有在華的市場機會和監督中國執行 WTO 義務的權利。

　　美中兩國就中國加入 WTO 達成的雙邊協定，給予美國工人與農民前所未有的進入中國市場的機會。文件提出，1999 年 11 月達成的協定中，中國承諾開放市場，而美國除了授予中國 PNTR 之外只要保持現在的市場開放就足夠了。

（1）　美中 WTO 協定給予了美國工人與農民以前所未有的進入中國市場的機會。「美國談判取得了強有力的、可執行的市場准入協定」。美國的利益包括：

——中國對於美國重點出口產品將削減一半以上的農業關稅。美國農業部估計，到 2005 年中國入世將使美國農業每年多出口 20 億美元。

——中國將大幅度削減工業產品關稅。對美工業產品關稅將從 1997 年的 24.6%降至 2005 年的 9.4%。

——中國將放開「進口權」與「分銷權」。當前，中國嚴格限制貿易權與分銷權。中國將在三年中逐步取消對貿易權與分銷服務業的限制。屆時，美國公司從家裏即可向中國出口，在中國建立自己的分銷網絡，而不必像過去那樣在中國建立工廠，也不必再通過中國的仲介公司進行銷售。

（2）協定給美國工人與農民以新的「籌碼」，以確保公平貿易的實施，防止進口激增和不公平定價帶來的衝擊。「從來沒有一個入世協定像這樣一個協定一樣包含了如此強有力的措施，以加強保證公平貿易的措施，防止扭曲貿易和投資的行為。」

——協定規定了美國的保護措施，以防止包括傾銷在內的不公平貿易的發生。美國與中國同意，「我們可以保留我們現行的反傾銷方法。在未來的反傾銷案例中，繼續把中國視為一個非市場經濟國家。」這一條款的有效期要到中國入世的 15 年之後。

——協定專門規定了針對中國的「特殊保障」條款，加強了美國應對進口激增問題的能力。中國同意，專門針對中國進口的「特保」條款有效期為入世後的 12 年，因此美國可以在「201 條款」下採取更加強烈的行動。

——中國同意採取防止美國工作崗位與技術流失的措施。主要是，中國不再要求美國公司在出口或在中國投資時進行「技術轉讓」，這將更好地保護美國的競爭力和美國的研發成果。此外，中國不再要求美國公司實施「本地化」措施，採購當地零配件。這些措施將使得美國公司向中國出口更加容易，而不必在中國投資設廠即可在當地銷售產品。

——將通過 WTO 爭端解決機制監督中國履行條約義務，這將是歷史上的「第一次」。在過去達成的貿易協定中，中國都不同意

讓第三方對其政策、決定進行「獨立審議」，也不接受在必要時的制裁措施。但是，中國加入 WTO 後，這一切都將改變。「如果中國在 WTO 訴訟中輸了，那麼，它要麼糾正違法行為，提供補償，要麼面對失掉與造成損失等量的進入我們市場的機會」。

——美國保持繼續使用所有美國貿易法的權利，包括「特別 301 條款」、「301 條款」、「201 條款」與反傾銷法手段等。

——美國將繼續保持保護其重要利益的能力。WTO 有關條款將使美國得以繼續禁止勞改產品的進口，保持美國現行出口管制政策，使用美國的貿易法。「如果認為有必要，國會也願意放棄 WTO 的好處，那麼，國會可以在任何時候選擇收回 PNTR。」

（3）美國將十分警覺並積極地監督中國 WTO 協定的實施。

——柯林頓總統已經請求向美國貿易代表辦公室、商務部、農業部以及國務院撥款 2,200 萬美元，用於監督中國落實 WTO 協定。這將是「有史以來所有協定中的最大規模的監督執法行動」。

——商務部將負責有關不公平競爭法律實施的情況；給予美國貿易代表辦公室的撥款將增強其採取「雙軌戰略」談判出一個好的協定，以保證這些協定條款的完全落實。而新設立的商務部—國務院的聯合「海外執法專案」（Commerce / State Overseas Compliance Program）將強化在中國「當地」（on the ground）收集資訊的能力，為貿易專家監督中國實施協定情況、執行美國貿易法提供支持。

（4）柯林頓總統最近提出的「製造業倡議」（Manufacturing Initiatives）將進一步為美國工人提供更多的機會和保護。

——2000 年 2 月 4 日，柯林頓總統宣布預算高達 3.86 億美元的新建議和擴充原有專案的建議，將加強美國製造業主、工人、社區的能力，幫助製造業成為 21 世紀美國經濟的重要而關鍵的一部分。同時，總統在 2001 財年預算中將請求擴大貿易促進與融資的計劃，擴大完善給予工人與社區的援助，開發出方便適用的技術促進中小企業的發展，提升製造業工人的技能。

（5） 總統提出的「新市場倡議」（New Markets Initiative）將促進對於
經濟蕭條地區產業的資本投資。

—「新市場倡議」將促使 220 億美元投入到經濟蕭條地區的產業
中；並在未來的十年中給予這些地區與產業 50 億美元的稅收優
惠，並擴大授權地區稅收減免措施（Empowerment Zone Tax
Incentives），給予其 44 億美元的優惠。

（6） 通過給予中國 PNTR 以及中國加入 WTO，將使中國進一步向美國
的價值觀與行為方式開放。

—在遵守「進步主義」的勞工管理標準、保護工人安全方面，美
國公司比亞洲的競爭對手更加積極。美國政府將繼續向中國施
加壓力，促使其遵守國際公認的勞工權利。

資料來源：White House: "Labor Aspects of PNTR: Benefits for American Workers
and Farmers", May 12, 2000, see www.fas.org/news/china/2000/
000512-prc-usia1.htm

第四節 反對派策略：針鋒相對

反對給予中國永久性正常貿易關係地位陣營的核心是以美國勞
聯—產聯（AFL-CIO）為首的美國工會組織，他們主要擔心進口與
在華投資的擴大對他們造成不利的衝擊。因此，他們始終關注中美
就中國加入 WTO 問題的談判進程。在 1999 年 11 月 15 日中美達成
雙邊 WTO 協定的第三天，勞聯—產聯聯合 12 家產業聯盟向所有國
會議員發出公開信，呼籲他們反對給予中國永久性正常貿易關係地
位。工會組織領導人在不同場合發誓，他們將發起一場類似於反對
「快車道」貿易談判權的運動，以爭取同樣的勝利。[13]

---

[13] 柯林頓政府 1997-1998 年曾在爭取國會「快車道」談判授權時，因勞工、環
保等集團的反對在國會遭到慘敗。在 1998 年 9 月的投票中，立法案以 243
對 180 票被眾議院否決，參見德斯勒：《美國貿易政治》，第 264-270 頁。

　　勞聯—產聯圍繞著中國加入 WTO 問題，發起一場名為「讓全球經濟服務於工人家庭」（Make the Global Economy Work for Working Families）的遊說運動。該運動提出，尋求建立工會與人權組織的聯盟，結束「童工」、「血汗工廠」現象，保護工人權利，平衡跨國公司過多的影響力等目標。[14]

　　美國勞工組織在反對授予中國 PNTR 的遊說中提出了一系列的理由，表達對中國「入世」的擔憂與反對，主要包括以下一些方面：

　　第一，中國加入 WTO 將導致美國跨國公司對華投資更加便利，從而進一步惡化美國對華貿易赤字，加強美國工作崗位的流失。

　　具有較濃保護主義色彩的勞聯—產聯思想庫經濟政策研究所（EPI）發表詹姆斯‧伯克（James Burke）的研究報告提出，一旦中國加入 WTO，必將導致美國對中國直接投資大幅增加，從而導致美國產業轉移，工作機會外流到中國。PNTR 的實質就是，使美國跨國公司在中國投資和經營更加容易。經濟政策研究所援引政府機構美國國際貿易委員會 1999 年的報告指出，中國加入 WTO 將極大地提高美國跨國公司在中國國內的投資，對華投資增多並「再出口」至美國，必將惡化美國的貿易逆差。

　　該研究報告還引用中國官方數據稱，中美快速增加的貿易不平衡與美國在華直接投資迅速增加有著「直接」的相關性，1998 年中國出口超過 2000 億，其中 40%來自在中國經營的跨國公司的出口。

　　詹姆斯‧伯格認為，美國跨國公司擴大在華投資，加之中國推行貿易保護政策，是美國增加對華赤字的重要原因。他甚至計算了美國在華投資、美國進口和美國本土出口之間的關係，稱「美國在

---

[14]　AFL-CIO, "The Dollars Have It: U.S. House Votes to Grant China Permanent Trade Rights," *AFL-CIO News,* 2000，see www.afl-cio.org/articles/china/news524.htm.

中國某一產業的投資水平每增加 10%，將導致美國從中國進口增加 7.3%，美國該產業向中國的出口將下降 2.1%。」[15]

第二，低技能工人的工資水平將進一步下降。

在上面提到的《商業周刊》與 Harris 進行的聯合民意調查發現，68%的受訪者認為，美國與低工資國家簽訂貿易協定將導致美國工資的下降。

勞工組織的經濟學家聲稱，隨著美國公司把一些低技術的生產性工作轉移到發展中國家，美國的工作崗位現在業已分化為兩類：一是低技能的服務性工作，二是高技能的製造業和服務業工作。工會方面提出，一旦中國加入 WTO，將可能把現存的多數「中等技能」的製造業工作「吸走」，紡織製造業和汽車產業將成為中國入世衝擊的重災區。

勞聯—產聯研究機構的報告不同意下面的判斷：即美國對華貿易增加僅僅威脅到美國低技能、低工資的工作崗位，而向中國的出口則可以創造高工資的崗位。他們聲稱，他們的研究表明，在 1990 至 2000 年間，中國對美國出口產品結構發生了很大的變化，中國對美技術產品出口大量增加，導致美國高工資、較高技能工作崗位的喪失逐漸增加。比如，1989 年，美國從中國進口的產品對美國高工資產業形成競爭壓力的占 30%，但是到 1999 年這一比例上升到 50%。儘管美國工人的生產效率是中國工人的 5 倍之多，但是，美國公司付給中國工人的工資與福利只是美國本土工人的 10 至 20 分之一。工資差距大是美國工人無法與中國工人競爭的主要原因。[16]

---

[15] James Burke，"U.S. Investment in China Worsens Trade Deficit," *Economic Policy Institute Briefing Paper #93*, May 2000, see www.epinet.org/content.cfm/briefingpapers_fdi_fdi.

[16] 同上。

　　勞聯—產聯的研究還引述國際勞工組織的材料稱，中國是全世界製造業工人工資最低的國家之一，中國也是美國跨國公司海外生產工資最低的地方之一，1994 年中國的小時工資不足一美元。[17]

　　貿易自由化有利於發達國家中高技能工人工資的增長，而不利於低技能工人收入水平的提高。另外，調查資料表明，從 1978 至 1999 年，美國的平均真實工資及補償（即扣除通脹因素）一直在下降：私營產業部門 *(total private)* 平均小時收入下降 7%；製造業工人的平均小時收入下降 12%；製造產業工人的平均小時補償金（包括福利待遇）下降了 11%。[18]但是，同期美國以小時產出增長計算的生產力增長了 30%，這實際上產生了這樣一種相互矛盾的現象：即工人工資下降與勞動生產力不斷提高相互背離。對此，經濟學家提出了各種不同的解釋，不過，多數經濟學家認為，貿易因素對工資影響的比例不到 15-20%，技術提高是其中最重要的因素。[19]

　　第三，通過給予中國 PNTR 將使工會喪失爭取工人權利的談判籌碼，今後工人集體談判權將面臨更加嚴峻的挑戰。

　　勞工組織認為，儘管中國也存在一些保護勞工的法律，但是，中國不允許「自由」組織工會，另外，勞教機關仍然存在「強制勞動」的現象。針對美國公司向發展中國家轉移工作的情況，他們提出，美國法律雖然規定了對工人的強制保護，但是，一旦到發展中國家投資設廠，就主要依賴於公司是否自覺遵守所謂「行為規則」

---

[17] 同上。

[18] See U.S. Department of Labor, Bureau of Labor Statistics, "International Comparisons of hourly Compensation Costs for Production Workers in Manufacturing, 1975-1998," table 3; Economic Report of the President, February 2000, p. 360, cited in Mary Jane Bolle, "China and the WTO: Labor Issues, " Updated June 21, 2000, CRS20582, see cnie.org/NLE/CRSreports/international/inter-36.cfm.

[19] Craig K. Elwell, *"Is Globalization the Force Behind Recent Poor U.S. Wage Performance?"* CRS Report No. 98-441.

的問題了。這是勞工與工商界爭論的焦點，在美國的輿論環境下，也比較容易獲得同情與支持。

反對給予中國 PNTR 的組織通過引用美國政府和國際組織的材料，證明中國在保護勞工權益方面存在很大問題。比如，他們援引美國國務院 2000 年度人權報告，指出，中國工人集體談判工資的能力受到了嚴重的限制。聯合國國際勞工組織也正在審查對於中國限制自由工會的指控。[20]

第四，勞工組織強調，不能只顧「經濟價值」而不顧人權。比如，聯合汽車工人聯盟（United Auto Workers，簡稱 UAW）主席斯蒂芬・亞基奇（Stephen P. Yokich）認為，中美 WTO 協定存在「致命的缺陷」，因為「中國在遵守宗教自由、公民的言論、集會自由方面的記錄十分糟糕。」[21]勞聯—產聯主席約翰・斯韋尼（John J. Sweeney）強調：「勞聯—產聯堅信，全球經濟的規則……必須考慮社會的所有方面。人的價值而不僅僅是商業價值，必須體現在這些貿易協定中。」[22]

支持 PNTR 的組織提出，通過授予中國永久性正常貿易地位，將擴大美國對他們的影響，隨著生活水平的提高，將鼓勵中國等國家更加尊重人權，其他發展中國家的工業化發展史證明了這一點。工會組織認為，中國的現實證明上述的論點不能成立，比如，在中國，勞動力高達 7 億，但是他們集體談判工資和福利的權利被「剝奪」了，中國製造業工人的平均工資每小時只有 0.25 美元。美國卡車工人聯合會（Teamsters Union）指出，他們長期為美國工人的權利而戰，如果中國「入世」，美國工人不得不與沒有任何權利可言

---

[20] James Burke，" U.S. Investment in China Worsens Trade Deficit," *Economic Policy Institute Briefing Paper #93*，May 2000.

[21] Bureau of National Affairs, "UAW Letter on China Vote," in *Inside U.S. Trade*, Feb. 4, 2000.

[22] Bureau of National Affairs, "Sweeney Letter on China Vote," in *Inside U.S. Trade*, Feb. 7, 2000.

的中國工人進行競爭。他們聲稱，在未來的十年裏，將因中國「入世」，美國將丟掉 872,000 的工作崗位。

第五，在對外宣稱上把 PNTR 與 NAFTA（北美自由貿易協定）相提並論，認為 PNTR 將給美國工人帶來同樣的災難，這是工會領導人所採取的一個宣傳策略。比如，美國卡車工人聯合會會長詹姆斯‧霍法（James Hoffa）就指出，工人家庭「知道 PNTR 像 NAFTA 一樣將吃掉美國人的工作。」[23]

工會組織以及一些公共利益集團宣傳，美國應當吸取 NAFTA 的教訓，在 PNTR 問題上不要再犯類似錯誤。他們指出，NAFTA 帶來的「不良」後果更加明顯了，包括大量高工資的崗位轉移到墨西哥，邊境地區污染和健康問題不斷加重，美國進口食品日益增多，安全性下降，所有這一切都使得美國公眾開始越來越懷疑「自由貿易」倡導者的種種不實之辭。[24]

不過，在 PNTR 問題上，美國勞工內部也存在立場的差異，大致可分為溫和派與激進派兩派。比如，勞聯—產聯主席斯韋尼的立場比較複雜，他本人也表示他並不反對全球化，而是要代表工人要求在所有貿易協定當中加上有關「勞工標準」的條款，依此來保證美國工人的利益。因此，勞聯—產聯在「快車道」貿易談判授權、自由貿易協定問題上時常與政府保持「有條件的」合作，即貿易協定要滿足「勞工標準」，勞聯—產聯則提供政治支持，或至少不反對。

可以說明斯韋尼微妙立場的一個例子是，1999 年 10 月，即在西雅圖發生大規模反 WTO 遊行的前一個月，斯韋尼與美國工商界領袖共同簽署了一份支持柯林頓總統發起 WTO 新一輪談判的宣言。斯韋尼代表勞聯—產聯，他本人也是總統貿易政策顧問委員會

---

[23] See Making the Rules: Case Studies on U.S. Trade Negotiation, footnotes 95-98.

[24] Public Citizen's Global Trade Watch, "Purchasing Power: the Corporate-White House Alliance to Pass the China Trade Bill over the Will of the American People," October 2000，see www.citizen.org/documents/purchasingpower.PDF.

的成員，其他多數成員來自被認為對勞工並不友好的孟山都、P&G 等公司。柯林頓政府提出的新貿易談判議程包括以下幾個重點內容：1.結束第三世界的農業保護；2.防止對美國的電子商務進行管制；3.避免為美國具有優勢地位的技術產品加注「標識」；4.減少美國出口的障礙；5.保護知識產權等。有分析指出，斯韋尼等勞工領袖並不完全贊成政府提出的有關談判內容，但是他們考慮到 2000 年為選舉年，他們希望以合作的姿態出現，進一步加強民主黨在國內的政治地位，從而把副總統戈爾扶持上臺接任總統，這無疑有利於整個勞工事業的大局。因此，面對勞工運動內部的批評，斯韋尼辯解稱，他本人之所以支持柯林頓政府的貿易議程，主要是想為勞工在國際談判中謀求「一席之地」：「美國的談判議程整體上是大膽的、全面的。我們相信，如果成功，將能夠提高工作質量和生活水平，增加所有美國人的經濟機會。我們支持美國政府把重點放在打開國外市場的努力。」[25]從這個角度也能看出，在中國 PNTR 問題上，斯韋尼本人持較為溫和的立場，但是，作為政治策略的一部分，他們要求美國政府必須有實質性的措施保證美國勞工的利益。

但是，勞聯—產聯內部的其他一些產業的負責人則明確表示，將不惜代價地反對中國加入 WTO，他們認為這中間不存在什麼妥協的餘地。這些產業工會組織包括聯合汽車工人聯盟、卡車司機聯合會以及鋼鐵工人聯合會等。

但是，勞聯—產聯打擊中國的做法也引發了一些批評意見。比如，一些左派人士認為，勞聯—產聯單獨反對中國加入 WTO 和授予中國 PNTR 是不公平的。他們批評勞聯—產聯重又倒退回「冷戰」時代的經濟民族主義的立場。這些左派人士提出，經濟全球化加強了全球資本主義的統治地位，也提出了強化全球工人運動團結的「緊迫性」，而勞聯—產聯在中國問題上的行動，實際上是在分裂國際

[25] Dean Frutiger，"AFL-CIO China Policy: Labor's New Step Forward or the Cold War Revisited?" *Labor Studies Journal*, Vol. 27, No. 3 (Fall 2002), pp.67-80.

勞工運動。這是因為，中國加入 WTO，實際上是全球資本主義推動的經濟全球化的一部分，中國採取的發展勞動密集型產業的政策正是國際經濟組織推薦採取的。他們強調，「勞聯─產聯的對華政策，正把美國勞工運動拉向加強國際勞工團結的對立面，將進一步拉回到民族主義的親資本的勞工聯盟的角色。背離國際團結不僅削弱了美國與國際勞工的團結，而且將使資本力量最終成為贏家。」[26]

第五節　「公共利益」集團的反對聲勢

在反對中國 PNTR 的陣營中，還包括一些所謂的「公共利益」集團，他們與工會、中小企業維護一己私利不同，他們宣稱從環保、人權等公共利益出發，在這些問題上推進自己的利益。有時他們借助反對運動，提高自己在美國內外的知名度與影響力。

美國一些人權組織、家庭農場主團體、消費者團體以及環保組織加入到反對中國 PNTR 的運動中。這些組織從 1999 年 11 月西雅圖反對 WTO 的遊行導致發起千年回合談判的流產中得到啟示，期望再接再厲，再次獲勝。

其他的反對 PNTR 的力量還來自一些宗教組織和退伍軍人組織，包括美國天主教主教大會（the US Conference of Catholic Bishops）、美國軍團（the American Legion）等。

另外，改革黨總統候選人、極端保守派帕特・布坎南（Pat Buchanan）以及綠黨候選人拉爾夫・納達爾（Ralph Nader）也表示了反對的意見。

PNTR 反對派指責美國工商界花鉅資進行遊說，雖然通過 PNTR 立法，但是一場並不光彩的「勝利」。比如，公民全球貿易觀察組織發表報告指控，美國工商界夥同白宮無視民意高達 4 比 1 的反對，

---

[26]　同上。

強行通過 PNTR，實際上把自己的利益淩駕於美國公眾的意志之上。報告指責，美國工商界與白宮在 2000 年 5 月眾議院的投票中發動了「一場歷史上最暴力、最具侵略性的公司立法運動」。為保證 PNTR 立法案的通過，美國工商界花費了多達 1.13 億美元，開展了規模空前的遊說活動（參見表 3-1）。其中，遊說國會花費 3,120 萬美元，在電視臺、電臺和報刊作廣告花費至少 1,375 萬美元，同時，為了拉攏議員支持對華貿易法案，還捐出 6,820 萬美元的政治捐款。他們指出，在爭取眾議院通過法案的費用上，由全美最大跨國公司組成的商業圓桌會議（the Business Roundtable）和工會的遊說開支之比是 11 對 1，工商界占盡優勢。

表 3-1　美國工商界部分團體遊說中國 PNTR 立法案開支，2000 年 1-6 月

單位：百萬

美國商會（U.S. Chamber of Commerce）	$9.66
波音公司（Boeing）	$4.24
美國人壽保險業者協會（American Council of Life Insurers）	$3.7
商業圓桌會議（Business Roundtable）	$2.94
摩托羅拉公司（Motorola）	$2.89
微軟公司（Microsoft）	$2.33（估計）
美國國際集團（American International Group）	$1.7
美國農業機構（American Farm Bureau）	$1.5
美國電子協會（American Electronics Institute）	$1.5（估計）
美中貿易商界聯盟（Business Coal. US China Trade）	$0.24（估計）
卡特比勒公司（Caterpillar）	$0.22
Farmland	$0.14

資料來源：Public Citizen's Global Trade Watch, "PURCHASING POWER: THE CORPORATE-WHITE HOUSE ALLIANCE TO PASS THE CHINA TRADE BILL OVER THE WILL OF THE AMERICAN PEOPLE", October 2000.

　　公民全球貿易觀察組織批評指出：「這大筆金錢腐蝕了民主程序，干擾了政策辯論。工商界的金錢，只買到了損害大家利益的『惡政』。」[27]但是，對於這些指控，工商界遊說組織均予以斷然否認，認為反對集團誇大其詞，有「栽贓」之嫌。

　　環保組織擔心中國「入世」將加重中國的環境危機。他們的看法是，中國在經濟發展的同時，在環保方面的努力不夠，致使環境不斷惡化。比如，美國最大的民間環保組織「山地俱樂部」（Sierra Club）有55萬名成員，其會長卡爾・珀普（Carl Pope）強調，中國「入世」將「使本來就已經不安全的環境與人權變得更不安全了」。[28]

第六節　工商界的遊說與策略

　　對於 PNTR 立法，美國工商界志在必得，他們發起了歷史上最大規模的遊說運動。在遊說中，美國工商界加強協調，緊密合作，依靠集體的力量贏得了很大的成功。

　　第一，商業圓桌會議（The Business Roundtable）、美國貿易緊急委員會（the Emergency Committee for American Trade）[29]、美國商會（the U.S. Chamber of Commerce）與美中貿易全國委員會（US-China Business Council）成立聯合遊說協調組織——「美中貿易商界聯盟」（Business Coalition for US-China Trade），負責協調指揮各類、各層次遊說活動。[30]

---

[27] Public Citizen's Global Trade Watch, "Purchasing Power: the Corporate-White House Alliance to Pass the China Trade Bill over the Will of the American People".

[28] The Seattle Times, April 11, 2000: C1, cited in Zhiqun Zhu, "To Support or Not to Support: the American Debate on China's WTO Membership," *Journal of Chinese Political Science*, Volume 6, Number 2, Fall 2000, pp.77-101.

[29] 成立於 1967 年，主要從事立法遊說，反對國會限制進口的法案。目前協會公司成員在世界銷售額超過 1.5 萬億美元，雇用 400 人。

[30] "Business Community Welcomes Release of Trade Agreement Text，Says Details

美中貿易商界聯盟成立於 1990 年代初，開始時由來自加利福尼亞州的 400 多家公司組成，主要目的在於爭取美國政府一年一度批准延長對華最惠國待遇地位。1994 年 4 月，商界聯盟致函柯林頓總統，指出取消中國最惠國待遇將威脅到加州價值 17 億美元的對華出口，同時將丟掉 35,000 個工作崗位，為促使柯林頓政府當年痛下決心把貿易與人權問題「脫鉤」做出了很大的貢獻。其後，美中貿易商界聯盟在歷年的遊說活動中均發揮了重要作用。除了進行國會與政府的遊說之外，商界聯盟還十分重視社會「基層」的遊說工作，他們相信，要扭轉美國社會對於中國、中國與美國的經貿關係的偏見，必須從基層做起。[31]到 1999 年，商界聯盟包括了 1,200 多家美國大公司、貿易協會和農業組織。隨著參加聯盟的公司與工商組織越來越多，商界聯盟開始成為對華遊說的中間力量，成為美國工商界遊說的協調機構。

為了遊說國會支持授予中國 PNTR，美中貿易商界聯盟設立了一個非正式的「指導小組」（Steering Group），由美國貿易緊急委員會（Emergency Committee for American Trade）會長卡爾曼・柯恩（Calman J. Cohen）和美中貿易全國委員會會長柯白（Robert Kapp）擔任指導小組負責人，小組成員囊括了全國製造商協會、商業圓桌會議、美國商會、全美零售業協會、波音公司、摩托羅拉公司等 30 餘家最大的商業團體和跨國公司的代表。聯盟通常舉行定期協商，協調工商界遊說活動。根據有關研究，在美國國會審議對華 PNTR 期間，小組成員之間會商頻率有時可達每周三至四次。

第二，投入鉅資進行廣告宣傳，力爭儘快改變公眾對於給予中國 PNTR 的負面看法。據有關資料，商界聯盟出資 1,200 萬美元進行國會遊說工作，並投入 150 萬美元做廣告。美國《紐約時報》報

Prove 'It's A Terrific Deal For America'," March 14, 2000, see www.uschina.org/public/wto/b4ct/release.html.

[31] 見王勇：《最惠國待遇的回合》，第 248 頁。

導，工商界在遊說資金上占有明顯優勢，單單美國商會、商業圓桌會議兩個組織在廣告上就投資了 1,000 萬美元，而反對 PNTR 的勞工組織大概只花了 200 萬美元。[32]與此同時，摩托羅拉、英代爾、微軟、花旗集團、惠而浦和通用汽車等多家企業，斥資數百萬美元遊說國會議員支持有關議案。

第三，各類工商組織與各大公司發起了大規模的基層遊說運動，宣傳中國加入 WTO 將給美國地方經濟帶來的好處，並動員基層群眾向本選區國會議員施加壓力。同時，各大公司負責人親自走訪國會，遊說本選區議員，要求他們投票支持 PNTR。

工商界遊說詳細列舉了美國各州可能從中國加入 WTO 中獲得的收益，特別列舉了對各州增加工作崗位的積極影響。但是，反對派遊說機構也同樣列舉了美國各州可能因中國加入 WTO 遭致的損失，兩者針鋒相對。

一、工商界遊說說辭的設計[33]

美中貿易商界聯盟針對反對派的遊說說辭，精心組織材料，進行了大量的宣傳。他們向國會和公眾提供的支持中國 PNTR 的理由如下：

（1）第一，PNTR 關係到美國切身的經濟利益，沒有 PNTR，美國將把中國入世後市場開放的大好商機拱手讓給歐、日、加拿大等商業競爭對手。

美中貿易商界聯盟發表了一系列立場文件，對於中國入世對美國經濟的影響進行仔細分析，指出中國加入 WTO 並獲得美國授予

[32] Joseph Kahn and Eric Schmitt, "House, by Wide Margin, Grants Normal Trade Rights to China," *The New York Times*, May 25, 2000, A1.
[33] 主要來自美中貿易商界聯盟文件，見 Business Coalition for US-China Trade, "China WTO/PNTR: Raising Wages, Improving Chinese Labor Standards and Safeguarding U.S. Workers," March 9, 2000, see www.uschina.org/public/wto/b4ct/raising.html.

的 PNTR，關係到美國切身的經濟利益。如果國會不能批准 PNTR
立法，那麼，美國從 2001 年 1 月 1 日起就將無法享受中國「入世」
帶來的市場准入的好處，而歐、日競爭對手則會獨享這些成果，美
國經濟前景堪憂。為了更直觀的說明這一利害關係，聯盟把通過或
否決 PNTR 兩種不同的前景放在一起，供人們比較、思考（見表 3-2）。

表 3-2　2001 年：一場貿易遠征——兩個完全不同的未來

美中貿易商界同盟系列文件之一	
日期：2001 年 1 月 1 日 去年，美國國會通過了對華永久性正常貿易關係（PNTR）	日期：2001 年 1 月 1 日 去年，美國國會未能通過對華永久性正常貿易關係（PNTR）
美國農場主、工人和公司享有了更多的向中國出口美國貨物、農產品的機會，而從中受益。 美國公司開始投資中國的互聯網、電信、銀行、證券和保險產業。 美國公司開始直接向消費者銷售貨物，而不再經過中國國有的經銷商。	日本、歐洲的農民和公司從中國加入 WTO 獲得了完全的利益，但是，美國農場主與公司則必須在邊上等待。 外國競爭者得到了排他性的投資中國崛起中的服務行業，而美國公司卻只能望而卻步。 外國競爭者開始直接向中國消費者出口、銷售，但是，美國公司並未享受貿易權，必須繼續用中國國有公司作為分銷的中間人。
會是哪種未來呢？這取決於國會。 支持對華永久性正常貿易關係	

資料來源：Business Coalition for US-China Trade: "2001: A Trade Odyssey, Two
Competing Visions of the Future", Feb. 22, 2000.

（2）第二，美國對華經濟關係在過去 25 年中極大推動了中國
在政治、經濟、社會等各方面的進步。

為了反駁反對集團製造的所謂美國工商界要「經濟利益」不要
「道德標準」的指控，2000 年 3 月 9 日，商界聯盟發表政策報告，
對勞工集團、「公共利益」集團的指控逐一進行了反駁。

聯盟指出，過去 25 年間，美中貿易幫助中國取得了「積極」的
變革，提高了生活水平，增加了經濟自由與資訊自由，加強了中國
的法治，提高了中國工人的工資和勞動生活條件。

（3）第三，在華美國公司帶來了中國勞工狀況的很大改善，勞聯—產聯的有關指控毫無根據。

聯盟指出，美國公司在提高中國工人的工資與待遇方面起到了積極作用。比如，利用美國公眾信任私營企業的理念，報告指出，美國公司為中國國有企業工人提供了在私營企業工作的機會，「美國在華投資公司工資更高，實踐世界一流的標準，履行美國的價值觀，即以表現為雇傭的基礎，尊重職工，強調個人責任，道德標準高，環境監察嚴，實行企業自由等。」[34]

聯盟列舉統計資料對此加以說明，1987 至 1997 年間中國平均工資上漲了 343%。聯盟引用美國商會的調查稱，在中國運營的美國公司的同等崗位的工資比中國國有企業高出三倍。

開放貿易促進中國工人的權利。報告稱，「獨立研究」表明，貿易自由化有助於全面提高工資水平，使工人獲得組織參與集體談判的權利，從而改善發展中國家的勞動狀況。比如，報告引述了經合組織（OECD）1996 年對於 44 國的調查發現，指出貿易自由化與工人權利之間具有很高的「相關性」。聯盟報告稱，中國的情況支持了經合組織調研報告的結論：中國工人獲得了更多的選擇權利，他們到外企工作，並湧向華南「富有活力的自由企業區」。

報告指出，勞聯—產聯對中國勞工狀況的指控與中國的實際情況不相符合。報告指出中國的情況「很複雜」，儘管存在法律與實踐的差距，但是，中國支持所有企業中的「集體談判權」，並不禁止罷工，禁止童工，給予工人的法律權利比大多數國家都廣泛。對於美國勞工關注的有關「勞改產品」問題，報告明確指出：「美國貿易法禁止進口勞改產品，我們支持這一規定，PNTR 並不改變這一點。」

---

[34] 美中貿易商界聯盟文件中列舉的美國「價值觀」的表述是：American values-merit-based hiring, respect for employees, individual responsibility, high ethical standards, environmental stewardship, and free enterprise。

　　聯盟報告進而指出，把中國排除出全球貿易體制，將惡化人權和勞工狀況。報告強調，勞聯—產聯反對中國加入 WTO，實際上就是「保護主義」。「不給中國 PNTR 將割斷與中國的聯繫，破壞美國工商界、宗教組織和非政府組織（NGO）在推動法治和民主原則方面的重要作用。它將毀掉中國的法制改革、自由和政治變革的前景。」這些指責顯然是勞聯—產聯等反對派難以承受的，容易在美國這個以「道德標準高」自詡的社會中受到同情與支持。

　　（4）第四，針對勞聯—產聯提出的 PNTR 將使中國的「低工資出口」充斥美國的問題，報告提出 WTO 協定對此做出了很多具體的規定，美國有辦法加以克服。

　　聯盟報告稱，「WTO 協定包括了強有力的限制擾亂市場的保障條款，對於美國反傾銷補償措施保留了 15 年的過渡期。」美中 WTO雙邊協定，為美國補償「市場擾亂」提供了 10 年的過渡期，保證美國繼續實施以「非市場經濟」的反傾銷計算方法長達 15 年。與此同時，美國法律還將繼續為「進口激增」和「不公平」的貿易做法提供有效的救助辦法。

　　（5）第五，中國對美出口擴大，對於美國本土廠商影響很小。

　　中國對美出口激增與美中貿易不平衡惡化是勞聯—產聯遊說國會和公眾的重要理由。聯盟在報告中反駁指出，中國向美國出口的產品主要是低成本的消費品，如服裝、鞋子、玩具和消費電子產品等，這些產品在美國不再有很大的產量。中國出口產品取代的不是美國本地的產品，而是來自亞洲其他國家生產商的出口。報告還指出，「勞聯—產聯關注美國貿易赤字，但是，它忽視了一點，即由於美國保持全球領導地位和經濟活力，美國的失業率才處於歷史水平的低點——4.1%。」中國加入 WTO 將為美國最具有競爭力的、高工資、高技能的產品打開中國市場創造極佳的條件，這些產品包括資本設備、農產品、高科技產品、金融服務、電信及互聯網服務等。

　　報告指出，「正是保護主義，不是貿易，威脅美國的工資、收入和養老保險。」報告引用美聯儲主席格林斯潘的講話強調：「證據是十分有說服力的，即由於貿易流量的擴大，世界競爭程度大幅上升，它顯然提高了所有參加跨境貿易國家的生活水平。我認為美國從中獲益最多。」

　　（6）第六，針對反對派的擔心即一旦給予中國 PNTR，美國將喪失對付中國的「籌碼」，商界聯盟提出，PNTR 將加強美國對華的談判能力。這是因為「把中國帶入 WTO 將給美國一個保證中國按照全球規則行事的強有力執法工具」。保持現狀，保持對華正常貿易關係地位的年度審查並不是一個選項。聯盟指出，「儘管 PNTR 的反對者希望保持，但是，他們用年度審查正常貿易地位的方式，獲得談判籌碼的努力在過去 10 年以來都是失敗的，他們並未在貿易、安全或人權上取得什麼進展。」商界聯盟還引述美國學者瑪格麗特‧皮爾遜（Margaret M. Pearson）等人的研究指出，中國參加國際貨幣基金組織和世界銀行的行為記錄表明，中國並非一個「體系的搗亂者」（system buster），中國能夠成為 WTO 的建設性夥伴。[35]美國完全可以利用 WTO 爭端解決規則來保衛美國的對華貿易權。迄今為止，美國利用 WTO 爭端解決機制業已贏得了 25 個訴訟中的 23 個，「如果美國贏得某個 WTO 裁決，那麼，中國將只有兩個選擇──要麼遵守，要麼面對 WTO 授權的貿易制裁。」[36]

　　（7）最後，美中貿易商界聯盟巧妙引用了聯合汽車工人聯盟前任主席、前美國駐華大使伍德科克（Leonard Woodcock）論述中國加入 WTO 的講話，有力地論證了自己的觀點。伍德科克指出：「我的一生大部分是在從事勞工運動，我迄今仍保持著對勞工運動的忠

<hr>

[35] 瑪格麗特‧皮爾遜有關中國與國際經濟體系關係的研究，見 Margaret M. Pearson, "China's Track Record in the Global Economy," *China Business Review*, January-February, 2000，pp. 48-53。

[36] "China PNTR: Enforcing U.S. Trade Rights and Strengthening U.S. Leverage," see www.uschina.org/public/wto/b4ct/ptnrcoalition.html

誠。但是，在此事上，我認為我們的勞工領袖搞錯了……，美國工人在美中公平貿易的問題上有著極大的利益。我們去年 11 月與中國簽署的協定是迄今為止所能取得的最大的一個進步。」

案例二：地方工商界遊說支持中國 PNTR：路易斯安那州

在遊說國會通過授予中國永久性正常貿易關係地位的過程中，白宮與工商界還發動地方工商組織的力量，動員他們對來自本選區的議員進行施壓。比如，路易斯安那州新奧爾良工商組織世界貿易中心在遊說中發揮了不小的作用。2000 年 4 月初，白宮發起地方州長簽名支持 PNTR 的活動，該州州長福斯特（M.J. Foster Jr.）並未表態表示支持。[37]

在這種情況下，該州工商界進行了不少的遊說活動，他們主要從中國加入 WTO，市場開放可能給路易斯安那州帶來的好處來論證支持 PNTR 的必要性。

路易斯安那州新奧爾良世界貿易中心有 1,800 家公司會員和個人會員。該商會組織在散發的宣傳材料中指出，中國是路易斯安那州的重要貿易夥伴。他們分析強調，「路易斯安那州在整個美國經濟中居於十分有利的地位，能夠保證它從中國加入 WTO 中獲益。」他們列舉了支持 PNTR 的主要理由：

第一，中國在中美「入世」雙邊協定中做出了很多讓步；

第二，中國已經是路易斯安那州的重要出口市場，1997 年位居第五位，1998 年第三位，1999 年第七位。

第三，隨著中美貿易的擴大，路易斯安那州的港口可以發揮重要作用，從而增加本地的就業機會。報告指出，1999 年本州和來自其他州的通過路易斯安那州港口發運至中國的出口貨物高達 7.04 億美元，有將近一半的貨物（3.48 億美元）是農產品出口。從路易斯安那州出口到中國的其他貨物包括化學製品和石化產品（2.55 億美元）、加工食品（1999 年為 7,000

---

[37] "China PNTR Proponents Set to Counter Union Message Next Week," in *Inside US Trade*，April 7, 2000.

萬美元，但是最近幾年訂單量都在 2.5-3.5 億美元之間）。他們專門製作了從 1993 至 1999 年路易斯安那州向中國出口商品及產業列表。

　　就路易斯安那州深水港運送的貨物來看，中國 1998 年已經成為新奧爾良港的第四大重要夥伴（占整個港口的 7.7%），占貨物總值的第十位（6.08 億美元，占整個貨物總值的 3.1%）。1998 年有 3.52 億美元的美國出口經過新奧爾良港發往中國，其中 40%是大豆的出口。根據中美農業協定，中國將進一步開放農產品進口市場，因此，通過該港出口到中國的農產品將會大幅增加。1998 年，有 2.56 億美元的中國貨物經過新奧爾良港進口到美國（主要是礦產品、煤炭與石油製品）。這些數位僅限於新奧爾良港，還不包括路易斯安州其他五個深水港口，如 Baton Rouge, Lake Charles, Plaquemines, South Louisiana, 和 St. Bernard 等。

　　第四，中國市場進一步開放不僅將給路易斯安那州整個海上產業、國際貿易服務提供商帶來巨大的利益，而且還將使本州的生產商與出口商獲益。

　　世界貿易中心在報告中列舉了有關資料：根據美國商務部和農業部的統計，路易斯安那州是美國第三大稻米生產州，稻米出口遍佈世界，1998 年出口額達到 1.69 億美元。報告指出，中國雖然生產成本低，但是，「入世」將使得中國結束對出口的補貼，減少在其他亞洲市場出口的競爭力，「從而讓路易斯安那州得以擴大在這些亞洲國家市場上的競爭力。」中國承諾在 2.66 百萬公噸的進口配額許可證內給予所有進口大米以 1%的關稅；到 2004 年，中國稻米的進口許可證將增加到 5.32 百萬公噸。這將給路易斯安那州農民帶來巨大的出口商機，因為此前中國發放的進口許可證量很小，1998 年中國只進口了 25 萬公噸的稻米。

　　中國入世將提高路易斯安那州的棉花出口。1998 年該州向世界出口棉花 1.34 億美元。中國是世界棉花最大的消費國和生產國，同時也是美國最大的海外市場之一。中國承諾完全取消出口補貼，將減少中國產品的國際競爭力，從而提高美國棉花的出口競爭力。中國承諾將大大提高棉花的配額許可證的額度，到 2004 年達到 894,000 公噸，而中國在 1998 年只進口了 20 萬公噸不到的棉花。中國市場潛力是巨大的。

　　中國入世將大大促進該州大豆製品的出口。1998 年該州大豆製品出口 1.31 億美元。報告指出，「中國是世界此類產品最大的新增市場，在 WTO

協定下中國市場將進一步開放市場。」大豆最高關稅約定在 3%，大豆類食品關稅為 5%，不受配額限制。大豆油的關稅降到 9%，2006 年取消配額許可證。此外，該州木材工業也將受益，報告指出：「中國已經成為世界最大的木材進口國之一，美國增值木材出口到中國目前達到創紀錄的水平。根據協定，中國將大幅度削減各種木材進口品的關稅。」

中國入世還將大大減少化學製品、紙與紙製品、漁業製品等的關稅，同時開放紙類製品等分銷權。中國入世對該州海上服務業的發展至關重要。該州擁有 6 個深水碼頭，1995 年，該州的海事服務業為該州經濟創造了 114 億美元的產值，創造了 94,000 個工作崗位。隨著中美貿易的擴大，海上服務業將更加繁榮。

新奧爾良世界貿易中心呼籲本州議員和公眾支持授予中國 PNTR。報告強調：「中國加入 WTO 為美國提供了一個從中國作出的單邊貿易讓步中受惠的難得的機會。為了獲得更多的進入中國市場的機會，現在美國必須做的只是把 1980 年以來給予中國的貿易權利地位永久化。」報告指出，環保、勞工與消費者等各種組織的破壞導致了 1999 年 11 月底西雅圖全球貿易談判的失敗，現在他們又試圖破壞美中貿易自由化的努力。對此，報告強調，「孤立中國只能加劇這些問題……，新的中美協定與 PNTR 的通過將鼓勵中國領導人朝向市場改革、加強那些希望中國經濟更加自由的人們的地位。它們也有助於使中國更加全面地參加全球競爭，鼓勵中國領導人把很多產業私有化。」報告還提到，開放電信業，加快私有化，將有助於自由事業的發展。

最後，報告指出：「美國經濟從自由貿易中獲得了巨大的繁榮。路易斯安那州由於居於國際貿易門戶的戰略要津，將進一步從美國與世界第一人口大國的貿易中獲益。降低中國關稅將進一步開放中國市場，削減中國的出口補貼將創造更多的特別是在整個亞洲市場的商機。在國際貿易增長的過程中，中美兩國或許會發生暫時的失業情況，但是，在擴大美國與路易斯安那州整體對華利益方面前景將變的非常美好。」

在參、眾兩院有關給予中國 PNTR 的投票中，我們看到，來自路易斯安那州的 7 位眾議員（其中共和黨 5 位，民主黨 2 位）均投票支持中國 PNTR；兩位民主黨參議員 Breaux 與 Landrieu 均投票支持該法案。

資料來源：Lawrence K. Marino, WTC Manager of Government and Transportation
　　　　Affairs, "The U.S.-China Debate" , WTC New Orleans, see <u>wtcno.org/</u>
　　　　<u>tradinfo/china.htm.</u>

第七節　農業利益集團的特殊作用

　　農業利益集團在美國貿易政治中具有特殊作用，作者曾經在過
去的研究中對此加以論述。[38]農業利益集團之所以能夠取得重要的
政治影響力，一部分原因是美國農業事關國家糧食安全，同時也是
美國人引以為榮的在國際上頗具競爭力的產業。另外一部分原因在
於美國政治體制的特殊設計增強了農業部門的政治影響力。儘管農
業在全美總人口中不到 2%，但是，美國議會制度規定每個州都擁有
聯邦參議院的兩個席位。這樣，中西部農業州儘管人口很少，但同
樣擁有兩個議席。在這種體制下，農業利益集團的利益自然得到了
很好的保護。更有甚者，在眾多立法案的競爭中，農業州議員團往
往成為美國總統和其他議員爭取的對象。1983 年，中美紡織品配額
危機由於農業州議員團核心人物羅伯特‧多爾（Robert Dole）參議
員的出馬斡旋而解決；1991 年，布希總統無條件延長中國最惠國待
遇的努力危在旦夕，又是中西部農業州中間派議員聯盟出面干預，
才得以化險為夷。因此，我們在觀察中國與美國的經貿關係時必須
十分留意美國農業利益集團的作用。在某種程度上可以說，美國農
業利益集團是中美貿易中的重要「戰略」資產，如對之善加利用，
必能起到緩和或化解雙邊摩擦的作用。[39]

　　美國農業部門在遊說授予中國 PNTR 的立法之戰中，再次發揮
了重大作用。美國國際經濟研究所高級研究員、中國經濟學家尼古

---

[38]　參見王勇：《最惠國待遇的回合》。
[39]　參見王勇：〈中美貿易戰：常擦槍，交火難〉，《鳳凰周刊》，2003 年 12 月 25 日。

拉斯・拉迪在回顧這段歷史時特別強調，美國農業部門在推動給予中國永久性正常貿易關係方面發揮了「很大作用」。[40]

　　為了推動國會通過中國 PNTR 立法案，美國農業企業和行業組織專門成立了「美中貿易農業聯盟」（the Agriculture Coalition for U.S. - China Trade），包括了 70 多家組織，代表了全美 50 個州的農業生產企業、農作物和食品加工企業、農機具生產企業，農業貿易協會與其他各類企業和組織。農業聯盟提出的口號是：確保美國獲得在華市場准入的公平機會。[41]

表 3-3　美中農業貿易，1997-2002 年

單位：百萬美元

美國對中國與中國香港農產品出口					
年份	1997	1998	1999	2000	2001
中國	1,604	1,340	854	1,716	1,939
中國香港	1,714	1,490	1,209	1,262	1,227
總計	3,318	2,830	2,063	2,978	3,166
美國從中國與中國香港的農業進口					
中國	681	741	766	812	816
中國香港	87	77	77	85	77
總計	768	818	843	897	893

資料來源：U.S. Department of Agriculture (USDA), Economic Research Service, "Foreign Agricultural Trade of the United States", 轉引自 Geoffrey S. Becker and Charles E. Hanrahan, "Agriculture: U.S.-China Trade Issues", CRS Report for Congress, Order Code RS21292。

　　2000 年 1 月 6 日，美中貿易農業聯盟致信眾議院農業委員會主席、德克薩斯州共和黨議員拉里・康姆百思特（Larry Combest），要

---

[40] 張向晨、孫亮：《WTO 後的中美關係──與美國學者對話》，廣東人民出版社，2002 年版，第 72 頁。

[41] "Coalition Calls For Early Vote On Normal Trade Relations Status For China," January 6, 2000, see www.uschina.org/public/wto/usbspntr/ntrstatus.html.

求他對 PNTR 立法案投贊成票。信中明確指出，美國農業從未像在中美 WTO 協定中有那麼大的利益。[42]

農業聯盟在給國會議員的信中指出，美國官員談判達成的中美雙邊 WTO 協定，「將給美國農業帶來巨大的利益」。中國應允的關稅將使中國許多產品的關稅大大低於日本、韓國同類產品的關稅水平。他們指出，中美協定還要求中國改革國家壟斷的糧食採購機構，停止對出口進行補貼，這些條款都對美國十分有利。

他們還指出：「面對中國不斷增長的市場，美國在擴大市場准入的同時，現行協定並未規定要求擴大中國對美國的市場准入。這對於美國農業來說，是一個雙贏的協定。」信中還指出，中國能否成功加入 WTO，並不取決於美國的決定。為了讓美國農場主和工商界獲得協定中包括的市場准入機會，國會必須投票支持 PNTR。[43]

美國農業部門認為中國削減關稅、開放市場，將立即擴大美國對中國的出口。比如，他們認為中國「入世」後將大量進口美國的小麥、柑橘和牛肉製品等。柑橘種植者協會（the Citrus Growers Association）預計，美國向中國香港、中國內地的柑橘出口將從 2000 年的 5 億美元，上升到 2001 年的 12 億美元。[44]

根據全球公民貿易觀察組織披露的數字，美國農業貿易聯盟在眾議院投票前的兩周花在廣播時段上的廣告費用達到 15 萬美元。

除了投資廣告向公眾宣傳中國加入 WTO 給美國農業帶來的好處外，農業集團與政府部門密切配合，共同開展對國會的遊說。美國國會總審計局（GAO）曾對白宮成立的「中國作戰室」（the China War Room）進行調查，發現國務院、財政部、商務部、勞工部、農業部和美國貿易代表辦公室等行政部門可能違反了禁止使用聯邦資

---

[42] "Agriculture Coalition for US-China Trade Letter to Rep. Larry Combest," see www.uschina.org/public/wto/usbspntr/combest.html.

[43] "Coalition Calls For Early Vote On Normal Trade Relations Status For China," January 6, 2000.

[44] Zhiqun Zhu 前引文。

金，動員社會基層遊說國會的規定。5 月中旬，國會總審計局（GAO）調查發現，白宮「中國作戰室」有 150 位工作人員，其中 100 位來自美國農業部，他們與政府外的公司、貿易協會等有著廣泛的協調與聯繫。從農業部人員參與白宮工作的比例也能看出美國農業部門對於 PNTR 立法是何等重視。

　　一個小的事例反映了白宮與農業利益集團在遊說上的協調與配合。公民全球貿易觀察組織披露，白宮 PNTR「作戰室」曾通過內部郵件系統與全國豬肉生產商協會（the National Pork Producers Council）與 Farmland 合作系統（the Farmland Cooperative System）聯繫，要求這些農業組織密切注意 PNTR 反對派當時廣為散發一位經濟學家為報紙所寫的一篇評論文章，該文稱美國農業不會從 PNTR 中獲益。白宮希望兩個農業組織儘快派出代表處理此事。[45]

　　我們知道，5 月 24 日眾議院以多數票通過了授予中國 PNTR 的 H.R.4444 號立法案。對此，專門從事貿易立法事務分析的《美國貿易內情》（Inside U.S. Trade）發表權威分析指出，農業集團、高科技集團爭取到了議員人數最多的三大州的支持，是推動立法案獲得多數票的關鍵。這三大州是指加利福尼亞州、德克薩斯州和紐約州。分析指出，三個州的多數議員投了贊成票，「主要是因為共和黨領導層的重壓，行政部門出臺了與議員們相關的政策與專案，以及高科技與農業利益集團的影響。」[46]

　　農業利益集團拉到了「產糧區」議員的很多選票，同時還拉到了印地安納州、伊利諾伊州等中西部幾個州的共和黨議員的贊成票，在這幾個州中，農業、工會均有很大的影響力，他們之間競爭是相當激烈的。

---

[45] Public Citizen's Global Trade Watch, "Purchasing Power: the Corporate-White House Alliance to Pass the China Trade Bill over the Will of the American People," October 2000.
[46] "Three Biggest States Help Swing House Vote For China PNTR," in *Inside US Trade*, May 26, 2000.

　　來自德克薩斯州的眾議員有 30 名，其中 26 人對 PNTR 投了贊成票。來自德克薩斯州的共和黨黨團領導人迪克•阿米（Dick Armey）等人起到了很大的作用。民主黨黨團主席馬丁•福斯特（Martin Frost）也來自德州，他支持 PNTR 立法，對贏得該州民主黨議員的贊成票也起到了不小的作用。分析指出，農業利益集團特別是牛肉廠商遊說團體「在遊說德州代表團上花了很大的功夫」，取得了不小的成效。

　　農業與高科技集團在遊說加州議員黨團多數成員，投票支持 PNTR 方面也發揮了重要的影響力。加州 52 名眾議員中有 2／3 投票支持 PNTR。

　　農業集團進行遊說所採取的主要方式是，先確認議員選區中農業所占經濟產出的份額，再考察中美雙邊協定是否對該選區農業的市場准入產生很大的影響，這些資料出來之後，再有針對性地去做有關議員的工作。例如，豬肉生產廠商鎖定了 51 名眾議員，結果其中有 39 位最終投了「贊成」票，只有 12 位投了「否決」票。另外，4 月 28 日，中美就美國化肥在華市場准入問題達成協定，對於佛羅里達州、路易斯安那州眾議員立場的轉變起了很大的作用。

　　《美國貿易內情》分析指出，PNTR 反對派發現他們最可能贏得支持的主要是來自新澤西州、賓西法尼亞州、俄亥俄州、印地安納州、伊利諾伊州和密執安州的民主黨議員。即便如此，農業遊說集團仍然吸走了俄亥俄州、印地安納州和伊利諾伊州共和黨議員的票，加之農業集團獲得的「大草原」各州議員的多數票，為眾議院順利通過立法奠定了堅實的基礎。[47]

　　在眾議院以多數票通過 H.R.4444 立法案後，共和黨參議員湯普森、民主黨參議員托里切利聯合提出修正案，要求將中國 PNTR 與「武器擴散」問題掛鈎；其他修正案分別涉及中國的計劃生育、宗

---

[47]　同上。

教自由、環境保護等問題。對於這些修正案，美國 50 多個農業組織聯合致信參議員，向他們施加壓力，要求他們不要在「對美國農業發展至關重要的」對華永久性正常貿易關係議案上附加任何修正案。結果，參議院最終否決了湯普森等修正案，為對華 PNTR 議案的通過掃除了障礙。[48]

不過，我們還必須看到，美國並非所有的農業部門都支持給予中國永久性正常貿易地位。小型家庭農場主持反對的態度。比如，其主要遊說團體、全美第二大農民組織全國農民聯盟（the National Farmers Union），於 2000 年 2 月 25 至 28 日召開聯盟大會，以 64 對 62 票反對廢除年度審議對華正常貿易地位的作法。[49]儘管害怕中國進口農產品的威脅，但是，他們公開的藉口卻是中國人權問題。看來美國貿易保護主義團體經常濫用所謂「人權」問題，以「保護」人權之名，行保護主義之實。

第八節　臺灣因素與 PNTR 問題

臺灣問題是 PNTR 反對派大作文章的一個問題。主要是通過煽動關心臺灣地位議員的情緒，為國會通過 PNTR 立法設置障礙。

1992 年，布希總統為爭取國會支持無條件延長中國最惠國待遇，通過信函的方式，與部分國會議員達成妥協，即這些議員投票支持延長中國最惠國待遇，而總統在對華貿易政策上採取更加強硬的立場，其中就包括支持臺灣以單獨身份加入「關貿總協定」（GATT）。[50]在美國的推動之下，關貿總協定各國於 1992 年通過諒解協定，臺灣可以臺、澎、金、馬獨立關稅區身份加入關貿總協定。

---

[48] 參見衛靈：〈美國國會對中美關係的影響〉，《外交學院學報》，2001 年第 4 期，第 31-38 頁。

[49] "Farmers Group Narrowly Votes To Oppose China PNTR," in *Inside U.S. Trade*, March 10, 2000.

[50] 參見王勇：《最惠國待遇的回合》，第 191-194 頁。

在美國行政部門遊說的過程中，反對派不時有人再次提出這一問題，以中國大陸要求臺灣以中國的一部分加入 GATT 為藉口，反對授予中國 PNTR。

5 月 24 日，眾議院以多數票通過 PNTR 立法案之後，反對派企圖再次利用臺灣問題製造麻煩。比如，他們鼓動《華盛頓郵報》、《華爾街日報》發表社論，提出中國國家主席江澤民要求臺灣「作為中國的一部分」加入 WTO，對於臺灣加入 WTO 附設條件，逼使柯林頓政府再次表態。

對於臺灣「入世」風波，美中貿易商界聯盟緊急應對，於 9 月 15 日發表了公開文件，澄清事實真相，以防參議院在 PNTR 投票前「節外生枝」。公開文件指出，2000 年 9 月 8 日，江澤民主席在紐約對工商界領導人發表的講話，只是重申了中國對於臺灣問題的「一般性立場」，「並未在任何地方提及臺灣加入 WTO 的問題，或臺灣加入 WTO 的條件」。PNTR 反對派的圖謀就是要利用臺灣問題干擾最後立法議程。

9 月 12 日，白宮致信參、眾兩院領導人，說明了 9 月 8 日柯林頓總統與江澤民主席在有關問題上的談話要點。柯林頓在信中指出：「根據我們與中國人在紐約的會談，我相信我們雙方的共同理解是，中國和臺灣將在同一次 WTO 總理事會會議上受邀加入 WTO，臺灣加入 WTO 將按照 1992 年協定的條件進行，即作為『臺、澎、金、馬獨立關稅區』加入，稱『中國臺北』。美國不會接受其他的結果。」[51]

柯林頓此前曾就這一問題，於 8 月 31 日致信參議員 Jon Kyl，稱：其他 WTO 成員國均支持美國堅持 1992 年諒解備忘錄的立場。[52]

---

[51] 柯林頓總統致參、眾兩院領導人的信，2000 年 9 月 12 日，轉引自 the Business Coalition for U.S.-China Trade, "The Facts About China Trade And...Taiwan's Entry to WTO," *An Issues Paper*，see www.uschina.org/public/wto/b4ct/tradewto.html.

[52] See President Clinton's letter to Sen. Jon Kyl, August 31, 2000.

商界聯盟的立場文件還援引有關報導進一步說明臺灣問題並不是其中的障礙。文件引述中國首席談判代表龍永圖 9 月 15 日的談話，龍永圖發表談話指出：「1992 年的聲明仍然有效，這個問題早已解決。沒有人來挑戰它。我不想讓這個問題（臺灣問題）牽扯進這些十分重要的貿易談判中。」[53]

經過美、中雙方對臺灣「入世」條件的進一步澄清，這場風波才算平息。

案例三：紐約人壽保險公司與 PNTR 遊說

根據美國紐約人壽國際公司董事長白嘉禮的介紹，紐約人壽與波音公司共同擔任「美中貿易商界聯盟」的共同主席，分別代表了華爾街金融界與美國製造業在對華貿易與投資中的利益。白嘉禮指出：「我有第一手的經歷，看看我們是怎樣與那些非常強大的反對派搶奪議員的吧。」

1999 年在中美就中國加入 WTO 達成雙邊協定後，美中貿易商界聯盟即開始動員，為遊說國會通過給予中國永久性正常貿易關係地位（PNTR）作準備。聯盟的做法如下：

第一，對所有參、眾兩院議員的 PNTR 立場進行排查。國會總計 535 名議員，其中參議院 100 人，眾議員 435 人。排查發現，100 名參議員中支持 PNTR 者占上風；在 435 名眾議員中，支持者、反對者比例接近，另有 50-70 名議員持觀望態度。

第二，商界聯盟針對觀望的議員，成員公司進行分工，分別作相關議員的工作。他們特意準備了一張地圖，用圖釘標出這些議員所在的州，然後發動當地最有影響的兩、三家公司去做該議員的工作。紐約人壽分得了作美國東北部各州和德克薩斯州等的 11 個議員指標。

第三，制定遊說策略。白嘉禮介紹：「我們採取三種策略：發動基層、登門拜訪、媒體公關。」紐約人壽保險公司把 15,000 名職員和保險代理人

---

[53] Bureau of National Affairs, Inside U.S. Trade, September 14, 2000.

發動起來，鼓勵他們給議員寫信、打電話，給報社寫信表達意見。公司高級管理層則直接到國會山辦公室拜訪議員，呼籲他們支持 PNTR。僅紐約人壽就拜訪了 150 名議員，另有四位高級管理人員出席國會聽證會作證，陳述給予中國 PNTR 將給美國和公司帶來的種種好處。

在遊說中他們發現，即使是準備投反對票的議員，多數人都知道中美WTO 協定對美國是有利的，只因他們來自工會力量強大的選區，受到選舉的壓力，不得已而為之。工商界還發現，美國國內一些媒體正在「誤導」民眾，於是他們趕緊展開媒體公關，工商界高層紛紛出動，為主要媒體撰寫評論，接受採訪，把贊成的聲音傳播出去。

2000 年 4 月，多名持觀望態度的議員先後跟隨商務部長戴利（William Daley）和農業部長格利克曼訪華。他們中有許多人是第一次訪問中國，通過親眼觀察中國的變化和與市民的交談，親身感受到中美合作將給兩國帶來巨大的利益，從而轉向支持 PNTR 的立場。工商界相信，親訪中國加上各方盡力遊說，是爭取議員的最好辦法。眾議院最終以 237 票對 197 票的較大優勢，通過了給予中國永久性正常貿易關係地位的法案。根據最終投票判斷，最初持觀望態度的 50－70 名「中間分子」至少有三分之二投了贊成票。

參議院也將對中國 PNTR 問題進行表決。工商界擔心，如果參議院通過的法案與眾議院不同，則兩院必須坐到一起再進行一輪投票。白嘉禮最後指出：「這就是美國的立法程式，如同做香腸一樣麻煩，但只要最後做出來的香腸是美味的就行。我們還將繼續努力。」

資料來源：余東暉，「美國商界怎樣遊說國會通過 PNTR」，中新社，2000 年5 月 28 日北京電。

第九節　國會──各方力量爭奪的焦點

有關 H.R.4444 投票的結果顯示（見表 3-4），多數共和黨眾議員（164 人）支持 PNTR，但是，也有將近 1／4 的共和黨眾議員（57 人）以國家安全、宗教自由的名義反對給予中國 PNTR。在民主黨方面，1／3 眾議員（73 人）投票支持 PNTR，2／3 的多數表示反對。

在遊說的過程中，有幾個方面的特點值得注意：

第一，柯林頓總統本人親自會見了 100 位以上的眾議員，直接尋求他們的支持，起了不小的效果。特別是，為了更保險地獲得多數贊成票，柯林頓總統和眾議院議長哈斯德特共同宣布出臺了「新市場和社區重建倡議」（the New Markets and Community Renewal initiative），以幫助經濟不景氣的農村和城市社區的恢復和發展，其中包括稅收優惠和增加公共投資等內容。這項計劃的目的是，打消那些因中國「入世」而可能受到負面影響地區的顧慮，為那些黑人議員投票支持 PNTR 創造條件。

第二，柯林頓總統與國會中一些反對派結成了支持 PNTR 的同盟，有力推動了部分反對派議員轉變立場。其中，引起廣泛關注的例子是共和黨眾議員多數黨黨團督導員湯姆‧德雷（Tom DeLay）。德雷曾經是國會中批評柯林頓政府施政的最嚴厲批評者，曾經主導過對柯林頓本人的彈劾行動。他同時也是一位強烈的反共分子，曾經與他人共同發起《臺灣安全法案》。但是，在這場有關 PNTR 的鬥爭中，德雷卻成為柯林頓總統聯絡、召集眾議院共和黨人投票的最得力的協調人。對於與柯林頓的合作關係，德雷本人是這樣辯解的：「我與總統在他如何履行總統職責方面存在根本的分歧，但是，當我看到他做的一些我認為很重要的事情時，我將會支持他，因為他並不是經常做這樣的事。」此外，他的另一個觀點是，中國加入 WTO，將有助於輸出美國的價值觀，使中國更容易受到美國的影響。德雷與總統的合作態度，為不少議員樹立了可信的榜樣，促使他們投票支持 PNTR。[54]

第三，一些議員利用自己手中寶貴的一票，「待價而沽」，與政府做起了「交易」。比如，來自德克薩斯州的民主黨眾議員馬丁‧

---

[54] 有關共和黨眾議院領袖德雷與柯林頓總統結盟的分析，請參見 Eric Schmitt, "Unlikely Alliance Is Formed to Pass Bill on China Trade," *The New York Times*, May 9, 2000, A1.

福斯特（Martin Frost）就是在美國海軍通知其所在選區的 Northrop Grumman 軍工廠將接受更多政府訂單、保持經營之後，才表示將投票支持 PNTR。其他做交易的例子還包括，政府為西佛吉尼亞州建立一條天然氣管道，在阿拉巴馬州建立一個全國氣候服務監控站等措施，都爭取到了這些選區代表的贊成票。

第四，在眾議院投票前夕，歐盟與中國達成 WTO 雙邊協定，增加了議員們投票支持 PNTR 的緊迫性，也推動了不少人立場的轉變。5 月 19 日，就在眾議院投票的前一周，歐盟與中國達成了中國入世協定。一些議員特別是共和黨議員表示，歐中協定加大了中國市場開放的力度，例如，中國承諾對於外國藥品不再採取「歧視性」的政策等，是使他們下決心投贊成票的重要原因。

第五，在最後一刻，萊文提案成功獲得了眾議院領袖的支持，有關內容加到了 PNTR 立法案中。票數統計顯示，「萊文—貝羅伊特提案」幫助徵集到大約 24 名原本搖擺不定的眾議員的支持，其中包括籌款委員會少數黨資深議員、紐約州民主黨人查爾斯・蘭格（Charles Rangel）。他指出，正是有了萊文提案，他方能最終投了贊成票。

第六，大量傳統的民主黨國會議員依然固守反對 PNTR 的立場，難以動搖。其中，來自密執安州的民主黨眾議員、眾議院少數黨督導員戴維・博尼爾（David Bonior）擔綱反對派議員的協調與組織工作。反對派議員列舉的他們反對 PNTR 的理由很多，包括中國入世將帶來美國國內的失業；中國在執行《1992 年美中市場准入備忘錄》等貿易協定上「記錄不好」，因而對中國執行 WTO 協定的意願和能力表示懷疑。很多議員擔心，喪失對中國貿易地位的年度審查將「惡化」中國的人權狀況等。眾議員南希・佩洛西（Nancy Pelosi）是人權派議員的發言人，她指出：「在過去的十年中他們一直告訴我們，如果我們給予中國不加限制的貿易好處，那麼，中國的人權將得到改善。事實並非如此。文革結束以來，因信仰問題在

中國被拘禁的人現在比任何時候都要多。」[55]他們還擔心，投票支持 PNTR 將不利於民主黨在選舉年的表現，不願因此而損害本黨的選舉利益。

　　在投票的前一天，工會工人、環境保護主義者和人權活動分子在國會大廈的臺階上舉行了抗議活動。他們打出的口號包括：「為你的良心投票」、「不要僅為利潤投票」等。在遊說的最後幾個小時裏，勞聯—產聯主席約翰・斯威尼重點做了那些尚未下決斷的共和黨議員的工作。

　　在支持與反對 PNTR 的陣營勢均力敵的情況下，眾議院籌款委員會主席比爾・阿切（Bill Archer）警告同事們，這次是他們在整個國會生涯中「最重要的一次投票」，請他們務必十分謹慎、慎重地對待。

表 3-4　美國國會參、眾兩院就對華最惠國待遇（MFN）或正常貿易關係（NTR）投票情況

眾議院

年份　投票	共和黨	民主黨	獨立人士	總計
1990 年　MFN 附加條件案（HR 4939）				
贊成	150	234	—	384
反對	19	11	—	30
1991 年　在 1992 年大會報告中增加有條件延長中國 MFN 提案（HR 2212）				
贊成	151	257	1	409
反對	14	7	—	21
1992 年　推翻對於 HR2212 的否決案				
贊成	110	246	1	357
反對	51	10	—	61

---

[55] Nancy Pelosi, in "Four Voices from the Debate in the House on the Trade Bill," *The New York Times,* May 24, 2000, A14.

1993 年 MFN 附加條件案（HR 5318）				
贊成	112	226	1	339
反對	47	15	—	62
推翻總統對 HR 5318 的否決案				
贊成	102	242	1	345
反對	60	14	—	74
否決給予中國 MFN 案 （HJ Res. 208; H Rept 103-167）				
贊成	63	41	1	105
反對	108	210	—	318
1994 年 否決給予中國 MFN 案（HJ Res. 373）				
贊成	36	38	1	75
反對	141	215	—	356
對華 MFN 行政命令法律化（China MFN Executive Order Codification）（HR 4590）				
贊成	129	151	—	280
反對	44	107	1	152
1995 年 否決給予中國 MFN 案 Motion on table （HJ Res. 96）				
贊成	178	143	—	321
反對	52	54	1	107
1997 年 否決給予中國 MFN 案（HJ Res. 79）				
贊成	79	93	1	173
反對	147	112	—	259
1998 年 否決中國 NTR 地位案（HJ Res. 121）				
贊成	78	87	1	166
反對	149	115	—	264
2000 年 授予中國 PNTR 案（HR 4444）				
贊成	164	73	—	237
反對	57	138	2	197
授予中國 PNTR 決議（HJ Res. 103）				
贊成	54	91	2	147
反對	164	117	—	281

參議院

年份　投票	共和黨	民主黨	
1991 年　有條件給予中國 MFN（HR 2212）			
贊成	6	49	55
反對	37	7	44
1992 年　有條件給予中國 MFN			
Conference Report　（HR 2212）			
贊成	9	50	59
反對	34	5	39
推翻總統對 HR 2212 否決案			
贊成	9	51	60
反對	34	4	38
推翻否決有條件給予中國 MFN（HR 5318）			
贊成	8	51	59
反對	35	5	40
2000 年　給予中國 PNTR 案（HR 4444）	46	37	83
贊成			
反對			

資料來源：國會季刊大事記（Congressional Quarterly Almanac）各期，轉引自 "US-China Agreement and Battle For PNTR", in Robert Lawrence, Charan Devereaux and Michael Watkins, *Making The Rules: Case Studies on U.S. Trade Negotiation*. Washington: Peterson Institute for International Economics, 2006, Vol. 1, 257-258.

第十節　「萊文修正案」──通向 PNTR 的橋梁？

　　桑迪・萊文（Sandy Levin）是來自密執安州的民主黨眾議員，是勞工運動的長期政治盟友，據統計「其投票記錄 94% 是支持勞工提案的」，比如，萊文投票反對過北美自由貿易協定，也反對過 1997-1998 年延長「快車道」貿易授權的立法案。但是，在 1990 年代有關對華最惠國待遇問題的歷次投票中，萊文的立場是有所搖擺，時而贊成，時而反對。1999 年 4 月，萊文等人曾經要求柯林頓

總統不要與來訪的中國總理朱鎔基簽訂中國「入世」的雙邊協定。
他們提出的理由是，中國的承諾缺乏美國程式所需要的「保障條款」
的內容。來自國會的壓力被認為是柯林頓總統當時猶豫的非常重要
的一個原因。柯林頓在當時猶豫的另外一個原因包括財政部長羅伯
特・魯賓認為，美國不要急於與中國達成協定，再等一下中國或許
會有一個對美更好的「出價」，他希望中國能夠在銀行、保險等金
融市場開放上做出更多的讓步。顯然，作為高盛公司前董事長的魯
賓代表了美國金融界的利益。[56]

　　萊文之所以在中國 PNTR 立法問題上發揮重要的角色，主要在
於他即將在眾議院籌款委員會貿易小組委員會出任主管的位子。
1999 年 11 月，中美簽署中國加入 WTO 的雙邊協定後，萊文等民主
黨人成立了一個專門小組，深入討論協定涉及的相關問題。萊文領
導的中國加入 WTO 小組考慮的問題主要有兩個：

（1）如何建立新的機構監督中國落實 WTO 協定的有關內容，
　　　保持在人權等問題上繼續向中國施加壓力。他們認為，美
　　　國國會批准給予中國永久性正常貿易地位（PNTR），實際
　　　上等於放棄了一個向中國施加壓力的「途徑」，在人權問
　　　題上尤其如此。

（2）如何限制中國出口對於美國生產者的衝擊。這是他們考慮
　　　的最重要的問題，因為這關係到他們所在選區的工會組織
　　　的切身利益。這也是他們要求增加對華「特殊保障」條款
　　　的重要原因。

　　為了探討新的機制，2000 年 1 月，萊文對中國進行了 10 天的
訪問。在中國，萊文與中國學者、藝術家、學生和政治運動組織者

[56] Robert Lawrence, Charan Devereaux and Michael Watkins, Making the Rules:
Case Studies on U.S. Trade Negotiation, Vol. 1.Washington: Peterson Institute
for International Economics, 2006.

座談，瞭解開放貿易對於中國社會變革的影響。[57]萊文指出：「我從中國回來後感受到，中國的變革無法扭轉，但是方向並不是不可扭轉的。」他並不相信，經濟變革「必然」帶來社會進步，「你必須努力去塑造全球化本身」。[58]

從中國回到美國後，萊文仿造冷戰時期監督東歐人權狀況的赫爾辛基委員會（the Helsinki Commission）模式，提出了建立「中國委員會」的設想。不過，該委員會的功能只是提出政策建議，並無執行的權力。提案的目的在於，在美國國會放棄對中國最惠國待遇年度審議之後，美國仍然可以向中國施加壓力。具體來說，萊文提出的方案包括了下面一些主要內容：

（1）授權特定產品的保障措施，以保護美國工人免受中國進口產品激增的衝擊。

（2）設立新的程式確保中國遵守有關貿易承諾，美國必須建立一套機制對中國進行常規的「履約」檢查。

（3）進一步發展中國的商務和勞工法，包括監督中國遵守美國禁止「勞改產品」進口的法律。1992 年中美曾就此問題達成協定，也是美國勞工利益集團炒作中國最惠國待遇問題達到的一個目的。

（4）臺灣應該與中國同時加入 WTO。不少國會議員持同樣的看法。

萊文提案剛提出時，並未得到柯林頓總統與國會內部的特別重視，主要是因為他們擔心過多的附加條件，容易把事情搞複雜化，特別是擔心遭到中國的反對。比如，眾議院籌款委員會主席比爾‧

---

[57] 作者曾經參與 2000 年 1 月萊文眾議員訪華的部分活動。當時，筆者受美中貿易全國委員會會長柯白（Bob Kapp）委託，為萊文組織了一次與不同思想傾向學者的見面會，北京友誼賓館；同時，參加了在北大舉行的學生教師座談會。

[58] Eric Schmitt, "Public Lives; An Unlikely Champion of a New Trade Pact with China," *The New York Times*, April 17, 2000, A12.

阿徹（Bill Archer）在開始時反對萊文提案，他在 4 月 10 日寫給柯林頓的一封信中認為這些條款「路數不對」。[59]但是，到 2000 年 4月中旬以後，白宮、工商界和共和黨領袖們對眾議院投票結果進行預先統計，結果發現仍有許多眾議員處於猶豫的狀態，能否通過立法案有很大的不確定性。在這種情況下，人們開始認為，萊文提案有可能使那些尚在猶豫之中的議員轉投贊成票，因此該提案開始獲得了廣泛的關注。

　　為了爭取更多眾議員支持 PNTR，白宮辦公廳主任約翰・珀蒂斯塔（John Podesta）等人組成了一個高級小組，與萊文討論其提案的有關內容。籌款委員會主席阿徹也轉變態度，於 5 月 2 日宣布支持萊文提案，因為「目前（在爭取支持方面）要做的工作比我原先估計的要多」。[60]

　　為了加強萊文提案的兩黨一致色彩，眾議院規則委員會主席、來自加州的共和黨眾議員戴維・德拉依爾（David Dreier）任命共和黨眾議員道格・貝羅伊特（Doug Bereuter）與萊文合作聯合提出議案，主要內容是兩條：（1）限制來自中國的「進口量猛增」；（2）成立專門委員會，以監督中國的人權狀況和法治建設。這就是所謂的「萊文—貝羅伊特提案」。由於得到眾議院國際關係委員會副主席、東亞問題專家畢瑞達的附議，萊文在第二個條款的立場更加強硬了。[61]

　　對於「萊文—貝羅伊特提案」，各方表達了不同的觀點。比如，美國工商界採取了一種現實的態度，認為只要該提案不對中美 WTO協定造成實質性傷害，就可以接受。商業圓桌會議發表聲明指出，該提案對於順利通過對華貿易法案是「非常有好處」的。美國當時的貿易代表巴爾舍夫斯基大使高度評價了萊文提案，指出：「桑迪・

---

[59]　《美國貿易內情》（*Inside U.S. Trade*），2000 年 4 月 14 日，見戴斯勒：《美國貿易政治》，第 278 頁。
[60]　同上。
[61]　見戴斯勒：《美國貿易政治》，第 278 頁。

萊文與民主黨多數同僚不同，他認同給予中國永久性正常貿易地位具有根本性的重要性。然後，他開始尋找一條道路來推動，並且取得了成功。我怎麼評價他的作用都不過分，如果聯繫到他的基本立場、他堅守目標的執著而提出了配套立法，為那些支持開放貿易的民主黨人正確投票創造了寬鬆的條件。」[62]

中國政府則表達了明確的反對立場，認為萊文提案作為配套立法嚴重干涉中國內政，表示堅決反對。

美國勞工界也表示反對萊文提案。他們的主要看法是，提案沒有提出什麼新的內容，主要是一些已經做過的東西，一些內容可能會產生反作用。堅決反對中國 PNTR 的美國聯合汽車工人聯盟則發出高調批評，指責「萊文提案毫無意義，是一張徹頭徹尾的政治遮羞布。」[63]

在立法程式上如何處理「萊文─貝羅伊特提案」，當時存在不小的爭議，即提案是否需要包括在授予中國永久性正常貿易關係地位的法案 H.R.4444 中。按照美國普通保障法的規定，總統在採納國際貿易委員會（ITC）的行動建議方面擁有很大的「自由裁量權」。因此，共和黨領袖認為，可以把萊文提案作為一個單獨法案提出，在 PNTR 法案通過後再予以通過。但是，萊文本人則要求把有關條款放在 PNTR 法案中。他擔心，如果放在 PNTR 後面通過，提案本身的重要性將會大打折扣，而且難以保證參議院會採納同樣的內容，如果參議院未採納，那麼，萊文提案就有可能胎死腹中。[64]

在經過一段時間的爭論後，決定把萊文法案納入 H.R.4444 中，結果，籌款委員會以 34 對 4 票的壓倒性多數同意將中國 PNTR 法案提交眾議院全體大會審議，其中民主黨資深議員也加入到支持的一

---

[62] Robert Lawrence, Charan Devereaux and Michael Watkins, *Making the Rules: Case Studies on U.S. Trade Negotiation*, p.285.

[63] Matt Kelley, "Bereuter in the Thick of China Trade Vote," *Omaha World-Herald*, May 21, 2000, 17A.

[64] 見戴斯勒：《美國貿易政治》，第 278 頁。

方。2000 年 5 月 24 日，全體大會以 237 對 197 票的明顯優勢通過
H.R.4444 立法案。在 237 張支持票中，有 73 位民主黨議員不顧勞工
組織和非政府組織的反對，投票贊成授予中國 PNTR。[65]

　　眾議院全院大會通過 H.R.4444 後，「萊文—貝羅伊特提案」被
認為立下汗馬功勞。票數統計顯示，該提案幫助徵集到大約 24 名搖
擺不定的議員的支持，其中包括籌款委員會少數黨資深議員、紐約
州民主黨人查爾斯・蘭傑爾（Charles Rangel）。蘭傑爾指出，正是
由於萊文提案，他才最終決定投贊成票。

第十一節　參議院順利通過

　　在遊說運動伊始，對參議院支持授予中國 PNTR 的情況進行了
摸底，發現多數參議員表示支持，白宮、工商界得以把遊說重點放
在眾議員身上。

　　但是，在參議院審議 H.R.4444 立法案的過程中，一向反華的北
卡萊羅納州共和黨人赫爾姆斯（Jesse Helms）等參議員提出了多達
18 項的修正案，這些修正案包括：赫爾姆斯參議員要求總統在確認
中國在給予更大的宗教自由方面取得實質性的進展後，方能授予中
國 PNTR；明尼蘇達州民主黨人保羅・威爾斯通（Paul Wellstone）
要求總統在給予中國 PNTR 前再次確認中國不出口勞改產品；西佛
吉尼亞州民主黨人羅伯特・貝爾德（Robert Byrd）要求美國支持轉
讓清潔能源技術作為旨在協助中國能源部門的計劃的一部分等等。
為了防止「夜長夢多」，參議院領導人拒絕了所有這些修正案，使
參議院中國 PNTR 立法文本直接採納了眾院 H.R.4444 文本。

---

[65] 同上。

9 月 19 日，參議院以 83 對 15 票的絕對優勢順利通過 H.R.4444 立法案。在投票支持 PNTR 的參議員中，共和黨有 46 人，民主黨有 37 人，共計有 83 人投了贊成票。

在投票過後，公民全球貿易觀察組織等對中國 PNTR 立法案進行了總結，提出了「賞罰分明」的舉措。比如，該機構在 2000 年 10 月發表的報告中列舉了那些過去支持北美自由貿易協定、現在轉而反對 PNTR 的「表現良好」的議員。報告宣稱，這些人吸取了教訓，轉變了立場。這些眾議員包括田納西州眾議員 Bob Clement 與 Bart Gordon，加州的 Sam Farr 與 Lucille Roybal-Allard，佛羅里達州的 Alcee Hastings 與 Carrie Meek，密蘇里州的 Karen McCarthy，以及亞利桑那州的 Ed Pastor。

同時，勞工組織和公民全球貿易觀察等還威脅指出，要對那些投票支持 PNTR 的議員進行懲罰。報告強調，「已經投票支持對華 PNTR 法案的民主黨議員今年 11 月和未來的選舉中將面臨類似的障礙」。產業工會已經撤銷或停止對於支持 PNTR 議員的支持。比如，聯合汽車工人聯盟和卡車司機聯合會鑒於其「用一個無效的對華 PNTR 立法修正案為民主黨人投票支持提供了政治藉口」，撤銷了對萊文眾議員的支持。[66]同樣，工會組織也撤銷了對於堪薩斯州民主黨現任眾議員 Dennis Moore 的支持，儘管 1998 年選舉時工會的支持是他能夠獲勝的主要原因。卡車司機聯合會還撤銷了對科羅拉多州民主黨眾議員 Diana DeGette、加州民主黨眾議員 Lois Capps 以及俄亥俄州民主黨眾議員 Tom Sawyer 的支持，包括轉而支持其共和黨對手等。[67]

---

[66] 儘管如此，萊文（代表密執安州第 12 選區）仍在以後的選舉中當選，目前仍在任職。

[67] Public Citizen's Global Trade Watch, "Purchasing Power: the Corporate-White House Alliance to Pass the China Trade Bill over the Will of the American People," October 2000.

第十二節　政策研究、學術界與遊說

研究能力對於遊說工作十分重要。支持與反對 PNTR 兩大陣營的研究機構進行了大量的研究，參與到有關論戰中，在某些時候甚至發揮著關鍵的作用。

中美貿易不平衡問題及其在中國加入 WTO 後的發展趨勢，是兩大陣營思想庫之間相互攻擊的焦點。支持 PNTR 立法的華盛頓國際經濟研究所的經濟學家蓋里・哈夫鮑爾（Gary Hufbauer）指出，勞聯—產聯經濟政策研究所引用了「不真實的」美國對華貿易赤字資料 680 億美元，因為這一數字並未考慮香港轉口的因素。他們指出，扣除香港因素，1999 年美國對華貿易赤字的正確數字應為 430 億美元。他們還指責「PNTR 反對派的邏輯很蹊蹺」，「如果美國不給予中國 PNTR，那麼，歐洲、日本等國公司就將獨享在中國的市場份額。」

關於對華貿易赤字對美國工作崗位的影響這一關鍵問題，國際經濟研究所批評指出，經濟政策研究所「極盡誇張之能事」。其所依據的標準為每進口 10 億美元的製成品，美國將損失 13,000 個工作崗位，那麼，按照這一比例，當時美國對華貿易已經造成了美國丟失掉 88 萬個高工資崗位。那麼，根據美國國際貿易委員會的計算方法，經濟政策研究所的估計是，如果給予中國 PNTR 並且在中國加入 WTO 的情況下，美國還將損失 81.7 萬個工作崗位。[68]國際經濟研究所評論指出，經濟政策研究所得出的數字只不過是建立在誇大的雙邊貿易數字基礎上的「荒唐」的外推計算，這些所謂工作崗位的喪失與中國加入 WTO 毫無聯繫。

國際經濟研究所提出，除了這些基本錯誤外，經濟政策研究所的計算方法更是漏洞百出。比如，美國製造業產出每增加 10 億美元

---

[68] Robert E. Scott, "The High Cost of the China-WTO Deal," *EPI Policy Brief*, February 16, 2000.

可以創造 6,800 個製造業崗位,而他們卻硬說成是 1.3 萬個。他們所謂的美國製造業赤字是由製成品下降造成的,這種說法不能成立。他們的另外一個看法是,進口製成品越多,美國本土製成品就越低,這也是同樣站不住腳的。國際經濟研究所指出,其實決定美國整個就業情況的主要是經濟增長的表現以及聯邦儲備委員會的政策,而不是商品貿易赤字。[69]

對於國際經濟研究所的駁斥,經濟政策研究所再次進行了批駁。他們提出,他們所依據的是美國政府公布的數字,如果政府數字不可靠,那麼,類似美國國際貿易委員會等政府機構做出的有關中國入世將給美國帶來多少好處的估計也同樣不會可靠。另外,即使考慮到美國對於香港的貿易順差和對中國的服務貿易順差的數位,對於他們研究的結論也不會有多大的影響,他們堅持原有看法不變。[70]

從以上不同立場的經濟研究機構間的爭論,我們可以窺知 PNTR 鬥爭的激烈程度,充滿了政治化的色彩。而這些相互攻擊的政策研究,也加強了國會議員立場上的搖擺。

此外,大批中國問題專家作為國會、行政部門以及遊說團體的諮詢物件,也在有關 PNTR 和中國入世的爭論中發揮了不小的作用。這些專家的意見更多地被認為是客觀的,有更多的參考價值。

比如,2000 年 2 月 24 日,中國問題專家哈里‧哈丁應邀到美國國會貿易赤字審查委員會(U.S. Trade Deficit Review Commission)作證,他指出,中國之所以要求參加 WTO,就在於現在的中國領導人得出結論認為,進一步的發展依賴於更深層地融入國際經濟,儘管這將給中國效率低下的企業帶來深刻的挑戰,外國對中國經濟與社會的影響也將加深。他強調,具有改革思想的中國領導人或許是

[69] Gary Hufbauer and Daniel H. Rosen, "American Access to China's Market: The Congressional Vote on PNTR".
[70] Robert E. Scott,"China and the States," *EPI Briefing Paper*, May 2000.

想利用 WTO 談判強制要求市場開放的壓力，來向猶豫不決的經濟官僚機構施加壓力，要求他們進一步加快改革。

哈丁還指出，中美之間達成 WTO 協定改善了中美關係，用協定的方式維持了 1997-1998 年中美首腦會晤推動兩國關係的勢頭，排除了 1999 年「炸館」事件給兩國關係帶來的干擾。

他表達了支持給予中國永久性正常貿易關係地位的立場。他指出，「這樣做將使美國經濟得以享受美國政府談判出來的協定的好處。相反，如果未能給予中國 PNTR，那麼，也不會阻止中國加入 WTO。相反，這樣做的結果，僅僅是給美國更大程度地進入中國市場設置了障礙，把市場准入的機會拱手讓給了世界其他主要經濟體。」

為了說服國會，哈丁進一步提出了幾個十分重要的觀點：（1）授予中國ＰＮＴＲ並不會減少美國對中國的實際影響力，也不會減少或完全取消國會在對華政策制訂過程中的作用；（2）「有關給予中國 PNTR 的投票不應當看成是對全球化的全民公決，儘管有些人試圖達到這樣的目的。……否決給予中國的 PNTR 不會中止經濟全球化的進程，也不會使美國應對全球化帶來的挑戰更容易。」[71]

尼古拉斯・拉迪等中國經濟、政治問題專家在向國會與公眾說明 PNTR 與中國加入 WTO 的影響上發揮了重要的引導作用。

第十三節　對於圍繞中國 PNTR 立法遊說鬥爭的分析

為了獲得有關授予中國 PNTR 立法案的順利通過，白宮、工商界發起了空前規模的遊說國會的行動。顯然，能否通過 PNTR 立法事關美國的重大國家利益。美國清楚地意識到，如果不能授予中國 PNTR，美國不僅將遭受重大經濟損失，而且，也將損失在中國的政

---

[71]　Harry Harding, "China, the WTO, and the United States", Testimony before the U.S. Trade Deficit Review Commission, February 24, 2000, Washington, D.C.

治與文化方面的影響力。因此，正如，美國貿易政治學者戴斯勒所言，參加投票的多數議員均意識到這一點，「國會議員們非常清楚這一點——也清楚他們要對否決所造成的後果承擔責任。」有關中國 PNTR 的投票不同於 1997-1998 年否決「快車道」貿易談判授權的投票，當時 WTO 並未進行重大的談判，否決該立法案更重要的是象徵意義，並不對美國的實際利益構成任何損害，而有關中國 PNTR 則完全不同，否決帶來的損失將「立竿見影」。[72]

　　但是，即使 PNTR 立法的利弊得失十分清楚，美國行政部門與工商界仍然需要花費如此大的遊說力氣，才能保證法案的通過。這種奇怪的現象是由於美國政治體制造成的，即它允許利益集團對公共政策的制訂發揮最大的影響力。試想，如果沒有大規模的支持 PNTR 的遊說行動，國會立法的結果將難以逆料。因為反對 PNTR 的集團出於不同的目的，動員了大批人力物力，發起了聲勢浩大的遊說攻勢。在這種情況下，如果遊說力量失去支持 PNTR 的平衡，那麼，反對派將主導輿論，並最終「挾持」國會多數議員不得不隨波逐流投 PNTR 的反對票。這也說明，在美國現行政治體制下，即使是符合所謂「國家利益」或「公共利益」的政策建議，如果不能進行認真的遊說，也可能遭到失敗的命運。中國學者金燦榮從「否決性權力」與「建設性權力」的角度分析了這一現象，他指出：「美國存在固定的反華利益集團，它們不一定成為對華決策的主流，但是其破壞力不能低估。由此人們還可以歸納出一條政治定律：在政治過程中，反對一件事情容易，推進一件事情困難，也就是說否決性的權力大於建設性的權力。」正是由於這種「否決性權力」及反對利益集團的存在，才使得中美關係在美國國內始終面臨複雜而嚴峻的政治環境，而中國的利益和中美關係又往往成為美國內部政爭的「犧牲品」。[73]

---

[72] 戴斯勒：《美國貿易政治》，第 277-278 頁。
[73] 金燦榮：〈PNTR 及其他〉，《世界經濟與政治》，2000 年第 11 期，第 66-68 頁。

　　府院關係也可以作為觀察 PNTR 立法戰的一個視角。民主黨總統與共和黨議會的府院關係結構影響了遊說與投票的結果。在眾議院 211 位民主黨籍的議員中，只有 73 人投票支持 PNTR，這一比例大大低於在北美自由貿易協定上的投票率。也就是說，支持對華 PNTR 的民主黨比例只有 35%，而投票支持北美自由貿易協定的民主黨人在總人數 258 人當中占了 102 人，達 40%左右。221 名共和黨人中有 164 人支持對華 PNTR。[74]我們可以從中看出，共和黨在支持開放貿易方面明顯高於民主黨。也可以由此推斷，民主黨人所在選區有更多的選民傾向於支持貿易保護主義政策。另外，在 PNTR 的政治遊戲中，民主黨議員可能斷定，有共和黨多數議員的支持，加之民主黨總統的大力遊說，應當能夠通過該法案，自己沒有必要冒風險丟掉年底再次當選的機會。另外，民主黨議員並不自動與本黨總統站在一起，反映出國會議員越來越獨立，越來越依賴於自己當選的傾向。

　　與 1999 年西雅圖圍堵 WTO 部長會議相比，勞工集團在中國 PNTR 立法的遊說上並未發揮出特別的組織效能。這裏包括幾個方面的原因：一是勞工內部分為溫和與強硬兩派，出現了判斷上的分歧；二是勞工普遍擔心，2000 年底國會選舉有可能形成共和黨一統白宮與國會的局面，這將是自 1930 年代胡佛總統以來的第一次，屆時勞工運動將面臨更加困難的局面。因此，他們不願在 PNTR 問題上過於打擊目前執政的民主黨政府，從而使民主黨喪失掉 2000 年底當選的機會。這種兩難境地的憂慮是使勞聯—產聯等勞工組織發起的遊說運動不那麼十分有效的主要原因。[75]

---

[74] Robert Lawrence, Charan Devereaux and Michael Watkins, *Making the Rules: Case Studies on U.S. Trade Negotiation*, p.289.

[75] Zhiqun Zhu,"To Support or Not to Support: the American Debate on China's WTO Membership," *Journal of Chinese Political Science*, Volume 6, Number 2, Fall 2000, pp.77-101.

　　PNTR 立法案的通過，顯然掃除了複雜多變的國內政治對中美雙邊經貿關係的干擾，為更加平等的經貿關係的大發展創造了條件。尤其是與美國這樣的國內利益集團政治十分強大的國家打交道的時候，走出「政治化」，走出「雙邊化」，採用多邊規則來解決問題極其重要。「多邊化」有利於穩定中美關係，兩國政府首腦在中國加入 WTO 問題上顯然有此默契。在這場遊戲當中，過去，中國不得不面對強大得多的對手，不得不受到不合理的美國國內規則的制約，不得不與一個不斷提出無理要求、貪得無厭的美國國會與利益集團打交道。而中國加入 WTO 後，利用多邊規則的幫助，明顯改變了雙邊遊戲規則。

　　PNTR 的通過代表美國政府與民間對華「接觸派」戰略思想的勝利，「接觸派」希望把中國「納入」到國際機制中去，避免孤立中國引發的不必要對抗。中國加入 WTO 並成為鞏固多邊貿易組織的重要力量，又將反過來為美國的對華「接觸派」提供明證。當前，美國國內不同對華路線依然存在，對於中國來說，繼續爭取團結美國國內「接觸派」仍然是穩定發展中美關係的關鍵。

　　此外，我們還應該注意到，在美國進行遊說，必須重視總統行政部門、國會、利益集團與民意四方面之間的關係。四者之間存在著微妙的平衡。民意往往是基礎，但是，民意的表達往往受到利益集團鼓動很大影響，因此，把握利益集團之間的平衡關係是十分重要的，其中嚴防利益集團間力量失衡是關鍵。政府在很大程度上受制於民意與利益集團的遊說，但是，政府並非無所作為。柯林頓政府強力遊說行動表明，它完全可以塑造民意等公共政策的大環境。

　　最後，PNTR 典型地反映了美國「衝突型」貿易政治的特色。對美國十分有利的 PNTR 立法與雙邊 WTO 協定，在美國卻遭到了空前強大的反對。為此，美國政府與工商界不得不展開有史以來最大的國會遊說行動，這在其他國家難以想像。它充分表明，美國利益集團的活躍程度，以及在國家公共生活中的重要性。同時，我們

也可以看到，這種「衝突型」貿易政治又在某種程度上更好地維護了美國的整體國家利益。因為美國找到了向外施加壓力、迫使外國談判對手讓步的「國內政治」藉口，同時也防止了開放帶來的受損集團利益長期遭到忽視而埋下的社會不安定隱患。正如羅伯特・帕特南（Robert Putnam）在「雙層博弈」理論中所說的，即在國內利益集團競爭激烈的情況下，美國對外政策的所謂「贏的集合」（winset）變得更加小了。[76]外國談判對手必須做出更多的回饋方能獲得美國的讓步。同時，相對來說，通過利益集團間的鬥爭與辯論，使得協定中可能不夠「完善」的地方，或執行中可能出現的負面影響更加及時地、充分地暴露出來，消除了後來的「隱患」。從這個角度講，「衝突型」美國貿易政治模式「綜合效益」較高，鬥爭的結果使得利益分配更加平衡，從深層來說也較有利於社會的長治久安。

---

[76] Robert D. Putnam, "Diplomacy and Domestic Politics: The Logic of Two-Level Games," *International Organization*, 42 (Summer 1988), pp.427-460.

第四章　中國「入世」後的
中國與美國的經貿關係

　　中國加入 WTO 並取得了在美國的永久性正常貿易關係（PNTR），迎來了中國與美國的經貿關係大發展的機遇。無論從數量來說，還是從質量來講，雙邊貿易與投資均發生了巨大的變化。

　　本章主要探討入世後中國與美國的經貿關係中出現的幾個重要問題，即中美貿易結構性不平衡問題及其深層原因；中國在美國「市場經濟」地位問題；中國出口在美國市場上的「公平性」問題，即反傾銷、反補貼問題，以及中美在知識產權問題上的摩擦與合作問題。其餘問題將在後面的章節中加以詳細探討。「貿易政治」視角仍將是本章考察這些問題的主要關注點。

第一節　中美貿易的結構性不平衡問題

　　中國「入世」後，美國對華貿易赤字出現加速激增勢頭，按照美國方面的統計（見圖 4-1），從 2001 年的 831 億美元猛增至 2005 年的 2,016 億美元，占美國整個對外貿易赤字的 1／4 強。加之美國國內面臨嚴重的財政赤字和經常專案（主要是貿易赤字），即所謂「雙赤字」問題，中美貿易結構性不平衡遂成為美國國內政治關注的焦點問題。在某種程度上，中美經貿中所有摩擦問題的出現都與貿易不平衡有關，美國對華貿易逆差為不同的利益集團找到了向中國施加各種壓力的藉口。

　　美國勞工集團思想庫經濟政策研究所（EPI）提出，美國對華貿易赤字的不斷上升，與當初支持給予中國 PNTR 的人預料的相反。「貿

易赤字是一場即將發生在眼前的危機。我們不能繼續借 6,500 億美元
來供應我們的消費。」對華強硬派參議員、紐約州民主黨人查爾斯‧
舒曼在 2006 年 2 月 10 日指出,「這些激增的貿易赤字數字……顯示
美國經濟的虛弱。美國經濟的『靜脈』正慢慢地出血。」[1]

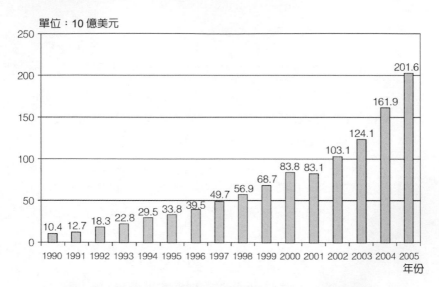

圖 4-1　美國對華貿易逆差的變化,1990-2005 年

資料來源:美國杜克大學 Gary Gereffi 根據美國商務部資料計算製表,見 Gary
Gereffi, "International Trade and Offshore Production: Tracking
China's Shifting Role in the Global Economy" , March 2006.

　　美國國會美中經濟安全審查委員會在 2003 年首次發表的年度
評估報告中指出,美中貿易關係是美國對外關係中「最不平等」的
關係。報告列舉數位指出,2000 年美中貿易額僅占美國外貿總額的
6%,但是美國對華貿易赤字卻占美國外貿赤字總量的 19%;美國從
中國的進口占中國出口總量超過 41%,但是,美國對華出口僅占美

---

[1]　Quoted in Gary Gereffi, "International Trade and Offshore Production: Tracking
China's Shifting Role in the Global Economy" , March 2006.

國外貿出口總額的 2%；歐盟、日本從中國的進口比美國要小得多，但是它們對中國的出口卻大大超過美國對中國的出口。這種情形在中國「入世」後還在不斷惡化。該委員會擔心，美國對中國進口產品的過分依賴遲早會對美國的國防工業基礎產生破壞性的作用。報告斷定，持續貿易盈餘、大量投資湧入以及高額外匯儲備表明，中國正在通過「操縱」人民幣匯率的手段，獲取增加美國貿易赤字的「不平等」貿易優勢。報告提出，要警惕美國企業的對華投資和商業技術轉移對於美國國家安全的可能威脅。[2]

2006 年 2 月，布希政府在 2006 年度《總統經濟報告》中指出，2005 年美國貿易逆差達到了創紀錄的 7,260 億美元，其中對華貿易逆差達到 2,020 億美元。美國對華貿易逆差的上升部分歸咎於中國「嚴格管理的人民幣與美元的掛鈎匯率」以及「為限制貨幣升值而對外匯市場進行的干預」。

顯然，面對 2006 年底國會中期選舉，任何一方都要利用對華貿易赤字問題「做文章」。在這場政治表演中，國會民主黨與勞聯—產聯把鉅額貿易赤字的責任推到共和黨政府身上，而共和黨政府又把責任輕鬆地推到了中國身上。結果，我們看到，中國成為美國兩黨爭相打擊的目標，「敲打中國」成為 2006 年美國政治的主題。

一、貿易不平衡的原因分析

當我們比較中美兩國統計資料（部分見表 4-1）的時候，我們發現，兩者之間差距甚大。區別主要表現在以下幾個方面：

---

[2]　U.S. - China Economic and Security Review Commission 2002 Annual Report, "The National Security Implications of the Economic Relationship Between the United States and China", see www.uscc.gov.

表 4-1　中美雙邊貨物貿易統計數字比較，1984-2005 年

單位：百萬美元

年份	美國對華貿易（美方資料）			中國對美貿易（中方資料）		
	美國出口	美國進口	美國平衡	中國出口	中國進口	中國平衡
1984	3,004	3,381	-377	2,313	3,837	-1,524
1985	3,856	4,224	-368	2,336	5,199	-2,863
1986	3,106	5,241	-2,135	2,633	4,718	-2,085
1987	3,497	6,910	-3,413	3,030	4,836	-1,806
1988	5,017	9,261	-4,244	3,399	6,633	-3,234
1989	5,807	12,901	-7,094	4,414	7,864	-3,450
1990	4,807	16,296	-11,489	5,314	6,591	-1,277
1991	6,287	20,305	-14,018	6,198	8,010	-1,812
1992	7,470	27,413	-19,943	8,599	8,903	-304
1993	8,767	31,183	-22,416	16,976	10,633	6,343
1994	9,287	41,362	-32,075	21,421	13,977	7,444
1995	11,749	48,521	-36,772	24,744	16,123	8,621
1996	11,978	54,409	-42,431	26,731	16,179	10,552
1997	12,805	65,832	-53,027	32,744	16,290	16,454
1998	14,258	75,109	-60,851	38,001	16,997	21,004
1999	13,118	81,786	-68,668	41,946	19,480	22,466
2000	16,253	100,063	-83,810	52,104	22,363	29,741
2001	19,234	102,280	-83,046	54,300	26,200	28,100
2002	22,053	125,167	-103,115	69,959	27,227	42,731
2003	26,806	151,620	-123,960	92,510	33,882	58,628
2004	34,721	196,699	-161,978	124,973	44,652	80,321
2005	41,836	243,462	-201,626	162,938	48,734	114,204

資料來源：美方資料來自美國商務部；中方資料來自中國海關總署以及《全球
貿易地圖》（Global Trade Atlas），轉引自 Thomas Lum and Dick K.
Nanto, "China's Trade with the United States and the World" (Updated
August 18, 2006), CRS Report for Congress.

　　中國方面的統計顯示，在 1979 至 1992 年的 14 年裡，中方一直
處於逆差地位，自 1993 年始轉為對美順差。1996 年順差為 105 億

美元，2001 年為 281 億美元。中國加入 WTO 後，中國對美順差呈現大幅度上升，2002 年竄升至 427 億美元，2004 年達到 803 億美元，2005 年升至 1,142 億美元。中國統計資料清楚表明，中國對美順差開始出現於 1990 年代初，正是中國開始大力發展「加工貿易」的時期；2001 年中國加入 WTO 後，全球化深化發展的需要與中國市場更加開放相配合，再次帶動加工貿易突飛猛進的發展。

　　美國方面的統計顯示，美方的順差地位主要發生在 1979 至 1982 年四年中。從 1983 年開始美方出現逆差，1996 年貿易逆差達到 424 億美元，1999 年為 686.77 億美元，2000 年升至 838 億美元，美國對華逆差該年首次超過日本，成為美國最大貿易逆差來源國。中國加入 WTO 後，特別是近兩年對華貿易逆差大幅度攀升，從 2002 年的 1,031 億美元，猛增至 2004 年的近 1,620 億美元，2005 年更達到 2016 億美元。

　　中美雙方統計數字相差甚遠，從 2005 年數字看，雙方貿易統計資料差額達到 874 億美元，但是，有意思的是，中美雙方依據的都是國際通行的貿易統計方法「原產地原則」。

　　中美商貿聯委會雙邊貿易統計小組[3]及一些國際貿易學者曾對 1990 年代不斷擴大的貿易不平衡進行研究，發現美國當時的統計數字「誇大」了對華貿易逆差的數字，誇大幅度達 70%以上。美國數字的「虛脹」主要是由下面一些原因導致的：[4]

　　第一，美方的進口統計，因忽視轉口和轉口增加值而高估了從中國的進口。中國對美出口 60%經過香港轉口美國，當時只有 20%「中國製造」產品直接出口美國，其餘 20%由其他國家和地區轉口至美。第三方增值率平均高達 41%（1992-1993 年），有的產品如玩具、針織服裝等超過 100%。這一塊應從美國統計中去掉。

---

[3]　1994 年，美方同意中方倡議，成立中美雙邊貿易統計小組。
[4]　參見中國國務院新聞辦公室《中美貿易不平衡問題白皮書》，北京，1996。

第二，美方的出口統計，因忽視轉口而低估了對中國的出口。美國經過香港轉口出口中國的部分被低估了，與美國與香港方面的數位相比少了 75%。這一塊應加上。

海聞等中美經濟學家詳細研究了香港轉口地位對於中美貿易不平衡的影響。他們的結論也是，「我們發現用香港轉口附加值進行修正，可以將兩國對美中貿易逆差官方估計的差別平均減少 91%。一方面我們用修正後的美國資料得出的美中貿易逆差估計比原美國官方估計少了 1／3，另一方面用同樣的方法修正中國對美中貿易逆差的估計，可以發現 1988-1992 年估計的貿易順差實際上應為逆差，1993-1995 年修正後的貿易逆差比原官方資料擴大了 1／2。」[5]

第三，美國貿易統計在計算進口和出口數位上採取了不同的計算標準，主要是美國的出口採用所謂「船邊交貨價」（FAS，即只有購買貨物的實際費用，沒有保險和運輸費），進口價採用「到岸價格」（CIF，即包括購買的實際費用、保險和運輸費）。因此，美國對華出口額應增加 1%，美國從中國的進口額應減去 10%。

第四，美國貿易統計只統計了貨物貿易，而忽略了對華服務貿易上的順差。2000 年美國對華服務貿易出口達 40 億美元。這一塊應加上。

第五，美國出口統計不完全而低估了對中國的出口值，美國出口平均漏報率超過 10%。這一塊也應當加上。

第六，出現中美貿易不平衡的根本原因在於中國周邊地區向中國轉移生產線，推動了加工貿易的發展。這些經濟體在向中國轉移生產線的同時，也把對美貿易順差「出口」到中國內地。據美國商務部公布的資料和美中貿易全國委員會的報告，從 1987 年到 1995 年，美國對新加坡、韓國以及香港和臺灣地區的貿易逆差，從 340

---

[5] Robert C. Feenstra、海聞、胡永泰、姚順利：「美中貿易逆差：規模和決定因素」，北京大學中國經濟研究中心討論稿系列，No. C1998009，1998 年 8 月 1 日。

億美元減至 78 億美元,同期對中國的貿易逆差從 28 億美元增加到
338 億美元。這些資料清晰反映出上述產業轉移的影響,也說明美
國對這些亞洲國家和地區的貿易平衡關係,在總體上並沒有實質性
的變化。[6]

第七,中國出口中加工貿易的比例日益提高,中國本地所得或
增值有限,中國廠家所獲主要是加工費,因此,中國表面的出口數
字很大,但是實際所得很小。有關中美貿易不平衡的白皮書舉了一
個小小的例子,很能說明問題。根據 1996 年 9 月 22 日美國《洛杉
磯時報》刊登的文章《芭比娃娃與世界經濟》報導,從中國進口的
玩具「芭比娃娃」,在美國的零售價是 9.99 美元,從中國的進口價
是 2 美元。在這 2 美元中,中國只獲得 35 美分的勞務費,其餘 65
美分用於進口原材料,1 美元用於支付運輸和管理費用。因此,按
原產地原則統計,將這 2 美元全部計為中國對美國的出口,顯然是
不合理的。這個案例也說明,在經濟全球化時代,隨著跨國投資的
增多,舊有的「原產地」統計方式已經過時。

根據上面這些因素,美國經濟學家尼古拉斯‧拉迪對美國政府
發表的中美貿易統計資料進行了調整(見表 4-2),該表很好地反映
了中國加入 WTO 之前轉口貿易、加工貿易等因素對於中美貿易的
影響。

從調整的資料,我們可以看出來,從 1993 年開始,美國官方統
計資料要比調整後的資料每年超出 100 至 280 億美元。而且,隨著
中美貿易的不斷發展,這種統計上的差距在不斷擴大。

---

[6] 部分內容參見王勇:《最惠國待遇的回合──1989 至 1997 年美國對華貿易
     政策》,北京:中央編譯出版社,1998 年版。

表 4-2　調整後的美中進出口資料和美國對華逆差資料

單位：10 億美元

年份	美國商務部資料			調整後的資料		
	出口	進口	貿易赤字	出口	進口	貿易赤字
1989	5.8	12.0	6.2	7.0	10.4	3.4
1990	4.8	15.2	10.4	6.0	13.4	7.4
1991	6.3	19.0	12.7	7.8	16.2	8.4
1992	7.5	25.7	18.2	9.6	21.5	11.9
1993	8.8	31.5	22.8	11.7	25.9	12.2
1994	9.3	38.8	29.5	12.8	32.5	19.7
1995	11.7	45.6	33.8	16.5	38.7	22.2
1996	12.0	51.5	39.5	17.5	44.0	26.5
1997	12.8	62.6	49.7	18.4	54.5	36.1
1998	14.3	71.2	56.9	19.1	63.2	44.1
1999	13.1	81.8	68.7	18.1	73.6	55.5
2000	16.3	100.1	83.8	21.9	90.7	68.8

說明：進口數位來自美國海關總署統計，主要為貨物本身價值，不含進口關
　　　稅、運輸費、保險等費用。
資料來源：美中貿易全國委員會（US-China Business Council），見 www.uschina.
　　　org/public/wto/uscbc/balanceotrade.html.

二、中國在全球生產體系中的「崛起」及其對中美貿易不平衡的影響

　　2001 年中國加入 WTO 後，上述導致中美貿易不平衡的因素一個也沒有減少，而且隨著中國市場更加開放，中國吸收了更多的來華從事加工的跨國投資。從表面上看，無論從美方統計還是中方統計來看，中美之間的貿易不平衡都是相當嚴重的。這主要是因為中國作為亞太地區的加工平臺乃至「世界工場」的地位日益加強所致。在這種情況下，中國對於東亞地區很多貿易夥伴都處於貿易逆差的地位。以 2004 年中方統計為例（見表 4-3），中國對中國香港、美國、

歐盟保持貿易順差，但是，對澳大利亞、俄羅斯、東盟、日本、韓國、臺灣則保持逆差，其中對東盟、日本、韓國、臺灣四家逆差達到 1,266 億美元。

表 4-3　2004 年中國與一些貿易夥伴的商品貿易
（中方資料，未經過調整）

單位：10 億美元

國家與地區	出口	進口	貿易平衡
中國香港	100.9	11.8	89.1
美國	125.0	44.7	80.3
歐盟	107.2	70.1	37.0
澳大利亞	8.8	11.6	-2.7
俄羅斯	9.1	12.1	-3.0
東盟	42.9	63.0	-20.1
日本	73.5	94.4	-20.9
韓國	27.8	62.3	-34.4
臺灣	13.6	64.8	-51.2
總值	593.4	561.4	32.0

資料來源：中國商務部 2005 年公布資料。

中國「入世」迄今，中美貿易發生了幾個方面的較大變化：

第一，在彼此貿易夥伴中的地位顯著增強。按照美方資料，雙邊貿易從 2001 年的 1,215 億美元，猛升至 2005 年的 2,852 億美元，中國超過日本，成為美國第三大貿易夥伴，僅次於加拿大和墨西哥。按照中方統計，中美雙邊貿易從 2001 年的 805 億美元，猛增至 2005 年的 2,116 億美元，美國成為中國的第二大貿易夥伴及最大海外出口市場。2003 年，中國取代墨西哥成為美國進口的第二大來源國；2005 年中國占美國進口的比重達到 14.6%，儘管這一比例仍然趕不上 1990 年代初日本占美國進口 18%的比例。與此同時，美國對華出

口增長迅速，2004 年中國取代德國、英國，成為美國第四大海外出口市場。[7]

　　第二，中美雙邊貿易逆差迅速上升，成為美國國內政治中熱炒的重要問題。自 2000 年以來，中國成為美國最大的貿易逆差來源國，2005 年達到 2,016 億美元，比 2004 年上升 25%。按照中國方面的統計，美國對華逆差 2005 年達到 1,142 億美元，比 2004 年增加了 24%。

　　第三，中美貿易的進出口結構發生顯著的變化（見表 4-4 和表 4-5），進一步衝擊美國國民的心理。正如第三章所講，在過去的 10 年中，中國對美出口增長最快的不是勞動密集型產品，而是某些所謂的「先進技術產品」（ATP），包括了辦公與資訊處理設備、電信和音響設備、電機等。但是，這裏很明顯，這些產品雖屬高科技產品的範疇，但是，在中國增值部分主要是勞動密集型的裝配部分，零部件主要來源於東亞經濟體，特別是其中的所謂「新興工業化經濟體」（NIEs）。

　　中美貿易的變化主要透視出中國作為生產、組裝基地在全球生產網絡中的快速崛起。當前，中國之所以能夠成為亞太地區的加工中心，主要依靠的仍然是在勞動密集型產業方面的優勢。經濟全球化的深化發展，進一步推動在地區和全球範圍內的資源配置。在全球生產體系中，跨國公司完全可以根據不同國家的比較優勢所在進行資源配置：高科技產品的研發仍然保留在發達國家和新興工業化國家和地區，生產與組裝可能集中在擁有大批廉價勞動力的中國與印度等發展中國家。進一步說，如果有一個所謂的國際生產價值鏈的話，那麼它可以分為高端、中端和低端，中國目前更多地處於這個價值鏈的低端。也就說，儘管中國從大量的加工貿易與出口所謂「中國製造」（Made in China）產品中獲益，但是，「中國製造」

---

[7]　Thomas Lum and Dick K. Nanto, "China's Trade with theUnited States and the World" (Updated August 18, 2006), CRS Report for Congress.

表 4-4　中國對美出口前 10 位產品，2001-2005 年

單位：百萬美元

分類	2001	2002	2003	2004	2005
辦公機器、資訊處理	10,763	15,230	23,646	35,620	42,242
電信與音響設備	10,118	14,144	16,937	24,388	34,249
加工製品雜項	19,763	23,494	26,287	29,505	33,573
成衣類	8,866	9,538	11,381	13,607	19,931
電器及元器件	9,110	10,217	11,875	15,270	18,102
家具與床	5,018	6,954	8,749	10,910	13,187
鞋類	9,758	10,241	10,546	11,350	12,721
金屬製品	4,119	5,219	6,302	8,257	10,110
一般工業機械	2,414	3,259	41,213	5,528	7,007
紡織紗線及織物	1,854	2,501	3,365	4,253	5,605

說明：按照 2005 年資料排列。
資料來源：美國商務部、國際貿易委員會（ITC）。

表 4-5　美國對中國出口前 10 位產品，2001-2005 年

單位：百萬美元

分類	2001	2002	2003	2004	2005
電器機械	2,109	2,657	3,722	4,631	5,170
運輸設備	2,471	3,443	2,495	2,025	4,479
金屬礦石	919	956	1,525	2,198	3,482
油菜籽與水果	1,014	890	2,832	2,332	2,256
一般工業機器設備	1,080	1,145	1,404	1,912	2,067
辦公機械	1,602	1,193	1,274	1,396	1,835
塑膠原料	628	740	931	1,342	1,793
專業和科學儀器	886	931	1,167	1,568	1,710
紡織纖維	160	278	909	1,638	1,657
有機化學物品	373	554	1,054	1,542	1,457

說明：按照 2005 年資料排列。
資料來源：美國商務部、國際貿易委員會（ITC）。

還遠遠不是「中國人製造」（Made by China）。但是，正如一些學者
所指出的，融入全球生產體系，成為加工貿易的重要組成部分，是
中國熟悉國際市場、學習先進生產工藝與管理的捷徑，儘管我們不
能滿足於只成為所謂「世界工場」的地位。

　　國際特別是東亞地區勞動密集型產業或生產「環節」大量向中國
轉移，是導致美國對華貿易逆差持續激增的主要原因。根據 2005 年
聯合國貿發會議發表的國際投資報告，在吸收外國直接投資國家的排
行榜中，美國位居第一，該年吸收了 960 億美元；英國第二，達到
790 億美元；中國第三，610 億美元。根據 2005 年中國統計資料，中
國吸收外國直接投資的最大來源地在亞洲，其中東亞新興經濟體占
45.5%，日本對華投資占 10.8%。

　　與此相應的是，2005 年中國出口總額的 58%來自外商投資企
業，外商投資企業的貿易順差淨值 844 億美元，占中國貿易順差總
額的 83%。如果我們扣除「外資」因素，中國對外貿易順差只有 175
億美元。[8]

　　以臺灣地區資訊產業等廠商在中國大陸投資，然後再出口到美
國等國為例。根據世界貿易組織（WTO）2006 年 4 月出版的首份亞
洲國家貿易評估報告，2005 年臺灣對中國大陸的貿易順差達 580 億
美元，是中國大陸貿易逆差的最大來源地；更重要的是，臺海兩岸
「產業內貿易」（intra-industry trade）超過中國與全球「產業內貿
易」總額的一半。臺灣在中國投資與營運的公司在相當程度上是從
臺灣公司總部進口零部件，在中國加工、組裝，最後成品不但再出
口臺灣，更多的是出口到其他國家和地區。報告稱，為規避臺灣赴
大陸投資的種種限制規定，臺灣投資者多轉經英屬維爾京群島至大
陸進行投資。在中國外資來源地的排名上，依序為香港、英屬維爾
京群島、韓國、日本、歐盟、美國及臺灣。臺灣廠商在向中國大陸

---

[8]　商務部副部長易小准：「中國的經濟發展與市場開放」，在人民日報社、美國
　　中國總商會主辦「中美經貿論壇」上的主題演講，北京，2006 年 2 月 14 日。

轉移生產線的時候，也同時把其對美國及歐盟的貿易順差「出口」到大陸。[9]根據最新報導，2006 年，臺灣海峽兩岸貿易總額再創新高，全年貿易總額達到 1078.4 億美元，比 2005 年增長 18.2%，其中大陸對臺灣出口 207.4 億美元，同比增長了 25.3%，大陸從臺灣進口 871.1 億美元，同比增長 16.6%。臺灣繼續成為大陸貿易逆差的最大來源地，達到 663.7 億美元。[10]臺海兩岸的產業整合對兩岸經貿合作與全球生產體系均產生了很大的影響。臺灣學者童振源認為，「臺灣對大陸的投資帶來臺灣、香港、大陸及很多國家之間的國際經濟分工的重組。」但是，他又強調，「臺灣只是一座橋，將大陸整合進全球生產網絡與市場，因此臺灣與大陸更加密切地融入國際相互依賴的國際經濟。」[11]

美國國會研究部（CRS）有關報告對中國與東亞地區的投資與貿易關係進行了探討，進一步證實了上述看法。報告認為，中國出口商品很多是所謂「貼牌」加工，中國出口一半以上由外國所有的公司生產的。其中，中國對美出口 70%以上的零配件來自臺灣、韓國和新加坡。報告援引香港貿易發展委員會的資料指出，臺灣對中國大陸的出口產品主要包括電信產品，電腦、塑膠製品，鋼鐵、人工合成纖維，工業用紡織品，有機化學品，光學成像設備零配件，銅製品及聚酯等。[12]

這裡需要特別注意的是，儘管美國對華貿易赤字不斷增加，但是，美國與整個亞洲的貿易平衡在過去的 10 多年中並未發生太大的變化（見圖 4-2）。根據美國杜克大學經濟學家蓋里·格拉菲（Gary

9　「WTO 中國貿易報告：臺灣為中國最大逆差來源」，星島網訊，2006 年 3 月 19 日。
10　「2006 年兩岸間接貿易總額首次突破 1000 億美元大關」，中新網，2007 年 1 月 17 日。
11　童振源：《全球化下的兩岸經濟關係》，臺北：生智文化事業有限公司，2003 第 76 頁。
12　Thomas Lum and Dick K. Nanto, "China's Trade with theUnited States and the World", p.10.

Gereffi）的計算，在 1990-2005 年間，亞洲國家和地區在美國進口
總額中的比重不是上升，而是下降了，即從1990年的38.2%降至2005
的 35.8%。在中國對美加工貿易出口不斷增加的同時，美國與香港、
新加坡的貿易平衡大大改善，與臺灣、日本等的貿易逆差基本處於
「停滯」的狀態。美國從日本的進口從 1990 年的 18.2%，下降到 2005
年的 8.3%；從東亞新興工業化經濟體（NIEs）的進口從 1990 年的
12.2%，降至 2005 年的 6.1%。但是，美國從中國的進口卻從 1990
年的 3.1%上升到 14.6%。

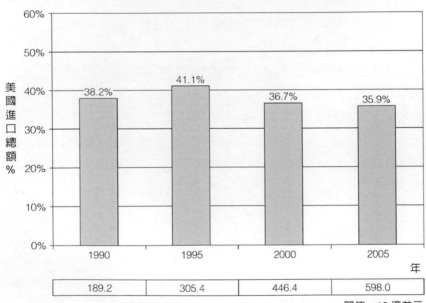

圖 4-2　亞洲占美國進口總額的比重變化，1990-2005 年

說明：這裏的亞洲主要指東亞、東南亞、南亞、中亞，不包括中東地區。
資料來源：美國杜克大學 Gary Gereffi 根據美國商務部資料計算製圖，見 Gary
　　　　　Gereffi, "International Trade and Offshore Production: Tracking
　　　　　China's Shifting Role in the Global Economy", March 2006.

如何更好地評估中美間貿易不平衡，美國卡內基國際和平基金會經濟學家蓋保德（Albert Keidel）採取了一種全新的方法來比較中國的貿易順差在世界貿易中的大小。蓋保德強調，考察中國貿易順差的一個更為公正的做法是把中國的貿易順差放在全球貿易範圍內加以比較。比如，2003 年與 2004 年，中國對世界的貿易順差只占其 GDP 的 3%，遠遠小於德國、荷蘭、泰國、阿根廷、馬來西亞和新加坡等國的比例。另外，如果把中國的貿易順差與美國的貿易逆差相比較，我們就會發現，2003 年和 2004 年中國「全球」（不是「雙邊」）貿易順差分別為美國逆差的 7%和 8%，這一比例與新加坡相仿，但是比日本、德國、石油出口國以及整個歐元區要小得多。他的研究揭露出一個令人震驚的事實，即日本、石油輸出國和歐元區加在一起占美國整個貿易逆差的 60%以上。他認為，「中國僅是很小的因素」。[13]蓋保德的計算方法自然是有說服力的，在美國引起了不少的反響和爭論，但是，由於政治原因，無論是勞工集團、國會強硬派，還是布希政府仍然傾向於相信美國表面的統計數字。

三、中美經濟利益大致平衡

儘管中美貿易不平衡是客觀存在的，但是，如果我們考慮其他一些因素，比如美國在中國投資公司的出口、美國在華採購以及美國跨國公司在中國市場的銷售利益，我們可以得出明顯的結論，中美之間經濟利益大體是「平衡的」，遠非美國有些人所宣傳的，美國是中國與美國的經貿關係的「受害者」。

首先，美國作為全球最大的對外投資國之一，在獲得了巨大的海外投資利益的同時，也帶來了大量貿易逆差。根據中國商務部的計算，如果扣除跨國公司的海外淨銷售和出口，美國的逆差就會大大縮小甚至出現順差：扣除跨國公司「關聯貿易」，美國的貿易逆差

---

[13] Albert Keidel，「China's Currency: Not the Problem」，Policy Brief , No.39, Carneigie Endowment for International Peace, June 2005.

則下降 2／3，對中國逆差則下降 30%。扣除中國的加工貿易順差或外商投資企業的順差，中國對美國順差則分別減少 91%、73%。[14]

第二，美國在華投資專案近 5 萬個，實際投資累計超過 500 億美元，2004 年，美國公司在中國國內的銷售額超過 750 億美元。而且美國公司在中國市場的利潤水平遠遠超過美國在全球的平均利潤。這是美國公司在中國市場不斷擴大投資的主要動力。

第三，中國向美國出口了大量價廉物美的商品，美國消費者得到最大的實惠。美國投資銀行摩根・士丹利公司的研究表明，過去十年中美國消費者從中國質優價廉產品中獲得了巨大的好處，僅 2004 年美國消費者就節省了將近一千億美元。

第四，美國的進口商與零售商通過在銷售中國產品賺取了鉅額的利潤，同時提供了大量就業機會。摩根・士丹利公司的研究報告指出，2004 年美國公司從中國製造的產品中獲得的利潤近 600 億美元，占標準普爾公司全年利潤的 10%以上。沃爾瑪公司是銷售中國進口產品最多的美國公司，雇傭從業人員達 120 萬人。根據美國有關方面統計，中美貿易發展帶動的美國就業人數在 400 至 800 萬之間。[15]

上述資料清晰表明，中美貿易給美國經濟帶去的好處是不言自喻的。但是，我們也看到，美國勞工集團等保護貿易集團、國會對華強硬派以及美國政府高級官員均反覆渲染中美不平衡給美國帶來的種種「害處」。在這場遊戲中，美國把自己裝扮成最大的「受害者」，居心叵測，是十分「不道德」的。憑藉美國強大的研究實力，美國完全知道事實的真相，類似於美國國會研究部、蓋保德等經濟學家早就清晰地揭示中美貿易不平衡的真相。但是，美國政客們依然故我，出於各自不同的動機，繼續渲染所謂中國「經濟威脅」。美國政府的一個動機是，通過反覆渲染對華貿易赤字，不斷向中國施加壓力，企圖壓迫中國進一步開放國內市場。比如，美國副貿易

---

[14]　易小准：「中國的經濟發展與市場開放」。
[15]　同上。

代表卡蘭‧巴蒂亞（Karan Bhatia）2006 年 1 月 25 日在華盛頓美中貿易委員會「2006 年前景展望會議」的演講中指出，「這一逆差在2005 年超過了 2,000 億美元，成為全世界有史以來規模最大的雙邊貿易不平衡。簡而言之，規模如此之大的不平衡狀況在經濟上和政治上都不容許長期持續下去。人們不禁要問，如果換一下位置，中國是否會容忍同美國存在如此規模的雙邊貿易不平衡？」[16]如果我們聯想起當時美國發動的人民幣匯率戰、打開中國金融市場等行動，我們不難看出他們之間的內在聯繫。

但是，時隔一年，2007 年 2 月，卡蘭‧巴蒂亞卻向美中貿易委員會發表了所謂呼籲「誠實地評估中美貿易」的講話。他指出，在過去的十多年中，中國融入全球經濟，使得 4 億人脫離了貧困。但是，美國人比較少地知道的是，中國融入世界經濟給美國帶來的眾多好處。在過去的十年中，美國對華出口增長迅速，2006 年比 2005 年增加了 33%，比 10 年前增長了 364%，中國從美國的第 15 大出口市場變成了第 4 大出口市場。美國消費者也從中獲得了巨大的好處。

巴蒂亞繼續指出：「不幸的是」，美國人對於中美貿易作用的想像與事實本身「越來越脫節了」。正有越來越多的美國人認為，不斷發展的中美貿易關係並未給美國帶來好處，對此他表示擔心。最後他指出，來自中國的真正危險是中國經濟高速增長停滯下來，將給美國和全球經濟帶來很大的不利影響。他自己認為，上述是「一種誠實的討論」。[17]

美國當前貿易保護主義情緒的蔓延，美國政客「不誠實」的炒作與渲染，自然逃脫不了責任。但是，保護主義的上升最終將損害美國的對外關係與長遠利益。

---

[16] 「美國副貿易代表敦促中國在全球貿易中發揮更大作用」，見美國國務院國際資訊局（IIP）《美國參考》，2006 年 1 月 26 日。

[17] 「An Honest Discussion of U.S.-China Trade Relations」，Remarks by Deputy U.S. Trade Representative Karan Bhatia，U.S.-China Business Council，February 8, 2007.

第二節　中國在美「市場經濟」地位問題

中國加入 WTO 後，為了解決中國出口遭遇反傾銷的「公平性」問題，中國政府積極開展「市場經濟地位」外交，取得了不小的進展。儘管美、日、歐發達國家仍繼續拒絕給予中國出口以「市場經濟地位」，但是，中國在與亞洲及太平洋地區國家的貿易協定談判中獲得了成功。

2004 年 11 月，東盟（ASEAN）成員國給予中國「市場經濟」地位；巴西、阿根廷、智利和秘魯等拉美國家同意給予中國以「經濟市場」地位。在發達國家中，澳大利亞、新西蘭首先給予中國「市場經濟」地位。中國出口商品在越來越多的國家中獲得了「市場經濟」地位，為中國出口創造了較好的法律環境。

綜合考察同意給予中國「市場經濟」地位的國家，我們發現，這些國家的對華經貿關係具有如下特點：（1）近年來對華貿易、投資成長迅速，特別是對華出口上升迅速。很明顯，中國進口市場規模的擴大，大大加強了中國的對外談判能力。（2）這些國家經濟貿易體制與中國比較相似。（3）對於拉美國家來說，其經濟的增長受益於對華出口原材料，以及中國在當地不斷增加的直接投資。

美國是當前中國爭取「市場經濟」地位的最大障礙。美國的基本立場是：不同意用「談判」方式解決，不將「市場經濟」地位納入中美「談判」的內容。堅持依據美國國內貿易法的有關標準判定中國是否符合「市場經濟」的要求。美國法律規定，對於目前被定義為「非市場經濟」的外國政府，若想就其市場經濟地位資格獲得重新評估，必須正式向美國商務部進口管理局（Department of Commerce's Import Administration）提出申請。

美國有關市場經濟地位的法定標準包括五條：（1）外國公司的投資自由度；（2）政府擁有或控制生產手段的程度；（3）政府對資源分配及產量和價格決策的控制程度；（4）貨幣與外匯的可兌換

程度；（5）國內通過談判確定工資標準的自由度。美方認為，中國當前不符合（4）、（5）這兩條標準。

美國拒絕承認中國的市場經濟地位使中國對美出口企業在反傾銷調查中遭受嚴重損失。根據美國國會總審計局（GAO）發表的題為《取消非市場經濟地位方式將降低某些中國公司的反傾銷稅》的研究報告，由於對中國無權享受單獨稅率的公司適用了較高的「統一」稅率，美國在反傾銷案件中對中國公司徵收的反傾銷稅要比對市場經濟國家公司徵收的稅率高出 20%。這些統一稅率平均高達98%，比對不適用單獨稅率的市場經濟國家的公司所徵收的平均稅率高出六十個百分點。[18]

2004 年，中美經過雙邊磋商，決定在中美商貿聯合委員會（U.S.-China Joint Commission on Commerce and Trade）的框架下，成立一個關於中國「市場經濟」地位問題的聯合工作組。中方希望通過工作組的成立，加快與美方的磋商，爭取儘快獲得中國出口在美的市場經濟地位。而美方在堅持前述原則立場的同時，顯示了一定程度的「靈活性」。美國的目的有幾個：

（1）堅持標準有助於緩解中國進口「激增」激發的國內廠商對於政府的政治壓力。最近幾年，不少中國輸美產品增長幅度均有很大提升。

（2）通過同意協商，幫助進一步打開中國市場，從而起到動員國內所謂「出口促進集團」的作用，希望他們有助於抵制「進口競爭集團」的保護主義壓力。

（3）推動中國出臺更多的市場改革措施，中國市場經濟改革的完善將有助於美國在中國市場的競爭力。

美國政府在中國「市場經濟地位」問題上採取上述立場，與美國國內的政治壓力密切相關。主要是美國國內對華強硬派與保護主

---

[18] 中國商務部：《國別貿易投資環境報告 2006 年》，第 126-127 頁。

義利益集團，要求美國政府必須堅持美國貿易法規定的「市場經濟」標準，不能把這一問題當成政治上「討價還價」的籌碼。國會美中經濟安全審查委員會主席理查德‧達馬托（C. Richard D'Amato）2005年2月表示，他歡迎中國為實行市場經濟改革採取立法措施，但是，他「擔心」美國政府在這個問題上向中國妥協。達馬托指出：「但我們也擔心，市場經濟地位可能成為一種討價還價的手段，成為一種政治策略的籌碼，而不是完全由經濟發展程度決定。今天中國還遠遠沒有達到市場經濟的標準。」無疑，達馬托的講話代表了美國保守派和保護主義集團的共同擔心。有鑒於此，美國駐華貿易官員出面否定了出於「政治原因」給予中國市場經濟地位的可能性。他保證：「我們的立場是，對市場導向的確定將完全根據有關法律中所闡明的條件，現在如此，將來也如此。」[19]這一表態自然讓美國國會和勞工集團稍許放心一些。

美國利用「市場經濟」地位問題要求中國深化市場改革，其動機是十分明顯的。美國認為，在市場經濟條件下，中國將盡可能地減少對中國企業的補貼，美國企業進入中國市場的障礙將減少，美國企業能夠與中國企業開展平等的競爭。

2005年10月24日，美國商務部長卡洛斯‧古鐵雷斯（Carlos Gutierrez）出席商務部工業與安全局（BIS）在華盛頓召開的「2005年出口管制政策會議」，發表演講呼籲中國深化以市場經濟為導向的改革，否則「兩國間的商貿可能受到制約」。他代表美國政府提出，中國經濟存在下面一些值得關注的問題，表明中國市場經濟改革需進一步推進。這些問題包括：

（1）中國對某些商品的生產成本進行「補貼」；

（2）國家控制的銀行向國營企業提供的貸款從未得到償還；

（3）嚴格的資本控制迫使中國工薪階層將積蓄存入國營銀行；

---

[19] Bruce Odessey，「自中國加入WTO以來傾銷案增加」，美國國務院國際資訊局《美國參考》，2005年3月13日。

（4）美國競爭能力強的銀行、保險、農業和直銷等行業在中國
　　市場受到限制；

（5）偽造和盜版現象猖獗；

（6）人民幣匯率還不能對市場做出適當反應。[20]

　　古鐵雷斯進一步強調，完善中國經濟的市場化改革，是解決中美貿易分歧的重要基礎。他指出，美中貿易需要市場經濟這一核心原則作支撐，「任何強大貿易關係的基礎離不開特定的核心原則。」他強調，如果經濟政策的分歧導致兩國商貿關係受到限制，將十分令人遺憾。

　　當然，古鐵雷斯在強調中國需要進一步推動市場化改革的同時，也肯定、讚揚了中國在加入 WTO 後在市場化改革方面取得的進展。對此，他列舉出的中國方面的「進步」包括：

（1）中國平均關稅已由 41%降至 6%，同時美國的出口增幅已
　　超過 80%；

（2）中國為保護知識產權，近來做出了非常具體的承諾；

（3）中國為實現以市場為基礎的浮動匯率採取了積極的步驟；

（4）中國經濟的快速發展為兩國貿易關係帶來了積極影響，
　　特別是隨著中國生活水平提高，中國對美國商品及服務
　　的需求也在增長。[21]

　　對於中國來說，在爭取中國出口在美「市場經濟」地位時，應當處理好市場開放與發展本土產業之間的關係。美國推動中國市場化改革的目的，主要在於為美國企業打開中國市場，為其創造更加便利的經營環境，對此我們必須保持清醒的認識。當前，我們應當充分利用 WTO 規則的「灰色」空間，為提升中國國有企業和民營企業的創新能力、裝備水平、管理技能等各方面表現創造有利條件，

---

[20] 「美國商務部長要求中國進一步推行市場改革」，美國國務院國際資訊局《美國參考》，2005 年 10 月 25 日。

[21] 同上。

給予一定的保護與扶持是十分必要的。除了國家扶持外,最重要的是要創造一個良好的市場與政策環境,讓它們在競爭中做大作強。

另外,我們也應該認識到,中美之間在改革目標上並無太大的區別。如果中國能夠「利用」好美國這一外在壓力,利用好美國投入到中國市場的資源與經驗,那麼,反而能夠加快中國的改革進程。應當承認,這些問題不少是當今中國經濟中現實存在的問題,也是中國市場化改革深化進程中必須要解決的問題。不過,這些問題解決必須按照改革的整體部署逐步推進,根據我國國情及承受能力推動改革。中國「入世」迄今經濟高速發展也證明,一定程度的「外壓」是有益的,沒有「入世」帶來的市場開放,中國經濟快速騰飛是難以想像的。因此,我們在爭取在美「市場經濟」地位時必須把握好市場開放與促進本土產業發展的平衡,急於求成,反而欲速不達。

第三節　中美貿易的「公平性」問題:反傾銷

隨著中國在全球貿易地位的提高,針對中國出口的反傾銷案例不斷增加。

表 4-6　1995-2004 年中國出口在世界反傾銷案件中的比例

單位:百分比

年份	占世界反傾銷 立案總量的比例	占世界反傾銷最終 措施案件總量比例	中國占世界 出口總額比例
1995	12.7	21.8	2.9
1996	19.2	17.8	2.8
1997	13.6	26.6	3.3
1998	10.9	14.8	3.3
1999	11.5	10.9	3.4
2000	14.6	12.7	3.9
2001	14.5	18.1	4.3
2002	16.5	17.6	5.1
2003	21.4	17.7	6.0
2004	22.8	28.4	6.5
平均	15.77	18.64	4.15

資料來源:WTO 反傾銷資料庫(*WTO Anti-Dumping Database*)(*www.wto.org*)。

　　加入 WTO 後，中國出口產品在美國遭受的反傾銷調查越來越多。

　　從 1995-2004 年，美國共對進口中國商品發起 57 起反傾銷調查（見表 4-7），向來自中國的 50 多種商品徵收「反傾銷」稅，其中包括木製臥室家具、皺紋紙、手推車、蝦、熨衣板、塑膠購物袋、彩電、圍欄鋼樁、鑄鐵管件、糖精等類產品。

　　相比中國「入世」以前，「入世」後主要有幾個方面的變化：

　　（1）中國入世後反傾銷案件數與金額均有大幅度上升。比如 1980 年代，針對中國的反傾銷案件，個案金額均沒有超過 1 億美元，超過 1,000 萬美元的案件不足 10 起。但是，中國「入世」以來，針對中國出口產品的反傾銷案明顯上升，且大案上升快。比如，2003 至 2005 年間美國對中國發起的 11 起反傾銷案中有五起超過 1 億美元。[22]

表 4-7　針對中國進口發起反傾銷調查統計，
1995-2004 年（按進口國排序）

排名	國家	立案數	占總數的比例
1	印度	76	18.5
2	美國	57	13.9
3	歐盟	52	12.7
4	阿根廷	40	9.7
5	土耳其	34	8.3
6	南非	20	4.9
7	澳大利亞	18	4.4
8	秘魯	17	4.1
9	加拿大	17	4.1
10	巴西	15	3.6

資料來源：WTO 反傾銷資料庫（*WTO Anti-Dumping Database*）（*www.wto.org*）。

---

[22] 參見劉瑛華：〈理性應對國際貿易摩擦〉，《學術交流》，2005 年第 10 期。

（2）反傾銷案對產業發展與產業出口產生的影響越來越大。從 2004 年 6 月底開始，美國對價值逾 2.76 億美元的中國彩電徵收最高可達 78.45%的關稅，對中國彩電出口造成很大影響。2004 年 6 月美國對中國木製家具進行反傾銷調查，涉案金額近 10 億美元，被稱為「我國遭遇個案金額最高的反傾銷案件」。2004 年 11 月，美國對原產於中國的木製臥室家具反傾銷調查的傾銷幅度做出終裁，裁定傾銷幅度為 0.79%至 198.08%。本案涉及的向美出售木製臥房家具的企業有 200 家，除去 50 餘家已經獲得加權平均稅率，直接受到衝擊的有百餘家企業，上下游企業更達到幾百家之多。對這些企業而言，198.08%的反傾銷稅，幾乎使其全面退出美國市場。

美國對華反傾銷案增長較快有幾個方面的原因：

（1）中國輸美產品增長過快，占市場份額激增，成為美國企業投訴目標。比如，根據美國商務部資料，在對來自中國的進口木製臥室家具實行反傾銷稅以前，中國木製臥室家具 2003 年在美國市場佔有 48%的份額，銷售額為 12 億美元。

（2）中國加入 WTO 議定書中的有關條款規定是促使美國產業集團發起反傾銷案的一個重要因素。中國入世議定書規定，在 2015 年以前 WTO 成員國在進行反傾銷調查時有權把中國視為「非市場經濟」國家。為了自己的市場利益，美國一些產業集團顯然存在濫用此條款的衝動。在這一條款下，美國商務部在計算中國出口傾銷幅度時所使用的商品價格及資訊，不是來自被調查國中國，而主要來自實行「市場經濟」的其他某些「替代國」。比如美國商務部經常使用印度的生產和商品價格資訊來確定中國受調查進口商品的「公平」價格。

不過，有一點需要指出，在美國有關「成本」資料的採集上，儘管一般情況是採取「第三國」成本作為衡量中國出口的參考，但是，來自中國等「非市場經濟」國家的廠商可以要求按照「實際市場價格」進行評估。比如，2004 年，在中國木製臥室家具反傾銷案

中，中國幾家公司提出此項要求，結果得到了按照「實際市場價格」方法評估的待遇。

（3）中國入世後，「特殊保障」也是一個十分有爭議的問題。中國「入世」協定包括了「特殊保障」條款的內容，即允許美國產業專門針對中國進口的激增，設置臨時性貿易限制。這一條款規定，「特保」措施可以只針對中國，而不針對其他國家同類的輸美產品。具體來說，在中國入世議定書及美國法律中有兩項保障條款，一項是特定產品保障條款，有效期至 2013 年，另一項是針對中國紡織品的「保障」條款，有效期至 2008 年。

美國方面有關「中國特定產品」特保條款的決策程式是，由美國國際貿易委員會（ITC）負責向總統提供建議，總統根據所謂國家經濟利益裁決，總統在這個問題擁有相當大的「自由裁量權」。比如，2002 至 2003 年間，美國國際貿易委員會（ITC）曾建議布希總統對從中國進口的基座傳動裝置（實行配額限制）、鋼絲衣架（徵收關稅）和球墨鑄鐵水管配件（徵收關稅）等產品，實行「臨時性」貿易限制。但是，布希總統最終做出了不動用「特保」條款的決定。結果，申請「特保」措施的美國產業及部份國會議員對此表示強烈反對。在另外兩起調查案中，美國國際貿易委員會則建議不對中國進口產品採取限制措施，而建議予以國內「產業救助」補償。[23]

中國入世議定書還規定，可將有關中國進口紡織品的增幅限制在一年不超過 7.5%的水平上。中美 WTO 談判期間，美國紡織業向美國政府施加壓力，要求在中國入世議定書中加入有關專門針對中國服裝類進口激增的保障措施，以應對 2005 年 1 月開始的國際紡織品貿易自由化的嚴峻形勢。與其他保障措施不同，實施紡織品和服裝保障措施的決定由設在美國商務部下面的紡織品協定實施委員會（Committee to Implement Textile Agreements，簡稱 CITA）做出。

---

[23] Bruce Odessey，〈自中國加入 WTO 以來傾銷案增加〉，美國國務院國際資訊局《美國參考》，2005 年 3 月 13 日。

2004 年 11 月，總統大選和國會選舉前夕，布希政府宣布鑒於進口量的迅猛增長，對中國進口針織品、晨衣、胸罩和短襪實施「臨時性」限額。2005 年夏，中美啟動了新的紡織品貿易協定的談判，並於 2005 年 11 月達成了雙贏的協定。

　　授予中國永久性正常貿易關係（PNTR）的 2000 年《美中關係法》包括了所謂「421 條款」（美國 1974 年貿易法第 421 條），又叫「市場擾亂」條款。「421 條款」規定，如果美國國際貿易委員會裁定，從中國出口到美國的產品的數量或出口條件給美國國內類似產品或與之直接競爭的產品之廠商造成或可能造成「市場擾亂」，那麼這些廠商可以獲得「救助」。該條款對「市場擾亂」的定義是，進口迅速增加，以至對國內產業造成或「可能」造成損害。

　　美國國內廠商曾根據「421 條款」提出對鋼管產業的貿易救助，但是遭到了布希總統的否決。

　　美國一家鋼管廠商向美國國際貿易委員會（ITC）投訴，認為從中國進口的某些圓形焊接非合金鋼管對美國廠商造成了「市場擾亂」。美國國際貿易委員會（ITC）對此指控展開調查，並於 2005 年 10 月宣布裁決結果，認定中國出口的用於管道、供暖和製冷設備以及樓房和其他工程的圓形焊接非合金鋼管造成「市場擾亂」。10 月下旬，美國國際貿易委員會兩名委員建議布希總統對以上進口實行為期 3 年、限額為 16 萬噸的進口配額；3 名成員建議在第一年對超過 267,468 噸的進口量徵收不超過 25%的關稅，第二年將關稅在第一年的水平上再增加 5%，第三年增加 10%。

　　2005 年 11 月，在美國本地生產廠商的安排下，美國參、眾兩院 80 多名議員致信布希總統，敦促他同意實施 9 萬噸配額，為國內鋼管廠商提供救助。但是，2005 年 12 月 30 日，布希在給商務部長、勞工部長和美國貿易代表辦公室的備忘錄中稱，否決了國際貿易委員會的建議，決定不對來自中國的圓形焊接非合金鋼管採取限制措施，理由是無論產品配額還是關稅配額，都不會「奏效」，對美國

經濟的總體影響是「弊大於利」。減少的來自中國的進口量可能被另外 40 多個國家對美出口鋼管所取代，並不能對國內生產商提供有效的幫助。「救助」措施將使美國消費者付出的代價大大高於國內生產商可能增加的收入。[24]鋼管救助案例再次顯示出，類似的貿易安排背後的利益集團政治的影響。

總結起來，我們可以看到，美國政府在做出反傾銷、保障措施等決定時，重點考慮幾個方面的因素：

第一，國內壓力的大小是美國政府做出針對中國產品保障措施決定的重要依據。布希政府在產業與產品的選擇上具有很大的裁決權。相對於從中國進口的基座傳動裝置、鋼絲衣架和球墨鑄鐵水管配件等產品，美國紡織與成衣業的政治動員能力與影響力要大得多。

第二，相關利益集團之間實力與利益的平衡狀況是影響保障措施具體內容的重要因素。比如說，除了紡織品成衣生產商外，進口商、批發零售商以及消費者等都是影響最終裁決結果的因素。其中，大型進口商、零售商及其遊說團體發揮著重要的作用。有的時候，他們同樣根據美國貿易法，要求美國政府和法院從寬掌握針對中國進口的特殊保障措施。比如，美國紡織品與成衣零售商與進口商遊說團體聯合向國際貿易法院起訴，反對紡織品協定實施委員會（CITA）僅根據「可能」發生的進口激增情況而實施保障條款的做法。2004 年 12 月 30 日，位於紐約的美國國際貿易法院（U.S. Court of International Trade）發出「臨時禁制令」予以支持，阻止聯邦政府紡織品協定實施委員會（CITA）基於威脅而提出申請。但是，2005 年 2 月，美國司法部正式提出上訴，要求解除美國國際貿易法院的這一禁制令，並最終勝訴。[25]

---

[24] 「布希拒絕採取限制中國鋼管進口的措施」，美國國務院國際資訊局《美國參考》2006 年 1 月 3 日。
[25] Bruce Odessey，〈自中國加入 WTO 以來傾銷案增加〉，美國國務院國際資訊局《美國參考》2005 年 3 月 13 日。

第三，抵制貿易保護主義，維護美國作為多邊貿易體制領導國家的考慮。美國財政部長約翰・斯諾（John Snow）曾經指出：「我極為擔心，如果作為站在開放市場最前列、在世界上處於主導地位的自由貿易國家的美國在中國問題上卻反其道而行之，市場對此會做出何種反應。」[26]因此，美國政府在面對國內保護主義壓力的情況下，儘管也會採取一些保護措施，但是，仍然注意維護自己堅持開放貿易的總體形象。

第四節　中美關於中國履行 WTO 協定的爭論

在中國尚未正式加入 WTO 時，美國政府即開始周密籌劃構建監督中國履行 WTO 協定的網絡。這種努力既是美國政府與工商界合作的結果，同時也是美國複雜的國內貿易政治過程的產物，即為了推動國會授予中國 PNTR，美國政府向國會承諾，將嚴格監督中國的履約行為。

在美國工商界和國會對華強硬派的共同壓力下，美國政府要求國會給予大筆撥款，以使美國國務院、商務部、勞工部、農業部、美國貿易代表辦公室等主要經濟部門加強監督、執法的能力。

國會在2000年通過的給予中國PNTR地位的法案中包括了要求美國政府嚴格監督中國履行協定的條款。

美國政府在跨機構的貿易政策專家委員會（TPSC）中下設「中國問題小組委員會」，監督中國履約情況，並制訂了一整套行動計劃，從美國、中國和日內瓦等地搜集有關資訊，分析中國履約的情況。

2006 年 2 月，隨著美國貿易代表辦公室發表《美中貿易關係：進入加強責任和執行的新階段》的報告，美國進一步加強了對「後

---

[26] Andrzej Zwaniecki，〈美國財長指出保護主義會使美中關係複雜化〉，美國國務院國際資訊局《美國參考》，2006 年 1 月 9 日。

過渡期」中國履約情況的監督，並且開始轉向更加積極地運用 WTO
規則，迫使中國改變國內某些與 WTO 規則不一致的政策。

一、美國政府與工商界對於中國履約情況的看法

　　美國政府與工商界強調，中國為履約付出了很大的努力，並承
認外商在中國的經營環境有了很大提高。比如，中國美國商會 2006
年白皮書根據對來自不同行業的超過 200 家美國在華企業的調查，
提出：「中國繼續按期履行其關稅減讓承諾，逐步掃除大多數外國
出口商在進入中國國內市場競爭時所面臨的最明顯障礙。中國已經
修訂或頒布了允許外資更多地介入金融服務、電訊、交通和其他一
些領域的措施。此外，還允許在華外資企業申請外貿經營權，提供
分銷服務。這些新規定改善了中國的市場准入狀況。」[27]
　　但是，美國多數企業認為，他們在中國市場上的經營仍然受到
政策法規與政府體制的困擾。根據調查，美國企業認為在中國市場
監管方面的最大挑戰包括：法規不明確（75%）、辦事效率低（74%）、
缺乏透明度（71%）和法規解釋的不統一（67%）等。中國美國商
會《白皮書》認為，這份清單自 1999 年以來一直沒什麼變化（見圖
4-3），儘管企業也承認這些問題有所改善。其中，最嚴重的市場准
入障礙是對外資企業及其國內競爭者實行不同的監管制度，內外不
能一視同仁。[28]

---

[27] 中國美國商會 2006 年白皮書。
[28] 同上。

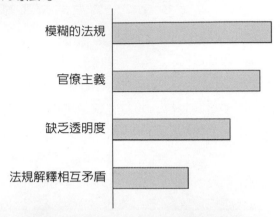

在華營運的挑戰

因為以下原因而受到消極影響的公司的百分比情況

100%=168~179 家公司

圖 4-3　美國在華投資企業有關中國監管環境的看法

資料來源：中國美國商會 2006 年白皮書：《美國企業在中國》。

　　美國在華企業對於中國經營環境的看法，反映了其複雜的利益動機以及存在的現實問題。

　　首先，美國在華投資企業指出的問題不少是客觀存在的，儘管中國加入 WTO 後政府監管情況有了明顯的改進。中國國內企業也受到同樣的監管困擾。這些問題不解決，最終不利於中國經濟的發展和企業國際競爭力的提高。

　　其次，美國企業顯然在中國市場大幅度提高了其盈利水平，中國市場逐步開放，經濟加快發展，為外國投資企業創造了良好的宏觀環境。但是，這個方面的收穫也是中國美國商會白皮書以及美國政府中不願過多強調的。根據中國美國商會連續三年的調查顯示（圖4-4），美國公司表示「非常盈利」或「盈利」的企業比例在 2003 年占到 75%，2004 年占到 72%，2005 年占到 64%。較大虧損的比例連續三年維持在 4%的低水平。

在華盈利情況

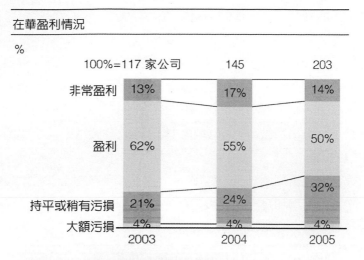

%

| 100%= | 117 家公司 | 145 | 203 |

非常盈利　13%　　17%　　14%

盈利　62%　　55%　　50%

　　　　　　　　　　　32%

持平或稍有污損　21%　　24%

大額污損　4%　　4%　　4%

2003　　2004　　2005

圖 4-4　在華美國企業盈利情況，2003-2005 年

資料來源：中國美國商會 2006 年白皮書：《美國企業在中國》。

　　2005 年世界銀行對中國 120 個城市的 12,400 家企業進行的調查也支持了這個判斷。外資企業在中國投資的回報率最高，達到 22%，超過中國私營企業（19%）和國有企業的回報率。據中國工商部門統計，從 1990 至 2004 年，外商投資企業共彙出利潤 2,506 億美元。在中國業已開放的產業中，每個產業排名前 5 位的企業幾乎都由外資控制，在中國 28 個主要產業中，外資在 21 個產業中擁有多數資產控制權。中國市場的可觀回報和政府推行的鼓勵性政策，是外資企業不斷追加在華投資的動因。[29]

　　第三，中國入世的效應本身存在一個「遞減」的過程。從開始時市場准入條件改善幅度較大，然後逐年降低，因此產生的經濟效應也隨之逐漸遞減，這也是一種合理的發展。

　　第四，美國在華投資企業對於市場准入的期望值過高，引發了某種程度的「失望」。美國企業衡量中國市場准入狀況時，更多依據

[29] 蘭辛珍，〈贏在中國〉，《北京周報》中文版，2006 年 11 月 27 日。

的是美國的商業環境，他們期望能夠獲得與在美國一樣的經營自由度。但是，這種期望在當今絕大多數國家包括發達國家都是無法滿足的，每個國家的政策均存在著這樣或那樣的「內」「外」有別的規定。他們應該認識到，中國政府還肩負著保衛國家經濟安全、產業安全等使命，一定的限制措施顯然是必要的。另外，他們應該更多地看到中國市場開放的一面，即中國已經成為發展中國家中市場最為開放的國家。

第五，在過高期望值的作用下，美國工商界認為，可以美國政府向中國政府施加壓力，以獲得在中國進一步的市場利益。從美國工商界與美國政府頻繁的互動關係中我們可以觀察到這一點。這種互動關係反映在中國美國商會、美中貿易全國委員會發表的年度報告，各種調查報告，以及對於中國入世履約情況的評估報告中。工商界報告的內容與對中國市場開放的要求又反映在美國政府每年春季發布的《外國貿易壁壘國別報告》中，作為美國官方意見公布出來，以向中國政府施加壓力。因此，對於中國來說，必須理解美國貿易政策的這套決策體制，特別是政府與企業之間密切合作的特性，只有這樣才能夠據理力爭，維護中國的經濟主權，依法對外國直接投資加以管理，而不被其排山倒海的壓力所嚇倒。

二、美國履約施壓重點在中國服務業

在履約與打開中國市場方面，美國當前把監督與督促的重點放在了中國服務業的市場准入方面。這是因為，製造業是美國企業進入中國最早的領域，美國等國的直接投資已經在中國製造業的產出中獲得了很大的市場空間。在中國商務部根據銷售資料統計出來的2004 至 2005 年度中國外商投資企業 500 強排行榜中，進入 500 強的外商企業中，製造業企業達 405 家，比例高達 81%。在前 10 位外資企業中製造業占 9 個。另外，外資企業僅占中國企業總數的 3%，但是，在 2001 至 2005 年 5 年時間內，在華外資企業工業增加值年

均增長 30%，占全國工業總產值的 1／3，占全國稅收總額的 1／5以上。[30]

　　美國方面認為，服務業是美國企業的比較優勢所在，從某種意義上說，中國「入世」後，美國要求的市場開放主要體現在中國服務業的開放上。

　　為了促使中國服務業最大程度的開放，美國政府和工商界加大了工作的力度。

　　美國一方面承認，2001 年中國加入 WTO 時同意開放所謂「最受保護和規章繁多」的服務行業，使外國公司在中國某些服務業領域的市場准入取得了「顯著進展」，但是，另一方面仍然強調，外國服務商在很多領域仍然受到中國市場准入的限制。

　　美國政府承認，中國在一些服務業領域的開放上已經取得了不小進步。按照美方的說法，這方面的進展包括：

（1）中國兌現了加入 WTO 的承諾，比如所有申請進入中國市場的美國保險公司都已獲得經營許可。

（2）某些服務行業，外國公司在中國的市場份額正穩步增長。據美國貿易代表辦公室公布的資料，2004 年外國保險公司的資產在 2003 年的水平上增長了 30%；2004 年，外國保險公司的保險費占中國保險費總額的 2.3%，在上海和廣州的市場份額分別占到 15.3% 和 8.2%。

（3）中國在某些方面的市場開放步伐「超過」了 2001 年加入WTO 議定書。比如，2004 年中美簽訂的航空和航海協定就遠遠超出了中國對 WTO 的承諾。

　　美方分析認為，中國之所以在開放服務業市場方面持「謹慎」政策，主要是擔心外國公司會「主宰」中國國內不斷發展的銀行、保險和電信等市場，擔心中國服務企業與外國公司競爭時缺乏競爭

---

[30] 同上。

力。美方認識到，中方並非一味地排斥外國企業。美國一位不願透
露姓名的政府官員曾指出：「中國擔心，允許在服務市場進行完全
公平的競爭會導致實際上被外國競爭對手主宰。」在這種擔心下，
「他們試圖通過多種方式……包括嚴格的發放許可證規定、苛刻的
許可資格標準、以及高額資本要求來限制其市場中的外商數量。」
美方分析認為，在這種擔心與不安之下，中國可能正在尋找 WTO
承諾中的「漏洞」，以便「拖延」給予外國公司的市場准入。美國
駐華大使館在一份有關中國服務業市場的報告中就指出：「其目標
看來不是要將外國服務業全部或無限期地拒之門外，而是為了給中
國服務業企業以時間，使之變得更有競爭力並鞏固市場地位。」也就
是說，中國服務業主管部門爭取給予中國企業以「暫時」的保護。[31]

那麼，針對中國政府和服務業的擔心，美國政府與工商界是怎
樣開展遊說，向中國施加壓力的呢？我們可以說，美國採取了「說
服」與「威脅」並用的手段，企圖打開中國的服務業市場。美國的
這些策略包括：[32]

第一，宣傳「延遲」開放將影響中國經濟的進一步發展。美國
一些專家分析指出，外國服務業能夠給中國經濟帶來很多好處，比
如投資、專業知識、管理技術和就業機會等。外國服務商進入中國
市場，可以彌補中國國內服務商無法滿足的日益增長的需求，從而
為外國投資者與中國消費者提供方便。他們提出，如果外國投資者
發現在華投資的服務成本太高，他們就不會在中國開辦業務。

美國方面的分析認為，如果中國繼續拖延外資服務商的市場准
入，將延緩中國自身服務業的發展。他們的研究指出，服務業包括
了越來越多的重要經濟領域，比如保險、銀行、零售、建築、快遞、

[31] Bruce Odessey，〈美中經濟關係的迅速擴展引起爭議〉，美國國務院國際資訊局《美國參考》2005 年 3 月 2 日。

[32] Jon Schaffe，〈中國服務業仍有大量未兌現機會〉，美國國務院國際資訊局《美國參考》，2005 年 5 月 6 日；Bruce Odessey，〈美中經濟關係的迅速擴展引起爭議〉，美國國務院國際資訊局《美國參考》，2005 年 3 月 2 日。

運輸、電信和視聽服務等，服務業當前已占全球生產和就業的 60%
以上，占全球貿易的 20%。中國必須努力，才能趕上全球服務業發
展的步伐。

　　第二，中國服務市場開放的速度仍然很慢，妨礙了中美服務貿
易潛力的發揮。美國政府堅持認為，外國金融服務業在中國服務業
市場中的份額仍然很低，服務貿易在中美貿易中的比重也不高，美
國在中國服務業中的存在還很有限。比如，根據美國公布的資料，
2003 年中美雙邊服務貿易僅 93 億美元，其中美國私營商業服務機
構（軍方和政府除外）對中國的服務出口額為 59 億美元，美國從
中國的服務進口總額為 34 億美元。

　　第三，不合理的管制措施導致中國服務業發展停滯後，外國服
務業提供商受到的限制更多。美國官員和業界專家分析指出，中國
貿易增長迅猛，居民收入增加很快，中國的服務貿易額理應更高才
對，才符合正常的經濟發展規律。但是，中國當前實行的管制政策
採取各種手段限制外國服務商進入中國市場，限制它們在國內的經
營發展，比如，中國對開展業務公司的資本限額規定「苛刻」，規
章和程序「模糊」，有嚴重的地區限制，以及對某些產品和服務銷
售的限制等。

　　美方批評中國政府的行業監管機構缺乏「獨立性」，仍然在保
護國內國有企業。比如，美國商會負責東亞事務的副會長邁倫・布
里蘭特（Myron Brilliant）在給眾議院籌款委員會的證詞中指出，中
國尚未在電信和快遞等行業設置「獨立監管」的機構，這表明中國
政府繼續扮演雙重角色，既是運動員，也是裁判員，「繼續拒絕完
全脫離影響著外國和國內公司商業環境的主要決策過程」。

　　美國助理貿易代表查爾斯・弗里曼（Charles W. Freeman）在眾
議院籌款委員會 2005 年 4 月 14 日舉行的聽證會上指出：「中國管
理當局用不透明的管理程式、過於繁瑣的許可證簽發和營業規定及

其他手段，繼續阻礙著美國保險、快遞、電信和其他服務提供商要在中國充分實現市場潛力的努力。」

批評中國服務業在法律法規方面仍然存在「透明度」不夠的問題。中國加入 WTO 後，決策與監管的「透明度」大大增加。但是，美國政府和工商界認為仍然存在較大的問題。比如，中國美國商會認為，中國缺乏類似美國的《聯邦政府紀事》（Federal Registry）或《國會議事錄》（Congressional Record）等統一記錄機制，因此要監督中國如何制訂和修改各服務行業的立法困難重重。[33]針對決策過程，他們認為，給公眾對新法律草案進行評議的時間往往很短或不存在；中國監管機構與國內公司進行協商時把外國公司排除在外；地方政府的程序同中央政府的措施「脫軌」等。對此，美方舉了兩個例子。2003 年，中國資訊產業部發布了《中國電信業發展指導》一書，對電信服務業進行了根本性的調整，但是，美國工商界一位負責人批評說，資訊產業部只給公眾一個星期的評議時間，時間太短。美國商務部在一篇公開報告中批評指出，中國建設部 2004 年 9 月在該部網站公布《建築法》草案，但外國產業部門、美國和歐盟官員直到建設部公開評議截止的幾天前才瞭解到有這項法律提案。

對外國在華服務業企業的資本限額「門檻」規定太高。比如，美國政府和服務業企業認為，中國政府對銀行和金融保險等外國服務業投資企業的資本限額要求規定得「太高」，是有意擡高外資進入中國市場的「門檻」。美國駐華使館在一篇報告中指出，如果某一外國保險公司打算建立一個主要辦事處和兩個分支辦事處，中國方面要求的資本投入是 2,500 萬美元；外國銀行分行必須將 30%的營業資本放入由中國人民銀行指定的生息資產；資產管理公司必須有至少 3,600 萬美元才有資格成為合資企業夥伴；建築公司也必須

---

[33] 中國美國商會 2006 年白皮書。

拿出 3,600 萬美元。美國服務業認為，鑒於外國金融公司和其他公司在中國面臨的風險較高，對高額資本的要求對服務商起到了「阻嚇」作用。[34]

簽發經營許可的程式仍然過於「繁瑣」。中國入世時承諾，簡化外國公司獲得中國經營許可證的程式，並增加這一程式的透明度。但是，美國公司認為，這個方面的問題仍然存在，中國的經營許可要求仍然過於複雜和繁瑣。外國公司還批評在開設辦事處時不能享受「國民待遇」，中國服務商可以一次申請開設多個分公司，但外國公司卻必須逐個提出申請。美國駐華大使館的報告指出，儘管中國保險監督管理委員會曾承諾對設立多個分公司不設限制，但有數家美國保險公司要求開設多個分公司的申請被中國保監會否決，這些公司只被允許設立一個分公司。

此外，美國工商界還認為，中國方面尚缺乏統一的規章來保證所謂「祖父」條款的實施。中國加入 WTO 協定中包括了所謂「祖父」條款，該條款規定：如果一個外國公司在中國加入 WTO 前享有的權利超出中國入世時的承諾，該公司可以繼續享受這些權利開展業務，並不受所簽署協定的限制。有關先前開放的例子有不少，比如外資採取「中中外」的方式入股聯通公司的問題，後來得到解決；在銀行業也存在類似問題；在經營權開放的問題上，地方政府對於連鎖超市的開放度超過中央政府「入世」時承諾的開放程度。

第四，美國工商界組成聯盟，聯合向政府施加壓力，讓政府採取行動打開中國市場。在美國服務業遊說團體「服務業聯盟」（Coalition of Service Industries）下成立中國委員會，加大對華工作力度。服務業聯盟主席羅伯特‧瓦斯坦（Robert Vastine）曾指出：「全面履行入世承諾將（使中國）加快發展成為成熟的全球貿易領導力量。」但是，中國必須執行其做出的承諾。

---

[34] Jon Schaffe，〈中國服務業仍有大量未兌現機會〉；Bruce Odessey，〈美中經濟關係的迅速擴展引起爭議〉。

美國政府與工商界相互配合向中國施加壓力的例證比比皆是。比如，安利等美國在華直銷企業認為，中國政府不僅未能及時執行WTO 協定承諾的市場開放，而且還在考慮採取新的限制措施，給美國直銷公司在中國開展業務製造困難，或使他們無法開展業務。[35]對此，2005 年 3 月，美國貿易代表辦公室發布《外國貿易壁壘國別評估報告》（National Trade Estimate on Foreign Trade Barriers），概括了在 17 個服務行業中美國企業在中國市場面臨的准入壁壘問題，其中專門納入有關「直銷」的內容，並稱直銷業將是美國在「分銷業領域中特別關注的一個領域」。[36]

美國政府與服務業聯盟商定後認為，為了促使中國履行「入世」承諾，美國需要通過兩種途徑來解決企業的關注：一是通過中美雙邊談判解決服務業存在的問題；二是如果雙邊談判不能解決問題，則美國等國可以借助 WTO 爭端解決機制，提出申訴，向中國施加壓力。[37]

在雙邊談判方面，美國利用對華貿易赤字和人民幣匯率問題，加大對中國的全面壓力，其所要達到的目的就包括打開中國服務業市場。最明顯的例證是，美國參議員查爾斯‧舒默（Charles Schumer）連續幾年提出人民幣匯率提案，規定如果中國政府不能使人民幣匯率大幅度升值，那麼，美國將對中國所有輸美商品徵收 27.5%的關稅。這一法案已經幾次推遲表決，其目的就是要通過威脅制裁的方式，迫使中國在金融市場開放等一系列問題上做出讓步。本書在有關中美人民幣匯率問題的摩擦一章中專門討論了這一案例。

---

[35] 同上。

[36] 美國貿易代表辦公室網站：《外國貿易壁壘國別評估報告》；Bruce Odessey，〈美國年度貿易障礙報告中國名列榜首〉，美國國務院國際資訊局《美國參考》，2006 年 4 月 3 日。

[37] Statement by the Coalition of Service Industries on China's Implementation of WTO Commitments, Ways and Means Committee Hearing, April 28, 2005, see www.uscsi.org/publications/papers/05-02-05.htm; Jon Schaffe，〈中國服務業仍有大量未兌現機會〉。

與此同時，美國方面還考慮加大用 WTO 爭端解決機制，解決美國服務業的有關關注。

可以預見，隨著所謂中國入世「過渡期」的結束，中美在執行 WTO 協定，特別是服務業准入方面的分歧與摩擦將加劇，中國與美國的經貿關係將增加新的變數。

三、中國積極利用 WTO 多邊規則與美國進行交涉

中國加入 WTO 後，中國與美國的經貿關係出現了「多邊化」的重要發展。中國改變了完全被動、防守的姿態，開始利用 WTO 有關規則，對於中國在美國市場准入情況、美國對外經貿政策違反 WTO 有關規則的地方，進行反擊，起到了一定的「反制」美國的作用。這些努力顯然有利於多邊貿易體制的完善。

中國加入 WTO 後，原外經貿部於 2002 年 9 月發布了《對外貿易壁壘調查暫行規則》（原外經貿部令二○○二年第 31 號），對中國貿易壁壘調查工作做出了基本規範，並借鑒 WTO 現有成員國美國、歐盟、加拿大、日本和韓國等國的經驗，開始編撰國別貿易投資環境報告。

中國商務部自 2003 年 5 月起，發布年度《國別貿易投資環境報告》，對於美國、歐盟、加拿大、日本以及一些發展中國家的貿易夥伴的投資環境加以評估。報告涵蓋了中國與這些貿易夥伴雙邊貿易投資概況，它們現行貿易投資管理體制，及其具體的對外貿易措施等，這些都是對中國對外貿易與投資企業極為有用的資料。報告還重點評介了中國企業在國外市場遇到的貿易與投資壁壘的發展變化情況，以及中國政府為消除這些壁壘做出的努力。

年度報告的發表具有重要的意義：

（1）標誌著中國政府商務主管部門職能從管制到服務企業的進一步轉換，有助於建立政府與企業之間緊密合作的關係。

　　　　這也是美國對外經貿體制的基本做法。中國對外貿易、投
　　　　資企業和有關行業協會等是相關資訊的重要來源。
（2）增加了中國政府和企業在國際經貿活動中的話語權。其他
　　　　一些國家對中國國別貿易投資環境報告加以引用，為中國
　　　　贏得了朋友，增加了影響。正如商務部指出的：「我們應該
　　　　清醒地認識到，公平的國際貿易環境不會因為我國加入
　　　　WTO 而從天而降，我們只有充分運用有關 WTO 規則和我
　　　　國的相關法律、法規，並付出艱苦、細緻的工作，才能實
　　　　現這種公平的國際貿易環境，為我國進出口貿易的發展鋪
　　　　平道路。」[38]
（3）有助於中國培養出一支專門的研究隊伍。當前，WTO 中只
　　　　有最發達的貿易國家發布國別貿易壁壘報告，這說明研究
　　　　能力的強弱對於維護國家的對外經貿權益起著十分重要的
　　　　作用。通過年度報告的發布，有助於培養並擴大中國涉外
　　　　經貿的研究能力，這是中國融入全球經濟的基礎建設的重
　　　　要組成部分。

　　中國商務部貿易投資環境報告對於中國企業在美國遭遇的貿易
與投資壁壘作了比較詳盡的羅列與闡述，有利於在中美談判中牽制
美國，為中國企業贏得更為公平的貿易與投資環境。

　　中國在加入 WTO 之後，中國的經貿政策受到其他國家的審查，
受到多邊規則的「約束」。同樣，中國也可以利用 WTO 規則和機制
審議其他國家經貿政策的機會，表達我方關切，按照 WTO 規則解
決中方關切的市場准入問題。這是我們在加入 WTO 時追求的一個
重要目標，即享受「制定」國際規則的好處。更好地利用 WTO 多
邊規則解決中美雙邊紛爭也是中國努力的方向。

---

[38]　中國商務部：「關於 2002 年度《國別貿易投資環境報告》的說明」，2003 年
　　　5 月 20 日。

2006 年 3 月 22 至 24 日，世界貿易組織對美國進行第八次貿易政策審議，也是中方自「入世」以來第二次參加對美政策審議。正式審議會前，WTO 共有 29 個成員提出了 600 多個書面問題，其中包括中方代表團在國內各部門積極配合下提出了 106 個問題。這些問題涵蓋了美國經貿政策的各個方面，包括：

第一，美國宏觀經濟環境問題，包括美國財政赤字與經常專案「雙赤字」可能引發的貿易保護主義的關注；

第二，美國貿易和投資政策等一般性問題，涉及美國貿易政策透明度和美國以「國家安全」為藉口對外國投資併購本土公司進行限制等問題；

第三，美國貿易和投資政策等具體問題，包括關稅措施、海關通關壁壘、出口管制、技術貿易壁壘、衛生檢驗檢疫措施、知識產權立法和保護以及反傾銷等貿易救濟措施等各方重點關切的問題；

第四，美國產業與貿易政策問題，包括農業補貼、金融服務業市場准入、電信業和海運開放等重點問題。

在由 WTO 總幹事拉米與各成員常駐 WTO 大使參加的正式審議會上，中國駐 WTO 大使、中方審議代表團團長孫振宇多次發言，指出美國不全面履行 WTO 爭端解決機構的裁決損害多邊貿易體制的威信；濫用貿易救濟措施和國家安全例外，扭曲貿易和限制外國投資等問題；敦促美國在多哈談判中肩負更大責任，特別是在「規則談判」中拿出誠意；在國內農業支持方面做出進一步減讓；在金融及海運領域做出實質性出價等。[39]

---

[39] 中國商務部世貿司，〈中國提出 106 個書面問題深入參與 WTO 對美國貿易政策審議〉，商務部網站世貿司網頁，2006 年 3 月 29 日。

第五節　中美在知識產權問題上的鬥爭與合作

1990 年代初以來，中美在知識產權問題上曾發生過幾個回合的較大摩擦，幾次瀕臨貿易戰的邊緣。中國加入 WTO 後，知識產權在中國與美國的經貿關係中的地位更加凸出，雖未發展成幾近貿易戰的程度，但是，其引發衝突的潛在能量巨大。美國國際經濟研究所所長伯格斯滕代表了美國方面的典型看法，他指出：「中國未能保護好知識產權，……可能是美中雙邊經濟關係中引起摩擦的第二大重要根源。」[40]

美國政府與知識產權產業界把知識產權保護作為監督中國履行 WTO 義務的重要內容。2005 年 12 月，美國貿易代表辦公室公布了向國會提交的第四份有關中國履約情況的報告《2005 年度就中國履行 WTO 義務的情況向國會提交的報告》，首次全面評估中國的履約情況。報告特別指出，「中國在履行具體承諾和遵守 WTO 成員現行義務方面取得了重大進步，但是，在一些重要領域，特別是知識產權（IPR）執法方面，仍然存在嚴重的問題。」報告稱，中國政府按照 WTO《與貿易有關的知識產權協定》（TRIPs）修訂了現行法律，但是在執法方面仍然存在嚴重的問題。報告指出，大多數美國企業認為，2005 年中國「侵犯」知識產權的行為並未有絲毫減少，假冒與盜版行為依然十分猖獗。[41]

2006 年 2 月，美國貿易代表辦公室在美國政府跨部門小組綜合評估的基礎上，發表了題為《美中貿易關係：進入加強責任和執行的新階段》的報告，第一次全面闡述了美國對華貿易政策，強調中

---

[40] Fred C. Bergsten, Bates Gill, Nicholas R. Lardy and Derek Mitchell, *China: The Balance Sheet: What the World Needs to Know about the Emerging Superpower*, New York: Public Affairs, 2006, p.95.

[41] 中國加入 WTO 後的中美知識產權的爭端，與 2001 年前出現不同，即 2001 年以前主要是美國根據其國內法提出雙邊解決；2002 年開始，美國在援引國內貿易法的同時，也在使用 WTO 有關知識產權法律。2007 年 4 月，美國向 WTO 爭端解決機制提出有關中國知識產權問題的訴訟。

國與美國的經貿關係進入了一個以加強「執法」為中心的新階段，美國將應用 WTO 有關規則加大對中國施加壓力的力度。貫穿報告全文始終地強調，加強處理對華知識產權問題將是美國政府的優先任務，在所謂六大「關鍵對華優先目標」中有五大目標直接強調了促進中國保護知識產權的重要性。報告提出，美國政府將要發動的關鍵行動包括，增加處理的專門人員，依法加強與中國「磋商」，改善美國知識產權權利人向中國政府提交有關案件的機制，在檢測和執法方面加強中美之間的技術交流等。[42]

美國政府與權利人組織聲稱，中國當前知識產權保護存在嚴重問題，已經造成美國權利人的重大損失。美方認為，中國侵權、盜版比例高。2005 年 4 月，美國貿易代表辦公室在有關中國知識產權問題的特別報告中援引美國國際知識產權聯盟（the International Intellectual Property Alliance，簡稱 IIPA）的數字，認為中國 85%的錄音製品及 95%的電影為盜版產品，2004 年導致美國有關行業的損失高達 25 至 35 億美元。此外，美方認為，中國不斷增加的侵權產品出口給美國權利人造成了很大的損失。根據美國海關公布的查獲侵權進口貨物案件統計（見表 4-8），2004 年美國海關共截獲侵權貨物案值（按美國國內市場價值計算）為 1.39 億美元，其中來自中國的侵權貨物占整個查獲案值的 63%，位列第一，達到 8,700 萬美元，俄羅斯第二占 5%，香港第三占 6%。根據美國海關 2005 年財年的最新報告，來自中國的侵權貨物案值下降至 6,396 萬美元，儘管占整個查獲案值的比重從 2004 年的 63%上升到 69%。涉嫌侵權的中國輸美貨物主要為香煙、衣服、手提包、錢包、背包、消費電子產品、玩具或電子遊戲產品、電池、皮帶、手錶及零件、太陽鏡

[42] United States Trade Representative, 「U.S.-China Trade Relations: Entering a New Phase of Greater Accountability and Enforcement，Top-to-Bottom Review」, February 2006.

及配件、汽車與摩托車等。美國海關報告指出,被截獲的侵權案值並不大,侵權產品主要在美國境外銷售。[43]

表 4-8　2004 年美國海關查獲的知識產權侵權貨物:前十位國家

2004 財年貿易夥伴國	按美國國內價值計算額(美元)	占查獲總案值的百分比
中國	87,274,373	63%
俄羅斯	7,304,746	5%
香港	7,019,670	5%
南非	4,444,218	3%
越南	2,599,561	2%
韓國	1,960,980	1%
菲律賓	1,352,021	1%
科威特	1,071,068	小於 1%
墨西哥	1,018,107	小於 1%
荷蘭屬安的列斯群島	1,013,539	小於 1%
其他所有國家	23,709,602	17%
查獲侵權總值	*138,767,885*	
總案件數量	*7,255*	

資料來源:美國國土安全部美國海關與邊境保護署、美國移民與海關執法署(cbp.gov)。

　　美方認為,中國知識產權執法體制存在較大「缺陷」,是導致執法不力的重要原因。2006 年 2 月,美國貿易代表辦公室在《美中貿易關係:進入加強責任和執行的新階段》的報告中強調,「知識產權執法是中國最大的弱點之一。」當前,美國政府與知識產權業對中國知識產權問題的批評主要集中在執法體系上。美方認為,中國參加了諸多知識產權的組織和公約,但是中國迄今沒有一個「完整、有效」的國內體制來保障知識產權。僅有一個好的法律還不夠,還必須有一個嚴格的執法體系。雖然中國領導人多次表示,中國保護知識產權的努力是真誠的,中國將履行自己的義務,把保護知識

---

[43] 美國有關 2004 年查獲侵權貨物排名,見 US Customs statistics on Top IPR Seizures 2004, available at http://cbp.gov.

產權當成國內的一個大事來抓，但是，執法體制問題影響了知識產權保護的落實。[44]美方對於中國知識產權執法體制的批評主要集中在下面幾個方面：

第一，部門多，協調不夠，甚至沒有協調。不同部門可能發布相互矛盾的法規，在制定法規和執法的過程中彼此不兼顧。

第二，中國政府的政績考核體制實際上「助長」了知識產權的侵權行為。美方指出，政績考核主要依據地方經濟發展指標，特別是 GDP 的指標，忽視了其他的內容。為了增加地方 GDP 總量，地方政府可能無視甚至保護某些違反知識產權，但是有利於地方經濟的一些企業。[45]

第三，中國的產業政策也是造成侵權現象在中國氾濫的一個原因。比如，美國國際知識產權聯盟在 2005 年的報告中指出，在產業政策的指導下，中國為了推動本國產品，延緩外國正版產品的發放，結果助長了盜版的氾濫。拖延批准外國正版產品，結果使得假冒產品一度佔據市場。

第四，執法效果存在很多問題。比如，政府採取打擊盜版、侵權等行動起到了一些作用，但是，對於侵權犯罪「震懾」的作用不大。美方認為，執法效果問題包括調查遲緩，檢察機關能力弱，處罰力度不夠等，特別是有關侵權的刑事起訴案件數量雖有提高，但是仍然不夠。另外，在取得進展的領域之間存在不平衡的現象。美國權利人組織認為，中國在商標方面的起訴增多，但是版權方面的起訴卻很少。在行政處罰方面，移交給公安機關進行刑事處罰的案件不斷下降。美國國際知識產權聯盟指出，按照中國的報導，移交

---

[44] Gary Clyde Hufbauer , Yee Wong and Ketki Sheth, 「US-China Trade Disputes: Rising Tide, Rising Stakes,」 *Policy Analyses in International Economics*，IIE, p.40.

[45] Tobias Bender，「How to Cope with China's (Alleged) Failure to Implement the TRIPS Obligations on Enforcement,」 *The Journal of World Intellectual Property,* Volume 9 Issue 2，March 2006.

公安部門的 2001 年有 86 起，2002 年 59 起，2003 年 45 起，2004
年上半年只有 14 起。[46]

　　第五，中國在查處侵權案件方面，缺少「主動」的執法精神。
最近幾年湧現出的大案都是由外國權利人發起的。比如，美國輝瑞
公司發現有人生產假冒「威而剛」，中國公安機關在案件中逮捕了
12 個人，同時查獲將近 50 萬粒假藥。美方認為，儘管中國政府在
該案中提供了幫助，但是，正是由於輝瑞制藥公司的主動維權才使
案件得以調查，取得進展。2005 年 1 月，通用大宇狀告中國奇瑞公
司 QQ 車型仿照了大宇的 Spark 外形設計，但是，美方認為，由於
地方政府在奇瑞公司擁有股份，這個案件最後「不了了之」。

　　第六，民事訴訟執行難。在知識產權保護上，執行難是普遍的問
題。美國學者班德（Bender）根據中國最新材料分析指出，只有 40
～60%的判決得以執行，但是，跨地域執行的判決數量更少，只有
10%。[47]

　　第七，美國權利人的專利、版權等使用費的收入有所上升，但
是，主要是從美國公司在華分公司的收入。根據一項研究指出，中
國企業交給美國權利人的專利使用費增加了 300%，但是，這些收入
主要是從美國公司在中國分公司得到的，美國在華分公司之外的專
利費用在下降。

　　鑒於上述問題，美國在促進中國知識產權保護的問題上，採取了
所謂建立「共識」的勸導策略、威脅制裁的強硬策略相結合的策略。
從目前發展情況看，美國在加強執行雙邊協定的同時，正逐漸把執法
的重點移向 WTO 多邊規則和多邊機制。其具體的做法主要是：

---

[46]　Gary Clyde Hufbauer , Yee Wong and Ketki Sheth, 「US-China Trade Disputes:
Rising Tide, Rising Stakes,」p.41.
[47]　Tobias Bender, ibid.

一、擴大認知「共識」的勸導策略

　　美國政府與工商界在知識產權保護的過程中逐漸形成了一個共識：即在海外保護知識產權的最有效途徑，是改變所在國政府和民眾對知識產權保護的看法，使所在國認識到，保護知識產權符合他們自己的利益。

　　為此，美國方面在不同場合都提出，中國其實才是知識產權侵權的「最大受害者」，受到中國媒體的關注。美方這一觀點的背後有一套相互支撐的內在邏輯嚴密的理由，包括了下面的一些說法：

　　第一，侵權影響了中國的創新能力，影響中國復興創新大國歷史地位的努力。美國專利商標局（U.S. Patent and Trademark Office）駐中國專員柯恒（Mark Cohen）指出，侵權是妨礙發明創造潛力發揮的最大障礙，中國仿冒與盜版活動中最大的受害者是中國自己的發明家和企業家。如果國內發明者及投資者的辛勤勞動成果可能被知識產權侵權者竊取，那麼，他們開發新產品的熱情就會降低。他援引世界知識產權組織（World Intellectual Property Organization, 簡稱 WIPO）的統計指出，2004 年中國發明者根據世界知識產權組織專利合作條約（Patent Cooperation Treaty）提出的國際專利申請只有 1,782 件，但仍比 2003 年增加 37.8%，中國國際專利申請增長速度為世界之最。但是，大多數專家仍然認為，侵權行為阻礙了中國整體創造潛力的發揮。

　　第二，侵權行為泛濫影響中國經濟的增長，影響企業與消費者的信心，從而導致經濟增長的降低。為了說服中國公眾，美方提出侵權行為的「乘數效應」概念，即當消費者對大量被仿冒的產品或品牌失去信心時，就可能導致消費者遠離這些產品與品牌，從而導致零售及研發領域的減員。同時，商家也可能面臨訴訟費用、健康與安全費用的提高問題，以及由於消費者要求將次劣產品退貨而使企業承擔更高的產品可靠性擔保費等損失。美國的研究人員還指

出，「盜版和經濟損失呈現一種線性關係」，「盜版率最高的國家
（通過打擊盜版）受益的可能性也最大。」他們通過計算得出結論
認為，中國軟體盜版率若能降低 10%，那麼，就能使中國經濟在 4
年內增加 1,200 億美元。[48]

　　第三，侵權現象的存在影響中國對外資的吸引力，特別是影響
外國公司在中國設立研發機構。美國通過引用地區與國際組織的有
關研究成果加強其說法的可信度。美方援引經合組織（OECD）的
報告稱，外國企業在中國建立的研發設施在 2004 年約為 600 個，只
比 90 年代末略有增加。經合組織 2005 年的一份工作文件明確指出：
「建立強大的知識產權制度至關重要，不僅有利於吸引外國直接投
資和獲取外國技術，而且有助於培養中國的創新能力。」該組織預
測，出於對知識產權保護的擔心，跨國公司擔心尖端技術或商業祕
密的流失，可能最終減少對華直接投資；跨國公司還可能放慢對中
國研發投資的增長速度。[49]

　　第四，侵權導致大量政府稅收流失，影響政府的治理能力。盜
版分子逃避納稅，偽造納稅記錄。柯恒舉例指出，「由於很多地區
對香煙徵收很高的稅收稅率」，一包冒牌香煙給政府造成的損失「很
可能會超過它給商標權持有者所造成的損失」。[50]

二、威脅制裁

　　在「硬」的一手方面，美國使用美國國內貿易法威脅制裁，向
中國施加壓力。比如，2005 年度「特別 301」報告再次將中國等 14
個貿易夥伴列入「重點觀察名單」。同時，根據「306 條款」繼續
監督中國執行 1992 年和 1995 年與美國簽署的雙邊協定的情況。[51]

[48] Peggy B. Hu 與 Berta Gomez，〈專家指出中國盜版產品損害中國國內產業〉，
美國國務院國際資訊局《美國參考》，2005 年 5 月 18 日。
[49] 同上。
[50] 同上。
[51] 新聞出版署通報諮詢中心，〈美國貿易代表辦公室公布 2005 年度『特殊 301』

　　美方一個明顯的做法是，往往在中美商貿聯委會年度會議前發動威脅制裁的攻勢，以期中方做出回應，改善執法，同時促使中方做出更多「實質性」的承諾。[52]當然，為了緩解壓力，中方也往往在經貿聯委會前後做出某些讓步，達成一些令美國知識產權利益集團稍感滿意的協定。

　　美方在堅持雙邊渠道解決其關注問題的同時，正在考慮更多地使用 WTO 這一多邊途徑解決問題。這一轉變的標誌是 2006 年 2 月美國政府發表全面評估中國與美國的經貿關係的報告。美國貿易代表辦公室法律總顧問詹姆斯‧門登霍爾公開威脅指出，如果中國破壞「規則」，美國將毫不猶豫地採取行動，訴諸 WTO。[53]

　　此外，美方介入中國知識產權執法體系，通過分別與不同政府部門接觸，提供培訓，達成協定，試圖提高中方機構的執法積極性。比如，美國權利人組織國際知識產權聯盟與中國文化部簽訂了有關加強知識產權保護的協定。私人權利人組織與中國政府機構簽署協定是中國參與經濟全球化進程中的一個新現象，從中可以看出，全球化時代中國國內體制更加開放，中國願意在知識產權保護上做出更多的努力。

　　在與中國中央執法機構交涉的同時，美國還對中國地方政府與公眾發動遊說攻勢，藉以施加壓力。美方這一策略非自今日始，早在 1990 年代中期即開始這樣做，當時的重點是廣東省。在當前中美知識產權摩擦中，廣東仍是美方重點關注地區。2006 年 1 月 13 至 14 日，剛上任不久的美國商務部助理部長薄希金特別到廣州訪問，與廣東省政府官員討論加強保護知識產權方面的合作，廣東省政府承諾「營造公平競爭的環境」，確保創新的科技、思想得到保護，

報告〉，2005 年 5 月 11 日，www.shdf.gov.cn/newshtmp.html?id=11769&province=0.
[52] 劉映花，〈中美知識產權首輪談判結束，美方稱未設最後期限〉，《北京晨報》，2006 年 03 月 06 日。
[53] 同上。

消除盜版，鼓勵創新。同時會見當地有代表性的媒體、環保、製造業等中國企業負責人，通過互動，推動知識產權的保護。[54]

三、美國知識產權利益集團的作用

　　美國國際知識產權聯盟（IIPA）是與美國政府協調向中國施加壓力的最強大的產業遊說集團，代表美國 1900 多家與知識產權相關的公司會員。國際知識產權聯盟成立於 1984 年，目的在於代表美國以版權為基礎的產業採取雙邊、多邊行動保護美國的版權產品。它代表了美國與版權相關的七大行業協會（見表 4-9），其產品包括電腦軟體（應用軟體和娛樂軟體）；戲劇膠片、電視節目、家庭錄影、電子化的音像製品；音樂、錄音、音樂 CD 與聲音磁帶等；教科書、參考書和專業出版物和雜誌（包括電子和印刷媒體）等。

表 4-9　美國國際知識產權聯盟（IIPA）會員組織

美國出版商協會（Association of American Publishers, AAP）
娛樂軟體協會（Entertainment Software Association, ESA）
商用軟體聯盟（Business Software Alliance, BSA）
獨立電影電視聯盟（Independent Film and Television Alliance, I.F.T.A.）
美國電影協會（Motion Picture Association of America, MPAA）
美國錄音工業協會（Recording Industry Association of America, RIAA）
全國音樂出版商協會（National Music Publishers' Association , NMPA）

　　聯盟聲稱，以知識產權為基礎的工業是美國經濟中增長最快、最具有活力的部門之一。比如，根據該會資助的最新研究表明，美國知識產權產業是美國當前經濟最重要的增長驅動力，占到美國所有私人產業拉動經濟增長的將近 40%；占整個美國私營經濟對 GDP 貢獻的 20%；占美國整個可出口產品與服務增長的將近 60%；是美國最大規模的、支付工資最高的雇主之一，雇傭了 1,800 萬工人，

---

[54] 美國商務部助理部長，〈保護知識產權中國邁出第一步〉，金羊網，2006 年 1 月。

比整個美國工人的平均收入高 40%。知識產權產業對美國經濟的貢獻率仍在不斷提高：2003 年，美國核心版權工業占淨出口收入的 330 億美元；以專利為主的航太工業 2004 年已報淨出口收入為 320 億美元。這兩個產業對美國貿易平衡的正面貢獻最大。研究還認為，如果沒有知識產權產業，美國今後 10 年的經濟增長估計要低 30%。[55]

聯盟聲稱，由於技術發展和價格的降低，美國知識產權產業也非常容易遭受盜版的侵害。該聯盟認為，按照保守估計，全球存在的盜版行為每年使得美國產業損失 300 至 350 億美元，這一資料還不包括因特網盜版問題。

聯盟的維權與遊說行動主要包括幾個方面：

第一，與美國政府、外國政府、私營部門、會員協會代表「配合」，監督 80 多個國家的侵權盜版行為。聯盟自定的目標是：「在世界各地建立一個有關版權的法律體系和執法體系，它不僅能夠威懾盜版行為，而且還能促進這些國家的技術和文化的發展，鼓勵當地投資和就業。」促進其他國家按照美國和國際組織標準建立知識產權保護的法律體系，是其施壓的首要目標。該組織在 1990 年代針對中國的活動主要完全了促進立法的任務。

第二，與美國貿易代表辦公室緊密合作，進行「特別 301 條款」的審查，即審議任何外國是否存在否定對知識產權的充分、有效的保護，或是否存在妨礙美國權利人公平、平等的市場准入的「行動、政策或做法」。聯盟發表「特別 301」年度報告，向美國貿易代表辦公室提出自己的行動意見。比如，聯盟在 2005 年的報告中聲稱，中國盜版導致美國版權產業巨大損失，2004 年美國對華貿易損失高達 25 億美元。[56]

---

[55] Steve Siwek,〈Copyright Industries in the U.S. Economy: The 2004 Report〉October 2004.

[56] International Intellectual Property Alliance,「2005 Special 301: People's Republic of China,」p.186.

　　第三，動用貿易制裁手段向其他國家施壓。主要是影響修訂美國貿易法，取消或減少未能保護美國版權國家的優惠關稅或免關稅待遇。這方面，聯盟幫助修改的美國貿易法有普惠制、加勒比盆地經濟恢復法、安第斯貿易優惠法、美國加勒比盆地貿易夥伴法以及非洲增長機會法等，這些法律都增加了一個條款：即如果享受貿易優惠的這些國家不能保護版權或妨礙美國人的市場准入待遇，它們原本享受的免關稅待遇將被取消。

　　第四，利用地區與多邊的貿易談判途徑，推動 WTO 有關知識產權協定的執行。其中最主要的是，在各種自由貿易協定的談判中加入知識產權保護的條款。比如，聯盟成功地在美洲自由貿易區談判、亞太經合組織協定中加入了知識產權的條款。

　　第五，推動產生新的保護知識產權的多邊協定。考慮到技術的發展以及全球電子商務的成長，聯盟推動更多的國家儘快批准並執行世界知識產權組織版權條約（the WIPO Copyright Treaty）（1996年 12 月 20 日）和《世界知識產權組織演出和音像製品條約》（the WIPO Performances and Phonograms Treaty WIPO）（1996 年 12 月 20 日）。並作為非政府組織，參與世界知識產權組織（the World Intellectual Property Organization（WIPO）有關版權部門的討論。[57]

　　由於國際知識產權聯盟對於美國政府的巨大影響力，美國貿易代表辦公室在對華行動中往往採納該組織的建議。從某種程度上說，知識產權聯盟與美國政府的合作與配合是經濟全球化下國家與市場互動、維護美國產業和國家利益的最好寫照。

---

[57]　參見美國國際知識產權聯盟網站（www.iipa.com）有關活動介紹。

四、中國保護知識產權的行動與策略

面對美國越來越大的執法壓力，中國方面從推動創新經濟發展的角度，開展了大規模的行動，促進知識產權的保護，同時採取措施平衡美國的壓力。

中國方面強調，美方嚴重誇大了有關事實。比如，中國商務部長薄熙來在 2006 年 11 月第三次中美知識產權圓桌會議上指出，知識產權保護是世界性問題。即使按照美國電影協會的統計，2005 年全球範圍的電影盜版讓美國損失了 61 億美元，其中來自中國的盜版僅占 2.4 億美元。他指出，中方歡迎美方對中國的知識產權保護提出積極建議，但不應誇大問題。[58]

針對美國以中美貿易利益不平衡為藉口企圖在知識產權問題上施加壓力的企圖，中方不同場合列舉充足的資料，證明中美之間貿易利益是平衡的。薄熙來指出，在中美貿易中，美國進口商、零售商獲得的利潤遠高於中國的出口商和生產商，他把它形象地總結為「中國贏得了順差，美國卻贏得了利潤」。薄熙來強調，中國對美出口主要以貨物貿易為主，但美在服務貿易領域更具優勢。以電影為例，2005 年中國進口了 26 部美國影片，而只對美出口了 8 部影片，總值不過 100 萬美元。美國企業還以資本輸出的形式分享了更多的中國市場份額。2005 年在華美資企業在中國市場的銷售收入達 600 多億美元，同時還以中國為生產基地，向周邊國家出口了 460 多億美元的產品。他提出，計算雙方的利益關係，既要看貨物貿易，更要看以多種形式分享市場的份額。[59]

除了對美國誇大中國知識產權保護狀況、貿易不平衡等現象外，中方更多地從正面來說明中國多年來在知識產權保護領域取得

---

[58] 中國商務部新聞辦公室，〈薄熙來在中美知識產權圓桌會議上表示，中美經貿合作的利益關係是基本平衡的〉，2006 年 11 月 14 日，見商務部網站。
[59] 同上。

的巨大保護成就，以系統的事實、資料與行動反擊美國方面提出的
一系列誇大的「指控」。總結起來，中方這方面的努力包括：

　　首先，中國 2005 年 4 月 21 日發表了《中國知識產權保護的新
進展》的白皮書，系統說明中國保護知識產權的進展以及中國政府
在保護知識產權上的巨大努力。[60]白皮書指出，「事實表明，在過去
短短二十幾年時間裏，中國政府為保護知識產權付出了艱苦的努
力，中國的知識產權保護取得了有目共睹的重大進展，走過了發達
國家通常需要幾十年甚至逾百年的歷程。」[61]中國建立健全了符合
國際通行規則、門類比較齊全的法律法規體系；建立健全協調、高
效的工作體系和執法機制。在知識產權保護實踐中，中國形成了行
政保護和司法保護「兩條途徑、並行運作」的知識產權保護模式。
隨著知識產權保護法律制度的逐步完善，中國知識產權保護工作重
點正逐漸由立法轉向執法，通過日常監管與專項治理相結合，加大
知識產權保護的行政執法力度。[62]

　　第二，健全了知識產權領導機構，加強了全國保護知識產權工
作的協調和統一領導。2004 年，為加強各執法部門之間的協調，國
家成立了由吳儀副總理任組長、十二個部門組成的國家保護知識產
權工作組，工作組辦公室設在商務部。2006 年，國家保護知識產權
工作組成員單位擴大到十七個，增加司法部、文化部、國資委、中
宣部和國務院新聞辦等五個部門，進一步加強了全國保護知識產權
工作的協調和統一領導。同時，還建立了中國知識產權保護的中英
文版門戶網站——「中國保護知識產權網」（www.ipr.gov.cn），實現
了跨部門和跨區域的資訊共用和聯合監管。[63]

[60]　中華人民共和國國務院新聞辦公室白皮書：《中國知識產權保護的新進展》，
　　2005 年 4 月，北京。
[61]　同上。
[62]　同上。
[63]　中國商務部新聞辦公室，〈年終專稿：2006 年中國保護知識產權取得新進
　　展〉，2007 年 1 月 22 日，見商務部網站。

　　第三，中國國務院發布和實施了《保護知識產權行動綱要2006-2007》、《2006中國保護知識產權行動計劃》，對全國保護知識產權工作做出全面規劃和統一部署。特別是，在全國50個城市建立了綜合性的知識產權舉報投訴服務中心，為形成全國上下一體、部門協作、區域互動的保護知識產權工作機制奠定基礎。截至2006年11月底，50個中心共接收舉報、投訴1014件，轉交執法部門657件，已經辦結286件。美、英、日、韓、德等國家的政府官員、商協會以及外資企業先後走訪了廣東、北京等 7 個省市的中心。在2006年的第21屆中歐經貿混委會上，江蘇、廣東兩省舉報投訴中心與中國歐盟商會簽署了合作諒解備忘錄。[64]

　　第四，中國加強了與美國等國家、國際組織和外商投資企業在知識產權領域廣泛開展對話、交流與合作。應美國提議，從2003年起中美雙方每年舉行一次知識產權圓桌會議，就有關知識產權問題達成了廣泛共識。同時，2003年9月，中國有關部門建立了與外商投資企業定期溝通協調機制，每季度召開一次會議，聽取外商投資企業在知識產權保護方面的意見和建議。[65]

　　第五，加強了知識產權海關保護。1994年9月，中國開始對知識產權實施邊境保護。目前，中國海關已經建立起一套包括報關單證審核、進出口貨物查驗、對侵權貨物的扣留和調查、對違法進出口人進行處罰以及對侵權貨物進行處置等環節在內的完善的知識產權執法制度。2003年12月，中國政府頒布修訂後的《知識產權海關保護條例》，強化海關調查處理侵權貨物的權力，減輕知識產權權利人尋求海關保護的負擔，明確海關和司法機關以及其他行政機關之間的職責。2004年9月，中國政府公布《行政處罰實施條例》，對進出口侵犯知識產權的行政處罰予以明確規定。2000年以後，海關每年查獲的案件均以30%的幅度增長，有力打擊了進出口侵權貨

---

[64] 同上。
[65] 見國務院新聞辦公室白皮書：《中國知識產權保護的新進展》。

物的違法行為。中國海關在實施知識產權邊境保護過程中，中國海關與美國電影協會等權利人組織簽訂了知識產權保護合作備忘錄，開展了卓有成效的合作；與美國等國海關簽署了包含開展知識產權海關保護內容的行政執法互助協定等。

　　經過中方的多方努力，美方對中國知識產權保護的看法自 2006 年底開始發生較大的轉變。但是，鑒於中美貿易不平衡現象將長期存在，以及中國完善知識產權保護將是一個長期的過程，中美之間在知識產權領域的摩擦與衝突將會繼續存在下去，並有可能不時以非常激烈的形式表現出來，對此，我們應有充分的心理準備與有效的控制衝突蔓延的應對措施。

第五章 中美紡織品貿易的政治經濟學

　　根據比較優勢的原理，中國具有豐富而廉價的勞動力資源，美國擁有資本與土地的優勢，紡織業理應成為中美兩國經濟優勢互補、大力加強合作的領域。但是，自中美關係正常化以來，中美在紡織品問題上的分歧與摩擦始終沒有停止過。這是因為從總體上講，紡織品貿易符合兩國比較優勢，兩國獲得了共同的利益，但是這種貿易又衝擊了美國本土紡織業與成衣業的市場份額，給他們帶來了產業調整的壓力。因此，紡織品貿易對於中美兩國來說又變成一個政治問題：即在雙邊貿易的過程中存在著「誰受益」、「誰受損」、「誰調整」的問題。中美在紡織品貿易問題上的長期衝突再次說明，僅僅用經濟學難以解釋複雜的政治經濟現實，必須考慮貿易政治的觀點。

第一節 中美紡織品貿易的現狀

　　20 世紀 80 年代以來，中國紡織工業獲得了迅速的發展。1994年起，中國快速崛起為世界第一大紡織品及服裝出口國。但是，崛起之路並非一路順風，其間經歷過幾次較大的調整與波動。

　　自 1994 年起，中國內地超過香港成為世界最大的紡織品及服裝出口國。1997 年，中國紡織品服裝出口達到 455 億美元，為 1980年的 14 倍。1998 年中國占全球紡織品貿易總額的 13.6%。但是，從1997 年下半年開始，中國紡織品服裝出口總量開始下降，1998 年出口額比 1997 年下降 6%，下降趨勢一直持續至 1999 年上半年。中國紡織品出口下滑的一個重要原因是，北美自由貿易區（NAFTA）建

立後帶來了所謂「貿易轉移」效應，在紡織品成衣貿易方面，墨西哥得到了極大的利益，迅速擴張了在美國的市場佔有率，而中國出口依然受到貿易配額的很大限制。[1]

隨著國際紡織品貿易自由化的逐步落實，特別是 2001 年中國加入 WTO 之後，中國紡織品及成衣的出口再次加速。中國產品在世界最大紡織品成衣進口國美國的市場地位變化，反映出這股迅速的增長勢頭。

根據美方統計，2003 年和 2004 年，中國對美紡織服裝出口額分別為 142.05 億美元、178.01 億美元，在美紡織品進口總額中的比重分別為 17.5%和 19.84%。但是，由於 2005 年 1 月 1 日全球紡織品配額的取消，釋放了中國壓制多年的出口潛力，從而導致中國輸美紡織品服裝的大幅增長。據美國商務部紡織品服裝辦公室統計，2005 年，美國自中國進口紡織品服裝超過 257 億美元，同比增長 44.60%，占美國進口總量的 26.89%。與此同時，我們看到，美國自其他國家、地區進口紡織品服裝的數量除東盟和最不發達國家外，全部呈下滑之勢（見表 5-1、圖 5-1、圖 5-2）。[2]

這裏需要注意的是，2003-2005 年期間，美國自中國進口服裝金額的增速快於進口紡織品的增長。2004 年，美國自中國服裝進口金額的增速為 22.98%，略低於紡織品的 23.48%，而 2005 年美國自中國進口服裝額增速高達 54.79%，遠高於紡織品的 17.89%。不過，中國紡織品在美國的市場份額仍高於服裝，且呈逐步擴大的趨勢，2005 年已達 37.70%（見表 5-2、表 5-3 有關美國服裝與紡織品的進口情況）。[3]

---

[1]　〈中美雙邊紡織品貿易及協定概況〉，《國際經貿消息》，1999 年 9 月 8 日。
[2]　〈2003-2005 年美國自中國進口紡織品服裝分析〉，《紡織周刊》，2006 年 7 月 4 日。
[3]　同上。

表 5-1　2003-2005 年美國紡織品服裝進口金額統計

（按 2005 年進口金額排序）

國家／地區	進口金額（億美元）			同比（%）		份額（%）		
	2003 年	2004 年	2005 年	04／03	05／04	2003 年	2004 年	2005 年
全球	828.18	897.16	957.38	8.33	6.71	100.00	100.00	100.00
中國	142.05	178.01	257.40	25.32	44.60	17.15	19.84	26.89
東盟	116.22	121.42	128.38	4.47	5.73	14.03	13.53	13.41
加勒比地區	98.38	101.88	98.26	3.56	-3.55	11.88	11.36	10.26
墨西哥	86.95	84.95	79.28	-2.30	-6.67	10.50	9.47	8.28
原歐盟 15 國	49.47	52.48	50.77	6.08	-3.26	5.97	5.85	5.30
最不發達國家（不包括海地）	40.93	45.77	50.30	11.83	9.90	4.94	5.10	5.25
中國香港	38.67	40.18	36.39	3.90	-9.43	4.67	4.48	3.80
加拿大	34.17	34.48	32.41	0.91	-6.00	4.13	3.84	3.39
韓國	26.84	27.11	20.24	1.01	-25.34	3.24	3.02	2.11
臺灣	22.87	22.21	17.45	-2.89	-21.43	2.76	2.48	1.82
日本	6.58	7.89	5.55	19.91	-29.66	0.79	0.88	0.58

資料來源：美國商務部紡織品服裝辦公室，轉引自《紡織周刊》。

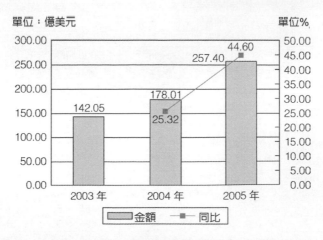

圖 5-1　2003-2005 年美國自中國紡織品服裝進口統計

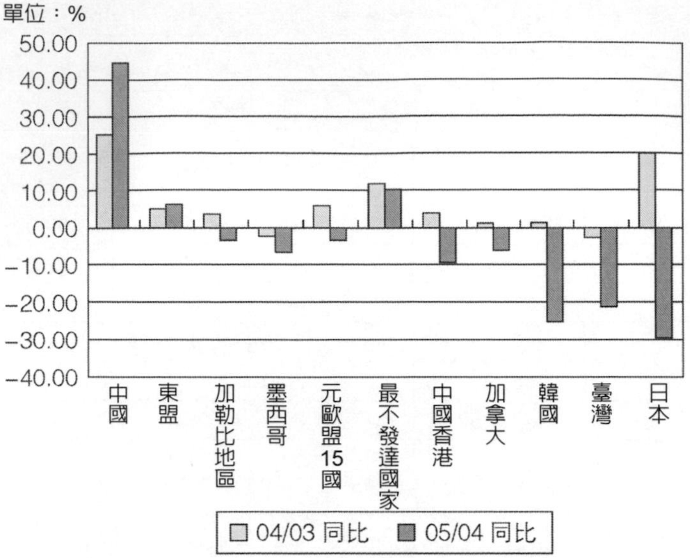

單位：%

圖 5-2　美國自各國／地區紡織品服裝進口額增長率對比

資料來源：《紡織周刊》。

表 5-2　2003-2005 年美國服裝進口金額統計

（按 2005 年進口金額排序）

國家／地區	進口金額（億美元）			同比（%）		份額（%）		
	2003 年	2004 年	2005 年	04／03	05／04	2003 年	2004 年	2005 年
全球	639.18	680.03	719.44	6.39	5.80	100.00	100.00	100.00
中國	91.92	113.04	174.98	22.98	54.79	14.38	16.62	24.32
東盟	108.08	112.23	120.40	3.84	7.28	16.91	16.50	16.74
加勒比地區	96.91	100.34	96.64	3.54	-3.69	15.16	14.76	13.43
墨西哥	71.44	68.93	62.72	-3.51	-9.01	11.18	10.14	8.72
最不發達國家（不包括海地）	39.40	44.12	48.63	11.98	10.22	6.16	6.49	6.76
中國香港	37.42	38.94	35.36	4.06	-9.19	5.85	5.73	4.91
原歐盟 15 國	22.85	23.23	22.01	1.66	-5.25	3.57	3.42	3.06
加拿大	15.89	15.27	13.01	-3.90	-14.80	2.49	2.25	1.81
韓國	18.35	18.45	11.91	0.54	-35.45	2.87	2.71	1.66
臺灣	16.18	15.55	11.40	-3.89	-26.69	2.53	2.29	1.58
日本	2.24	2.93	0.90	30.80	-69.28	0.35	0.43	0.13

資料來源：美國商務部紡織品服裝辦公室，轉引自《紡織周刊》。

表 5-3　2003-2005 年美國紡織品進口金額統計

（按 2005 年進口金額排序）

國家／地區	進口金額（億美元）			同比（%）		份額（%）		
	2003 年	2004 年	2005 年	04／03	05／04	2003 年	2004 年	2005 年
全球	189.00	217.13	237.94	14.88	9.58	100.00	100.00	100.00
中國	61.62	76.09	89.70	23.48	17.89	32.60	35.04	37.70
原歐盟 15 國	22.99	24.77	24.56	7.74	-0.85	12.16	11.41	10.32
加拿大	16.91	18.26	21.55	7.98	18.02	8.95	8.41	9.06
墨西哥	11.86	12.93	12.73	9.02	-1.55	6.28	5.95	5.35
韓國	9.27	10.98	11.25	18.45	2.46	4.90	5.06	4.73
東盟	6.20	6.37	6.15	2.74	-3.45	3.28	2.93	2.58
臺灣	5.22	5.68	5.77	8.81	1.58	2.76	2.62	2.42
日本	4.72	4.56	3.85	-3.39	-15.57	2.50	2.10	1.62
最不發達國家（不包括海地）	2.36	2.05	1.69	-13.14	-17.56	1.25	0.94	0.71
加勒比地區	0.78	0.91	0.82	16.67	-9.89	0.41	0.42	0.34
中國香港	0.52	0.75	0.40	44.23	-46.67	0.28	0.35	0.17

資料來源：美國商務部紡織品服裝辦公室，轉引自《紡織周刊》。

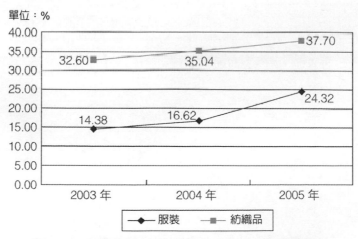

圖 5-3　中國在美紡織品服裝進口市場份額統計

資料來源：《紡織周刊》。

　　我們看到，中國紡織品與服裝在美國的市場份額均佔據第一位。在紡織品方面，依次是原歐盟 15 國（2005 年占 10.32%）、加拿大（9.06%）、墨西哥（5.35%）、韓國（4.73%）、東盟（2.58%）。在美國進口服裝市場方面，依次是東盟（16.74%）、加勒比地區（13.43%）、墨西哥（8.72%）、最不發達國家（不包括海地）（6.76%）、中國香港（4.91%）。[4]

　　中美紡織品及服裝貿易的另一特點是「雙向性」，充分反映了中美在不同紡織部門間的優勢互補性，這一點往往為外人忽視。中國在向美國大量出口紡織品與服裝的同時，還從美國進口大量的紡織品、服裝，特別是棉花、化纖等原料。據美國國會研究部的報告，2004 年與 2005 年，中國從美國進口的紡織纖維總量激增，分別達到 16.4 億美元和 16.6 億美元。在中國加入世界貿易組織後的 2001-2005 年五年中，在美國對華出口前 20 位的產品中，紡織纖維增幅最高，達到 969%。紡織纖維的大幅度增長，充分反映出中國進口美國棉花、化纖原料加工成服裝成衣，然後再出口至美國市場的分工格局（見表 5-4）。[5]

表 5-4　美國對華紡織品纖維出口，1997-2005 年

單位：百萬美元

種類＼年份	1997	1998	1999	2000	2001	2002	2003	2004	2005
紡織纖維	682	199	98	154	160	278	909	1,638	1,657

資料來源：Thomas Lum and Dick K. Nanto, "China's Trade with theUnited States and the World" (Updated August 18, 2006), CRS Report for Congress.

---

[4] Thomas Lum and Dick K. Nanto, 〈China's Trade with theUnited States and the World〉（Updated August 18, 2006）, CRS Report for Congress.
[5] 同上。

表 5-5　中國對美出口成衣、紡線，1997-2005 年

單位：百萬美元

種類　　年份	1997	1998	1999	2000	2001	2002	2003	2004	2005
成衣及輔件輔件	7,406	7,133	7,351	8,473	8,866	9,538	11,381	13,607	19,931
紡織紗線、織物	1,369	1,432	1,583	1,816	1,854	2,501	3,365	4,253	5,605

資料來源：Thomas Lum and Dick K. Nanto, "China's Trade with theUnited States and the World" (Updated August 18, 2006), CRSReport for Congress.

表 5-6　與紡織品、成衣相關的美中貿易平衡，2003-2005 年

單位：百萬美元

種類　　年份	2003	2004	2005
機織服裝	-5,484	-6,606	-10,220
編織服裝	-3,192	-4,092	-6,553
紡織品雜項	-2,353	-3,052	-3,953
棉花與棉纖維	587	1,260	1,215

資料來源：Thomas Lum and Dick K. Nanto, "China's Trade with theUnited States and the World" (Updated August 18, 2006), CRSReport for Congress.

　　中美紡織貿易之所以出現今天的分工合作局面，主要是由世界紡織品服裝貿易自由化、中國加入 WTO 以及中國在全球生產體系中地位的提升帶來的。中美紡織品貿易正朝向真正基於「比較優勢」的進一步市場化方向發展。中美經濟中的各個環節都從這個分工過程中獲得了極大的好處。

第二節　紡織服裝業與中美兩國經濟

　　中美之間發生大規模的紡織貿易摩擦，要弄清其中的原因，我們還必須搞清楚其中紡織業對於兩國經濟的影響。

改革開放以來，紡織品出口一直是中國創匯的主要來源，是國民經濟的重要組成部分。截至 1990 年代末，紡織品服裝的出口額占總出口額的 1／4；紡織品服裝出口值占中國紡織工業產值的比重已超過 40%，直接影響紡織工業的發展。目前，整個紡織行業年產值超過千億美元。由於紡織工業提供的直接就業機會眾多，加之與農業等相關產業的密切關聯，在某種程度上成為中國的「戰略」產業。

紡織服裝業是典型的勞動密集型行業，是就業人數最多的單個行業。中國紡織業涉及到 5 萬家企業，近 2,000 萬人的直接就業，且其中多為低收入職工，因此，紡織業對於中國來說無疑又是一個「高度敏感的行業」，關係到國內就業形勢與社會的安定。目前，中國平均每億元固定資產吸收的就業人口是 932 人。而紡織、服裝行業分別是 1,876 人和 4,645 人，分別為全國平均數的 2.1 和 4.79 倍。截止 2005 年中國紡織業直接就業人口接近 2,000 萬，其中 70%來自農村，占全部製造業就業人口的 23%。與農業密切相關也是紡織業成為中國最重要行業的一個關鍵因素。中國紡織業全行業使用國產天然纖維約 730 萬噸，如棉、麻、毛等，其種植、加工、處理，涉及到 1 億農民的生計。據世界農糧組織調查，一個農民從事紡織，其放棄耕種土地的機會成本，在美國是 57.4 公頃、法國是 19.6 公頃、而中國只有 0.2 公頃。中國有近 1,300 萬農民在紡織業工作，紡織業對中國農民的生計具有比別的國家更加重要的、無可替代的意義。[6]

另外，中國紡織業對外依存度高，國際市場的波動將對中國紡織服裝業產生很大影響。據估算，中國紡織服裝業的國際依存度約在 40%以上，如果剔除部分來料加工貿易的成分，實際對外依存度也在 30%以上。如果單算服裝加工業，其國際依存度則高達 50%以上。據有關部門測算，如果中國服裝出口每下降 1 個百分點，全國

---

[6]　參見商務部部長薄熙來在第三屆「全球紡織經濟論壇」上的演講，北京，2006 年 3 月 27 日，見商務部網站。

服裝生產就要下降 0.5 個百分點，全國就會有 3.6 萬人失業，出口市場的波動將產生明顯的負面影響。[7]

　　作為開放最早的行業之一，中國紡織業吸引了大量外資進入。中國加入 WTO 後，中國紡織業的外國直接投資大幅增加，2003 年投資金額為 1999 年的 4 倍，高達 445 億 5000 萬美元。[8]目前，外資企業的紡織品成衣出口占中國總出口的 1／3 以上，2005 年取消配額產品的出口增量中有 70%是由外資企業完成的。中國企業處於紡織產品價值鏈條的低端，在整個生產、銷售過程中只賺取不到 10% 的加工費，外國投資者、中間服務商賺取了與品牌、營銷、仲介服務等環節相關的市場收益。[9]

　　中國紡織業的快速發展為世界各國消費者與紡織業者帶來了廣泛的利益。中國紡織業為全世界的消費者提供了大量價廉物美的產品，使其切實享受到國際分工和自由貿易所帶來的福利。與此同時，中國紡織業還促進了各國相關產業的共同發展。比如，在 2000 至 2005 年的 5 年中，中國累計進口的紡織設備高達 188 億美元。2005 年，中國進口了 235 億美元的紡機設備、棉花、羊毛、染化料、化纖及單體。其中，進口紡織原料及製品 1,287 萬噸；進口棉花 257 萬噸，占世界貿易量的 34%，僅從美國就進口了 120 萬噸。商務部預計，到 2010 年，中國還將進口近 400 萬噸棉花。中國紡機市場容量也在持續增長，目前市場需求大約在 80 億美元左右，占全球市場的 30%。[10]可以說，中國紡織業的高速發展實際上是一個「共用」的發展過程。

---

[7]　參見苗迎春，〈中美紡織品貿易之爭背後的政治因素〉，《瞭望》周刊，2003 年 9 月 8 日。

[8]　〈因應市場競爭，美紡織業亦擬赴中國發展〉，商務部網站，2005 年 4 月 13 日。

[9]　商務部部長薄熙來在第三屆「全球紡織經濟論壇」上的演講，北京，2006 年 3 月 27 日，見商務部網站。

[10]　同上。

　　美國紡織業在美國經濟中的地位，並不如貿易糾紛表面上顯得那樣重要。作為美國經濟中不斷萎縮的行業，紡織業年產值為 320億美元。美國紡織服裝企業集中分布在東南部幾個州，包括南卡羅萊納州、北卡羅萊納州、亞拉巴馬州、佐治亞州、佛吉尼亞州與田納西州等。以南卡羅萊納州為例，製造業是這個南部小州的「生命線」：製造業占該州 2004 年產品出口的 97%，該州高達四分之一的勞動力直接受雇於製造業。根據美國勞工組織的統計數位，該州在 2000 年後的五年中總共失去了 7 萬多個製造業工作崗位，一半以上是紡織業工作。[11]

　　但是，作為吸收製造業工人最多的行業之一，紡織服裝業仍然具有重要的經濟與社會意義。根據美國勞工部勞工統計局（Department of Labor's Bureau of Labor Statistics）2005 年 9 月發布的《月度勞工報告》（Monthly Labor Review），截止 2005 年 5 月，美國紡織業從業人員達 662,700 人，其中紡織廠占 225,100 人，紡織加工廠占 178,400 人，服裝廠占 259,200。[12]按照美國紡織組織全國委員會（National Council of Textile Organizations，簡稱 NCTO）的說法，美國的紡織產業仍然是美國提供就業最多的製造產業之一，整個紡織業包括成衣、機械、化學、棉及人造纖維等部門雇用了將近 100 萬名工人。[13]

　　美國紡織品服裝加工業近些年發生了較大的變化，具有以下幾個方面的特點：[14]

---

[11]　「買下美國紡織企業，化解紡織品爭端的民間路線」，載中國紡織資訊網，2005 年 11 月 24 日。

[12]　「美國與中國達成紡織品雙邊協定」，美國國務院國際資訊局《美國參考》，2005 年 11 月 9 日。

[13]　美國紡織組織全國委員會（NCTOs）的證詞。

[14]　「溫故而知新：中美紡織因何『結緣』？」《紡織周刊》網站，見 www.booktex.com/tex/060630/20060630_809.html。

　　第一，美國紡織品服裝國內生產比重逐年下降，各類服裝本地生產比重下降幅度尤其明顯。根據美國商務部紡織品服裝辦公室2005 年 11 月發布的第二季度資料報告，四類棉質產品在 2004 年美國本地生產的比重大幅度下降，僅為 21.5%和 19.5%，這些種類服裝的進口量大幅增長，均為本地產量的 5 倍以上。以棉質女式襯衫和罩衫為例，美國本地生產所占比重現在僅為 14.9%和 16.4%，而2000 年該比重在 30%左右。

　　第二，美國人造纖維類製品本地生產仍佔優勢。在 90 類相關產品的統計中，美國本地生產比重在 50%以上的產品有 29 類。其中，比重在 80%以上的產品主要是人造纖維類紡織品。相反，美國本地生產的棉製品卻很少，比重在 50%以上的僅占 4 類，並呈日益下降趨勢，如棉質平紋布（313 類）的本地生產比重已從 2000 年的 74.5%降至 2004 年的 51.9%。

　　第三，美國紡織服裝業仍是以中小企業為主的勞動密集型產業，勞動力成本遠遠高於中國、印度等發展中國家，產品缺乏競爭力。除去在毛巾和床單等基本性產品，特別是化纖類紡織品方面美國有明顯的優勢（主要是勞動力成分含量低、生產製作高度自動化），在其他多數紡織服裝產品加工方面不具有競爭優勢。1970 年以來，美國服裝加工業逐步轉向以中小型服裝企業製作為主，如做零活的包工者和承包商戶，缺乏規模經濟，市場競爭力大為削弱。據統計，美國 90%的服裝加工仍為勞動密集型、非技術或半技術型工種。美國雇傭 1~19 人的小型企業所占比重從 1970 年的 47.2%上升至2001 年的 73.1%；雇員在 99 人以下的服裝製造企業的比重合計為96.1%。服裝企業的總體規模也從 1970 年的平均 57 人降至 2001 年的27 人。此外，美國服裝業中女裝銷售約占總量的 60%，女裝專業化製作也使該產業不得不採用勞動密集型生產方式。[15]

---

[15]　同上。

　　第四，美國服裝生產大量「外包」，紡織服裝生產經營「國際化」。美國現行服裝體系是以大型零售商為龍頭，聯接製造商和承包商、分包商的服裝採購和加工體系。除少數大型服裝製造商在其服裝廠內生產服裝外，服裝製造商的服裝加工主要通過其國內外承包商和分包商企業製作完成，國際化程度非常高。為了確保交貨速度和產品質量，保持產品的競爭性，美國大型服裝製造商往往將核心承包商放在成本較高的國家或地區（如美國國內、韓國、中國香港及歐洲等地），生產價高量少的優質高端服裝，而把大批量服裝生產放在成本較低的國家（如中國內地等）。尤為凸出的是，利茲、耐克和銳步等大型銷售商主要進行名牌營銷，本身無服裝加工廠，其服裝生產主要依靠外包，它們的進口額比例達 22%。1990 年代以來，美國大型零售商和服裝製造商極大提高了對海外採購和業務外包的依賴程度。1975 年美國零售商銷售的服裝中進口商品僅占 12%。到了 1993 年，零售商的進口額已占當年前 100 家服裝進口商進口總額的 48%。美國服裝業也從 1970 年前由國內大型製造商佔據主導地位的本地製作體制轉變為全球性的外包生產及採購體制。[16]

　　因此，美國紡織業面臨的調整壓力與進口衝擊將會越來越大，也因此，它們不可避免地捲入紡織貿易政治的鬥爭中。作為進口競爭敏感的行業，它們必然與中國等在紡織服裝生產上具備比較優勢的發展中國家發生衝突。

第三節　中美紡織貿易摩擦：六個階段

　　中美紡織貿易摩擦由來已久，起始於中國改革開放的初期，1983年中美間曾為紡織貿易爭端而走到「貿易戰」的邊緣。因此，瞭解

---

[16] 同上。

整個歷史過程，將有助於我們考察當前中美在紡織貿易問題上複雜而緊張的關係。中美紡織貿易摩擦大致可以分為六個階段：[17]

一、初次交鋒（第一項協定期）：1980 年至 1982 年

中美於 1979 年建立正式外交關係，兩國政府簽署雙邊貿易協定，中國產品在美國獲得最惠國待遇地位，但是，按照美國貿易法的規定，仍然需要對這一地位進行年度審議。

改革開放之初，中國把經濟改革與投資的重點放在了發展勞動密集型的紡織產業上。1979 至 1982 年，中國紡織品對美出口高速增長，從 5.5 億美元上升到 22.2 億美元，導致美國紡織行業的強烈反彈。為了對中美紡織品貿易進行「有序」管理，1980 年 9 月，應美國政府的要求，中美簽署了第一個雙邊紡織品貿易協定（1980-1982 年）。協定規定：美國單方面對中國 8 個類別的紡織品實施進口配額限制，配額年增長率為 5%～6%，在借用靈活度方面可提前或延後使用 11%的配額。但僅過了一年到 1981 年底，配額品類就擴大到了 14 個，1982 年又上升到 33 個品類。中美之間摩擦加大。

二、摩擦升級（第二項協定期）：1983 年至 1987 年

中美在紡織品配額增長率問題上產生分歧，並導致嚴重衝突。1982 年 12 月，雙方開始新一輪談判後，美國單方面宣布增加 4 種中國輸美紡織品的限制。1983 年初，中美第 3 輪談判失敗後不久，美國宣布對中國輸美紡織品的 36 個品種實行全面配額限制。中國採取報復行動，停止進口美國小麥、玉米、大豆等農產品、杜邦化纖原料等產品。最後，美國國會農業議員團出面調解糾紛，促使中美政府達成協定。1983 年 9 月，中美簽訂第二個紡織品貿易協定，規

---

[17] 部分內容來自沈覺人主編，《當代中國的對外貿易》，當代中國出版社，1992 年版。

定中國輸美紡織品配額類別為 31 類，共 34 個品種，1983 至 1987
年配額增長率為 5%。

　　為避免在雙邊談判中處於孤立和被動地位，中國決定申請加入
國際《多纖維協定》（the Multi-Fibre Arrangement，簡稱 MFA）[18]，
從 1981 年起以「觀察員」身份參加 MFA 談判，並與 1984 年 1 月正
式加入了 MFA。可以說，正是中美紡織貿易摩擦讓中國政府認識到
參加多邊規則的重要性，這也是中國重新認識關貿總協定（GATT）
的開始。

　　這一時期，中美之間的摩擦還表現在有關是否給予中國產品以
「普惠制」待遇等問題上。所謂「普惠制」是發達國家給予發展中
國家的減免進口稅的優惠，其原則是「普遍的」、「非歧視的」和「非
互惠的」。中國出口產品從 1979 年起開始享受歐盟等 20 多個國家提
供的「普惠制」待遇。但是，中國對美出口始終未能享受「普惠制」
待遇。1980 年代中期，美國雖然承認中國是一個「發展中國家」，
但是拒絕給予中國普惠制待遇。到了 1994 年 7 月，美國在日內瓦關
貿總協定舉行的審議中國「復關」問題的第 18 輪談判中宣布，中國
已是一個經濟發達國家，不能再以發展中國家的身份加入關貿總協
定，從而把中國排除在普惠制受惠國名單之外。[19]

---

[18] 一般認為，美國對於紡織品貿易的控制始於《1956 年美國農業法》，當時
開始用配額的方法來限制紡織品與服裝的進口。1960 年代，美歐工業化國
家與一些國家強制訂立短期和長期的協定，減少外國廉價產品對於國內市場
的衝擊。這種保護體制最終納入到多邊貿易體制中，即 1974 年，在關貿總
協定的主導下，相關國家締結了《多纖維協定》（MFA），其後經過幾次修
改和延長。烏拉圭回合談判締結了《紡織品與服裝協定》（ATC），規定分
階段逐步實現 MFA 紡織品與服裝配額的自由化。2005 年，歐盟與美國利用
中國「入世」達成的特殊保障條款，對中國紡織品與服裝的進口重新施行配
額管理。參見 Gary Clyde Hufbauer, Yee Wong and Ketki Sheth, *US-China Trade
Disputes: Rising Tide, Rising Stakes*, Washington, D.C.: Institute for International
Economics, 2006, Chapter 3, p.31.

[19] 關於中美 1980 年代在普惠制等問題上的摩擦，請參見汪熙、霍爾頓主編，《中
美經濟關係：現狀與前景》，復旦大學出版社，1989 年版。

三、圍繞「非法」轉運的鬥爭（第三項協定期）：1988 年 至 1993 年

　　所謂「非法」轉運問題的出現，正是中國對美出口受到配額約束而出現的、企業繞開「原產地」規定的行為。美方懷疑，中國在對美紡織品出口中存在大量「非法」轉運現象，規避了美國的配額限制，給美國紡織業造成了「嚴重損失」。為此，中美簽署了第三個協定，其中重要內容就是所謂「反舞弊條款」，它規定，只要美國海關認定「非法」轉口進入美國的紡織品是產自中國，或者美國認為有非法「轉口」的重大可能，只要美國向中國提出供美方認為可以獲得的資料以及中方未能在美方要求的時間內提供美方索要的材料，美方有權三倍地「扣減」中國的配額。

　　這一時期也是中美政治關係走向低谷的轉折期。在整個 1990 年代，美國紡織業利用中國最惠國待遇問題，遊說國會取消或限制中國產品在美國獲得的正常貿易地位。他們以此相要挾，以換取美國政府在嚴格控制中國進口紡織品的讓步。

四、進口限制大大加強（第四項協定期）：1994 年至 1997 年

　　1995 至 1996 年的配額年增長率平均只有 1.63%；配額類別擴大到幾乎所有紡織品和服裝，甚至包括過去未曾設限的絲綢服裝；配額留用、借用、挪用的靈活度也有所下降。

　　其間，對中國輸美紡織品影響較大的一個因素是美國「原產地」規則的修改。1994 年 12 月 3 日，美國國會通過 GATT 烏拉圭回合協定執行法案。該法案第 334 節對美國進口紡織品和成衣「原產地」的有關規定進行了修改，並於 1996 年 7 月 1 日起實行。新條例規定「原產地」為所謂「縫合地」，而舊有原產地規定，面料「裁剪地」即為「原產地」。該修改案的目的在於打擊海外紡織業者利用所謂「海

外加工方式」，逃避美國對中國等國出口紡織品的配額限制。中國香
港、臺灣、韓國等地在華投資廠商受到的打擊最甚。這是導致中國
輸美紡織品急劇下滑的重要原因。中國輸美紡織品與成衣普遍低於
美國進口平均增幅。此外，墨西哥加入北美自由貿易區（NAFTA），
導致墨西哥對美出口紡織品劇增，也是中國輸美紡織品下降的一個
重要原因。

五、兩個過渡期：1997 至 2005 年

　　圍繞中國「入世」談判以及落實 WTO《紡織品與服裝協定》
（ATC）關於紡織品貿易自由化的安排，美國紡織業界不斷遊說向
政府施壓，要求政府保證其利益。儘管未能阻止 WTO 達成紡織品
貿易自由化的協定，也未能阻止中國加入 WTO，但是，美國紡織利
益集團與行政部門、國會達成了諸多妥協方案，充分反映了美國以
選舉為核心的政治體制對貿易政策的影響。這些妥協包括：

　　在中國「入世」的問題上，滿足了美國紡織業等產業的要求，
即在中國「入世」工作組議定書中納入了專門針對中國的「歧視性」
條款，比如，「市場經濟」地位的條款，特殊保障條款以及反傾銷條
款等，為應對可能激增的中國紡織品進口作了法律上的準備。中國
加入 WTO 協議書相關條款專門規定：到 2008 年底之前，中國對美
紡織品出口年增不得超過 7.5%，如果中國紡織品突增，可以採取「特
別保障」措施臨時設限。同時，又規定，在 2016 年之前，美國可以
不把中國視為「市場經濟」國家對待，因而在涉及中國出口的「反
傾銷」裁定中，美國有權採取所謂「替代國價格」的辦法核定中國
產品的正常成本，從而阻止中國出口對美國競爭者的衝擊。

　　另外，在紡織業界的壓力之下，美國政府在實施紡織品服裝貿
易「分階段」自由化的問題上基本採取了「拖延」戰術，即把問題
留給後面的政府，以避免當前政府的政治損失。比如，布希政府向

國會紡織議員團交待的一個策略就是，反對其他國家要求加快實施自由化方案的努力。

六、回歸「配額」管理：2005 年迄今

中美之間經過多回合激烈的較量，於 2005 年 11 月在倫敦達成了新的紡織品服裝貿易協定。在此之前，為了對激增的紡織品出口加以有序管理，中國政府從 2005 年 1 月 1 日開始，曾對 128 種紡織品徵收出口關稅。後來隨著形勢的變化，中國於 2005 年年中對出口關稅加以調整，減少了範圍，同時上浮了一些產品的出口關稅稅率。但是，美國並沒有放棄對中國反傾銷等限制進口的步伐。經過多輪交鋒，中美最終達成可以視為「雙贏」的協定，中國輸美產品增幅提高。協定有效期到 2008 年底。

第四節　美國紡織利益集團與國會紡織議員團的行動

與紡織業有關的美國利益集團涉及到紡織品、成衣、棉花、化纖以及紡織機械製造等行業，它們的利益訴求具有明顯的貿易保護主義性質，要求政府對紡織品與成衣進口設限。面對紡織品貿易即將進入「後配額」時代，2004 年 10 月 8 日起，美國全國紡織組織協會（NCTO）、美國製造業貿易行動聯盟（AMTAC）、美國全國紡織協會（NTA）、美國全國縫製產品工業協會（SEAMS）、美國全國棉花協會（NCC）、美國纖維製造商協會（AFMA）以及一家名為「團結起來！」（UNITE HERE！）的美國勞工組織組成遊說聯盟，聯合向政府施加壓力。他們是向美國政府遊說的主要政治力量。

要求對進口設限的利益集團採取的鬥爭策略有：

（一）利用手中的選票，尋找在國會的代言人。在他們的遊說之下，紡織企業集中各州的國會議員特別是聯邦眾議員，組成所謂「國會紡織議員團」（congressional textile caucus），這是遊說聯盟在

立法機構中依賴的核心力量。他們通過與相關國會議員緊密配合，提出立法案，或在立法中採取集體行動，獲得有效的談判籌碼。

　　比如，2004 年 6 月，與紡織業相關的遊說團體發動國會兩黨 100 多位議員致函布希總統，要求世貿組織推遲取消全球紡織品和服裝配額的時間。該信件提出，取消配額將導致紡織服裝行業發生劇烈改組，將把包括美國在內的一些國家和地區的紡織和服裝業推向災難的深淵，而那些享受歐、美發放特殊配額好處的一些貧窮國家的紡織業也將因此受到喪失優惠市場准入條件的威脅。他們分析指出，一旦取消配額，中國和印度就將佔領全球市場更多份額，影響全球 3,000 萬人的就業，並使一些最貧窮國家陷於困境。國會議員在信函中指出，中國是最大的威脅，並指責中國存在「大量補貼出口的不公平貿易行為」。[20]儘管布希總統拒絕了他們的要求，但是，他們的行動產生了廣泛的影響，同時也迫使行政部門採取更具有妥協性的對策。

　　在紡織集團的動員之下，2004 年 9 月 8 日，民主黨眾議員提出了名為《針對中國紡織品及服裝市場保護法》的立法案（HR.5026）。該議案要求總統修改針對中國進口紡織品的市場保護措施的實施法規，為美國本土紡織及服裝業提供「實質性」的保護。該議案的主要內容是：（1）為避免中國大量進口衝擊美國紡織業，美國商務部應當修改中國「入世」議定書中對紡織品及服裝市場保護措施所做的「狹窄」解釋。比如，法案要求商務部修改一項政策，該政策表明，如果中國產品只是「可能對市場造成干擾」，美國政府將不會實行市場保護措施。也就是說，假若中國服裝等製成品對美國紡織業等物料生產行業造成了損害，政府將不會提供援助。提出立法案的議員聲稱，美國貿易法或 WTO 法規均沒有提出這種限制。（2）要求美國政府採取一項更全面的政策，以指示總統立即與中國進行

---

[20]　〈美國政府拒絕國會希望世貿組織延長紡織品配額的要求〉，《紡織導報》，2004 年 6 月 15 日。

正式磋商，制定一項更全面的協定，或更積極執行美國在市場保護措施方面的權力：一旦中國不同意解決此問題，立即對其實施「配額」限制。[21]

　　與此同時，提出議案的民主黨眾議員聯署了一封致布希總統的公開信，批評政府對有關問題一直坐視不理。公開信指出，自布希上臺以來，美國製造業已經失去了 270 萬個工作崗位。除非政府採取行動幫助美國最大的製造行業之一的紡織業，否則流失的職位將會繼續增加。信件還表示，中國可能雄霸全球紡織品及服裝市場，該問題已經引起美國廠商、勞工與社會的極大關注，還將影響較貧窮的發展中國家，包括加勒比海盆地國家。信件根據有關研究預計，中國將占全球紡織品及服裝產量的 50%，較當時的 17% 大幅增加。

　　對於眾議院提出的法案，負責國際貿易的美國商務部副部長阿德納斯做出了迅速的回應，表示布希總統認為沒有必要修改針對中國進口紡織品的市場保護規定。[22]但是，在不久之後，隨著利益集團遊說力度的增大，特別是 2004 年底總統大選的到來，布希政府最終還是屈從於了他們的壓力。

　　（二）利益集團及國會紡織議員團採取反對一切貿易自由化政策的立場，爭取從政府或支持自由化立法議案的議員處獲得「政治交換」的好處。

　　在現行美國憲政體制下，所有對外貿易的重大行動必須經過國會兩院立法批准方能生效。鑒於國會的影響力，總統領導的行政部門必須與國會特殊議員團體及其背後的利益集團打交道，政治妥協與交易是美國政治體制的重要特徵。正因為如此，紡織遊說集團及其在國會的代言人國會紡織議員團採取了反對政府推動的一切自由貿易協定安排的姿態。他們之所以採取如此強硬的「不合作」態度，

[21]　〈美國業界再次要求限制中國紡織品服裝進口〉，中國紡織報網，2004 年 10 月 18 日。
[22]　同上。

一是與其基本利益有關，把任何貿易自由化安排均視為對美國紡織業者的威脅；二是期望採取「不合作」的立場，促使美國行政部門與他們達成某種「交易」，滿足其他利益訴求。

　　2005 年夏，在美國國會就《中美洲自由貿易協定》進行表決的過程中，紡織議員團議員利用手中的一票「換取」美國政府在對華紡織品談判中採取強硬的立場，生動反映出深藏於美國政體的「交易」特點。

　　據報導，2005 年 7 月 28 日，美國國會眾議院就《中美洲自由貿易協定》進行表決，贊成與反對兩派相持不下。就在最後關頭，出生於美國紡織業世家的眾議員羅賓・海斯（Robin Hayes）改變立場，投下關鍵的贊成票，使得協定通過。他充分利用自己的「關鍵一票」，為美國紡織業爭取了更多的利益。據美國媒體《夏洛特觀察家報》（Charlotte Observer）報導，直到投票當天午夜，《中美洲貿易協定》的表決依然處於僵持階段。在此關鍵時刻，眾議院發言人丹尼斯・哈斯特與海斯眾議員進行了短暫的交談。哈斯特對海耶斯說：「告訴我你想要什麼，我們會辦到。」「我們需要你的幫助。我知道你關心（中美紡織貿易摩擦）對於你所在選區就業問題的影響。我們會幫你。」隨後，海耶斯由「反對」改為「支持」，使得《中美洲自由貿易協定》以 217 票贊成、215 票反對驚險獲得通過。海耶斯告訴《夏洛特觀察家報》，在中美洲自由貿易協定投票以後，他與美國貿易談判代表羅伯特・波特曼（Rob Portman）談了一個小時，希望和布希政府以及紡織業領袖進行磋商，對中國採用更強硬的手段。海耶斯的「臨陣倒戈」被許多政界人物斥為「背信棄義」，但是贏得了紡織業界的好評。在他的推動下，布希政府向紡織業界和國會徵詢有關對華紡織貿易協定的意見，並最終形成了初始協定文本。[23]

---

[23] 樓夷，〈中美紡織品談判第三次無功而返〉，《財經》雜誌（總 140 期），2005 年 8 月 22 日。

　　國會紡織議員團還利用「集體」投票的力量，獲得了對行政部門的影響力。美國國會紡織議員團要求商務部定期向其報告有關保護美國紡織業努力的情況，並獲得成功。

　　面對 WTO《紡織品與服裝協定》（ATC）即將生效的形勢，美國國會紡織議員團要求政府從 2002 年開始提交有關保護美國紡織業利益的報告。2002、2003 年商務部提交了兩份報告。以商務部國際貿易管理局紡織品辦公室提交的 2002 年首份報告為例，報告詳細列舉了美國政府保護美國國內紡織業利益的種種努力。根據報告，這些努力包括了締結貿易協定，打開國外市場，「保證未來所有貿易協定把互惠市場開放放在首位」。比如，報告指出，美國在 WTO 中成功抵制了紡織品供應國家要求加快「我們紡織品配額一體化的步伐」的要求。報告指出，美國政府要求包括印度、埃及、中國等在內的 25 個國家嚴格遵行有關條約義務。海關制止了涉及 162 個工廠、金額達 3 億美元的非法轉運，並在與中國香港海關的合作下關閉了這些工廠（2001 年 5 月至 2002 年 5 月）。又比如，2001 年 10 月 1 日至 2002 年 5 月 31 日，美國海關查扣了侵犯知識產權的 1,420 萬美元的紡織品與成衣。

　　除此之外，美國商務部在 2002 年報告中還指出，在擴大美國紡織品出口方面，美國政府協助廠商參加了在德國、日本東京等地舉辦的國際時裝節，預計 2003 年將繼續舉辦 11 次貿易推介活動。在貿易補償法方面，美國政府保證將繼續「強烈反對」削弱反傾銷法和平衡法的立場。美國已經公開宣布，多哈回合談判達成的反傾銷條款不會限制美國自身的反傾銷行動。在貿易調整援助（Trade Adjustment Assistance）方面，保證給那些受到進口產品衝擊的工人以有效的職業生涯培訓、再就業服務等，並已經與國會密切合作，改進貿易法規中有關貿易調整援助的規定。推動其他國家「分散」市場，比如鼓勵美國的貿易夥伴「分散」經濟到「非紡織品」部門；

建議土耳其在建立給予優惠關稅措施的「合格工業區」（Qualified Industrial Zone）時不將紡織業納入其中。[24]

（三）除了要求國會紡織議員團採取立法行動外，紡織業相關的遊說組織利用美國相關法規，開展了較大規模的司法行動，推動政府限制進口紡織品服裝的增長。

2004 年 9 月 1 日，美國製造業行動聯盟、美國全國紡織業組織協會及美國全國紡織業協會宣布，遊說聯盟將根據「市場可能受到干擾」的條文提出申訴，以此阻止中國生產的紡織品及服裝在 2005 年 1 月 1 日後湧入美國。他們聲稱，必須現在就根據「市場可能受到干擾」條文提出申訴，現在提出申訴可於 2005 年 1 月取消配額後實施進口限制。如果等到 2005 年市場已經發生嚴重「干擾」時才提出申訴，這些市場保護的措施就不能發揮什麼作用了。美國全國紡織業組織協會主席約翰遜在一份聲明中指出，根據過往經驗，中國可能在一年內獲得 30%至 40%的美國市場份額。如果中國在仍受配額限制的產品類別中獲取相同市場份額，那麼，全球大部分紡織及服裝業將無法生存下去。他們預計中國進口產品湧入美國造成的損害將於 2005 年中顯現，許多美國廠商將被迫倒閉。

在這種情況下，負責國際事務的商務部副部長阿德納斯於 9 月 3 日代表美國商務部進行回應，表示當前針對中國紡織品的市場保護措施規定，業已容許紡織業者根據「市場可能受到干擾」的條文進行申訴。顯然，在國會與紡織遊說集團的壓力之下，美國政府開始做出一些讓步，對舊有立場做出一些調整。在此之前，美國商務部公開表示的政策是，紡織業者提出針對中國紡織品的市場保護措施申訴時，必須「證明」進口產品「業已」大量湧入美國，而非「可能」出現這種情況。有專家分析指出，如果仔細研究《中國入世議

---

[24] U.S. Department of Commerce，「Report to the Congressional Textile Caucus on the Administration's Efforts on Textile Issues 」, September 2002, see otexa.ita.doc.gov/twgrep.pdf.

定書》就會發現，議定書清楚列明一旦市場「已經」或「可能」受
到干擾，均可成為實施市場保護措施的依據。商務部立場的「調整」
是朝更寬鬆的方向進行發展。9 月 10 日，在美國商務部舉行的新聞
發布會上，副部長阿德納斯對於政府的立場作了進一步的解釋，商
務部紡織品協定執行委員會（CITA）將與紡織業界「合作」制訂行
動指南。對於美國商務部立場的調整，中國政府官員表示反對，並
表示將會在 WTO 框架下反對美國根據「市場可能受到干擾」條款
提出的申訴。[25]

　　（四）採取有效的宣傳策略，博得公眾與政府的同情，為政府
限制進口政策創造公共輿論環境。

　　利益集團聲稱，他們並非鼓吹保護主義，而是要所謂「公平」
貿易。他們的宣傳策略主要圍繞別國的所謂「不公平」貿易行為做
文章，受到他們指控的內容可能涉及關稅、國內補貼以及其他限制
性的貿易措施。他們期望公眾認識到，正是國外這些「不公平」的
措施才導致美國紡織業的大量失業。

　　比如，紡織服裝業聯盟在宣傳中國對美貿易存在不公平競爭行
為時，散發公開材料指出，美中之間的紡織品貿易存在「不公平」
競爭的現象，紡織品配額一旦取消，中國紡織品對美國廠商的衝擊
將是「毀滅性」的。他們聲稱，中美之間勞動力成本過於懸殊，美
國工人平均小時工資為 9.89 美元，而中國工人的平均小時工資長時
間以來一直保持在 0.88 美元的水平；中國政府為了鼓勵出口還實行
10%的出口退稅政策；中國政府干預貨幣市場，低估人民幣對美元
的匯率，僅此一項就使得中國商品在美國市場享有 30%至 40%的價
格優勢。[26]

---

[25]　〈美國業界再次要求限制中國紡織品服裝進口〉，中國紡織報網，2004 年
　　　10 月 18 日。
[26]　轉引自《中國 13 類紡織品直面「特保威脅」》，《財經》雜誌，2004-11-3 日。

　　他們聲稱，在進口產品的衝擊下，美國紡織業遇到了強大的挑戰，失業規模迅速上升。據紡織業聯盟提供的資料，僅 1997 年至 2001 年期間，美國紡織業就損失了 18 萬個工作崗位，紡織業的失業人口超過了整個鋼鐵業目前就業人口的規模。

　　聯盟在散發的材料中強調，如果政府聽任紡織品自由化帶來的後果，那麼，美國將損失 65 萬個工作職位，相當於美國目前紡織製造業從業人口的總和。[27]紡織業者的擔心在某種程度上得到了美國官方的證實。據美國勞工部提供的統計資料，2003 年 7 月美紡織成衣業平均每天有 587 人失業，單月失業人口達 1.82 萬人。與 2002 年同期相比，就業人數減少 60,400 人。政府不得不考慮，如此大規模的失業人口以受到波及的家庭必然會對政府表示不滿，從而直接影響他們對政府的支持率。[28]

案例一：美國紡織組織全國委員會的遊說：對中國所謂「不公平」貿易行為的指控

　　美國紡織組織全國委員會（National Council of Textile Organizations，簡稱 NCTOs）在其散發的宣傳材料中指出，美國紡織工業走下坡路，主要是中國等亞洲國家政府對於紡織和成衣產業加強干預的結果。按照美國的貿易法和 WTO 的有關規則，這些國家的貿易做法是「非法」的，使得「這些政府為世界紡織品和成衣貿易人為地壓低價格，衝擊自由市場的競爭。」該組織認為，正是由於這些貿易做法，才使得美國關閉了 351 個紡織廠，「在過去的一年中就關閉了 30 個以上的紡織廠」。在過去的五年中，將近 20 萬美國紡織工人失去了工作。

---

[27] 同上。

[28] 〈特別策劃：美限制我紡織品，又一場政治遊戲〉，人民網，2003 年 11 月 25 日。

該組織進一步認為，紡織業是美國製造業的縮影，反映了整個製造業承受的緊張與壓力。在過去的五年中，美國失去了將近 200 萬個製造業崗位，其中很多是由中國等國通過「操縱貨幣」獲得多達 40%的價格優勢造成的。

一、中國：「不公平」貿易的「標準教科書案例」

在有關中國的問題上，該會聲稱，中國可作為一個典型的教科書案例，說明一個外國政府如何使用一系列違反 WTO 規則的「非法」補貼和政府干預措施，摧毀外國廠商的競爭力的。美國和許多國家均遭遇到中國「不公平」貿易行為的衝擊。但是，美國政府卻對這些「代表製造業出口部門的咄咄逼人行為」視若無睹，中國的貿易行為明顯違反美國貿易法和 WTO 的有關規則。

它認為，中國早在第九個五年計劃就宣布紡織服裝業為「國家的支柱產業之一」，中國政府通過「十六條計劃」來管理、支持紡織品與服裝業。

中國政府採取的反市場競爭行為包括：貨幣操縱（估計為中國出口提供了高達 40%的補貼）、為國有紡織和服裝企業提供「非法」的直接政府補貼、非法的出口退稅（13%），以及由中央銀行提供的多達幾十億上百億美元的作為「壞帳」（不用償還）的資助。有一個例子生動說明了中國政府權力與製造業的相互「合作」：2005 年 12 月，中國政府花費 6 億美元來挽救該國最大的紡織業企業（所謂「世界最好」企業）。

由於中國給予紡織成衣業補貼的快速上升，中國產品的價格在那些取消配額的產品領域在過去三年中下降了 58%，結果，過去三年中國在這些產品中獲得了幾乎是壟斷的市場份額，佔據整個市場份額的 74%。

儘管遭受這些衝擊，美國紡織產業仍然是美國提供就業最多的製造產業之一，整個紡織業包括成衣、機械、化學、棉及人造纖維等部門雇用了將近 100 萬美國工人。

二、2005 年：配額取消和 NCTO 的反應

2005 年 1 月 1 日，所有剩餘配額都取消了，除非採取強有力的辦法，否則中國將有可能獲得世界紡織業和成衣貿易的大部分份額。如果中國「得

逞」，那麼，美國紡織成衣業將丟掉 50 萬個以上的就業崗位，1,300 個美國紡織廠將倒閉。對於世界的影響將更加嚴重，中國違反市場競爭的做法將導致全球喪失高達 3,000 萬個紡織成衣業崗位。世界上一些最貧困國家也將遭受很大的損失，這些國家的工人既無社會保險，也無其他工作可做。

三、多哈回合與中國的威脅

2005 年 11 月美中達成的雙邊協定僅僅是推遲了，而非消除了世界紡織成衣部門「算總帳」的日子。2009 年 1 月 1 日，雙邊協定下達成的配額限制措施將解除，由於「特保機制」本身將到期不能再用，那麼，就不再有可能對中國施加配額限制。

面對即將到來的中國「威脅」，美國紡織業組織全國委員會參加了世界的行動，爭取在多哈回合談判中納入新的保障機制（safeguard mechanism）的內容，其中要求建立紡織品談判小組，作為非農業市場准入（the Non-Agricultural Market Access，簡稱 NAMA）談判的一部分。

委員會也正在向美國政府施加壓力，要求政府採取行動抵制中國諸多「不公平」的貿易做法。由於中國繼續使用「非法」的反競爭的貿易做法，NCTO 將繼續與國際夥伴一道，推動世界貿易組織在當前的多哈回合談判中採取對中國紡織品「永久性」的保障條款。

資料來源：美國紡織業組織全國委員會網站（www.ncto.org）。

（五）面對即將到來的紡織品服裝貿易自由化，他們在國內外構築利益聯盟，推動 WTO 與美國政府推遲實施該協定的內容，或對紡織品貿易重新加以限制。

世貿組織（WTO）2004 年曾發表報告預測，紡織品配額取消後，中國和印度有望主宰世界紡織品及服裝貿易。報告指出，僅中國一家就可能佔據全球紡織品市場的一半以上（2004 年中國占全球紡織品和服裝市場的 25%左右）。報告當時預測，配額取消後，中國在美國服裝市場所占份額將從 2002 年的 16%上升到 50%；在歐盟服裝市場的份額也將從 20%上升到 29%。

　　中國出口激增的前景，引發了各國紡織品與成衣生產者的普遍恐慌。在這種情況下，美國等國的紡織業者積極推動國際合作，組成國際統一戰線向各國政府施加壓力，推遲施行自由化方案。2004年 3 月，美國、土耳其、墨西哥等國的紡織服裝行業組織結成聯盟在土耳其發表《伊斯坦布爾宣言》，呼籲世貿組織將取消配額的最終期限推遲到 2007 年底。同年 6 月，世界 47 家紡織品服裝協會負責人聚會比利時首都布魯塞爾，支持推遲取消配額的要求。

　　除了組織國際聯盟阻止自由化方案如期執行外，紡織業還開展了大規模的國內遊說活動。2004 年 7 月 21 日，美國主要紡織品服裝協會和工會代表向來自 25 個州的 48 名聯邦議員施壓，要求國會向政府施壓呼籲 WTO 推遲取消紡織品配額。他們聲稱，如果實施原定時間表，未來兩年全美 70 萬紡織服裝業工人中的 75% 將失業，並將波及全球 3,000 萬紡織服裝業工人。[29]儘管如此，WTO 仍然明確宣布如期取消全球紡織品貿易配額；美國政府也表示無意要求世貿組織延長紡織品配額限制。

　　在中美 2005 年 11 月達成限制中國輸美紡織品數量的協定後，美國紡織業遊說集團又開始為協定到期後的貿易摩擦做準備。他們主要是製造輿論，希望借助美國政府和多邊組織來進一步約束中國出口的增長。根據美國製造業貿易行動聯盟（AMTAC）的報告，截至 2006 年 4 月，中國成衣在美國非配額成衣市場佔有率逐漸攀升。中國加入 WTO 後，出口到美國的受配額限制的成衣目前占美國成衣進口市場的 60%，在美國市場的銷售約 430 億美元。

　　AMTAC 指出，2008 年底美中紡織品協定到期後，對中國產品不再實施配額限制，而美國紡織業受 WTO 規範，無法對中國出口成衣徵收傾銷稅及平衡稅。因此，他們提出，必須在 WTO 談判之外找到限制紡織品貿易的辦法。如果不能找到解決辦法，那麼，因大幅度削

29　〈中國紡織品脫去配額枷鎖，美國市場依然關卡重重〉，《中國紡織報》，2004
　　年 9 月 29 日。

減關稅及 2009 年起取消對中國紡織品的「保障」措施,極有可能導致美國數萬工人失業。

在美國紡織遊說團體的倡導下,14 個主要紡織及成衣出口國主張,WTO 多哈回合談判應對紡織品貿易加以「特別」處理。同時,美國 44 位國會議員要求政府設立紡織品問題特別小組,應對 2008 年之後的挑戰。全美紡織組織委員會(NCTO)聲稱,WTO 設立處理紡織品貿易的單獨機制是解決問題的關鍵,否則中國出口廠商將一統全球紡織品及成衣市場。[30]

(六)紡織服裝利益集團聯盟迄今為止最有效的策略,就是利用美國頻繁的選舉,把進口衝擊問題與選舉「掛鈎」,有效地推進了其保護主義的目的。

2004 年是美國總統大選和國會選舉的大選年,紡織成衣聯盟經過精心策劃,發起了一系列行動,逐步施加壓力,迫使美國政府做出不少讓步。10 月 8 日,紡織服裝聯盟向美國商務部下轄的紡織品協定執行委員會(CITA)提出「特保」申請,按照程式,美國政府須在接獲申請的 15 個工作日後作出決定。也就是說,政府必須在 11 月 1 日即美國總統大選的前一天答覆。根據 CITA 的規定,一旦接受實施「特保措施」的申請,政府會有 30 天時間進行公開聽證,CITA 需在公開聽證 60 天內作出最後決定。顯然,提出申請時間的選擇是經過精心考慮的,以此向政治家施加壓力,布希政府的答覆結果將對布希本人爭取連選連任產生十分明顯的影響。聯盟宣稱,2005 年紡織品進口激增將造成美國失業人口大幅上升,布希政府必須慎重應對。比如,美國紡織品製造商協會(ATMI)等組織宣稱,如果不對中國進口紡織品加以限制,那麼到 2005 年 1 月 1 日美國將失去 63 萬個紡織業就業崗位,1,300 家工廠被迫關閉。正是在這種政治壓力下,美國商務部宣布同意正式受理由紡織服裝聯盟提出的

---

[30] 「美國紡織組織建議解決 2008 年後中國大陸紡織品問題」,中國縫製設備網,2006 年 9 月 26 日。

針對中國產針織布、胸罩和袍服實施「保障」措施的請求，以緩解政府受到的壓力，避免對大選結果造成負面影響。[31]

（七）利用美國國內法與國際法，特別是使用「特保措施」與「反傾銷」相結合的手段，減少對美國紡織服裝業的衝擊。2004 年 10 月，美國六家行業組織聯盟聯合提出申請，要求美國政府在 2005 年 1 月 1 日全球紡織品配額取消後，對來自中國的六大類紡織品和服裝設限，規定每年的進口增長率不能超過 7.5%；涉及商品包括針織襯衫和高級針織內衣、男襯衫、卡其布短褲和牛仔褲、女寬鬆上衣、裙子和女童裝等 10 項。根據聯盟提供的資料，上述 10 項「特保」申請涉及金額約 19.6 億美元，占中國向美國出口紡織品、服裝總額的 13.8%。此外，要求美國政府延長 2003 年 12 月 24 日開始實施的針對晨浴衣、胸衣和針織布等三類紡織品「特保措施」。與此同時，六聯盟還宣布今後還將向政府遞交毛製褲子、棉製床單、合纖長絲布及棉紗等產品進口設限申請。[32]

第五節　保護主義利益的平衡者：進口商、零售商與消費者的聯盟

拖延自由化進程，只會損害消費者和進口商的利益，其中也包括那些實現了跨國經營的國際化公司的利益。因此，我們看到，圍繞如期實現紡織品服裝貿易自由化的日程，美國國內形成了平衡保護主義壓力的利益集團聯盟。這股勢力儘管分散，但是，對保持美國國內貿易政治力量之間的平衡是十分重要的，他們同時也是美國政府引為奧援的同盟力量。在紡織品貿易問題上，主張貿易自由化的集團聯盟由美國紡織品及服裝進口商協會（USA-ITA）、美國服裝及鞋履協會（AAFA）、全國零售業聯合會（NRF）及零售業領袖協會等組成。

---

[31] 「中國 13 類紡織品直面『特保』威脅」，《財經》雜誌，2004 年 11 月 3 日。
[32] 同上。

　　美國紡織品及服裝進口協會是反對保護主義政策的中堅力量。協會總部設在紐約，代表著約 200 家進口商和零售商的利益。其主要職能包括：通過整體宣傳盡可能地獲得國會、媒體和公眾對美國進口紡織品及服裝的理解和支持；指導從事紡織服裝進口的企業遵守相關法律和規則；幫助企業和相關單位解決進口貿易過程中遇到的問題，以及鑒別和發布商機。其參與決策的一個方式就是代表全國紡織及服裝進口企業，參與有關制訂進口政策的討論，盡最大能力保護進口廠商的利益。[33]

　　紡織品及服裝進口協會等提出的看法是，紡織業服裝生產集團對於全球取消紡織品配額將導致災難後果的預測過於誇大其詞；中國並未佔領全部市場；一些國家紡織業者主要是害怕競爭，但是，事實上自 1994 年烏拉圭回合達成了《紡織品與服裝協定》後，他們已經享受了十年的調整期，應該做好了較為充分的準備。[34]

　　在發達國家之間，還出現了一個支持紡織品貿易自由化的國際聯盟。這一聯合陣線主要由來自美國、加拿大和歐洲等 18 個國家的零售商、進口商與消費者協會組成，他們反對延長配額期限，反對就此召開全球特別貿易會議。該集團提出的一個重要理由是，必須維護多邊貿易體制的「紀律」。他們指出，取消紡織品和服裝配額是發達國家對發展中國家作出的重大讓步，其目的在於讓發展中國家接受新的國際貿易規則和紀律，而推遲取消配額必將降低人們對國際貿易體制的信心，從而最終影響多邊貿易組織的前景。[35]

　　我們知道，在美國紡織製造業遊說聯盟的壓力下，美國商務部放鬆了此前的立場，認可了在進口中國紡織品服裝「可能」衝擊美國市場的情況下採取「限制」措施的情況。針對政府態度的轉變，

[33]　〈國外紡織服裝組織巡覽（32）：美國紡織品及服裝進口商協會〉，《中國紡織報》，2005 年 6 月 1 日。
[34]　〈美國政府拒絕國會希望世貿組織延長紡織品配額的要求〉，《紡織導報》，2004 年 6 月 15 日。
[35]　同上。

2004 年 9 月 13 日，美國紡織品及服裝進口商協會、美國服裝及鞋履協會、全國零售業聯合會及零售業領袖協會聯合致信商務部副部長阿德納斯，要求布希政府不應在配額取消前考慮限制中國服裝進口的申訴。同時，服裝進口商對美國政府不再要求中國對紡織品及服裝出口實施「自願性」限制措施表示支持。[36]他們的聯合公開信顯然可以理解為是對紡織業界壓力不斷升高的一次平衡行動。

2004 年底，紡織品及服裝進口商協會要求法庭阻止政府對進口中國紡織品實施「反傾銷」調查。該協會要求法官簽署禁令，阻止政府對中國紡織品進口進行調查，「錯誤地考慮對中國產品施加保護措施」。協定強調對中國產品繼續施加配額限制，會提升同類產品的市場價格，增加美國消費大眾的負擔。[37]但是，在年底兩黨競選的情況下，共和黨領導的行政部門已經同意紡織及服裝業者要求對部分中國進口產品進行「反傾銷」調查的申請。

進口業者在反對美國政府推動對中國產品限制措施的同時，也希望政府能夠儘早做出決定，以增加 2005 年進口市場的「可預見性」。他們認為，這是維持商貿活動的基本需要。

針對 2005 年中美展開的紡織品服裝貿易備忘錄談判，2005 年 8 月底，美國服裝鞋類協會、美國全國零售聯合會和美國紡織服裝進口商協會聯合致信美國貿易談判代表波特曼，代表美國服裝製造商、進口商和零售商表達對談判立場的看法。信中要求中美之間達成的任何紡織品協定，均應遵循透明、公平、可預見性、提供從管理貿易到自由貿易的合理過渡以及符合 WTO 有關規定等原則。他們表示，支持紡織品貿易自由化進程，支持 WTO 有關規定。

就中美協定的具體內容，美國進口商、零售商等提出以下建議：

---

[36] 〈美國業界再次要求限制中國紡織品服裝進口〉，中國紡織報網，2004 年 10 月 18 日。

[37] 〈美紡織進口商協會反對對華反傾銷調查〉，《中國紡織報》2004 年 12 月 13 日。

（1）對進口中國紡織品及服裝的限制期限不得超過 2008 年
　　12 月 31 日。

（2）涵蓋類別不得限制美國國內已沒有生產的類別，如毛衫、
　　梭織正裝襯衫、晨浴衣、睡衣、泳裝、羊毛產品、絲綢及
　　其它非棉植物纖維服裝、行李箱、手袋，以及採用美國短
　　缺布料生產的產品。協定不得限制那些對美國國內產業沒
　　有造成市場擾亂的產品。協定只能適用於美國現行「原產
　　地」規則項下原產於中國的產品。

（3）在「特保」條款的使用上，對於協定未涵蓋的類別不得實
　　施「特保」申請。

（4）基數：2005 年基數應根據由 2005 年 1-7 月出口數量而推
　　算出的全年數量來確定，而不能根據 2004 年仍受配額限
　　制的水平來計算。

（5）增長率的計算應本著公平、務實的原則。他們提出，以 2005
　　年實際出口量為基礎，2006 年增長率應為 20%，2007 年為
　　25%，2008 年為 30%。這些增長率標準大大超過保護主義
　　集團給談判定下的指標。

（6）目前滯港貨物應予放行，且不得佔用未來的配額數量。

（7）在管理方面，協定應允許類別間靈活調整，並提供電子化
　　免費簽證系統。配額分配應公平、透明。[38]

　　正是有來自大型進口商與零售商的壓力，美國政府談判者才有
可能在與國內保護主義集團的交手中壓低他們的「要價」，也才可能
與中國談判對手達成相互可能接受的妥協。從後來達成的談判協定
看，比如有關中國進口的年增長率等指標，美國政府只是在開放貿
易與保護主義兩大集團之間作了一個「折衷」，談不上有多少科學依
據，政治考慮仍然是談判的第一要素。

---

[38] 2004 年 8 月美國紡織服裝進口商協會等組織致美國貿易代表辦公室的公開信。

　　美國紡織品及服裝進口商、經銷商遊說集團之所以不遺餘力地為中國進口產品辯護，主要是為了維護自己的利益，但是，同時也維護了中國出口廠商的利益與消費者的利益。紡織品與服裝貿易是反映兩國經濟利益交叉重合又相互衝突的最好例證。美國進口商之所以對中國進口商品感興趣，關鍵在於中國產品的國際競爭力，能夠滿足他們的需要。也就是，美國進口商在選擇中國作為供應夥伴時，主要考慮的是商業競爭的利益。2005 年 9 月，美國紡織品及服裝進口商協會負責國際貿易與政府關係的副總裁朱莉亞・K・休斯（Julia K. Hughes）在北京的發言充分反映了美國紡織品進口商對於中國紡織品與服裝國際競爭力及其相關問題的看法。休斯指出，美國紡織品進口商在選擇供應商時主要考慮七個關鍵的因素。這七個關鍵因素分別為：

　　第一是從產品的生產及運輸到美國市場的速度。就供貨速度來說，墨西哥等與美國相鄰的國家擁有更大的優勢，但是並不排除亞洲國家在這方面具有競爭力，他們可以以更快的速度做出回應，在非常短的時間內進行設計和生產。中國廠商在這個方面具有非常強的競爭力。

　　第二是質量，中國產品的質量非常出色。

　　第三是價格，價值和價格是所有美國進口商考慮的至關重要的因素，既包括小的零售商，也包括沃爾瑪等一些大的零售商。

　　第四是否符合有關方面的規則，包括人權等方面的做法是否符合相關規定。進口商協會強調，美國經銷商對人權、勞工問題非常關注。當然，這種說法有其「虛偽」的一面，正是進口商的不斷壓價，才使得中國生產廠商利潤始終維持在一個較低的水平，改善勞工待遇變得更加困難。

　　第五是所謂「垂直整合」，即需要充足而快速的原材料供應，使生產商能儘快生產出產品，這就是所謂的「垂直整合性」。

　　第六是安全性，尤其是「九一一」事件以來，美國進口商均要求其出口商及運輸商保證不向美國出口和裝運任何「非法」產品。

　　第七是可預見性，可預見性是美國進口商在中國採購考慮的一個關鍵因素。但是，由於美國政府採取了一些「保障」措施，可能造成某種不穩定性。[39]

第六節　美國政府的策略

　　美國政府反對延長紡織品配額體制。這是因為烏拉圭回合協定使得美國跨國公司獲得了極大的利益，特別是其中有關貿易的新議題，如與貿易相關的投資措施協定（TRIMs）、保護知識產權的協定（TRIPs）以及服務貿易總協定等，美國投資者獲得的利益最大。在漫長的談判過程中，為了獲得發展中國家在新議題上的讓步，以美國為首的發達國家不得不對發展中國家做出某些妥協，其中就包括了發展中國家極為關心的紡織品服裝貿易自由化的問題。此外，1994 年達成的紡織品與服裝協定（ATC）已經給發達國家 10 年時間以適應與調整貿易自由化帶來的新變化。在這種情況下，作為多邊貿易體制中最重要的國家，美國政府感到沒有任何理由推遲履行紡織品貿易自由化的安排。

　　針對本土紡織利益集團與國會的壓力，美國貿易代表辦公室發言人表示，美國將履行其十年前承諾的國際義務，並在 2004 年年底前逐步取消剩餘的紡織品和服裝配額。但是，發言人也同時指出，美國政府準備幫助紡織行業應對由於取消配額而帶來的新的競爭，並業已採取了一些預防措施。[40]

---

[39]　席萍，〈國際化需要增進理解與合作〉，《中國紡織報》，2005 年 9 月 27 日。

[40]　〈美國政府拒絕國會希望世貿組織延長紡織品配額的要求〉，《紡織導報》，2004 年 6 月 15 日。

　　作為對美國保護主義利益集團的妥協，美國政府採取的平衡措施包括以下一些安排：

　　第一，在中國「入世」談判過程中，美國政府與紡織業界進行了良好互動，為中國入世後中美可能發生的紡織貿易爭端埋下了「伏筆」。美國人「未雨綢繆」的精明之處表現在《中國加入 WTO 工作組報告書》中納入了幾條對美國未來談判極為有利的「預防」條款：

（一）一個是報告書第 242 段條款，即所謂的「市場擾亂」特殊
　　　保障措施的規定，「242 段」的法律效力期限為從中國加入
　　　WTO 之日起至 2008 年 12 月 31 日。但是，法律專家認為，
　　　由於對啟動「242 段」條款的所謂「市場擾亂」條件缺乏
　　　客觀、清晰的定義，結果導致美國、歐盟存在一定濫用的
　　　情況。此外，美國在採用這一條款時存在另外一個問題，
　　　就是「重覆設限」。《工作組報告書》242 段中文版明確規
　　　定，對同一種產品不得重覆實施「設限」，但是，美國在司
　　　法實踐中突破了這一點。比如，2003 年 11 月 18 日，美國
　　　宣布對中國胸罩等三類紡織品根據「242 段」條款設限，
　　　但是，在 2005 年又對胸罩再次設限。《工作組報告書》242
　　　段中文版也規定設限最長時間不得超過一年，但是，2003
　　　年美國對中國三類紡織品設限一年期滿後並未自動解除。
　　　就時限問題，美國紡織品及服裝進口協會在美國法院進行
　　　起訴與上訴，要求解除對進口中國紡織品的「限制」，但是
　　　遭到敗訴。這是因為在美國司法實踐中，設限是可以超過
　　　一年的，而且一年到期後不需申請，政府就可以自主決定
　　　繼續延長時限。[41]

（二）二是在《中國加入世界貿易組織議定書》中加入了所謂「第
　　　16 條」的內容，對來自中國的紡織品服裝出口實施「牽制」。

---

[41]　〈中美紡織品爭端的博弈遠未停止〉，《中國紡織報》，2005 年 11 月 10 日。

議定書第 16 條又稱「特定產品過渡性保障機制」，規定：
如原產於中國的產品在進口至任何 WTO 成員領土時，其
增長的數量或所依據的條件對生產同類產品或直接競爭產
品的國內生產者造成威脅或造成「市場擾亂」，則受此影響
的 WTO 成員可請求與中國進行磋商；如磋商未能使中國
與有關 WTO 成員在收到磋商請求後 60 天內達成協定，則
受影響的 WTO 成員有權在防止或補救此種「市場擾亂」
所必須的限度內，對此類產品撤銷減讓或限制進口。法律
專家分析，議定書第 16 條具有四方面的特點，使得中國應
對起來更加困難：（1）是專門針對中國產品的「歧視」條
款；（2）只是對「市場擾亂」規定的更明確些，但具體實
施時仍有很大的裁量自由度，而且實施目標更加廣泛，包
括所有原產於中國的產品；（3）實施期限較長，即從中國
加入世貿組織時起至 2013 年 12 月 10 日止；（4）規定了任
何此類行動應立即通知 WTO 保障措施委員會，比前述「242
段」條款更規範。這四大特點決定了「議定書」第 16 條也
同樣容易被濫用。必須考慮的情況是，2005 年 11 月中美達
成的紡織品貿易配額協定 2008 年 12 月 31 日到期後，「242
段」條款將失效，但是，美國完全可以援引議定書第 16 條，
再次對中國輸美紡織品服裝出口加以嚴格的限制，而且這種
限制可以應用到該條款到期的 2013 年 12 月 10 日。[42]

　　第二，在利益集團與國會紡織議員團的壓力之下，美國政府放
鬆了對啟動針對中國紡織品市場保護措施條件的較窄解釋。2004 年
9 月 3 日，負責國際事務的商務部副部長阿德納斯代表美國政府明
確表態，針對中國紡織品的市場保護措施規定，業已允許紡織業者
可根據「市場可能受到干擾」的條文進行申訴。

　　第三，在美國達成的雙邊和區域貿易協定中，美國均規定，如果外國企業要享受免稅進入美國市場的好處，就必須購買美國的紗線和纖維。[43]這其實是一種「以市場換市場」的安排，即用美國的市場換取其他國家的市場。

　　美國政府曾經希望，在 2004 年初中美達成一項全面協定，規定中國自動限制對美紡織品與服裝的出口數量。中方拒絕了美國的建議。中國官員重申，對於此類協定不感興趣，這些協定與 1980 年代逼迫日本汽車製造廠商同意推行所謂「自願性出口限制」（VERs）如出一轍。美國後來不再要求中國同意這一安排。[44]但是，中國自 2005 年 1 月 1 日起開始施行的出口關稅類似於此種安排。

　　第四，在總統大選前夕，對紡織集團進行妥協，以換取他們對於共和黨候選人的支持。隨著 2004 年底總統大選和國會選舉的逐漸臨近，美國不同性質的利益集團或利益集團聯盟不斷加強對布希政府的壓力，各種勞工組織、產業組織、及其在國會的代言人提出在人民幣匯率、勞工標準等問題制裁中國的多項動議。民主黨總統候選人約翰・克里在對外貿易政策上更加傾向於勞工的利益，對於布希政府也形成了巨大的壓力。結果，布希政府為了拉攏選票，平衡各方利益，採取了更多的貿易救濟手段，其中就包括在中國紡織品進口問題上採取更加強硬的行動。

　　美國政府在採取不同手段平衡國內各方利益時，總的方針是比較明確的，即維護紡織服裝貿易自由化的基本框架。在針對中國產品實行某些限制性措施時，在「反補貼」等一些重要問題上採取了比較「謹慎」的處理態度。

---

[43] 〈美國政府拒絕國會希望世貿組織延長紡織品配額的要求〉，《紡織導報》，2004 年 6 月 15 日。
[44] 〈美國業界再次要求限制中國紡織品服裝進口〉，中國紡織報網，2004 年 10 月 18 日。

　　美國國內紡織服裝廠商對中國紡織企業的主要指責之一，就是中國紡織品享有政府補貼，認為他們處於「不公平」的競爭地位。美國廠商與遊說團體向美國政府提起對中國進口紡織品進行「反補貼」調查的申請。2005 年 7 月 27 日，國會眾議院以 255 票對 168 票通過了由美國眾議院籌款委員會委員、共和黨議員英格利希提出的《美國貿易權利執行法案》。這一法案對美國現行「反補貼」法進行了修改，使其適用於中國的情況。[45]布希政府對此極其慎重，迄今表示明確反對。但是，應當看到，該法案能否最終獲得通過，成為美國的貿易法規，完全取決於美國國內政治力量的對比情況。不能排除通過的可能性，屆時「反補貼法」將成為美國保護主義集團阻止中國紡織品服裝出口的新的法律障礙。

　　美國政府上述限制對華紡織品服裝貿易的做法影響了中美正常貿易的進行。儘管美國政府以維護中美紡織貿易秩序並最終維護美國市場的開放性為理由為自己辯護，但是，美國政府採取的上述「不公平」貿易救濟措施對廣大發展中國家與一些發達國家起了極大的「示範」作用，致使針對中國出口的保護主義措施接連不斷。比如，對中國紡織品採取設限措施，已經設限或已經對國內法進行修改準備設限，或要求與中國談判或磋商的國家，目前已經包括土耳其、巴西、義大利、秘魯、印尼、南非、厄瓜多爾、哥倫比亞、墨西哥、挪威和加拿大等國。[46]

案例二：美國國會立法修正案強化禁止從中國進口軍裝

　　2006 年 5 月，美國國會參、眾兩院通過美國《國防授權法案》，進一步強化了其中的「貝利修正案」中關於國防部購買國產軍裝的規定，並明

---

[45]　〈中美紡織品爭端的博弈遠未停止〉，《中國紡織報》，2005 年 11 月 10 日。
[46]　同上。

令禁止五角大樓通過承包商或次承包商向中國購買軍裝。這是美國紡織利益集團利用立法手段限制中美紡織貿易的最新舉措。

貝利修正案是 1941 年美國參議員貝利提出的，目的在於保護美國的棉花、羊毛製品及其製造商而提出的。後立法限制範圍不斷擴大，把食品和金屬工具等也納入進來。根據新通過的《國防授權法案》，美國國防部所購買的食品、軍裝和帳篷等軍需品必須是美國製造的產品，如果國防部長確定在國內市場不能及時採購到這些物品而必須向外國採購時，必須在 7 天內向國會通報。

實際上，美國國防部軍用物資的採購政策和條例都公布在其相關網站上，網站上還公布質量要求、價格表和每年的季度報告等內容。在具體採購時，貝利修正案雖然一直生效，但沒有嚴格執行。2001 年 3 月，美國國防部準備購買幾十萬頂中國製造的美軍軍帽，但不久之後即發生中美南海撞機事件。「中國軍帽案」經美國媒體大肆炒作後，美國國防部遭到很多美國議員和民眾的譴責。在 2001 年前，美軍不少軍裝是由美國國防承包商或次承包商進口中國紡織品或直接在中國加工生產的。美國新法案的實施使得中美兩國的部分企業都蒙受了一定的經濟損失。

實際上，美國軍品採購的國際化趨勢日益發展。2006 年《國防授權法案》還直接影響到美國國防部軍用物資招標中心的運作。該中心位於費城，每年有 8,000 多個招標專案。美國軍用物資招標中的紡織品分得很細，有床單、沙袋、降落傘、帳篷、做防彈衣用的布料、鋼盔內的布料、防化學毒品的布料等。雖然新法案有可能防止進口中國生產的軍需品，但是出於經濟利益的考慮，美國承包商不可避免地在國際上尋找替代的貨源，軍裝生意有可能交給印度等國。隨著全球化的發展，美國軍品採購的國際化格局早已難以改變。美國國防部公布的報告顯示，2005 年國防部最大的 100 家合作公司中，英國有 10 家，日本 7 家，法國 7 家，俄羅斯 7 家，以色列 4 家，德國 4 家，印度 2 家，義大利 2 家，西班牙 2 家，瑞典 2 家，澳大利亞 2 家，巴西、芬蘭、加拿大、瑞士、挪威、荷蘭、韓國和新加坡各 1 家。它們提供的產品從暖瓶到火箭部件無所不包。

美國紡織業利益集團是貝利修正案的重要推手。從地域上看，美國紡織品及服裝加工廠商多集中在以北卡羅萊納州為首的棉花產地東南部各

州。來自北卡羅萊納州的共和黨參議員海斯是這次強化「貝利修正案」的
最主要推動者。他認為，美國紡織業面臨的最大威脅來自中國。北卡羅萊
納州的「全國紡織業組織委員會」最近三年以來一直在遊說國會限制中國
紡織品的進口，他們網站上有一條「中國威脅」的告示，似乎在警告美國
同行們，中國紡織業將會「擾亂民主社會的自由市場」。美國「全國紡織
業協會」也發表聲明說，新法案將強化美國紡織業的供貨系統，確保美國
士兵享用最高質量的軍裝。雖然美國紡織業一片歡呼，但有分析人士稱，
這不能不算美國的悲哀，因為美國的一些企業家已無法在市場上立足，只
能靠煽動民族情緒來牟取商業利益。

資料來源：明迪：〈美不讓中國接軍裝訂單——利益集團長期遊說國會利用摩
　　　　　擦煽動民族情緒〉，《環球時報》，2006 年 6 月 2 日，第 7 版。

第七節　中美紡織服裝貿易備忘錄的談判與分析

　　2005 年 11 月 18 日，中國商務部部長薄熙來和美國貿易代表波
特曼（Rob Portman）在英國倫敦簽署了兩國政府《關於紡織品和服
裝貿易的諒解備忘錄》（下稱《備忘錄》），以此為標誌結束了耗時五
個月、歷經七輪談判的中美紡織品貿易磋商。《備忘錄》於 2006 年
1 月 1 日起生效，直至 2008 年 12 月 31 日，有效期三年。

　　《備忘錄》的達成意味著中國對美紡織品出口重新回到了美國
紡織業界孜孜以求的「配額」時代，同時也為中美紡織品貿易提供
了一個穩定的框架。中美協定的大致內容如下：[47]

　　從協定產品範圍看，包括棉製褲子等 21 種產品，金額為 35 億
美元，約占 2004 年美進口中國紡織品總額的 20%。中國商務部解釋
說，2005 年以來，美方已經設限和正在調查的產品達 24 種，涉及
金額 63 億美元，美業界還要求對中國所有 2005 年一體化產品提出

---

[47] 中國商務部新聞辦公室，〈商務部外貿司負責人就中美紡織品問題答記者
　　問〉，2005 年 12 月 1 日，商務部網站。

設限申請。因此，最終達成的協定產品範圍已大幅縮小，使中國輸美紡織品出口絕大部分產品基本可以享受自由貿易。

從協定產品「基數」看，2006 年基本是 2005 年全年美國從中國實際進口量，2007 年和 2008 年均為上一年度全年協定量。美方確認這一基數，實際上承認了中國出口企業 2005 年一體化以來的增長，並以此作為後三年的增長基礎。

從協定達成的增長率看，2006 年為 10～15%，2007 年為 12.5～16%，2008 年為 15～17%，全面突破了「242 條款」7.5%的增幅界限。

從實際獲得的出口數量看，總體來說，協定涵蓋的 21 種產品 2006 年可出口數量總計達 27.9 億平方米，和 2004 年的 12.5 億平米相比，實際增長 123%，2007 年可達 31.7 億平米，比 2004 年增長 154%，2008 年達 36.7 億平米，比 2004 年增長 194%；市場份額可由 2004 年的 6.7%提高到 2008 年的 19.8%。協定中 2005 年一體化產品，2006 年協定量與 2004 年配額量相比，實際增長為 146～1325%。中國商務部發言人以男式梭織襯衫、棉製針織襯衫和棉製褲子為例，此 3 種產品均為附加值較高、中國生產能力較大的產品。男式梭織襯衫 2004 年配額量 225 萬打，2006 年協定量為 674 萬打，實際增長為 199%，經過 3 年增長，中國該產品在美市場份額可由 2004 年的 5.7%增長到 2008 年的 17.3%。棉製針織襯衫 2004 年配額量 240 萬打，2006 年協定量為 2082 萬打，實際增長為 768%，經過 3 年增長，中國該產品在美市場份額可由 2004 年的 0.9%增長到 2008 年的 7.7%。棉製褲子 2004 年配額量 237 萬打，2006 年協定量為 1976 萬打，實際增長為 728%，經過 3 年增長，中國該產品在美市場份額可由 2004 年的 1.5%增長到 2008 年的 17%。

對卡關產品，美方同意立即全部放行協定簽署前因其設限造成的卡關貨物，有關數量完全由美方自行承擔，不從中方協定量中扣減。

　　對 242 條款的使用，美方明確承諾，對 2002 年以前一體化產品和此次協定內產品棄用「242 條款」；對協定外產品克制使用「242 條款」。

中美在紡織品貿易問題上的分歧與最終協定

分歧之一：協定覆蓋面

美方：要求中美紡織品協定覆蓋所有類別的紡織品。

中方：縮小覆蓋面

最終協定：在協定期內對中國向美國出口的棉製褲子等 21 個類別
　　　　　產品實施數量管理，包括 11 個類別服裝產品和 10 個類
　　　　　別紡織產品，其中 16 個類別為 2005 年一體化產品，5
　　　　　個類別為 2002 年以前一體化產品。更接近中方立場。

分歧之二：受限紡織品基數

美方：以 2004 年中國對美出口量為基數。

中方：遵循 242 條款（c）款規定確定基數：「在收到磋商請求後，
　　　中國同意將對這些磋商所涉及的提出磋商請求成員的一個或
　　　多個類別的紡織品或紡織製成品的裝運貨物，控制在不超過
　　　提出磋商請求的當月前的最近 14 個月中前 12 個月進入該成
　　　員數量的 7.5%（羊毛產品類別為 6%）的水平。」

最終協定：協定產品 2006 年基數基本上是 2005 年有關產品美國從
　　　　　中國的實際進口量，2007 年和 2008 年基數均為上一年
　　　　　度全年協定量。更接近我方的原則立場。

分歧之三：出口增長率

美方：談判初期的要求是把中國所有紡織品對美出口增長率均限制
　　　為 7.5%。

中方：要求增長率遠遠高於 7.5%。

最終協定：協定產品 2006 年增長率為 10～15%，2007 年增長率為
　　　　　12.5～16%，2008 年增長率在 15～17%。更符合中方的
　　　　　利益。

分歧之四：時間跨度

美方：至 2008 年末結束。

中方：起初的要求是如同中歐紡織品協定那樣至 2007 年末結束。

最終協定：協定將於 2006 年 1 月 1 日正式生效，於 2008 年 12 月
　　　　　31 日終止，中國在這一點上向美方作了妥協。

資料來源：《國際商報》，2005 年 11 月 28 日。

　　中美達成協定後，兩國紡織相關業者總的來說給予了積極評價。中國工商界總的看法是，政府最大限度地保障和維護了中國紡織服裝出口企業的利益，充分體現了中國政府積極與美國政府磋商、解決貿易摩擦的誠意。

　　他們認為，備忘錄有利於營造正常的可預測的貿易環境。中國紡織工業協會、中國紡織品進出口商會表示，儘管數量限制不符合世貿組織全球貿易一體化原則，是美國強加給中方的，但從出口角度來說，中美雙邊貿易安排顯然好於美國單邊設限，為未來三年中國輸美紡織品貿易提供了一個穩定的可預見的框架，符合中美雙方的利益，將大大增強中國企業和美國進口商接單和下單的信心和決心。

　　中國業者認為，以 2005 年中國對美實際出口量為配額計算基數，中美雙方各有讓步，較為公正合理。中國紡織工業協會等認為，協定產品 2006 年基數基本上是 2005 年有關產品美國從中國的實際進口量，這個基數是「公正合理」的，因為它考慮到取消配額後有些原先設限的產品出口數量得到釋放的現實。在增長率方面，美方有所讓

步，2008 年最高增長率為 17%；在時限上，按有關條例規定，「特保」
只能用到 2007 年底，但備忘錄增加了一年，這是中方的讓步。[48]

　　美國紡織集團在給予積極評價的同時，對於協定失效後中美貿
易前景再次表示了擔憂。美國紡織業界發言人、美國紡織組織全國
委員會（NCTO）主席吉姆‧切內特（Jim Chesnutt）發表聲明稱：「這
個協定是辛勤勞作的美國紡織工人的勝利。」他指出，中美備忘錄
將原本不在美國紡織業界擬採用「特保」措施或者難以實施「特保」
的 20 種紡織服裝產品納入三年的配額控制，可謂是美國紡織業的
「意外之喜」。

　　在對美國政府的努力表示滿意的同時，美國紡織業者繼續強調
「中國製造」的威脅。他們強調，美中紡織配額協定「並沒有消除
來自中國的威脅，只不過把這種威脅推遲罷了」。他們繼續指責，中
國政府所謂「操縱」匯率，採取多種「不公平」貿易手段提高中國
出口紡織品的競爭力。他們繼續要求美國政府在匯率等問題上向中
國施壓。[49]

　　中美備忘錄談判歷經曲折，終於達成協定。中美談判代表利用
各自的優勢地位，採取各自策略抑制對方的談判籌碼，鬥爭十分激
烈。在美國方面，在中美貿易不平衡上升、國內壓力不斷增大的情
況下，美國政府採取了「兩手」策略，即維護中國與美國的經貿關
係的大局，在諸如人民幣匯率等關鍵問題上採取較為謹慎的立場，
但是，在紡織品貿易的談判立場中採取十分積極的「進攻」態勢。

　　採取「拖延」戰術，使談判歷時達半年之久，實際上增加了中
國對美紡織品貿易的風險。隨著時間的推移，不確定的風險越來越
大，對 2006 年的貿易計劃的不利影響越來越大。由於中美之間對彼

---

[48] 〈中美紡織品貿易走向明朗與穩定——《關於紡織品和服裝貿易的諒解備忘
錄》業界反響熱烈〉，《中國紡織報》，2005 年 11 月 14 日。

[49] 〈紡織品突圍：後配額時代的挑戰與機遇〉，《南方企業家》，載和訊網，2005
年 12 月 7 日。

此市場的依賴程度不同，美國方面料定，中方會由於急於達成協定而做出美方可以接受的讓步。

　　美方採取「自下而上」的談判模式，不同於中歐間「自上而下」談判的模式。在談判代表的選擇上，美國有意壓低談判級別，或限制最高談判的介入，藉以施加談判壓力，迫使中國方面儘快讓步。比如，在中美第六輪談判再度無結果的情況下，不少人開始懷疑美方的誠意。他們舉例指出，在中歐紡織品貿易談判期間，歐盟貿易委員曼德爾森兩次飛抵中國，對雙方達成最終協定起到了關鍵作用。但是，在中美貿易談判過程中，美國貿易談判代表波特曼幾乎沒有露面。[50]這一策略取得了應有的效果，美國在談判中獲得了高於歐洲的讓步。

　　美國「自下而上」的談判模式顯然對談判達成協定的進度有很大的影響。中國商務部長薄熙來把中美與中歐談判作了比較後指出：「歐盟在談判中一上來就派出了『主將』——貿易委員曼德爾森」，使得談判規格從一開始級別就很高。」他指出，「我們（2005年）6月11日在上海的談判幾乎是一氣呵成的。」儘管長達10個小時的談判出現了很多問題，也經過了幾個起伏和障礙，但是幾個關鍵的問題在當時就能夠「拍板」達成共識。但是，美國與中國在紡織品問題上的談判首先是從技術層面開始的。在前四輪的談判中，中美雙方只派出了副司、司級的官員進行磋商，在第五和第六輪雙方才開始副部級的談判，「我和美國貿易部長古鐵雷斯從那時起才開始電話交流。」薄熙來指出，中美雙方長時間地處於算帳階段，「當然交流也是有益和必要的，但是一旦雙方遇到不一致的地方談判就終止了。」[51]在一定程度上可以說，正是美國採取的「拖

50　參見呂天，〈政治因素攪局中美紡織品談判〉，《南方日報》，2005年10月14日。

51　〈薄熙來解密中美紡織品談判：磋商為何長達半年？〉，《北京青年報》，2005年11月17日。

延」戰術導致了對「自下而上」談判模式的選擇，其目的是逼使中
國在談判中作出更多讓步。

　　美國採取了舊有談判戰略，既強調中美關係的大局，同時又引
用國會對華強硬派的聲音，以強調中美達成紡織品協定的重要性。
美國國會與製造業等遊說集團在知識產權、人民幣匯率等方面向美
國政府不斷施加壓力。美國政府把其感受的多重壓力傳達給中國談
判對手，以促使中國領導人做出政治判斷。比如，美國國會美中經
濟安全審查委員會在向國會提交的年度報告中包含了 57 項對華強
硬政策的建議書。該建議書建議，在人民幣匯率上美國應當向中國
政府施加壓力促使人民幣至少升值 25%。在這種情況下，中美紡織
談判代表雙方都有儘快結束談判的願望，在最後的談判中雙方互有
讓步，藉以顯示中美之間談判的成果，同時也為美國總統布希 2005
年 11 月 19 日的訪華營造「和諧」氣氛。

　　中方在談判中採取的許多策略是值得稱道的。中方在談判中強
調中美進行正常的紡織品貿易影響到中國的國內安定。中國紡織服
裝業涉及就業人數遠遠超過美國，是真正的「民生」行業，美國必
須正視這一點。中國紡織業直接就業人口到達 1,900 萬，與紡織業
相關的就業人口超過一億。[52]中美達成公平合理的協定事關中國就
業和扶貧的大事，美方不能指望中方遷就美國少數利益集團的無理
要求，作出無原則的過度讓步。

　　中方採取了一系列措施，加強對紡織品出口的管理，體現了負
責任大國的態度，同時也使自己立於了「道義」的優勢地位，增加
了對美談判地位。為了減緩一體化後中國紡織品出口激增可能給國
際市場造成的衝擊，中國政府相繼出臺了十多項措施，其中包括：(1)
降低紡織品的出口退稅率；(2) 對部分紡織品加徵出口關稅；(3)
下調進口關稅稅率；(4) 對 25 個非洲最不發達國家部分輸華商品實

52　吳榮斌，〈對紡織品出口貿易摩擦的思考〉，集團經濟網站，見 www.cmo.com.
　　cn/0607s/ztyj/wrb.htm。

施免關稅政策；（5）公布涉及 28 種紡織業的禁止投資目錄；（6）推廣行業標準；（7）加強知識產權保護；（8）發布在亞非拉地區開展紡織服裝加工貿易投資的國別指導目錄；（9）加強紡織品貿易領域多雙邊政府、行業組織和企業間的對話；（10）對部分紡織品實施出口自動許可管理；（11）紡織行業積極協調自律等。這些措施是重要的，反映了中國作為一個負責任的正在上升的大國的責任，與歐美在 1995-2004 年 10 年過渡期間無所作為形成鮮明比照。有研究指出，歐美發達國家並未履行烏拉圭紡織品服裝協定的逐步自由化的時間安排，而是把「最緊俏、最敏感、發展中國家最具出口潛力」的那些配額，保留到了最後一刻，美國保留了 90%，歐盟保留了70%。這是導致中國紡織品出口激增的重要原因。[53]在這些理由的基礎之上，中國方面有權利要求美國政府抵制國內保護主義的壓力，共同努力維護雙多邊貿易的大局。

　　中方在談判中使用了所謂「掛鉤」或「聯繫」談判策略，調動棉花、大豆、紡織機械和輔料生產等美國國內利益集團的影響，平衡美國紡織服裝業者的過大影響。在後期的談判中，中方談判代表顯然把美國農產品包括棉花、大豆以及紡織機械和輔料的對華出口與紡織品談判「掛鉤」，強調一旦中國輸美紡織品受到「非法」限制，那麼，中國就可能限制美國對華農產品、紡織機的出口。有媒體更把棉花、大豆與紡織機器稱為中方談判的三大「法寶」。我們知道，美國農業集團在國會中具有舉足輕重的作用，它們在政治上可以有力地平衡美國紡織利益集團的作用。周世儉等中美經貿專家也建議，美國棉花一半出口到中國，紡織機械和紡織輔料大量出口到中國。如果中美發生貿易戰，中方可以利用這些因素反制美國。他列舉了 1983 年中美紡織品貿易爭端的例子指出，當時中國就對美國動

[53] 黃曉芳，〈一場全球矚目的貿易戰——關於美歐對中國紡織品設限的述評〉，《經濟日報》，2005 年 6 月 2 日，第 5 版。

用了停止進口小麥、玉米、大豆、杜邦化纖的反擊手段，最終以美
國讓步告終。

面對中美談判不確定的前景，美國農業部門顯然擔心中美貿易
戰的結果，擔心成為中國報復的對象。它們同樣也是市場不確定性
風險的受害者。有分析指出，美國是世界上第二大棉花生產國，中
國是美國棉花的最大市場。2005 年，美國向中國出口的棉花數量占
其棉花總產量的 36%或一半以上。2004 年 4 月至 6 月間，因中美貿
易摩擦，美國棉花公司某些部門的業務遭受的損失超過 20%，美國
高等級棉花的價格猛跌，出口同比縮水 70%。棉農的預期也大受影
響，部分棉種到岸價在 4,000 元人民幣／噸以下。[54]因此，對於美國
棉花、大豆等的種植者來說，儘快化解中美摩擦符合其切身利益。
在中美紡織品談判前景不明朗的情況下，美國全國棉花協會（NCC）
提出，反對美國政府對中國輸美紡織品設限。美國棉協總裁馬朗指
出，對中國紡織品設限不是一個好辦法，應通過協商、談判的方式
解決問題。中美兩國經濟已緊密聯繫在一起，設限帶來的後果，對
美國的原棉生產者、貿易商也是非常不利的。[55]

中美雙方在談判時顯然也考慮到中美避免發生貿易戰對於穩定
全球經濟的重要意義，以及作為多邊貿易體制中具有重要影響的兩
個大國的責任。中方在簽署備忘錄後曾做出如下評價，反映出「國
際責任」因素在談判中起到了重要作用。中國方面的評價如下：[56]

第一，備忘錄是雙方在平等互利、求同存異、擴大合作的基礎
上友好協商的結果。

---

[54]　〈中美紡織品談判最終「和解」可能性較大〉，新華社記者孔玲北京 2004 年
　　　10 月 10 日電。
[55]　同上。
[56]　中國商務部新聞辦公室，〈商務部外貿司負責人就中美紡織品問題答記者
　　　問〉，2005 年 12 月 1 日，商務部網站。

第二，為中美紡織品貿易創造了一個穩定、可預見的環境，有助於拓展協定產品的出口空間，有助於恢復和改善貿易渠道，對整體經貿關係的發展具有重要意義。

第三，協定兼顧了發展中國家的利益。中方指出，在協定達成當時，美國紡織品市場上中國產品已占到 20%的份額，美國本土產品只占 5%，剩下的份額中很大一部分是發展中國家。「在美市場份額一定的情況下，我國產品對美出口增長過快，勢必影響有關發展中國家對美國的出口」。中國商務部發言人注意到，2005 年 1～9 月，美國紡織品進口整體同比增長 8%，其中從中國進口增長 52%，從東盟國家的進口增長 3%，而從墨西哥、加勒比海地區國家的進口分別下降了 6%和 1%。因此，中方提出，在追求自身紡織品出口發展的同時，也要兼顧其他發展中國家。中美達成紡織品協定，可以使發展中國家對未來的中美紡織品貿易有一個明確的預期，為其進行紡織業的結構調整提供空間。從這一角度講，中美紡織品協定不僅是一個「雙贏」，而且還是一個「多贏」的協定。

第四，中美紡織品問題的妥善解決再次證明，通過共同努力，中美雙方能夠在一些重要問題上達成共識或取得積極進展，雙邊經貿關係的穩定發展符合兩國的共同利益。中美兩國都是貿易大國，都是 WTO 的重要成員，雙方能否妥善處理雙邊貿易中出現的問題將對世界經濟產生重要影響。

第八節　美歐貿易保護主義成為中國紡織企業「走出去」的動力

2005 年中歐、中美達成紡織品貿易協定，具有重要的標誌性意義。儘管全球紡織服裝貿易開始進入「自由貿易」時代，但是，這種自由貿易依然受到了國內利益集團政治的很大干擾。中國對外出

口仍然受到數量限制。類似數量限制等國外貿易壁壘在中國經濟崛起的過程中將可能長時間地伴隨著中國。這是中國必須面對的現實。

　　由於這些原因，中國企業的產能、潛力與中國在國際市場中的實際份額仍然存在著不小的距離。怎麼解決這些問題呢？除了繼續維護多邊貿易組織的有關規則，鞏固深化自由貿易的基石外，中國企業與政府還必須進行創造性的工作，充分發揮現有國際規則的潛力。「走出去」，開展對外投資，不失為解決國際貿易壁壘的重要途徑。正如商務部部長薄熙來所言，「以後的貿易環境，還將回到『數量限制』，也就相當於配額，我們的企業要利用原產地規則，積極走出去，實現原產地多元化，轉變貿易增長方式。」[57]所謂利用原產地規則，實現原產地多元化，就是發掘現有國際規則的潛力。因此，可以說，正是美歐貿易保護主義的壓力，迫使中國企業加快對世界的投資，從而加快提高了中國經濟在全球經濟中的影響力。

　　紡織服裝業已經成為中國企業走出去的第二大產業，是中國公司國際化經營的重要組成部分。截止 2005 年底，經商務部核准的境外紡織服裝企業 130 家，中方投資 7.8 億美元，分布在 40 多個國家和地區。占中國對外投資存量的 2%，占中國境外加工貿易投資總額的 30%。從地區分布看，93%在發展中國家，其中，亞洲 3.4 億美元，占 44%；拉美 1.89 億美元，占 24%；非洲 1.52 億美元，占 20%。實物投資仍是中國紡織服裝行業「走出去」的重點投資方式，中方投資額的 70%是設備、原材料，且大部分是國產設備。[58]

　　具體來講，實施「走出去」戰略可以達到幾個目的：

（1）避開國際貿易保護主義的出口限制，增加中國企業的間接出口機會；

---

[57]　轉引自徐峰，〈面對國際貿易新形勢行業觀察「走出去」海闊天空──從規避貿易摩擦看紡織企業「走出去」的意義〉，《經濟日報》，2005 年 8 月 2 日。
[58]　王沛，〈我國紡企「走出去情況及政策」〉，中國紡織服裝網，2006 年 8 月 30 日。

（2）減少與發展中國家在國際紡織品市場的競爭，增加東道國
　　　當地的就業機會，有助於改善、鞏固與發展中國家的關係；

（3）擴大中國在世界範圍的經濟文化與政治影響。中國作為大
　　　國崛起的過程，也是對全球經濟更加全面的參與過程，紡
　　　織業對外投資是擴大這種參與的一條自然而合理的途徑；

（4）為中國倡導的「和諧世界」理念的推行創造條件。

　　有專家建議，中國紡織企業「走出去」可以採取至少兩種辦法：
一是將邊際產業或非核心產品的生產向有綜合優勢的發展中國家轉
移，而將國內企業的發展重點轉向研發設計，以降低生產成本；二
是到發達國家收購兼併企業、設立研發中心或建立營銷網絡，從而
獲取先進技術、管理人才和銷售網絡等要素，提升企業的技術水平。
企業要根據自己的實際情況，做好調查研究和可行性報告，做到有
的放矢。

　　在中國政府的鼓勵之下，中國紡織工業協會等紡織行業協會對
企業對外投資進行了規劃，包括率領有「走出去」意向的企業對可
能的投資地分 5 條路線進行集體考察。中國紡織工業協會規劃的 5
條路線分別是蒙古、朝鮮一線，東南亞越南、泰國、柬埔寨一線，
埃及、印度、斯里蘭卡一線，埃及、約旦、摩洛哥一線，以及中南
美洲一線。在協會的協調下，統一對外投資，在當地建立紡織服裝
產業園，改變過去企業單打獨鬥的形式，集中投資企業形成合力，
從而有效降低投資風險。[59]

　　有專家建議，中國紡織業對外投資可以選擇埃及等經濟發展較
快的發展中國家作為投資東道國。以埃及為例，他們認為，埃及可
以成為中國紡織企業走出去進行國際化經營的重要通道，並認為「對
中國企業來說，掌握好埃及渠道，無異於同時推開了通往歐洲、阿
拉伯國家、非洲、美國四大市場的大門」。把「Made in China」變為

---

[59]　徐峰前引文。

「Made in Egypt」，可以規避歐盟、美國針對中國的配額保護和反傾銷等措施。

良好的投資條件特別是與發達國家市場緊密的聯繫，可以使埃及成為中國紡織業的首選投資地之一：

（1）埃及和中東市場潛力巨大。埃及是東南非共同市場（COMESA）、大阿拉伯自由貿易區（GAFTA）的重要成員，儘管其中以欠發達國家為主，但是市場人口規模超過 6 億，是一個巨大的潛在市場。專家指出，即使不以其為消費品的主要銷售市場，但是它作為能源與原材料的採購基地的潛力也是十分巨大的。

（2）埃及是非洲、中東地區的政治大國，在阿拉伯地區政治經濟、歐美外交格局中佔有重要地位。與埃及相關的國際經貿安排體現了其重要的地位。

埃及簽署的國際協定包括：2001 年 6 月達成的《埃及—歐盟夥伴關係協定》（Egypt—EU Partnership Agreement），該協定規定部分埃及工業品可以「免稅」進入歐盟，自 2004 年 1 月 1 日起開始生效。由於歐盟東擴，協定的適用範圍也隨之拓展。

埃及於 1998 年加入了東南非共同市場（COMESA）自由貿易協定。COMESA 成立於 1994 年，埃及 1998 年加入，現在成員包括安哥拉、布隆迪、喀麥隆等 20 個國家。2000 年 COMESA 達成新的自由貿易協定，規定到 2006 年實現區內貿易零關稅的目標。埃及正計劃在 COMESA 框架內建設一條新的海運線，從亞歷山大港直至南非。

埃及是大阿拉伯自由貿易區（GAFTA）協定的參加國。GAFTA於 1998 年 1 月 1 日正式生效，規定在 10 年內逐步實現阿拉伯國家內部貿易的自由化。GAFTA 共有埃及、巴勒斯坦、沙烏地阿拉伯等17 個成員國（地區），經濟總量達 6,000 億美元，人口約 2.7 億。由於各方意見存在分歧，埃及開始以和各成員國簽署雙邊協定的方式推進建設大阿拉伯大市場的進程。

　　美國根據「大中東」計劃，準備在 2013 年前建設「大中東自由貿易區」。埃及是美國該計劃所倚重的最重要國家之一。

　　（3）根據埃及與美國、歐盟的關係，可以對埃及進行加工貿易投資。埃及與美國、以色列三方有所謂「合格工業區」（QIZ）的安排。2004 年 12 月 14 日，埃及和美國、以色列簽訂了「合格工業區」協定。協定規定，凡在埃及的特定區域內，由埃及和美國共同確定的企業生產的產品，只要含有 11.7%的以色列材料或服務成分，在出口美國時可享受零關稅，在配額取消之前的階段還免配額。QIZ協定在執行過程中比較靈活，允許埃及企業先出口，再定期核定其生產成本結構是否含有以色列的材料，一個季度核算一次。美方不要求提供產品的詳細介紹、不進行額度限制，只要產品上注明「Made in Egypt」（埃及製造）即可。因此，企業出口美國的第一批服裝並不一定含有以色列原料，而只需在今後的一個季度中陸續購買以色列的材料使總的比例大致達到 11.7%即可。目前，大開羅地區、大亞歷山大地區和蘇伊士運河北端的塞得港等地的 7 個工業區已經成為 QIZ，400 多家企業拿到了美國政府確認的出口資格證書。除與美國有 QIZ 協定外，埃及和歐盟也有類似「合格工業區」的「自由貿易區協定」。除發往美國免稅外，發往地中海國家也同樣免關稅。企業還可以享受大阿拉伯地區優惠貿易協定，相互貿易可以免關稅。[60]

　　目前，中國在埃及進行投資已有不少成功案例。據埃及投資部統計，截至 2005 年 12 月底，中國企業和公民在埃註冊登記建立的合資、獨資企業共 186 家，投資額 2.21 億美元。投資領域主要分布在紡織服裝、化工、工程、食品等行業。中國紡織企業在埃及已有成功的投資案例。比如，中資企業在蘇伊士特區投資的第一個生產

[60] 美國、歐盟與埃及的這種新貿易安排，顯然是為了適應「九一一」以後的國際安全形勢與中東形勢，其目標是多重的，可能包括促進埃及的經濟繁榮和政治穩定；密切埃及與美歐的傳統安全關係；使埃及成為中東地區的樣板；密切埃及與以色列的經濟貿易關係，促進阿、以雙方的和解等，最終服務於美國計劃實施的「大中東」計劃。

型專案「白玫瑰」針織成衣專案，為當地解決了 100 個就業機會。
另一家企業——尼羅紡織集團有限公司由上海大龍製衣公司和江蘇
舜天集團於 2000 年 10 月合資在塞得港自由區註冊，總投資 250 萬
美元，生產的服裝產品全部出口美國，現有中方員工 36 人，埃及員
工 500 多人。2005 年生產服裝 15 萬打，銷售收入 500 萬美元，進
出口總值 750 萬美元。[61]

除了埃及以外，中國紡織業還在世界其他地區和國家進行了投
資，取得了較好的經濟與政治效益。如華源集團在柬埔寨、墨西哥
建立了棉紡專案；安徽華茂在美國塞班島和約旦分別投資建廠；中
紡機集團在柬埔寨建立了紡織工業園；鹿王在毛里求斯、馬達加斯
加設立了羊絨衫加工廠等。[62]

中國紡織企業在埃及等投資企業的成功經驗表明，在經濟發展
快的發展中國家與地區進行投資，是一舉多得的好棋，不僅有助於
保持中國出口的強勁增長勢頭，有助於擴大未來中國的貿易總量，
同時還為中國企業在全球佈局的打下了基礎。

第九節　總結

紡織品及服裝貿易摩擦是中國與美國的經貿關係中典型的案
例，它清晰地反映出制約中美貿易流量的諸多制約因素與特點。

首先，紡織品服裝貿易與整個中美貿易一樣，受到了多邊貿易
體制越來越多的制約。儘管國內有強大的利益集團要求保護，但是，
美國政府也必須遵行紡織服裝貿易自由化的協定。

其次，紡織品服裝貿易與當前中美貿易一樣，帶有明顯的過渡
色彩。這種過渡主要體現在中國加入 WTO 的協定中帶有不少專門

---

[61] 〈中國紡織品在貿易摩擦中借道埃及出口美國〉，《中國貿易報》，2006 年 7
月 24 日。
[62] 徐峰前引文。

針對中國的「歧視性」規定，比如特殊保障、反傾銷、市場經濟地位等方面的條款。這些條款雖然帶有明顯的歧視性，也是中國在談判中所接受認可的，儘管當時多麼不情願。這種情況從側面說明，加入 WTO 實際上是一個政治談判過程，討價還價更重要。

再次，中美雙邊貿易越來越朝自由化的方向發展，兩國之間經濟利益的交融日漸深入，一個錯綜複雜的利益共同體正在成為兩國關係的基石。紡織品服裝貿易典型地反映出這一迅速變化的特性。中國既是美國紡織品服裝最大的供應國，同時也是其棉花、化纖等原料以及紡織機械的最大進口國。美國國內進口商與零售商、消費者組織等組成的開放貿易集團有力地平衡著要求保護的利益集團。

最後，中美貿易不斷深化正在改變兩國社會價值觀與政治經濟政策的深層結構。這種變化既體現在勞工權利的保障方面，也體現在有關補貼等產業政策上。我們看到，多邊框架下的雙邊貿易正在帶來兩國經濟社會政策與價值觀的「同質化」。

第六章　出口管制與中國與美國的經貿關係

　　出口管制一直是中國與美國的經貿關係中十分重要的問題。作為世界技術大國，美國認為出於安全方面的考慮，有必要對中美技術貿易進行管制，哪怕犧牲部分的經濟利益也是值得的。作為發展中大國，中國認為引進美國先進技術與設備，是兩國「比較優勢」互補的表現，中美開展技術貿易反映了自由貿易的自然規律。

　　出口管制也是兩國國內政治中的重要議題。在美國方面，工商界批評現行對華出口管制政策，認為政府的出口管制政策犧牲了美國的商業利益，但是並未起到阻止中國獲得先進技術的作用，商機卻為美國的競爭者搶走。在中國方面，也出現了這樣的聲音：中國絕不能按照所謂「比較優勢」專注於生產勞動密集型產品，政府應當創造條件加速產業升級。該觀點的一個典型說法就是，中國需要出口 10 億雙鞋子才能換得美國一架波音飛機，即使這樣，10 億雙鞋子的含金量絕對不能與波音飛機的技術相提並論。中國不能亦步亦趨地順著「比較優勢」的階梯緩慢升級，中國必須走自己的技術創新之路，只有這樣才能真正保證國家安全。

　　出口管制顯然是一個極其複雜的政治經濟問題，其核心在於如何平衡安全利益與經濟利益之間的關係。隨著中國加快融入全球經濟及綜合實力的提高，美國對於中國崛起的安全顧慮和在中國市場的經濟利益都上升了，安全利益與經濟利益之間的緊張關係進一步加劇。

第一節　戰略貿易理論：國家實施「出口控制」的理由

我們可以把國際貿易分為「普通貿易」與「戰略貿易」兩類，其劃分標準主要看貿易對國家安全的影響程度。因此，我們可以說，普通貿易可以被定義為不會對國家安全產生重大影響的貿易形式；而戰略貿易則可以定義為對國家安全產生重大影響的貿易形式，主要指與軍工、軍民兩用技術相關的貿易。出口管制的對象主要涵蓋涉及戰略貿易的物資與技術的出口。

出口管制總體來講屬於民族國家約束出口的行為，是國家間競爭的產物。出口管制古已有之。比如，在近代「重商主義」時期，英國嚴禁本國技術工人移民到其他國家，嚴禁先進技術設備流出國門。當時，英國採取出口管制的目的就是為了保持大英帝國在造船、航海以及製造業方面的優勢地位。另外，當時沙俄彼得大帝曾化妝成工人潛入荷蘭船廠，偷學造船技術，這是通過間諜方法打破外國出口管制的早期案例。另一方面，英國還曾阻止先進的紡織技術、設備流入美國等國家，但是，美國等國通過吸收移民或派出商業間諜等方式獲得了技術秘密，加之自己的優勢，最終迎頭趕上英國，到 20 世紀上半葉成為取代英國霸權的主要力量。

出口管制作為一套系統的政策體系，形成一整套完備的管制體制，包括形成國際聯盟實行大規模的出口管制措施，是在第二次世界大戰之後。為了抑制蘇聯、中國等共產主義國家的經濟與科技進步，以美國為首的西方國家建立了一整套出口管制的國內和國際機制。美國於 1949 年通過《出口控制法》；1950 年，以美國為首的西方國家成立了「巴黎出口控制協調委員會」（COCOM），簡稱「巴統」。[1]但是，隨著 1990 年代初前蘇聯的解體和冷戰的結束，冷戰時

---

[1]　巴黎出口管制協調委員會，簡稱「巴統」。成立於 1950 年 1 月 1 日，是西方國家針對社會主義國家實行戰略物資禁運的非正式國際組織，起著多國出口控制協調委員會的作用，因總部設在法國巴黎而得名。最初成員包括美、英、法、意、荷、比、盧七國，後經擴大，到 1989 年成員國達到 17 個。「巴統」

期的國際出口控制聯盟開始瓦解，並產生了新的更加普遍性的防擴散體系。

如果從國家與市場在國內與國際兩個層次的關係來看，出口控制大致有以下幾個方面的特點：

第一，擁有技術優勢的國家，為了保持在國際戰略格局中的領先地位，保證自己的安全地位，往往傾向於採取出口管制的政策。

第二，為了幫助本國公司維持國際競爭力，具有技術優勢的國家往往採取技術管制政策，主要是對關鍵技術和裝備的出口加以限制。

第三，主要國家基於共同利益，包括相同的價值觀和相同的安全考慮，形成國際出口管制聯盟。國際聯盟之所以會存在，既有國際體系內領導國家（如美國）的倡導或脅迫，又有所謂的共同安全與政治利益的支撐。比如，冷戰時期西方各國之所以接受美國在出口管制上的領導地位，就是因為它們共同面臨前蘇聯的安全威脅。

第四，受限國家國內科技進步，具備製造相類似的產品時，實施出口控制的國家往往會放鬆管制，由安全防範為目標轉向以占有對方市場份額為目標，批准受控技術與產品的出口。不過，從一定意義上講，批准出口也是一種變相的出口管制，因為可能因此延緩對方國家的技術進步。

第五，由於缺乏對「國家安全」定義的「共識」，往往存在國家安全利益與經濟利益之間的緊張關係，從而影響國家出口管制政策的穩定性與一致性。

第六，國家安全環境的變化對於國內在出口管制政策的認同產生很大的影響。

的主要任務包括制定禁止、控制向社會主義國家出口的戰略物資、高技術產品的標準和詳細的禁運清單；審議可免除禁運的專案；協調和監督禁運政策的實施情況。巴統成立初期，禁運目錄幾乎占到國際貿易商品專案的一半。從 1950 年代後期開始，美國以外的西方國家屢破禁令，使巴統禁運政策受挫。冷戰結束以後，巴統於 1993 年底宣布結束。

　　出口管制作為一種政策或理論，存在著諸多不同的觀點。簡單來說，大致可以分為幾個方面的觀點：

（1）國家安全優先論，主要是主張國家安全為最高利益，為了國家安全採取出口控制，可以犧牲一部分經濟利益。

（2）經濟利益優先論，主張經濟利益與國家安全並不矛盾，實現經濟利益可以更好地服務於國家安全利益。

（3）外交政策「工具」論，主要認為出口管制可以成為推行本國外交政策的工具與手段，可以用來實現國家更廣泛的外交政策目標。

（4）多邊管制有效論，認為一個有效的出口控制政策應當與有效的多邊協調機制相配合，否則只在一國內部實行出口管制，不會取得良好的效果。

（5）出口管制有害論，認為出口控制達不到抑制對手的目的，相反，最終傷害到自己，造成本國經濟喪失國際市場的機會，最終損害國家安全利益。

　　以上幾種主張在美國國內圍繞出口管制問題的辯論中均有所反映。

第二節　美國出口管制體制：法律、原則與機制

一、美國出口管制體制的法律框架

　　中國學者一般認為，《1979 年出口管制法》（EAA）是美國主要出口管制政策的法律依據，但實際上該體制是由一系列出口管制法律、法規構成的。

　　美國出口管制的法律框架包括：美國國會立法的《出口管理法》（Export Administration Act，簡稱 EAA）；商務部制定的出口管理實施細則《出口管理條例》（Export Administration Regulations，簡稱

EAR）；1976 年立法通過的《武器出口控制法》（Arms Export Control Act，簡稱 AECA），主要針對可能導致他國軍力增長進而影響國際力量平衡、有害於美國安全的軍用物資、裝備和技術等的出口；1954 年通過的《原子能法》（Atomic Energy Act，AEA），側重管制有關核物資與技術的出口。在上述法律法規以外，美國政府為應付緊急情況、保障國家安全的需要，還立法授權總統在緊急情況下或在受到非常威脅的情況下，實施有關出口管制和貿易禁運措施的權力，此類授權包括在 1976 年國會立法通過的《國際危機經濟權力法》（International Emergency Economic Power Act，簡稱 IEEPA）中。

在上述所有法律法規中，《出口管理法》（EAA）是出口管制的基本法律。第二次世界大戰以來，美國國會曾經進行過幾個出口管制法的立法工作，其名稱與內容均發生過一定的調整，以反映國際格局變化的現實。《1949 年出口控制法》（Export Control Act of 1949）為第一個出口管制法，主要是將二戰期間美國國會 1940 年 7 月 2 日通過的第 703 號公法的出口管制程式「法條化」，以適應當時冷戰開始並加深的需要，該法時效是 20 年。第二個出口管制法是《1969 年出口管理法》（Export Administration Act of 1969），為美國當時推行的對蘇聯、東歐與中國的「緩和」政策提供法律依據。鑒於美國力量的相對衰落，尼克森政府企圖利用中蘇矛盾，謀取「平衡者」的利益，對出口管制內容進行了一些調整，包括第一次提出擴大與東歐貿易往來的理念，實際目的在於分化蘇東陣營；用「管理」（administration）取代「管制」（control）一詞，在出口控制上採取不少放鬆措施。《1979 年出口管理法》是美國國會的第三個立法，美國再次修訂出口管制法，進一步簡化出口許可程式，同時也加強了國會對出口管制的監督作用。

1980 年代以來，為了適應形勢的變化，美國對《1979 年出口管理法》進行了一系列的修訂，國會於 1983、1985、1988 年對出口管制法進行了三次修訂。其中，最重要的修訂是國會在 1988 年通過的

《綜合貿易與競爭力法》（The Omnibus Trade and Competitiveness Act of 1988）中提出的《出口管理法 1988 年修正案》，重點提出放寬出口管制的範圍、規模和領域，與此同時，美國商務部也對《出口管理條例》進行了相應的制訂工作。一般認為，1988 年修訂案為強化多邊出口管理體制提供了法律依據。

需要指出的是，美國第四個出口管理法經過長時間的爭論，迄今仍處於「難產」狀態，主要原因在於行政部門與國會的分歧過大。《1979 年出口管理法》於 1990 年 9 月 30 日到期，但是，第 101 屆國會通過立法（H.R.4653）再次授權實行該法，但是，當時的老布希總統於 1990 年 11 月對國會立法採取了所謂「口袋否決」（pocket-veto），對這一重新授權置之不理。這就出現了一個奇特的現象，1990 年 9 月 30 日迄今為止，美國總統主要依賴《國際緊急經濟權力法》（the International Emergency Economic Powers Act）所賦予的權力，保持現有出口管理體制及法規的有效性。[2]

進入千禧年之後，特別是受到「九一一」事件的震撼性衝擊，美國國內各界一直積極推動國會出臺新的出口管理法，以應對日益嚴峻的國家安全形勢。但是，由於國會內外對出口管制的意見分歧太大，當前尚未形成共識。不過，目前已有迹象表明，國會與商務部等部門正加緊合作達成共識，新的出口管制法案有望在不遠的將來出臺。

二、美國出口管制三原則

根據美國《1988 年出口管理法修正案》第三章「政策聲明」部分的規定，美國出口管制政策主要遵照三大基本原則來運行：

---

[2] Ian F. Fergusson, "The Export Administration Act: Evolution, Provisions, and Debate", Updated May 5, 2005, see w3.uchastings.edu/paul_01/PDF/DOCS/US.exportcontrols. PDF.

第一，國家安全原則，即限制可能加強其他國家或國家集團的軍事潛力的貨物或技術出口，並且這種出口證明對美國安全有不利影響。除了傳統國家安全的考慮外，美國從 1980 年代開始把「經濟安全」放在越來越重要的地位，即希望通過技術出口管制，保持本國經濟的健康發展，加強美國產業與企業的國際競爭力。1988 年綜合貿易法實際上是美日歐經濟競爭加劇的產物。

第二，對外政策原則，即為了進一步加強美國對外政策或履行美國所承諾的國際義務而必須限制的貨物與技術出口，如當時對古巴、北朝鮮、柬埔寨和越南等國的出口禁運，對利比亞實行的特別出口管制等。禁止出口和再出口那些因國家安全、防止核擴散及犯罪管制等原因而被管制的來源於美國的商品及軍事或治安用途相關的資料等等。這一原則反映了「對外政策工具論」的觀點。

第三，短缺供應與抑制通貨膨脹原則，即主要服務於美國國家經濟安全的目標，授權政府加強短缺物質的管制。但是，實際上，除了全面戰爭時期外，美國並不使用該條款。

三、美國出口管制的主要領域

美國出口管制的領域較為複雜。出口管制法規把出口管制「清單」按「用途」的屬性分為三類，即：（1）純軍事用途產品和技術清單（the U.S. Munitions List）；（2）軍民兩用產品和技術清單（Commerce Control List）；（3）純商用產品和技術清單。

對於純軍用品的管制清單內容比較容易界定，不容易產生分歧，主要由代表美國外交政策的國務院實施管理。顯然，美國政府把軍品管制放在外交政策的大框架下進行管理。軍民兩用品清單比較複雜，爭議也最多，由商務部代表美國政府管理。按照目前法規，主要包括 10 個大「類」，分別為：[3]

---

[3] Department of Commerce Bureau of Industry and Security, "Export Administration Regulations"，Part 738，*Commerce Control List Overview and the*

（1）核材料、設施與設備；

（2）材料、化學、微生物、生化毒素；

（3）材料處理技術；

（4）電子技術；

（5）電腦技術；

（6）通訊與資訊安全技術；

（7）傳感與雷射技術；

（8）導航或航太技術

（9）海洋探測技術；

（10）推進系統、空間探測技術及相關設備。

在每一類別中，又按照「組」進行了分類，每一類分為同樣的五組，這五組分別是：

A 組：設備、元件和零配件

B 組：測試、檢驗和生產設備

C 組：物質

D 組：軟體

E 組：技術

美國出口管制政策的重中之重是控制高級敏感技術的擴散，其中很多為軍民兩用技術。對此，《出口管理條例》對「技術」採取了較為「寬泛」的定義，即指「任何可用於設計、生產、製造、利用或改進各類產品的專門知識」，技術資料既可以是有形的，如模型、圖紙、操作說明等，也可以是無形的，如技術服務和技術交流等。《出口管理條例》對「技術出口」的規定適應於下列六個方面之一的活動：

（1）技術資料事實上運出美國；

（2）在知道或者打算將資料運到或者發往國外而提供技術資料；

Country Chart，see www.gpo.gov/bis/ear/txt/738.txt.

（3）在國外交出源於美國的技術資料；

（4）外國人親自考察美國製造的設備、設施；

（5）在美國或者外國口頭交換技術情報；

（6）將在美國獲得的個人知識或者技術經驗用於國外。

以上有關「技術出口」的六個方面的定義表明美國對於出口的控制遠遠超過了產品與設備的控制，其管制之嚴由此可見一斑。

另外，美國出口管制政策的實施中經常碰到兩個問題，一個是對於軍民兩用產品的「最終用途」的監管問題。美國經常為了商業利益的需要而允許軍民兩用產品的出口，但是，為了保證國家安全利益，在出口之前美國政府又與進口國家達成某種規定，即通過限制這些產品的最終用途，保證其不得用於軍品開發和應用。比如，中美之間存在大量有關「最終用途」的案例，1997 年兩國還達成了專門協定。第二個是技術或產品的「再出口」（re-export）問題。所謂技術「再出口」的定義是指美國的技術資料已經由某一國運到或者傳到第三國，或者知道或者打算將美國技術資料運到或傳到第三國，《出口管理條例》中對此作了嚴格的規定，其目的在於防止美國技術或設備泄露給第三國，從而危害到美國的國家安全。在美國的堅持下，中美間出口協定經常包括這樣的條款。2006 年底中美達成的核電合作協定，其中就包括了此類規定。

美國出口管制還強調「屬人」加「屬地」的管理辦法。1977 年以前，美國出口管制主要是「屬地」管轄，即凡在美國的公司或個人的出口行為均受到美國出口管制法規的限制。但是，1977 年之後，採取了所謂「屬地」加「屬人」的管轄，即美國出口管制法規不僅管理美國領土上的公司或個人的出口行為，而且還擴大到所有美國管轄下的人或公司所出口的任何貨物和技術，這樣一來美國公司在海外的子公司的產品或技術也同樣受到出口管理法規的制約。我們看到，戴爾公司（Dell）中國分公司在中國銷售電腦的合同中就包括了履行美國出口管制義務的條款。這是美國出口管制「屬人」主

義在中國的體現。「屬地」加「屬人」的管理使得美國的出口管制網絡延伸至海外，不可避免地與經濟全球化的格局發生衝突，限制了美國跨國公司在海外市場有效展開競爭，這是美國工商界批評美國出口管制體制落後於經濟與技術發展的主要原因。

四、美國出口管制機制：機構、分工與協調

　　二戰以來，美國形成了一整套完備而複雜的出口管理機制。在現行體制中，我們看到相關機構的分工包括，美國國會主要與行政部門合作完成立法工作，由行政部門負責具體實施出口管制法規的執行工作。

　　美國行政部門專門建立起了一整套的管制機構，不同部門相互分工協作。按照產品「用途」屬性，國務院會同國防部負責軍用技術與產品的出口審批；商務部負責管制民用技術和軍民兩用技術與產品的出口審批。但是，當技術出口涉及某些具體領域時，政府中的其他相關部門將參與管制決策過程。比如，核技術管制主要由「核管制委員會」（Nuclear Regulation Commission）與能源部負責。

　　商務部是《出口管理法》指定的出口管制部門，有權對民用技術和軍民兩用技術的出口進行「終裁」。商務部下專門負責出口管制的職能部門，2002 年前稱為「出口管理局」（Bureau of Export Administration，簡稱 BXA），2002 年後更名為「產業安全局」（Bureau of Industry and Security，簡稱 BIS），專職處理一切出口管制業務（圖 6-1）。

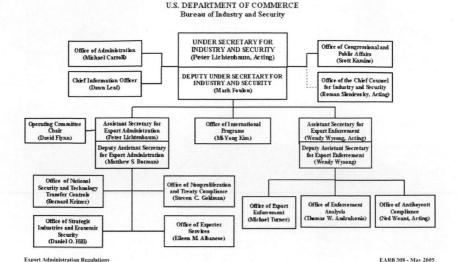

圖 6-1　美國商務部產業安全局（BIS）的組織架構圖

資料來源：美國政府印刷局（GPO）公開資料，出口管理資料庫。
見 http://www.gpo.gov/bis/ear/pdf/bisorgchart.pdf.

　　商務部產業安全局（BIS）的業務分為兩部分（見圖 6-1），一部分負責具體的出口管理工作，另一部分負責出口管理的「執法」工作，分別由一名部長助理和一名部長助理幫辦負責。前者下設貿易戰略與外交政策控制、產業戰略與經濟安全、不擴散控制和條約履行、出口服務等四個辦公室；後者下設出口執法、執行分析、反聯合制裁等三個辦公室。此外，產業安全局還設有與國會溝通和處理公眾事務的辦公室、首席法律顧問辦公室、不擴散出口控制小組及國際合作辦公室等機構。

　　在具體執法過程中，產業安全局與美國國防部等部門保持密切合作，特別是在軍民兩用技術的出口審查方面，國防部有權對「由於國家安全目的而對向其出口進行管制的國家」的任何出口許可進行審查。美國國防部還直接參與軍用技術的出口管制，雖然軍用技

術的出口直接由國務院頒發出口許可證，但國防部在軍用技術的出口審查方面擁有很大的發言權，可以直接參與軍用、軍民兩用技術出口的審查，並負責制訂有關軍用和軍民兩用技術出口的政策方針、管制清單和審議機制。[4]

2001年美國政府通過政府職能的調整，加強了國防部在出口敏感軍事物質和兩用技術出口申請審批方面的許可權。據美國國防部介紹，國防部這一機構調整早在「九一一」事件之前即著手進行了。2001年8月，國防部副部長（the Deputy Secretary of Defense）重建了防務技術安全管理局（the Defense Technology Security Administration），該局整合了技術安全、反擴散、非擴散等過去分散的部門，由國防部政策問題專職副部長（the Under Secretary of Defense for Policy）負責。國防部防務技術安全管理局有將近200名軍職、文職人員處理有關出口許可問題，他們擁有各學科包括工程、製造技術等專業背景知識。此外，還有一個監視衛星發射的專門部門，負責審查衛星出口以及由外國運載工具發射美國製造衛星的技術安全保證專案，同時也負責由美國發射美制、所有權屬于外國的衛星的技術保障工作。審查主要依照個案處理的方式，必要時將要求各軍種、參謀長聯席會議以及國防部其他部門來協助。在處理申請的實際時間上，軍事物質出口審查已經從1999年的平均38天降到2002年的20天左右；兩用技術出口審查則從平均的12天降到了11天。[5]

除了出口許可證審批發放體制外，美國政府還建立了一個執行部門間的監督出口管制的合作網絡。美國政府極為重視出口許可證發放後的出口執行過程，以及出口技術設備落地後的監管工作，其

[4] Statement of Lisa Bronson, Deputy Under Secretary of Defense for Technology Security Policy and Counterproliferation，U.S.-China Commission Export Controls and China, January 17, 2002, transcript, pp.945-951, see www.uscc.gov/hearings/2001_02hearings/hr02_1_17.php.

[5] 有關出口許可申請的審查周期，說法不一，以上內容同上注。

中就包括「最終用戶」、「再出口」等問題的管理。在這樣一個合作監督網路中，美國政府各部門、駐外使領館、中央情報局、聯邦調查局等情報部門之間形成了一個以商務部為主導的嚴密網絡，共同執行美國的出口管制政策。[6]

由於在出口管制審批上，不同部門存在許可權交叉；加之，後冷戰時期美國出口管制問題上最大的挑戰就是如何在安全利益與經濟利益之間的平衡上尋求共識，所以不同部門間難免出現不同的意見，有的時候不同意見可能演變成部門之間的衝突。為了解決這個問題，美國出口管制體制還建立了一個跨部門的協調機制。

有三個不同級別的委員會分別處理部門間不同程度的意見分歧。三個委員會級別依次上升，分別是：

（1）商業部擔任主席的行動委員會（the Commerce-chaired Operating Committee）：如果國務院、國防部、商業部、能源部以及軍備控制和裁軍署的工作人員在審批某一項許可證申請或提出一項出口管制時出現分歧，申請將提交行動委員會進行審議。

（2）出口政策顧問委員會（Advisory Committee on Export Policy，簡稱 ACEP）：如果行動委員會未能在規定時間內達成共識，並且少數異議者要求重新審議時，將可以提交到級別更高的出口政策顧問委員會來解決。該委員會有投票權的成員包括：負責出口管理事務的助理部長，來自國務院、國防部、司法部（負責加密技術出口）、能源部以及軍備控制與裁軍署等機構的助理部長級別的代表。參謀長聯席會議、中央情報局反擴散中心（the Nonproliferation Center）主任為該委員會非投票成員。委員會主席為負責出口管制的商務部助理部長。各部代表無論層級高低均代表本機構投票。委員會還可以邀請來自政府其他部門的助理部長級的代表參加有關決策。委員會實行多數決策制。[7]

[6] 李安方，〈美國軍民兩用高技術出口管理〉，載中國軍民兩用高科技資訊網。
[7] BIS, "Part 772 Definitions of Terms", in *Export Administration Regulations*

（3）部級出口管制審查委員會（Export Administration Review Board，簡稱 EARB）：如果出口政策顧問委員會仍不能在規定時間內達成一致，少數持不同意見者就可以要求由部級出口管制審查委員會解決分歧。總統則是仲裁機構的最終決定者。委員會有投票權的成員包括商務部長、國務卿、司法部長（加密出口）、軍控與裁軍署署長，參謀長聯席會議主席、中央情報局局長為非投票成員。商務部長擔任主席。各機構代理部長或副部長可以代表本部門投票。會議可以邀請相關機構首長出席。委員會採取多數票決策制。有關組織架構在法律法規中均有明確的規定。[8]

五、美國出口管制與多邊出口管制體制

為了保證出口管制目標的實施，美國還倡導建立了國際出口管制體制。冷戰時期，多邊體制主要是美國主導的包括 17 個成員國的「巴統」體制。

冷戰結束後，「巴統」於 1994 年前後解散。美國倡導建立了一系列新型多邊出口管制安排，以規範、協調主要國家的出口管制政策。當前，美國發揮主要作用的多邊控制體制包括：

瓦森納安排，全稱為「瓦森納兩用物質和軍需品管制安排」（the Wassenaar Arrangement (WA) on Dual-Use Goods and Munitions）。該機制創立於 1996 年，為「巴統」的繼任組織。瓦森納機制執行的兩用產品管制清單基本與美國商務部控制清單（CCL）的內容相似。目前有 33 個成員國家。

(EAR), see www.gpo.gov/bis/ear/pdf/772.pdf.

[8] 有關三個政策協調委員會的情況，見 Stephen D. Cohen, *The Making of United States International Economic Policy: Principles, Problems, and Proposals for Reforms*, fifth edition, Westport, Conneticut and London: Praeger, 2000, p.92；BIS, "Part 772 Definitions of Terms", in *Export Administration Regulations (EAR)*, see www. gpo.gov/bis/ear/pdf/772.pdf.

核供應集團（the Nuclear Suppliers Group），成員包括美國、英國、俄羅斯等 34 個國家，目標旨在防止核技術與核相關物質的擴散。

導彈技術控制機制（the Missile Technology Control Regime），有 32 個國家。

澳大利亞集團（the Australia Group），目的在於防止化學、生物武器和製造化學生物原料的擴散，成員包括美國、英國、澳大利亞等 26 個國家。[9]

第三節　冷戰結束後美國國內有關出口管制的爭論

冷戰時期，在出口管制問題上，美國國內儘管存在不同的爭論，但是，總的來說，在「國家安全」的理由之下，政府與工商界之間存在共識，即必須對前蘇聯為首的蘇東集團採取禁運。為了冷戰的需要，美國與西歐盟國推行了大規模的出口管制計劃。美國當時全球戰略就是，要牢牢控制北美、日本和西歐等世界三大工業中心，採取措施恢復西歐和日本的經濟復甦，確保其安全；建立出口控制體系，限制蘇聯東歐國家獲得西方技術，提高綜合國力。因此，有人總結認為，「美國既是世界上先進技術的主要來源國，又是世界上對技術出口管制最嚴厲、管制範圍最廣泛、影響最大和最有代表性的國家。」這一總結反映了冷戰時期美國出口管制政策的基本特徵。[10]

隨著前蘇聯的解體，國際關係的格局發生了根本的變化。美蘇之間的冷戰，被國家間常態化的政治與經濟競爭取代。美國對歐日舊有盟友的控制能力大大下降，2003 年美歐在伊拉克戰爭問題上的

---

[9]　See Sharon A. Squassoni, "Proliferation Control Regimes: Background and Status", CRS Report RL31559; and Richard F. Grimmett, "Military Technology and Conventional Weapons Export Controls: The Wassenaar Arrangement", CRS Report RS20517.

[10]　孫維炎、王國鄉主編，《國際商貿手冊》，北京：中國對外經濟貿易出版社，1994 年版，第 902 頁。

分歧，是大西洋兩岸對於世界秩序與國際關係不同看法的顯著標誌。與此同時，美國國內不同派別在出口管制體制的改革問題上發生了激烈的爭論。

一、「經濟安全」與「國家安全」的爭論

圍繞出口管制的立法，美國國內主要分為兩派意見：

堅持「經濟安全」觀念的一派認為，應當使出口管制自由化，促進美國的出口利益。他們認為，儘管一些設備和技術的出口有可能對美國國家安全和外交政策產生不利影響，但是，現行出口管制措施已經危害到美國的經濟利益。由於美國採取比其他國家更為嚴格的出口管制政策，致使美國經濟的競爭力下降，丟掉美國公司的海外市場份額及由出口創造的工作崗位，美國一些關鍵產業受到損害。如果不及時調整美國的出口管制措施，美國經濟競爭力的下降將最終不可避免地損害美國的國家安全。因此，這一派認為，放鬆出口，增強經濟安全，就是保衛國家安全。

另一派可稱之為「國家安全」派，他們認為，必須把安全考慮放在美國出口管制體系中的核心位置。出口控制的目的在於防範擴散者、恐怖主義國家以及有可能威脅美國國家安全的國家進攻美國的能力。絕對不能因為短期的商業利益，放鬆出口管制而給國家安全帶來災難。

我們必須看到，「國家安全」派與「經濟安全」派之爭不是要不要出口管制的問題，而是要怎樣實施出口管制的問題。比如，美國國會研究部的專家在回顧兩派爭論的文獻後指出，幾乎所有參與爭論的人士都主張改革現行的出口管制體制，沒有一個人聲稱他們反對國家安全的目標。但是，他也指出，主張改革現行體制的人的側重點往往是不同的。比如，經濟安全派傾向於接受美國工商界的觀點，認為改革應當有助於維護美國在全球市場上的競爭力。而國家安全派人士則在提出改革倡議時往往認為，應當減少對工商界出口

能力的考慮，而需把重點放在加強對那些可能威脅美國國家安全的國家的出口控制上。國會研究部提出，他們對於美國國家安全利益的定義既包括恐怖主義者，大規模殺傷性武器的擴散者，也包括人權「踐踏者」。[11]

出口控制問題之所以存在爭論，主要有幾個方面的原因造成的：

（1）除了原則之爭外，出口管制涉及更多的往往是複雜而具體的技術問題，人們往往在關於這些技術產品的安全影響方面存在不同的判斷。目前，兩派在某些產品出口的問題上的爭議擴大，比如在高性能電腦、加密技術、隱身技術、衛星、機床、航空航太耐高溫材料等問題上。

（2）國際環境因素對出口管制的實效影響越來越大。這與後冷戰時期美國的國際控制力下降有關。這方面出現的爭議問題包括了是否在其他國家可以得到類似的產品和技術（foreign availability）、出口管制與多邊管制體制的有效性等。

（3）對出口控制體制與程式的設計存在爭論，這些爭論主要圍繞著出口管制體制的組織架構、許可證發放過程以及美國出口管制措施對於經濟的影響等進行。

美國工商界是「經濟安全」觀點的支持者。他們認為，美國出口管制立法必須考慮形勢的變化，為此，他們提議把三個新議題即外國可獲得性（foreign availability）、大市場（mass market）以及技術的可控性（controllability of technology）等納入到立法框架中。針對上述三個問題，他們提出了自己的看法：

第一，由於美國業已喪失在尖端技術領域的支配地位，因此難以對技術的流動加以有效的控制。他們指出，美國的單邊控制措施不會阻止其他國家獲得先進技術，因為所謂「引發美國擔心的國家（即有問題國家）」很容易從其他國家獲得這些技術。現行控制軍

---

[11]　同上。

民兩用產品的多邊管制機制並沒有發揮很大的作用；相反，只有美國工商界受到這種單方面的約束，結果白白遭受經濟損失，而國外公司卻得到了進入新市場的機會。[12]

第二，經濟全球化改變了實施單邊出口措施的環境。現行的出口管制體制主要建立在「一國」生產或組裝零部件的條件下。但是，在經濟全球化時代，許多產業從全球範圍內採購所需要的零部件，如果從一個地方不能及時買到這些零配件，那麼，它們就會在另外的地方採購。[13]他們舉例說，戴姆勒—克萊斯勒航空航太公司（Daimler Chrysler Aerospace）接到上級指示，減少對於採購美國國防、太空技術產品的依賴，因為獲得美國出口許可證的程式存在較嚴重的拖延問題。[14]

第三，在「大市場」和外國可獲得性的問題上，工商界認為，「大市場」標準減少了美國對出口控制清單任何一項物品的控制程度，它使得美國整個出口控制體系變得越來越無用了。他們認為，實際上所有產品包括軍民兩用物品，都可以滿足「大市場」地位。那些受出口管制限制的國家可以從流氓國家買到幾乎所有的東西。

美國工商界還在爭論中提出了另外一個重要看法，即冷戰的結束改變了政府與企業關係的舊有模式，當前企業必須依靠自身開發新的技術，從這個角度講，美國出口產業的繁榮與國家安全目標有著直接的關係。他們指出，冷戰時期，美國軍方是防務採購、研發的主體，他們為國防科技的研發提供了大量的資金。但是，冷戰結

[12] 有關美國工商界典型的看法，見美國「負責任地出口電腦聯盟」負責人的國會證詞：Prepared Statement of Dan Hoydosh, co-chairman of Computer Coalition for Responsible Exports, in Senate Banking Committee, Reauthorization of the Export Administration Act, S. Hrg. 106-461, Mar. 16, 1999.

[13] John Hamre, Testimony before the Armed Services Committee, Feb. 28, 2000, transcript, p. 31-33.

[14] John W. Douglass, prepared testimony before the Armed Services Committee, Feb. 28, 2000, p.3.

束後，政府與企業在國防開發方面的關係改變了，政府對國防專案的研發經費投入大大減少，政府的作用主要集中在採購方面。因此，對於工商界來說，出口當代技術將為更多專案的研發募集資金，同樣符合國家利益。他們警告說，如果美國企業的競爭力受到出口管制措施的戕害，那麼，外國競爭公司將獲得更大的市場份額和更多的利潤，因而可以在研發上投入更多的資金，「擠壓」甚至最終超過美國現有的技術領先地位。這樣的發展結果必然損害美國的國家安全利益。因此，工商界建議，為了國家安全的利益，美國政府必須放鬆出口管制，簡化審批手續，不要對出口設置不必要的障礙。

　　為此，工商界採取了積極的行動，推動國會重新立法，以取代1979 年《出口管制法》（EAA）。

　　工商界和其他支持放鬆出口管制的人士經常使用「計算能力」的快速提高作例子，來說明技術具有不可控制性，美國的出口管制體制阻撓了創新。他們認為，控制計算力量的企圖既不可行，也沒有效果。他們舉例指出，「聯網」技術模糊了超級電腦和商用電腦的界限，單單微處理器遵守出口規定沒有用，它完全可以與帶有百萬理論運算次數能力（MTOPS）的伺服器相連接，從而突破出口管制的門檻。足夠數量的微處理器相互連接，就足以產生一個並聯處理系統（a parallel processing system），從而達到或接近超級電腦的能力。因此，他們認為，保證國家安全的最好辦法就是保證美國的技術優勢，保證使美國領先於敵對國家。而控制電腦貿易將減少可用於研發的市場利潤，最終將損害美國的安全利益。[15]美國防務科學委員會（the Defense Science Board）也持相同的觀點，認為把商

---

[15] Richard Perle, former Assistant Secretary of Defense for Security Policy in the Reagan Administration speaking at the Forum for Technology and Innovation, Mar. 23, 1999, see www.tech-forum.org/upcoming/transcripts/CompExports Trans.htm.

用電腦進行「並聯」，大大提高了運算能力，明顯削弱了限制出口超大型電腦意義。[16]

另一方面，強調「國家安全」的人則不同意工商界的看法，他們提出的觀點主要有：

美國把尖端技術出口到可能對美國懷有敵意的國家，將破壞美國的安全；如果把技術出售給那些不穩定的政權，那麼，將來這些技術有可能會用來對付美國或盟國。他們援引伊拉克的例子支持自己的觀點。1980年代，美國向薩達姆政府出售了大量武器，當時認為他們是對付伊朗的重要力量，但是，後來這些武器被用來入侵科威特和進行海灣戰爭。美國應當吸取教訓。

美國政府應當成為國防技術開發的主體，政府應當增加投資，不能影響對某些國家的出口管制。他們指出，美國國防專案研發越來越依賴於民用技術，主要是因為冷戰結束後軍事開支減少造成的，他們認為，軍工開發應當主要「吃皇糧」。[17]

二、多邊機制有效性問題的爭論

與冷戰時期「巴統」相比，當前多邊出口管制機制發生了很大的變化。其特點包括：（1）各國執行共同的管制清單，雖然要求定期報告，但由各國自己裁決（national discretion）。多邊機制參加各國根據共同管制清單，在各自國家的法律體系下管理敏感產品的出口，這是「各國裁決」的核心內容。與「巴統」相比，當前體制並不要求各國在發放出口許可證之前，對申請出口產品進行事先審查（review）。（2）透明與協商原則。各國保證公布出口許可決定，

---

[16] Defense Science Board, "Final Report of Task Force on Globalization and Security",Washington: Office of the Under Secretary of Defense for Acquisition and Technology,Dec. 1999, p. 27.

[17] Ian F. Fergusson, "The Export Administration Act: Evolution, Provisions, and Debate",CRS Report for Congress, RL31832, see www.fas.org/sgp/crs/secrecy/RL31832.pdf, pp.22-23.

並就敏感出口許可證的發放進行磋商。（3）底部原則（a no undercut provision）。如果機制中任何一個成員國否決了某項產品的出口許可證，那麼，其他國家則不能對該項出口發放許可證。（4）共識或協商一致（consensus）原則。這是當前多邊機制的基本原則，有專家認為這一原則恰恰是當前多邊機制「機制化」程度不高的標誌。

多邊出口管制機制是否真正有效是爭論雙方關注的重要問題，因為它關係到美國是否有必要堅持當前的出口管制體制的問題。一些批評者認為，「瓦森納安排」的存在有賴於成員國間的共識，要達成一個各方均能接受的管制水平只能就「低」不就「高」，結果導致出口管制水平較低。另外，「最低報告要求」的規定，實際上是只有在出口發生之後才進行通報，因此，成員國之間未能進行有效的「出口前協商」。

針對多邊出口管制機制方面的問題，美國工商界要求加強多邊管制的有效性，這與他們的前述主張是一致的。他們堅持認為，只有所有有能力出口某項技術的國家都遵守有關規定，出口控制措施才會有效。例如，美國機床行業對美國出口政策的「單邊」性質批評最劇，對美國對華出口政策的批評尤為激烈。他們指出，在對華技術轉讓的限制方面，「瓦森納」協定各國間並沒有共識。美國政府在國內執行的出口限制措施較為嚴格，但國際上只有「最低」多邊限制，這種內外標準的差異明顯損害了美國的商業利益。他們集中批評的問題是，美國單邊對華出口管制過嚴，但是，美國政府並沒有在加強多邊管制方面發揮對其他國家的領導作用。[18]

支持加強美國出口管制的人士不同意工商界的看法，他們提出的反駁理由有：

美國是出口管制機制的倡導國家與領導國家。正是美國在 1949 年通過了《出口管制法》（EAA），才領導建立了「巴統」和後來

---

[18] Paul Freedenberg, Testimony before the Senate Banking Committee, Feb. 7, 2001, seewww.senate.gov/~banking/01_02hrg/020701/index.htm, p. 6.

的「瓦森納」機制等國際安排。如果美國不加強出口限制，那麼這些多邊機制不會取得成功，美國必須起到領導示範的作用。

加強美國國內出口管制是多邊談判策略的需要。只有先加強國內的管制，才有可能勸說其他國家採取類似的措施。他們認為，如果美國的出口管制政策僅僅與別國的政策掛鉤，僅僅靠協商一致，那麼這種管制不會起到什麼效果，美國的國家安全利益必將受到損害。[19]

我們看到一個有趣的現象，美國工商界與要求加強多邊控制的人士出於不同的原因，均要求加強多邊出口管制機制。不過，他們在遇到具體問題的時候，再次出現很大的矛盾，即他們無法在管制物品專案以及確定可能帶來威脅的國家問題上達成共識，在中國問題上尤為明顯。正如美國專家指出的，西方各國在有關所謂「問題國家」上存在有限的共識，但是，在對中國等其他一些國家則缺乏共同意見，因此，影響多邊出口管制發展的方向。

三、出口管制體制的許可證過程和組織問題上的爭論

爭論兩派的分歧還集中在出口許可證審批與發放過程等問題上，特別是在不同部門之間的協調問題上。根據美國當前法律，軍民兩用技術出口的管制機關是商務部產業安全局。但是，其他政府部門也在許可證發放過程中發揮作用，因此，產業安全局需要與國家安全體制中其他的成員就許可證申請和商品分類進行磋商。其分工如下，國防部「減少防務威脅署」（The Defense Threat Reduction Agency）按規定對商務部、國務院提交的許可證申請，從國家安全的角度發表諮詢意見；能源部則為產業安全局提出的有關核使用和核最終用戶等兩用許可申請提出參考意見；能源部和核管制委員會（the Nuclear Regulatory Commission）一起為核物質的出口發放許可證。

[19] Gary Milhollin, prepared testimony before the Senate Governmental Affairs Committee,May 26, 2000, p.7.

國務院「防務貿易管制辦公室」（the Office of Defense Trade Controls，簡稱 ODTC）負責實施國際軍備運輸管制規定（the International Traffic in Arms Regulations）。防務貿易管制辦公室（ODTC）依據「美國軍事物質清單」（the U.S. Munitions List）控制武器及軍事技術的出口。

美國工商界就當前許可證體制存在的問題發出了許多意見，歸結起來包括下面幾點：

第一，商務部、國防部在兩用產品的管理許可權上有交叉，出口商在決定向誰提出許可證申請時左右為難。

第二，出口審批時間的延長降低了美國供應商的可靠性，使得製造商和用戶提前規劃變得很困難。

第三，許可證制度未能反映技術進步、兩用產品的外國可獲得性以及出口管制對於產業基礎的經濟影響。

最後，缺乏對許可證決定的司法審查機制。

針對工商界的批評，美國負責出口管制的官員指出，他們對於外國可獲得性與經濟影響的重要性表示理解，但是，他們必須優先考慮出口對於國家安全的影響。他們應當對出口許可證進行徹底、公正與快速的審查，不過，他們需要時間對照控制清單進行檢查，檢查最終用戶、最終使用情況，還要與相關政府部門進行協調。政府官員堅持認為，他們必須獲得更多的資訊，進行個案審查，以確保敏感技術不至於落入對美國不利的國家或集團手中。

主張加強出口控制的「國家安全」派則質疑當前的審查體制，認為，商務部產業安全局的安全審查職能從本質上與商務部擔當的促進出口的基本職能相矛盾。他們認為，當前制度設計上可能導致商務部過於偏向工商界，而不利於國家安全目標的實現。因此，他們建議，其他政府機構應當更加全面、平等地參與整個審查過程，國防部尤其應當在現行體制下發揮更大的作用。顯然，國家安全派與美國工商界的觀點尖銳對立。

四、對華出口管制上的分歧

一般認為，美國工商界在改善美國對華出口政策上發揮著積極的作用。作者認同這一基本看法，在本章後面的內容會進一步論述。但是，我們還應當注意到美國工商界的一個情況，即他們的要求存在一個內在的矛盾：他們一方面要求美國政府放鬆對華出口管制，但是，另一方面，他們又要求美國加強與其他國家的協調，加強多邊對華出口管制的有效性。工商界認為，美國與其他國家在出口管制標準上的差異導致了他們在中國市場的不平等競爭地位。[20]

我們還應看到，美國工商界在涉及到美國國家安全的政治決策中處於相對較弱的地位。當他們發現自己降低管制標準的要求得不到支持時，他們更有可能轉而要求加強多邊管制機制的協調，加強多邊機制的管理。結果，美國工商界又有可能成為加強多邊出口管制機制的重要推手。我們必須看到美國工商界在出口管制問題上的兩面性。[21]

當前，如何對待中國是美國國內有關出口管制爭論的焦點問題之一。中國的快速發展以及中美在意識形態、社會制度上的差異，使得美國在對華出口管制上面臨前所未有的困境。美國出口管制政策必須平衡兩個方面的目標，既保證美國企業從中國迅速擴大的市場和低廉的生產成本上受益，同時又要減少向中國出口敏感的兩用技術可能給美國帶來的安全風險。但是，如何平衡兩個相互衝突的目標，美國國內爭議很大。

布希政府中負責技術安全和反擴散事務的副助理國防部長麗莎‧布龍遜（Lisa Bronson）2002 年初在美國國會作證時公開袒露了美國政府在處理對華出口管制問題上的巨大心理矛盾。她聲稱：「中

---

[20] 美國專家有關這方面的論述，見 Ian F. Fergusson, "The Export Administration Act: Evolution, Provisions, and Debate", CRS Report for Congress, Order Code RL31832, see www.fas.org/sgp/crs/secrecy/RL31832.pdf, pp.22-23.
[21] 同上。

國的挑戰在於如何在一個尚未開放的廣大的商業市場成功競爭，以及與保衛國家安全的需要之間進行平衡。我們的政策和做法必須使技術轉讓最小化，減少可能產生威脅的現代化技術的轉讓。……（但是）我們的政策和做法還必須保證，美國公司能夠與外國的競爭者之間在平等的基礎上展開合法的商業合同的競爭。」[22]

不過，美國工商界普遍認為，現行對華出口管制過於嚴格。他們舉例說，在過去的幾年中，美國的出口管制措施妨礙了對華技術轉讓，但是，美國的盟友並未採取同樣的措施。另外，由於美國對許可證的審批較慢，中國公司也不會邀請美國公司來競標。「結果，中國在高科技方面並沒有損失什麼，但是，美國公司卻損失了關鍵市場。這既不符合美國的戰略利益，也不符合美國的商貿利益。」[23]

美國國會議員、安全問題專家則擔憂中國獲得兩用技術的影響。他們中的一些人引用《考克斯報告》的例證，指控中國繞過出口管制措施，「非法」獲得導彈與衛星技術；中國還繞開對於高性能電腦的最終用戶核查。[24]他們還指控中國捲入了幾項有關核、導彈和化學擴散的事件中。另外，他們還指出，2004 年美國商務部產業安全局批准了 1,336 個對華出口許可證，出口價值共計 5.28 億美元，只占美國 2004 年全年對華出口總價值的 1.5%（347 億美元）。美國政府始終強調，出口管制審批對中國與美國的經貿關係的發展影響並不大。[25]

[22] Statement of Lisa Bronson, Deputy Under Secretary of Defense for Technology Security Policy and Counterproliferation，U.S.-China Commission Export Controls and China,January 17, 2002, transcript, pp.945-951, see www.uscc.gov/hearings/2001_ 02hearings/hr02_1_17.php.

[23] Paul Freedenberg, Testimony before the Senate Banking Committee, Feb. 7, 2001, seewww.senate.gov/~banking/01_02hrg/020701/index.htm, p. 7.

[24] Shirley A. Kan, "China: Possible Missile Technology Transfers from U.S. Satellite Export Policy - Actions and Chronology", CRS Report 98-485.

[25] Shirley A. Kan, "China and Proliferation of Weapons of Mass Destruction and Missiles: Policy Issues", CRS Report RL31555; and BIS, "FY2004 Annual Report", Appendix F, see www.bis.doc.gov/News/2005/04AnnualRept/P_95-110

　　較為保守的國家安全派人士主要擔心，對華技術出口將推動中國軍事現代化，從而威脅美國的利益。美國傳統基金會亞洲中心研究員譚慎格（John J.Tkacik, Jr）在這一派言論中最具代表性。他指出，2002年7月，美國國防部和國會的一個委員會發表大量的報告，呼籲大家重視中國快速軍事現代化及其對美國在西太平洋和東南亞地區的利益可能造成的安全威脅。美國國會總審計局（GAO）的報告也顯示，中國快速的進步得益於美國的電子技術，特別是半導體製造技術，報告警告美國的出口管制法其實並未得到有效執行。

　　為了鉗制中國的擴散行為，使之不至於威脅美國的安全利益，譚慎格建議，美國應當採取以下措施加以應對：第一，保持現有貿易制裁，包括繼續執行禁止美國使用中國衛星發射服務的禁令。第二，加強對於先進兩用技術商品與設備的出口管制；第三，強化現行出口管制法，總的來說，要保持向中國出口的技術低於美國先進技術「兩代」的水平；第四，鼓勵盟國與美國就出口管制問題進行協調；第五，收緊美國對中國公司併購與國家安全、關鍵軍事技術生產研發密切相關的美國公司；第六，收緊中國科學家、工程師和技術員接近美國先進技術公司和研究中心的機會。[26]

　　美國有關對華出口管制的爭論似乎有擴大的趨勢。2006年夏，美國政府宣布調整對華出口管制政策，並徵求各界的意見，結果引起了很大的爭議。主要因為新出臺的政策建議看起來是改進了對華出口，但是，實際上是擴大了出口管制的範圍。

　　當前，美國對華出口管制問題上存在諸多爭議，典型地反映了美國後冷戰時期，特別是「九一一」事件後，美國面臨世界格局變化的一系列困境：

_04BIS_App-F.pdf.

[26] John J. Tkacik, Jr. , "Taiwan and China", in Heritage Foundation, *Asian Security: Agenda 2003*, pp.122-126, see www.heritage.org/agenda.

　　第一，美國國際控制能力下降。冷戰的結束削弱了美國的控制能力，國際發展不平衡，美國很難全面維持其主導地位。而在 2003 年美歐在伊拉克戰爭與聯合國作用上的分歧，標誌著所謂的「後後冷戰時期」的到來，美國加強出口管制更加困難。

　　第二，「九一一」事件之後，防止大規模殺傷性武器擴散成為美國外交的重點。美國對於涉及出口管制的問題都十分敏感。因此，中美之間在大規模殺傷性武器擴散的問題上存在不同的理解，美國存在對中國的不滿。

　　第三，中國作為大國的崛起，是中國融入全球經濟、與國際社會共同發展的產物。中國的發展得益於全球經濟體系的開放，反過來，跨國企業在中國市場與生產體系中的地位又影響著他們的國際競爭地位。2001 年加入 WTO 後，中國在全球經濟中的地位得到進一步的強化，美國企業也不得不參與這場競爭。因此，美國工商界與政府在對華出口管制上的緊張關係進一步加劇。

　　第四，保持安全利益與經濟利益平衡是一項「不可能」完成的任務。從理論上講，似乎可以獲得兩個目標間的某種平衡，但是，在實踐中很難做到這一點。

　　美中貿易全國委員會前任會長柯白（Robert Kapp）曾對美國出口管制政策的相關問題作了很好的觀察。2001 年 6 月，他在出席美中經濟安全審查委員會聽證會時闡述了以下觀點。他認為：

　　第一，就有關向對美國可能不友好的某些國家出口某些技術的問題，美國國內長期存在著工商利益與安全利益間的爭論；

　　第二，美國不同政府部門之間以及在國會和政策研究的支持者之間，自始至終存在著在出口政策執行方面的權力鬥爭；

　　第三，這些爭論的焦點問題是如何界定技術出口的可以接受和不可以接受的標準；

　　第四,「國外可獲得性」(foreign availability)問題的爭論十分激烈,即如果禁止出口某些技術,但是被禁止出口的國家卻能從其他國家得到怎麼辦,美國的這種政策是否明智;

　　第五,爭論的另外一個問題是如何評估前蘇聯的崩潰對美國出口控制政策的影響,美國應當如何調整出口管制政策;

　　第六,對於互聯網、電子壓縮技術等創新對於保守美國防務技術秘密的影響也存在種種議論。[27]

　　這些看法實事求是地概括了美國在出口管制上面對的一系列複雜問題,作者曾經代表美國工商界參與對華出口管制問題的辯論,其看法有助於瞭解整個論爭的全貌。

　　對於如何解決以上種種困境,2000年蘭德公司曾向美國當選總統提出政策建議,建議的核心就是,與其難以阻擋或控制,不如主動開放,讓美國保持優勢地位。報告指出,美國不再擁有對於技術的「絕對」主導權,美國越來越認識到防止、減緩外國開發可能對美國造成威脅的敏感技術能力,最好的辦法是開放這些產品與服務。報告寫道:「最近的經驗顯示,要區分具有潛在危險的軍事技術以及與之緊密相關但又主要是民用的技術是非常困難的。認識到美國不再有效壟斷技術,特別是親密盟國更願意出售或轉讓美國或許不願轉讓的技術,導致美國逐漸減少了(總的來說是值得歡迎的舉措)控制技術出口的努力。此外,今天對於思想與攜帶思想的人員流動,控制技術轉讓的任何努力結果僅僅是延遲這些思想的傳播。我們逐漸認識到,在某些情況下,阻止外國開放可能帶來麻煩的技術,或許只會使人們獲得這些技術和服務更容易、更廉價。」報告指出,美國以對大家有吸引力的價格來提供全球定位、遙感和

---

[27] Prepared Statement of Robert A. Kapp, for the Hearings of U.S.-China Current Trade and Investment Policies and their Impact on the U.S. Economy, June 14, 2001, U.S.-China Security Review Commission, Washington, DC. p.46, transcript see www.uscc.gov/hearings/2001_02hearings/transcripts/01_06_14tran.pdf.

太空發射服務，將有助於放慢這些危險技術能力的擴散，放開反而能夠起到比任何出口管制機制更大的效果。[28]蘭德公司建議的核心，就是以開放的姿態促進美國實質性的出口管制利益，此類建議在美國的影響越來越大，但是，真正落實還會碰到許多障礙。

毫無疑問，美國工商界是推動美國政府對華出口管制自由化的主要力量，他們的努力有效地平衡了保守的「國家安全」派的政治影響。但是，我們也必須看到，美國工商界在改進對華出口管制的問題上存在不少的局限性。[29]這是由幾個方面的原因造成的：

第一，在國家安全與經濟利益的爭論中，工商界往往處於「道德」上的劣勢。因為涉及到國家安全，如果工商界過於強調在國際市場上的盈利能力，有可能被保守派與公共輿論指責為「見錢眼開」，出賣美國的國家安全利益。「九一一」事件後，公眾和政府對國土安全與國家安全的意識普遍提高，有利於美國保守派抵制工商界要求放鬆管制的利益訴求。

第二，企業界更多關心的不是美國出口控制的「性質」，而是出口管制過程中有關規定是否影響美國出口的「效率」問題。企業界更多關心的是出口管制清單是否能夠跟上技術的進步，管制清單是否能夠排除一些不該管制的專案，出口許可審批手續是否過於繁瑣等等。此外，美國工業界更為擔心的是美國出口管制的嚴厲程度超過其他西方國家，從而使美國公司處於不利的競爭地位。正因為如此，工商界在要求放鬆管制未果的情況下，往往傾向於要求美

---

[28] C. Richard Neu (RAND)，"Economic Instruments to Support National Security: What Has the United States Learned? What Does It Need?"，in Frank Carlucci, Robert Hunter and Zalmay Khalilzad (eds.), *Taking Charge A Bipartisan Report to the President-Elect on Foreign Policy and National Security*, Rand Discussion Papers, 2000, p.134. see www.rand.org/pubs/monograph_reports/MR1306.1/MR1306.1.sec4.pdf.

[29] 申良音、李彬對美國工商界對出口管制政策放鬆問題上的「有限性」影響問題進行了論述，見申良音、李彬〈從出口管制看美國企業界在安全決策中作用的局限〉，《世界經濟與政治論壇》，2004 年第 2 期。

國政府加強國際協調,敦促其他國家採取與美國同樣或類似的管
制標準。

　　第三,美國高科技企業對政府的依賴性也影響其在出口管制上
遊說的力度。工商界尤其是高科技大企業更關心的是企業的稅率、
政府的公共開支、軍費開支等問題。對於這些大企業來說,政府採
購等內銷的比重往往大大超過出口的份額,因此,千方百計搞好與
政府的關係,希望從政府出臺的政策中獲得更多的利益,是它們基
本的利益訴求。

　　第四,美國與出口管制對象國的關係影響美國工商界在出口管
制方面的態度。出口管制對象國與美國關係越好,強調「國家安全」
的保守派就越沒有太多的理由來反對技術出口,工商界要求放鬆出
口管制就越容易。反之,如果兩國關係狀況不佳,或兩國存在高度
的不信任,那麼,美國工商界也難有太大的作為。在冷戰高潮的 1950
年代,那些受到美國出口管制政策影響最大的公司恰恰公開主張對
蘇聯採取更強硬的出口管制措施。[30]當前,中美關係交往日多,共
同利益日益增多,為工商界遊說放鬆出口管制開啟了很多空間,但
是,當前的中美關係受到兩國缺乏「戰略互信」的很大影響,在這
種情況下,美國工商界大力遊說存在不小的困難。因此,我們可以
得出結論,大幅度改變美國對華出口管制,有賴於中美關係的大幅
度改善。如果我們能夠更加積極地改變美國輿論和思想庫對中美
關係的定位,那麼,美國工商界的遊說將更加容易。

---

[30]　Richard Cupitt, Reluctant Champions: U.S. Presidential Policy and Strategic
　　Export Control, Routledge, 2000, p.18,轉引自申良音、李彬前引文。

第四節　美國對華出口管制政策的演變

一、從冷戰到冷戰末期

　　新中國成立後，特別是朝鮮戰爭爆發到 1970 年代初，美國對華實施政治孤立、軍事「遏制」與經濟封鎖「禁運」的政策。這期間兩國雙邊貿易幾乎為零。其中，技術產品禁運是美國對華冷戰政策的重要內容。[31] 美國當時的政策目標是以壓促變，迫使中國共產黨政權早日「垮臺」。

---

[31] 有關美國在冷戰期間加強對於蘇聯、中國等社會主義國家的出口管制，文獻很多。比如，下面一些文獻探討了美國的出口管制戰略及其對於英美關係的影響：Michael Mastanduno, *Economic Containment: CoCom and the Politics of East-West Trade* (Ithaca, N.Y., 1992); Alan Dobson, *The Politics of the Anglo-American Economic Special Relationship* (New York, 1988); Alan Dobson, *US Economic Statecraft for Survival, 1933-1991* (London, 2002); David Baldwin, *Economic Statecraft* (Princeton, N.J., 1985); Helen Leigh-Phippard, "US Strategic Export Controls and Aid to Britain, 1949-58," *Diplomacy and Statecraft* 6 (Fall 1993): 719-52; and Frank Cain, "Exporting the Cold War: British Responses to the USA's Establishment of COCOM, 1947-1951," *Journal of Contemporary History* 29 (July 1994): 501-22.有關英美兩國在對華貿易問題上的分歧對英美關係的影響，見 Gordon Chang, Friends and Enemies: The United States, China, and the Soviet Union, 1948-1972 (Palo Alto, Calif., 1990); Jeffrey A. Engel, "Of Fat and Thin Communists: Diplomacy and Philosophy in Western Economic Warfare Strategies toward China (and Tyrants, Broadly)," *Diplomatic History* (2005); Victor Kaufman, *Confronting Communism: U.S. and British Policies toward China* (Columbia, S.C., 2001); Jing-dong Yuan, "Between Economic Warfare and Strategic Embargo: US-UK Conflicts over Export Controls and the PRC, 1949-1957," *Issues and Studies* 30, no. 3 (1994): 67-96; Frank Cain, "The US-Led Trade Embargo on China: The Origins of CHINCOM, 1947-1952," *Journal of Strategic Studies* 18, no. 4 (1995): 33-54; Rosemary Foot, *The Practice of Power: U.S. Relations with China since 1949* (New York, 1997); Chen Jian, *Mao's China and the Cold War* (Chapel Hill, N.C., 2001); Shu Guang Zhang, *Economic Cold War: America's Embargo against China and the Sino-Soviet Alliance, 1949-1963* (Palo Alto, Calif., 2001); and Chen Jian, "Economic Diplomacy, Alliance Politics, and the Element of Culture in the Cold War," *Diplomatic History* 28 (April 2004): 289-94.從以上文獻我們可以看到，中國留美歷史學者對美國對華出口管制和經濟戰政策作了十分系統的研究。

　　但是，在如何對待蘇聯、中國等共產黨國家的問題上，美國及其盟國存在意見分歧。比如，當時美英領導人分歧明顯。英國領導人認為，對付蘇聯、中國等「冷戰」敵人最好的辦法是，與之貿易保持接觸。但是，美國領導人強調，對付共產黨國家特別是中國，孤立、禁運是最有效的辦法。美國艾森豪威爾政府下設的東西方貿易指導委員會（Steering Committee on East-West Trade）在 1955 年的報告中指出：「保持對中國共產黨政權的經濟等方面的壓力是很重要的」，因為「這些壓力將增加國內的緊張，最終可能導致分裂。」在這一理念的指導下，美國領導人一般都認為，凡是有利於改善蘇聯或中國財政狀況的任何事對於所謂「自由世界」都是有害的，任何提供這些技術的西方國家，都是對西方反共大業的背叛。[32]

　　美國利用其控制下的多邊出口控制機制「巴統」反對西方盟國任何這種所謂的「背叛」行為。英美航空製造業之爭就是一個明顯的例證。冷戰伊始，英國航空製造業受到美國航空製造霸權的空前擠壓，為了行業的生存和發展，英國航空製造業從 1950 年代末開始尋求對中國的航空出口。他們認為，中國可能是英國航空製造業抵制美國航空霸權、保持生存的「唯一希望」。當時，美國政府嚴禁美國公司與中國進行商業往來，而英國則無此類禁令。在英國政府的鼓勵之下，英國航空業試探開拓中國市場。英國駐華使館極力支持這一想法，認為英國向中國出口飛機有可能開中英貿易的先河，他們認為這不是幾架飛機的小生意，中國將依賴於英國的零配件供應；同時，還將為英國其他公司開闢中國市場。1964 至 1966 年間，中英兩國幾乎完成了出口談判。但是，美國利用「巴統」機制，特別是威脅停止對英國飛機的零配件供應，反對英國對華出口。結果，在美國的壓力之下，英國政府最終停止了與中國達成的協定。直到1970 年代初，中美關係緩和，美國自身也開始向中國出口波音飛機，

---

[32]　Jeffrey A. Engel, "The Surly Bonds: American Cold War Constraints on British Aviation," *Enterprise & Society*, 6 (March 2005), pp.1-44.

英國才正式向中國出口飛機。[33]這一例證清楚表明，在冷戰的大背景下，美國有足夠的理由和足夠的能力，利用其掌握的國際出口控制機制及其在西方生產體系中的支配地位，加強對華禁運，達到其孤立中國的目的；同時，美國也借此削弱了其他西方國家的工業實力和國際競爭力。

美國對華封鎖禁運政策隨著兩國關係的緩和開始鬆動。1971年，作為改善對華關係的一個信號，尼克森政府結束了對中國的「禁運」，向中國出口 10 架波音 707 飛機。但是，在尼克森總統因「水門事件」下臺後，美國在改善對華關係方面裹足不前，對華技術出口也沒有大的進展。

1979 年 1 月 1 日，中美建立正式外交關係。5 月，美國國防部在一份報告中提出，增強中國對付蘇聯的軍事力量符合美國的國家利益。9 月，美國國防部批准美國公司提出的向中國出售包括防空雷達、運輸直升機和電子檢測設備等在內的 20 多個出口申請。[34]

中美建交後，美國對華技術出口政策雖已解禁，但仍保留很多限制措施。1983 年初，美國政府經過一系列研究後認為，進一步放寬對華技術出口限制符合美國的國家利益。5 月，雷根總統指令將中國當作「友好的非同盟國」來看待，中國在美國出口管制清單的地位得以改善，即從 P 組上升到 V 組，從名義上可以享受北約成員國的待遇，但實際上對華出口審批仍是在「個案」基礎上加以嚴格掌握。這一政策公布後對華出口技術及相關產品的許可證申請迅速增長，但是，現行管制體制的審批手續十分複雜，使美國政府放鬆對華技術出口限制的意圖難以實現。美國工商界也抱怨，在向中國出口技術和產品過程中，他們與歐洲和日本公司相比明顯處於不利

[33] Jeffrey A. Engel 應用英美檔案材料，對英美航空業在冷戰時的競爭曾有生動的描述，見 Jeffrey A. Engel 前引文。
[34] 參見張清敏，〈中美關係中的美國對華技術轉讓問題〉，《戰略與管理》，1999年第 4 期。

的競爭地位，因為美國的出口審批時間是其他國家的兩倍。在各界的壓力之下，美國政府從 1985 年起多次協同其他西方國家調整政策，不斷簡化審批手續，使美國對華技術出口取得了重大的進展。

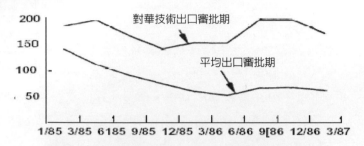

圖 6-2　有關對華出口管制申請案處理時間

資料來源：Congress of the United States Office of Technology Assessment report, *"Technology Transfer to China"* (NTIS order #PB86-113008), July 1987. 該報告集中了美國最優秀的中國問題專家進行研究。

圖 6-2 清楚地表明，對華技術出口的審批時間在整個 1980 年代大大高於美國出口審批的平均時間。

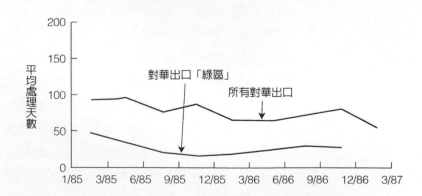

圖 6-3　對華出口「綠區」與所有對華出口申請案處理時間比較

資料來源：Congress of the United States Office of Technology Assessment report, *"Technology Transfer to China"* (NTIS order #PB86-113008), July 1987.該報告集中了美國最優秀的中國問題專家進行研究。

　　圖 6-3 顯示，整個 1980 年代，對華出口「綠區」申請處理時間在 50 天以下，整個對華出口申請合在一起計算的審批時間在 50 至 100 天之間。

　　在 1989 年以前，美國對華出口管制措施朝著不斷放鬆的方向發展。1987 年，美國國會技術評估辦公室（OTA）匯集美國最優秀的中國問題專家，發表了題為《對中國的技術轉讓》的專題研究，就改善美國對華技術轉讓提出建議。報告指出，建交以來，除了美國私人公司從事對華技術轉讓外，美國政府不少部門也參與其中，中美之間簽署了電信、農業、太空、環境保護、交通、學生與學者交流等協定。報告指出，截止 1987 年，有 1.7 萬名中國學生和學者在美國大學裏進行學習和研究，報告認為這是「最有效的技術轉讓形式之一」。

　　該報告指出，儘管美國公司在中國市場上有很多競爭優勢，但是，由於種種原因的存在，美國的優勢並未發揮出來。報告稱，「其他國家在對華貿易上看來比美國公司更為成功。日本對華出口是美國的兩倍，西歐國家集體對華貿易額超過美中貿易的水平。」美國公司在對華貿易中落後的原因包括，美國公司對出口重視不夠；1987 前的幾年中美元匯率高居不下，減弱了美國商品的競爭力；日本、西德對華廣泛的外援專案直接帶來了貿易量的快速增長；日本、法國、義大利等國為出口提供了規模很大的官方融資幫助。報告指出，「相對於其他國家，美國出口控制措施過於費時、費力，看起來執行的更加嚴格。」儘管「美國沒有必要模仿這些國家的策略，但是考慮做出一些改變，將有助於提高美國公司的競爭力。」[35] 報告當時認為，中國自主開發技術、吸收引進技術的能力都很有限，「中國不可能在未來幾十年中發展出超級大國的經濟深度，在它取得進步的同時美國和蘇聯也同樣會取得進步。……在最壞的情況下，當

---

[35] Congress of the United States Office of Technology Assessment, "Technology Transfer to China" (NTIS order #PB86-113008), July 1987.

前對華技術轉讓對於美國的直接風險是相當低的。中國在今後的幾十年中不會具備產生嚴重威脅的戰略實力。」因此，報告建議，採取積極措施，加快向中國的技術出口。[36]

二、老布希政府的對華出口管制政策

老布希上臺後再次對華放鬆出口管制政策，但是，好景不長，即發生「六四」風波，同時世界範圍的冷戰也趨於結束。中美政治關係惡化與美國對華安全需求的下降，導致美國對華採取更為嚴格的制裁政策。

在美國國會與國內輿論的壓力之下，1989 年 6 月 5 日，布希總統簽署命令，停止一切對華軍品銷售，停止對中國出口管制政策放鬆的審議。國會在推動對華制裁方面，採取了更多的措施，包括在 1990 年和 1991 年《對外關係授權法》中規定禁止向中國出口列在「美國軍品清單」上的軍品出口，以及使用中國火箭發射美國製造的商用衛星等內容。這些措施給中美經濟技術合作造成了較大的影響。比如，據不完全統計，僅中國航空航天部一個部門就有 10 個合同被終止，另有 10 個合同被推遲。但是，我們知道，利用中國火箭發射美國商用衛星也是美國的利益所在，其後不久布希總統又特批由中國發射美國商業衛星。由於中美關係的戰略環境與國內政治環境均發生重大變化，中美衛星發射合作最終受到了更大的干擾。

三、柯林頓時期：「國家出口戰略」與出口管制的再次放鬆[37]

柯林頓是冷戰結束後上臺的第一位美國總統。面對新的國際政治經濟格局，美國政府貿易促進與協調委員會於 1993 年 9 月發表報

---

[36] 同上。

[37] 參見劉金質：《美國國家戰略》，瀋陽：遼寧人民出版社，1997 年版，第 829-886 頁；王勇：〈美國出口管制放鬆及其對中美經貿關係的影響〉，《國際貿易問題》，1996 年第 7 期。

告，提出新的「國家出口戰略」，其中重要內容之一就是進行出口管制體制的改革。推動柯林頓政府勵志改革出口管制體制的原因主要包括：(1)冷戰的結束根本改變了國際戰略格局，冷戰遺留的以「巴黎統籌委員會」為代表的多邊出口管制體制不再適應後冷戰時代世界現實的需要。(2)世界科技的加速度發展也使得大部分的技術管制標準早已過時，在電腦和電訊方面尤其如此。(3)美國高科技企業與日本、歐洲同行的競爭更加激烈，海外市場成為高科技企業積累、發展的基礎之一。出口管制政策較嚴尤其不利於提高美國高科技產業的國際競爭力。(4)美國經濟的對外依存度不斷增加，擴大出口已變成國民經濟增長的直接因素。據美國商務部的資料，1987年以來美國經濟增長的因素中，出口已占到55%。

既出於對美國國家利益的考慮，也是對資訊產業在大選中提供政治支持的回報，1993年9月，柯林頓政府發表了貿易促進與協調委員會的報告，包括了當時產業界提出的幾乎所有「醫治」出口管制弊端的建議。其中一些建議大大超出產業界的預期，使出口商大喜過望。1994年4月4日《聯邦公告》正式發布自由化措施。柯林頓政府推行的出口管制改革主要體現在幾個方面：

第一，過去凡是個人電腦以上的電腦均要求許可證，現在向大多數國家出口電腦的最高標準從每秒 12.5 百萬理論運算次數（Mtops）（即 PC 機），提高到每秒 500 百萬理論運算次數，在此範圍內不要求許可證；持特別許可證，可向俄羅斯、前蘇聯其他國家，以及中國出口每秒 1,000 百萬理論運算次數電腦，隨著「巴統」的瓦解，用一般性許可證代替特別許可證成為可能。[38]

大多數電訊設備出口的事先許可證已廢除，關鍵電訊技術的出口管制也大大減少。在電訊設備出口方面，准許所有光纜纖維（不

---

[38] 美國貿易促進與協調委員會，〈清除出口的障礙：實施 1993 年報告中的六十五條建議〉，載美國《商業美國》(Business America) 1994 年 10 月號。

包括抗輻射光纖）出口到前蘇聯、中國、羅馬尼亞、捷克、斯洛伐克，甚至越南。

據美國商務部估計，僅這一變化就會使當年申請出口許可證的企業減少百分之九十八。在美國軍用物質出口管制清單上，只剩下帶加密功能的大規模營銷軟體仍受到較嚴的控制。

第二，在機構間許可證審批方面，簡化機構間審批程式，減少文件流轉時間。簡化許可證申請的程式主要表現在，縮減特別許可證的控制專案，擴大一般性許可證（GLX）適用的範圍，因為有一般許可證的出口商不需得到聯邦政府的批准即可出口。所有向前「巴統」控制國家禁止出口的所有民用電訊設備，除了加密技術、某些利用特別波譜或頻率快速傳遞率高的無線電設備、某些數控的 1,000 以上頻道的無線電接收機之外，都可適用一般出口許可證。1993 年提出的 25,000 份出口許可證申請到 1994 年減到了 15,000 份。辦理許可證手續的時間也縮短了四分之一。時任白宮國家經濟委員會主席羅伯特・魯賓稱：「這些改革充實了我們的國家安全和非擴散目標，同時也實現了重要的經濟目標。」[39]

1995 年 4 月，美國商務部為進一步改革許可證審批程式，提出了「特別綜合許可證」（Special Complex License）的概念。它規定，如果美國公司能夠實施特別的內部管制程式，保證負責任的出口行為，那麼這些公司就不用再申請許可證。商務部與其他部門在接到「特別綜合許可證」申請的 90 天內做出裁決，但政府又堅持對於申請向前蘇聯東歐、中國出口的「特別綜合許可證」的授權進行特別審理。

此外，國務院負責的「軍品管制清單」（Munitions List）和商務部的「控制清單」（Control List）也作了調整，即把「軍品管制清單」

---

[39] 美國《光子學報導》（Photonics Spectra），1994 年 5 月號。

上的非軍事產品,如空間站、慣性導航系統、幕簾式天線陣列、圖像增強器與相關的技術資料,轉到「控制清單」上。

第三,以瓦森納體制取代「巴統」,新體制的目標是對不穩定地區或潛在衝突地區實行技術出口管制;同時,新成員的範圍將擴大,包括俄羅斯等前蘇聯東歐國家。

當時,很多人分析指出,美國出口管制自由化的目標首先是針對快速發展的中國市場。在美國商務部提出的擴大對所謂十大「新興市場」的出口中,「大中國區」(包括中國大陸、香港、臺灣)被排在第一位。當時,美國政府人士預測:到 2000 年,就購買力而言,中國可能成為亞洲最大的市場。[40] 美國《防務日報》1994 年 4 月 4 日報導,國會的消息透露:這些新的自由化措施主要針對中國市場,「新規定的最大影響將是允許美國廠商在中國競爭其民用通訊市場與電腦市場的份額」。它認為,在下一個十年,中國這兩大市場將達到上百億美元。[41]

柯林頓政府放鬆對華出口管制,大大促進了中美雙邊經貿關係的發展。中國借此機會,獲得了增加從美國進口電腦包括超大型電腦、先進通訊設備等的數量。比如,1993 年美國國務院批准格瑞研究公司(Gray Research)向中國出口價值為 700 萬美元的用於氣象預報的超級電腦。這部電腦 CTP 速率為每秒 958 百萬理論運算次數,是當時美《出口管理規定》規定的每秒 195 百萬理論運算次數最小機型的五倍。美國的行動又進一步刺激了日、歐國家競相開放其技術出口市場;同時,為美國高科技公司來華開辦合資、獨資企業創造了寬鬆的條件。因此,可以說柯林頓政府放寬出口政策對中國科技界與產業界是個很好的機遇。

---

[40] 美國商務部副部長傑弗里・加頓的講話,見美國《商業美國》(Business America),1994 年 3 月號。

[41] 美國《防務日報》(Defense Daily),1994 年 4 月 4 日。

　　但是，美國在放鬆對華出口管制的同時，還對於它所謂的涉嫌「擴散」的中國公司予以制裁。如 1993 年 8 月美國政府宣布，因中國向巴基斯坦出售導彈「違反」了《多邊導彈技術控制協定》，禁止美國公司向中國出口高科技產品兩年。但到了 1994 年 10 月，中美簽訂導彈不擴散協定，美國方面則宣布取消對華的高科技制裁。美國顯然把技術出口當成讓中國接受美國主導的多邊出口管制標準的籌碼。

　　在柯林頓時期，中美關係得到了極大的改善，兩國在建立「戰略夥伴關係」方面達成了共識。但是，國會保守派不願看到中美關係的繼續改善，美國國會以共和黨參議員克里斯托夫・考克斯為首的調查委員會 1998 年 12 月向國會遞交了長達 700 多頁的報告，指責中國偷竊美國某些最機密的軍事技術，並提出了限制對華出口的 38 項措施。結果，美國政府加緊對華出口管制，比如，過去由商務部審批的衛星出口轉到了控制更加嚴格的國務院軍品管制清單管理。

第五節　中國「入世」後美國出口管制的反覆與調整

　　中國加入世界貿易組織，並沒有帶來美國對華出口管制政策的大調整。儘管為了推動中國接受美國的條件，美國曾在中國加入 WTO 的談判過程中承諾，放鬆對中國的出口管制措施。布希政府執政團隊信奉新保守主義思想，對中國表現出極大的不信任，因此，對布希政府來說，要放鬆對華出口管制是不可想像的。但是，形勢比人強，中國加入 WTO 帶來中國經濟的迅速發展，中國在全球生產體系中的地位日益提高。在對華出口管制方面，小布希政府面臨著美國工商界日益增大的壓力，不得不予以回應。

　　小布希政府上臺前，即開始宣傳中美間關係是一種「戰略競爭」關係，而美國國會保守派與深受意識形態影響的反華派安全專家則利用國會「美中經濟安全審查委員會」（US-China Economic Security

Review Commission）這一平臺，極力渲染中國的崛起對美國可能產生的威脅。這樣，行政部門與國會的保守主義聲音相互加強，佔據了對華出口管制政策的上風，致使美國對華技術出口限制明顯加強。

2001 年上半年，美國著名半導體製造商 SMIC 公司計劃在上海投資 15 億美元建立晶片生產廠。為投資需要，SMIC 通過美國應用材料公司（Applied Materials）向美國政府申請向中國轉讓兩項電子光束系統技術。但是，在隨後的半年時間裏，由美國國防部、國務院和商業部官員組成的技術出口審查委員會利用各種藉口，竭力反對這兩項技術的出口。最終，SMIC 公司不得不選擇放棄對華技術轉讓許可證的申請。[42]

2002 年 1 月，美國國會美中經濟安全審議委員會就美對華出口管制問題舉行專門聽證會。除產業界代表外，參加聽證會的幾乎所有證人都指出，中國今後將成為美國國家安全的一個威脅，也是武器擴散的一個重點關注對象，美國應通過出口管制措施「遏制」中國，保證美國技術優勢領先於中國技術「兩代」。

2002 年 4 月 19 日，美國國會總審計局（GAO）發表了一份題為〈出口管制：中國半導體工業的快速發展表明，有必要徹底地重新審議美國的政策〉的報告。報告指出，「美國有關機構尚未把現有的分析手段作為……決定是否發放出口許可證的基礎」。報告呼籲美政府部門加強對華出口管制政策的評估，認為恢復對華簽發衛星發射許可證的可能性是微乎其微的。同時，美國政府敦促國會通過新的《出口管制法》，以便對包括中國在內的一些國家採取更為有效的出口管制方式，保護美國的「國家安全利益」。[43]

小布希政府收緊對華出口管制的做法可以從下面的一組數位反映出來。2001 年，美國商務部總共收到 1,294 件對華技術出口申請，其中 72% 被通過，3% 被拒絕，25% 不予受理。另外，根據《遠東經

---

[42] 參見朱鋒，〈美國的中國政策「誤區」〉，《中國日報》網站，2003 年 1 月 4 日。
[43] 參見苗迎春，〈中美經貿關係八大新特點〉，《世界知識》，2003 年第 6 期。

濟評論》提供的資料，2001 年美國政府批准的對華技術轉讓中，通過比例比 2000 年下降了 2%，被直接拒絕的下降了 1%，不予受理的卻增加了 3%。另外，2001 年平均每項對華技術出口許可證的申請時間為 77 天，比 2000 年完成同樣申請過程長 15 天。[44]

　　據美國《華盛頓郵報》報導，2005 年 7 月，美國政府宣布，自 2000 年至 2003 年期間，波音公司在向中國出口的 9 架民用飛機上裝有違反美國出口管制條例的陀螺儀晶片技術，為此對波音公司處以 4,700 萬美元的罰款。美國政府認為，美政府懷疑這種技術可能被中國方面用於大幅度提高導彈的制導精度。陀螺儀是保持飛行器運動平衡的核心制導設備，陀螺儀與飛行控制系統相結合，就可使飛機、導彈飛行時保持穩定，準確地飛向或命中目標。但與戰鬥機、洲際導彈相比，民航客機並不需要非常精密的制導，客機的陀螺儀晶片通常是普通設備，所有波音和空中客車的商用飛機上都有這種晶片。[45]中國學者朱鋒分析指出，美國政府某些人舊事重提，目的就在於，從技術上延緩中國工業、科技力量現代化的步伐，標誌著美國加強對中國出口管制、阻止中國獲得高科技的系列行動的進一步升級。美國對華「惡意」的出口管制體制，客觀上已經成為中美兩國發展深層次互利合作的最大障礙，直接削弱了美國公司在中國市場的銷售份額和市場影響力，同時也是中國爭取技術進步基礎上的工業化努力的一大挫折。[46]

　　與此同時，美國試圖說服多邊出口管制「瓦森納」體制的成員國家加強對中國的技術出口限制。比如，小布希政府要求以色列終止與中國的軍事和安全設備的貿易與技術合作，在美國政府的強大

---

[44] 有關數字轉引自朱鋒，〈美國的中國政策「誤區」〉；〈出口管制損害相關產業〉，《21 世紀經濟報導》2003 年 1 月 29 日。

[45] 〈波音為出口飛機遭美政府懲罰〉，載中國民航新聞資訊網，見 finance.sina.com.cn/chanjing/b/20050719/1515213730.shtml。

[46] 朱鋒，〈美國的中國政策「誤區」——評美在技術轉讓問題上的對華敵視政策〉，中國日報網站，2003 年 1 月 4 日。

壓力下，以色列政府被迫停止有關合作專案。2000 年底，美國曾阻止以色列向中國出口預警飛機，為此，以色列向中國賠償違約金 3.5 億美元。[47]

　　但是，面對中國的快速發展，美國政府要保持當前對華出口管制政策變得越來越困難了。美國面對的經濟利益與國家安全利益之間的衝突比任何時候都更加嚴重，這種衝突與矛盾產生了美國對華政策搖擺的張力。幾個因素導致了這種情況：

　　第一，美歐對於中國崛起看法的差異。正如美國史汀生中心（the Stimson Center）2001 年發表的研究報告指出的，冷戰結束後，美國國內以及美歐之間在中國問題上均發生了很大的爭論，彼此之間的分歧是很明顯的。歐洲國家和歐洲聯盟「悄悄地但是穩定地加深了與中國的政治經濟關係」。許多歐洲國家並未把中國視為嚴重威脅，他們認為除了與中國保持「接觸」外別無選擇，接觸是降低中國成為有影響的全球行為者帶來的風險的唯一辦法。[48]報告還分析了美歐在對華政策上出現分歧的原因，主要是因為歐洲雖然是全球政治的積極參與者，但是，內部的政治分歧阻礙它在歐洲之外的地區扮演同樣重要的角色。而美國則是一個全球大國，在東亞有著十分重要的利益。[49]

　　美歐之間在中國問題上的矛盾主要來自兩者世界觀、世界秩序觀上的差異。2003 年伊拉克戰爭使這種分歧暴露的更加明顯，而中

---

[47] 同上。

[48] The European Commission, "Building a Comprehensive Partnership with China," Brussels, March 25, 1998, *COM* (1998) 181, see europa.eu.int/comm/external_relations/china/com_98/index.htm; and "Report on the Implementation of the Communication 'Building a Comprehensive Partnership with China' COM (1998) 181," Brussels, *COM* (00) 552, see europa.eu.int.comm/external_relations/china/report_2000.htm.

[49] The Henry L. Stimson Center, "Study Group on Enhancing Multilateral Export Controls for US National Security", Final Report, April 2001, see www.stimson.org/exportcontrol/?sn=EX20021203449.

國與歐洲在對世界秩序的看法上更加接近。2005年歐盟一些國家提出解除對華武器禁運，就是美歐對華分歧的集中表現。儘管解除對華軍售禁令的決定因美國反對、歐盟內部分歧而擱淺，但是，表明美國在制定對華出口管制政策時必須更多考慮歐洲的因素。

　　第二，中國市場的巨大誘惑促使美國工商界對政府施加更大的壓力。他們要求美國出口管制政策跟上技術發展的現實，跟上全球生產體系的變化，同時也必須考慮多邊出口體制的現實。

　　第三，中國因素的作用。中國高度重視對美國的關係，並在有關問題上加大中美合作，積極為美國改善對華出口創造條件。比如，2004年4月，中國商務部副部長與美國主管產業與安全的副部長通過交換信函的方式，就加強最終用戶訪問事宜達成諒解，為擴大「商務部管制清單」（CCL）軍民兩用貨物與技術的出口提供了條件。[50]2006年11月，中國還頒布了有關核物資「再出口」方面的規定，對於非法出口加以重責。[51]

　　上述因素的同時存在，使得美國對華出口管制政策左搖右擺，甚至出現令人費解的混亂現象。美國保守派提出的政策建議也越來越複雜化。比如，美中安全審查委員會在2005年年度報告中指出，中美關係對於美國的最大挑戰就是，美國應當建立一個應對中國的「前後一致的戰略框架」（a coherent strategic framework）。報告建議，美國一方面要承認中國的「合法利益」，在一切可能的場合下，減少衝突的可能性，建立合作機制，推動兩國的長遠立場。但是，另一方面，美國領導人也應當利用美國手裏的談判籌碼，特別是美

---

[50] 見 Department Of Commerce Bureau of Industry and Security, "Revisions and Clarification of Export and Reexport Controls for the People's Republic of China (PRC)"；New Authorization Validated End-User, 15 CFR Parts 740, 742, 744 and 748 [Docket No. 060622180-6180-01] RIN 0694-AD75, Federal Register,Vol. 71, No. 129, July 6, 2006 / Proposed Rules, 38313-38321. 感謝美國友人、前美中貿易全國委員會會長柯白（Bob A. Kapp）先生提供該資料。

[51] 「違規出口核技術最高處5倍罰款」，《南方都市報》，2006年11月26日。

國作為中國的主要出口市場、中國所急需技術的主要提供者，以及美國作為唯一超級大國的地位，來「勸導」中國在兩國關係採取具有「建設性」的態度，與美國一道解決分歧，「這些將考驗美國的創造力和外交技巧」。[52]也就是說，美國要用美國的技術優勢，迫使中國在進口美國技術的時候，在國際關係行為上滿足美國的要求。

2006 年是美國政府試圖調整其對華出口管制政策的一年，但是，新政策草案一出臺即遭致美國工商界的懷疑與抵制。

2006 年 6 月 9 日，美國商務部負責出口管制事務的副部長大衛・麥科密克（David McCormick）在華盛頓國際戰略研究中心（CSIS）就美國對華出口管制政策的調整發表專題演講，提出了政策調整的主要思路。[53]

他首先指出，美國正在醞釀對華出口管制政策的調整，將放鬆 47 類高科技產品的對華出口管制，其中包括航空電子設備、半導體器材以及電子產品等。美國商務部預計，這些措施的落實將增加數億美元的對華出口。

他指出，「中國作為主要經濟大國的崛起是 21 世紀最重要的發展之一……美國如何應對中國日益增長的影響力，不僅對於本屆政府也是事關未來數代美國人的核心問題。」布希政府對於中國崛起的回應是鼓勵中國按照「負責任的利益攸關者」來行事，即「為中國從中獲益甚多的全球體系的健康與成功擔負更多的責任。」他聲稱，美國的目標很簡單，即「中國的發展應當是和平的、繁榮的。美國出口管制政策鼓勵合法的民用技術的貿易，但同時不鼓勵中國發展軍備，這項政策對於保證美國目標的實現至關重要。」

---

[52] U.S.-China Economic and Security Review Commission, *2005 Annual Report to Congress*, see www.uscc.gov/annual_report/05_annual_report.htm.

[53] Under Secretary David McCormick, "Win-Win High Technology Trade With China", speech at Center for Strategic and International Studies, June 9, 2006，see www.bis.doc.gov/news/2006/McCormick06-9-06.htm.

　　針對美國對華出口管制政策中存在經濟利益與國家安全利益兩難困境的問題，他提出，要仔細平衡兩個目標，就必須不僅要弄清楚要賣什麼技術，還要弄清楚為什麼要出口這些技術，「賣給誰」。同樣的產品用於民用目的是好的，但是，用於軍事目的可能就會出現問題。他舉例指出，「美國的政策應當為那些把美國製造的半導體用於生產音響和兒童玩具的中國公司創造條件，而不應為生產尖端導彈系統或潛艇的公司創造條件。」美國政府相信，完全可以兼顧這兩個目標。「加強我們在華的經濟利益和安全利益之間並不必然是零和遊戲。」

　　有趣的是，麥科密克在講話中還著重討論了中國市場對美國公司、美國國家的重要意義，他的講話充分肯定了美國公司抓住中國市場機遇的作法。他羅列了大量資料和例證來說明，中美經貿合作對美國是十分有利的，其中包括：

　　第一，中國與美國的經貿關係迅速發展，中國已經成為美國第三大貿易夥伴，2005 年中美雙邊貿易達到 2,850 億美元。[54]中國的GDP 規模達到 2.3 萬億美元，成為繼美國、日本、德國之後的第四大經濟體。

　　第二，中國存在廣泛的地區發展不平衡問題，擺脫貧困需要技術。他引用世界銀行的資料指出，儘管在過去 20 年中，中國的貧困人口急劇下降，但是，中國仍然有 1.6 億人處於不到一天 1 美元的貧困狀態。技術的進步成為擴大中國沿海經濟發展向中西部擴展的關鍵，中國認識到技術在克服貧困方面的重要性。

　　第三，他以中國 ARJ21 地區支線飛機專案為例，說明中國的發展對於美國的重要意義。他指出，ARJ21 專案是由中國的飛機製造商和 10 家美國公司組成的，美國公司提供該專案的主要零部件。他指出，未來 10 年中國各地將建設 100 個新機場，把缺少公路鐵路運

---

[54] 按照中國方面的統計為 2,130 億美元。

輸網絡的地區連接起來,「美國技術是滿足這一需求、幫助發展這一
專案的關鍵,這個專案對於中國的持續發展很重要。但是,這個專
案對於美國也是重要的。不僅使美國公司獲得短期盈利,而且更重
要的是,有助於維護美國在高科技航空航太產品製造方面的領導地
位——我認為領導地位對於國家安全具有關鍵的意義。」

麥科密克還列舉出其他一些資料來證明中國市場的機會。比
如,中國 2001 年加入 WTO 後,美國對華出口的增幅是美國向世界
其他地區出口增幅的五倍,技術出口是增長的關鍵,美國對華出口
最多的是機電設備、發電設備等。單 2004 年,美國就對華出口了
29 億美元的半導體。這些出口在美國國內創造了大量的就業機會。
例如,卡特比勒(Caterpillar)公司在過去幾年對華出口增加了 40%,
給美國帶來了大約 5,000 個新的工作機會。他指出:「公平和不斷增
長的美中貿易關係將是兩國經濟政治成功的關鍵因素,因此,我們
必須設法鼓勵合法民用技術貿易的發展。」

在講話中,他提出美國政府加強在技術出口中「安全保證」的
考慮。他列舉出來的理由包括:中國在經濟開放的同時,堅持政治
體制的「封閉」;美國蘭德公司與國防部的報告都認為,「中國有一
個通過獲得尖端兩用技術、並把它們用於國防體系以加強其軍事能
力的明確戰略」;中國軍費存在「不透明」的問題,且增長快於 1994
至 2004 年國內生產總值(10%)的增幅,達到 16%左右。美國估計,
2005 年中國的軍費開支可能高達 900 億美元,成為僅次於美國、俄
羅斯的世界第三大國防開支國家。他援引美國國防部的最新報告指
出,如果當前趨勢繼續下去,中國的軍事能力將對本地區其他現代
軍事國家產生相當的威脅。中國正通過購買高科技軍事技術,獲得
發展導彈能力和海軍的能力。另外,中國在反對大規模殺傷性武器
(WMD)擴散方面的表現遠遠不是「盡善盡美」的。他提出,美國
和本地區的其他國家必須對中國的軍備建設保持高度警惕。例如,

幫助中國建設商用飛機的尖端配部件技術決不能應用到發展「超7」
（super7）等下一代戰鬥機的研發上。

　　在綜合考慮經濟利益與國家安全的大背景下，美國商務部副部
長麥科密克提出，美國對華出口管制政策將向兩個方向進行調整，
即加強民用高科技貿易，同時又要強化「安全保證」措施。具體來
說，出口管制政策的調整方案包括：

　　第一，簡化對美國出口商的審批手續，加強美國對華民用技術
的出口，以保證美國在華半導體、電子產品市場份額的增長。

　　第二，建立中國技術進口公司的「資質管理」體系。建立中國
進口技術企業在美國進口方面的「非擴散與負責任的民用的記錄」，
因此，中國公司要「前所未有的開放和合作」。那些美國確信記錄良
好、不會將相關產品和技術轉為軍用的中國公司，「將會免去許可證
件的申請」。美國將加強在中國的「實地核查」。他指出，「考慮到中
國軍隊對於尖端技術的渴望，這一做法是謹慎的，與美國對華軍用
物品禁運的長期政策是一致的。僅僅否決那些用於軍事用途的出
口，將減少對於產業的影響。這項限制措施造成的市場損害將很小，
而安全方面的好處將是實質性的。」

　　他認為這樣調整的做法主要有幾個方面的好處：可以激勵中國
公司堅持承諾；能節省美國相關官員核查的時間和精力，專注於處
理影響美國安全的更大、更複雜的案例。

　　美國還將敦促其他國家尤其是歐洲和日本，採取與美國類似的
對華出口管制政策。

　　在結論部分，麥科密克總結指出，過去，在有關國家安全和經
濟目標之間的政策很多被認為是顧此失彼的「零和遊戲」，但是，他
認為，這些調整將能創造「雙贏遊戲」，「既能促進美國的經濟與安全
利益，同時又能鼓勵中國現在與將來成為負責任的利益攸關者。」[55]

[55] Under Secretary David McCormick, "Win-Win High Technology Trade With China"，speech at Center for Strategic and International Studies, June 9, 2006；

　　2006 年 7 月 6 日，美國商務部產業安全局在《聯邦記事》上對外正式發布公告《對中華人民共和國出口和再出口管制政策的修改和澄清及新的授權合格最終用戶制度》，就修改《出口管理條例》（EAR）有關中國部分的內容徵求各界意見，要求有關方面在 2006 年 11 月 3 日前提交有關意見與評論。

　　對華出口管制新制度的安排，進一步明確嚴格管制軍用產品的態度，同時聲稱適度放寬民用產品的出口。新舉措的有關內容包括：美方列舉出數項具體的產品品類，並提出可在相關產品的出口過程中適用出口許可證制度，但這種做法在一定程度上擴大了對華出口管制商品的範圍；對於符合「合格最終用戶」的中方用戶可享受簡化相關進口產品程式的待遇。美方提出，在審定「合格最終用戶」時，將重點考慮中方企業長期從事民用品貿易的良好紀錄，其業務過程中有否拒絕美方對最終用戶的訪問的記錄，進口行為是否遵守了美方的相關規定等。[56]

　　2006 年 7 月 10 日，中國商務部新聞發言人崇泉就美國政府的出口管制新規定方案發表評論表示，該方案給兩國正常貿易設置了不合理的障礙和附加前提條件，不符合雙方企業利益，也不利於中國與美國的經貿關係的健康發展。中方高度關注美方擴大出口管制商品範圍的做法，將在廣泛聽取產業界的意見後做出評論。中方希望美方拋棄「冷戰」思維，從中美關係大局出發，採取建設性舉措，推動雙邊高技術貿易發展，緩解中美貿易不平衡，促進中國與美國的經貿關係健康、全面發展。[57]

陳之罡，〈美國擬放行 47 類高科技產品對中國出口〉，《第一財經日報》，2006 年 6 月 12 日。

[56] See The Henry L. Stimson Center, "Study Group on Enhancing Multilateral Export Controls for US National Security", Final Report, April 2001.

[57] 〈美國調整對華出口管制政策規定模糊影響難斷〉，《國際商報》，2006 年 7 月 11 日。

第六節　「中國因素」對美國出口管制政策的影響

　　面對美國出口管制政策，中國並非沒有「作為」的空間。歷史發展表明，「中國因素」具有積極的作用，在美國放鬆出口管制措施方面發揮了重要的影響。

　　第一，中方致力於改善中美關係的整體氛圍，通過溝通對話，培養兩國間的相互信任關係，能夠為美國放鬆對華出口管制創造條件。毫無疑問，中美關係的狀態直接影響美國對華出口控制的程度，放鬆出口控制往往成為兩國積極改善關係的重要象徵；相反，中美關係緊張則會導致雙邊技術貿易的收緊。

　　第二，中國在關鍵技術領域的突破往往會「刺激」美國對華出口管制的放鬆。道理很簡單，美國出口管制的目的在於延緩中國獲得某項技術的時間，但是，一旦中國獲得技術突破，繼續維持該項技術的管制失去了意義。美國工商界將借此積極遊說放鬆管制，搶在中方技術尚未形成批量生產能力之前打入中國市場。而美國政府也往往會積極考慮他們的建議。本來反對某項技術解禁的保守勢力更可能不再反對放鬆該項技術的出口管制。這方面例子很多，柯林頓時期美國開始放鬆對華超級電腦的出口管制，與中國自身開發並聯技術不斷提高「銀河」、「曙光」系列超級電腦的運算能力有直接的關係。因此，我們必須不斷致力於本土技術的創新，加大對高科技領域的投入，只有這樣才能推動西方對華技術出口的升級，最終縮小我國與國際先進技術水平的差距。

　　中國對於技術創新意義的認識越來越清醒。中國科技部認為，「在當今國際格局中，技術與國家利益、國家安全之間的密切關係，遠遠超過了一般生產要素。國家間的經濟、軍事競爭，很大程度上就是技術的控制與反控制，技術的主導權往往也正是攸關生死的決定性因素。因此，在關鍵性技術問題上，任何一個主權國家從來都不可能主動放棄自主開發的義務和權利。」報告提出，維護國家安

全必須最大限度地防止出現關鍵技術受制於人的局面，強調「對於我們這樣一個發展中大國來說，強調發展關鍵技術的國家意志，任何時候都不會過時。」報告明確提出，要想爭取國際技術貿易中的主動權，中國必須在關鍵技術領域突破技術壟斷。[58]

　　第三，打好中國市場牌，創造競爭，利用矛盾，可以有效地促使美國放鬆出口管制。中國市場潛力正在不斷釋放，吸引了美國在內的西方發達國家的廣泛興趣。跨國公司普遍認為，在中國市場的地位對於它們在全球經濟中的競爭地位有著舉足輕重的影響。因此，如果我們善用「中國市場」牌，就能創造一種發達國家對華競相開放技術貿易的氛圍。而在跨國公司方面，受到所謂「寡頭」競爭規律的影響，即在關鍵技術產品領域中，往往幾家超大型公司佔據多數市場份額，造成寡頭競爭的背後因素主要是「規模經濟」。我們從彩色膠捲市場「柯達」與「富士」的競爭，到大型商用飛機領域「波音」與「空客」的角逐，都能看到「寡頭」競爭的影子。我們完全可以利用中國市場的「權重」，促進不同國家為角逐中國市場展開競爭。比如，如果美國政府繼續禁止波音公司出口商用飛機上安裝陀螺儀導航系統，那麼，中國航空公司完全可以出於駕駛安全性的考慮，更多採購「空中客車」，這種情況顯然是波音公司和美國政府不願意看到的。

　　第四，研究美國倡導的不擴散多邊出口管制機制的規則，在可能的領域與美國開展反擴散合作，以換取美國放鬆對華技術管制。隨著中國國際地位的提高，以及中國與國際社會利益格局的變化，我們應當對多邊不擴散機制加以認真的研究。多邊不擴散機制儘管主要為美國等發達國家倡導，有維護其利益的一面，但同時，它們具有國際「公共物品」（public goods）的性質，是國際治理機制的重要組成部分。中國根據本國利益與國際社會的需要調整反擴散的政

58　科技部，〈學習胡錦濤總書記講話推動自主創新之四〉，《科技日報》，2005年 2 月 24 日。

策，成為多邊出口管制機制的一部分，將有助於改善與美國等西方
國家的關係，有助於推動它們放鬆對華出口管制。1990年代以來，
中國致力於建立本國出口管制體制，同時採取措施大大縮小了中美
在反擴散問題上的立場分歧。當然，中美在反擴散問題上的合作是
一個漸進的談判過程，也是一個相互妥協的過程。很明顯，隨著中
國國內出口管制機制的完善，美國對華出口管制總的來說將朝著不
斷放鬆的方向發展。

案例一：中國半導體工業的發展與美國出口管制政策

半導體產業作為當前國民經濟的基礎性和戰略性產業，不僅事關國家
經濟的競爭力，而且與國防現代化密切相關。隨著中國電子、資訊技術的
發展，中國對於進口晶片的依賴程度不斷上升。根據中國科技部高技術研
究發展中心的研究，產能不足、技術水平低是中國晶片業面臨的兩大凸出
問題。2002年，我國晶片產能僅占世界積體電路產能的2.5%，但是，銷
售額卻相當於整個市場需求的15.7%。在這種情況下，中國只能依賴進口
晶片產品滿足產業需求。與美日韓和臺灣地區的晶片企業相比，中國大陸
企業無論在資金上還是在技術上仍處於劣勢。

為了促進國產晶片的發展，從1990年代末開始，國家產業政策向半導
體傾斜，出臺了一系列重點扶持政策。2000年和2001年，國務院分別頒
布鼓勵和促進晶片產業發展的「18號文」和「51號函」，北京、上海、深
圳等地也先後出臺了相關優惠政策。特別是「18號文件」規定晶片企業可
以享受投資融資、人才吸引、出口退稅、稅收繳納、技術開發等方面的優
惠待遇。該文件規定，到2010年底，對增值稅一般納稅人銷售自產的積體
電路產品，按17%的法定稅率徵收增值稅，再對實際稅負超過6%的部分
「即徵即退」。

在國家產業政策和旺盛的市場需求的推動下，中國迎來了半導體產業
的投資熱潮。2000年迄今，國內晶片產業投入資金已經突破100億美元，
超過過去50年投資總和的3倍；陸續形成了上海、北京、深圳三個大規模

的晶片製造基地;華虹 NEC、中芯國際、宏力半導體、上海先進等「國姓」晶片企業也在此間相繼成形。

但是,在目前情況下,中國晶片產業仍然存在著主要的弱點,與國際上最先進的企業之間尚有很大的距離。這些問題包括:(1)目前國內晶片生產線大部分為 8 英寸、6 英寸生產線,屬於國外已經開始淘汰的技術,生產的晶片絕大部分也屬於中低端產品,多用於玩具、遙控器等簡單消費品,而應用於電腦中央處理器、手機等產品的高端晶片幾乎沒有。(2)晶片設計企業與國際水平的差距大,存在大量低水平重覆設計的現象。在研發主體上,相關高校和研究院承擔了目前我國晶片研發的主要任務,而企業研發投入和能力極為有限,研發跟不上產業發展。主要原因是晶片企業往往以短期盈利為目標,在國內市場供不應求的情況下,這些企業只要通過進口晶片製造設備、材料等加工成品就能有可觀的盈利,缺乏投資搞研發的動力。

儘管存在上述缺點,美國政府與企業界對於中國半導體工業的發展極為重視。在如何看待中國在半導體產業方面的技術進步,以及如何調整美國對華出口管制政策上,美國國會與行政部門發生意見分歧。

比如,美國國會總審計局(GAO)2002 年發表報告提出,1986 年以來,中國在提高半導體加工能力方面大大縮短了與美國的技術差距,從過去的 7 至 10 年,縮短到 2 年以內(見圖 6-4)。他們研究認為,中國目前最先進的商用製造設備生產的晶片只比世界先進水平「低一代」。中國半導體工業的發展得益於中國國家的政策。中國國家的戰略目標是,要在未來 5 至 10 年的時間內,利用外資在中國建立 20 個投資超過 10 億美元的加工工廠,以滿足國家安全與經濟安全的需要。中國從日本、荷蘭、香港等地獲得了製造技術,正在生產更先進的家用電子設備,同時也在幫助建立更為複雜高級的武器系統。

報告指出,美國出口管制體制與「瓦森納」多邊出口管制安排未能阻止中國獲得半導體加工設備,也沒有保證美國技術至少領先於中國技術「兩代」(大約 3 至 4 年)(見圖 6-4)。「美國是該自願組織中唯一一個擔心中國獲得半導體加工設備的國家」。瓦森納安排只規定,半導體加工設備「足夠敏感」,需要各方提供出口資訊,但是,與電子有關的 97%的產

品則不需要交換出口資訊。因此，GAO 認為，瓦森納多邊協定並沒有發揮
出口管制的效果，而且管制清單上的電子類產品還在不斷減少。

　　國會總審計局報告批評了美國現有關於對華出口半導體技術的管制辦
法。報告指出，現行辦法存在「規定不清，前後矛盾」的現象，導致產業
界對於發放許可證的原因與過程並不清楚；當前商務部、國防部在審批過
程中批准了大部分對華出口申請，沒有嚴格遵循讓中國加工工藝落後於美
國至少「兩代」的「共識」；美國其他機構在許可證審批過程中也沒有參
考某項技術的國外可獲得性來審查有關出口申請，忽視了美國對華出口先
進半導體加工設備和貨物對於美國國家安全的「累積性影響」（cumulative
effect）。[59]

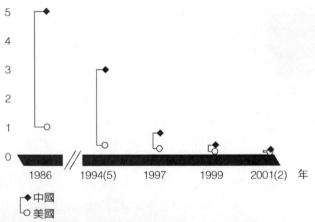

圖 6-4　中美在半導體製造技術上的差距（以晶圓尺寸為單位）

資料來源：United States General Accounting Office（GAO）, "Rapid Advances in
　　　　　China's Semiconductor Industry Underscore Need for Fundamental U.S.
　　　　　Policy Review" ，Report to the Ranking Minority Member, Committee
　　　　　on Governmental Affairs, U.S. Senate, April 2002 (GAO-02-620), see
　　　　　http://www.gao.gov/cgi-bin/getrpt?GAO-02-151, p.14.

---

[59] United States General Accounting Office（GAO）, "Rapid Advances in China's
　　Semiconductor Industry Underscore Need for Fundamental U.S. Policy
　　Review"，pp.1-8.

報告得出的結論是，「美國行政部門在做出有關對華出口許可證決定時缺乏一個可靠的、研究充分的決策基礎」。因此，報告向國會建議，重新評估對華半導體的出口，制定出更符合現實的新管制措施來保證美國的安全利益，並把有關結果向國會與產業界通報。

針對 GAO 報告的批評，美國商務部、國防部與國務院反駁指出，該報告的基本假設並不成立，美國政府並「沒有」一個保持中國產業落後於美國「兩代」的規定。他們指出，《出口管理條例》很好地反映了美國出口管制的目標，當前有關規定已經足夠嚴格，該條例的分析基礎是可靠的。[60]顯然，在這場國會與行政部門的爭論中，商務部等選擇站在了美國工商界一邊。

但是，為了阻止中國半導體工業的進一步發展，美國政府在壓力之下還是採取了一些重要措施，以保護美國的技術領先地位與美國半導體產業的利益。

第一，美國政府根據 WTO 有關規則，認為中國政府 2000 年實施的「18號文」違反「國民待遇」的原則，是對進口產品的明顯歧視，中國本土晶片價格比進口低 10%。2004 年 3 月，美國就中國積體電路增值稅退稅政策提出世貿組織爭端解決機制下的磋商請求，啟動了世貿組織爭端解決程式。經過幾輪磋商，中美兩國 7 月 2 日就諒解備忘錄的主要內容達成共識。中國讓步，同意取消有關優惠政策。[61]

第二，限制來華投資的外國半導體企業獲得美國最先進的技術與從美國政府進行融資。

---

[60] 針對行政部門的反駁，GAO 辯解稱，美國實際上確實有使美國技術領先於中國至少「兩代」的內部共識。它指出，2002 年 3 月 1 日，主管出口管制事務的美國商務部副部長實際上承認了這個說法，見該報告附錄答覆部分。
[61] 2004 年 7 月中美正式簽署諒解備忘錄，主要內容有四點：（1）中方將於 2004年 11 月 1 日前修改有關規定，調整國產積體電路產品增值稅退稅政策，取消「即徵即退」的規定，2005 年 4 月 1 日正式實施；（2）諒解備忘錄簽署前享受上述政策的企業及產品可繼續執行「即徵即退」政策直至 2005 年 4月 1 日；（3）中方將於 2004 年 9 月 1 日前宣布取消國內設計國外加工複進口的積體電路產品增值稅退稅政策，2004 年 10 月 1 日正式實施；（4）諒解備忘錄不影響中國和美國在 WTO 項下的權利和義務。見〈發改委牽頭半導體基金，18 號文退稅替代政策浮出〉，《新京報》2004 年 9 月 8 日。

　　第三，批准 AMD 公司向中國轉讓核心技術，這一「開放技術」的舉動被中國產業界懷疑為「居心叵測」，目的在於擠垮中國自主開發中央微處理器（CPU）的計劃。

參考資料：陳志剛：「晶片產業下一步？」，《21 世紀經濟報導》2004 年 7 月 14 日；United States General Accounting Office, "Rapid Advances in China's Semiconductor Industry Underscore Need for Fundamental U.S. Policy Review"。

第七節　反擴散問題與中美在出口管制上的鬥爭與合作

一、美國反擴散政策與中美關係

　　反大規模殺傷性武器（WMD）的擴散是美國對外政策的重要組成部分。一段時間以來，美國政府把中國視為擴散的主要威脅之一。為了推動中國加入多邊反擴散機制，美國把放鬆出口管制措施作為「鼓勵」中國反擴散行為的手段，同時也把收緊管制措施作為對中國所謂「擴散」行為的「懲罰」。

　　中美之間在擴散問題上的鬥爭始於 1980 年代，當時中美曾就中國出售給伊朗的所謂「蠶式」導彈發生爭執。但是，中美反擴散問題演變成中美交涉的重要一部分內容主要是在 1990 年代。美國國會研究部專家雪萊・A・康（Shirley A. Kan）指出，1990 年代以來，在美國的影響下，中國參加了一些多邊出口管制機制，但仍然存在一些問題，主要是中國還不是剩下一些多邊機制的成員。比如，她指出，中國並未參加多邊彈道導彈控制體系（MTCR）與澳大利亞集團，儘管中國曾於 2004 年 6 月表達過參加 MTCR 的意願；2002 年 11 月 25 日，中國尚未參加由 93 個國家簽署的《反對彈道導彈擴散的海牙國際行為準則》（the International Code of Conduct Against Ballistic Missile Proliferation in The Hague）；中國尚未參加美國總統布希於 2003 年 5 月 31 日宣布的「擴散安全倡議」（the Proliferation

Security Initiative，簡稱 PSI）。報告指出，「中國的武器擴散繼續存在惡化的趨勢，中國繼續出臺更具野心的技術援助專案，出口射程更遠的導彈，進一步加強本地的能力，存在二手擴散（再轉讓）等危險。」報告援引中央情報局的評估指出，1996 年 7 月至 12 月，中國曾經是涉及向外國出口與大規模殺傷性武器相關的物質和技術最嚴重的國家。[62]

　　關於如何改變中國在「擴散」方面的行為，美國的對華政策如何發揮影響，美國國內一直存在著不同的看法。美國政府連續多屆推行對華「接觸」政策，支持該政策的人認為應當加強與中國的合作，從而鼓勵中國採取更加嚴格的反「擴散」政策，美國在這個方面已經取得了很大的成效。柯林頓政府指出，通過引導中國融入國際體系，讓中國基於自身利益的需要，來維持美國領導的國際體制。比如，1998 年柯林頓總統下令實施 1985 年中美核合作協定，同時鼓勵中國參加 MTCR，並建議允許中國發射更多的美製衛星。2000 年 11 月，美國國務院同意「豁免」對華制裁，批准出口更多的由中國發射的衛星，來換取中國在導彈不擴散方面的新的承諾。對華「接觸派」專家與官員認為，中國有關反擴散的承諾正是美國「接觸」政策帶來的進步，美國制裁只會適得其反。但是，他們也強調，中國必須自己認識到防止擴散也符合其自身的國家利益。還有人認為，如果讓中國參加制定規則，中國的行為將會更加合作。中國某些單位涉嫌擴散是在沒有中國政府知曉的情況下發生的。從柯林頓政府對華「接觸」政策我們可以看到，美國強調中美合作的一面，把放鬆對華出口管制作為「激勵」中國落實更多反擴散措施的動力。[63]

[62] Shirley A. Kan：" China and Proliferation of Weapons of Mass Destruction and Missiles: Policy Issues" ，Order Code RL31555)，CRS， Updated February 8, 2006，pp.6-7.
[63] 同上。

　　但是，批評「接觸」政策的對華遏制派指出，「接觸」政策本身並不足以促使中國進行合作，美國還必須有一個更加強硬的措施，即要對中國危害美國安全利益的行為採取嚴厲的措施。這部分人認為，中國的武器「擴散」還在繼續，中國反覆重申的保證並不可靠。更好的辦法是，採取適當的「制裁」措施，讓中國為其「轉讓」行為付出更沉重的代價。一些人甚至認為，中國有意把「擴散」當成一張「牌」在打，他們舉例指出，中國往往會在中美首腦會談前後做出「非擴散」的承諾，以改善中美關係，或者把「非擴散」與美國售臺武器「掛鈎」，以獲得壓美國讓步的「籌碼」。一些人認為，主要問題在於中國的出口管制體制太弱，在中國政府或軍方不知情的情況下，國有軍工企業進行了擴散，這種情況可能因為中國體制的「缺陷」會繼續下去。[64]

　　如果回顧中美 1990 年代以來圍繞出口管制問題進行的鬥爭，我們會發現，在衛星發射與中國不斷加強出口管制安排之間存在著某種特別的關聯，即美國批准向中國出口衛星，供中國火箭發射，與此同時，中國逐步加強出口管制措施。在國內法律上，美國國會仍然保持著對中國發射衛星的「制裁」措施，但是，該法又給予總統一定的自由裁量權，即根據中國所謂的「表現」，進行「制裁」免除。[65]據美國保守的《華盛頓時報》透露，柯林頓政府時期，美國國家安全委員會曾在一份秘密的備忘錄中提出，擴大太空合作，提高中國發射衛星的次數，以換取中國加入 MTCR 與中國在導彈控制方面的合作。[66]1998 年 6 月，中美在北京舉行首腦會晤。2000 年 11 月 21 日，美國國務院宣布它將恢復 2000 年 2 月停止的申請審查，

---

[64] 同上。

[65] 1989 年以來美國對華制裁法案仍然存在，主要法律見美國公法 Section 902 of P.L. 101-246。

[66] 有關 1998 年 3 月 12 日秘密備忘錄，見 Washington Times, March 23, 1998；當時美國一些反對柯林頓政府採取緩和對華關係措施的保守勢力，企圖利用輿論打掉這項安排，見 Shirley A. Kan 前引文，p.32。

再次「免除」對華制裁，批准對華衛星出口的許可證申請，同時與中國討論延長雙邊太空發射協定（2001 年底到期失效），來換取中國做出另外一項導彈非擴散承諾。[67]

　　美國政府迄今為止的做法是，用衛星發射來制約中國所謂的對外擴散行為。而在「制裁」上又主要針對美方認定的中國高科技公司，主要是中國的軍工科技集團。比如，2001 年 9 月 1 日，小布希政府宣布，中國冶金設備公司（MECC）涉嫌向巴基斯坦「擴散」導彈技術，宣布對其實行兩年的制裁，同時不批准對華出口衛星。在該決定到期前的 2003 年 8 月 29 日，美國國務院再次宣布，中國北方工業公司涉嫌「實質性地」捲入 MTCR 二類專案的導彈擴散，決定再次實施制裁，禁止向中國出口衛星。

表 6-1　1989 年以後美國總統依法「豁免」對中國出口衛星及其零部件的制裁舉措

豁免	衛星專案（可能包括多顆衛星）	最終用戶	衛星製造商
12／19／89	Asiasat-1[a]	Asia Satellite	Hughes
04／30／91	Aussat (Optus)[b]	澳大利亞	Hughes
	Freja	瑞典	不同美國製造商
09／11／92	Asiasat-2	Asia Satellite	Martin Marietta
	Apsat (又叫 Apstar)	APT Satellite	Hughes and Loral
	Intelsat-708	Intelsat	Loral
	Starsat		因故取消
	AfriSat (AfriStar)	Afrispace	Alcatel
	東方紅 3 號	中國	中國
07／2／93	Iridium	Iridium／Motorola	Lockheed Martin
	Intelsat-8	Intelsat	Lockheed Martin
07／13／94	Echostar	Echostar	Martin Marietta
02／6／96	Mabuhay (Agila 2)	菲律賓	Loral
02／6／96	Chinastar-1 (Zhongwei-1)[c]	中國	Lockheed Martin

---

[67] Shirley A. Kan 前引文，p.32。

02／6／96	Chinasat-7	中國	Hughes
06／23／96	Asia Pacific Mobile Telecommunications (APMT)ᵈ	APT Satellite	Hughes
07／9／96	Globalstar	Globalstar	Loral／Alcatel
11／19／96	風雲 1 號	中國	中國
11／23／96	SinoSat-1ᵉ	中國	Alcatel／Aerospatiale
02／18／98	Chinasat-8	中國	Loral

注釋：a. 亞洲衛星電訊公司（Asia Satellite Telecommunications）總部位於香港的
　　　　合股公司，股東有中國中信公司（CITIC）、英國有線與無線公司（Cable
　　　　and Wireless of Britain）和香港和記電訊（Hutchison Telecommunications）
　　　　有限公司。
　　　b. 老布希總統第一次豁免制裁的是澳星，其後重發豁免和許可證。但
　　　　是，當時否決了向中華人民共和國「東方紅 3 號」出售零部件的申
　　　　請（後來批准「豁免」）。
　　　c. 為中國東方電訊衛星公司（China Oriental Telecom Satellite Co.）使用。
　　　d. 是由幾家中國國有公司投資的專案。
　　　e. 戴姆斯勒—賓士航空航太公司與中國航空航太集團的合作產品。
資料來源：Shirley Kan, *"China: Possible Missile Technology Transfers Under U.S.
　　　　Satellite Export Policy - Actions and Chronology"*, CRS Report 98-485, p.24.

截止 2005 年，布希政府共計 15 次對中國涉嫌捲入向巴基斯坦、伊朗轉讓彈道導彈、化學武器、巡航導彈技術的公司給予制裁。美國政府迄今以「擴散」為理由繼續保持著向中國出口衛星的禁令，也因此中國的國際衛星發射業務基本處於中斷的狀態。[68]

我們應當看到，美國對中國「制裁」很多案例，主要是基於美國國內的相關法律，而非國際法和國際機制。在這些問題上，美國顯然在強加自己的標準。美國本身對這一問題也有爭論，存在不同的看法。一些人認為，美國要維護國際反擴散機制，必須對中國加以更加嚴格的要求，因此，美國國內法律的嚴格程度超過國際標準是必需的。美國依據的國內法律包括下列法規：

[68] 有關衛星發射與導彈擴散的關係，詳細研究見 Shirley A. Kan, "China: Possible Missile Technology Transfers Under U.S. Satellite Export Policy-Actions and Chronology", CRS Report 98-485.

- 進出口銀行法（Export-Import Bank Act, P.L. 79-173）
- 軍備出口控制法（AECA）（Arms Export Control Act, P.L. 90-629）
- 出口管理法（Export Administration Act，EAA）（P.L. 96-72）
- 核擴散防止法（Title VIII of P.L. 103-236）
- 伊朗—伊拉克軍備防擴散法（Iran-Iraq Arms Nonproliferation Act, P.L. 102-484）
- 伊朗非擴散法（Iran Nonproliferation Act P.L. 106-178）
- 行政命令 12938（由行政命令 Executive Order 13094 修改）[69]

二、中國的出口管制與反擴散政策

中國出口管制體制經歷了巨大的變化，完成了從「行政管理」體制向「法制化」管理體制的轉變，以適應中國經濟轉型的現實。正如 2003 年 12 月中國國務院新聞辦公室發表的《中國的防擴散政策和措施》白皮書指出的：「在過去相當長時期內，中國實行的是計劃經濟體制，國家主要依靠行政手段對進出口進行管理。這在當時的歷史條件下對執行防擴散政策是有效的。隨著改革開放的深入，特別是加入世界貿易組織後，中國國內經濟和對外貿易環境發生了較大的變化。目前，中國已初步建立起社會主義市場經濟體制，中國的防擴散出口管理模式實現了從行政管理向法制化管理的轉變。」[70]

中國出口管制政策的政策目標是，貫徹以互信、互利、平等、協作為核心的新安全觀，遵守《聯合國憲章》的宗旨和原則以及其他公認的國際關係準則的基礎上，致力於營造良好的國際和地區安全環境，維護世界和平，促進共同發展。中國 2005 年有關軍控、裁

---

[69] See Dianne Rennack， "Nuclear, Biological, Chemical, and Missile Proliferation Sanctions: Selected Current Law"，CRS Report RL31502.

[70] 中華人民共和國國務院新聞辦公室，《中國的防擴散政策和措施》（白皮書），2003 年 12 月，北京。

軍和反擴散白皮書指出，在處理國際軍控、裁軍與防擴散事務包括出口管制事務時，「中國政府堅持把是否有利於捍衛國家主權和安全，是否有利於維護全球戰略穩定，是否有利於增進各國的普遍安全和互信，作為決策的依據」。[71]

中國出口管制體制的建立與完善也是一個逐步與國際機制接軌的過程。中國出口管制體制吸取了多國出口管制機制和其他國家的經驗，採納了國際通行規範和做法。

第一，自 1990 年代中期以來，中國逐步建立起涵蓋核、生物、化學、導彈等相關敏感物項和技術及所有軍品的完備的出口管制法規體系。在核領域，中國政府頒布了《中華人民共和國核出口管制條例》、《中華人民共和國核兩用品及相關技術出口管制條例》。在生化領域，中國政府頒布了《中華人民共和國生物兩用品及相關設備和技術出口管制條例》、《中華人民共和國監控化學品管理條例》及《實施細則》、《各類監控化學品名錄》、《有關化學品及相關設備和技術出口管制辦法》。在導彈領域，中國政府頒布了《中華人民共和國導彈及相關物項和技術出口管制條例》。在軍品出口領域，中國政府頒布了《中華人民共和國軍品出口管理條例》。[72]

第二，出口管制做法與國際接軌，廣泛採取國際通行的許可證管理制度、最終用戶和最終用途證明制度、清單控制方法、全面控制原則等。政府還發揮「體制優勢」，規定核出口、監控化學品及軍品出口只能由政府指定的少數貿易公司專營。並且，所有法規均對違法出口行為規定了具體的處罰措施。

第三，中國現有管制範圍已與國際通行做法基本保持一致。比如，核領域清單已與「桑戈委員會」、「核供應國集團」的清單「完

---

[71] 中華人民共和國國務院新聞辦公室，《中國的軍控、裁軍與防擴散努力》（白皮書），2005 年 9 月，北京。

[72] 有關內容，見中華人民共和國國務院新聞辦公室，《中國的軍控、裁軍與防擴散努力》，2005 年 9 月，北京。

全」一致；生化領域清單與「澳大利亞集團」的清單基本一致；導彈領域清單與「導彈及其技術控制制度」的附件基本一致。[73]

第四，中國全面加入聯合國反擴散體系協定，並部分成為多國出口管制機制的成員。1984 年，中國加入國際原子能機構，並於 1988 年，中國與該機構簽訂了《中華人民共和國和國際原子能機構關於在中國實施保障的協定》。1992 年，中國加入《不擴散核武器條約》。中國加入並認真履行聯合國《禁止化學武器公約》、《禁止生物武器公約》。

同時，中國部分參加了防擴散多國出口控制機制，並積極與這些機制開展對話與交流，學習和借鑒其有益經驗和做法。1997 年 10 月，中國加入「桑戈委員會」。2004 年 6 月，中國加入「核供應國集團」，嚴格按其準則和清單實施出口管制。2004 年 2 月和 5 月，中國與「導彈及其技術控制制度」分別在巴黎和北京舉行了兩輪對話會，就導彈領域的出口控制制度、控制清單、執法情況及中國加入問題進行了交流和磋商。2004 年 9 月，中國正式申請加入「導彈及其技術控制制度」。中國還與「澳大利亞集團」保持接觸和交流，雙方分別於 2004 年 3 月和 2005 年 3 月舉行了兩輪磋商，就生物和化學領域防擴散形勢、《禁止化學武器公約》和《禁止生物武器公約》履約情況、「澳大利亞集團」運作情況、中國防擴散政策和出口管制措施等交換看法。2004 年 4 月和 2005 年 5 月，中國同「瓦森納安排」在維也納舉行了兩輪對話會，就常規武器及相關雙用途物項和技術的出口管制原則、清單及「最佳操作規範」等問題深入交換意見，雙方同意將此對話機制化。[74]

為了完善核出口控制機制，2006 年 11 月，國務院做出關於修改《中華人民共和國核出口管制條例》的決定，修改後的條例對違法經營等行為做出了明確的處罰規定。條例規定，違反出口《管制

---

[73] 同上。
[74] 同上。

清單》所列有關技術的，由商務部給予警告，處違法經營額 1 倍以上 5 倍以下罰款。違法經營額不足 5 萬元的，處 5 萬元以上，25 萬元以下罰款；有違法所得的沒收違法所得，構成犯罪的依法追究刑事責任。對偽造、變造、買賣核出口許可證的，或者以欺騙等不正當手段獲得核出口許可證的，依照有關法律、行政法規的規定處罰；構成犯罪的，依法追究刑事責任。國家核出口管制工作人員玩忽職守、徇私舞弊或者濫用職權，構成犯罪的，依法追究刑事責任；尚不構成犯罪的，依法給予行政處分。[75]中國進一步加強核出口管制體制，可以理解為中美開展民用核技術合作做準備。2006 年 12 月，中國國家發改委和美國能源部代表中美兩國政府簽署了《中華人民共和國和美利堅合眾國政府關於在中國合作建設先進壓水堆核電專案及相關技術轉讓的諒解備忘錄》，雙方企業簽署了《中國核電自主化依託專案合作備忘錄》。中國由美國西屋公司引入第三代核電技術，興建四臺核電機組，估計造價 80 億美元。按規劃，2013 年之前建成先進壓水堆並投入營運。[76]

　　對於中國的出口管制體制特別是反擴散體制，美國政府與學術界總的評價是積極的。與此同時，他們指出，中國的出口管制機制仍然存在一定的問題，特別是在執法方面。

　　比如，美國蘭德公司 2005 年發表麥艾文（Evan S. Medeiros）的研究報告，認為中國出口管制機制在執法上存在不足，主要是由兩個原因造成的，一是缺少政治意志去進行堅決的調查；二是缺少情報等資源。報告認為，中國當前過於依賴外國政府的情報。在已經制止的涉及非法轉讓與大規模殺傷性武器相關的出口案例中，中國政府主要依靠來自美、英等國的情報。

---

[75]　〈違規出口核技術最高處 5 倍罰款〉，《南方都市報》2006 年 11 月 26 日。
[76]　〈西屋中標中國第三代核反應爐，總價值達 80 億美元〉，《第一財經日報》，2006 年 12 月 18 日。

　　報告還認為，中國商務部、公安部等政府部門缺乏調查的經驗。他們比較「被動」，基本屬於「反應性」的。此外，政府缺少對於中國公司應有的「健康」的懷疑，尤其是對國有大型企業不願做調查。在這種情況下，違規企業受到處罰的案例很少。報告指出，截止 2005 年 4 月，正式公布的涉嫌違反出口管制條例、政府予以懲處的案例只有兩件。

　　蘭德公司的報告認為，中國要加強出口管制機制，必須對現有規則的實施進行規範；加大執法力度，同時向違法的國有企業和私人企業講清楚違法的「代價」；出臺獎勵措施，鼓勵中國企業更好地守法。報告還分析指出，中國政府機構的重組，也經常使出口審批受到影響；中國加入 WTO 後越來越多的中國企業獲得了國際貿易權，可能會增加出口控制的難度；企業私有化的發展速度快，這些公司也應當更多地瞭解出口管制的規則。另外，外國企業在中國市場的投資越來越多，外國企業在中國購買受控物質、設備的幾率、鑽法規漏洞的機會也升高了。報告最後提出，希望美國政府施加壓力，讓中國「糾正」當前出口管制機制中存在的上述諸多問題。[77]

第八節　出口管制與中美貿易不平衡

　　當前中國與美國的經貿關係中，存在著一個重要的結構性問題即雙邊貿易不平衡問題，美國較長時間以來存在對華貿易逆差。根據中方統計，2005 年中美雙邊貿易額達到 2,116 億美元，其中中方順差 1,142 億美元；而同期根據美方統計，美中雙邊貿易額為 2,853

---

[77] Evan S. Medeiros, "Chasing the Dragon: Assessing China's System of Export Controls for WMD-Related Goods and Technologies"，*RAND Corporation monograph*, 2005, see www.rand.org/pubs/monographs/2005/RAND_MG353.sum.pdf.

億美元，美方逆差 2,016 億，中國連續三年成為美國最大的貿易逆
差來源國。[78]

　　造成中美貿易不平衡的原因很多。中美雙方均注意到中國作為
東亞地區對美加工出口平臺這一結構性的因素。但是，兩國政府對
於出口管制因素對貿易不平衡的影響存在不同的看法。中方一直強
調，美國嚴格的出口管制是導致美國對華逆差的一個重要原因。

　　中方提出，美國堅持對華出口管制，使中美比較優勢未能充分
發揮。中國的比較優勢在於勞動密集型產業，美國的比較優勢在於
技術產業。中國對美出口迅速增長，表明中方的比較優勢得到了發
揮，但是，美國技術產品的出口受到了美國出口管制措施的很大限
制。中方認為，如果把美國對華技術出口與歐、日對華技術貿易加
以比較，我們就能更加清晰地看到出口管制對美國技術出口的負面
影響。中國商務部公布的統計數字顯示，歐盟是 2006 年上半年中國
技術引進的最大來源地，雙方簽訂技術引進合同 56.2 億美元，同比
增長 45.7%，占中國技術引進合同總金額的 42.5%。日本和美國位列
第二、第三，引進金額分別為 33.6 億和 20.8 億美元，金額占整個技
術引進的 25.4%和 15.7%。美國作為世界高科技最發達的國家卻在中
國市場上處於劣勢，不合理的出口管制政策阻礙中美正常技術貿易是
最重要因素。[79]根據美國國務院自己的資料，美國對華高科技出口的
比例正在持續下降。2002 年，在中國高新技術和產品進口國家和地
區排名中，美國已由過去的第 1 位下降到第 4 位，排列在日本、歐盟、
臺灣之後，美國占中國高科技進口的比例僅為 13.47%。[80]

　　美方還存在濫用技術貿易制裁，強加美國標準的問題。美國基
於自己的標準，以反擴散為理由，頻頻使用制裁手段。根據美方資

[78] 有關中美貿易不平衡的詳情，請參見本書第四章。
[79] 滕曉萌，〈美國對華高科技出口草案或將修改〉，《21 世紀經濟報導》，
　　 2006 年 7 月 17 日。
[80] 許聖如、孫潔，〈高科技出口管制魔戒：中國出口 1 億條牛仔褲＝一架波音
　　 飛機〉，《21 世紀經濟報導》，2003 年 12 月 10 日。

料，從 2001 年 1 月到 2005 年 4 月，美國國務院就被控制的物項出口對外國公司實施了 115 次制裁，其中有 80 次以中國公司為制裁對象。[81] 技術貿易制裁的濫用顯然對中美技術貿易傷害甚大。

美國出口許可申請審查程式，過於繁瑣，把中國公司分為三六九等，對其中一些公司採取歧視性的待遇，總體阻礙了美國對華出口。比如，美國商務部在審批許可證的過程中，把來自中國的進口對象分為四類，即首先是在中國開展經營活動的西方公司子公司，其次是按西方透明的商務模式從事經營活動的中國新公司，再次是中國研究機構派生的公司，最後則是曾為中國軍方或公安部門服務的公司。在審批的過程中，把出口目的地，誰是物項的擁有者，誰是客戶，是否有適當的內部技術控制等作為審查的對象，程式繁瑣，拖延時間長。[82] 美國的出口許可證從遞交申請到批准的平均時間一般為 3 個月至 1 年，許多高科技出口許可證的審批時間耗時近 1 年。而日本政府對向中國高科技出口發放許可證的時間為兩至三周，最多 1 個月；德國最多 30 天。[83]

中國方面認為，美國對華採取嚴格的技術出口政策，主要是其政策仍然受到「冷戰」思維的影響。中方希望，美方能拋棄「冷戰」思維，切實採取措施推動雙邊高技術貿易發展，為緩解中美貿易不平衡作貢獻。[84]

中方的觀點得到了美國工商界的支持。美國工商界認為，美國當前的出口控制政策過於嚴格，遠遠落後於國際政治經濟競爭格局的變化，是導致中美貿易不平衡的重要原因。

---

[81] Bruce Odessey，〈中國武器擴散構成的威脅引起美國的極大關切〉，美國國務院國際資訊局《美國參考》，2005 年 5 月 2 日。

[82] 同上。

[83] 許聖如、孫潔，〈高科技出口管制魔戒：中國出口 1 億條牛仔褲＝一架波音飛機〉，《21 世紀經濟報導》2003 年 12 月 10 日。

[84] 參見湯莉，〈美國調整對華出口管制政策規定模糊影響難斷〉，《國際商報》，2006 年 7 月 11 日。

　　中國美國商會發布的《美國企業在中國》2006 年白皮書顯示，許多美國技術公司認為美國出口控制體制並不能保衛國家安全，相反削弱了美國企業在中國的競爭力，使許多中國客戶轉向其他國家的競爭者。比如，美國的航空企業認為，美國政府對軍民兩用產品的出口管制和許可證制度阻礙了企業在華的業務發展。此外，美國政府還限制了美國技術在中國的應用，即使那些已經獲得某項技術出口許可的公司，也要面臨持久而苛刻的核查制度。[85]

　　美國工商界對美國對華出口管制政策的批評主要集中在下述幾個方面：

　　第一，管制產品的範圍過於「寬泛」。他們認為，美國政府關於禁止向中國出口敏感軍事產品和技術的限制太寬泛，限制了許多沒有任何軍事應用價值的產品或技術的出口，損害了美國企業的利益。中國美國商會呼籲美國政府和國會能夠「更精確」地限制真正敏感的軍事產品和技術，達到既能維護美國國家安全，又能使美國企業在出口市場上獲得更加公平的機會。中國美國商會 2006 年白皮書指出，「美國針對中國的出口管制體系過於狹隘地關注某些產品的銷售將會產生的影響，擔心這些產品可能會被用於技術升級或提高生產力，增強中國的軍事實力。」美國應當對出口管制與國家安全問題進行全面、動態的分析，同時要考慮出口管制政策限制過嚴，對美國公司經濟生存能力可能造成的危害。中國美國商會指出，「這種經濟生存能力對於我國軍事工業基礎而言是至關重要的。」[86]

　　第二，監管規則定義不清，審批程式不確定，加重了中美正常貿易環境的「不確定性」。中國美國商會提出，美國政府出口管制政策使許多中國公司由於擔心其不確定性，而害怕與美國企業做生意，這個方面給美國中小企業帶來的損失最為嚴重。白皮書指出，

---

[85] 藍瀾，〈美國企業不滿政府對華科技出口管制〉，《國際商報》，2006 年 5 月 18 日。
[86] 中國美國商會，《2006 年白皮書》，第 65 頁。

監管規則應當十分詳細地公之於眾。「模糊的規則會導致很多合法的交易被凍結，而且會給企業增加巨大的負擔」。中國美國商會成員公司反映，很多中國公司表示，由於審批和許可程式的不確定性，它們從來不會和美國公司就購買高科技產品開展談判，省得自找麻煩。報告指出，此外，「規則模糊不清同時也會增加產品在設計階段的成本」，因為那些準備銷往中國的產品未必都會被允許出口，因此，「有些技術無論它本身是否受到限制，都必須在設計時被排除在外」。美國中小企業是最大的受害者，因為「它們無力聘請具有出口管制經驗的專業人士，符合出口管制要求對它們而言就格外困難而且負擔巨大。」[87]

第三，未能充分考慮美國技術產品的「外國可獲得性」，使得美國公司白白丟失中國市場。2006 年白皮書指出，美國目前的出口管制體系「目標不明確也不高效」，它使得美國公司損失了就業機會，同時把生意讓給了歐、日等競爭對手。白皮書通過調查發現，美國很多技術出口公司感到出口管制並沒有對保衛美國的國家安全起到作用，因為相關的技術可以從美國以外的市場購買得到；由於監管規則定義不清，潛在的中國合作夥伴由於擔心「漫長而不確定」的審批程式而轉投其他公司，一些美國公司因此損失了業務。[88]

第四，當前過於保護的出口控制政策，限制了美國跨國公司在中國的進一步發展，有可能使美國公司喪失競爭優勢。當前，隨著跨國公司在華業務的升級，很多技術和產品也需要進行「本土化」遷移，「保守」的技術產品出口政策不利於美國企業擴展在中國的市場份額，不利於與德、日公司進行競爭。相比而言，德國等國的政策更為靈活。

第五，當前美國出口管制政策正在傷害美國的工業基礎，最終損害美國的國家安全利益。

---

[87] 同上。
[88] 同上。

中國美國商會報告認為，當前對華出口管制政策實際上在損害美國的國家安全。中國美國商會完全支持建立一個有的放矢的、高效率的出口管制體系，以確保美國軍事技術的安全。但是，保持美國的產業競爭力並不斷擴大工業基礎，對於美國長期的國家安全至關重要。有些產品，中國可以通過其他國家的渠道購買或者依靠自身力量開發出來，「如果對這些產品還採取過分限制性的出口管制政策，只能使美國本土研發專案失去重要的收入和資金來源，進而削弱美國的工業基礎，而這卻絲毫不能防止中國軍事實力繼續提升」。報告建議美國國會和政府重新審議其出口管制的概念框架以及產品審查範圍。

美國工商界在抱怨美國出口控制的無效時，也提出了一個看法。他們認為，美國技術貿易中出現的所有問題「歸根結底是一個問題：對中國非敏感技術出口的單邊限制只會使外國競爭者獲利」。因此，他們提出，「美國應該在發布任何實施規則前，首先尋求一個針對中國關於出口管制政策的多邊協定，而有關規則的確定和實施應建立在包括美國產業界在內的各利益相關方共識的基礎上。」[89]因此，我們必須看到，美國工商界在擴大對華技術出口方面作用的「局限性」，即它也有可能成為推動美國加強多邊管制協調的重要力量。對此，我們應該有清醒的認識，並通過做工作減少他們向加強管制方面擺動。

為了引起美國政府對出口管制體制改革的重視，中國美國商會組織北京和上海的美國商會代表參加了 2006 年 5 月 16 至 18 日召開的年度「華盛頓政府見面會」。會上，他們聯合向 43 位在對華政策上頗具影響力的官員呼籲，加大推動對中國市場的出口，及時更新不必要的出口限制政策。同時，他們對美國政府調整政策的辦法——美國商務部擬採納「大商品類」管制條款表示懷疑，認為這一管

---

[89] 同上。

制條款將阻止多類美國商品進入中國市場，並可能成為中國市場與美國供應商之間的一個貿易壁壘。

美國政府針對中方與美國工商界的批評反駁認為，出口管制並非美國對華貿易逆差的主要原因。比如，2005 年 10 月 24 日，美國商務部長卡洛斯・古鐵雷斯（Carlos Gutierrez）在出席商務部產業安全局在華盛頓召開的「2005 年出口管制政策會議」時指出：「中國有人認為，美國如果放鬆出口管制，貿易逆差就會消失。然而因拒發出口許可導致的貿易損失微不足道，所占比例僅與四捨五入的誤差相當。毫無疑問，我國的貿易逆差並不是因為出口管制。」[90]美方引用統計指出，在 2004 年 9 月結束的財政年度中，美國對華出口總額約為 360 億美元，其中受控制的物項約為 5.25 億美元。根據美國商務部的統計，大部份受控制的出口物項為資本貨物；獲准出口的受控制物項中，約有 2.2 億美元的貨物是生產半導體產品的設備。[91]

不過，美國工商界對美國政府這一辯解進行了反駁。中國美國商會在 2006 年白皮書中指出，美國政府的確批准了大量的軍民兩用產品的出口，相對雙邊貿易額而言，被拒絕批准出口的那部分產品的金額是很小的。但是，美國工商界認為，「真正造成損害的不是這些程式導致的小額貿易量的損失，而是程式的不確定性和不透明性對潛在購買造成的阻礙，這種阻礙甚至在程式剛剛開始就已經產生了。」[92]美國出口管制政策最大的影響在於排斥了潛在的出口商和進口商，這部分的損失要遠遠超過拒絕某些出口申請導致的損失。

---

[90]　〈美國商務部長要求中國進一步推行市場改革〉，美國國務院國際資訊局（IIP）《美國參考》，2005 年 10 月 25 日。

[91]　Bruce Odessey，〈中國武器擴散構成的威脅引起美國的極大關切〉，美國國務院國際資訊局《美國參考》，2005 年 5 月 2 日。

[92]　中國美國商會，《2006 年白皮書》，第 65 頁。

案例二：美國出口管制對中美貿易的影響：美國航空航太業的
　　　觀點

　　美國航空航太企業的對華出口受到美國政府出口管制措施的影響最大。美國航空航太企業及其遊說團體要求美國政府在中國加入 WTO 後，做出自己的努力，消除中美貿易中的壁壘。

　　2001 年，美國航空航太產業協會（Aerospace Industries Association of America）會長約翰·道格拉斯（John W. Douglass）在提交給國會的證詞中表達了行業的看法。

　　道格拉斯指出，美國航空航太業 2000 年的產值高達 1,440 億美元，其中 41%的收入即 550 億美元來自出口，保持了 280 億美元的出口順差。航空航太業是美國對外貿易順差最多的產業。但是，美國航空航太業也表明著巨大的挑戰，在過去的 15 年中，由於國際市場競爭日益激烈，美國在世界市場的份額從 72%下降到 52%。

　　中國是美國航空航太產品的重要市場，關乎美國在世界市場的競爭地位。2000 年，美國航空航太業對華貿易順差達到 170 億美元，其中主要產品為美國商用飛機的出口，為美國帶來了 2.2 萬個以上的工作崗位。美國航空航太協會預計，在未來 20 年，中國將需要 1,764 架飛機，市場價值達到 1,440 億美元。此外，中國在通訊衛星及其設備的投資將達到至少 30 億美元。隨著中國加入 WTO，中國的市場潛力越來越大。

　　但是，美國目前推行的出口管制政策，包括美國公司不得參與中國的衛星銷售和發射等政策，「不僅傷害了我們的航空航太業，而且也直接對美國國家安全利益產生了有害的影響」。

　　航太航空業要求把衛星發射放回商務部控制清單上，並通過立法改變現有的規定。商務部也同樣可以採取與國防部一樣的監控措施，保證美國衛星的安全。

　　工商界認為，讓中國發射衛星，可以達到一箭雙雕的目的：既能保證美國的商業利益，同時又可以瞭解中國火箭技術的進展。他指出，批准向中國出口供中國發射的美國衛星，是美國政府評估中國火箭能力的絕佳機會。歐洲出口衛星在中國發射，「我們既不能掌握他們轉讓了什麼技術，也不能幫助我們瞭解中國火箭的能力」。

美國航空航太產業協會預測，隨著中國經濟現代化和對外開放的發展，中國對航空運輸、旅遊、貨運、交通等基礎設施的需求將進一步提高，中國有可能成為美國航空航太產業的「巨大的潛在市場」。他還認為，如果中國在未來的 10 至 20 年中成為世界飛機銷售的第二大市場，那麼，中國肯定會在航空航太的生產中起到某種作用，美國產業和政府對此要有心理準備。但是，「我們相信，我們在中國的人員和生產安排，將是為了提高我們公司在中國的銷售而做出的努力。」

在談到中國加入 WTO 對於美國航空航太產業的影響時，協會提出，在 WTO 的談判過程中，中美達成了對美國航空產業極為有利的民用飛機協定，減少了中國以「不合理」的理由要求美國轉讓技術的可能性。

美國航空航太產業協會在證詞中最後提出，美國航空航太業的最重要目標是加強進入全球市場的力度。他們相信，「美國的經濟安全和國家安全有賴於我們克服實現該目標的結構性障礙。」中國加入 WTO 正在掃清這方面的障礙。但是，美國方面設置的出口管制障礙也應該清理。「我們的政府現在需要集中精力修改當前過時的政策，以保證我們不會把商機丟給海外的競爭對手，從而推動外交利益及安全利益目標的實現。」

但是，美國航空業發現，中國加入 WTO 後，美國的出口管制仍然是他們在華開展業務的很大障礙。美國航空企業在中國美國商會 2006 年白皮書中指出，美國政府對於軍民兩用產品的出口管制和許可制度對企業在華的業務發展起到了阻礙作用。出口管制和許可制度對業界的影響不僅僅是什麼產品可以出口到中國的問題，還有什麼樣的技術可以在中國應用的問題。即便是那些已經獲得某項技術出口許可的公司，也要面臨「持久、苛刻」的核查制度，繼續阻撓有關技術在生產中的應用。這些阻撓甚至使本地的企業對於提出申請望而卻步。

白皮書指出，據美國航空產品的出口商反映，很多時候中國用戶轉向了其他國家的競爭對手，因為美國僵硬的出口管制體系對於其他國家競爭者的約束力較小。雖然美國的出口管制政策是根據有關的多邊協定清單制定的，但是美國授予出口許可所需要的時間比其他國家要長很多，而且美國出口商的申請被否決的比例更高。因此，過於嚴格的出口管制和許可制度使美國企業在市場競爭中處於不利的地位。「儘管修訂這種出口管制政

策或許並不能從根本上改變雙邊貿易的格局，但是當前的做法只會加劇美中貿易存在的鉅額逆差」。

　　中國美國商會承認，有效的出口管制政策是美國政府的一個重要工作目標，但報告認為，這種政策應針對那些切實對國家安全構成威脅的問題。修改現行的出口管制政策將給予美國公司更多的發展空間，以便與其他在華的外國同行競爭。

資料來源：“Aerospace, Autos and Small Manufacturing Issues”, Statement by John W. Douglass President and Chief Executive Officer, Aerospace Industries Association of America, Inc. before the U.S.-China Security Review Commission Public Hearing on Bilateral Trade Policies and Issues between the U.S. and China , August 2, 2001, see www.aia-aerospace.org/aianews/speeches/2001/tst_jwd_08_02_01.pdf ；中國美國商會：《2006 年白皮書》，第 87-89 頁。

　　中國方面強調，中方重視並努力促進中美貿易的平衡發展，但解決貿易不平衡問題需要中美雙方共同努力。中國市場是開放的，美國放寬對華高科技產品的出口管制，將有助於緩解美對華貿易逆差，實現中美貿易的平衡。吳儀副總理曾在 2004 年中美商貿聯委會上表示，中國現在有充足的外匯儲備，經濟發展對高科技產品需求很旺盛，只要美方取消不合理出口管制措施，中國每年從美國多進口幾十億、幾百億美元的高科技產品，根本不成問題。[93]

　　在中國不懈努力之下，2006 年 4 月在美國首都華盛頓舉行的第 17 屆中美商貿聯委會上，雙方達成協定，在中美商貿聯委會框架下成立旨在推動中美高科技貿易的「中美高科技與戰略貿易工作組」，對出口管制的合作進行審查，並加快高科技產品貿易。[94]

　　針對 2006 年 7 月美國商務部提出的新的對華出口管制辦法，2006 年 8 月 30 日，中國商務部長薄熙來在會見美國新任貿易代表施瓦布時提出了批評意見。中方的看法包括幾個方面：第一，美方

---

[93]　陳妍，〈中美貿易失衡根源何在〉，《國際商報》，2006 年 4 月 13 日。
[94]　〈吳儀與美國商務部長等主持第 17 屆中美商貿聯委會〉，《國際商報》，2006 年 4 月 13 日。

擬實施的新規定增加了美對華貿易的「不確定性」及貿易成本，影響了雙方企業開展貿易的積極性，給兩國正常貿易設置了不合理障礙和附加前提條件，不符合雙方企業利益，也不利於中國與美國的經貿關係的健康發展。第二，新規定可能給已有中美出口管制協定帶來負面影響，現有協定可以保證美國的安全關切。薄熙來指出，中美在中美商貿聯委會框架內，合作建立了包括實施最終用戶訪問和成立高技術與戰略貿易工作組在內的良好合作機制，但是，新規定可能「給雙方合作帶來負面影響」。「中方希望，美方能認真對待中方關切，採取建設性舉措，擴大雙邊高技術貿易，以緩解中美貿易不平衡，促進中國與美國的經貿關係健康、全面發展。」[95]2006年 11 月 13 日，薄熙來會見美國商務部長古鐵雷斯，再次代表中國政府對美國對華出口管制的調整提出批評，他指出：美方出臺的出口管制新規定草案增加了許可證產品範圍，加大了兩國企業的貿易成本，影響了中美高技術貿易的正常發展。薄熙來提出加強中國與美國的經貿關係的 6 點建議，其中包括，在平等互利雙贏的基礎上，擴大和深化雙邊經貿合作，抵制貿易保護主義；政府間加大貿易促進力度，為企業經貿往來提供便利，在擴大合作中促進雙邊貿易的平衡發展；在中美經貿聯委會高技術與戰略貿易工作組框架下繼續磋商等。[96]

第九節　美國出口管制與中美衛星發射

　　中美衛星發射是中美在高科技出口管制領域既合作又鬥爭的極具典型意義的案例。它反映出美國在出口控制中平衡經濟利益與國

---

[95] 龔雯，〈中方主張應儘快恢復多哈談判，美對華出口管制影響雙方利益〉，《人民日報》，2006 年 8 月 31 日，第 2 版。

[96] 〈中美商務部長北京會晤　美方積極回應中方六點建議〉，《國際商報》，2006年 11 月 14 日。

家安全利益的難題，同時也說明雙邊關係狀況、國內政治、美國在世界科技領域的支配地位以及中國技術發展狀況等因素對美國出口管制的影響。

　　1985 年 10 月，中國航太工業部部長李緒鄂代表中國政府向世界正式宣布：「中國長征系列火箭投放國際市場，承攬對外發射服務。」這標誌著中國航太告別封閉狀態，開始參與國際商業衛星發射市場的競爭。

　　美國是中國進入國際航太市場的重要通道，同時其出口管制政策可能成為中國打入國際市場的障礙。中國認識到，要想成功打入國際市場，必須與世界頭號航太大國美國達成諒解。1988 年 10 月和 12 月，中美兩國政府分別在北京和華盛頓進行談判，最終達成了《關於衛星技術安全的協定備忘錄》、《關於衛星發射責任的協定備忘錄》。1989 年 1 月 23 日，中美兩國又簽署了《關於商業發射服務的國際貿易問題協定的備忘錄》。1997 年 10 月 27 日，中美兩國政府對低軌道衛星發射中的國際貿易問題做了補充修訂，簽署了《關於修訂「商業發射服務的國際貿易問題協定備忘錄」的協定》。中美三個諒解備忘錄與一個協定為中美商業衛星發射服務的合作提供了一個國際法律框架。[97]

　　諒解備忘錄的簽訂反映了中美之間的諒解與妥協。比如，美國擔心美國衛星技術出現洩密，擔心中國發射服務擠佔美國發射服務公司的市場份額。諒解備忘錄解決了美國主要擔心的問題。中國政府宣布，中國的對外發射服務只是對世界發射服務市場的「補充」，是對用戶提供一種新的選擇，決不會對西方同行構成任何威脅；中國在執行對外發射服務中不謀求國外衛星的任何技術秘密，中國將保障外國用戶衛星的技術安全。與此同時，中國還積極加入有關外空利用的三個主要條約。1988 年 11 月，全國人大常務委員會通過

---

[97] 有關中國進入國際商業發射初期前後的情況，參見司學武，〈中國國際商業發射服務創業初期〉，《中國航太》，2000 年第 6 期。

關於中國加入《營救宇宙航行員、送回宇宙航行員及送回射入外太空物體的協定》、《空間物體造成損害的國際公約》以及《關於登記射入外太空物體的公約》（簡稱外空三條約）等決議。同年 12 月，中國正式加入外空「三條約」。[98]所有這一切為中國進入國際商用衛星發射市場奠定了基礎。同時，也說明，中國進入國際航太服務市場不可能繞過航太大國美國，其政策對中國能否進入國際市場起著舉足輕重的作用。

中美之所以能夠在 1980 年代末達成中國進入國際衛星發射市場的協定，除了中美兩國當時在安全問題上保持良好合作關係外，還與中國火箭技術的進展以及國際市場對於衛星發射需求不能滿足等因素緊緊聯繫在一起。具體來說，有幾個方面的表現：

第一，國際商業衛星發射市場初步形成於 1980 年代。由於運載火箭能力的缺乏，當時許多衛星公司難以找到合適的運載火箭進行發射，商業衛星發射市場呈現運載火箭供不應求的局面。運載火箭的運載能力和年發射能力的不足成為這一時期制約商業衛星發射服務發展的主要因素，而中國進入發射市場自然可以彌補市場的需要，受到市場的歡迎。

第二，美國太空梭發射衛星專案經受重大挫折，迫使美國需要尋找新的發射能力。1988 年，美國阿利亞那太空梭發射衛星遭到失敗，雷根總統決定批准由中國發射美國商用衛星。柯林頓政府時期，繼續讓中國參與國際衛星發射，來滿足美國對於衛星發射能力的需要。當時的美國國家安全事務助理塞繆爾·伯傑為該政策辯護指出，美國讓中國發射衛星完全是為了美國的利益：它有助於激勵中國幫助美國制止導彈技術擴散，有助於提高美國在全球衛星市場中的競爭力，有助於向中國「傳播」西方的思想和價值觀。與此同時，美國修改太空計劃，加大對一次性火箭的研製與開發工作。

---

[98] 參見陳壽椿，〈亞洲一號：中國步入國際商業衛星發射的里程碑〉，《科苑》，2005 年第 5 期。

　　據美國航空航太協會的看法，在 1986 年「挑戰者」號發生悲劇前，美國政府要求商業衛星由美國太空梭發射，結果造成美國商業發射能力的萎縮。在太空梭失事後，雷根總統下令太空梭不再搭乘商業貨物。但是，美國對於發射的需求上升很快，部分原因是由於低地球軌道專案的增長。正是在這種情況下，為了滿足發射市場的需求，雷根總統下令在「嚴格管制的條件下」可以使用前蘇聯、中國的火箭發射美國衛星。因此，商業衛星出口由受《武器出口管制法》（the Arms Export Control Act）和國務院管理，轉到了《出口管制法》和商務部管理，衛星出口成為軍民兩用技術產品管制清單的一部分。[99]

　　第三，中國發射成本低，在國際上有競爭優勢。美國衛星製造商認為，利用中國火箭能力發射國際衛星，可以降低衛星發射成本，吸引更多的公司購買衛星。1990 年代，在經常發射商用衛星的三家國際公司中，包括美國的民眾公司、法國的亞里安納公司和中國的長城公司，中國發射價格極具競爭優勢。美國每次發射價是 6,800 萬美元左右，法國次之為 5,500 萬美元，中國長城公司成功率高，1996 年前發射失敗率為零，保險費相對便宜，發射價格只有 4,000 萬美元。在這種情況下，美國政府採取了國內利益的平衡政策，一方面允許中國發射美制衛星，一方面又通過限制中國衛星發射次數，滿足國內發射公司的利益。在 1989 年 1 月 26 日中美兩國政府達成的《中華人民共和國政府和美利堅合眾國政府商業發射服務國際貿易協定備忘錄》中，美國承認中國進入國際市場的權利，同時

---

[99] "Aerospace, Autos and Small Manufacturing Issues"，Statement by John W. Douglass, President and Chief Executive Officer，Aerospace Industries Association of America, Inc. before the U.S.-China Security Review Commission Public Hearing on Bilateral Trade Policies and Issues between the U.S. and China, August 2, 2001, see www.aia-aerospace.org/aianews/speeches/2001/tst_jwd_08_02_01.pdf.

規定，在協定有效期內，中國為國際用戶發射美制通信衛星的數量不得超過 9 顆。[100]

　　進入 1990 年代後，中美衛星發射合作遭遇美國對華政策調整，尤其是美國國內政治的嚴重干擾，凸顯了美國因素對於中國走上國際市場的作用。

　　1989 年「六四」風波後，美國國會通過立法加強出口管制，對中國進行制裁。1989 年 6 月 29 日，眾議院以 418 票對 0 票通過由外委會主席、佛羅里達州民主黨議員登特‧法舍爾和密歇根州共和黨議員威廉‧布魯姆費爾德提出的援外法提案修正案。參議院隨後在 7 月 14 日以 81 票對 10 票通過了與眾議院內容相似的修正案。兩項修正案在讚揚老布希業已採取的制裁行動的同時，增加了新的制裁措施，其中包括美國政府必須與其他西方國家磋商停止「巴統」放寬對華技術出口限制 6 個月；禁止向中國出口供中國太空火箭發射的衛星，特別是商用通訊衛星等條款。不過，修正案同時又規定，如果總統基於國家利益的考慮，可以對制裁條款進行「豁免」。[101]

　　當時，前蘇聯尚未解體，美國政府仍然重視中國在對付前蘇聯安全威脅上的戰略價值，對華開展「秘密外交」，兩次派遣總統國家安全顧問斯考克羅夫特訪華，與中國領導人進行溝通。1989 年 12 月 19 日，老布希行使總統對國會立法的「豁免權」，宣布批准給由美國建造的、將由中國發射的 3 顆名為「澳星」、「亞星」的通訊衛星發放出口許可證，同時致信參、眾兩院領導人，通知他們給予「豁免」並批准這項許可證的決定。聲明指出：這項決定與總統不中斷

---

[100]〈中華人民共和國政府和美利堅合眾國政府關於商業發射服務的國際貿易問題協定備忘錄〉，1989 年 1 月 26 日；美國方面談判之初堅持中國發射 7 顆，後來在中方的堅持下改為 9 顆。有關協定談判過程以及美國工業界對談判的影響，參見王立，〈打進國際市場的談判──中國火箭發射美國衛星的前前後後〉，《世界知識》，2003 年第 4 期。

[101]王勇，《最惠國待遇的回合──1989-1997 年美國對華貿易政策》，北京：中央編譯出版社，1998 年版，第 160 頁。

與中國的正常商業關係的政策相一致。聲明著重指出，美國公司出口這三顆衛星可以獲得近三億美元的銷售額；政府業已考慮到中國佔有「亞星」的1／3股權的事實，已經採取足夠的保障措施防止不在允許轉讓之列的技術流失。[102]

前蘇聯的解體使得中國的安全價值下降，加之美國國內圍繞中國最惠國待遇（MFN）的政治鬥爭加劇，美國政府逐漸形成了一個把中國衛星發射與武器擴散問題「掛鉤」的機制。比如，1991年4月30日，布希總統下令，出於對導彈技術擴散問題的關注，美國政府禁止向中國出口供中國國內通訊衛星「東方紅3號」使用的美國衛星配件。5月27日，他雖然宣布延長中國的最惠國待遇，但同時又宣布對中國實行高技術出口的新管制措施，禁止向中國出口可能用於導彈實驗的高速電腦，禁止出口供中國發射的美國衛星。美國的決定使中國航太從1991年5月至1994年的9次發射計劃中的7次受到影響。[103]但是，美國國務卿詹姆斯·貝克1991年11月14至17日訪華期間，兩國政府達成了多項重要協定，其中就包括中國表示在武器出口問題上遵守導彈技術控制協定（MTCR）的原則和參數。中國同意無條件遵守MTCR的「原則」部分，以換取美國取消6月16日宣布的對中國兩家公司的制裁，以及取消向中國出口高速電腦和衛星頒發許可證的限制。[104]美國政府把中國火箭發射美國衛星與作出外交讓步「掛鉤」的意圖更加明顯了。

1992年是美國總統大選年，民主、共和兩黨競爭空前激烈。為了爭取連任，獲得德克薩斯州的選票，老布希9月2日對外宣布，批准美國對臺出售150架F-16A／B型戰鬥機。當時，德克薩斯州共和黨眾議員喬·巴頓致信布希要求批准對臺出售F-16，得到了兩黨100名國會議員的聯署支持。為了平息中國的反應，布希總統派

---

[102] 同上，第167頁。
[103] 同上，第184頁。
[104] 同上，第200-201頁。

特使帶信訪華向中國進行專門解釋，並於 9 月 11 日宣布取消對向中國出售衛星和部件的限制，包括對可能由中國火箭發射的亞太衛星、亞太二號衛星、國際通用通訊衛星 7A、斯塔爾衛星、非洲之星衛星和東方紅 3 號衛星（美國公司將為中國自行製造的衛星提供價值 460 萬美元的放大器）的出口限制。美國國務院在為這項決定辯護時指出，這樣做一是為證明美國「作為高技術產品和服務的供應國是靠得住的」；二是這些出口將有助於減少對華貿易逆差，為美國公司贏得 6.5 億美元的出口，從而創造更多的就業機會。[105]

柯林頓政府基本繼承了布希政府的做法。從 1989 年到 1992 年間，布希總統為對華九項衛星的出口發出「豁免」令。柯林頓總統延續了布希政府的這一政策，在 1993 年上臺後的最初五年為十一項衛星出口發出了「豁免」。1995 年初，中美經過談判訂立了新的衛星發射協定。1996 年 2 月，中國發射美國勞拉衛星公司的衛星時發生火箭爆炸事故，勞拉公司派遣專家與中方專家一起查找失事原因。但是，美國某些媒體和對華強硬派議員指責美國衛星科學家「泄露」機密資訊，幫助中國改進了火箭制導系統，提高了中國核彈的可靠性，嚴重威脅了美國的安全。就在柯林頓總統 1998 年 6 月訪華前夕，美國國會 152 名眾議員以「美國向中國出口敏感導彈技術問題尚未查清」為由，聯名致信總統要求他取消中國之行的計劃。其後，美國國會出臺《考克斯報告》，使中美衛星發射合作完全停止。

2001 年，小布希上臺後加大了對中國發射衛星的限制。2001 年 9 月，美國政府對中國商用衛星發射服務進行了第四次制裁，再次拒絕發放美制商用衛星出口至中國發射的許可證，其中包括使用了美國「軍品控制清單」中《導彈技術控制制度》項下的元器件的外國衛星。這一制裁至今尚未解除，致使中國火箭商業發射衛星服務完全停頓。2002 年 12 月 30 日，美國國務院正式向聯邦法院提起行

---

[105] 同上，第 214-215 頁。

政訴狀，指控美國休斯公司和波音公司在 1995 年委託中國發射衛星的合同執行過程中向中國轉讓了可以用於軍事用途的技術，要求兩家公司支付罰款 6,000 萬美元，並禁止它們在未來 3 年內出口列入管制的高科技專案。但是，休斯公司始終拒絕美國政府的這一指控。[106]

小布希上臺後，美國政府從根本上改變了 1990 年代以來鼓勵利用中國火箭發射美制衛星的政策，更加強調美國出口管制和反擴散目標的重要性，致使中美衛星發射合作處於實質性的停滯狀態。其中一個原因是，國際衛星發射市場發生了巨大的變化，主要是美國等國的衛星發射能力大幅提高，並且開始出現發射能力「相對過剩」的局面。1990 年代以來，美國調整了航太工業結構，恢復了一次性運載火箭的研發，並對航太工業採取「貿易保護」措施。同時，與俄羅斯、烏克蘭等國開展合作，滿足了美國國內對於運載火箭的需求。國際上，主要國家紛紛研製各種新型運載火箭並陸續投入市場，結果，國際商業衛星發射市場出現了運載火箭供過於求的局面。

美國政府官員指出，在發放美國對華衛星出口許可證時，美國總統必須向國會保證：第一，衛星出口不會損害美國的太空發射產業。這顯然是美國的衛星發射公司通過遊說由國會向政府提出的要求。第二，不得對中國的導彈或太空發射能力給予「任何可測量」的幫助，這一要求主要是強化對中國技術出口的管理。[107]

在這種情況下，美國對於利用中國火箭發射商用衛星的興趣大大降低了。美國政府轉而認為，對中國保持出口衛星的禁令，將使中國最終屈服於壓力，接受美國有關出口控制的標準，同時也能延緩中國航太業的發展，減少對美國衛星發射行業的競爭與威脅。美

---

[106] 參見朱鋒前引文，〈美國的中國政策誤區〉。

[107] 2002 年 1 月 17 日，美國商務部助理部長 James Jochum 在國會美中經濟安全審查委員會聽證會上的發言，見 Prepared Statement of James J. Jochum, testimony in the session of U.S.-China Commission Export Controls And China, held by US-China Economic Security Review Commission, January 17, 2002, transcript, pp.951-958.

國政策的調整給中國航太產業帶來了嚴重的損害。1990 年代，中國火箭曾在國際商業發射市場佔有一定的市場份額，最高時達到 7% 至 9%的市場份額。但是，由於美國禁止向中國出口衛星，致使中國迄今連續 7 年未進行商業衛星發射，中國航太業損失巨大。與此同時，美國、俄羅斯和歐洲等主要商業發射公司幾乎瓜分了整個商業發射市場的份額。[108]

當然，我們還應看到，中國在當前國際衛星市場上失去份額，除了美國政府保持對華制裁外，還有中國自身的原因，包括火箭的有效運載能力、發射可靠性、保險費、發射準備周期等方面的問題。中國目前正在加緊研製更大運載載荷的火箭，提高中國火箭的可靠性，縮短發射準備周期，以適應國際市場的更大需求。[109]中國火箭發射要再次取得國際市場的突破，仍然依賴於航太科技的創新。同時，中美在出口管制方面達成某種妥協至關重要。

第十節　總結

通過研究美國出口管制及其對中國與美國的經貿關係的影響，可以形成一些基本的結論：

第一，出口管制始終是影響中國與美國的經貿關係的重要因素，它遠非簡單的經貿問題，而是涉及到大國外交與國際戰略等的大問題。越是強國，越傾向於使用出口管制、經濟制裁等手段，達到「不戰而屈人之兵」的目的。美國是當今世界唯一的超級大國，也恰恰是使用出口管制、經濟制裁等手段最多、最經常的國家。美國在利用出口管制手段達到外交目的方面毫不手軟。

---

[108] 有關國際商業發射市場的競爭及中國開拓國際市場的對策，參見張會庭，〈中國航太發射業開拓國際市場對策分析〉，《中國航太》，2005 年第 2-4 期。
[109] 同上。

　　第二，出口管制問題越來越成為中美兩國開展經濟、外交與安全博弈的重要陣地。經貿關係深化與擴大擴展了兩國共同利益的紐帶，而經濟利益的日益牢固又反過來推動外交與安全關係。美國在出口管制問題上的取捨變得越來越困難。這是中美關係日趨「複雜化」的生動體現。

　　第三，出口管制涉及不同利益主體的多角色、多層次、重覆性的博弈，博弈的結果決定美國對華出口管制政策的方向。利益主體不僅包括美中兩國政府，還包括其他國家的政府；不僅包括美中兩國工商界，還包括國際商業競爭對手；不僅包括工商遊說集團，還包括國家安全等遊說集團。而且，這場博弈隨著內外環境的變化，博弈結果也在不斷的變化著。

　　第四，中美在出口管制問題上的戰略態勢正在發生微妙的變化。過去，美國政府顯然佔據著絕對的主動地位，出口管制放鬆與否主要依賴美國自身利益的考慮與判斷。但是，隨著經濟全球化的深入發展以及中國在全球經濟中競爭地位的提高，中國顯然大大增強了與美國進行討價還價的能力。中國手裏掌握的「市場牌」、「創新牌」等更多了。在中美雙方競爭態勢發生這種微妙變化的情形下，美國政府感到必須放鬆出口管制，否則受到損害的只能是美國自己。正如美國學者史國力（Adam Segal）指出的，全球化的發展，全球經濟的形成，技術發展與政府的支持和採購等關係均發生了很大的變化。美中經濟關係表明，在全球化世界中要制定一個成功的出口管制政策是何等的困難。他的看法清楚表明，在出口管制問題上中美競爭態勢的巨大變化。為此，他建議在軍事專案和少數關鍵的軍民兩用專案上保持禁售，除此之外，最大程度地放鬆最先進商業技術的管制。他認為，只有這樣才能把中國進一步融入到國際體系中去，才能保持美國技術開發的領先地位，保證美國的技術優勢。[110]

---

[110] Adam Segal, "Practical Engagement: Drawing a Fine Line for U.S.-China Trade," *The Washington Quarterly,* Vol. 27, No. 3（Summer 2004），pp. 157-173.

　　第五，中美對多邊出口管制體制的看法與做法日益接近，有助於從根本上解決中美在技術貿易上的矛盾。中國過去是美國領導的多邊出口管制體制的「受害者」，自然反對多邊管制體制。隨著中國融入多邊機制，並在其中扮演越來越積極的角色，中國逐漸發現現行多邊體制作為「公共物品」的性質，維護、加強這些體制有助於提高中國的國際地位和整體利益。因此，在反擴散問題上，中美間分歧在縮小，合作在增加，為從根本上解決出口管制問題上的摩擦創造了有利的條件。

第七章　人民幣匯率問題的政治經濟學

　　中國 2001 年加入 WTO，一個嶄新的挑戰很快擺到了中美兩國面前，那就是，如何處理兩國貨幣的匯率問題。隨著中美貿易總量的迅速攀升，尤其是雙邊貿易結構性不平衡的快速發展，中美兩國注定要在匯率這一極其敏感又極其關鍵的領域發生衝突。

　　人民幣對美元匯率的形成與走向既是一個重大的經濟問題，更是一個非常複雜的政治問題。匯率的任何變動都將攪動兩國國內利益集團政治的格局，同時也會影響兩國的國際權勢地位。這是中美圍繞匯率問題展開博弈的利益相互衝突的一面，說白了，就是一個誰調整、誰受益的問題。作為全球經濟中舉足輕重的兩個經濟大國，利益與責任決定它們必須做出妥協。

　　另一方面，由於中美間業已形成錯綜複雜的相互依賴關係，共同利害關係的生長決定兩國都有妥善處理這一挑戰的政治意願與做出妥協的能力。特別是，由於中國擁有了逾萬億美元外匯儲備，且多數「回流」美國，深度參與全球金融市場的運作，中國在某種程度上掌握了影響美國宏觀經濟與國際經濟地位的「籌碼」。反過來，美元國際地位的變化也必將影響中國經濟與財富的增長。美國前財政部長勞倫斯・薩默斯曾把中美這種關係比喻為「金融恐怖平衡」，雖有所誇張，但是反映了兩國經濟政治關係重大變化的現實。

　　因此，探討中美圍繞人民幣匯率問題的摩擦與衝突、鬥爭與合作，研究兩國貿易政治因素對這一問題的影響，無疑對認清快速變動的中國與美國的經貿關係，全面把握中美關係具有重要的意義。

第一節　有關匯率問題的理論爭論[1]

一、經濟學家的觀點

　　匯率問題是一個十分複雜的政治經濟問題。人們似乎認為,當今經濟科學如此發達,有如此眾多的專家學者投入研究,肯定早有一個「絕對」的標準來衡量不同貨幣之間的比價即匯率。但是,現實情況卻是,經濟學家們在匯率水平的制定與調整、匯率制度的選擇、匯率政策目標,以及國家間匯率合作的途徑與手段等幾乎所有與匯率相關的問題上,均存在不同的看法。

　　比如,在有關決定匯率的問題上,宏觀經濟學中就有購買力平價、利率平價、貨幣主義模型、資產組合等理論。所謂「購買力平價」的理論從產品市場的角度提出兩國貨幣的匯率取決於它們各自的購買力。而「利率平價」理論則從貨幣市場的角度,提出利差是導致兩國匯率遠期差價的原因。當一國利率水平升高時,該國金融資產收益率就會相應提高,吸引大量外國資金流入,從而導致本幣升值。也就是說,本國利率提升能夠導致本幣對外幣匯率的上升。「貨幣主義」模型則包括「彈性」和「粘性」價格貨幣模型兩種。所謂「彈性」價格貨幣模型用現代貨幣學派的供求理論來說明匯率和貨幣供應的關係,即當一國貨幣供應超過需求時,價格水平趨於上升,導致匯率下跌,反之亦然。「粘性」價格模式則不同,它主要強調匯率的短期變化和預期因素對匯率變動的影響,為了彌補商品市場的價格剛性,在短期內金融市場會對匯率擾動做出過度調整,但是,從長期看外匯市場則趨向於回歸長期均衡的水平。

　　另一方面,市場微觀結構的理論對匯率決定的解釋則不同,它主要認為匯率波動的直接原因主要不在於宏觀層面,而是取決於掌

---

[1]　部分內容參照張宇燕等研究整理,見張宇燕、張靜春,〈匯率的政治經濟學──基於中美關於人民幣匯率爭論的研究〉,《當代亞太》,2005 年第 9 期。

握不同資訊或對資訊有著不同理解的外匯交易者在特定交易體系下的相互博弈。也就是說，決定匯率水平的不是宏觀經濟結構，而是交易者個人心理預期的影響。[2]

又比如，在一國匯率調整的問題上，經濟學家們同樣存在不同的看法。經濟學家納克斯（Nurkse）最早把「均衡匯率」定義為在貿易不受過分限制和資本自由流動的前提下，能夠使國際收支實現均衡的匯率。後來，斯萬（Swan）進一步發展了「均衡匯率」的定義，他把均衡匯率定義為與內外部經濟均衡相一致的匯率，其中內部均衡主要指經濟達到了潛在的產出水平，而外部均衡則指資本專案實現了國家之間可持續的淨要素流動。顯然，「均衡匯率」對於我們將要談到的人民幣對美元匯率的問題是極其重要的，但是，問題是，究竟有沒有所謂的「均衡匯率」呢？如果沒有，或沒有意見，那麼我們來談人民幣匯率是高估了還是低估了以及應當朝哪個方向進行調整，都將失去意義。但是，存在爭議問題最多的恰巧是「均衡匯率」的測定問題。經濟學家提出了計算均衡匯率的購買力平價的實證模型、基於進出口貿易方程的局部均衡匯率、建立在一般均衡分析框架下的均衡匯率，以及單方程計算法等多種方法。不僅如此，每一種方法又包括若干個不同的子方法。

例如，在使用購買力平價的方法測算出來的所謂麥當勞「巨無霸」匯率指數，就存在諸多問題。1986 年以來，英國《經濟學家》雜誌每年都要發表所謂「巨無霸」指數（the Big Mac index）或叫「巨無霸貨幣平價」（Big Mac currency parities），以此為標準衡量各國貨幣的匯率是否存在「低估」現象。從 1992 年開始，該指數涵蓋中國（其中獨缺 1996 年的資料）。歷年發表的指數都認為，人民幣匯率存在嚴重被低估現象。2003 年指數資料顯示，按照「巨無霸指數」美元與人民幣的匯率應當是 1 美元兌換 3.65 元人民幣（1：3.65），

---

[2]　同上。

但是，人民幣的實際匯率卻是 1：8.28，報告當年稱中國人民幣匯率大概低估 56%左右。但是，根據美國華人學者楊嘉文 2004 年的一份研究，這種方法存在著很大的方法論問題，主要是未能反映所謂「非貿易類投入」（non-tradable inputs）在「巨無霸」漢堡定價中的影響。他指出，對於那些並不採用美元而收入水平與美國迥異的國家來說，這是一種「誤導」的方法。這主要因為，中國人均收入遠遠低於美國，非貿易類投入如勞動力成本以及租金等都遠遠低於美國，因此，利用該指數方法得出人民幣匯率低估的結論不盡準確。實際上，對於這種現象，諾貝爾獎獲得者、經濟學家保羅·薩繆爾遜在 1964 年的研究中早就指出，這是由發展中國家與發達國家之間「文化差距」造成的，「極容易推導出以美元估價的個人服務（如鐘點工、男高音和哲學博士等）估價過高的問題」。[3]因此，楊文提出，不能按照以上估價的方式來推定人民幣匯率存在高估的問題。不過，他的研究最後也承認，隨著中美在勞動生產率、勞工工資差距的縮小，人民幣應當重新估價，這是沒有疑問的。[4]

二、匯率問題的政治經濟學視角

既然匯率問題難以在經濟學上形成一個一致的觀點，那麼，從政治經濟學的角度來考察就變得十分有必要。

從政治經濟學的角度考察，可以把匯率問題看成兩個層次的博弈：國內層次上，不同利益集團之間圍繞匯率問題展開博弈，它們之間相互競爭與妥協；國際層次上，不同國家特別是大國之間圍繞匯率問題展開博弈，其動機更多是維護、鞏固或改變現有的世界政治經濟權力的結構性安排。此外，國內與國際雙層次博弈之間存在

---

[3] P. A.Samuelson,"Theoretical notes on trade problems", *The Review of Economics and Statistics*, 46(1964),145-154.

4 Jiawen Yang，"Nontradables and the valuation of RMB—An evaluation of the Big Mac index"，*China Economic Review* 15 (2004) 353-359.

緊密的互動關係，把握這種互動關係正是國際政治經濟學研究的核心課題。中國學者張宇燕、張靜春指出：「從政治經濟學的角度看，在一國內部，匯率是相關利益集團和擁有特定政治經濟政策目標的政府之間相互博弈的結果；而在國際上，匯率則是大國實現或鞏固有利於己的世界經濟政治安排的一個重要工具，國際匯率體系反映的實乃國際政治的權力結構。」[5]

　　但是，對國內—國際雙層博弈分析還需要細分，還需要考慮更多、更細緻的問題。比如，不同的政治體制和決策體制的特點對於國內利益集團的博弈有什麼樣的影響？國內不同利益集團在匯率問題上的主張看似衝突，但是他們在對外施加壓力的過程中是否存在著某種相互妥協、相互借重甚或相互配合？在經濟全球化時代，國家之間界線越來越模糊，不同國家利益結構發生了很大的變化，特別是跨國公司的出現，匯率調整必然打破舊有利益結構，帶來新的「受益者」與「受損者」，而它們的分布並不與「國界」完全吻合，而會是跨越國界交叉分布。另外，國家的決策者如何平衡不同利益集團的利益衝突？除了體現利益集團的利益訴求外，國家的決策者如何體現「國家利益」？或者是否存在國家利益？最後，在國內政治經濟層次與國際政治層次上，能否建立一個連接兩層次的聯動或互動機制？

　　借助政治經濟學視角，我們可以發現在人民幣匯率問題上存在下面一些有趣現象：在美國，要求人民幣匯率升值的主要是一些本土的製造企業，特別是中小製造企業。他們堅稱，美元匯率高估、人民幣價值低估是他們的產品缺乏競爭力的主要原因；相反，華爾街銀行金融集團以及擁有廣泛在華直接投資的美國跨國公司並不急於要求甚至反對人民幣升值。但是，在現階段，華爾街銀行、金融集團與跨國公司與美國政府相配合，把國內要求人民幣升值的政治

5　張宇燕、張靜春前引文。

壓力「引導」到他們希望達到的方向：即推動中國市場進一步開放，抵制中國實行的產業政策及經濟民族主義情緒的上升，推動中國加強保護美國的知識產權。對於美國銀行金融業來說，他們自然希望取消中國現行的限制資本帳戶開放的管制政策，允許資金能夠自由出入境。在中國方面，我們也看到了不同的主張以及背後表現的不同利益訴求。人們經常忽視的是，中國國內並非一味地反對美國要求人民幣升值的壓力。顯然，中國的出口集團不願看到人民幣匯率升值或升值太快，導致其出口喪失國際競爭力；其他一些企業特別是大型國有企業則可能歡迎人民幣匯率的升值。

在 2003 年發表的一篇研究論文中，作者曾嘗試綜合內外政治經濟因素探討中美有關人民幣匯率問題的博弈。[6]我認為，匯率問題的政治經濟學分析至少可以包括下面一些觀點：

首先，匯率的形成與調整是國內不同產業利益相互平衡的結果。匯率的調整涉及貿易、投資、金融、就業等方面，涉及到誰來承擔調整「成本」的問題。因此，匯率問題與一國內部的貿易投資政治密切相關。

其次，匯率問題影響經濟發展與一國產品的國際競爭力。匯率的高低影響一國產品的國際市場份額與國際投資地位，並最終影響一個國家的國際競爭力。因此，如何實現國際經濟穩定與一國國內政策目標之間的平衡集中體現在匯率問題上，使之成為國際經濟協調的一個重要問題。

第三，匯率問題的國際協調與國際政治結構，特別是國際安全結構密切相關。在政治和安全方面最有實力的國家自然在匯率問題上擁有最大的發言權，匯率協調不可避免地反映其最大的經濟利益。無論是 20 世紀 80 年代美國推行「強勢」美元政策，還是小布希政府當前執行的實際「弱勢美元」政策，美國都在利用其政治安

---

[6]　王勇，〈論人民幣匯率問題的國際政治戰略影響〉；載童振源主編，《人民幣匯率經濟與戰略分析》，臺北：兩岸交流遠景基金會，2004 年版。

全地位，借助匯率這一工具，促進自己的經濟利益。美國政府要求調整人民幣匯率同樣反映了國際政治經濟不平衡發展的現實。

第四，匯率機制和匯率高低可以成為經濟發展戰略的工具。二戰之後，為了帶動出口，推動經濟增長，多數發展中國家採取了固定匯率制度，同時有意識地把匯率水平定的低一些。

第五，匯率可以作為外交和安全政策的工具。二戰以後，出於冷戰的戰略需要，美國力圖把日本培養成為其東亞戰略的支柱，長期容忍低價日元匯率和不對等的市場開放局面。另一方面，施加壓力提高競爭對手的匯率水平，可以起到緩解其競爭壓力的作用。

這裏需要說明的是，強調政治經濟學的觀點，並不表明經濟學的觀點就不重要。我認為，儘管沒有一個統一的結論與依據，但是經濟學的觀點依然是不同利益集團、不同國家爭執的依據。但是，哪一種觀點能夠占上風，則取決於國內利益集團的力量平衡，取決於國際政治經濟的權力結構，以及國內國際兩個層次利益「交叉」博弈的結果。中美在人民幣匯率問題上的博弈可以說很好地論證了這一觀點。

第二節 美國「雙赤字」：全球經濟失衡的深層根源

國際貨幣體系應當完成調整、創造清償手段和樹立信心等三大任務。美國學者羅伯特・吉爾平（Robert Gilpin）指出：「保證國際貨幣體系有效運作的機制，例如調整、創造清償手段和樹立信心的措施，對各國的民族利益和國內權勢集團的利益產生不同的影響。具體的機制在政治上很少是中立的，它們涉及經濟福利、政治獨立甚至一個國家的國際聲譽。同時它們還影響到資方、勞方和其他集團的利益。每一個國家都需要有效的運作良好的國際貨

幣體系。但國家之間和國內權勢集團之間在幣值和用以解決具體問題的實際機制等方面存在嚴重的分歧。」[7]

美國不少經濟學家、國際政治學家都鼓吹美國在維護國際貨幣體系方面的特殊貢獻，認為由於美國霸權的存在，才使得國際經濟體系首先是國際貨幣體系保持開放與穩定。這就是所謂的「霸權穩定論」的有關論點。霸權穩定論認為，在創造國際清償手段、維護國際體系的信心方面即作為「最後借貸人」方面，美國提供了供大家享用的國際「公共物品」，即開放穩定的國際貨幣和貿易體制。但是，1970 年代以來，國際貨幣與金融市場的動盪大大增加了，美國推動的全球金融自由化是重要原因，廣大發展中國家在這個過程被迫開放資本市場，不少國家成為全球流動資本的「受害者」。1994-1995 年墨西哥比索危機、1997-1998 年東亞金融危機、1998 年俄羅斯金融危機、1998-2002 年巴西金融危機、2000-2001 年阿根廷貨幣危機，都充分證明了這一點。

美國的「雙赤字」問題是造成當前全球經濟失衡發展的根本原因。1990 年代以來，美國實行所謂「強勢美元」（strong dollar）政策，吸引了大量外資進入美國，導致美國「新經濟」的繁榮，美國經濟連續 100 多個月高速增長。但是，進入 21 世紀以後，特別是在「九一一」事件後，為了刺激美國經濟持續增長，美國不斷推行減稅政策，並通過利率手段刺激經濟復甦。這一政策的效果是明顯的，美國經濟走出蕭條，維持了較高水準的增長，但是，也造成了所謂「雙赤字」問題，即鉅額財政赤字與鉅額經常專案赤字（主要是貿易赤字）共存的問題。為了彌補所謂雙赤字，美國政府加大了吸收外資的力度，大規模國際資金源源不斷進入美國。為了反恐和選舉的目的，布希政府不願調整低利率政策，特別是不願採取切實措施提高國民儲蓄率。在這種情況下，美國的所謂「雙赤字」達到驚人

---

[7]　羅伯特・吉爾平，《全球資本主義的挑戰：21 世紀》（楊宇光等譯），上海世紀出版集團，2001 年版，第 111-112 頁。

的水平，加劇了全球經濟的失衡。2005 年聯邦政府赤字高達 3,190
億美元，2006 年略有好轉，降至 2,480 億美元。在經常專案赤字方
面，1991 年前後，美國貿易赤字基本消除，但是，自 1997 年開始，
美國的經常專案赤字開始大幅度攀升，從不到 GDP 的 2%，升至 2004
年的 6%。2005 年，更高達 8,000 億美元左右，比 2004 年多出 20.5%，
占 GDP 的比重也升至 6.5%。此外，美國家庭儲蓄率處於 20 多年來
的最低水平，1980 年美國家庭儲蓄率還有 10%，但是，2005 年美國
家庭支出超過稅後收入，出現「大蕭條」以來儲蓄率首次為「負值」
的局面。在這種情況下，美國只能向那些擁有經常專案順差的國家
借錢或出售資產來彌補國內財政赤字和經常專案赤字，以維持國際
收支平衡。[8]

　　儘管如此，美國政府 2006 年發表的《總統經濟報告》試圖淡化
公眾對美國經常專案赤字和低儲蓄率的擔心。布希政府提出，不是
美國儲蓄率「太低」，而是其他國家的儲蓄率「太高」，美國的經常
專案赤字完全是由外部原因造成的。報告稱，儲蓄率下降的指標可
能具有「誤導性」，因為它並未準確反映房屋增值和股票價值上漲讓
美國家庭感到更有經濟保障、更願意消費的情況。報告指出，日本
人口增長緩慢，資本大量閒置，抑制了投資和儲蓄；德國「體制僵
化」減少了盈利投資的機會；中國則缺乏「有力的社會保障體系」
以及「發達的金融市場」，也使得儲蓄率居高不下。[9]這些都是導致
美國經濟結構不平衡的外部因素。從這一論斷我們可以看出，政治
因素與「政績」因素顯然使《總統經濟報告》淡化了美國經濟存在
的嚴重問題，一如既往，美國政府將再次把矛頭對準其他國家。

　　布希政府的判斷遭到了國內外不同聲音的批評。比如，華盛頓
國際經濟研究所高級研究員威廉‧克萊因（William Cline）就批評指

---

[8] 有關內容可參見本書第二章內容。
[9] 〈白宮經濟報告：低儲蓄率和高貿易逆差不足慮〉，《華爾街日報》中文版，
　2006 年 2 月 15 日。

出，美國經濟失衡的主要原因還是源自內部因素，包括龐大的預算赤字以及美元匯率估價過高等原因。[10]

一、華爾街──美元霸權體系

　　美國宏觀經濟政策，特別是 1990 年代以來的「強勢美元」政策，導致了「雙赤字」問題。那麼，美國為什麼會推行這一政策呢？政治經濟學告訴我們，最重要的是分析一項公共政策背後的利益格局，即誰「受益」誰「受損」的問題。這個問題上，我們看到美元霸權給美國，特別是給金融利益集團帶來了巨大的利益。

　　與很多人的看法相反，1970 年代初布雷頓森林體系的解體，不僅並不意味著美元地位的下降，相反，美元通過自由浮動獲得了更大的權力。這是因為美元過去受到其他貨幣與之「掛鈎」、兌換黃金問題的約束，而現在拋去了固定匯率的負擔，獲得了更大的自由。當前，美元占全球外匯交易的 4／5，國際結算的 60%以上，全球外匯儲備的 2／3。這一地位使美元繼續保持著「世界貨幣」的地位，美國收穫「鑄幣稅」的紅利，另一方面，卻不受到其他任何國家都要受到的貨幣發行量的制約。美國「濫用」美元霸權的情況是相當嚴重的。

　　經濟全球化時代，美元霸權達到了登峰造極的地步。在發行過量美元的同時，美國金融集團與財政部聯手，利用國際貨幣基金組織，推行所謂的「華盛頓共識」，對發展中國家施加結構調整的壓力，要求它們過早開放資本市場。由於過早開放資本市場，發展中國家發生金融危機的頻率大大超過以往，美國為首的國際投機資本的自由流動是金融頻仍的主要原因。日本與歐洲國家曾提出限制國際資本流動的建議，但是，美國則反對採取任何限制資本流動的措施。[11]儘管美國否認美國資本是金融危機的製造者，但是，有一點似乎是

10　同上。
11　吉爾平前引書。

明顯的，即在每次金融危機之後，美元的霸權地位都會進一步提高，美國在海外市場的兼併收購攻勢都比以往更加凌厲。比如，在亞洲金融危機之後，美國主導的所謂「自由市場」模式戰勝了東亞所謂的「發展主義國家」（developmentalist state）模式，美國金融資本長驅直入長久閉鎖的日本、韓國市場。

　　美元霸權濫用在當前的一個重要表現，就是美元發行量過剩。中國經濟學家巴曙松指出，美國就像一位被「寵壞」了的孩子。他寫道：「在中國迅速推動人民幣匯率形成機制改革，積極擴大內需以促進貿易平衡的同時，美元依然繼續像國際金融體系中一個被慣壞的孩子，放縱自私，而且不願意對自己作為國際金融體系中的主導性儲備貨幣的地位負責，不願意對自己的超量貨幣發行負責，不願意對自己的低儲蓄率負責，而是希望像中國這樣的發展中國家來承擔其經濟失衡的後果，如同上個世紀美國與日本的貨幣關係一樣。」[12]

　　根據巴曙松、王建等人的看法，由於美元霸權的存在，美國在經濟全球化時代佔據了十分有利的格局，也就是說，美國成為消費區，亞洲是生產區，歐洲為資本區。他們指出，在這種格局下，亞洲、歐洲大量的「福利」通過國際貿易和資本流動，通過持有外匯儲備等形式轉移到美國。其實，作為對美資本供應者的地區遠遠不止歐洲和東亞，其他發展中國家都存在資本流向美國的現象。在這其中，東亞與美國結成了特殊的貿易—金融關係。美國是亞洲國家的主要出口市場，亞洲從對美貿易順差中獲得了信用憑證美元，但是這些「順差美元」又通過購買美國有價證券的方式「回流」美國，成為美國經濟的重要「輸血者」。石油生產國積累的所謂「石油美元」也是通過類似的方式回流美國的。他們總結指出，由於美元的支配地位，美國不但從中國等出口國獲得了物美價廉的商品，而且還獲得了廉價的儲蓄。美國又可以用廉價的美元資產購買國外的資產，

[12] 巴曙松，〈人民幣匯率破8，加強國際貨幣合作化解經濟失衡〉，《中國證券報》，2006年5月17日。

為美國賺取更多的利潤。但是，由於美國國內儲蓄率低，過度消費，美元的「真實」價值其實在不斷貶值，這就意味著中國、日本、韓國等東亞國家以及石油出口國持有的美元資產實際上正遭受較大的損失。[13]2002 年以來，美元對歐元匯率下降了 30%以上，那麼，這就意味著東亞地區與美元「掛鈎」國家的外匯資產相應貶值了 30%以上。

因此，美元霸權的存在，從某種程度上可以說已經不是什麼「霸權穩定」了，而是真正意義上的「霸權不穩定」。

二、美國「外向型」的貿易政治

追求美元霸權的宏觀政策，一個結果就是導致美國經濟的失衡發展，從而導致全球經濟的失衡。而美國國內利益集團又利用國內政治過程，向美國政府施加壓力，要求其糾正不平衡。以往的經驗告訴我們，美國政府往往把矛盾「外移」，以威脅制裁的措施要求貿易夥伴採取所謂「負責任」的態度，強行糾正這些不平衡，從而引發國際經貿摩擦的升級。這是美國貿易政治的重要特點之一。

有關美國在人民幣匯率問題上施加的壓力，不同的人有不同的分析。主要分為下面幾種意見：

第一種意見認為，美國要求人民幣匯率升值是「認真」的。這一觀點的依據是，美國認為，要糾正美國龐大的經常專案赤字，突破人民幣與美元「掛鈎」的變相固定匯率制，進而帶動東亞貨幣對美元匯率的整體升值是關鍵。因此，為了達到扭轉東亞貨幣匯率「錯配」的目標，美國必須打開人民幣匯率這一缺口。美國財政部和一些經濟學家持這樣的立場。

第二種意見認為，人民幣升值本身不是目的，關鍵是要改變人民幣匯率形成的機制，更好地按照市場的供需關係來定價。

---

[13] 巴曙松前引文；王建，〈美元危機下的鉅額外匯儲備之困〉，《21 世紀經濟報導》2006 年 1 月 23 日。

　　第三種意見認為，人民幣匯率升值本來不是目的，美國的真正目的在於迫使中國開放市場。作者很早就提出這一觀點。一些經濟學家也支持這一觀點。經濟學家陶冬指出，美國推行的政策是一種所謂的「只叫不咬」的政策，中美兩國都不希望人民幣大幅度升值。

　　我認為，美國在人民幣匯率問題上的目標兼有以上幾種考慮，是美國國內不同利益訴求「妥協」的產物。美國本土製造業是要求人民幣大幅度升值的主要政治力量，它們是所謂「進口競爭」集團。但是，美國跨國公司與金融集團等「出口促進集團」在升值問題上並不十分積極，因為繼續保持「強勢美元」的政策對於他們在中國開展大規模的併購是有利的，不過，它們傾向於將要求人民幣升值的國內壓力「轉換」成要求中國進一步開放市場的壓力。

　　對於這一點，陶冬把美國對人民幣匯率的政策稱之為「光叫不咬」的政策。他寫道：「他是行政當局，他必須維護美國的利益，他一定要叫，而且一定要被選民看到他在叫。但如果真地『咬』下去，那是另外一回事情。人民幣大升值，必然帶來中國商品價格在美國市場的上升。一旦漲價，受傷害的不僅是中國出口商，還有美國的消費者——選民。……不咬的時候，你願意怎麼叫就怎麼叫；一旦咬下去，中國的出口商和美國的選民將同時受損失。其實，布希在人民幣上做文章，是要通過這個來壓中國開放市場。」[14]

　　簡而言之，美國的人民幣政策充分反映了美國貿易政治的特點：具有很大的「外向性」、「攻擊性」，美國政府在存在強烈的批評政府政策的情況下，特別是在每兩年一次的選舉壓力下，它將傾向於發動對外國貿易夥伴的攻擊，轉移自己受到的政治壓力；在存在不同利益訴求的情況下，通過確定打開國外市場的目標，以「出口促進」集團的力量來抵制「進口競爭」集團的壓力。

---

[14] 陶冬，〈施壓人民幣美國光叫不咬〉，《財經時報》，2006 年 6 月 11 日。

第三節　人民幣匯率問題與美國利益集團政治

一、摩擦的緣起

早在上個世紀 90 年代，美國一些製造企業向政府提出，中國人民幣匯率並軌的改革導致人民幣對美元大幅貶值，致使中國對美出口迅速上升，他們向美國財政部提出中國「操縱」貨幣的問題。顯然，當時美國部分製造企業企圖利用國會反對給予中國最惠國待遇（MFN）的大環境，迫使美國政府向中國施加壓力，減緩中國對美出口的增長。美國經濟空前繁榮，加之在 1997-1998 年東亞金融危機期間中國頂住了匯率「貶值」的壓力，堅持人民幣匯率的穩定，樹立了負責任大國的形象，贏得了地區和國際社會的讚譽。國際社會普遍認為，中國人民幣匯率政策避免了東亞貨幣「競爭性貶值」的危機，美國柯林頓政府也肯定中國的貢獻。

進入 21 世紀後，人民幣匯率再次成為國際關注的焦點。日本是此輪問題的始作俑者。2000 年，朱鎔基總理訪問日本，再次鄭重承諾人民幣不貶值。但是，日本中央銀行日本銀行的董事之一松元卻提出人民幣應當升值，以降低中國出口對國際市場的衝擊。不少人認為，這是提出人民幣應當升值的最早言論。[15]其後，日本高官代表政府呼籲國際社會重視中國「出口」、「通縮」的問題。2002 年 12 月 4 日，日本負責國際金融事務的財務省副大臣黑田東彥在英國《金融時報》發表文章，稱中國人民幣定價過低，導致中國出口的迅速增長，中國的主要貿易夥伴包括臺灣、香港首先受到影響，進而引發全球普遍的通貨緊縮。黑田提出，中國應承擔起人民幣升值的責任，促進全球經濟的恢復性增長。[16]2003 年 2 月 22 日，日本財務省大臣鹽川正十郎在西方七國財長會議上提議採取一致行動，迫使人

---

[15]　〈日本為何鼓噪人民幣升值〉，搜狐財經網，2003 年 9 月 4 日。
[16]　〈壓迫人民幣升值陰謀流產，7 國集團否決日本提案〉，人民網，2003 年 2 月 27 日。

民幣升值。他指責中國對日出口不斷上升，是導致日本通貨緊縮的重大原因，提出「不僅日本的通縮是因為進口了太多的中國廉價商品，而且整個全球經濟不景氣也源於此。」[17]儘管7國集團（G-7）成員國最終未能就日本提案達成一致意見，但是，美國等國政府開始明確要求人民幣升值，與此同時，美國等國要求人民幣升值的國內壓力也逐漸增大。

美國工商界開始大規模遊說國會和行政部門始於2003年初。當時，來自金屬貿易集團、汽車製造集團、紡織工業集團等80多名行業成員，成立了總部設在華盛頓的「健全美元聯盟」（Coalition for a Sound Dollar），醞釀啟用美國貿易法「301條款」，要求小布希政府糾正中國所謂的「操縱貨幣」（currency manipulation）行為。[18]後來，聯盟更名為「中國貨幣聯盟」（China Currency Coalition），進一步把要求人民幣升值的產業與勞工組織聯合起來，共同向美國國會與行政部門施加壓力。

按照美國一些學者的研究，攻擊外國貨幣問題是美國貿易保護主義的重要表現。美國全國經濟研究局（NBER）經濟學家安娜·史瓦茲（Anna Schwartz）在分析「中國貨幣聯盟」推動人民幣匯率升值的原因時揭示了貿易保護主義與匯率問題的聯繫。她指出，美國的保護主義通常有兩種形式：一是傳統的攻擊外國貿易的做法，二是越來越集中地攻擊外國的匯率政策。當前，兩種保護主義在美國對華貿易上均有十分充分的體現。前者指責中國違反知識產權、市場不夠開放，不能很好履行WTO的義務；後者則指責中國的匯率政策，有意低估幣值，為出口產品謀取競爭優勢。他們認為，正

---

[17] 袁鐵成，〈人民幣穩定惹日本不痛快，日本妖魔化人民幣〉，《中國青年報》，2003年3月11日。

[18] 根據美國《1974年貿易法》301-310條款的規定，如果美國貿易代表認定外國的「不公平」、「不合理」或「歧視性」的立法、政策或做法對從事貿易的美國企業與公民造成負擔、限制或歧視，那麼，就可以依據總統指示進行報復。

是中國的匯率政策導致美國經常專案赤字的上升；如果人民幣對美元的匯率升值，則中國出口商品的價格將上升，美國對華貿易赤字將自然而然地減少。[19]

二、中國貨幣聯盟──製造業與工會勢力的政治聯合

「中國貨幣聯盟」成為美國推動中國人民幣升值的中堅力量。它自稱由美國工業、服務業、農業和勞工等組織組成，目的就是要「尋求立即消除中國貨幣定價過低問題，人民幣低估幅度估計為40%或更多。」[20]聯盟聲稱得到了 35 位參、眾兩院議員的堅定支持，參與聯署議案的議員數量更多。在聯盟的運作之下，2005 年 4 月，相關眾議員提交了編號為 HR1498 的「2005 年中國貨幣法」（the Chinese Currency Act of 2005）草案。[21]此後，參、眾兩院提交的要求政府採取行動迫使人民幣升值的立法案達到 10 個以上。

「中國貨幣聯盟」採取的組織和遊說策略是：利用資訊技術平臺，把分散在全國的中小製造企業、與此相關的行業協會與工會聯合在一起。中國貨幣聯盟的成員構成十分廣泛，囊括了美國本土多數製造業的中小企業，其組織、動員能力可見一斑。聯盟機構成員將近 50 家，按行業部門劃分，大致有以美國鋼鐵協會（American Iron and Steel Institute）為代表的鋼鐵生產企業；以全國紡織組織聯合會（National Council of Textile Organizations）、美國紡織機械協會（American Textile Machinery Association）為代表的紡織業、紡織機械製造業：以「管道進口委員會」（The Committee on Pipe and Tube Imports）、銅與鑄造協會（The Copper & Brass Fabricators Council,

[19] Anna J. Schwartz, "Dealing with exchange rate protectionism", *Cato Journal,* Vol. 25, No. 1 (Winter 2005)，pp.97-98.
[20] 見中國貨幣聯盟網頁（www.chinacurrencycoalition.com）。
[21] China Currency Coalition, "Legislation Clarifying U.S. Trade Laws Targets Injury Caused By China's Exchange-Rate Manipulation," April 7, 2005, 見 www. chinacurrencycoalition.org.

Inc.)、鑄造工業協會（Forging Industry Association）等為代表的機械、金屬、鑄造加工業；以勞聯產聯、美國電器工人—運輸工人國際聯合會（International Union of Electrical Workers／Communication Workers of America（IUE／CWA）、國際機械師聯合會（International Association of Machinists），鍋爐製造者國際兄弟會（International Brotherhood of Boilermakers）、國際電器工人兄弟會（International Brotherhood of Electrical Workers）、國際大卡車運輸工人兄弟會（International Brotherhood of Teamsters）為代表的各類工會組織，以及以製造商公平貿易協會（Manufacturers for Fair Trade）、製造商聯合會、美國工商理事會（United States Business & Industry Council）等中小製造企業的綜合性組織。[22]在如此短的時間內把如此分散的各類組織聯合起來，得益於資訊技術的發展。互聯網成為它們相互聯繫、聯合遊說的重要平臺。正是在資訊技術的幫助之下，這些原本十分分散、財力有限的製造業與工會組織產生了巨大的政治動員力量，這是美國貿易政治出現的一個重要變化。

推動國會議員組織起「中國貨幣行動聯盟」（the China Currency Action Coalition）。按照中國貨幣聯盟的說法，有 35 位參、眾兩院議員明確參加了這一聯盟。眾議員中包括南希·佩羅西（Nancy Pelosi）、桑德·M·萊文（Sander M. Levin）等，參議員有查爾斯·舒默（Charles E. Schumer）、林德賽·格拉海姆（Lindsey O. Graham）等人。這些議員均來自製造業與勞工組織影響較大的一些州。[23]

---

[22]　見中國貨幣聯盟網站（www.chinacurrencycoalition.com）。

[23]　支持「中國貨幣聯盟」的美國眾、參兩院議員如下：眾議員包括 Nancy Pelosi，Charles B. Rangel ，Sander M. Levin，John B. Larson ，John Lewis，Xavier Becerra，Stephanie Tubbs Jones ，John D. Dingell ，Sherrod Brown Alan B. Mollohan ，Bart Stupak，Tim Ryan ，Steny H. Hoyer，Benjamin L. Cardin，William J. Jefferson，Fortney Pete Stark，Richard E. Neal，Earl Pomeroy，Rahm Emanuel，George Miller，Dale E. Kildee，Ted Strickland，Peter J. Visclosky 等；參議員包括 Charles E. Schumer，Lindsey O. Graham，Evan Bayh，Christopher Dodd，Byron L. Dorgan，Richard J. Durbin，Russell D. Feingold，

　　動員國會立法，同時以美國國內貿易法「301 條款」為根據，發起立法行動。壓力集團選擇 2004 年進行大規模立法活動，主要是想利用美國總統大選、國會選舉的機會施加壓力。結果，我們看到，國會與總統領導的行政部門迫於壓力均採取一些對華強硬行動，以緩解中國貨幣聯盟的壓力。

　　發起宣傳攻勢，包括在國會進行作證，請經濟學家在公開媒體上發表支持人民幣升值的言論，同時「淡化」自己的貿易保護主義的色彩。比如，聯盟宣稱人民幣升值符合中國的利益。如其發言人稱：「中國貨幣聯盟同意允許人民幣反映市場情況符合中國的利益的觀點。近兩年來，我們一直鼓勵中國方面進行重大的匯率改革，允許把人民幣的幣值調整到適當的水平。」同時，認為中國貿易順差數位可能不準確，問題會更加嚴重一些。該聯盟主張，中國對外貿易順差在迅速擴大，如果中國不進行匯率改革，美國的貿易赤字將會繼續攀升。[24]

三、紡織集團在人民幣匯率問題的壓力

　　美國對華貿易赤字擴大，使得美國紡織業加入到指責中國貨幣政策的行列。按照 WTO 的規定，國際紡織品與成衣貿易自由化協定從 2005 年 1 月開始實施，美國紡織業希望利用炒作人民幣匯率的機會，對中國進口紡織品繼續施行特別的限制措施。

　　美國紡織業遊說團體採取的策略有：

　　（1）加入「中國貨幣聯盟」，希望通過人民幣升值減少進口的壓力。紡織業與其他產業聯合，共同推動，以達到人民幣升值的目的。紡織成衣廠商與紡織工會組織指出，中國採用操縱貨幣、發放

Tim Johnson，Carl Levin，Joseph Lieberman，Barack Obama，Debbie Stabenow 等。這份名單十分重要，是進一步瞭解美國對華貿易政策等問題的重要線索。名單見中國貨幣聯盟網站。
[24] 伯南克，〈北京實行靈活匯率制度，有利全球經濟〉，星島環球網，2006 年 6 月 15 日。

工業補貼等不公平貿易的做法維護了中國紡織業的「低成本」，從而重而衝擊了美國本土紡織品成衣廠商。

在紡織廠商較為集中的地區，如北卡羅萊納州和南卡羅萊納州，他們成功遊說格拉海姆參議員作為立法代言人，推動國會通過有關人民幣匯率的法案。

（2）利用美國大選的機會，向布希政府施加壓力，取得了一些階段性的成果。如在 2004 年總統大選的前幾天，美國政府終於同意紡織品製造商和紡織工人聯盟的要求，限制某些中國紡織品的進口。紡織業遊說組織全國紡織行業組織理事會（The National Council of Textile Organization）試圖把中國的進口限制在比 2004 年進口水平高 7% 的範圍內。美國政府跨部門特別小組紡織協定執行委員會受理了他們的要求。布希政府承諾，2005 年 1 月 1 日紡織品與成衣進口的所有配額解除之後，對中國進口仍加以限制。此前，美國政府接受了六家成衣、紡織品和纖維生產貿易協會和一家工會的請求，對於來自中國的 13 種進口品設限。

但是，紡織行業的保護主義請求遭到了零售業的反對。成衣零售業支持取消配額，指責紡織品、成衣加工廠商不顧美國消費者的利益，增加消費者購買成衣、紡織品的成本。向中國開放市場可以使美國消費者獲利。

我們發現，美國商務部在處理對華紡織品出口的問題上，採取的是「妥協」策略：即認同美國紡織業的限制進口中國紡織品增幅的要求，但同時又反對對於全部種類紡織品施加配額，配額管理的方法需限制在某些個別的成衣品種上。

不管怎麼說，美國紡織業在人民幣匯率的遊戲中獲得很多的好處，暫時緩解了中國進口產品激增的衝擊壓力。

美國經濟學家安娜·施瓦茨對於保護措施對美國紡織行業的影響進行了評估，並提出了建議。首先，施瓦茨提出對美國整個製造業形勢的判斷。她指出，中國對美出口主要是與其他發展中國家進

行競爭，並非與美國本地工業進行競爭。「對於美國製成品需要的下降與其說是中國產品競爭的結果，不如說是由於美國其他的貿易夥伴增長放慢導致的，以及美國快速提高的生產力從根本上減少了製造業崗位數量。因此，人民幣升值本身並不能平衡對華貿易。」[25] 其次，對於美國紡織業來說，她認為一個明擺著的問題是，儘管中國的進口減少了，但是，「保護主義措施和政府補貼也難以延長該產業的壽命。他們無法抵禦低成本生產者的競爭。」美國的出路只能是產業升級，生產檔次高的時裝等時尚產品。[26] 最後，施瓦茨向美國政府提出的解決紡織業轉型的建議包括，聯邦政府應根據聯邦《貿易調整援助法》涉及製造業的專案，給予年輕的失業工人以補償和再培訓；對於年紀較大的工人應當給他們以經濟援助，使他們渡過過渡期；紡織業密集的南、北卡羅萊納等州，需要吸引新的產業來取代在競爭中失敗的紡織企業。[27]

四、最大遊說集團全國製造商協會

美國全國製造商協會（National Association of Manufacturers，簡稱 NAM）是要求美國政府在人民幣匯率問題上向中國施加壓力的最有實力的遊說集團。

全國製造商協會（NAM）是美國最大的工業貿易協會，會員公司超過 14,000 家，主要代表中小製造企業的利益。協會長期以來堅持反對美元匯率估值過高的立場。他們反對 1990 年代推行的「強勢美元」政策，認為美元匯率過高雖然有利於美國金融業的全球擴張，但卻損害美國製造業的利益。2001 年夏，全國製造商協會曾在華盛頓組織示威遊行，要求政府允許美元「貶值」。2002 年，協會又通

---

[25] Anna J. Schwartz, "Dealing with exchange rate protectionism", *Cato Journal*, Vol. 25, No. 1 (Winter 2005), p.102.

[26] ibid, p.103.

[27] Ibid, p.103.

過一項決議，呼籲改變美元政策。全國製造商協會會長當時向外界宣布，在過去一年半的時間裏，美元高估導致美國製成品出口大幅下降，引發了製造業的大量裁員。[28]從 2003 年開始，全國製造商協會開始把施加壓力的焦點集中在人民幣匯率問題上。

針對有關貿易保護主義的指責，全國製造商協會聲稱，它所反對的是「不公平」貿易行為。協會宣傳說，協會早在 2003 年就正式提出人民幣匯率問題，認為人民幣定價過低是導致美國製成品貿易逆差的重要因素。當時，美國國內反對意見占上風，政府和工商界多數都不同意協會的這一判斷，但是過去幾年的時間已經證明協會當時的判斷是正確的，得到了普遍的承認。[29]

根據全國製造商協會的看法，中國人民幣匯率存在的問題有幾個：

第一，人民幣匯率定價過低，不能反映市場的變化與中國經濟實力的快速增長。協會指出，1994 年人民幣匯率「並軌」，人民幣貶值高達 30%，但是，在此後的 10 年間，人民幣匯率幾乎沒有調整，顯然未能及時準確反映中國工業產能、生產率、質量、產品範圍、外資流入等因素的變化，而這些因素通常會導致一個國家貨幣匯率的升值。協會一部分成員堅持認為，人民幣匯率低於市場價格 40%。

第二，中國外匯儲備規模的不斷增大，是中國「刻意」壓低人民幣匯率的證據。協會在提交給國會的證詞中指出，1994 年人民幣進行貶值時，中國的外匯儲備僅有 300 億美元。但是，到了 2004 年，中國的外匯儲備增加了 2,000 億美元，超過了全年 GDP 的增幅。2005 年中國的外匯儲備更達到 6,910 億美元，中國「花費」了 6,600 億人民幣購買美元防止人民幣升值，達到中國年度貨物、服務總產值的將近一半。

[28] 何帆、李志遠，〈匯率變動與匯率制度變革的政治經濟分析〉，《世界經濟與政治》，2002 年第 11 期。
[29] 〈美製造商協會不再要求人民幣匯率完全自由浮動〉，搜狐財經網，2003 年 10 月 15 日。

　　第三，人民幣匯率定價過低，使得美國出口在「第三國」市場缺乏競爭力，嚴重惡化了美國對外貿易赤字。因為人民幣匯率過低，人為地「扭曲」中國的投資成本，不僅增加了中國國內的投資，同時也使得外國在中國投資建廠更加便宜，中國吸引的外資總額也達到創記錄的水平。因此，美國公司難以與以中國為生產基地的中國和外資企業進行競爭。

　　第四，中國的匯率政策違反了國際貨幣基金組織（IMF）的有關規定。全國製造商協會認為，儘管人民幣與美元「掛鉤」本身並未違反國際貨幣基金組織的規定，但是，IMF 第四條規定，禁止「操縱匯率獲得對其他成員不公平的競爭優勢」，包括「單方向、長時間、大規模、干預外匯市場」。他們指出，中國的外匯政策顯然違反這一條款。[30]

　　全國製造商協會針對美國國內出現的六種反對調整人民幣匯率的看法與擔心，向國會發表了自己的解釋，希望國會在立法糾正人民幣匯率「錯配」的過程中堅定信心，不要受到這些「錯誤」看法的干擾。他們的說明與解釋對於打消國會議員與公眾的擔心起到了不小的作用。這一點也表明，是否具有較強的研究能力，能否提出看來較為「合理」的說辭，也是影響在美遊說的關鍵因素之一。

　　全國製造商協會研究部門拋出的反駁意見在遊說中發揮了重要作用，值得逐條引述：

　　第一種說法，人民幣匯率調整對美國貿易赤字、生產或工作沒有什麼影響。

　　研究表明，並非如此。根據經濟學理論，關稅、匯率的相對變動對貿易具有「很強的決定性影響」。1997 年，美國貿易赤字僅 1,830 億美元，只占 GDP 的 2.2%，增長幅度不大；但是，當美元匯率增

---

[30]　同上。

加 25%，美國的貿易赤字大幅度上升，增加有兩倍之多。1980 年代前半期也發生過類似的情況，當時美元定價也過高。

很多美國人提出，美國貿易逆差主要由儲蓄率太低、外國到美國投資太多等因素引起的。協會的研究報告反駁了這一說法，指出「儲蓄」、「投資」、「消費」、「出口」都是相互關聯的概念，是「同意重複」。外因才是主因。例如，由於匯率不能起到平衡物價的作用，美國的物價與其他國家的物價是失調的。

此外，報告也不同意聯邦政府預算赤字引發貿易赤字的說法。這種看法認為，要想減少對華赤字，必須減少預算赤字，否則赤字只會轉移到其他地方。全國製造商協會的研究報告認為，聯邦預算與貿易赤字之間並沒有什麼關聯。經濟學統計表明，兩者之間相關係數僅為-0.02，說明它們之間幾乎沒有什麼關係。

全國製造商協會還引用了會員公司的研究指出，如果中國產品的價格上升 10%至 20%，那麼這些美國公司就能與中國產品進行競爭。美國十多年前已經停止生產許多家用電器，把生產線轉移到中國。但是，在機床、工具、模具、塑膠、家具、人造金屬製品等方面，美國公司仍有競爭力，只要人民幣對美元的匯率能反映市場的真實，那麼，美國產品仍能與中國產品進行競爭。

報告還特別分析了中國較低的工資水平對於中美出口競爭力的影響。它指出，工資水平僅僅是影響產品價格的一個較小因素。根據美國統計局的統計，美國全部製造業企業，直接工資和福利開支平均只占最終產品成本的 11%，而美國的勞動生產率高於中國，但是中國產品的價格只是美國的一半或更少，這正好說明人民幣匯率等工資外因素是造成中國出口價格過低的主要原因。

報告指出，中國加入 WTO 以來，對美出口結構發生了很大變化。除了維持紡織品、成衣等傳統勞動密集型產業的出口外，中國對美機電產品的出口比重也在快速上升，對美國本土的中小製造企業造成了不小的競爭壓力。

　　第二個說法，中國進口產品替代的是其他國家的產品，不是美國的產品。如果中國產品的價格上漲，其他國家的產品將頂替中國的產品，美國生產者也不會得益。

　　這是反對人民幣升值的集團提出的，也是很多經濟學家的意見。全國製造商協會提出的報告認為，在電子產品方面，這種說法是可以站得住腳的，因為這些產品過去主要從日本和其他亞洲國家進口，現在大多從中國進口。但是，很多其他產品的情況並非如此：製造商協會不少會員認為，中國產品替代了他們的產品，比如金屬製品、塑膠、工具等行業。他們的意見是，這些產品從前就在美國加工，並沒有在亞洲生產，如果人民幣匯率升高，這些產品很多就會回到美國國內生產。

　　報告援引進出口資料來證明這一點。它指出，2001 年以來，美國加工製品市場上進口產品市場佔有率增加了 2.2%；同期，來自中國產品的進口佔有率增長了 1.6%，占進口增幅的 3／4，而來自亞洲其他國家的進口佔有率只有 0.2%，僅有些微增長。匯率問題顯然促進了中國對美國的出口。

　　全國製造商協會的報告提出，人民幣匯率上升也有助於解決亞洲其他國家貨幣對美元匯率過低的問題。報告稱，為了與中國商品進行競爭，其他亞洲國家也一直在壓低匯率。如果人民幣匯率調整、上漲，其他國家匯率就可以不受中國因素的抑制，而採取市場價格來決定匯率。協會同意美國財政部長斯諾 2005 年 5 月提出的看法：「中國僵硬的貨幣機制造成了高度扭曲……有關競爭力的擔憂也限制了鄰國採取更為靈活的匯率政策。」韓國就持這樣的看法。

　　報告還提出了一個對中國十分不利的進口來源國調整方案。報告稱，「進口地的選擇直接關係到美國的出口」，要減少美國對華貿易逆差，需要改變美國的進口來源國結構。全國製造商協會提出，中國以外的亞洲國家能進口更多的美國產品，其他國家從美國的進口要超過它們對美國的出口。美國在中國進口市場的份額要遠遠小

於美國在亞洲、拉丁美洲的份額。例如，在馬來西亞向美國出口賺的每一美元中拿去進口美國產品的比例比中國同一值高出 2／3。同樣，中美洲國家向美國出口賺得的每一美元中，有超過 40 美分用於購買來自美國的進口商品，而中國頂多花 8 美分購買美國的進口商品。

如果這一調整目標實現的話，無疑將極大影響中國的出口增長。但是，在目前開放貿易的情況下，這種保護主義的所謂「合理」方案在政治上是很難操作成功的。

第三個說法，中國的產品都不是高附加值的產品，即使人民幣升值，對美國也沒有什麼影響。

報告指出，情況並非完全如此。中國的電子產品主要在出口加工區和外國投資的工廠生產，其中不少產品採用來自其他亞洲國家和地區的零配件組裝生產。但是，中國產品的種類和範圍增加很快，在很多領域都與美國產品發生競爭。中美競爭的領域包括：汽車零配件、金屬產品、工業供應品（industrial supplies）、玻璃製品等。這些產品的大多數並不在出口加工區生產，主要產自中國內地，具有較高附加值。人民幣匯率過低使它們受益，加大了對美國的出口。報告聲稱，一旦匯率定價機制回歸市場力量，那麼這些產品大多不可能與美國進行競爭。

報告援引中國有關貿易統計數位來解釋自己的觀點。報告指出，中國把加工區的出口與國有企業和外資企業的出口加以區別。這些數字顯示，2004 年中國出口的 55%是加工組裝，或進口配件生產，也就是中國所謂的「加工貿易」。這些出口中進口零配件占 67%，換句話說，中國國內產生的價值只有 33%。2004 年中國出口總值中有 45%是 100%的國內企業的出口。兩者相加，中國本土企業的出口大約占中國整個出口的 63%，匯率波動對這部分出口企業會產生很大的影響。

因為中國實行開放政策，特別是鼓勵加工貿易的政策，中外利益呈現出相互交織的複雜格局。儘管美國本土製造廠商受到「中國

製造」產品的競爭，但是，很多正是美國跨國公司在中國投資的生產廠加工的產品。中國的加工貿易並不一定都在出口加工區。美國全國製造商協會這樣的分析顯然過於簡單化，政治動機驅動的考慮較大。

第四個說法，來自中國的大多數進口產品是美國人自己在中國投資企業生產的，人民幣升值將直接危害到美國公司的利益。

全國製造商協會認為，這種說法在美國雖很流行，但卻是錯誤的。它援引美國統計局的資料顯示，美國從中國的進口中只有 27%是「關聯方貿易」（related party trade），即所謂公司內貿易，而且這一數字還包括非美國的外國公司內的貿易。因此，來自中國的全部進口中只有 27%是美國公司在中國分公司的進口、日本在美國的分公司從中國分公司的進口。中國的大部分外資並非為美國投資，更主要的是臺灣、中國香港、韓國及日本在中國的投資，因此，只有很少一部分涉及到美國公司的內部貿易。不過在這個方面，美國統計局並未按照國別區分各國公司在中美「關聯方貿易」中的比例。此外，美國商務部的投資資料顯示，美國多數在華投資主要是為了滿足中國國內市場的需要，它們很少對美國再出口。

全國製造商協會上述引用的數字雖然是正確的，但是不能反映美國在華經濟利益的全部。美國在華利益不僅包括美國公司向美國「再出口」的利益，還包括在中國的「銷售」利益，以及美國消費者從整個中國的出口中獲得的好處。

第五個說法，如果中國不再大規模購買美國的國庫券，美國利率水平將上升，從而影響美國的宏觀經濟環境。

全國製造商協會的研究報告反駁了這一說法。報告稱，美國流行一種說法，即如果人民幣不再與美元「掛鈎」，那麼，中國就會停止購買財政部發行的國債，從而導致美國利率上升，房地產價格將下跌，似乎「所有的經濟災難都會降臨到美國經濟和公民頭上」。但是，美國政府的主要經濟官員並不這麼看。報告列舉了聯邦儲備委

員會主席格林斯潘在紐約經濟俱樂部發表的演講指出,「減少干預的範圍,甚至淨銷售對於美國金融市場造成的影響,可能是很小的……相應的,為了保持市場價格,貨幣當局拋售美元的所有動機都將消失。」美國負責國際事務的財政部助理部長蘭德爾·奎雷斯(Randal Quarels)也指出,美國國債市場是「全世界範圍最大、最深、最具流動性的資本市場,這個特點不會改變。任何再平衡的行為都不太可能對美國國債市場、美國本身的融資能力造成太多的影響。」

報告指出,美國國債市場每天的交易量在 6,000 億美元左右,如果中國停止每月購買 200 億美元的國債,而且其中並非所有的都是以美元進行交易的,那麼,對於美國的國債市場幾乎不會有什麼影響。報告援引日本的例子來說明這一觀點,日本從 2003 年 12 月到 2004 年 3 月間干預市場的力度很大,其間增加了 1,560 億美元的外匯儲備,每個月超過 500 億美元,並且於 2004 年 4 月突然中止,結果並沒有在市場上引發很大的影響,甚至沒有引起人們的注意。

第六種說法,人民幣升值將傷害中國。

報告認為,人民幣升值不僅不會傷害中國,相反,匯率升值、人民幣匯率朝向靈活的方向變化對於中國經濟是有好處的。報告指出,國際貨幣基金組織、美國財政部、格林斯潘、一些中國經濟學家都建議,人民幣匯率具有更大的靈活性將十分有利於中國自己的利益。長達 10 年的人民幣與美元掛鉤,鼓勵了大量投機資本的流入,加大了中國的貨幣供應量,鼓勵了不負責任的銀行放鬆對於信貸的管理,增加了中國呆帳、壞帳的規模,削弱了中國的銀行體制。中國邁向由市場決定的匯率體制將有助於解決銀行體制的問題,降低投機資金流入帶來的風險。[31]

---

[31] 2005 年 6 月 23 日,Technical Materials 公司總裁 Al Lubrano 代表美國全國製造商協會在參議院財經委員會所作的證詞,見 www.senate.gov/~finance/hearings/testimony/2005test/altest062305.pdf.

　　顯然，對於第六種意見的反駁有其道理，包括對於匯率調整對中國經濟影響的分析也是可以站得住腳的。但關鍵是，中國的匯率調整需要一個較長的時間，中國必須防止超出本國經濟能力的劇烈調整。

　　全國製造商協會提出的以上觀點集中反映了美國中小製造企業的利益與看法。與那些大型跨國公司相比，他們不能在中國進行投資，相反與來自中國的進口產品存在很大的競爭關係，因此，他們更關心人民幣匯率的走向。他們的看法並非完全沒有根據，對於六種流行看法的反駁也提出了不少值得參考的意見。這是他們在美國博得國會和公眾不少同情與支持的重要原因。但是，他們的證詞與研究報告似乎刻意在迴避經濟全球化對於美國製造業的綜合性影響，比如沒有充分看到美國跨國公司在中國與美國的經貿關係中的作用，也沒有充分看到東亞地區經濟整合背後的力量。他們的命運將注定變得更加艱難，這也許是他們難以擺脫的命運。他們提出的一些建議，比如改變進口國家結構等在政治上是難以實現的。

　　在向美國國會和公眾提出這些訴求的同時，全國製造商協會援引「301 條款」，向美國政府正式提出關於中國「操縱」人民幣匯率的調查申請。美國全國製造商協會會長傑里‧傑西諾瓦斯基（Jerry Jasinowski）表示，對人民幣匯率問題提起「301 條款」調查，有助於布希政府增加與中國的談判「籌碼」，從而迫使中國同意改變人民幣與美元的匯率安排。在經過一段時間之後，協會具體的對華目標也有所調整，不再要求人民幣自由浮動。[32]

五、跨國公司：「贏家」與「輸家」的平衡表

　　美國跨國公司可以分為兩類：一類是進行境外投資和實行生產國際化的企業，一類是跨國金融企業，特別是投資銀行、各種類型

---

[32] 同上。

的證券公司。在某種程度上說，與那些主要在美國本土進行生產的企業，美國跨國公司是人民幣兌美元較低匯率的受益者。1994 年中國匯率並軌以來，跨國公司得到了諸多好處，包括：（1）穩定的匯率環境，減少了交易的中長期風險；（2）人民幣價值與美元掛鈎，實際上支持了美元的價值；（3）人民幣兌美元相對估值較低，減少了美國跨國公司在中國進行投資和經營的成本；（4）2001 年中國加入世界貿易組織以來，中國市場更加開放，而人民幣匯率基本保持不動，實際上減少了美國跨國公司投資併購的成本；（5）大量美元回流到美國，又為美國投資銀行與證券市場吸納，為他們提供了廉價的融資。

因此，我們看到，美國所有企業對於人民幣匯率的態度，大致可以分為本土生產的中小企業與跨國公司利益之間的對立，前者傾向於人民幣升值，而後者傾向於人民幣匯率保持不變。不過，如果對於跨國企業進行細分的話，我們還可以發現，以美國本土生產比例與在中國生產比例企業為標準，再進行劃分，也就是說，那些本土生產為主的企業特別是生產高檔奢侈品的企業更能夠從人民幣升值中獲得更多的利益，而那些主要在中國生產、採購的企業，比如沃爾瑪公司，將傾向於反對人民幣匯率的上升。

一些現有的研究也支持了美國本土中小企業與跨國企業特別是金融企業之間的利益對立。根據中國學者何帆等人的研究，1990 年代以來美國推行「強勢美元」政策，幫助美國從世界各地源源不斷地吸引資金，支持了整個 90 年代的所謂「新經濟」，從 1998-2002 年的 6 年間，外資至少提供美國新資本投資的 40%。正是依賴美元的霸權地位，美國得以在積累鉅額貿易逆差的同時，仍然能夠維持其長達 100 餘月的經濟穩定和增長。從國際收支平衡的角度來看，美國的貿易逆差必須用資本專案順差彌補，即必須維持外資流入美國的趨勢。強勢美元有利於美國金融業的利益，但卻損害了美國製

造業的利益。[33]作為「強勢美元」的受益者，美國金融界並不在乎美國對外貿易逆差的增長。

有關美國跨國公司特別是金融集團是否希望人民幣升值的問題，存在著不同的看法。比如，中國學者夏斌的研究結論頗有代表性。他在論述美國圍繞人民幣問題的國內政治時指出：「在強烈呼籲人民幣匯率升值輿論的背後，美國的智囊機構、美國官方的政策經濟學家都明白，即使人民幣升值也救不了美國，解決不了美國的經濟問題，解決不了美國的鉅額貿易赤字問題。既然如此，為什麼美國官方、議員、美國縱容的國際輿論界如此關注人民幣升值問題？這是美國政治的需要！選舉、議會政治矛盾、失業人員增加、短期內美國利率政策調控空間有限等等，美國國內的政治和經濟矛盾都要求有個說法。同時也是華爾街虛擬資本大佬們的需要：尋求新的投機點，擴展新的生意。[34]他指出，美國社會中要求人民幣升值的呼聲，更多的來自美國金融界、超大投資銀行的利益，那些從中國目前匯率水平得益的在華設廠的美國跨國公司等實業界並不希望看到升值。[35]筆者認為，美國金融界並不真正要求人民幣升值，但是一些人又表示希望看到人民幣升值，特別是代表華爾街經濟金融利益的美國財政部成為希望要求人民幣升值的主要力量。這裏的奧祕在於，美國金融界考慮更多的是利用美國國內要求人民幣升值的壓力，打開中國市場的大門，特別是打開資本市場的大門。有關美國金融界這個方面的考慮，將在下面有關《格拉海姆—舒默法案》的地方詳細討論。

人民幣匯率一旦調整必將帶動整個亞洲貨幣市場的變化，必然會產生所謂的「贏家」與「輸家」，一些國際金融公司對此進行了初步的

[33] 何帆、李志遠前引文。
[34] 夏斌，〈人民幣匯率：學會國際金融遊戲潛規則〉，《第一財經日報》，2005年6月30日。
[35] 同上。

估計。比如，立即從人民幣升值中受益的可能包括下面一些類型的公司與行業：[36]

第一，那些向亞洲大量出口產品的國際奢侈品公司，比如美國的 Tiffany & Co.、義大利的 Bulgari SpA、法國的 Hermes International SA 和 LVMH Moet Hennessy Louis Vuitton 以及瑞士的 Richemont 等奢侈品生產企業。這些公司在亞洲獲得的銷售收入將能兌換成更多的美元、歐元和其他歐洲貨幣。美國 Tiffany & Co.2004 年在亞洲地區的銷售額占該公司當年總收入的 23%。它們的產品若以弱勢貨幣（如美元）計算成本，那麼，其獲得的收益將會更大，這些公司的利潤率將有很大的增長。

第二，其他從亞洲地區獲取大量收入的行業，如半導體、高科技、耐用消費品、服裝以及香港的銀行業。比如，英國的渣打銀行（Standard Chartered PLC）、荷蘭的晶片設備生產商 ASML Holding NV、瑞士的鐘錶生產商和零售商 Swatch Group AG 以及德國的寶馬汽車公司（BMW AG）等將能從升值中獲益。渣打銀行 77%的利潤來自亞洲，ASML 和 Swatch 分別有 55%和 31%的銷售額來自亞洲。

第三，出口亞洲市場、但與當地產品進行競爭的公司，特別是汽車公司。瑞士信貸、第一波士頓（CSFB）等公司列出的從人民幣升值中獲益的公司名單以汽車公司為主，包括寶馬汽車公司、通用汽車公司（General Motors Corp.）、福特汽車公司（Ford Motor Co.）、大眾汽車公司（Volkswagen AG）、PSA 標致雪鐵龍（PSA Peugeot Citroen）、雷諾公司（Renault SA）和飛雅特汽車公司（Fiat SPA）等。其他與亞洲公司（特別是日本公司）存在直接競爭關係的企業也可以從中受益，包括建築設備生產商卡特彼勒公司（Caterpillar Inc.）、瑞典的軸承生產企業 SKF、德國的印刷機生產商海德堡公司

---

[36] 〈誰將是人民幣升值的贏家？〉，《華爾街日報》中文版，2005 年 5 月 27 日。

（Heidelberger Druckmaschinen）、芬蘭的發電設備供應商 Wartsila
以及瑞典的工程公司 Atlas Copco。[37]

按照摩根斯坦利公司的統計，人民幣與亞洲貨幣的升值，將使
得那些在亞洲有較大銷售份額的公司受益。其研究報告的統計如下：

表 7-1　從人民幣升值受益的產業群組

（按照在亞洲市場銷售占整個銷售量的比例排列）

半導體及設備：42.1%
耐用消費品與成衣：24.3%
技術硬體及設備：21.6%
材料：15.1%
食品、酒類、煙草：12.1%
製藥與生物技術：11.6%
資本貨物：10.1%
交通：8.7%
家庭與個人產品：8.1%
商務服務與供給品：7.3%

資料來源：摩根斯坦利公司，轉引自《華爾街日報》中文版，2005 年 5 月 27 日。

人民幣升值將給那些在中國和亞洲地區採購或生產的企業帶來
一定的損失，這些跨國企業將可能成為所謂的「輸家」：

首先，從亞洲採購產品的大型企業，如瑞典的零售商 Hennes &
Mauritz AB、美國的零售商 Target Corp.和沃爾瑪（Wal-Mart Stores
Inc.）、個性化填充玩具生產商 Build-A-Bear Workshop Inc.以及德國
的 Puma AG 和阿迪達斯（Adidas-Salomon AG）等運動鞋生產商。
這些公司在亞洲採購的產品主要是勞動密集型產品，人民幣和亞
洲其他貨幣一旦大幅升值，那麼，這些公司用美元從亞洲採購產
品的成本將有很大增加。

其次，在中國與亞洲製造手機等電子產品的利潤將受到很大影
響。比如，在手機生產商中，摩托羅拉公司（Motorola Inc.）20%至

---

[37]　同上。

25%的成本、諾基亞公司（Nokia Corp.）約 1／3 的成本發生在中國，人民幣升值將損害它們的利益。[38]

　　另外，美國國會如果通過《格拉海姆—舒默法案》，向中國進口產品全面徵收 27.5%的關稅，那麼，美國主要跨國公司的利益將遭受嚴重損害。根據摩根士丹利首席經濟學家謝國忠的估計，如果美國國會獲得通過該法案，美國標準普爾 500 指數的成份股公司，即美國大型跨國公司的利潤將減少 500 多億美元，降幅高達 8%。他談到人民幣匯率對美國經濟的好處時指出：「只有中國才有可能讓沃爾瑪用區區 2 美元就生產風扇，然後在美國賣到 40 美元。」[39]美國公司得到了大量的利潤，美國的民眾同樣是受益者。同時，中國得到了較為充分的就業機會，但是，正如美聯儲主席格林斯潘所說的，人民幣低匯價也減弱了中國提高生活水平的機會。

六、斯蒂芬・羅奇：華爾街金融利益的代言人

　　儘管在美國跨國公司特別是金融集團的涉華利益方向上存在爭論，但是，我認為，必須考慮美國跨國公司與華爾街在中國市場的整體利益，特別是需要考慮中國進入「後 WTO 過渡期」美國對華利益集團的訴求。

　　面對中國進入「後過渡期」市場開放的巨大商機，跨國公司無論是金融類公司還是製造業的公司，面對中國日益開放的市場，特別是併購中國企業的巨大商機，幾乎所有的企業都認為沒有升值的必要。這是因為人民幣匯率突然大幅度升值，自然增加它們的併購成本。這是它們不願意看到的。所以，我們看到，類似卡特彼勒這樣的在中國從事積極併購的美國跨國企業堅決反對國會採取的極端措施。其他類型的跨國企業，包括金融類的投資銀行、投資基金也

---

[38]　同上。
[39]　轉引自李學賓，〈格林斯潘的覺悟和人民幣的機會〉，《中國經營報》，2005年 7 月 3 日。

出於同樣的道理不願看到人民幣對美元的大幅升值。他們的代言人通過為中國的匯率政策辯護，自然而然地維護自己的利益。

　　投資銀行摩根斯坦利公司首席經濟學家斯蒂芬‧羅奇（Stephen Roach）是其中十分典型的個案。早在 2003 年春，美國國內製造業及其在國會的代理人開始談論人民幣匯率定價過低、中國涉嫌「操縱」匯率時，羅奇就發表了《把中國當成替罪羊》的一文，為中國進行辯護。他以權威經濟學家的身份，提出了一系列反駁的理由。

　　羅奇在寫給美國美中貿易全國委員會的 2003 年預測報告中批評了有關「中國因素」是導致全球通縮的觀點。他認為，全球通縮主要由經濟全球化導致的價格下跌以及美國等國儲蓄過低造成的問題。他寫道：「在全球經濟低迷的境況下，中國的通縮問題已成為全球的通縮問題。鑒於日漸開放的全球經濟體系不斷輸入數量日增的低成本中國產品，全球價格將順勢下降至較低的水平。儘管有人把責任歸咎中國，但這不是中國的錯。這在更大程度上反映了低國民儲蓄率國家如美國的過度消費情況。美國長年的低國民儲蓄率的代價是龐大的經常帳目和貿易赤字。中國填補了這片空白。然而它是一把雙刃劍：當低成本的中國產品為美國消費者提供一個新空間時，它們卻無法把美國從其在近半個世紀以來首次幾近陷入全面通縮的困境中拉出來。通縮是一項全球性風險，中國必需加強防範。」[40]

　　針對美國國內要求重估人民幣匯率越來越強烈的聲音，羅奇表達了強烈反對的看法。他認為，美國貿易逆差與人民幣沒有關係，主要是美國自身經濟失調的問題。他指出，美國的貿易逆差從根本上說是由於美國國內儲蓄率過低造成的。美國私人儲蓄率幾乎為零，政府儲蓄率則是負數，儲蓄率過低某種程度上意味著過度消費。美國人實際上購買了大量海外商品，而出口又不是特別強勁，從而形成貿易逆差局面。他對於貿易逆差對美國經濟影響的評價是，美

---

[40] 史蒂芬‧羅奇，〈中國的全球地位〉，2003 年 2 月 19 日，見摩根士丹利公司網站。

國對華貿易逆差並非壞事，因為它給美國普通消費者帶來了大量物美、價廉、質優的商品。

羅奇認為，人民幣升值解決不了美國經濟的問題。他的觀點是，美國即便通過對中國施加壓力，改變人民幣對美元的匯率，並減少了美國對華貿易逆差，但是，美國仍需從其他國家進口，而且進口成本更高，這就等同於對美國消費者「徵稅」，而且整體貿易逆差局面也未必能改變。基於這樣一些考慮，羅奇認為因美國國內問題而指責中國匯率政策是錯誤的。他指出，匯率問題很複雜，但從根本上講，如何調整人民幣匯率是中國自己的事情。中國有權決定自己的匯率制度。中國很早就承諾要調整人民幣匯率形成機制，重要的是要把握好時機。[41]

誠如羅奇指出的，人民幣匯率問題非常複雜，涉及很多利益。從羅奇及其代表的美國跨國公司的利益出發，在目前一味要求人民幣升值並沒有好處，至少不符合美國跨國公司和金融資本的利益。羅奇代表的觀點是極其重要的，成為中國減輕美國在人民幣問題上壓力的重要依據。

除了為中國辯護之外，羅奇還試圖推動中國改變人民幣匯率的形成機制，朝向更富有彈性的方向發展。羅奇認為，在全球失衡的壓力面前，中國也同樣面臨著調整的壓力。他指出，中國應當放棄完全與美元掛鉤的政策，建立一個新的匯率機制。他主張，中國應當注意美國不斷增加的赤字，要討論改變人民幣與美元「掛鉤」的政策。這是因為中國外匯儲備進一步擴大，同 2003 年相比，2004年外匯儲備增加 15%，達到 6,000 億美元。他指出，如果美元進一步貶值，將造成中國 GDP 3%的損失。隨著世界和自身不斷發生的變化，中國需要重新構築平衡，應該採取一種「更積極」、「更富建設性」的態勢，為了防止美國調整經常帳戶的壓力，人民幣應當改

41　斯蒂芬·羅奇，〈中國匯率與中美貿易逆差沒關係〉，《北京青年報》，2005年 6 月 14 日。

變與美元掛鉤的機制，建立新的貨幣政策。[42]當時在中國參加人民幣匯率辯論的有三位經濟學家，包括諾貝爾經濟學獎獲得者羅伯特‧蒙代爾、前世界銀行首席經濟學家約瑟夫‧斯蒂格利茨與斯蒂芬‧羅奇。[43]顯然，中國貨幣當局在進行 2005 年 7 月 21 日匯率形成機制變革前主要考慮了以羅奇為代表的意見。

在中國結束人民幣與美元單一貨幣「掛鉤」，過渡到「一籃子」貨幣為基礎的「有管理的浮動匯率」體制後，羅奇立即在美國主流媒體撰文予以讚揚。他在《時代》雜誌提出了讚揚中國改革的三大理由：第一，它削弱了美國國會保護主義者的銳氣及其對地緣政治穩定構成的嚴重威脅。美國、歐洲對中國的壓力都會有所減退。第二，中國出口放緩有利於中國經濟的「軟著陸」，解決經濟過熱的問題。第三，中國新貨幣政策對全球金融體系而言是一種更具穩定性的安排。中國匯率小幅調整，有利於全球經濟的穩定。他提出：「大幅度變動有可能使天平倒向一邊，帶來混亂和更大的衝擊——這是目前嚴重失衡的全球經濟時刻面對的風險。它有可能導致美元急促下滑、美國利率飆升、美房地產市場崩潰、美國消費市場急速調整、以及全球性經濟衰退。通過謹慎行事，中國把步伐過快並可能觸發以美國為中心的全球經濟硬著陸的潛在風險減至最低。」[44]

---

[42] 相反，諾貝爾經濟學家斯蒂格利茨當時則認為，現在人民幣實行浮動匯率時機還不成熟，「人民幣如果升值的話，會造成國內經濟，包括農業方面的一些損失。我認為，不應該採取冒險的政策。」而另外一位諾貝爾經濟學家羅伯特‧蒙代爾認為，中國要堅持三個「不要」，人民幣不要升值，不要浮動，不要擴大匯率浮動區間。見孫超，〈兩諾獎獲得者論辯人民幣匯率：怎樣調整更有效〉，《中國經濟時報》，2005 年 3 月 23 日。相比較而言，綜合考慮市場的變化和政治經濟壓力，羅奇的觀點應當說更具有「可操作性」，與 2005 年 7 月中國央行推動的匯制改革思路一致。

[43] 有關斯蒂格利茨、蒙代爾和羅奇關於人民幣匯率的辯論，請參見孫超，〈兩諾獎獲得者論辯人民幣匯率：怎樣調整更有效〉，《中國經濟時報》2005 年 3 月 23 日。

[44] 史蒂芬‧羅奇，〈中國值得讚揚〉，《中國經濟時報》，2005 年 8 月 3 日。原文題為"Give China Credit"，發表於美國《時代》雜誌亞洲版，2005 年 8 月 1 日。

摩根斯丹利還發布研究報告宣傳中美貿易給兩國特別是美國帶來的諸多好處。報告指出，美國人由於使用「中國製造」的商品，在過去 10 年中節約了 6 千億美元。這些統計資料自然又成為中國領導人反駁美國人指控的證據材料。[45]

斯蒂芬・羅奇及其代表的華爾街金融界的立場很清晰地顯示出，在經濟全球化的今天，中美經濟利益交融在一起。中國在抵制美國本土製造業的壓力時，可以與美國金融界結成「暫時」的聯盟，來維護自己的地位。這是經濟全球化時代貿易政治中十分有趣的現象。在我們面臨更多挑戰的同時，也有更大的機會。

第四節 行動中的美國國會

2003 年 7 月開始，在本土製造業的推動下，美國國會開始要求行政部門就人民幣匯率問題展開調查。7 月 18 日，參議院銀行、住房及城市事務委員會經濟政策小組委員會少數黨資深議員、紐約州民主黨人查爾斯・舒默（Charles Schumer）、多爾（Elizabeth Dole）、貝赫（Evan Bayh）和格雷厄姆（Lindsey Graham）等四位參議員，聯名致信財政部長斯諾，要求財政部調查有關中國「操縱匯率」的指控。信中指出，中國經濟發展迅速，人民幣與美元「掛鈎」的匯率機制已不能反映其實際價值。他們認為，人民幣對美元匯率低估了 15～40%，給中國對美出口帶來了莫大的好處，相反損害了美國製造商與出口商的利益。美國全國製造商協會（National Association of Manufacturers）立刻回應，對該信表示堅決支持。[46]

---

[45] 全國人大常委會副委員長成思危在「中美經貿論壇」上的講話，2006 年 2 月 14 日北京，全文見人民網。

[46] "NAM Welcomes Senate Letter to Treasury Demanding Action on Chinese Currency Undervaluation," National Association of Manufacturers, July 18, 2003, see www.nam.org.

　　幾乎與此同時，其他一些議員也開始採取類似的行動，其中國會中小企業促進委員會最為活躍，反映了人民幣匯率政治的重要特點。比如，2003 年 7 月 24 日，美國眾議院小企業委員會主席、伊利諾伊州資深眾議員唐・曼祖羅（Don Manzullo）與參議院小企業委員會主席斯諾維（Olympia Snowe）聯名致函美國國會總審計局（GAO），要求調查中國是否有「操縱貨幣」的嫌疑。

　　另外一個特點，就是利用國會兩黨聯合小組的名義向總統和行政部門施加壓力。這樣做的好處是，可以儘量淡化黨派色彩，而獲得更多的公眾同情。7 月 31 日，曼祖羅又與舒默參議員聯合十多位國會議員，以兩黨聯合小組的名義致函布希總統，敦促他採取行動，要求中國讓人民幣匯率自由浮動；同時他們要求財政部、國務院以及美國貿易代表辦公室採取更有力的措施，促使人民幣升值。此前，早在 6 月份，曼祖羅就以美中議會交流委員會主席的名義致函中國溫家寶總理，呼籲中國政府放棄人民幣「釘住」美元的做法。曼祖羅提出，中國既已加入世貿組織，就應當停止「刻意」低估人民幣的做法，人民幣匯率應當按市場價格浮動。他威脅道，「只要中國貨幣繼續釘住美元，美國與中國就不可能維持一個自由和公開的貿易關係。」[47]

　　2003 年 9 月初，財政部長斯諾對中國進行了訪問。查爾斯・舒默等議員認為，美國政府未能迫使中國在匯率問題上做出讓步，於是開始採取更具有約束性的立法手段向美國行政部門施加更大的壓力。2003 年 9 月 5 日，舒默參議員提交了參議院第 1586 號立法提案。提案強調，如果中國不同意按照人民幣的實際價值決定匯率，繼續「人為地」保持人民幣對美元的低匯率，美國必須對中國進口產品全面徵收關稅。提案提出，根據 1944 年達成的關貿總協定（GATT）第 21 條，任何成員可採取它認為保護自己基本安全利益

---

[47]　〈美國審計總署為何調查中國的貨幣政策〉，中國網，2003 年 8 月 16 日。

所必須的任何行動，而「保護美國製造業對於美國的利益具有關鍵意義」，人民幣匯率過低是導致「美國製造業自 2001 年 3 月以來損失 260 萬個就業機會的主要原因」。

參議院 1586 號提案要求美國與中國展開談判，「促使中華人民共和國確實採取步驟，最終建立由市場調節的貨幣匯率體系。」這項提案還要求，在提案成為法律 180 天後，在任何其他關稅的基礎上，對直接或間接輸美的中華人民共和國加工的作物、產品或製造品額外徵收 27.5%的從價關稅，除非總統可向國會證實，中國「已不再為避免對國際收支進行有效的調解和為在國際貿易中獲得不公平的競爭優勢而操縱貨幣對美元的匯率。」為證實這個問題，必須說明人民幣匯率是根據「符合公認的以市場為基礎的貿易政策」確定的。

這項提案的共同提案人包括參議院司法委員會成員、南卡羅萊納州共和黨人林德賽·格拉海姆（Lindsey Graham）；參議院財政委員會國際貿易小組委員會成員，參議院銀行、住房及城市事務委員會經濟政策小組委員會主席、肯塔基州共和黨人吉姆·邦寧（Jim Bunning）；參議院銀行、住房及城市事務成員、印第安那州民主黨參議員埃文·貝赫（Evan Bayh）和該委員會成員、北卡羅萊納州共和黨參議員伊莉薩白·多爾（Elizabeth Dole）；參議院撥款委員會和司法委員會成員、伊利諾伊州民主黨人理查德·德賓（Richard Durbin）。[48]

在人民幣匯率問題上，出於各自的政治目的，部分民主黨議員與共和黨議員走在了一起。很顯然，在「敲打」中國，謀求自己的政治與選舉利益方面，他們的猶豫少得多，這就是國會容易成為貿易保護主義「溫床」的主要原因。

---

[48] 〈美國聯邦參議院呼籲由市場決定人民幣匯率〉，美國國務院國際資訊局《美國參考》，2003 年 9 月 12 日。

　　在布希政府表達堅決反對的立場後，舒默和格拉海姆同意撤銷該修正案，但同時要求對他們與其他參議員共同發起的參議院第295號議案（S.295）進行表決。這項議案要求美國與中國在6個月內就貨幣問題進行談判，如不能在此期間達成協定，美國將採取徵收關稅的行動。參議院財政委員會（Senate Finance Committee）答應對議案進行審議，不附加修正案。如果財政委員會在6月27日前不進行考慮，該議案將直接提交參議院全院進行兩小時的辯論，然後付諸表決。

　　在眾議院，一些國會議員也提出了類似的議案。其中包括由眾議院軍事委員會（House Armed Forces Committee）主席、加州共和黨眾議員鄧肯‧亨特（Duncan Hunter）和俄亥俄州民主黨眾議員蒂姆‧瑞安（Tim Ryan）提出的眾議院第1498號議案（H.R.1498），即所謂《中國貨幣法案》（China Currency Act）。該提案提出，外國政府低估本國貨幣構成違禁出口補貼，屬「操縱匯率」。與舒默—格拉海姆修正案相比，亨特—瑞安議案有兩個方面的特色：（1）要求美國國際貿易委員會（ITC）參與確定是否出現「操縱匯率」的情況。國際貿易委員會是負責裁決所謂「不公平」的貿易行為並做出處罰的政府調查機構；（2）增加了與「國家安全」相關的條款，即提案規定，如果美國國際貿易委員會裁定中國「操縱」匯率的情況已發生，同時美國國防部長確定有關產品將被用於國家安全領域，國防部長則不得向中國購買國防類產品。

　　顯然，要求貿易保護的不同利益集團是議員提案背後的重要動力。瑞安眾議員指出，這項議案獲得了中國貨幣聯盟（China Currency Coalition）的支持。[49]

　　10月底，美國眾議院以411票對1票的壓倒性多數通過一項不具法律約束力的決議，要求中國放棄固定匯率制，採取彈性匯率機制。[50]

---

[49]　〈美國財政部長要求通過「金融外交」解決人民幣匯率問題〉，《美國參考》，2005年4月8日。

美中經濟和安全審議委員會（U.S.-China Economic & Security Review Commission）主席羅傑・羅賓遜（Roger W. Robison）2003年10月在眾議院籌款委員會作證時表示，根據該委員會的調查，中國顯然仍在推行由政府對市場進行「單向」干預的政策，以使其貨幣價值一直保持在經濟學家認為的低於實際價值15%到40%的水平上。為此，中國政府每年買進的美元據估計達 1,200 億美元，以防止人民幣對美元升值。美中經濟安全審查委員會建議財政部應當在向國會提交的有關外國匯率的報告中確定，中國正在通過操縱人民幣對美元的匯率來獲取「不公平」的貿易競爭優勢，並立即就這個問題同中國政府開始正式談判。這些努力若不見效，該委員會將敦促國會領導人利用其立法權迫使美國對中國政府採取行動，以糾正這種不公平的匯率政策。[51]

2005 年 4 月，舒默和格拉海姆兩位參議員再次在《2005 年對外事務授權法案》上，提出修正案。修正案的內容與此前有關的單獨議案的內容相同。修正案規定，如果中國在 6 個月內不採取行動提高人民幣兌換美元的匯率，美國將對進口的中國產品徵收 27.5%的關稅。修正案同時給予總統以一定的自由裁量權，規定總統如果可證明中國已同意重新調整人民幣匯率，則可推遲實施徵收關稅的措施。但是，這項修正案遭到了布希政府的強烈反對。參議院外交委員會主席理查德・盧格（Richard Lugar）曾提議擱置這項修正案，但他提出的動議以 33 票對 67 票被否決。

2005 年 4 月 7 日，美國財政部長約翰・斯諾（John Snow）在國會參議院銀行委員會作證時指出，參議院為懲罰中國採取固定匯率政策對年度對外事務授權法提出的修正案是「一個嚴重的錯誤」。

---

[50] 〈美財政部公布外匯政策報告，中國未操縱貨幣匯率〉，搜狐財經網，2003年 10 月 31 日。

[51] 〈美中經濟和安全審議委員會認為中國的經濟行為損害了美國利益〉，《美國參考》，2003 年 11 月 8 日。

斯諾在為美國政府的「金融外交」辯護時指出,「金融外交」是最好的手段,中國已為實施浮動匯率採取了一些步驟。斯諾在回答民主黨參議員查爾斯‧舒默的提問時指出,「金融外交比你提出的用大棒敲打他們的方法更有效。你不會希望通過擾亂中國的金融體制,導致另一場東南亞危機的方法來達到目的。」[52]

第五節　美國政府：內外壓力的平衡者

一、布希政府在人民幣匯率上的政治考慮

美國布希政府直到 2003 年 6、7 月才開始公開談論人民幣匯率問題。美國財政部長斯諾表示,中國政府有興趣向更靈活的市場化匯率制度推進,美國政府對此表示理解和支持。儘管美國政府表態「含蓄」,但是,國際外匯市場把這種表態看成是美國政府對華匯率政策的新的變化方向,市場對人民幣匯率升值的預期大大提高了。

美國政府開始談論人民幣匯率問題的時間值得玩味。顯然,美國政府並不認為,當前的人民幣匯率對於美國有什麼損害,相反,美國公司可以在中國加入 WTO 後市場逐步開放的過程中以較低的匯兌成本大舉進入中國。但是,我們必須看到,在以利益集團競爭為核心的美國政治中,一旦某一個利益集團提出了某項議題,即等於設定了公開議題,其他政治行為體必須對之進行公開回應,否則將可能在政治上遭受很大的損失。

總統領導的行政部門也是美國複雜的政治過程中的一個角色,它的政治利益顯然是要保持自己的政治優勢,特別是要保證總統所屬黨派在 2004 年大選年中獲得勝利。對於布希政府來說,一個重要的策略就是,撿起本土製造業集團設定的要求人民幣升值的話題,發起自己的政治攻勢,向美國公眾表明他在中國問題上也可以採取

---

[52]　同註 49。

同樣強硬的立場。在布希總統和共和黨看來，向中國發起匯率攻勢，可收穫許多政治好處：

第一，通過採取同情美國製造業的姿態，維護它們對於總統和政府的政治支持與忠誠。布希總統在 2003 年 9 月 1 日的勞工節專門去傳統工業密集的俄亥俄州發表演講，提出了一些振興美國製造業、促進「公平」貿易的措施。

第二，通過把爭論的焦點集中在中國身上，可以起到轉移國內經濟問題焦點的作用。布希上臺以來，美國的貿易逆差一直處於上升趨勢，其中，對華貿易逆差上升最為明顯。比如，按照美國的貿易統計數位，美國對華貿易逆差從 1998 年的 570 億美元增加到 2002 年的 1,030 億美元；更重要的是，85%的美國貿易逆差為製造行業的貿易逆差。美國製造業宣稱，2000 年中期以來，美國製造業的失業高達 260 萬至 270 萬人，截止到 2003 年 6 月，美國製造業的工作崗位已連續 35 個月減少，是二戰以來最糟糕的時期。[53]為了選舉的需要，國會民主黨人紛紛把矛頭對準布希政府的經濟政策。在這種情況下，布希政府自然認為，在對華貿易特別是在人民幣匯率問題上發起主動的「進攻」，有利於緩解國內的指責和政治壓力，有利於 2004 年的大選。

正如摩根斯坦利公司首席經濟學家斯蒂芬·羅奇所說的，美國政府為了避免承擔國內儲蓄率過低的責任，而通過向中國人民幣施壓，把責任轉嫁到中國頭上，以減少國內的批評。他認為，貿易保護主義在美國有擡頭的危險，主要因為布希政府不願意為美國國內儲蓄過低、控制貿易逆差不利而承擔責任。但是，美國的貿易保護主義，以及美中之間的貿易戰有可能進一步動搖本來已經搖搖欲墜的全球經濟。[54]他希望美國政府慎重處理對華關係。

[53]〈美國審計總署為何「調查」中國的貨幣政策〉，中國網，2003 年 8 月 16 日。
[54]美經濟學家羅奇，〈美中貿易戰一觸即發〉，美國之音，2004 年 11 月 10。

　　第三，在對華關係上頂住保護主義的壓力，維護中美在「九一一」事件之後發展起來的新型合作的大局。但是，在戰術上，又試圖利用製造業集團在人民幣匯率上的壓力，推動中國進一步開放市場。

　　在以上因素的驅動之下，我們看到，美國布希政府採取了一系列「高調」的舉措，越是靠近 2004 年的選舉，這些舉動的政治「象徵」色彩就越高。

　　為了配合斯諾的所謂東亞「匯率之旅」，布希總統在老工業基地俄亥俄州發表了 2003 年 9 月 1 日勞工節演說。他應用了典型的美國貿易政治的邏輯，即最好的方法不是關閉美國市場，而是幫助美國打開海外市場；最好的辦法就是公平貿易。他指出：「我們美國人相信，只要規則公平，我們能與所有人進行競爭。」他指出，要使俄亥俄等製造業密集的州縣經濟好轉，就必須恢復製造業。他宣布，他已經下令商務部任命一位助理部長專門處理製造業的需求。[55]9 月 4 日，布希對媒體談話再次指出：「我們希望我們的貿易夥伴公平地對待我們的人民──生產者、工人、農民和製造商。在政府控制貨幣的情況下，我們不認為他們在公平對待我們。」[56]在當天接受美國 CNBC 電視採訪時，布希更公開點名稱「中國的貨幣政策是不公正的，華盛頓會加以對付。」[57]

　　在財政部長斯諾訪華未能產生具體的成果後，美國政府升高了向中國施加的壓力。9 月 15 日和 16 日，商務部長埃文斯在美國老工業基地底特律和匹茲堡先後發表講話，以罕見的嚴厲口吻，對中國所謂的「不公平」經貿行為進行指責，批評中國在保護知識產權、強迫合資企業轉讓技術、貿易壁壘、資本市場控制等方面均存在嚴重問題。他聲稱，在商務部官員與全美多個行業的製造商舉行的會

---

[55] "President's Remarks on Labor Day, September 1, 2003, 見 www.whitehouse.gov.

[56] 〈美國大選將至，中美匯率推手〉，見搜狐財經網（business.sohu.com/88/27/article213412788.shtml）。

[57] Bonnie Glaser, "SARS, Summitry, and Sanctions," *Comparative Connections*, 2nd Quarter 2003.

晤中，中國是引發人們擔憂最多的國家，美國公司提及的問題包括
無法充分進入中國市場到諸多領域缺乏公平競爭環境等問題。埃文
斯表示，美國政府將為「自由貿易」而戰，美國製造商可以和任何
國家的白領、藍領進行競爭，但不會與採用不公正手段的對手競爭；
美國政府決心採取「強有力」舉措制止「不公平」競爭，增加美國
工人的就業機會。最後，他宣布在商務部國際貿易管理局下面設立
「抵制不公平競爭行為特別小組」，以對外國公司在美傾銷、接受非
正常補貼行為進行調查。[58]埃文斯 10 月 26 日中國訪問，與中方就
一系列經貿問題磋商。他提出：「如果中國能夠把人送入太空，也應
當能夠與美國進行公平貿易。」[59]他列舉中國種種「不公平」貿易
行為，指責中國開放市場、向真正市場經濟轉變的過程太慢。他警
告說，美國有耐心，但是這種耐心也是有限的，中國應當注意美國
國內正在不斷增長的貿易保護主義情緒，他要求中國不要光許諾，
要拿出實際結果來。[60]

　　為了應對國會和產業界對於中國人民幣匯率的不滿與要求，布
希政府開始採取一系列針對中國的貿易行動，向中國施加壓力。2003
年 6、7 月，美國對中國一系列輸美商品包括彩電、紡織品、家具等
開展反傾銷調查。11 月 7 日，美國商務部紡織品協定執行委員會做
出裁決，對從中國進口的針織布、胸衣、袍服三種紡織品提出「磋
商」請求；同月，美國商務部又裁定中國在美國傾銷彩電，決定對
其徵收高額關稅；2004 年 1 月，美國國際貿易委員會批准對來自中

[58] "Remarks by Commerce Secretary Don Evens to the Detroit Economic Club," September 15, 2003; Remarks by Commerce Secretary Don Evens at Carnegie Mellon University," Pittsburgh, PA, September 16, 2003, http://www.commerce. gov.

[59] "Remarks by U.S. Secretary of Commerce Donald L. Evans, Minnesota and St. Paul Chambers of Commerce, " November 6, 2003, see www.commerce.gov.

[60] "Remarks by U.S. Secretary of Commerce Donald L. Evans AMCHAM Corporate Stewardship Forum," The Peninsula Plaza Hotel, Beijing China, October 28, 2003, see www.commerce.gov.

國的價值 10 多億美元的中國家具課以重稅，理由是中國在美傾銷家具，損害了美國國內製造商的利益。[61]2005 年整年，中美之間圍繞對中國輸美紡織品設限問題，進行多輪談判，最後於 2005 年 11 月達成協定。

二、美國「金融外交」目標的深化

布希政府是內外壓力的平衡者，也是內外壓力的引導者。在向中國施加壓力的同時，總統與行動部門堅決反對國會採取立法行動、啟動「301 條款」調查等僵化的報復中國的行為。布希政府認為，處理人民幣匯率這樣可能會產生重大經濟影響的問題，最有效的辦法是採取「金融外交」的手段，與中國進行談判達成互相讓步的妥協。

2004 年 4 月，布希政府拒絕了來自國會與「中國貨幣聯盟」要求進行「301 條款」的調查請求，認為中國「操縱」貨幣「證據不足」。

2005 年 4 月 7 日，美國財政部長約翰‧斯諾在國會參議院銀行委員會作證時指出，美國政府堅決反對有關人民幣匯率的立法案，並聲稱「金融外交」是最好的手段，中國已為實施浮動匯率採取了一些步驟。[62]

但是，隨著形勢的變化，特別是中國「雙順差」的迅速擴大，美國政府也調整了姿態，加大了「金融外交」的力度。2005 年 5 月，美國財政部在給國會的報告中公開批評中國的匯率政策，主要認為，中國「僵硬的貨幣體系越來越扭曲市場信號。」但是，同時再次拒絕指認中國「操縱貨幣」，避免把兩國關係搞僵。這裏最明顯

---

[61] *Reuters*, "US Trade Panel OKs China Furniture Duties," *New York Times*, January 9, 2004.

[62] 〈美國財政部長要求通過「金融外交」解決人民幣匯率問題〉，《美國參考》，2005 年 4 月 8 日。

的例證是，2005 年 11 月，美國財政部在給國會的半年度報告中明確拒絕指認中國為「貨幣操縱國家」（currency manipulator）。

　　美國加大「金融外交」力度表現，包括 2005 年 5 月和 10 月，財政部長斯諾兩次訪華，與中國領導人討論匯率問題。為了顯示對於匯率問題的重視，美國政府第一次派出貨幣事務特使，任命魏歐林（Olin Wethington）為美國貨幣事務特使，戴維‧樓文格（David Loevinger）為財政事務參贊。根據宣布的任命，他們的使命就是敦促中國提高匯率的靈活性，開放資本流動。

　　美國政府宣稱，對華「金融外交」正在逐步取得進展。包括中國已經或即將採取的一些步驟，如改變匯率形成機制，人民幣不再與美元單一貨幣掛鉤，同時提高了「外匯匯率的靈活性」等。2006 年 1 月，中國開始人民幣櫃檯交易，允許市場在決定匯率上發揮作用。就在中國國家主席胡錦濤 2006 年 4 月訪美前夕，中國又宣布個人對外國資產的投資最高可達 2 萬美元，放寬了對中國公司投資海外的限制。美國政府認為，資本帳戶的這些措施不僅加強了人民幣的地位，而且讓市場力量起到更大的作用，符合美國財政部提出的目標。截止 2006 年 12 月，人民幣對美元匯率已累計升值 10%。

　　美國對華金融外交的目標存在著一個逐步調整，不斷加碼的過程，從開始時要求人民幣匯率有更大的「靈活性」，發展到要求人民幣實行「浮動匯率」。同時，開始要求結束「資本管制」，向美國資本開放市場。

　　2005 年 5 月，美國財政部致國會的關於國際金融形勢的半年報告，一方面否認中國是「貨幣操縱者」，另一方面，也開始強調中國應當實行「浮動匯率」制。

　　美聯儲主席艾倫‧格林斯潘最初也是反對人民幣採取「浮動」匯率，或結束資本管制的。在 2004 年 4 月的國會證詞中，他提出，

考慮到中國銀行體系壞帳較多，應當謹慎處理這些問題。[63]當然，他也關心美元走勢的問題，對他來說，美聯儲的重要職責之一就是要保證每天有足夠的海外美元流入美國，以滿足美國國際收支平衡的需要，美元穩定並保持「強勢」是其中重要的條件。不過，經過一段時間以後，格林斯潘對人民幣匯率問題的態度有所調整，開始強調中國應當調整匯率機制。2005 年 6 月 23 日，格林斯潘在向美國參議院財政委員會作證時表示，為了保持中國經濟穩定和全球貿易體系參與各方的利益，中國應該採取更靈活的匯率制度，這對中國自身發展有益。他敦促中國政府趕緊行動，調整過去 10 年來沿襲的固定匯率制度，並且認為這個進程越快越好。但是，他堅持認為，美國政府不應當在中國改變其固定匯率制度問題上做出「具體」的要求。更重要的是，他反對舒默─格拉海姆大幅度提高中國進口關稅的提案。他警告指出，大幅提高中國進口產品關稅只會適得其反，損害美國消費者的利益，同時也無助於降低美國貿易逆差總額。這是因為美國從其他低成本供應國進口商品的數量將相對提高，美國進口商品的價格將微幅上升，但美國人的就業機會並不會因此得到多少保護，而關稅的顯著上升將明顯降低美國人的生活水平。[64]由此，我們可以看到，格林斯潘立場的調整顯然與中國的「雙順差」增加過快有關係。

格林斯潘還分析了人民幣匯率政策對於中國經濟的各方面影響。他指出，人民幣匯率較低「資助」了中國技術含量低的勞動密集產業，保持了就業的最大化，但是妨礙了人民生活水平的提高。中國堅持人民幣不升值正在帶來很多宏觀經濟的困難，包括貨幣政

---

[63] See Alan Greenspan, "State of the Banking Industry," Testimony before the Senate Committee on Banking, Housing, and Urban Affairs, Washington, April 20, 2004.

[64] 格林斯潘，〈限制中國進口將降低美國生活水平〉，《華爾街日報》中文版，2005 年 6 月 24 日。

策作用「減退」，通貨膨脹壓力和資產價格飆升等問題。因此，在2005 年 4 月，他預測中國將提前使人民幣與美元脫鈎。[65]

　　在要求中國開放「資本市場」的問題上，到 2005 年下半年美國政府的立場開始明朗化了。2005 年 10 月，財政部長斯諾在美國證券業協會和清華大學主辦的中國資本市場論壇上再次提出了他所謂的「酒店開放論」：中國應該像引進五星級酒店那樣引進外國金融機構。此前一周，美國芝加哥商品交易所在中國也舉辦了一次論壇，推銷美國期貨期權交易的工具。據外電報導，斯諾來華的談判清單中就包括發展人民幣交易的期貨市場，並且採用芝加哥期貨交易模式。有分析指出，斯諾明確提出中國開放資本市場的要求，是曾任2004 年布希競選班子的政策主管、負責國際經濟事務的副財長蒂姆·亞當斯推動的結果，代表了美國資本集團的利益。2005 年 9 月中旬，亞當斯明確提出了對東亞和中國經貿關係的三個重點目標，即匯率、內需導向和金融市場開放。[66]

　　2006 年 8 月接替斯諾出任財政部長的前高盛銀行董事長亨利·保爾森（Henry Paulson）繼續提出要中國開放資本市場的要求。不過，保爾森的說辭更富有技巧，主要從中國的立場來加以論述。2006年 9 月，保爾森在北京提出，中國開放資本市場，讓外國金融機構、投資者進來，中國將是最大受益者。他提出的理由集中在以下幾點：

（1）中國的資本市場將擁有更多就業和培訓機會，並得到進一步的發展。

（2）只有競爭，引入更多的戰略投資者，才能促進中國資本市場的發展。「只有擁有健康的資本市場，一國經濟才能獲得長期的成功，才能在競爭中生存下來，對任何國家來說都

---

[65]　〈格林斯潘稱中國會將人民幣與美元脫鈎〉，《華爾街日報》中文版，2005 年 4月 22 日。

[66]　〈斯諾採取新版路線圖，要求中國全面開放金融市場〉，《經濟觀察報》，2005年 10 月 23 日。

是如此。」中國要不斷健全資本市場，就要引進更多的「戰略投資者」。

（3）開放資本市場有助於中國銀行體制的改革。他指出，中國的股權投資和資本市場相對中國的經濟規模來說，簡直微不足道。特別是「中國的債券市場還處於初級階段，但債券市場很重要，發展好了，可以為銀行卸下很大包袱和壓力。」

（4）開放資本市場有助於中國實行靈活的匯率機制。保爾森認為，中國應該實行更加靈活的匯率機制，但從長期來看，除非中國有開放的資本市場，才能實現貨幣價格由市場決定的機制。短期來看，要達到最佳結果，可以首先實現人民幣的可兌換。[67]

第六節　《舒默─格拉海姆法案》背後的交易：美國貿易政治的秘密

在美國國會有關中國人民幣匯率的各種立法提案中，最受到關注的是所謂《舒默─格拉海姆法案》。該法案提出，人民幣對美元的匯率如果不能大幅度升值，那麼，美國將對來自中國的所有商品施加 27.5%的關稅。乍一看，這個法案代表了美國本土製造業中小企業的利益。但是，如果我們再進一步深入研究，很快就會發現法案「醉翁之意不在酒」，而在乎用貿易「大棒」打開中國金融市場的大門，為美國資本大舉進入中國開道。在編織中小製造企業與華爾街的聯盟關係上，核心人物就是民主黨資深參議員查爾斯·舒默。

舒默參議員 1959 年 11 月 23 日生於紐約市布魯克林─皇后區的猶太家庭。1999 年他從聯邦眾議員成功轉選聯邦參議員，現已成為資深參議員。2005 年當選為民主黨參議員選舉委員會（the

---

[67] 〈美財長保爾森稱開放資本市場中國是最大受益者〉，《上海證券報》2006 年 9 月 21 日。

Democratic Senatorial Campaign Committee）副主席。2006 年 11 月，當選為新一屆國會參議院民主黨黨團（the Senate Democratic Caucus）的副主席，成為參議院第三號人物。夫人艾里斯‧韋恩斯豪爾（Iris Weinshall），現為紐約市運輸委員會主任（the New York City Commissioner of Transportation）。[68]

舒默 1974 年自哈佛大學法學院畢業後即投身政治，成為職業政客，同年當選紐約州議會（New York State Assembly）議員，成為繼西奧多‧羅斯福之後紐約立法機構最年輕的議員。1980 年，當選為聯邦國會眾議員，此後連選連任 8 次。1998 年，贏得紐約州民主黨參議員提名，並擊敗了連任三屆的時任共和黨參議員奧‧達馬托（Al D'Amato）。2004 年以高票連選連任聯邦參議員。在參議院，舒默任職的委員會包括參議院財政委員會（Senate Committee on Finance）、銀行住房和城市事務委員會（Senate Committee on Banking, Housing, and Urban Affairs）、司法委員會（Senate Committee on the Judiciary）以及規則管理委員會（Senate Committee on Rules and Administration）等。

金融產業為紐約州的主要經濟支柱之一。以「服務紐約州」為使命的舒默自然成為華爾街金融界的主要代言人。他當選為參議員的時間只有短短的 7 年，但是其在參議院的影響力發展非常迅速，與其個人豐富的政治經驗、傑出的籌款能力，特別是紐約州金融產業的大力扶持有很大關係。舒默第一次當選參議員為 1998 年，2004 年謀求連任成功。根據從 2001 至 2006 年，舒默接受政治捐款共計 22,561,906 美元，其間開支為 17,015,324 美元，按照最新統計，目前手上掌握政治資金應有 10,091,773 美元。在 2001-2002 年籌款年度中舒默共獲得 10,444,871 美元；2003-2004 年籌款年度獲得 11,547,288 美元。在所有的捐款中，來自個人的捐款為 18,938,867，

---

[68] See en.wikipedia.org/wiki/Chuck_Schumer.

占 83.9%；來自政治行動委員會 1,273,667 美元，占 5.6%。[69]舒默參
議員接受的各界政治捐款如下（見表 7-2）：

表 7-2　查爾斯・舒默參議員 2000 年獲得的
美國各商業行業與勞工政治捐款一覽表

行業	金額
金融、保險和房地產	4,376,182
律師與遊說團體	1,402,354
通信與電子	780,256
意識形態與單一問題組織	517,016
能源與自然資源	119,498
衛生	427,825
農業商業	93,505
交通運輸	82,100
勞工組織	298,428
其他產業	1,093,279

資料來源：the Center for Responsive Politics. http://www.opensecrets. org/politicians/
detail.asp?CID=N00001093&cycle=2000.我們看到，2000 年為舒默參議
員政治捐款最多的是金融、保險與房地產業，達到近 440 萬美元；律
師與遊說團體達到 140 萬美元，遠遠超過其他行業對其政治捐助。值
得注意的是，各種類型的工會也是排在前十位的捐款者。

表 7-3　支持查爾斯・舒默參議員的前 20 位產業

單位：美元

1	證券與投資銀行 Securities & Investment	2,502,200
2	律師與律師事務所 Lawyers／Law Firms	2,008,321
3	房地產 Real Estate	1,525,498
4	商業銀行 Commercial Banks	547,599
5	退休基金 Retired	533,350
6	其他金融 Misc Finance	533,248
7	電視、電影、音樂公司 TV／Movies／Music	493,335
8	商業服務業 Business Services	465,275
9	保險 Insurance	407,734
10	多種製造業和分銷 Misc Manufacturing & Distributing	353,999

資料來源：the Center for Responsive Politics.

[69] 見美國負責任的政治中心（the Center for Responsive Politics）有關統計資料，
見 www.opensecrets.org/politicians/detail.asp?CID=N00001093&cycle=2000.

舒默參議員作為華爾街金融界的主要代言人與美國金融機構具有極深的政治聯繫。其中的政治交易從舒默捲入安然公司假帳醜聞一事可見一斑。據《華盛頓郵報》披露，舒默參議員陷入了安然公司醜聞，是安然公司和會計事務所政治捐款、培養國會代言人的主要對象。報導指出，安然公司在維持與共和黨深厚關係的同時，還在發展與民主黨的關係。比如，安然公司創始人、前董事長肯尼斯‧萊（Kenneth Lay）與柯林頓總統在科羅拉多州的維爾（Vail）打高爾夫球，並為民主黨很多競選委員會和參、眾兩院的民主黨人捐款幾十萬美元。其中，接受安然公司捐款最多的國會議員是舒默參議員，以及德克薩斯州民主黨眾議員、眾議院程式委員會少數黨領導成員馬丁‧弗羅斯特（Martin Frost）。報導披露，在 1998 年紐約州舉行的聯邦參議員的選舉中，安然公司放棄了對當時在任的共和黨參議員阿爾方斯‧M‧達馬托（Alfonse M. D'Amato）的支持，轉而支持民主黨候選人查爾斯‧舒默。舒默與安然公司的交換條件就是，舒默支持全面解除對能源工業領域的政府管制措施（wholesale deregulation），作為交換，安然公司為舒默組織了數場籌款活動，僅安然公司政治行動委員會就向舒默捐贈 7,500 美元。[70]

舒默參議員是在人民幣匯率問題上提出立法案最多、最活躍的一位國會議員。他不顧美國對華出口給美國帶來的巨大利益的事實，多次提出立法案，積極推動布希政府向中國施加壓力，回報給其提供政治捐助的利益集團，達到其個人的政治目的。在這場立法「秀」的過程中，他獲得了極大的好處。其採取的策略如下：

第一，拉攏共和黨參議員格拉海姆作為共同提案人，為議案提供了「兩黨一致」的外包裝。同時，格拉海姆本人來自紡織業相對集中的南卡羅萊納州，也同時服務了格拉海姆的政治目的。

---

[70] Dan Morgan and Juliet Eilperin, "Campaign Gifts, Lobbying Built Enron's Power In Washington"，*the Washington Post*，December 25, 2001.

　　第二，格拉海姆本人年輕，主要為參議院武裝部隊委員會委員，是前軍人出身，具有美國愛國主義的形象。這就使得作為共同提案人的舒默也具有了「愛國者」的形象，淡化了貿易保護主義的色彩。

　　第三，「一石多鳥」，回報支持自己參選的主要利益集團，包括工會、製造業以及金融界。對於他來說，這是一個一本萬利、對自己幾乎沒有任何損害的交易。

　　第四，利用人民幣匯率提案進一步密切了與華爾街金融界的關係，特別是與證券公司、投資銀行的關係。在提出人民幣匯率案的同時，他還向美國貿易代表辦公室施加壓力，要求中國打開金融市場的大門。

　　第五，利用人民幣立法案這一杠杆，贏得了對總統、財政部長以及其他行政部門的影響力。布希總統、財政部長為了阻止該立法案的通過，做出了不少「安撫」的舉動。

　　第六，大大提高了在全國民眾中的知名度，為下次選舉做好了準備。

　　從表 7-4 和表 7-5 中，我們不難看出，給舒默提供最多捐款的主要是金融界包括金融與保險與房地產公司。

表 7-4　為舒默參議員提供政治捐款最多的前 20 位公司名單

1	JP Morgan Chase & Co	$129,800
2	Merrill Lynch	$127,000
3	Bear Stearns	$126,400
4	Bank of America	$113,600
5	Citigroup Inc	$110,550
6	Morgan Stanley	$109,500
7	Ernst & Young	$101,800
8	Kasowitz, Benson et al	$100,250
9	Newmark & Co Real Estate	$93,950
10	Goldman Sachs	$90,590
11	UBS AG	$89,500
12	Time Warner	$88,500

13	Paul, Weiss et al	$76,500
14	Credit Suisse Group	$73,712
15	Lehman Brothers	$72,500
16	Metropolitan Life	$64,984
17	Sullivan & Cromwell	$63,500
18	New York Life Insurance	$60,000
19	Milberg, Weiss et al	$56,750
20	Bank of New York	$54,999

資料來源：the Center for Responsive Politics.

表 7-5　查爾斯・舒默參議員 2000 年獲得的美國金融、房地產行業政治捐款細分一覽表

商業銀行 Commercial Banks	$371,425
儲蓄與貸款 Savings & Loans	$31,500
金融信貸公司 Finance／Credit Companies	$68,484
證券公司與投資銀行 Securities & Investment	$2,263,276
保險公司 Insurance	$348,366
房地產公司 Real Estate	$757,123
會計事務所 Accountants	$289,131
總計	$4,376,182

資料來源：the Center for Responsive Politics.

表 7-6　查爾斯・舒默參議員 2000 年獲得的美國工會政治捐款一覽表

勞工總計捐款：298,428 美元

建築業工會 Building Trade Unions	$53,500	勞動者政治聯盟 Laborers' Political League	$16,000
		管子工管道工聯盟 Plumbers／Pipefitters Union	$12,000
		鋼鐵工人聯盟 Ironworkers Union	$9,000
		運營工程師聯盟 Operating Engineers Union	$8,000
產業工會 Industrial Unions	$67,500	美國通訊工人 Communications Workers of America	$15,000
		汽車工人聯合會 United Auto Workers	$15,000

		國際氣工人兄弟會 Intl Brotherhood of Electrical Workers	$12,000
		機械師與航空航太工人聯合會 Machinists／Aerospace Workers Union	$10,500
		美國鋼鐵工人聯合會政治行動委員會 UNITED STEELWORKERS OF AMERICA POLITICAL	$10,000
		鍋爐製造工人聯合會 Boilermakers Union	$9,000
運輸工會 Transportation Unions	$57,100	海運工人國際聯盟 Seafarers International Union	$15,000
		大開車司機聯合會 Teamsters Union	$15,000
		運輸工人聯合會 Transport Workers Union	$12,000
公務人員工會 Public Sector Unions	$76,000	美國州縣市雇員聯合會 American Fedn of St／Cnty／Munic Employees	$25,000
		送信工人全國聯合會 National Assn of Letter Carriers	$15,000
		全國教育協會 National Education Assn	$14,000
		美國教師聯合會 American Federation of Teachers	$12,500
		美國郵政工人聯合會 American Postal Workers Union	$12,500
		退休聯邦政府雇員全國協會 National Assn Retired Federal Employees	$10,000
其他工會 Misc Unions	$44,328	服務業雇員國際聯盟 Service Employees International Union	$20,000
		食品與商業工人聯合會 United Food & Commercial Workers Union	$13,500
		辦公室與專業雇員聯合會 Office & Professional Employees Union	$10,000

資料來源：the Center for Responsive Politics.

　　在 2000 年的籌款運動中，美國各種勞工組織為舒默參議員總計捐款達 298,428 美元（見表 7-6）。

　　為了擴大人民幣匯率立法案的政治影響，舒默和格拉海姆採取的策略與行動體現在幾個方面：

　　第一，從多方面推進立法程式。在提出主要立法案的同時，在其他立法案中附加有關人民幣匯率的條款。主法案提出要求中國政府大幅上調人民幣匯率，否則就將對從中國進口的所有產品加徵

27.5%的關稅。同時在約束政府的授權法案上謀求「修正」條款，塞入有關人民幣匯率的內容，以達到向美國政府施加壓力的目的。上面提到的對外事務授權法案就是一個典型的例子。

第二，利用中國對美國市場的依賴與對中美關係的重視，要求中國作出讓步。2006年3月，在中國國家主席胡錦濤訪美前夕，民主黨參議員查爾斯·舒默、共和黨參議員林德賽·格拉海姆（Lindsey Graham）和湯姆·科伯恩（Tom Coburn）三人訪問中國，會見中國外交部長、人大官員、中國央行行長及商務部部長，對中國政府施加壓力。他們公開表示，其目的就是讓中國領導人認識到美國在對華貿易上採取強硬立場的「嚴重」性。格拉海姆指出，「我們的目的是讓中國政府切身感受到這個問題正在失去控制。如果中國認為兩國關係很好，那他們的想法就錯了；美中貿易狀況並不好，而且還在變得更糟。」[71]

第三，對政府採取強烈的批評，以謀求對政府的談判能力。比如，2003年美國財政部發布報告，指出並未有證據證明中國政府操縱貨幣。同時，財政部長斯諾聲稱，美國正在進行「金融外交」，認為金融外交是推動中國貨幣政策變革的最佳戰略。但是，這一立場遭到舒默等議員的強烈批評。舒默指出，該報告是一個「漂白」（a whitewash）、企圖「掩蓋」事實真相的報告。他提出，「精密外交（diplomatic niceties）的時間已經過去了」，美國應當「對中國人採取強硬路線」。[72]

第四，採取「擠壓式」的方式，謀求美國行政部門與中國政府的讓步。他們多次採取「靈活」的姿態，推遲對立法案的表決。行政部門為了「說服」他們推遲表決，則不斷採取讓步的措施，對中

---

[71] Jason Dea，〈訪華參議員在匯率和貿易問題上繼續施壓〉，《華爾街日報》，2006年3月22日。

[72] Richard Simon, "China Did Not Violate Trade Law, U.S. Says. Treasury's finding that Beijing did not wrongly manipulate its currency angers lawmakers", *Los Angeles Times,* October 31, 2003.

國施加更大的壓力，獲得中國的讓步。比如，布希政府以懲罰性太強為由堅決反對 27.5%關稅的提案。中國在 2005 年 7 月 21 日改革人民幣匯率形成機制後，財政部長斯諾與美聯儲主席格林斯潘分別會見了舒默等人，他們同意「暫時」不再向國會提出這一法案，以觀人民幣升值對中美貿易產生的實質性影響後再作論斷。[73]但是，經過一段時間之後，他們又重新在國會中提出該法案，以獲得中國更多的讓步。

　　圍繞人民幣匯率問題，我們看到，行政部門與國會之間的確存在著利益與目標的分歧，美國政府不得不屢次展開對國會的遊說，以阻止國會通過某些損害美國整體利益的法案。但是，這場遊戲在某種程度上也可以說是一場國會唱「紅臉」、財政部唱「白臉」的雙簧戲，它們相互合作不斷取得中國方面的讓步。在取得了一個讓步之後不久，它們又開始下一個階段的施壓。作者個人認為，美國這套談判體制比較好維護了美國整體國家利益。

一、舒默議案與華爾街打開中國金融市場的努力

　　舒默─格拉海姆議案遭到美國各界的反對。摩根士丹利首席經濟學家史蒂芬‧羅奇稱之為「經濟自殺」。羅奇指出，這類加徵關稅的提案根本是「錯誤」的，將促使中國減少購買美國國債的數量，從而導致美元走軟，利率上升。在美國前所未有地依賴海外資本的情況下，對不僅是主要商品供應國、而且還是主要資本借貸國的中國徵收特別關稅，他認為這種做法近乎於「經濟自殺」。[74]

　　美國不少跨國公司也公開表示反對舒默─格拉海姆議案。比如，2006 年 3 月 22 日，世界最大的建築與採礦設備製造商──美

---

[73] Michael M. Philips，「人民幣升值問題再次成為布希政府的靶心」，《華爾街日報》2005 年 9 月 16 日。

[74] Jason Dea，〈訪華參議員在匯率和貿易問題上繼續施壓〉，《華爾街日報》2006 年 3 月 22 日。

國卡特比勒公司（Caterpillar Inc.）（現有中文名稱是「開拓重工」）首席執行官吉姆‧歐文斯在美國全國製造商協會年會上抨擊舒默—格拉海姆提案，稱如果國會貿易保護主義者對中國出口貨物收取懲罰性關稅的「脅迫」行動得逞，全球經濟將受到巨大打擊。他呼籲國會議員撤銷針對中國貿易的反華提案。歐文斯指出：「繼續把中國當成『替罪羊』最終將引起全球經濟的衰退。……現在應該收起煽動性的政治言論，把更多的注意力放在接觸上。」我們知道，卡特比勒公司是美國主要的出口商之一，該公司2005年對外出口商品總值超過90億美元。歐文斯的呼籲引起了美國其他大型製造商的共鳴。[75]

誠如美國經濟精英人士所言，舒默—格拉海姆法案將給美國經濟和全球經濟造成極大的打擊。舒默等人並非不清楚議案本身可能產生的危險，他們之所以堅持這樣做，原因就在於美國的政治體制為他們提供了「操弄」的空間，他們可以通過該法案達到其他的政治經濟目的。其中，主要的就是回報主要的政治捐款集團——華爾街金融集團，幫助他們打開中國金融市場。例證是，在舒默推動人民幣升值議案的同時，他還在與華爾街合作推動放鬆對於上市公司會計制度的管制，協助他們打開中國金融市場的大門。

2006年5月26日，舒默參議員因不滿意美國銀行在中國市場遇到的壁壘，在參議院投票反對布希總統提名蘇珊‧施瓦布為美國貿易談判代表。隨後，舒默開出了支持施瓦布任命的條件，即美國政府必須向中國施加更大的壓力，迫使中國開放金融市場，給美國金融公司以所謂的「國民待遇」。從下面這封「要價信」上，我們可以窺察出舒默等人要求人民幣升值背後的真實動機。

舒默在致貿易副代表蘇珊‧施瓦布的信中提出，他關注的是中國政府對於在中國境內營運的外國公司設立股權比例的限制問題。他寫道：「我們堅信，美國金融服務公司應當享有中國公司在美國金

---

[75] 〈美製造商抨擊反華貿易提案：別把中國當替罪羊〉，中新網，2006年3月23日電。

融市場享受的同等待遇。但不幸的是，所有的迹象都表明，現實正相反。今天，中國政府樹立了高高的壁壘，目的在於限制美國金融服務公司在中國進行公開、公平競爭的能力。例如，美國證券公司只能建立擁有少數股權的公司，最高股權比例是 33%。」

舒默在信中指出，中國對於股份的限制是「隨意性」的，而且規定十分「繁瑣」。除此之外，在經營範圍上不允許從事「衍生」交易；在法規透明度方面，在公告和評論等過程方面存在程序「不對稱」等問題。該信指出：「對美國金融服務公司開放市場，給予國民待遇，不僅僅是公平性的問題；它最終能夠為美國公司和全球經濟增長提供新的機會。鑒於我們在研究、產品開發和法規框架上的比較優勢，中國市場更加自由將有助於推動美國經濟。」

他認為，中國保證到 2006 年底消除外國金融服務的股權限制，但是，中國能否真正實行市場的開放和互利性，仍然是個疑問。根據美中貿易全國委員會的報告，中國政府試圖放慢開放步伐，但又不違反 WTO。中國媒體報導，中國政府正在考慮把外國銀行限制到經濟不太發達的中西部地區，把外國銀行可以參股的中國銀行的數量限制為兩家。「對此，我們十分擔憂，因為我們已經經歷過，中國可以承諾，但是總能找到創造性的辦法保證不兌現承諾。」

他認為，美國政府在保證中國落實 WTO 協定方面，不應當僅僅是「提醒」、「強調」、「重點放在」等言辭上。在貨幣操縱問題上，美國政府的有關言論被證明不起作用，中國在這個方面做得太少。

最後，舒默提出了六大問題，希望美國政府能夠對中國採取強硬行動，打開中國金融市場。這些問題包括：

（1）你怎麼理解中國政府對美國金融公司設定的數量和質量的限制，比如在建立合資企業、獨立運行以及全資收購中國公司等方面的規定？（2）你如何理解中國到 2006 年底廢除所有限制？（3）美國貿易代表辦公室現在是否有推動中國允許美國金融公司建立全資的證券公司和銀行公司的特別計劃？（4）如果他們不能兌現保證

落實金融市場開放的承諾，美國貿易代表辦公室有什麼樣的監督措施和行動？（5）美國財政部或你是否與中國官員討論過，取消在許可證申請、等待審批時間以及對於分行或證券公司分支機構的數量限制，包括地域限制等情況？(6)最後，如果 2007 年初中國未能履約，美國貿易代表辦公室有何行動計劃等。[76]

　　舒默要求蘇姍・施瓦布儘快答覆這些問題。顯然，美國證券公司、金融公司是這份信的重要起草人或參與人。他們同時也是舒默參議員的重要政治捐款人。美國金融界對於中國市場開放的機會躍躍欲試或對前途忐忑不安的心情，通過舒默的公開信躍然紙上。由此，我們對美國政客與利益集團之間的結盟關係也理解得更加清楚了。

　　在舒默參議員的壓力之下，蘇姍・施瓦布在 2006 年 5 月 30 日的回信中表示，她本人「認同」參議員對中國金融市場開放的評價，表示一旦上任將不遺餘力地為美國金融企業打開中國市場而奮鬥。據美國《美國貿易內情》報導，施瓦布顯然調整了她本人的立場，因為在 5 月參議院舉行的有關她的任命的聽證會上，施瓦布曾表示，中國在按照 WTO 義務開放金融市場方面做得不錯，即使在「入世」過渡期結束之後，「中國屆時將像其他國家一樣有權採用『謹慎發放許可牌照』的權利」。正是這一點引起了舒默等人的不滿，他們認為，施瓦布的陳述與中國加入 WTO 協定不相符合。在收到施瓦布的正式保證後，6 月 8 日，參議院以唱票方式通過對施瓦布接任美國貿易代表一職的任命。[77]

---

[76] 舒默參議員 2006 年 5 月 26 日致美國貿易副代表蘇姍・施瓦布的信，見美國舒默參議員個人網頁： http://www.senate.gov/~schumer/SchumerWebsite/pressroom/record.cfm?id=259581& 。

[77] "Schwab Confirmed By Senate After Responding To Schumer On China", *Inside Us Trade*, June 9, 2006.

第七節　中國的「金融外交」與國內利益集團政治

一、應對美國的壓力

　　中國政府迄今為止成功化解了美國在人民幣匯率問題上的壓力。中國政府在對美「金融外交」上確定並堅持了幾個重要原則：

　　（一）堅持匯率問題是中國主權範圍內的事，不容外人干預。溫家寶總理曾經指出：「人民幣匯率改革是中國的主權，每個國家完全有權選擇適合本國國情的匯率制度和合理的匯率水平。我們遵循市場經濟規律，但不屈從外界的壓力。」[78]中國多次重申，不會在美國保持制裁的情況下採取有關調整人民幣匯率的行動。經過努力，中方成功把這一條寫入了中美經濟對話的公報中。比如，2005年10月17日發表的中美經濟聯委會第17次會議《聯合聲明》就指出：「雙方均同意，匯率制度的選擇是一國的主權行為，但也會在全球範圍內產生影響。雙方再次強調，匯率無序劇烈波動會對全球經濟產生不利影響。」[79]中國方面同時也顯示了一定的靈活性，同意匯率問題的影響超過一國範圍，對全球經濟產生影響。這顯然是一種實事求是的態度，同時也可以看成中美雙方的妥協。

　　（二）堅持人民幣匯率在合理、均衡水平上的基本穩定。2003年9月，溫家寶總理在會見美國財政部長斯諾時提出：「人民幣匯率在合理、均衡水平上的基本穩定，符合中美兩國的共同利益。」中國將根據經濟發展水平、經濟運行狀況和國際收支狀況在深化金融改革中進一步探索和完善人民幣匯率形成機制。2003年10月，國家主席胡錦濤在泰國首都曼谷舉行的亞太經合組織（APEC）工商領導人峰會上重申了這一原則。時隔一年後的2004年11月，胡錦濤在智利首都聖地牙哥出席亞太經合組織領導人工作午宴上再次指

---

[78]　〈人民幣匯率改革不屈從外界壓力〉，《經濟日報》2005年5月17日。
[79]　〈中美聯合經濟委員會第十七次會議聯合聲明〉，《經濟日報》2005年10月18日。

出，保持人民幣匯率在合理、均衡水平的基本穩定，不僅關係到中國經濟的健康發展，也關係到亞洲和世界經濟的穩定發展。中國將通過改革逐步形成更加適應市場供求變化、更為靈活的人民幣匯率形成機制，但這要一步一步推進。[80]

（三）堅持中國經濟的協調發展。匯率問題不僅影響國際經濟活動，同時也受到國內經濟的影響。針對美國對中國國內經濟的看法，中國方面提出，中方承諾努力促進國內經濟持續、快速、均衡發展。其中通過鼓勵國內消費逐步實現儲蓄和投資的協調。[81]

（四）匯率機制的「漸進式」改革原則。中國人民銀行行長周小川提出，中國經濟「漸進式」的改革方式是成功的，受到國際社會的認可，因此，中國匯率改革也應採用這種中國式的方式。同時，周小川提出，反對匯率問題「政治化」。他指出：「國際上對人民幣問題壓力的加大，有些不是出於經濟的考慮，而是基於政治考量。這種環境對中國推進改革是不利的。」[82]

（五）提出匯率改革必須「對人民負責」的原則。周小川在一次講話中提出，外界不要對人民幣匯率升值可能帶來的變化期待「太高」，因為中國在世界經濟中所占的份額還是很小。他強調，改革必須對我們的人民負責，要對匯率改革可能對國內產業、就業和經濟發展所帶來的不同影響進行詳盡的分析。不同的經濟學家運用不同的數學模型，計算出匯率變化對經濟增長和各個行業的影響，我們需要就這些方式交換意見，達成共識。[83]

---

[80]　〈中華人民共和國主席胡錦濤在亞太經合組織工商領導人峰會上的演講〉，人民網聖地牙哥 2004 年 11 月 19 日電。

[81]　同上。

[82]　中國人民銀行行長周小川在「中國發展高級論壇」上的主旨演講，2006 年 3 月 20 日，北京。摘要見周小川，〈中國的貿易平衡和匯率有關問題〉，《經濟日報》，2006 年 3 月 28 日。

[83]　王智，〈匯率改革必須考慮中國人民福祉〉，《經濟日報》，2005 年 6 月 08 日。

2005 年 6 月 26 日，溫家寶總理在第六屆亞歐財長會議上更明確地提出了中國匯率改革的三大原則。他提出，人民幣匯率改革必須堅持「主動性」、「可控性」和「漸進性」三大原則：（1）主動性，就是根據我國自身改革和發展的需要，決定匯率改革的方式、內容和時機。匯率改革要充分考慮對宏觀經濟穩定、經濟增長和就業的影響，考慮金融體系狀況和金融監管水平，考慮企業承受能力和對外貿易等因素，還要考慮對周邊國家、地區以及世界經濟金融的影響；（2）可控性，就是人民幣匯率的變化要在宏觀管理上能夠控制得住，既要推進改革，又不能失去控制，避免出現金融市場動盪和經濟大的波動；（3）漸進性，就是有步驟地推進改革，不僅要考慮當前的需要，而且要考慮長遠的發展，不能急於求成。[84]

中國對美「金融外交」在具體的操作上也逐漸形成了一套全面應對的做法，其中包括：

（1）增信釋疑，開展對美國各界的遊說工作，擴大中美在人民幣匯率問題的共識。

中國高層領導人頻頻出訪美國，對中美關係、經貿關係、人民幣匯率等問題做出解釋，以求擴大中美在這些問題上的共識。比如，2003 年 9 月，外交部長李肇星在美中貿易全國委員會發表講話，提出要以歷史的眼光全面看待中國與美國的經貿關係，這是中國政府比較早地應對美國在人民幣問題上壓力的做法。李肇星指出，從 1972年開始，美國對華貿易 21 年都是順差，中國從 1993 年起才出現順差。中國對美貿易的一半以上由外資企業完成，其中主要是美國公司。中國願意從美國增加進口，但需要美方合作，美國要求擴大對華農產品出口，但農產品價值有限，對消除貿易逆差作用不大，美國應在高科技產品方面放寬對華出口限制。他指出，保持人民幣匯

84　賀勁松、張旭東、毛曉梅，〈推動經濟社會全面發展的重要舉措——寫在完善人民幣匯率形成機制改革出臺之際〉，《經濟日報》，2005 年 7 月 26 日，第五版。

率穩定，有利於亞太和世界經濟穩定，也有利於中美穩定金融環境，推動中美合作。[85]

胡錦濤主席 2006 年 4 月訪美時，全面闡述了中國與美國的經貿關係給兩國人民帶來的實實在在的利益。他引用摩根斯坦利公司的資料，僅 2004 年，中國向美國出口質優價廉的商品幫助美國消費者節省 1000 億美元，對華出口為美國創造 400 多萬個工作崗位。美國公司從中美經貿合作中獲得了豐厚的利潤，增強了全球競爭力和在美國本土的持續發展能力。2005 年，美資企業在華銷售額達到 1,076 億美元。中國美國商會的調查顯示，86%的在華美國公司收益提高，42%的公司在華利潤率高於全球利潤率。中國也有 800 多家企業到美國投資，為當地發展和增加就業做出了貢獻。胡主席同時解釋了匯率改革帶來的變化及中國匯率政策的方向。他指出，2005 年 7 月以來，中國實行了以市場供求為基礎、參考一籃子貨幣進行調節、有管理的浮動匯率制度。從 2005 年 7 月到 2006 年 3 月底，人民幣對美元匯率升值累計超過 3%，對日元匯率升值累計超過 7%。他提出，中國將繼續堅定不移地推進金融改革，完善人民幣匯率形成機制，發展外匯市場，增加人民幣匯率的彈性，提高金融機構自主定價和風險管理的能力，保持人民幣匯率在合理、均衡水平上的基本穩定。這符合中國的利益，符合美國的利益，也符合亞洲和世界各國的共同利益。[86]

（2）派出訪美採購代表團，減輕雙邊貿易不平衡的壓力。為了緩解美國國內對雙邊貿易不平衡的擔心，中國自 2003 年 11 月起接二連三地向美國派出採購團，與美國公司簽訂大宗合同，其中包括採購飛機、汽車、大豆、小麥、電信設備等。雖然這些採購並不能

---

[85]　〈李肇星提醒美商：人民幣匯率浮動對美影響不大〉，搜狐財經網，2003 年 9 月 24 日。

[86]　胡錦濤：「深化互利合作，促進共同發展」（在美國西雅圖午餐會上的講話），2006 年 4 月 19 日西雅圖，載《經濟日報》2006 年 4 月 21 日。

從根本上消除兩國之間的鉅額逆差，但其合作的態度還是得到了美國方面的讚賞。2006 年 4 月，中國更派出規模龐大的中國經貿代表團，與美方達成 162.1 億美元的採購合同，其中 46 億美元購 80 架波音 737，這是中國有史以來最大的一次單筆採購。

（3）中國向外資逐步開放金融市場，動員美國公司與國際組織緩解人民幣匯率問題上的壓力。2004 年初，中國同意世界銀行在中國發行人民幣債券募集資金，此為國際金融機構首度發行人民幣債券，顯示中國願意進一步對國際社會開放資本市場的意願。同時，中國同意以美國為基地的四家銀行經營人民幣業務。[87]

（4）顯示溫和立場和靈活性，減少因匯率摩擦造成的衝突。2003年 9 月，中國領導人除了向美國財政部長斯諾闡明人民幣匯率制度的長遠改革目標外，還同意美國財政部派專員常駐北京協助中國制訂匯率。該專員直接向美國駐中國大使雷德（Clark Randt）和斯諾進行彙報。[88]同時，中國開始採取更多的措施放鬆對資本流動的管制。央行行長周小川在《金融時報》上答記者問，列舉了中國政府已經實施或準備實施的 10 項資本市場開放措施等，以正面回應美國方面的要求。[89]

（5）中國在東亞開展了卓有成效的經濟外交，尋求共同或相似的立場，避免匯率摩擦的擴大。同時，開始致力於地區自由貿易區的建設，推動貿易市場的多元化。這個方面，中國與東盟、中國與韓國等國的經濟政策的協調與合作起到了重要的作用。

（6）採取漸進措施改革人民幣匯率的形成機制，不斷釋放壓力。最主要的是 2005 年 7 月 21 日進行人民幣匯率形成機制的改革，

---

[87] "China OKs Currency Business for 4 Banks," *Associated Press,* February 11, 2004.

[88] 〈美國財政部委派駐華專員，大摩銀行家可望出任〉，《21 世紀經濟報導》，2004 年 2 月 4 日。

[89] 〈美國大選將至，中美匯率推手〉，搜狐財經網，見 business.sohu.com/88/27/article213412788.shtml。

實行有管理的浮動匯率制，人民幣不再與美元單一貨幣掛鈎，同時參考主要貿易夥伴貨幣匯率的變化制定人民幣對美元匯率。這一改革措施，為中國贏得了調整的時間，同時為進一步按照市場供需制定人民幣匯率提供了更多空間。美國對於這些改革措施總的來說反應是「正面」的。美國把中國方面的措施與承諾完整地記錄下來，向外界公布，以向公眾和國會證明行政部門「金融外交」的有效性。

二、人民幣匯率調整與中國利益集團政治

匯率調整政治經濟學的根本問題就是誰得益、誰受損的問題。在開放的經濟下，任何一個政策的變動，都會帶來益損雙方地位的變化。

圍繞人民幣匯率的調整，學術界與政策界存在不少的分歧。主要有兩派意見：一是認為人民幣不能升值，升值有害。不少持這種觀點的人支持美國正在實施「第二次日元升值陰謀」論，他們認為，中國絕不能走日元升值引發經濟衰退的道路。二是認為升值有利無害，只要控制得好沒有問題。後一種意見逐漸成為主流經濟學家和中國人民銀行的觀點。

在有關「美國陰謀論」的方面，一些中國學者認為，美國有所謂利用人民幣升值，打垮中國經濟的陰謀，背後主要的政治勢力來自美國金融界。他們提出，要警惕外資銀行利用貿易戰打開中國金融市場的企圖。他們的基本判斷是，如果中國資本市場在美國的壓力下過早開放，中國的金融體制可能最終招致「滅頂之災」。他們認為，美國的金融資本勢力借助「貿易戰」迫使中國開放資本市場，其最終的目的在於控制中國的金融主導權。比如，《21 世紀經濟報導》曾經載文分析指出，美國實業界和金融家對華利益是不同的。對於金融家來說，「人民幣資本專案下可兌換流動因而是他們不同程度的共同心意。其行動策略已顯山露水：借貿易逆差發動貿易戰；用貿易戰迫使人民幣升值；而人民幣升值正是人民幣浮動匯率制的

第一步。而日間喧囂的人民幣離岸中心，恰是人民幣合法越境的第一步。」[90]

經濟學家郎咸平也提出，隨著全球金融市場的開放，「現在幾乎所有的外資銀行都在聯合操作股市和匯市」，中國已經進入了與各國炒家全力角逐對抗的時代。但是，中國的致命弱點是金融人才嚴重匱乏，一旦開放資本市場，中國將面臨重大災難。他更提出，警惕某些跨國投資銀行的代言人打著學者的旗號，提出人民幣升值或中國開放 QDII（qualified domestic investment institutions）的主張，他們實際上是服務於美國金融資本的利益。此外，他還認為，香港沒有建立人民幣離岸中心的條件，中國應當審慎對待人民幣離岸中心問題。[91]

美國財政部也注意到中國學者中出現的這種觀點，一方面表示「驚訝」，一方面則提出反駁。他們的解釋是，並沒有美國借「廣場協定」迫使日元升值，打垮日本經濟的問題。1980 年代日本經濟的主要問題在於宏觀經濟政策失當，造成大量的金融泡沫。1990 年代日本經濟所謂「失去的十年」正是金融泡沫破裂的必然結果。[92]

在支持人民幣適當升值的學者中，經濟學家楊帆提出了支持人民幣升值的系統理由，產生了一定的影響。他提出的理由包括：（1）由於加工貿易的存在，幣值變動不會減少出口額。（2）人民幣升值可能改變進出口結構，減少加工貿易而促使一般貿易技術升級。（3）人民幣升值可能減小出口對來料加工行業的依賴，增加加工貿易企業的國內採購，延長加工貿易企業的國內價值鏈，增強上下游企業

---

[90] 張庭賓，〈WTO 異變：開放與改革的博弈論〉，《21 世紀經濟報導》，2003 年 12 月 27 日。

[91] 例如，經濟學家郎咸平著文批評高盛公司經濟學家胡祖六的觀點，胡主張人民幣升值或浮動。參見郎咸平，〈外商銀行為何誤導人民幣升值或浮動？〉，搜狐網，見 business.sohu.com/93/02/article213490293.shtml。

[92] 比如，美國財政部長亨利·保爾森 2006 年 9 月在杭州與浙江民營企業家對話時反駁了美國陰謀論的觀點。

的關聯。(4)幣值變動利於貿易收支。(5)人民幣升值將自動提高成本中人民幣比例，降低成本的對外依存度，促進加工貿易向替代進口的加工工業升級，提高國內勞動力工資。(6)幣值變動將優化貿易條件。幣值變動可保護國內產業發展：據海關統計，中國的進口商品主要是中間產品，匯率升值和減免這類產品的關稅，都可以起到保護國內產業發展的作用。(7)對外商直接投資無大影響。外國直接投資看中的主要是國內市場規模，而非較低的利率。[93]

經濟學家何帆也同意，匯率升值對中國出口影響不大。主要因為中國55%以上的出口來自加工貿易，即進口原材料與輸出成品二者受匯率的影響是反方向的，相互抵消後匯率的影響不大。中國的出口產品價格已經很便宜，再降價的意義不大。他提出，人民幣升值從某種意義上說相當於政府幫企業提高價格、增加利潤。有利的方面主要是對向國外購買能源、原材料和先進技術設備的企業，以及向海外投資、融資的企業和金融部門而言，比如中石油、中海油在海外購買油田，人民幣的升值必然會增加其購買力，節約成本。[94]

另外，中信證券也指出，人民幣升值可以降低能源和原材料的進口價格，有助於控制通過貿易引進的成本推動型的「通脹」。[95]

學術界的觀點不可避免地直接或間接地代表著國內不同產業的利益。

在產業界方面，圍繞人民幣升值問題，不同的利益集團因在匯率變動中受損、受益程度的不同，表達了不同的利益訴求。

人民幣匯率升值影響最大的是與世界市場聯繫最為密切的中國出口商，其中，紡織出口廠商感受的壓力最大。因此，在匯率改革的醞釀與實施的過程中，他們發出的擔心甚或反對的聲音也是最大

[93] 楊帆，〈中國經濟加速國際化的信號〉，《21世紀經濟報導》，2005年7月25日。
[94] 〈如何應對人民幣升值壓力〉，《21世紀經濟報導》，2003年7月25日。
[95] 中信證券研究部，〈看得見風景的谷底：2005年下半年中國經濟增長可能滑入慢速期〉，《21世紀經濟報導》，2005年6月13。

的。比如，中國紡織工業協會發言人對於 2005 年 7 月 21 日人民幣匯改的反應是複雜的，反映了紡織行業普遍的情緒。中國紡織工業協會一方面認為，匯改是「改革開放的大勢所趨，也是使中國國民經濟進一步融入到經濟全球化大趨勢中的必然選擇」，對此表示「完全理解和支持」。但是，另一方面，則提出了產業方面可能出現的困難。協會提出，紡織行業的平均利潤率只有不到 3%，匯改使人民幣匯率上升了 2%，將使利潤率、產品附加值本身就不高的企業承受巨大壓力，甚至造成一定的虧損。協會希望「政府能夠把這種以市場供求為基礎的有管理的浮動匯率制度的功能充分體現出來，使匯率浮動在企業能夠承受的範圍之內。」[96]

人民幣升值對中國紡織企業出口影響較大。據一項測算，人民幣每升值 1%，棉紡織行業利潤就會下降約 12%，毛紡織行業約下降 8%，服裝行業約下降 13%。有研究指出，「新的匯率機制意味著一個 300 萬美元的出口信用證，一下被砍去 50 萬元人民幣的淨利潤，這對平均利潤率僅 3%～5%的中國紡織業而言，對人民幣匯率走勢的判斷失誤將會導致災難性的後果。」[97]

但是，在不斷上升的匯率風險面前，即使在紡織業，不同企業的承受能力也是不同的。主要是，大型紡織企業抵抗風險的能力顯然更強，匯率的調整將淘汰一些競爭力低下的出口企業，從而提高行業的集中度。在某種程度上，這也是中國政府下決心調整人民幣匯率的一個理由，即通過匯率來促進產業結構的調整。人民銀行有關匯改政策的說明明確提出了這一點。央行提出，人民幣升值可以降低企業的進口成本，有利於企業增加進口。對出口企業而言，人民幣升值會帶來更大的競爭壓力，對附加值低、競爭力差的出口企業產生不利影響，從而有利於社會資金向附加值高、競爭力強的企

---

[96] 〈人民幣升值影響紡織幾何？〉，《經濟日報》2005 年 7 月 26 日。
[97] 〈紡織業首次現身新增利潤最多五大行業〉，《經濟日報》 2005 年 8 月 23 日。

業轉移，加快我國外貿增長方式的轉變和經濟結構的調整。[98]另外，匯率變動對於出口企業迴避匯率風險的能力也是一個考驗。比如，為了降低風險，進出口企業必須根據合同鎖定匯率風險，儘快學會在外貿合同中增設附加條款，採用「套匯保值」等方法迴避和降低匯率風險。因此，那些懂得迴避匯率風險的企業將佔據上風。

　　以上對紡織工業出口企業的分析，在匯改一年後對 9 省市的抽樣調查中得到了證實。總的來說，匯改使得企業有損有益。受益企業相對集中，受益巨大；受損企業相對分散，受損有限；匯改對特定區域的影響，取決於企業應對風險的管理能力，大企業雲集的地區在適應匯改衝擊方面做得比那些中小企業遍地開花的地區好。從總的趨勢看，企業出口利潤率呈一條由下降到穩步上升的「曲線圖」。大致的變化如下：匯改後的第一季度，由於準備不足，2005年 7 月人民幣一次升值 2%，導致外貿出口企業遭受較大的匯兌損失，直接沖減利潤，企業平均出口利潤率從二季度的 3.61%降至第三季度的 2.98%。但是，進入第四季度後，出口企業開始逐漸適應新的匯率機制，並通過嘗試調整產品結構和運用國際結算、貿易融資工具和遠期結售匯等避險工具，出口利潤率開始提升，並超過匯改前的水平，達到 5.07%。[99]

　　從人民幣升值中獲益的企業，包括了那些以進口為主要業務或中間產品進口占生產較大比例的產業與企業。人民幣匯率升值降低了進口的成本。這些方面獲益最多的主要是國有大型企業，機械、石油、電力等行業受益的情況最為明顯。這也是我們看到國有大型企業沒有擔心或反對匯改的主要原因。正如匯改一周年研究調查指出的，「受益企業相對集中，受益巨大」。

---

[98] 「人民幣匯率形成機制改革問答」，《經濟日報》，2005 年 12 月 6 日。

[99] 〈企業積極應對匯率風險──人民幣匯率形成機制改革一周年評述之三〉，《經濟日報》，2006 年 7 月 27 日。

　　由於外資存在人民幣升值預期，結果大量「熱錢」流入中國。特別是，中國的房地產業成為熱錢藏身的地方。不斷竄升的房地產價格使得房地產集團成為最大的受益者。因此，有經濟學家提出警惕房地產業推動人民幣升值而從中漁利。摩根斯坦利公司亞太首席經濟學家謝國忠就此指出，「房地產行業已經成為中國最強大的遊說團體」。他認為，人民幣逐漸升值「是一個很可笑的戰略」，「很多和房地產相關的利益集團都在推動這個政策」。人民幣逐漸升值，將會導致境外投機者瘋狂地進入中國，更多的熱錢會流入中國房地產業，從而導致中國投資過剩問題惡化，經濟硬著陸。他擔心，如果選擇人民幣逐步升值的政策，有可能在世界範圍內製造又一次投機熱潮，巨大的投機潮將美元推向疲軟，推動商品價格上漲。通過製造更大的資金需求，中國將延長美聯儲製造的流動性泡沫。[100]

第八節　中美經濟相互依賴與金融「恐怖平衡」

　　人民幣匯率調整與恢復全球經濟平衡仍在進行當中，但是，我們已經從中看出來不同於以往的很多特點：

　　（1）經濟全球化使得世界的不同國家和地區形成一個完整的市場。中美經濟之間的相互依賴現在變得更加明顯了。兩國經濟不僅通過貿易和直接投資連在一起，現在還由國際金融市場緊緊連在一起。之所以如此，是由兩國之間的經濟規模與貿易量等因素決定的。

　　（2）中美經濟對於維持全球經濟的增長與穩定肩負著重大的責任。比如，在過去的幾年中，兩國經濟成為拉動全球經濟高速增長的引擎，35%的增長是由中美兩國拉動的。而且，中國經濟的快速增長，採取的方式是「共用型」的發展模式，即通過吸引投資，發展加工貿易帶動的。中國已經成為亞洲地區的加工平臺、世界工廠，

---

[100] 謝國忠，〈警惕房地產利益集團遊說人民幣升值〉，《21世紀經濟報導》，2005年1月24日。

在全球生產體系中居於越來越重要的地位。美國依然是最大的經濟
體，世界最大的市場，但是，美國經濟的發展是建立在不穩定的「雙
赤字」基礎之上的，美國依靠國際借貸，維持國際收支的平衡。這
裏就產生了一個悖論，全球經濟的增長依靠中美兩國維持發展來維
持，但是，維持當前的發展模式，又必然導致整個全球經濟的進一
步失衡。中國要解決過於依賴外資、外貿拉動發展的局面，加大啟
動內需的努力；而美國則必須解決過度消費、儲蓄率過低的問題。

　　（3）中美之間形成所謂金融「恐怖平衡」的局面，制約美國對
華制裁的可能性。中美所謂金融「恐怖平衡」，就在中國積累了鉅額
外匯儲備，而美國又需要這些外匯來彌補美國的國際收支的虧空。
美國實際上對於中國等國的外匯資產產生了較強的依賴性，而中國
等國則需要美國作為其主要以美元為主的外匯資產保值增值的市
場。這種貨幣與金融上的相互限制是十分明顯的，美國不願看到中
美雙邊貿易不平衡的快速增長，但是，採取制裁的辦法將導致美元
匯率的不穩定，最終導致中美乃至全球經濟的增長。因此，中美雙
方只有相互合作，實行漸進式的經濟調整才是出路。這就是，美國
行政部門和跨國公司都反對舒默—格拉海姆議案的理由。

　　（4）國家的金融政策與全球金融市場的博弈成本在上升。中國
外匯儲備快速上升出乎貨幣政策當局的意料之外，也就是說，這並
非是中國追求的目標。亞洲金融危機中，中國堅持人民幣匯率不貶
值受到國際社會普遍歡迎，讚美之聲猶在耳畔，但是，轉眼人民幣
匯率成為「眾矢之的」。其中的奧祕在於，全球金融市場變化太快，
關鍵是 2002 年以來美元對歐元等貨幣的大幅度貶值，但是，中國仍
然維持人民幣與美元「掛鉤」的匯率機制。更重要的是，由於美國
國內要求人民幣升值的壓力不斷上升，增加了國際熱錢對於人民幣
升值的預期，大量投機資本通過各種途徑紛紛進入中國市場。中國
貨幣當局為了維持人民幣匯率的穩定，購買了大量的美元，但這樣
做的結果則是進一步激發起了人民幣投機的積極性。在這種情況

下，中國貨幣政策的作用正在減小，面臨著「突然」解禁而恢復平衡的可能性。

（5）美國的政治壓力實際上引導了對人民幣的投機。這說明了幾個方面的問題：首先，在經濟全球化時代，參與其中經濟體的匯率、利率等宏觀政策必須隨著全球經濟的變化而變化，否則將變得很被動。比如，在美元兌歐元等貨幣匯率大幅貶值的情況下，中國人民幣應當及時做出與美元「脫鈎」的決定，應當隨著市場的變化而調整匯率。其次，要注意到在中國融入全球經濟很深的情況下，過於依賴美國這樣的政治經濟對手，容易產生嚴重的副作用，風險會升高。主要是因為美國國內利益集團政治會十分活躍，如果美中貿易過於不平衡，則必然激起美國國內要求調整的壓力，進而通過美國「三權分立」的政治過程，轉化成美國政府的行動。不平衡越積累越多，中國面臨的要求調整的美方壓力就越大。從這個方面講，中國也需要比較謹慎，不斷調整中美貿易關係，盡可能比較平衡。或採取多元化的出口戰略，降低對美國市場的依賴，這也是一個合理的戰略選擇。

第三，中國掌握的鉅額外匯資產，可以成為「反制」美國政治經濟壓力的有效「戰略」武器。主要是因為，金融全球化導致了國際金融市場的敏感性和脆弱性。中國貨幣當局一旦發出訊息，將大量拋售美元資產，則可能引發世界範圍的美元危機，進而使得美國無法保持國際資金的持續流入，從而引發美國的支付危機。正因為如此，美國政府並不真正想讓人民幣匯率大幅度上升，不願對中國施以過大的壓力，造成適得其反的作用。美國財政部長鮑爾森在堅持中國人民幣調整的情況下，同時又提出堅持「強勢美元」（strong dollar）的政策，其深意就在於此。

美國一些經濟分析機構十分關注這一問題，對中國因素對美國的影響作了一些分析。他們認為，由於中國在全球和美國金融市場中地位的上升，已經使得中國擁有了成功對付美國壓力的手段。比

如，Roubini 全球經濟研究所全球研究部主任布萊德・塞瑟（Brad Setser），2006 年 8 月 22 日在美中經濟安全審查委員會作證指出，中國購買美國的資產除了美國財政部債券，還包括美國機構債券（ agency bonds ）、美國以分期付款為支持的有價證券（mortgage-backed securities）等金融資產。「說中國對美國家庭的借貸，通過分期付款市場，幫助美國消費者支付購買中國的商品一點都不誇張。」中國資金的流入顯然使美國一系列利率低於沒有資金流入的水平。另外，他還認為，要估計中國干預的影響要比預估日本干預的影響要困難。他指出，中國願意購買美國一系列債務證券，就意味著中國的購買行為已經影響美國的一系列市場，而不僅僅影響到財政部債券市場。財政部的相關研究表明，從 2004 年 5 月至 2005 年 5 月，中國占外國對美國債券需求的 1／5 至 1／4，也就是說中國的干預因素已經使得美國利率降低了 30 至 40 個 bps，但是根據某些研究，中國干預因素的影響可能達到 60bps。Roubini 全球經濟研究所的研究結論是，中國在使全球增長恢復平衡中起著很大的作用。[101]

第九節　尋求中美雙贏：中國的改革與市場開放的平衡

　　目前圍繞人民幣匯率問題的金融外交表明，中美之間的問題已經不是人民幣要不要改革的問題，而是如何保證匯率改革的平穩過渡；不是中國要不要開放資本市場的問題，而是如何保證提高金融市場的效率，同時又能保證中國的金融安全與經濟安全的問題。

---

[101] Testimony of Brad Setser，Director of Global Research, Roubini Global Economics And Research Associate, Global Economic Governance Center, University College, Oxford, Before the U.S.-China Economic and Security Review Commission, August 22, 2006.

　　中美金融外交的主題在不斷深化，已經從當初單一的人民幣匯率調整，轉到了如何恢復中美經濟平衡與全球經濟平衡；轉到了如何轉變中國經濟的增長方式，如何規劃資本市場的進一步開放的問題。我們看到，在這個複雜的金融外交的過程中，中美之間在匯率改革的最終目標、改革的範圍、改革措施的時序上存在意見與利益的分歧與衝突，但是，現在有諸多現象表明，中美之間正在發展出一種雙贏的合作大於衝突的關係。當然，這種雙贏格局的出現，不是美國或中國單方面設定的，而是雙方妥協的結果。

　　美國的政策目標越來越明顯了，就是要利用人民幣匯率改革的時機，進一步打開中國的金融市場。華爾街面對美國在全球金融市場份額的下降，現在開始寄希望於中國經濟的增長和市場的開放給美國重新帶來新的支配地位。他們對於進入中國市場的心情是極其迫切的。

　　根據英國《經濟學家》雜誌的研究，美國作為全球金融中心的霸主地位正面臨著嚴重的挑戰。儘管美國資本市場的規模目前仍雄居全球之首，不論在私募基金、共同基金、資產證券化、成交量、ETF 等指標上仍遠遠超過歐洲，但是，美國在其他一些指標上開始落後。這些指標包括：

　　第一，根據美國金融服務論壇的統計，2001 年世界初始股公開市場發行（IPO）的 35%是在美國發行，而到了 2005 年這一比例下降到20%。不僅如此，規模最大的前 10 大初始股沒有一家在美國上市。[102]

　　其次，在初始股公開市場發行的金額方面，2006 年倫敦與香港的發行總額超過紐約股市。其中的原因很明顯，主要是倫敦是全球最大外匯與衍生性商品議價交易中心，俄羅斯幾家大型石油公司都選擇在倫敦掛牌，高盛證券等美國金融公司也加大在倫敦的投資和

---

[102] 〈鮑爾森給投資人吃定心丸將再訪華做經濟戰略對話〉，環球新聞網，2006年 11 月 22 日。

業務。香港證券市場的勃興由中國經濟高速成長拉動，中國大型企業選擇在香港上市。

第三，在公司債籌資總額方面，2005 年歐洲也超過了美國。[103]因此，對於美國金融界來說，必須利用中國經濟高速成長同時中國經濟依賴美國市場的機會，打開中國金融市場的大門，只有這樣才能進一步鞏固美國在全球金融市場中的支配地位。

美國財政部長鮑爾森在 2006 年 11 月 20 日對紐約經濟俱樂部的講話中提出，強調從「長期的角度」開展中美間「更具有戰略性的長期的」對話，來解決一些真正的實質性問題；而在一些短期問題上加強接觸，雙方也會增強信心。他指出，「我們鼓勵中國向競爭開放其金融市場，以加快金融市場的發展，支持可以持續的經濟發展，這種發展將使美中受益。」[104]

那麼，對於中國來說，完全可以把來自美國的外部壓力當成另一次深化改革的機會，進一步健全中國的市場經濟機制，為國民經濟又好又快的發展打下堅實的基礎。我們必須承認，中國經濟確實存在著較為嚴重的結構性失衡問題。這些問題，中國政府經濟決策人已經看到，比如經濟增長過於依賴外貿的拉動；存在較為嚴重的內需不足的問題；目前存在因投資過熱，而產生的經濟泡沫；中國企業和產品的國際競爭力和科技競爭力與國際企業相比存在著很大的差距等問題。而美國經濟領導人在金融外交中向中國指出的經濟問題與建議對這些問題均有所涉及，可能成為中國進一步改革的借鑒。更重要的是，如果我們能夠對美國金融企業及其管理技術與經驗加以利用，我們就可能突破中國經濟發展的最薄弱的環節，即金

---

[103] 林上祚，〈紐約證交所金融霸權遭威脅〉，中時電子報，2006 年 11 月 27 日。

[104] Remarks by Treasury Secretary Henry M. Paulson on the Competitiveness of U.S. Capital Markets Economic Club of New York，New York, NY，November 20, 2006，see www.ustreas.gov/press/releases/hp174.htm.

融市場機制發展的滯後問題。也就是說，來自美國的壓力有可能成
為中國深化改革的動力。

　　美國對於中國深化市場改革的建議來自於民間和官方兩個方
面。比如，Roubini 全球經濟研究所全球研究部主任布萊德・塞瑟
（Brad Setser），2006 年 8 月 22 日在美中經濟安全審查委員會作證
中，提出了一系列中國經濟改革的建議：

　　（1）加強社會保障體制，有助於減低家庭儲蓄率。

　　（2）政府開支從投資專案向健康和教育轉移，有助於減少政府
的儲蓄，通過提供社會服務，降低家庭儲蓄率。

　　（3）更多地分配中國國有公司的利潤。現在很多國有公司不再
盈利，對國家股和私人股民都不再分紅。相反，這些國有公司不斷
用積累的利潤進行投資。分配它們的利潤可以降低投資，有助於額
外消費。

　　（4）金融部門改革，包括加大力度清理遺留的呆帳，鼓勵消費借
貸等。這些措施將有助於擴大中央銀行運用利率作為宏觀經濟管理工
具的空間等等。

　　塞瑟認為，落實這些措施將有助於中國經濟從依賴於出口與投
資的增長轉變到依賴於消費拉動的增長。[105]

　　美國聯邦儲備委員會主席伯南克 2006 年 12 月 15 日在中國社會
科學院發表演講，就中國經濟問題向中國提出了建議。他指出，中
國在過去 20 多年時間裏取得了令人矚目的經濟成就，但也面臨著如
何在維持穩定、高經濟增長率的同時，刺激欠發達地區經濟發展的
雙重挑戰。他的看法是，從宏觀經濟角度來說，中國可以通過改進
貨幣和財政政策解決這個問題。他給出的建議包括：

　　第一，發展一個可靠的「貨幣傳導機制」。他指出，「只有在金
融市場充分發展到使得貨幣管理當局的利率制定能合理地、可預測

---

[105] See Testimony of Brad Setser, Before the U.S.-China Economic and Security
Review Commission, August 22, 2006.

地影響經濟活動時，貨幣政策才能良好地運作。」為此，中國必須改革和加強中國銀行及金融市場。

第二，通過更大的匯率靈活性，提高貨幣政策的有效性。他指出，為了保持現行的人民幣和美元「聯繫」匯率，中國人民銀行必須干預匯率市場，大量購買美元；同時在國內發行債券，以對沖國內貨幣供應大量增加而可能引發的通貨膨脹和經濟過熱。他認為，到目前為止，中國人民銀行在這一運作中基本上是成功的，但長此以往將會遭遇問題。「如果匯率和國內利率維持在現有的水平，資本流入的動力將不會減弱，也因此必須進行持續的干預和對沖操作。」

第三，從長遠來看，需要實質性地放鬆對金融資產出入境流動的管制，這符合中國經濟的持續增長和現代化。他提出，如果人民幣匯率浮動維持在一個狹窄的區間，允許實質性的資本流動，將會使中國人民銀行完全喪失使用貨幣政策穩定國內經濟的能力。因為人民幣高於美元的任何利率，都會引發大量的資本流入。因此，「進一步升值人民幣，結合更寬的交易區間以及由市場決定匯率的終極目標，將可以允許一個有效的獨立的貨幣政策，因此將幫助提高中國未來的增長和穩定。」

第四，減少貿易和經常專案盈餘。他認為，中國巨大的貿易盈餘，部分地是由中國不同尋常的高儲蓄率造成的。由於中國的儲蓄率甚至高於國內投資比率，中國有多餘的資金借給國際資本市場，其中有很大一部分借款又被外國用來購買中國的出口產品。中國的高儲蓄率和相應的低消費水平，通過抑制對進口產品的需求及迫使國內企業轉向國外市場，而導致了貿易盈餘。

第五，促進內需，建立覆蓋面廣的社會保障體系。儘管匯率靈活性有助於促進內需，但最直接、或許也是最有效的途徑，是採取措施減少國內儲蓄。他表示，中國的儲蓄率之所以如此之高，很重要的一個原因是中國的社會保障體系覆蓋率太低，中國民眾缺少安

全感。因此,一個可持續的擴大範圍的社會保障體系有潛力減少儲蓄,提升人民的生活水平,同時,調節中國的外部盈餘。[106]

---

[106] 曹海麗,〈伯南克呼籲中國放鬆匯率管制〉,《財經》雜誌網路版,2006 年 12 月 16 日。

第八章　中國、美國與國際經濟體系

第一節　中國的崛起與中美關係的「全球化」

　　中國加入 WTO 後，中美關係發生了一個重大變化：中美關係，包括中國與美國的經貿關係，越來越超越雙邊層次，越來越具有全球的意義與影響。中國經濟的崛起對全球經濟體系的影響越來越大。

　　中美關係從雙邊走向全球的影響，大致可以分為幾個階段：

　　（一）1970 年代至 1980 年代初，為了共同對付前蘇聯的威脅，中美兩國開展戰略合作，這一時期中美關係牽動中美蘇三角關係，具有重要的全球戰略意義。但是，中國經濟與中國與美國的經貿關係在全球經濟中的影響仍是十分有限的。比如，當時中國的國內生產總值（GDP）與貿易總量在全球份額中均不到 1%，中國對全球經濟的影響很小。中國戰略地位如此之高，主要是與中國的外交政策選擇以及當時冷戰的格局有很大的關係。中國奉行獨立的外交政策，在第三世界廣大發展中國家中擁有很高威望；同時，中國奉行與美國「半結盟」的政策，美國也把中國作為全球五大力量中心之一對待，開展所謂「均勢」與結盟外交。但是，總的來說，中國雖然具有很大的全球政治影響力，但是在地區和全球經濟中的份量仍然比較有限。

　　（二）1980-90 年代中期，隨著中國經濟改革與開放，中國開始融入世界經濟體系中，主要體現在中國擴大了外貿，同時開始參與國際金融市場。中國開始恢復在世界貿易中的正常地位；作為借貸者出現在國際金融市場；同時採取措施大力吸引外國直接投資。但是，1992 年以前，中國經濟的開放度仍然很有限，對外影響力仍受到諸多限制。轉捩點是 1995 年前後，中國大力發展加工貿易，港、

臺資本大量湧入內地，從事加工貿易，擡高了中國在世界生產體系中「加工廠」的地位。

（三）1995 年迄今，是中國經濟高速增長的 10 年，是加速融入全球經濟最快的時期，中國在世界經濟中的地位顯著提高，成為「世界工場」，同時成為國際金融市場的重要角色。同時中國開始成為對外直接投資的輸出國家。在這期間，中國經濟的開放度大為提高，投資、貿易環境得到很大改善，一個重要的推動力就是中國加入世界貿易組織的努力。1995 年開始，隨著世界貿易組織的成立，中國加入多邊貿易組織的談判由「復關」改為「入世」，為了滿足談判條件以及做好「入世」的準備，中國不斷進行貿易自由化的努力。到 2001 年底中國正式成為 WTO 成員之後，中國投資環境得到更大的改善。中國「入世」以來，中國經濟平均年增 10%，GDP 規模從 12 萬億人民幣上漲到 17 萬億；外貿維持在每年 25%左右的高速增長，成為世界第三大貿易國家；每年吸收外國直接投資（FDI）保持在 500 至 600 億美元的水平，按年度計算排世界第一或第二位。[1]更重要的是，中國持有外匯儲備快速增長，2006 年 11 月突破 1 萬億美元大關，中國在國際匯市和金融市場上的影響力顯著上升。北美經濟學家白若文（Loren Brandt）、朱曉冬、羅斯基（Thomas G.Rawski）等指出，中國在全球經濟中上升速度之快是「前所未有」的。他們指出，中國「已經從一個近於封閉的國家轉變為全球市場的積極參與者。以某些指標來衡量，中國與世界經濟的關係之深在大國中是史無前例的。可以預見，中國在原料、零部件、最終產品、技術、資訊、管理和產權方面的國際交流會繼續增長。」[2]

---

[1] See Wang Yong, "China in WTO: A Chinese View", *China Business Review*, Sept./Oct. 2006.

[2] 白若文（Loren Brandt）、朱曉冬、羅斯基（Thomas G.Rawski），〈沒有先例的崛起——國際格局中的中國長期繁榮〉（黃飛、陳中譯），《21 世紀經濟報導》，2006 年 6 月 19 日。

表 8-1 中國歷年進出口商品總值統計，1981-2005 年

單位：百萬美元

年度	進出口	出口	進口	貿易差額	比去年同期±%		
					進出口	出口	進口
1981	44022	22007	22015	-8	-	-	-
1982	41606	22321	19285	3036	-5.5	1.4	-12.4
1983	43616	22226	21390	836	4.8	-0.4	10.9
1984	53549	26139	27410	-1271	22.8	17.6	28.1
1985	69602	27350	42252	-14902	30.0	4.6	54.1
1986	73846	30942	42904	-11962	6.1	13.1	1.5
1987	82653	39437	43216	-3779	11.9	27.5	0.7
1988	102784	47516	55268	-7752	24.4	20.5	27.9
1989	111678	52538	59140	-6602	8.7	10.6	7.0
1990	115436	62091	53345	8746	3.4	18.2	-9.8
1991	135701	71910	63791	8119	17.6	15.8	19.6
1992	165525	84940	80585	4355	22.0	18.1	26.3
1993	195703	91744	103959	-12215	18.2	8.0	29.0
1994	236620	121006	115614	5392	20.9	31.9	11.2
1995	280864	148780	132084	16696	18.7	23.0	14.2
1996	289881	151048	138833	12215	3.2	1.5	5.1
1997	325162	182792	142370	40422	12.2	21.0	2.5
1998	323949	183712	140237	43475	-0.4	0.5	-1.5
1999	360630	194931	165699	29232	11.3	6.1	18.2
2000	474297	249203	225094	24109	31.5	27.8	35.8
2001	509651	266098	243553	22545	7.5	6.8	8.2
2002	620766	325596	295170	30426	21.8	22.4	21.2
2003	850988	438228	412760	25468	37.1	34.6	39.8
2004	1154554	593326	561229	32097	35.7	35.4	36.0
2005	1421906	761953	659953	102001	23.2	28.4	17.6

資料來源：《海關統計》（2006 年 8 月），轉自精訊數據。

　　在中國經濟快速增長及在全球經濟中的影響力不斷攀升的大背景下，中美關係包括中國與美國的經貿關係的全球意義越來越強烈了，主要有以下一些方面的表現：

　　（一）中國經濟的高速發展，增加了中國在全球範圍的存在與影響。中國經濟的增長拉動了對能源、原材料的強勁需求，相應提高了供應國家的地位。同時，為了保證能源、原材料的安全供應，中國開始在亞洲、非洲、拉丁美洲地區進行自然資源相關的投資活動。一些美國人認為，中國的活動直接威脅了美國在那裏的既得利益。比如，2004 年底美國《新聞周刊》發表署名文章，驚呼美國的全球地位面臨來自中國的嚴峻挑戰。文章寫道，美國前國務卿奧爾布賴特在圍繞地球轉了一圈之後發現，美國在亞洲和歐洲的傳統強勢已經面臨真正的威脅。文章指出，冷戰後近二十年來，國際社會一直按照美國人關於國際秩序的觀點運作：經濟是以美元為本位的全球化，政治則以美國代議制為藍本的所謂「民主化」。每一個新成員國要求進入「會場」，必須按照華盛頓定下的的規則行事：開放你的市場，在政治上實行「美國式的民主化」，簽署美國人認為你應該簽署的協定……唯有如此，你才能拿到「入場券」。一時間，美國人覺得全球似乎都在聽他們的號令。但是，由於中國在國際事務中快速上升，美國在歐洲、俄羅斯、中東、非洲、東南亞等問題上，都能看到中國人正在競爭美國的影響力。該文最後寫道：「華盛頓的一個圈兒內人士歎息地說，二次大戰後，全世界比軍事理念，中國人插了進來，風風光光的美國人吃盡苦頭；冷戰以後，全世界比經濟理念，中國人又插了進來。似乎和幾十年前一樣，每一件惱人的事件背後都有中國人的影子。美國人又一次和尼克森時代一樣失去了信心：到底中國人是我們的朋友還是敵人？」[3]這篇言論十分典型地反

---

[3]　美新聞周刊，〈美國獨霸地位受到中國嚴重挑戰〉，鳳凰網，2004 年 12 月 13 日。

映了某些美國人看待中國崛起的心態，它從一個側面也反映出中國的全球影響力全面上升的現實。

（二）在事關美國地位與利益的一系列重大問題上，美國發現越來越需要中國的幫助與合作。影響美國地位與利益的問題清單可以很長，包括了諸如朝核問題、反擴散、阿富汗與伊拉克重建、聯合國改革以及伊朗核危機等問題。中美兩國在全球氣候變化、災難救助、減貧與發展、預防禽流感等全球性議題上的互動也日益增多了。

中美關係的「全球化」發展既為兩國帶來了相互適應與調整方面的挑戰，同時更帶來了構築互信、互利關係的新機遇。中美領導人均意識到抓住這一機遇的重要性。中國領導層率先提出「和平發展」的理念，美國政府則提出「負責任的利益攸關方」的概念作出積極的回應。兩國領導人在戰略思想上出現難得的交集，讓人們有理由對未來的中美關係抱謹慎樂觀的預期。2005 年 11 月，胡錦濤主席在北京會見到訪的美國總統布希時指出，中美關係已遠遠超出雙邊範疇，越來越具有全球意義。中美在推進聯合國改革、解決地區熱點問題、防範和應對恐怖主義、防止大規模殺傷性武器擴散、預防自然災害、防控流行性疾病等重大問題上擁有廣泛的「共同利益」，肩負著重大的「共同責任」。中美在全球和亞太地區長期和睦相處、互利合作、共同發展，是全面推進中美建設性合作關係的必然要求，也是促進世界和平、穩定與繁榮的現實需要。[4]顯然，中國領導人看到了更多的共同利益與共同責任的增長，同時也希望美方能夠持同樣的建設性看法。

---

[4]　〈中美關係越來越具全球意義〉，《人民日報海外版》，2005 年 11 月 21 日，第一版。

第二節　國際經濟體系與中美兩國實力比較

中國綜合國力在過去 30 年中，尤其是過去的 10 年，得到了很大的提高，但是，與世界唯一超級大國美國相比，我們尚有很大的差距，因此，我們必須十分客觀而冷靜地看待中美兩國在國際經濟體系中的地位。

中美兩國的地位可以用兩句話進行概括：中國上升很快，但是起點較低；美國依然保持「老大」的地位，在相當長的時間裏難以撼動。之所以如此判斷，主要基於下面一些統計上的依據：

從經濟總量看，2005 年中國國內生產總值（GDP）的總規模達到 22,620 億美元，美國為 124,580 億美元，中國不到美國的 1／5。在人均名義 GDP 方面，兩國的懸殊更大，中國僅為 1,700 美元，美國則達到了 42,130 美元，中國為美國水平的 1／25。即使按照購買力平價（PPP）的方法計算，中國的 GDP 規模可以高到 83,590 億美元，美國為 124,580 億美元，兩國經濟總規模差距縮小，但是在人均 GDP 方面仍有很大的差距，中國人均 GDP 仍只有美國的 1／7 左右（見表 8-2）。

表 8-2　2005 年美國、日本和中國 GDP 與人均 GDP 比較

（按名義美元、PPP 計算）

國家	名義 GDP （10 億美元）	按 PPP 計算 GDP （10 億美元）	名義人均 GDP	按 PPP 計算 人均 GDP
美國	12,458	12,458	42,130	42,130
日本	4,571	3,914	35,880	30,720
中國	2,262	8,359	1,700	6,386

資料來源：Wayne M. Morrison, "China's Economic Conditions" , CRS Report for Congress, July 12, 2006.

從國際貿易地位看，中國在全球貿易中的地位上升很快，已經成為僅次於美國、德國的世界第三大貿易國家，美國仍然維持第一貿易大國的地位。但是，對於這一數位我們有必要保持清醒的頭腦，

這是因為加工貿易占到中國貿易總量的 60%以上，而且主要是由外商直接投資的廠商實現的，這部分貿易在中國本地「增值」有限，中國出口仍主要依賴於勞動力價格的優勢。這就是我們所說的，中國是貿易「大國」，但還不是貿易「強國」的道理。

　　從外向直接投資看，最近數年，中國對外直接投資的流量大增，上升勢頭引起國際關注，但是，中國對外直接投資無論是當年流量還是歷年存量，與美國相比尚有很大的距離。根據聯合國貿發會議（UNCTAD）《2005 年世界投資報告》的統計，2004 年全球外國直接投資（流出）流量為 7302.6 億美元，存量為 97,322 億美元，以此為基期進行測算，2005 年中國對外直接投資占全球對外投資流出流量的 1.68%，占全球對外直接投資存量的 0.59%。

單位：億美元

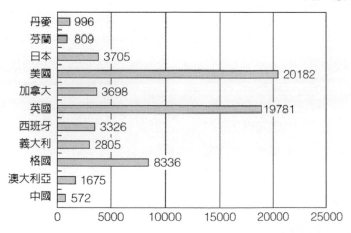

圖 8-1　2005 年末中國與主要發達國家對外直接投資（存量）比較
資料來源：中國商務部《2005 年度中國對外直接投資統計公報》，見商務部網站。

　　根據中國商務部的統計（見圖 8-1），截至 2005 年底，中國對外直接投資存量為 572 億美元，美國對外直接投資存量則高達 20,182 億美元，中國 FDI 存量相當於美國的 1／35。當前中國外向 FDI 的

規模尚落後於芬蘭（809 億美元）、丹麥（896 億美元）。但是，在與
發展中國家相比（見圖 8-2），中國在對外直接投資存量上，已經成
為僅次於新加坡（1,009 億美元）、俄羅斯聯邦（819 億美元）和巴
西（644 億美元）的國家，超過了韓國、馬來西亞和阿根廷等國。

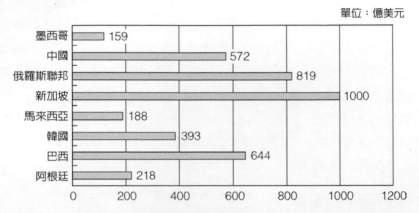

單位：億美元

圖 8-2　2005 年末中國與主要發展中國家對外直接投資（存量）比較

資料來源：中國商務部《2005 年度中國對外直接投資統計公報》，商務部網站。

在外向直接投資的增長方面，中國近年異軍突起。從 2005 年流
量看（見圖 8-3），中國與美國的距離縮小很多，中國為 122.6 億美
元，美國為 2,293 億美元，中國的年度流量為美國的 1／19 左右，
但是，中國的年度流量已經與荷蘭（145.8 億美元）、澳大利亞（163
億美元）比較接近。

但是，若與發展中大國的年度對外投資相比，中國 2005 年度開
始佔據明顯優勢。中國已經超過新加坡、俄羅斯、巴西和韓國等國，
成為發展中國家中對外投資最多的國家（見圖 8-4）。預計未來幾年
中國對外直接投資將出現更大幅度的增長。

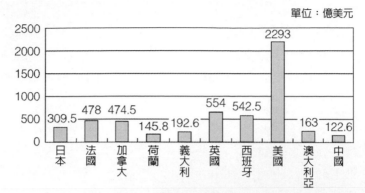

圖 8-3　2005 年末中國與主要發達國家對外直接投資（流量）比較

資料來源：中國商務部《2005 年度中國對外直接投資統計公報》，商務部網站。

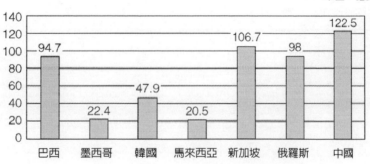

圖 8-4　2005 年末中國與主要發展中國家對外直接投資（流量）比較

資料來源：中國商務部《2005 年度中國對外直接投資統計公報》，商務部網站。

　　從國際金融方面看，美國二戰以來始終掌握著美元霸權。目前，美元仍是主要國際貨幣，美元占全球外匯儲備的 64%、外貿結算的 48%和外匯交易結算的 83%。美元這一特權地位使美國坐收「鑄幣稅」。據國際貨幣基金組織（IMF）統計，約有半數美元（3,750 億美元）在美國境外流通，使其每年約獲益 150 億美元，占美國 GDP

的 0.2%；美國還通過向全世界舉債以及採取美元貶值等手段，獲得大量低廉價格的資金，同時轉嫁危機，剝削其他國家。

美國在吸收大量外國資本的同時，不斷向外進行資本輸出。比如，1990 至 1998 年流入新興市場國家的國際資本總額達 14,622 億美元，多數為美國資本。這些資本在推動當地經濟增長的同時，也帶來了較大的金融風險。1980 年代以來，發展中國家爆發金融危機的頻率遠遠高於歷史上任何一個時期，與美國對沖基金等投機資本有很大的關係。美國正是利用其美元霸主地位，通過低成本的資本輸入和高回報的資本輸出的資金運作，從全球金融市場中獲得了巨大的收益。[5]這一點是中國資本難望其項背的。

從知識產權方面看，中國在研發投入、論文發表、專利申請等方面遠遠落後於美國。比如，根據日本文部科學省 2005 年《科技白皮書》的統計，中國的科研費用大約只有日本的 1／10、美國的 1／20。按照中國政府的統計數字，中國科研投入占 GDP 的比重為 1.23%，尚未達到《科技進步法》要求的 1.5%的水平，而日本這一比例為 3%。在論文發表方面，哈佛大學發表在《科學》、《自然》等刊物上的論文 3 年間有 200 多篇，而北京大學只有 2.5 篇。[6]

在專利申請的數量方面，根據世界知識產權組織的統計，中國 2002 年專利數為 2.1 萬，在國外獲得專利 0.6 萬個，而日本人口只有中國 1／10，但是專利件數有 12 萬，在國外獲得 20 萬件。但是，在中國申請的專利中只有不到 1／3 是中國人自己發明的，2／3 為外國在華企業申請的。近年來，外資在中國實施「知識產權控制」戰略，跨國公司通過濫用自己在知識產權方面的優勢，擠壓中國的知識產權保護與產業升級的空間。根據中國國家知識產權局的統計，外國公司在中國獲得通訊、半導體、生物技術類授權專利數占中國同類授權專利的 90%，醫藥與電腦行業約占 70%。在中國專利

5　鄭良芳，〈對經濟金融全球化問題的研究〉，《財經問題研究》，2002 年第 2 期。
6　〈期待真正的自主創新熱潮〉，《中國經濟時報》，2006 年 7 月 12 日。

申請量前十名的外國公司，每年專利申請量均高達上千件。[7]在這些專利申請中，美國公司獨佔鰲頭。

　　因此，我們在為中國經濟快速增長而歡欣鼓舞的同時，必須保持清醒的頭腦，看到自己與美國等國的差距。只有這樣才能始終保持向上的幹勁，把中國經濟發展帶向更高的境界。

第三節　美國與國際經濟體系：霸權與國際「公共物品」

一、美國的「經濟帝國」

　　在討論中美在國際經濟體系中的關係時，一個無法迴避的問題是，中美經濟關係是在美國主導的國際經濟體系下存在的。按照美國學者羅伯特・韋德（Robert Wade）的研究，世界上存在著美國主導的所謂「經濟帝國」，當今全球經濟是按照美國制定的規則運轉的。美國的「經濟帝國」在二戰後就開始存在了，但是，在冷戰結束後又得到了極大的加強。

　　羅伯特・韋德指出，「我所說的『帝國』指的是以經濟規則為基礎的範圍更廣的世界秩序，致使表面上無力進行干預的市場的日常運作為美國帶來了極大的利益，而美國甚至不必非常偶然地濫用其軍事優勢。這個世界秩序維持著目前的狀況，使人口占全球人口5%的美國取得全球收入的 1／3（按市場匯率計算），並且佔有全球軍事活動開支的40%以上。」他認為，美國帝國並不意味 A 對 B 和 C 的「全面支配」。「帝國」是一個世界級的概念，主要指 A 確定 A、B 和 C 都必須遵從的規則。[8]

---

[7] 〈外資控制日深，中國產業陷入「囚徒困境」〉，星島環球網，2006 年 6 月 15 日。

[8] 〈美利堅經濟帝國——美國政治科學家羅伯特・亨特・韋德訪談〉（何百華譯），原載美國《挑戰》雜誌 2004 年 1/2 月號，《國外社會科學文摘》，2004 年 12 期，第 61-65 頁。

　　韋德認為，美元是美國經濟帝國的核心和實現經濟霸權的主要
手段。我認為，美國經濟霸權迄今可以分為三個階段更為準確：第
一階段，二戰以後推行的布雷頓森林體系，奠定了美元作為世界貨
幣的基礎。但是，美元的地位受到了固定匯率制的「約束」。第二階
段始於 1970 年代初，美元開始擺脫固定匯率的約束，進行「自由」
浮動，更多地受到美國國內宏觀經濟政策的影響。正如英國學者蘇
珊‧斯特蘭奇（Susan Strange）指出的，1971 年布雷頓森林體系的
瓦解，並不意味著美國的衰退，恰恰相反，浮動匯率加強了美元的
地位。[9]第三階段，冷戰結束後的柯林頓時期，美國推動經濟「擴展
戰略」，更進一步推廣「自由市場」的經濟觀念，打開世界資本市場，
美國經濟霸權達到頂峰。[10]

　　按照韋德的看法，美國經濟帝國的「大廈」主要由幾個方面的
內容構築而成：

　　第一，美國發行貨幣的自由度，不與黃金或另一種「供給方」
限制因素掛鈎；

　　第二，美元是國際主導貨幣，世界外匯儲備總額的 3／4 是美元。

　　第三，「美國擁有世界上最大、最靈活的資本市場」，美國為解
決赤字問題進行融資，反而加強了美國資本市場的優勢。

　　第四，全球範圍的資本自由流動。美國始終致力於打開所有國
家資本市場的大門，以發揮美國資本市場的優勢。柯林頓政府時期，
兩任財政部長羅伯特‧魯賓（Robert Rubin）、勞倫斯‧薩默斯
（Lawrence Summers）在打開各國資本市場方面極盡其能事。

　　第五，美國式的自由資本主義加強了美國作為全球資本市場中
心的地位。美國式的自由資本主義採取對商業的最少干預，最低稅
收及社會保障體制最少等措施，這些做法對其他國家造成了巨大的
競爭壓力。韋德指出：「於是所有的國家都發現更難建立和維持一種

---

[9]　同上。
[10]　參見彼得‧高恩，《華盛頓的全球賭博》，江蘇人民出版社，2003 年版。

『札根於』社會控制的國家資本主義」。歐洲「社會市場」模式感受到的美國模式的壓力是最大的，發展模式之爭是美歐矛盾爆發的主要原因之一。

美國從經濟帝國的安排中獲得了巨大的好處。按照韋德的說法，第一，美元在結束固定匯率之後，保持了主要國際通貨的地位，為美國保持經常專案赤字（主要是貿易赤字）打開了方便之門。他提出，「它可以大大超過其他國家，在消費和軍事上的花銷遠遠多於其收入的費用，而且在利率和稅務等關鍵因素上享有更多的自由。」第二，美國獲得了所謂「債務人幸事」，即美國只需通過銷售短期國債就可以彌補國際收支不平衡，彌補貿易赤字和財政赤字。美國避開了一般借債人不得不面對的「債務人災禍」，不需要通過緊縮經濟或降低匯率來擺脫債務壓力。美國獲得的「債務人幸事」，主要是美國可以在低通脹、低利率和低稅收的情況下，同時擁有更多的大炮，更多的黃油，享有不斷增加的國內消費、投資和軍事開支的能力。第三，美國享有的經濟自主權遠遠高於其他國家。美國在貨幣政策、利率政策等方面受到的限制遠遠少於其他國家，美國不需要與其他國家進行「協商」就能達到自己調整經濟的目標。這種自由處理經濟事務的權力，是導致其他國家頻繁發生經濟危機的重要原因。[11]1980年代，拉美國家深陷長達十年的債務危機與經濟衰退，1994 年墨西哥發生「比索危機」，都是由於美國貨幣當局提高利率導致的。

正是因為帝國與霸權給美國帶來的諸多好處，美國才表現出維護美元霸權的強烈願望和意志，這是處於被支配地位的其他國家難以理解的。美國哈佛大學教授塞繆爾・亨廷頓（Samuel Hungtinton）在《文明衝突與世界秩序》一書中列舉了西方文明控制世界的 14 個戰略要點，其中三條均與金融霸權有關：第一條「控制國際銀行系

---

[11]　〈美利堅經濟帝國──美國政治科學家羅伯特・亨特・韋德訪談〉。

統」，第二條「控制全球硬通貨」，第五條「掌握國際資本市場」。[12]
在美國政府收到的諸多政策報告中，類似的政策建議比比皆是。

韋德對美國經濟帝國的本質特徵、運作規則及其影響做了深刻
的分析，這是美國學術界多數人有意或無意迴避的問題。但是，我
認為，韋德的研究尚未重視另外一個帶有根本性的問題，那就是，
美國「經濟帝國」與美國「軍事帝國」之間的關係。很顯然，兩者
之間存在一種相互加強的關係。美國之所以能夠維持美元獨特的地
位，與美國在世界範圍建立起來的政治安全聯盟有直接的關係，沒
有美國編織的龐大的軍事帝國的支撐，美國支配性的經濟影響力也
是很難繼續下去的。

當前，美國以美元霸權為基礎的經濟帝國地位，正在面臨國內
外巨大的挑戰。很多挑戰恰恰是由這種超強的經濟地位自身製造出
來的。這些挑戰包括：

第一，美國經濟結構正在發生巨大變化，製造業比重不斷下降，
正在變成日益依賴於服務業尤其是金融服務業的經濟。這種經濟形
態具有明顯的脆弱性。

第二，美國支撐美元霸權體系的國內基礎正在流失。主要是社
會矛盾加深，保護主義情緒不斷上升。美國社會貧富懸殊進一步加
大，中下層收入在過去 30 年中徘徊不前。1960 年代「偉大社會」
計劃形成的社會福利成果不斷遭到蠶食，特別是當前社會福利的權
力下放給各州，失業、疾病、兒童貧困和無家可歸者救助計劃受到
很大削弱。犯罪率不斷上升，正如韋德指出的，「美國的犯罪率要遠
遠高於其他任何富裕的民主國家。」在這種社會狀況下，貿易保護
主義勢力得到不斷發展，也就不讓人驚奇了。

第三，競爭貨幣崛起，國際競爭加劇。美元霸權的最大挑戰來
自新崛起的歐元。目前，歐元在作為國際貿易支付手段、國際債券

---

[12] 塞繆爾・亨廷頓，《文明衝突與世界秩序》，新華出版社，1999 年版。

市場發行貨幣、國際儲備貨幣、石油交易幣種等諸多方面，正與美元展開激烈競爭。根據國際清算銀行（BIS）發表的題為《歐元作為儲備貨幣：挑戰美元顯赫地位？》的報告，在貿易方面，澳大利亞、新西蘭、南非、智利和巴西等國打破歷來與美元「聯繫」的做法，改與歐元建立緊密的聯繫；在作為國際儲備貨幣方面，美元份額從1999 年的 67.9%下降到 2002 年的 64.3%，歐元則從 1999 年的 14.6%提高到 2004 年的 24.9%；[13]在國際債券市場上，歐元區債券市場規模達到 4.7 萬億美元，業已超過美國的 4.2 萬億美元。美元債券流動性方面的優勢也正在迅速喪失。歐元的國際地位之所以迅速加強，完全是由於美國濫用美元霸權地位，導致人們對美元信心減退造成的。比如，美國已從最大的「債權人」變成最大的「債務人」，入不敷出迄今已有 25 年，在全世界負債達 2.5 萬億美元。目前，亞洲國家的美元儲備占到世界美元儲備的 70%以上，亞洲成為維持美元霸主地位的最後支柱。但是，亞洲對美元地位的支持也可能在較短時間內發生巨大變化。[14]這是美國政府謹慎處理人民幣、日元等亞洲貨幣匯率問題的原因。

第四，中國、印度、巴西和俄羅斯等所謂「金磚四塊」（BRIC）的崛起，代表著發展中國家的廣泛崛起，對美國霸權造成挑戰。它們具有更強的實力，抵制美國要求開放資本市場的壓力。

二、作為國際「公共物品」的美國經濟霸權

美國主導的國際經濟體系存在明顯的「不公平」問題，這一點毋庸置疑。不過，該體系具有兩面性，美國經濟霸權還有作為國際「公共物品」（public good）的一面，其核心是，由於美國霸權的存

---

[13] 范立強，〈美元褪色，全球貨幣走進七雄時代〉，《國際金融報》，2006 年 8 月 10 日。
[14] 每日電訊報，〈美元和歐元爭奪世界霸主地位〉，星島環球網，2006 年 10 月 27 日。

在，國際經濟體系維持了開放與穩定，大大降低了國際交易的成本與風險。

　　美國學者根據歷史經驗得出結論，國際經濟要想維持穩定，必須有一個霸權國家作為穩定與開放的中流砥柱；同時，霸權國家必須具備「自我犧牲」的精神，來維護整個國際經濟體系的穩定。最早提出「霸權穩定論」的學者是美國經濟學家查爾斯・金德爾伯格（Charles Kindleberger）。經過研究 20 世紀 30 年代「大蕭條」的歷史悲劇，金德爾伯格得出結論：國際經濟要想長期穩定必須有一個「穩定者」，並且只能有一個穩定者，這個穩定者就是霸權國家。他指出，霸權國家必須具有自我犧牲的精神，通過提供開放的國際貿易體制、穩定的國際貨幣體系、國際安全等國際「公共物品」來維護整個體系的正常運行。金德爾伯格以後的學者，如國際關係學者特別是現實主義學者斯蒂芬・克拉斯納（Stephen Krasner）、羅伯特・吉爾平（Robert Gilpin）和羅伯特・基歐漢（Robert Keohane）等人，把「霸權穩定論」從經濟領域擴展到國際關係的安全和軍事領域，他們同時也修訂了金德爾伯格有關霸權國家「利他主義」動機的說法。比如，吉爾平指出，霸權國家之所以樂於提供「公共物品」，關鍵在於它能夠從這種服務中獲得很大的利益，也就是說，霸權國家本身就是國際體系的最大獲益者。他認為，當維護國際體系穩定的「成本」大於「收益」時，霸權國國內將會產生要求放棄國際責任的壓力。此外，現實主義學者堅持「霸權必衰」的看法，認為霸權必然衰落，霸權國的衰落必然導致國際體系的危機，這是無可避免的。[15]當然，我們必須看到，無論是自由主義還是現實主義，他們都秉持一個基本的假設，即並不是所有「霸權」國均能提供這樣的公共物品，他們強調霸權、自由主義的意識形態和共同利

---

[15]　見羅伯特・吉爾平，《國際關係政治經濟學》（楊宇光譯），經濟科學出版社，1989 年版。

益是維護自由市場體系的三個不可或缺的前提。[16]按照這個標準，在他們看來，只有歷史上的英國和今天的美國具有這些特質。

　　按照金德爾伯格等人的理論，霸權國家要具備提供國際「公共物品」的能力，必須具有下面的條件：

（1）為世界「過剩」產品提供容納的市場；

（2）在世界經濟衰落期提供穩定的逆經濟周期的資金來源；

（3）當國際貨幣體系因恐慌而停止運作時，能夠提供「再貼現」機制，提供融通的資金；

（4）管理國際貨幣兌換體制；

（5）能夠協調不同國家的國內貨幣政策；[17]

（6）能夠保護國際經濟產權。產權清晰，並且保護轉運過程中貨物及海外資產（包括短期投資和直接投資）的基本產權。[18]

　　在金德爾伯格、吉爾平之後，很多學者質疑霸權國家是獲得國際公共物品的必要或充分條件。美國學者斯尼德（Snidal）採用托馬斯·謝林（Thomas Schelling）的多角色博弈模型（a 「k」 group）進行研究表明，兩個或兩個以上國家仍可從國際公共物品中獲得「淨盈利」；而羅伯特·基歐漢（Robert Keohane）的研究說明，1972年之後的「後霸權」時代證明，不一定要有一個霸權，只要有機制，那麼，就可以維持國際合作。[19]

---

[16] 吉爾平前引書，第85頁。

[17] 以上五條由金德爾伯格提出，見 Charles Kindleberger, *The World in Depression, 1929-1939*, Berkeley: University of California Press, 1973, p.292.

[18] 第六條由美國學者戴維·萊克（David Lake）補充，見 David Lake, 「Leadership, Hegemony, and the International Economy,」 *International Studies Quarterly* 37(4) 1993, p.462.

[19] See Robert Keohane, *After Hegemony*, Princeton, NJ: Princeton University Press, 1984.

第四節　中國與國際經濟體系：從「革命者」到「建設者」

　　隨著中國參與全球經濟的程度日益加深，中國也在逐步調整對二戰後建立起來的國際體制的政策。中國從國際體系的「革命者」、「被孤立者」，逐步轉變成為國際體系的「觀察者」與活躍的「參與者」。有關這一轉變，中國學者王逸舟與美國學者江憶恩（Iain Johnston）分別做過很好的分析。

　　王逸舟在論述中國與國際組織的關係時提出，過去我們長期用全球階級鬥爭的視角分析國際組織，現在用「國家利益」分析方法對我們更有利，特別是當我們參加進入以後在具體處理有關問題時更是如此。他承認，在客觀的進程背後，在看似代表全人類和多數國家共同利益的國際組織背後，存在著少數國家尤其是西方大國的操縱與私利，存在著「王道」與「霸道」相互交織的錯綜複雜的關係。[20]但是，在國際組織中有關霸權的背後，我們還應該看到，其中有利於人類共同利益的成分。他提出，新一代人須克服歷史遺留的一些心結，崛起後的中國無法再簡單沿用在積貧積弱或停滯不前的時代奉行的國際組織戰略。他認為，「只有更多地考慮全球事務，更好地負起作為崛起中的地區及全球大國的責任，中國才能更充分地表達自身的需求，也只有這樣才會使國家的發展與世界的進步互相促進而不是互相制約。」因此，他認為，對於現行的國際組織，必須採取「兩分法」的觀點，分析清楚霸權與人類共同利益的成分，以國家利益與人類利益相結合來處理更有效。[21]

　　中國改革開放以來 30 年經濟與社會的發展，很大程度上得益於融入國際體系的過程，得益於與美國的積極而穩定的關係。也就是說，中國的發展利用了美國主導的國際體系，特別是國際經濟體制。

---

[20]　王逸舟，〈中國與國際組織關係研究的若干問題〉，《社會科學論壇》2002年第 8 期，第 4-13 頁。

[21]　王逸舟前引文，第 11 頁。

中國學者王緝思從中國崛起與美國霸權關係的角度提出了深刻的分析。他提出，中國國力增長與美國霸權地位的恢復性增長均始於上個世紀的 70 年代末，這並非偶然現象。其後，中國國內生產總值（GDP）從只占世界的 1%提高到 4%，美國的國內生產總值（GDP）從當年占世界總量的 22%提高到如今的 32%左右。王緝思寫道，「我們看到了一個發人深省的現象：中國崛起是在美國霸權擴張的歷史時期開始並持續的，而美國的霸權地位並沒有因中國崛起而受到削弱。這一現象本身已經對『美中必然對抗論』構成了挑戰。」[22]他進而提出，在相當長的時間內，中國的崛起對美國的機制霸權、經濟霸權、政治和意識形態霸權、軍事霸權都不構成嚴重挑戰，在美國構築的全球霸權體系下，中國也還有相當大的崛起空間。[23]

　　改革開放為中國全面加入國際經濟體系提供了機遇。1980 年 5 月，世界銀行執行董事會批准恢復中國在世界銀行的代表權。中國原為世界銀行的創始成員國之一。1981 年，世界銀行向中國提供第一筆貸款，用於支持大學發展專案。從此，世界銀行與中國的關係日益加強，成為重要和成熟的發展合作夥伴。1981 至 2002 年間，世界銀行共向中國提供貸款約 360 億美元，支持了 240 多個專案，其中約有 100 個專案還在實施，使中國迄今保持著世界銀行最大借款國的地位。世行貸款專案涉及國民經濟各個部門，遍及中國的大多數省、市、自治區，其中交通、能源、工業、城市建設等基礎設施專案占貸款總額的一半以上，其餘資金投向農業、環保、教育、衛生、供水等專案。中國也是執行世行專案最好的國家之一。1999 年 7 月 1 日，中國從向世界上最貧困的發展中國家提供無息貸款的國際開發協會「畢業」，目前僅從國際復興開發銀行貸款。在世界銀行向中國提供的援助中，除資金援助外，經濟分析、政策諮詢、技

22 王緝思，〈美國霸權與中國崛起〉，《外交評論》2005 年 10 月，總第 84 期，第 13 頁。
23 同上，第 13-16 頁。

術援助和培訓活動也是世界銀行與中國合作計劃的重要組成部分。
應中國政府邀請，世界銀行近些年來對中國體制改革與經濟發展的
各個重點領域做了一系列的研究專案和報告，研究課題涉及到農村
扶貧、國有企業改革、金融和銀行改革、知識經濟、環境保護、養
老金體制改革、公共支出管理、石油天然氣行業改革與監管、交通
戰略、高等教育改革等領域。[24]1986 年中國開始了恢復關貿總協定
締約方地位的談判；1999 年 11 月，中美達成有關中國加入世界貿
易組織的雙邊協定；2000 年 5 月，中歐達成有關中國加入世界貿易
組織的雙邊協定；2001 年 11 月中國正式加入 WTO，結束了長達 15
年的談判歷程。至此，中國全部加入了二戰後建立起來的所謂「經
濟聯合國」的三大支柱組織。

　　除了加入這三大國際經濟組織之外，中國還積極參加了其他聯
合國經濟機構的活動。比如，包括積極參與聯合國貿發會議
（UNCTAD）、國際貿易中心、商品共同基金和一些國際商品組織的
活動和討論。中國尤其重視聯合國貿易和發展大會（UNCTAD）的
活動，充分利用這一聯合國論壇，闡述中國對經濟全球化和貿易自
由化等問題的立場，宣傳中國改革開放和對外經貿政策，維護中國
和廣大發展中國家的利益。[25]

　　除了廣泛參與多邊經濟組織的活動，積極擴大在其中的影響
外，中國還積極創建或參與地區經濟對話或一體化的活動，取得了
豐碩的成果。這方面最凸出的有以下幾個：

　　（一）中國積極參與亞太經濟合作組織（APEC）各個層次的活
動。亞太經濟合作組織成立於 1989 年，以「相互依存、利益共用、
堅持開放的多邊貿易體制和減少區域內貿易壁壘」為宗旨。亞太經

[24] 〈世界銀行與中國〉，中國網，見 www.chinagateway.com.cn/chinese/MATERIAL/2275.htm.
[25] 參見易小准，〈2000 年中國積極參與多邊和區域經貿活動〉，《中國對外經濟貿易年鑒 2001》，中國對外經濟貿易出版社，2002 年版。

合組織自成立以來，儘管作用發生一些變化，但是，其作為亞太地區最具影響力和實質內容的區域經濟合作組織，不僅對本地區經濟發展和貿易體制自由化與便利化進程有著重要影響，而且對全球經濟合作和多邊貿易體系也有一定的推動作用。

（二）中國積極參加亞歐會議（ASEM）的活動。亞歐會議成立於 1996 年，是在世界政治多極化和全球經濟一體化不斷深入發展的背景下，亞歐兩洲為改變兩地區間沒有固定的聯繫渠道、加強兩洲相對薄弱的政經聯繫而設立的對話論壇。會議的目標是建立「為了更大增長的亞歐新型全面夥伴關係」。其中在經濟合作方面，會議提出促進亞歐兩大洲相互間的貿易與投資；在加強以世貿組織為代表的全球貿易體系問題上進行磋商與合作；加強亞歐在金融、科技、農業、能源、交通、人力資源開發、消除貧困和保護環境等方面的合作；積極鼓勵工商界參與亞歐會議等內容。中國積極全面地參與亞歐合作活動，包括首腦會議以及各職能部門部長會等。中國強調亞歐合作的重點應當放在促進經貿合作上。[26]

（三）中國積極參與並推動東亞地區一體化的進程。1997-1998年亞洲金融危機後，東亞各國認識到開展地區合作將有助於避免全球經濟體系帶來的風險，逐漸形成了以東盟與中日韓（10＋3）為主的對話合作平臺，先後在 10＋3 框架內建立了外交、經濟、財政、能源、環境、文化、旅遊等 13 個部長級合作機制，開闢了 17 個合作領域。2005 年底，東亞地區合作的地理範圍進一步擴大，成立了包括東盟、中日韓和印度、澳大利亞、新西蘭等 16 國在內的「東亞峰會」。不過，有關國家特別是中國、日本之間在東亞地區合作的地理範圍、最終目標、成員構成等方面出現了較大的分歧。因此，就目前來說，東亞地區合作仍處於「徘徊」當中。

---

[26] 詳細介紹見「亞歐會議簡介」，商務部網站，2006 年 10 月 27 日。

　　在推動東亞地區合作的過程中，中國與東盟比較早地啟動了所謂雙邊 10＋1 自由貿易區的談判。2000 年 11 月，在新加坡舉行的第 4 次東盟—中國（「10＋1」）會議期間，中國領導人主動提出「加強貿易、投資聯繫，建立自由貿易區」的建議，得到了多數東盟國家的積極回應。2001 年 11 月，在汶萊舉行的第 5 次「10＋1」會議上，雙方就建成「中國—東盟自由貿易區」達成共識。2002 年 5 月，雙方決定成立「中國—東盟自由貿易區談判委員會」，研究具體事項，起草框架協定。2002 年 11 月，在柬埔寨舉行的第 6 次「10＋1」會議上，中國與東盟 10 國領導人共同簽署了《中國與東盟全面經濟合作框架協定》，確定在 2010 年（東盟新成員為 2015 年）建成中國—東盟自由貿易區。「中國—東盟自由貿易區」是新一代的自由貿易區，其內容不僅包括取消貨物貿易關稅，還包括服務貿易和投資自由化以及經濟技術合作等內容，涉及到經濟生活的幾乎所有方面。「中國—東盟自由貿易區」建成以後，將成為世界最大的自由貿易區之一，將促進中國與東盟的全面合作和睦鄰友好關係，有助於雙方共同應對經濟全球化和區域化帶來的諸多挑戰，並將對東亞和亞太地區的政治經濟格局產生深遠的影響。[27]

　　（四）中國還參加創建了 20 國集團（G-20），參與了與發達國家組織「7 國集團」（G-7）國家的對話，中國在現行國際經濟體制中的地位顯著提高。

　　20 國集團正式成立於 1999 年。為了適應國際經濟發展的新形勢，西方「7 國集團」提議建立具有更廣泛意義的經濟政策協調組織。過去世界經濟政策主要在 1986 年啟動的西方 7 國（G-7）框架下進行，協調範圍僅局限於世界七大西方經濟體，即加拿大、法國、德國、義大利、日本、英國和美國，新興市場國家被排除之外。但是，西方七國集團機制不能滿足全球經濟發展的需要，特別是 20 世

---

[27] 〈中國—東盟交流合作的歷史脈絡：實現合作共贏〉，中國—東盟博覽會官方網站，2006 年 10 月 12 日，載商務部網站。

紀 90 年代中後期金融危機和國際收支危機頻繁發生，表明現有危機防範和解決措施存在很多缺失，要解決這些危機需要發達國家與發展中國家的廣泛合作。20 國集團正是處於這種合作的需求而創建的。

在 1999 年 20 國集團正式成立之前，在 7 國集團的倡議下，也曾建立過類似的組織，以促進工業化國家和新興市場國家之間的對話。這些舊有對話機制就包括了 1998 年的 22 國集團和 1999 年的 33 國集團。22 國集團於 1998 年 4 月和 10 月在華盛頓召開會議，旨在吸收更多的非「7 國集團」成員參與解決發生在新興市場國家而又影響全球經濟的金融危機。隨後，33 國集團於 1999 年 3 月和 4 月召開了兩次會議，討論全球經濟和國際金融體系改革問題。22 國集團和 33 國集團提出了一系列增強世界經濟抵禦危機能力的建議，表明有新興市場國家參與的定期國際磋商論壇能夠發揮更大的積極作用。20 國集團的建立解決了使這種成員間定期對話正式機制化的問題。[28]

中國在 20 國集團建立之初即積極參與對話，在各種級別的會議上積極建言，參與全球經濟政策的協調，發揮了積極的作用。

與此同時，西方 7 國集團從 2004 年開始單獨邀請中國進行對話。2004 年 10 月，中國應邀出席在華盛頓舉行的西方 7 國集團財長和央行行長會議，這是 7 國集團同中國的首次非正式對話；2005 年 2 月，雙方又聚首倫敦進行第二次對話。對話內容涉及全球經濟重大問題、主要發達國家宏觀經濟政策、中國宏觀經濟形勢，其中包括就人民幣匯率等熱點問題交換看法。西方國家普遍對中國經濟不瞭解，希望通過對話瞭解中國經濟運行的機制與規律，更好地協調政策。正如 2005 年度西方 7 國財長會議主席、英國財政大臣布朗指出的，沒有中國的參與，7 國集團財長和央行行長對全球宏觀經濟

---

[28]　關於 20 國集團（G-20）財長和央行行長會議的背景，請參閱中國財政部網站，見 www.mof.gov.cn/news/20050228_1700_4099.htm。

政策的討論將是「不完整」的，無法真實反映世界經濟發展狀況。[29]中國則希望通過與西方 7 國集團進行集體對話，對國際經濟機制施加自己的影響力，推動國際經濟新秩序的建立。

中國參加以上國際經濟組織和機制的活動，在其中扮演越來越重要的角色，表明中國經濟與全球經濟的利益已經緊緊連在一起，中國已經完成了從現行國際體系的「革命者」向「建設者」的轉變。如果從中美關係的角度，審視中國與國際經濟機制的關係，我們可以得到以下有益的觀察：

第一，從歷史縱向進行考察，我們發現中國改革開放的啟動與中美關係的改善是一致的。在美國主導的國際經濟體系向中國不斷開放的同時，中國也逐漸改變了對現行國際秩序的看法。在過去的 30 年中，中國經歷了從現行國際體制的「革命者」到「觀察者」、「參與者」與「建設者」的過程。中國與國際經濟體系的利益越來越「重合」。

第二，中國的經濟發展得益於當前的國際經濟體系。中國的發展首先得益於國內政治、經濟與社會的不斷開放，市場經濟與開放市場已經成為中國經濟的主要特徵。在這個過程中，美國作為「外壓」的因素發揮了重要的推動作用。經濟自由化釋放了過去受到抑制的發展潛力，政府放鬆管制，產品、資訊自由流動，勞動力自由遷徙，國內外市場交流，為經濟增長提供了巨大的動力。例如，中國加入 WTO 的談判經歷了漫長的過程，美國等西方國家為談判設置了較高「門檻」，為了「入世」中方必須做出讓步，增大體制改革和市場開放的力度，而正是這種「被迫」讓步帶來了中國經濟的騰飛，崛起為所謂「世界工場」，成長為全球最大的貿易國家之一。

第三，中國經濟的快速發展得益於美國市場的開放與全球經濟的穩定發展。美國市場對於中國進口的「吸收」，極大地促進中國勞

---

[29]　轉引自〈推動全球財經合作的活躍角色〉，《經濟日報》，2005 年 6 月 26 日。

動密集型產業的發展，並從中積累了大量資金，為產業升級和加快工業化創造了條件。當然，中國產業競爭力的提高給美國某些產業帶來了競爭與調整壓力，但是，兩國經濟在今後相當長時期仍將以互補、互利為主。

第四，中國成為國際經濟體系的一部分，又反過來「加強」了國際經濟體系，中國作為體系「建設者」的作用正在增強。中國逐漸發現，參與多邊機制、參與創建國際機制，能夠提高自己的國際地位，有助於更好地處理中國與現有大國、周邊鄰國的關係。中國比以前任何時候更依賴於國際經濟體系的成功。隨著中國融入全球經濟程度的提高，中國對美國發揮核心作用的國際經濟體系及規則的「認同」感越來越強。中國作為發展中大國，其自身的快速發展又為眾多發展中國家通過經濟自由化、參與國際經濟獲得發展提供了榜樣。當然，中國對於現行體制並不「全盤」認同，相反認為，仍有必要進行改革，使國際經濟體系更加公平、公正。

第五節　「負責任的利益攸關方」：美國對華「國際體系」戰略

中國加入以美國為核心的國際經濟體系，是一個相互適應與調整、摩擦與合作並存的過程。

中美之間的合作表現在諸多方面。比如，在世界銀行方面，美國人擔任行長，並在其中擁有最大的影響力。中國從世界銀行獲得了大量的優惠貸款，迄今仍然保持著最大「貸款國」的地位，世界銀行的融資為中國經濟與社會的發展發揮了很大的作用。另一方面，中國被世界銀行譽為「模範生」，中國政府執行專案能力強，信

譽好。世界銀行還強調,中國的發展經驗,特別是消除貧困方面的
經驗,為廣大發展中國家提供了值得借鑒的經驗。[30]

　　在有關世界銀行關鍵專案貸款及行長人選等問題上,中美間均
有不錯的合作。比如,2005 年美國政府任命前國防部副部長沃爾夫
威茨擔任世界銀行行長,遭到歐洲等成員國的抵制。美國布希總統
特地致電中國國家主席胡錦濤,希望中國能夠支持美國的人選。

　　但是,中美之間也存在著摩擦與衝突。比如,在專案的申報、
管理等方面,中國與世界銀行有規則方面的衝突;1990 年代初,中
國在世行的貸款受到了美國國內反華勢力的較大干擾,特別是美國
國會立法限制世界銀行對中國貸款專案的支持,曾一度使中國與世
界銀行的合作中斷。在有關貸款的附加條件上,中國具有較強的談
判能力,抵制世界銀行某些不合理的貸款條件限制和要求,其中一
個主要原因是,世界銀行資金占中國總投資的比例較小,與其他發
展中國家相比,中國更能揚其長避其短,排除其對國內政策的某些
不利影響。

　　隨著中國經濟實力的壯大,美國政府於 2005 年正式提出中國成
為國際體系中「負責任的利益攸關方」的對華政策理念,以回應中
方倡導的「和平發展」理念。

　　對於中國經濟的快速發展,美國政府正式表態表示歡迎。2006
年 4 月 20 日,布希總統對到訪的中國國家主席胡錦濤致歡迎詞時指
出:「美國歡迎一個和平、繁榮並支持國際體制的中國的興起。作
為國際體系中利益相關的參與者,我們兩國有許多共同的戰略利
益。胡主席和我將討論如何推進這些共同利益,並討論中國與美國
如何以負責任的態度與其他國家進行合作,以應對共同的挑戰。」[31]

---

[30]　〈中國與世界銀行 25 年關係史:鬥爭、妥協、合作〉,《財經》雜誌,2005
　　年 9 月 21 日。
[31]　布希總統歡迎中國國家主席胡錦濤來訪的歡迎辭,2006 年 4 月 20 日,白
　　宮南草坪。

顯然這裏美方強調了幾點重要的內容：一是美國不反對中國的和平崛起；二是中國應當支持國際體制，以分擔美國的責任；三是通過國際合作應對共同挑戰。

美國所謂的「負責任的利益攸關方」，大致包括以下一些內容：

第一，因為中國經濟日益影響全球經濟的運轉，中國的經濟發展要以「負責任的」增長方式進行。比如，針對當前全球經濟發展存在結構性不平衡的問題，美方強調中美雙方均負有特殊的責任。2005 年 9 月 15 日，美國負責國際事務的財政部副部長蒂莫西·亞當斯（Timothy Adams）在對美中貿易全國委員會（U.S.-China Business Council）發表的演講中提出，「美國和中國確實已成為全球經濟的火車頭，過去幾年的經濟增長占全球經濟增長的一半。」他認為，美中兩國發展建設性的經濟關係，將對未來很長時期內全球經濟的增長形態和速度產生重要的影響。

亞當斯提出，為了糾正當前全球經濟不平衡問題，保證世界經濟的可持續增長，全世界所有的主要經濟體都有責任解決貿易和投資流量的不平衡。其中，美國應增加國內儲蓄，而歐洲和日本應採取步驟增加內需。但是，他強調指出，整個東亞特別是中國在糾正全球不平衡方面負有「特殊」的責任。中國等東亞國家應優先解決三方面的問題：即提高匯率的靈活性；以出口為導向的經濟增長轉變為由內需帶動的增長；加強改革金融業，促進內需的增長。

亞當斯指出，美國財政部一貫認為，中國國內經濟將從更靈活的匯率政策中獲得巨大利益。「鑒於中國經濟未來將實行重大的結構性改革，允許市場決定中國的匯率有助於減小經濟失調的風險，促進調整工作有效地順利進行。」中國提高匯率的靈活性還會在整個東亞地區產生「連鎖」反應，進而可能對改變全球不平衡狀況產生積極影響。美國歡迎中國從 2005 年 7 月 21 日起採取更靈活的匯率機制，並密切注視這一進程。

　　亞當斯還提出，減少對出口為主導增長方式的依賴應當與經濟改革相互配合。他援引國際貨幣基金組織（IMF）的資料說明，新興亞洲經濟體的出口在過去 10 年中迅速增長。由出口推動的經濟增長經常會導致經常專案盈餘激增，成為亞洲貿易夥伴間關係緊張的一個重大根源。他認為，為了保持經濟持續增長，中國和東亞應當促進「內需」增長，減少對出口的依賴；通過對國民經濟的改革達到提高消費者購買力的目標。其中，他建議推動金融業的改革，通過提高金融業的效率，融通儲蓄資金，推動消費帶動內需。[32]

　　我們知道，美國宏觀經濟政策失調，財政赤字和貿易赤字所謂「雙赤字」問題是造成全球失衡的最重要根源。儘管美國政府財政當局也提到美國自身在糾正結構性不平衡方面的「責任」，但是，它顯然希望中國和東亞國家承擔經濟調整的最大代價，這顯然是不公平的。誰來為調整付出「代價」，這是中美當前圍繞人民幣匯率問題鬥爭的本質問題。

　　第二，希望中國參加 WTO 等國際經濟組織，是加強而不是削弱多邊機制。美國認為，中國完全有能力、有條件在加強國際機制方面發揮作用。

　　中國加入 WTO 會對國際經濟體系產生怎樣的影響，當時美國不少人存在擔心，認為中國的加入可能損害國際經濟體系的基礎。美國對外關係委員會在 2000 年發表的題為《啟程：中國、美國和WTO》的專題報告中提出，中國加入 WTO 有可能給多邊貿易體制帶來「風險」。報告分析指出，以往 WTO 關於處理非市場經濟國家加入的經驗不足為訓，「因為在針對像中國這樣規模和複雜度的經濟體時，它們無法構成判斷標準。關貿總協定或 WTO 中的非市

---

[32] 美國財政部副部長蒂莫西‧亞當斯（Timothy Adams）2005 年 9 月 15 日對美中貿易全國委員會（U.S.-China Business Council）發表的演講，見〈美國財政部官員認為美中關係可影響全球經濟增長〉，美國國務院國際資訊局（IIP）《美國參考》，2005 年 9 月 20 日。

場經濟成員到目前為止只有微不足道的涉外部門，對貿易夥伴的進口敏感性非常有限。」報告認為，中國對多邊貿易體系的影響將很不相同於其他國家，因為中國進出口總量龐大，而且對全球資本市場的影響日益加強（不論作為一個投資目的地、資本來源還是債權人的地位均如此），這些因素都決定「中國的加入將考驗 WTO 制度的靈活性」。儘管報告不同意一些新興國家和部分發達國家的看法，即「錯誤性認為中國將成為壓垮 WTO 的最後一根稻草」，但是報告也提出，美國應當十分關注這種「潛在危險」。[33]

儘管美國一些人對中國「入世」表示擔心，但是，其主要領導人相信，中國完全可以在多邊貿易組織中發揮積極的影響。美國貿易代表佐立克 2002 年 1 月 31 日在美中貿易全國委員會發表講話時指出，美國戰略的首要目標之一「是要防止可能導致早年情形重現的偏差或禍害」，美國不能再「孤立」中國，因為這樣做的結果終將危害美國自身的利益。他堅信，中國加入 WTO，接受 WTO 規則，採取與 WTO 宗旨一致的行為，會更加有效地使新成員國融入國際規則體系。

佐立克指出，中國加入 WTO 將能夠再次起到推進全球貿易自由化的作用。中國的開放與發展為那些推行保護主義的發展中國家做出了榜樣，「如果中國運用其影響力鼓勵其他國家採納中國自身實踐的政策，那麼，中國就可以為開放市場、創造生產力、降低產品價格、通過全球談判擴大經濟增長和就業做出重大的貢獻。……中國可以發揮領導作用，不是靠做姿態，而是通過與其他國家分享並擴展它的經驗。如果中國這樣做，中國將會受益，世界也將會受益。這些政策在過去的 25 年中為中國帶來了令人驚歎的經濟增長，這些政策可以成為其他國家仿效的典範——市場更加自由化，對外

---

[33]　美國對外關係委員會報告：《啟程：中國、美國和 WTO》（執筆人易明，Liz Economy），載張向晨、孫亮：《WTO 後的中美關係——與美國學者對話》，廣東人民出版社，2002 年，第 161 頁。

國競爭和投資更加開放，權力下放，私有化，不斷降低關稅。」[34]佐立克的講話代表了美國對華「接觸派」的觀點，該派一個觀點就是促使中國融入國際體制中。

第三，認為中國是當前國際秩序的「受益者」，中國不能永遠作「搭便車者」，中國必須為鞏固國際體系做出貢獻。

布希第二任期內，由副國務卿羅伯特・佐立克代表美國政府，提出了希望與中國發展「負責任的利益攸關方」的關係，以此回應中國政府當時提出的「和平發展」的理念。2006 年 1 月，在北京舉行的第二次美中戰略對話中，佐立克再次提出，中國應當為鞏固國際體系做出「貢獻」。他提出，中國 25 年來取得的驚人經濟成就在很大程度上歸功於美國等國努力建立起來的國際體系。他指出：「美國兩黨的七位總統注意到已出現的戰略轉移，努力促使中國融入國際體系，成為其中的正式成員。自 1978 年以來，美國還鼓勵中國通過市場改革實現經濟發展。我們的政策取得了相當大的成功：巨龍出水，融入世界。今天，從聯合國到世界貿易組織，從關於臭氧層損耗的協定到核武器條約，中國都是一名參與者。中國經歷了經濟的飛速增長。無論在商品市場、服裝市場、電腦市場還是資本市場，人們每天都感受到中國的存在。」[35]

佐立克進而指出，為了自己的利益，中國應當考慮在國際體系中發揮積極的作用。他認為，「中國取得的成功和成就使它成為全球體制中的一個具有影響力的參與者。因此，中國應認識到維護並鞏固這個使它獲得巨大收益的體制的意義。」[36]佐立克提出，中國

---

[34] 美國貿易代表佐立克 2002 年 1 月 31 日在美中貿易全國委員會的講話，載張向晨、孫亮前引書（附件二），廣東人民出版社，2002 年，第 177-189 頁。

[35] 羅伯特・佐立克（Robert B. Zoellick），〈中國往何處去？──從正式成員到承擔責任〉，在美中關係全國委員會（National Committe on U.S.-China Relations）的演講，2005 年 9 月 21 日，紐約，見 usinfo.state.gov/mgck/Archive/2005/Sep/22-769678.html。

[36] 同上。

可以在從防擴散問題、能源安全問題到反恐怖主義問題，還有禽流感問題以及亞太夥伴計劃和氣候變化問題計劃等國際機制中發揮重要作用。他強調，中國難以「逃避」自己的國際責任。他對中國作為一個仍在發展中的經濟體所面臨的國內挑戰表示理解，也認為中國政府有必要將主要精力放在重點解決國內問題上，但是，他認為，由於中國國土廣袤，國際影響廣泛，中國僅僅關注國內問題「是不可能的」。[37]

最近幾年，美國對中國發動新一輪「利益攸關方」的攻勢越來越猛烈。美國對華「國際體系外交」含有多重目的：一是幫助美國工商界解決在中國遇到的市場准入等具體問題；二是要中國儘量幫助維護當前美國領導的國際體制，通過開展中美合作，共擔成本；三是試圖影響中國未來的發展方向。

比如，2006 年 1 月，美國副貿易代表卡蘭‧巴蒂亞（Karan Bhatia）在對華盛頓美中貿易全國委員會發表演講指出，「入世」以來，中國作為一個貿易大國的崛起對全球經濟產生了重大影響，促進了中國在海外的貿易與投資。但是，他批評指出，中國並未承擔起加強全球貿易體制的相應義務與責任。巴蒂亞提出：「儘管中國作為一個貿易大國的興起產生了重大影響，但熟悉貿易事務的評論人士近幾年來卻對中國未能參與加強全球貿易體系的行動越來越感到不安。」他認為，主要問題包括中國未能在 2001 年「入世」的基礎之上進一步開放市場，中國一直不願讓開放市場的程度超出 2001 年中國「入世」協定規定的有關「範圍」。他認為，「中國在 WTO 體系內發揮的作用，與其商業影響力及其從這個貿易體系中獲得的收益均不相稱」。[38]

[37] 〈副國務卿澤奧利克在北京談美中關係問題〉，美國國務院國際資訊局（IIP）《美國參考》，2006 年 1 月 24 日。

[38] 〈美國副貿易代表敦促中國在全球貿易中發揮更大作用〉，美國國務院國際資訊局（IIP）《美國參考》，見 usinfo.state.gov/mgck/Archive/2006/Jan/26-844270.html。

　　因此，美國政府認為中國必須擴大市場開放，解決美國工商界關注的諸多問題。巴蒂亞提出，中國應當「全面接受並遵守它已承擔的義務的條文和精神」；糾正中美雙邊貿易中的種種問題，特別是，中國應當做出努力糾正中美之間存在的鉅額貿易赤字問題。他提出：「這一逆差在 2005 年超過了 2,000 億美元，成為全世界有史以來規模最大的雙邊貿易不平衡。」中國必須採取積極的措施解決鉅額貿易赤字的問題。在其他方面，美國還希望中國政府停止向重點產業提供補貼，解決人民幣匯率「低估」的問題，控制「猖獗」的盜版、假冒及侵犯版權活動，減少地方保護主義等問題。[39]

　　另一方面，美國要求中國幫助加強世界貿易組織，在多哈回合談判中發揮更加積極而明顯的作用。巴蒂亞指出，「中國因加入並參與國際貿易體系而受益匪淺，該體系的削弱或衰退都將使中國蒙受重大損失。」中國作為 WTO 中規模較大的經濟體之一，應當為增強一個致力於自由及公平貿易的有規可循的體系發揮「主導作用」。為此，美國將繼續向中國施加壓力，促使中國遵守規則。他提出，「中國必須像其他利益相關的參與者一樣尋找一條途徑，在尋求自身利益的同時遵從並幫助確立為其自身及其貿易夥伴的繁榮奠定基礎的政策和機制。」美國將在中國進行經濟轉型的過程中繼續同中國接觸，但是美國也將採取一切適當的手段，包括 WTO 爭端解決機制和根據美國法律採取的貿易補救措施在內，確保中國履行承諾。[40]正如副國務卿佐立克指出的，「我坦率地認為，雙方有許多共同點。但是在有歧見的問題上，我們仍然可以在某種程度上如同美國處理與其他親密夥伴和友好國家的分歧那樣，處理好相互的分歧」。他並不排除通過衝突與強硬的手段來解決中美有關問題的分歧。

---

[39]　同上。
[40]　同上。

第六節　中國應對美國對華「國際體系」外交的策略

　　中國在與美國主導的國際經濟體系「磨合」的過程中，謹慎而積極地應對，取得了很大的成功。對美經濟外交很好地捍衛了中國的利益。中國針對美國「國際體系」的外交有以下幾個方面的做法：

　　中國對美國主導的國際體系採取了「全面參與」的戰略，一改過去反對、挑戰、迴避的「消極」政策。正如中國學者葉自成指出的，「向美國全面挑戰，不符合中國當前的現實，再者中國也無意與美國爭奪世界霸權，中國不做超級大國是一個長期的基本國策，把中國在國際體系中的作用主要定位為挑戰是危險的。」[41]

　　中國的「國際體系」外交在某種程度上體現了不同領域採取不同策略的「區分戰略」的特點。比如，我們看到，在普遍性的國際機制上，中國更多體現的是參與戰略的一面，在國際經濟體系中尤其如此。但是，在亞洲地區合作機制上中國的戰略則表現出更加「進取」的態勢，2001 年以後這種進取姿態更加明顯。比如，中國在推動東亞地區合作機制及上海合作組織的建立上，實際上發揮了至少是一個集體領導者的作用。葉自成在 2000 年的一份研究中提出，「中國在國際體系中的作用和角色，應分別不同的區域和範圍來討論，籠統地講中國就是夥伴戰略，或就是挑戰戰略，都不符合中國的國家利益。在經濟領域，中國加入的國際經濟體系主要是以西方為主的，這一點沒有什麼可隱瞞的，經濟規則主要是西方制定的，中國加入這一體系，基本上只能適應這一體系的規則，承認西方主導權，中國在其中進行改造，修改規則也只能是有限的。夥伴參與戰略對中國在國際經濟體系中的作用是合適的。因此，中國作為最大的發展中國家，在國際經濟體系問題上應不怕參與到西方主導的市場體系中去，關鍵在於中國自己要盡快地轉變機制，適應市場的變化。」

[41] 羅伯特・佐立克（Robert B. Zoellick），〈中國往何處去？——從正式成員到承擔責任〉。

但是，在地區機制上，他當時主張採取更加積極進取策略，目的在
於爭取東亞合作機制主導權。[42]

　　針對美國提出的「負責任的利益攸關方」的理念，中國提出，
中美之間還應成為國際體系的「建設性合作者」。中國國家主席胡
錦濤 2006 年 4 月訪美時特別提出，中美不僅要成為「利益攸關方」，
還要成為國際體系的「建設性合作者」。中國對於「利益攸關方」
和「建設性合作者」的詮釋主要是，中美之間應就事關世界和平與
穩定以及全人類共同利益的重大問題加強對話，深化合作；雙方應
繼續就亞太事務加強磋商與合作，共同維護和促進本地區的和平、
穩定與繁榮；雙方應充分發揮中美戰略經濟對話和中美商貿、經濟、
科技聯委會等機制的作用，推動兩國經貿合作更快更好地發展，並
繼續加強反恐、防擴散、防務、能源、航太、科技、教育、文化、衛
生、青年等廣泛領域的交流合作，全面推進中美建設性合作關係。[43]中
方這一建議顯然超出了美國倡導的所謂「負責任的利益攸關方」的
範疇，為這一理念增添了更為具體的合作內容，在某種程度上「迫
使」美國不得不做出某種積極的回應。

　　中國堅持提出改革現行國際經濟體系，建立更加公正、合理的
國際經濟新秩序的要求。中國領導人在眾多國際會議上多次呼籲建
立國際經濟新秩序、國際金融新秩序。比如，2003 年 11 月，財政
部長金人慶代表中國政府在 20 國集團財長及央行行長會第五次會
議上發言提出，建立國際經濟新秩序，促進國際經濟「多極化」。
在建立國際經濟新秩序方面，中國政府建議鼓勵和促進各種生產要
素在全球範圍內，特別是向發展中國家全面、充分、合理的流動；
積極推動區域合作和區域間合作，促進國際經濟「多極化」，改變世

---

[42] 葉自成，〈中國實行大國外交戰略勢在必行——關於中國外交戰略的幾點思考〉，《世界經濟與政治》，2000 年第 1 期，第 5-10 頁。

[43] 〈中美：由利益攸關方到建設性合作者——專訪中國駐美大使周文重〉，《環球》雜誌，2006 年第 24 期。

界經濟增長過度依賴個別經濟體的局面，為世界經濟增長提供更大的推動力。[44]這裏顯然指全球經濟增長對美國經濟不適當的過度依賴，美國的商業周期影響到全球經濟的波動。

　　2005 年 2 月 28 日，財政部部長金人慶在 20 國集團會議上再次代表中國政府呼籲，各國努力合作，「共同創造一個公正、合理的國際經濟秩序」。他指出，全球化帶來人類經濟社會日新月異的發展。一方面，人類享受著物質文明帶來的豐碩成果，另一方面，也面臨著全球化進程中貧富差距不斷擴大的挑戰。如何在全球化時代推動發展，「關乎人類的前途和命運，也考驗著人類的道德和良知」。他提出：「實現世界經濟的平衡有序發展，符合全人類共同進步的核心利益。我們除了加強合作，抓住機遇，迎接挑戰，共同創造一個公正、合理的國際經濟秩序之外，別無他途。」[45]

　　2005 年是中國財經外交極其活躍的一年。該年，中國作為 20 國集團（G-20）的東道國，提出了以實現世界經濟「平衡、有序」發展作為 2005 年會議主題，加強全球合作，共同探討當前國際經濟中出現的發展不平衡和國際經濟體制的缺陷等問題，並通過對話與交流，尋找實現世界經濟平衡有序發展的新途徑。2005 年 10 月在中國舉行的 20 國集團年會討論的議題主要有三個：（1）在全球化背景下如何進一步促進資本、勞動力、技術等生產要素在全球範圍內的合理、有序流動，實現更有效配置，推動經濟結構調整，以促進世界經濟的平衡發展；（2）如何改善國際經濟體制的安排，促進世界經濟的有序發展。即如何對布雷頓森林體系機構進行改革，如何處理貿易與發展的關係，如何建立新的國際發展融資機制以及加強國際經濟機構和論壇之間協調等；（3）如何樹立新的發展觀，實

---

[44] 〈建立國際經濟新秩序，促進國際經濟多極化〉，中國財政部長金人慶 2003 年 11 月 26 日在 20 國集團財長及央行行長會第五次會議上的發言，請參閱中國財政部網站，見 www.mof.gov.cn/news/20050304_1893_5194.htm。

[45] 中國財政部部長金人慶在 20 國集團財長及央行行長會議上的致詞，2005 年 2 月 28 日，見財政部網站。

現經濟平衡有序發展，並探討其內在的規律。[46]2005 年 10 月 15 日，中國國家主席胡錦濤在 20 國集團財長和央行行長會議開幕式上，代表中國政府就推動世界經濟平衡有序發展提出四點主張，這四點主張包括：

第一，尊重發展模式的多樣性，支持各國根據本國國情選擇適合自身條件的發展道路，同時促進世界不同發展模式在競爭比較中取長補短、在求同存異中共同發展，不斷為世界經濟發展注入新的活力。

第二，加強各國宏觀經濟政策的對話和協調，特別是要加強在一些涉及世界經濟發展全局和各國共同利益的重大問題上的協調，以共同促進世界經濟平衡有序發展。

第三，完善國際經濟貿易體制和規則，支持完善國際金融體系，共同穩定國際能源市場，使世界各國特別是發展中國家能從中受益。

第四，幫助發展中國家加快發展，加強南北對話，著眼於逐步建立長期、全面的新型南北合作夥伴關係，完善發展援助機制，鼓勵更多發展資源向發展中國家轉移。中國最近宣布將在關稅、減免債務、優惠貸款、公共衛生、人力資源開發等五個方面採取新的援助舉措。中國將積極落實這些措施。[47]

作為發展中大國，中國要求建立國際經濟新秩序，反映了廣大發展中國家的心聲，同時也有助於在經濟外交中獲得平衡美國影響力的「話語權」。

在中美雙邊經濟外交中，特別是在涉及全球經濟結構性失衡問題上，中國政府堅持「對等」原則，強調中美兩國各自平等的義務。這一原則在中美 2004 年與 2005 年經濟聯委會發表的聯合公報中體現得十分明顯。比如，在 2004 年的聯合公報中，「中方重申將繼續

---

[46] 同上。

[47] 胡錦濤：「加強全球合作，促進共同發展——在 20 國集團財長和央行行長會議開幕式上的講話」，2005 年 10 月 15 日，北京。

實施以市場為導向的改革措施，以實現中國經濟長期持續發展。」
在美國方面，「美國官員描述了美國如何通過及時財政政策和貨幣政
策措施實現經濟的強勁復甦……美方確認，美國政府將在五年內實
現財政赤字減半。」[48] 在 2005 年聯合公報中，重點討論了雙方在全
球不平衡問題上的看法。公報指出，「雙方均注意到，全球範圍內各
國經濟增長很不平衡，為保持全球經濟的持續增長，必須解決不斷
擴大的經常帳戶不平衡問題。雙方認識到，兩國和其他一些主要國
家有責任採取必要措施減少這些不平衡。」美方做出的承諾是，「減
少財政赤字以增加國內儲蓄」。美方表示，由於颶風災區的救援和重
建工作等會導致預算赤字在短期內有所上升，但是從中期和長期來
看，美國將加強財政紀律，促進經濟持續增長，財政赤字會逐步減
少。中方的承諾是，「努力促進國內經濟持續、快速、均衡發展。中
方表示要通過鼓勵國內消費逐步實現儲蓄和投資的協調。」在匯率
問題上，中方表示要加強市場在有管理的浮動匯率制度中的作用，
提高匯率的彈性。「雙方均同意，匯率制度的選擇是一國的主權行
為，但也會在全球範圍內產生影響。雙方再次強調，匯率無序劇烈
波動會對全球經濟產生不利影響。」[49]

　　中國在堅持「對等」原則、尋求「話語權」的同時，還把重點
放在尋求中美在國際經濟體系中的利益共同點，推動並擴大中美可
以互利合作的領域。背後的動力顯然與國際經濟體系作為「公共物
品」的特性相關。比如，中美均強調維持全球經濟的穩定增長，抑
制石油價格居高不下、金融市場大幅緊縮、全球經常帳戶失衡加劇
和貿易保護主義擡頭等因素所帶來的潛在風險，加強反恐融資和反
洗錢工作，支持推動世界貿易組織多哈發展回合談判成功結束等，

[48] 〈第 16 屆中美經濟聯委會發表聯合聲明（全文）〉，新華網華盛頓 2004 年 9
月 30 日電。
[49] 〈中美聯合經濟委員會第十七次會議聯合聲明〉，新華網北京 2005 年 10 月
17 日電，見新浪網，2005 年 10 月 18 日。

符合雙方的利益，是雙方共同努力的目標。[50]中國總理溫家寶 2006
年 12 月在會見參加中美戰略經濟對話的美方代表時強調中美經濟
的「相互關聯性」與「共同利益」。他深刻指出，中美經濟的發展和
合作，不僅是互利的，而且是關聯的，開展戰略經濟對話是必要的、
有益的。中國經濟的平穩較快發展，不僅有利於中國，而且有利於
美國和世界。[51]

　　中國堅持在承擔更多國際責任的同時，必須提高中國在國際經
濟決策體制中的影響力。美國對此也做出了較為積極的回應，比如
近來國際貨幣基金組織（IMF）就增加了中國等新興經濟國家的投
票權重。比如，2006 年 9 月，國際貨幣基金組織新加坡年會與會各
方以 90.6%的支持率，高票通過一項改革計劃，增加中國、韓國、
墨西哥和土耳其在國際貨幣基金組織中的投票權權重。中國、韓國、
墨西哥和土耳其四國總共增加 1.8%的投票權，其中中國的投票權從
現有的 2.93%提高到了 3.65%。[52]美國在 2006 年 12 月舉行的首次戰
略經濟對話中，最終同意中國加入美洲開發銀行等地區經濟組織。

　　從以上發展可以看出，中國在應對美國對華開展的「國際體系」
外交方面，取得了長足的進步，很好維護了中國的權益。但是，我
們仍有更進一步努力的空間。中國學者龐中英、蘇長河等提出，中
國在國際體系中的作用相對還不大，「中國在國際體系與國際組織
中即使有作用，也多是被動的、局部的、目標明確的、有限的」。[53]
他們提出，中國的多邊外交存在以下問題需要進一步加以改進，如
對自身的國際角色尚缺少更加明確和深刻的定義；「議程設置」

---

[50] 有關共同利益的表述參見〈中美聯合經濟委員會第十七次會議聯合聲明〉，
　　 新華網北京 2005 年 10 月 17 日電。

[51] 〈溫家寶會見出席中美戰略經濟對話的美方代表〉，《經濟日報》，2006
　　 年 12 月 16 日。

[52] 〈中國人民銀行行長周小川：IMF 應加快第二階段改革〉，《國際金融報》，
　　 2006 年 9 月 20 日，第 1 版。

[53] 龐中英，〈中國在國際體系中的地位與作用〉，《現代國際關係》，2006
　　 年第 4 期，第 17-22 頁。

（agenda setting）或者動議能力還不強，即對「話題權」的影響還不夠，在不少情況下，中國還只是「聽眾」、「觀眾」而不是「演員」；在人權和環境制度等之外的不少國際制度中中國的影響還只是象徵性的；中國代表提出的許多主張「太空洞、太原則，政治宣傳味道重，具體的可操作性建議少」；對國際體系的規則不夠熟悉，影響到利用規則的能力。[54]相信通過更多仔細的研究與探索，中國的國際經濟外交一定會更加成熟。

第七節　中國方案：改革國際經濟體系

　　儘管中國的經濟發展從美國占支配地位的國際經濟體系中獲得了諸多好處，但是，中國仍然感到了現行國際體系對其自身發展的約束。比如，中國學者梅新育指出，隨著中國實力的增強，中國對西方主導、制定實施的現行國際經貿規則的「不公正性」體會得越來越深刻，某些規則已經成為中國進一步發展壯大的「桎梏」。主要問題是當前的規則忽視發展中國家的利益，比如在反傾銷，新成員待遇等方面。因此，他認為，中國要求改革，「推動國際經貿規則向更符合自己期望的方向演進」是正常的事。但是，他也強調，「推動規則演進需要足夠的實力為基礎；而影響、主導規則演進會更好地維護和增強自己的實力。」[55]在某種程度上，中國代表發展中國家呼籲改革國際經濟體系，也是為了自己的利益。

　　那麼，中國提出的改革現行體制的方案主要圍繞改革布雷頓森林體系機構及國際融資、多邊貿易體制進行，包括下面一些內容：[56]

---

[54] 同上。

[55] 梅新育，〈中國能否化蛹為蝶〉，《世界知識》，2006 年第 1 期。

[56] 有關中國對於國際經濟體系改革的具體看法，主要來自有關機構在 2005 年 10 月 20 國集團財長、央行行長中國會議前夕發表的改革意見，見〈加強全球合作：實現世界經濟平衡有序發展〉，《經濟日報》2005 年 10 月 14 日，第七版。

一、世界銀行的改革

　　中國提出擴大代表性、改革治理結構、明確戰略定位、提高效率等建議。中國方面強調，世界銀行作為世界上最大的政府間金融機構之一，擁有 184 個成員國，是致力於全球經濟發展的主要國際機構和發展中國家最大的信貸資金提供者。在承認世界銀行在過去 60 年多年中為發展融資、減少貧困以及促進經濟發展做出了很大貢獻的同時，中國提出它必須進行改革以適應新形勢發展的需要。

　　中國方面認為，在治理結構上，發達國家代表權過重，改革要擴大發展中國家的代表權。目前，7 國集團（G-7）國家占世界銀行 40%以上的投票權，其中，美國一國超過 16%，足以否決任何一項重要決策的通過與實施。同時，美國作為世界銀行第一大股東國，長期控制世界銀行行長職位，行長的選舉程式也缺乏透明度。在當前架構下，世界銀行有關發展中國家的援助計劃不可避免地受到美國等西方少數大國的影響，存在忽視發展中國家國情，強加西方標準的問題，致使世界銀行在幫助受援國發展經濟、減貧方面的作用大打折扣。所謂的「華盛頓共識」正是現有治理架構的產物。在擴大代表性的同時，應該建立一個可信、透明、公正的行長選舉機制，選舉具有領導才能，並且在發展領域具備相當的專業知識並致力於全球減貧和發展事業的人擔任行長，而不應限定其國籍。

　　進一步理順與國際貨幣基金組織（IMF）等其他國際機構的分工關係。根據目前布雷頓森林機構的分工，處理國際金融危機主要有 IMF 負責，世界銀行尚未直接介入國際金融危機的處理。但是，從當前及未來的發展趨勢看，世界銀行在減債、防範金融風險和化解金融危機等問題上，都需要與 IMF 等其他國際金融機構合理分工，進一步加強協調。只有這樣，才能更有效地防範風險。

　　進一步明確戰略定位，專注於援助經濟發展與減貧工作。建議世行在促進受援國經濟增長的時候，應將重點放在解決受援國的長

期結構性問題，為受援國實現經濟的長期增長創造條件，並根據各國具體情況制定援助方案。同時，加強在推動經濟發展與減貧兩大戰略任務方面，世界銀行應加強與 IMF、區域性開發銀行、世界貿易組織以及聯合國的合作與協調，避免業務重疊，共同推動全球經濟的合理有序和平衡發展。

　　開拓融資新渠道，貸款與知識轉移並重。為了降低全球發展的不平衡性和幫助發展中國家擺脫貧困，世界銀行應努力使自己成為全球發展融資的主要平臺和創新發展融資機制的率先實踐者，為解決聯合國消除貧困千年發展目標所需資金做出貢獻（據估計，每年資金缺口為 500 億美元）。在提供發展援助時，世界銀行應當發揮其作為「知識銀行」的重要作用，利用其專業知識和經驗促進發展中國家的發展。尤其需要針對不同類型發展中國家的需要，提供不同的服務組合，如對於能夠通過私人資本市場融資的中等收入和新興市場國家，世界銀行應發揮其知識優勢為這些國家提供服務；對於那些仍然難以從市場獲得資金的低收入國家，世界銀行應以提供貸款援助和轉移知識並重。

二、國際貨幣基金組織的改革

　　國際貨幣基金組織（IMF）在加強國際經濟和金融合作、維持國際經濟秩序穩定方面發揮著重要作用，同時也是爭議最多的一個國際經濟機構。目前，IMF 的成員國已由初創時的 44 個發展到 184 個，增加了 140 個成員國。中國是 IMF 創始成員國之一，1980 年恢復合法席位。

　　經過 60 年的變化，IMF 的主要職能發生了巨大的變化，即從一個成員國之間維持固定匯率制度、為逆差國提供資金援助、建立多邊支付體系的互助機構，演變成為維護國際金融體系穩定的監督機構。IMF 職能的調整主要是固定美元匯率體系的瓦解，以及 20 世紀 80 年代以來全球金融自由化發展造成危機頻繁發生的結果。

　　中國對於國際貨幣基金組織改革的看法主要集中在經濟監管的普遍性、危機救援貸款條件非政治化、尊重受援國經濟主權等方面。

　　在經濟監督，防範危機風險方面，IMF 的監督範圍已由最初的匯率、財政和貨幣政策以及匯率體制的監督，擴展到結構性政策、金融部門問題、體制性問題以及評估一國面臨危機時的脆弱性等方面。這個方面存在的問題主要表現為，IMF 經常通過附加條件的貸款方式監督發展中國家或新興市場國家的匯率安排、體制問題以及結構性改革等問題，威脅到被監督國家管理經濟事務的自主權，同時存在忽視發展中國家特殊情況的現象。因此，廣大發展中國家紛紛呼籲，擴大監督的普遍性和有效性，監督應涉及所有成員國，特別是應監督大國所實施的對地區和國際有影響的國內政策，加強大國間的政策協調，減少外匯市場和資本市場的波動。同時，應檢討發達國家金融體系監管框架（包括對對沖基金、離岸金融中心的監管制度等）記憶體在的弱點，有效監測和規範國際資本流動，確保國際金融體系安全有效地運轉。這些改革的要求是十分必要的，因為在資本自由流動的全球化時代，中小國家和發展中國家往往是大國宏觀經濟政策變動的受害者，很多金融危機的爆發均說明了這一點。

　　危機救援和條件性貸款。IMF 的一項重要職能是通過為危機國家提供貸款防止危機的蔓延，並幫助它們逐步擺脫危機。通過限制性條件保護 IMF 貸款的安全性，加強貸款專案的後續監督本身並沒有錯，但在某些情況下，「過細」的貸款條件超出了 IMF 的職責範圍和專長領域，適得其反。

　　危機救援貸款條件的非政治化。1980 年代以來，國際貨幣基金組織成為某些發達國家推行「華盛頓共識」的工具，是否接受經濟自由化為導向的經濟調整方案往往成為借款國能否獲得 IMF 貸款的條件。更有甚者，某些西方國家以貸款為條件，使危機國家的政策調整偏向於國際資本借貸者，而不是首先考慮如何促進經濟儘快的

恢復性增長。因此，發展中國家普遍主張，IMF 在作決策時，應嚴格遵守基金《協定》對其使命所做的相關規定，充分尊重受援國的自主權，不應屈從政治壓力而將非經濟因素考慮進來。在貸款審批問題上，應簡化貸款條件並增加受援國的自主性，充分聽取受援國的意見；貸款管理方面，IMF 應保持充分的靈活性，以滿足不同類別成員國在不同發展階段和受到外界衝擊時的需要。

在治理結構改革方面，應擴大其代表性與相應的投票權，包括改革 IMF 的份額分配以及各國在 IMF 董事會的席位。這方面的改革一要反映全球經濟變化發展以及各國經濟實力消長的新現實；擴大亞洲、非洲發展中國家的投票權重。同時，IMF 還應考慮改革 IMF 總裁的選舉程式，減少美國在內的七國集團（G-7）對 IMF 的干預和控制等，建立一個全新的公正透明的總裁選舉程式，同時增加 IMF 董事會的自主性和獨立性。

三、多邊貿易體制的改革

中國充分認識到，以 WTO 為代表的多邊貿易體制對於推動全球經濟的增長起到了重要的拉動作用。經濟全球化的深入發展、科學技術的進步、產業結構的調整、跨國公司的大發展和世界貿易體制的進一步完善，是推動貿易快速發展的強大動力。在過去 5 年中，除 2001 年受恐怖襲擊嚴重影響外，其他年份世界貿易的增長都快於世界經濟的增長。目前，世界 GDP 總額達到 30 萬億美元，貿易約占其 1／4 左右，規模在 7 萬多億美元，貿易依存度在 20% 左右。

但是，在全球貿易格局中，存在著發展不均、實力對比差距較大的特點。以 2003 年為例，美國、日本、德國、英國和法國五國占世界 GDP 比重接近 60%。在 2003 年貨物進出口前 10 位排名中，除中國外，均為發達國家，他們佔據了貨物貿易出口的 50%和進口的 58%。不過，值得注意的是，過去十多年來，發展中國家和地區在

世界貿易中的地位有所加強，進出口貿易額增長速度均快於全球平
均水平，在世界貨物貿易出口額中的比重從 1990 年的 23.5%上升到
2003 年的近 30%。2003 年發展中國家和地區的貨物出口增長率達到
17%，高於其進口增長率，貿易順差擴大。特別是亞洲發展中國家
的出口增速，高於全球平均水平 3 個百分點。

　　對於多邊貿易體制的改革，中國方面強調：應充分尊重發展中
國家的經濟發展目標及與之相適應的漸進的市場開放模式；發達國
家應當切實履行在協定中承諾的義務，改進發展中國家的市場准入
環境；制定新的貿易規則必須有發展中國家的充分參與；加強發展
中國家之間的協調，增加參與多邊貿易體制的集體談判能力；明確
中國在國際貿易體制中的發展中大國身份，促進世界經濟的繁榮與
穩定。[57]

　　中國對多哈回合談判的基本立場是，主張新的多邊貿易談判應
當有利於建立公平、公正和合理的國際經濟新秩序；有利於世界經
濟的發展和貿易投資便利化；有利於發達國家和發展中國家利益的
平衡，特別是有利於發展中國家的經濟發展。中國主張，多哈回合
談判必須充分考慮發展中國家和最不發達國家的發展現狀和需要，
在開放的程度和速度上給予特殊處理；必須採取切實、有效的措施
保證烏拉圭回合協定的實施；必須保證發展中成員的全面和有效參
與；必須保證談判結果在體現各方利益的基礎上實現總體平衡，特是
有利於發展中國家的經濟發展。中國主張，從全球化中受益最多的發
達國家有義務在技術支持和能力建設方面，向發展中成員提供必要的
幫助，使發展中國家和發達國家共同分享經濟全球化的成果。[58]

　　圍繞國際經濟體系的改革問題，中美之間既有競爭，同時又有
妥協。

---

[57] 同上。
[58] 〈龍永圖闡述中國對新一輪多邊貿易談判的立場〉，新華網日內瓦 2001 年
12 月 19 日電，載商務部網站。

　　比如，在增加發展中國家在國際貨幣基金組織（IMF）中的投票權問題上，美國支持中國等國擴大投票權重，以反映中國等國在全球經濟格局中實力地位上升的勢頭。2006 年 9 月，國際貨幣基金組織 184 個成員在年會上，以投票表決方式通過了增加中國、韓國、墨西哥和土耳其等四國投票權的決議。中國在國際貨幣基金組織中所占的投票權從 2.98%提升至 3.72%，由原來的並列第八位提升至第六位。美國財政部主張，通過重組 IMF 來反映亞洲、拉美和部分歐洲國家快速增長的經濟實力。美國財政部主管國際事務的副部長亞當斯提出，中國在 IMF 中的代表權「令人遺憾的嚴重不足」，在所有投票權中所占份額甚至低於那些經濟規模小、增長速度慢的國家。美國建議國際貨幣基金組織，以一個國家的經濟增長速度和規模來決定其在 IMF 中的發言權。美國支持中國提高投票權，主要的考慮有：第一，使國際貨幣基金組織更好地接納中國，符合美國對華「接觸」政策；第二，通過增加投票權重，加強中國對於國際經濟體系的「責任感」。正如亞當斯公開提出的，「我的主張是重新改組 IMF 的組織結構，給中國更大的發言權。……中國將會有更強的責任感來實現該組織的目標和任務。」第三，提高中國在 IMF 中的發言權，並不影響美國在機構中的支配性地位，因為，投票權重減少的是其他國家，美國依然保持著對所有協定的「否決權」。受到影響的主要是一些歐洲中小國家，如比利時、荷蘭、斯堪的納維亞國家等，它們反對 IMF 增加中國等四國投票權重和份額的改革方案。[59]第四，在某種程度上可以起到「分化」發展中國家的作用，推遲急需的所謂「一籃子」改革方案。針對美國提出的這一「個別」調整方案，印度、巴西、阿根廷、埃及等發展中大國則大力主張 IMF 應

[59]　〈美建議中國在 IMF 有更大發言權〉，《國際金融報》，2006 年 8 月 31 日，第 6 版。

當實行一項全面的、一籃子改革方案，以「充分、公平和適當地代表發展中國家」。[60]

關於 IMF 改革的努力，中國採取了「平衡」的外交政策。中國人民銀行行長周小川在 2006 年國際貨幣基金組織和世界銀行聯合年會上發言指出，為少數份額嚴重低估的國家特別增資是一個良好開端，但份額改革只是改善治理的一個方面，希望基金組織加快實施第二階段的改革，特別是加強對份額公式和基本投票權問題的研究。他強調，新份額公式應簡單、透明，同時應大幅度增加基本投票權，並建立使基本投票權保持在合理水平的機制。他呼籲各方繼續保持改革動力，提高效率，爭取使改革不斷取得進展。[61]

第八節　東亞地區合作與中美合作與摩擦

除了世界銀行、國際貨幣基金組織與 WTO 等多邊經濟組織外，中美之間還在一些地區性經濟機制如亞太經合組織（APEC）、亞洲開發銀行、美洲開發銀行，以及美國目前倡導的亞太自由貿易區（FTAAP）中存在競爭與合作的關係；在沒有國際機制的其他地區比如非洲、拉丁美洲，以及尚缺乏機制化建設的一些問題如能源、原材料等領域也存在著競爭與合作的關係。特別是隨著中國「走出去」戰略步伐的加快，中美間在「非機制化」問題領域的關係顯得越來越重要了。

美國在維護多邊經濟體系中的霸權地位外，還致力於主導地區性的多邊合作機制。有關美國全球霸權與地區霸權的關係，中國學者秦亞青曾經指出，美國對霸權的維護、扶持極其敏感。全球霸權

---

[60] 〈印度帶頭反對 IMF 給中國等更大權力〉，《環球時報》2006 年 9 月 18 日，第 6 版。
[61] 〈中國人民銀行行長周小川：IMF 應加快第二階段改革〉，《國際金融報》2006 年 9 月 20 日，第 1 版。

不能允許區域霸權的出現，當某個區域性強國開始挑戰全球霸權國家在本地區的主導地位時，該全球霸權國就會支持這個地區強國的「對手」，以維護這一地區的權力平衡，制約這個地區強國的發展。[62]中國學者王緝思也分析了中國崛起對於美國全球與地區霸權的影響。他得出的結論是，在相當長的時期內，中國的崛起並不會對美國的機制霸權、經濟霸權、政治和意識形態霸權、軍事霸權構成嚴重的挑戰，在美國構築的全球霸權體系下，中國還有相當大的崛起空間。但是，在地區層次上，中國的崛起又對美國在亞太地區的霸權地位形成所謂「結構性的挑戰」。有鑒於此，王緝思建議，在區域合作機制的建立、中國同美國主導的多邊軍事安排的關係等問題上，中國需要保持足夠的敏感。中國繼續改善同周邊國家的關係，控制中日矛盾，有利於穩定對美關係。中國在朝核問題上扮演的建設性角色，為中美處理在亞太地區的結構性矛盾提供了一個良好的先例。[63]

　　美國在亞太地區的戰略符合上述邏輯。整個九十年代，在經濟領域內美國主要依託亞太經合組織（APEC）維護自己在本地區的主導權。美國普遍認為，正是由於亞太經合組織的建立與推動經濟自由化的努力，迫使歐洲在多邊貿易組織烏拉圭談判中讓步，並最終挽救了危機中的多邊貿易體制。美國認為，自由貿易區建設與多邊貿易自由化之間並不矛盾，兩者是相互促進的關係。[64]很顯然，美

[62] 見秦亞青，《霸權體系與國際衝突——美國在國際武裝衝突中的支持行為（1945-1988）》，上海人民出版社，1999 年，第 187-217 頁。

[63] 王緝思，〈美國霸權與中國崛起〉，《外交評論》，2005 年 10 月，總第 84 期，第 13-16 頁。

[64] 美國國際經濟研究所所長弗雷德‧伯格斯滕是這一策略的主要推動者。最近他又提出通過創建亞太自由貿易區來打破多哈回合談判的僵局，見伯格斯滕，〈創建亞太自由貿易區時機已到〉，英國《金融時報》2006 年 8 月 21 日。但是，其他一些美國學者則擔心美國運用區域化策略推動多邊談判，最終損害多邊體系，並損害自己的利益，參見 Bernard K. Gordon，「A High-Risk Trade Policy」, Foreign Affairs, Jul/Aug 2003, Vol. 82, Issue 4. 該文援引了時任美國貿易代表佐立克的信，佐立克指出：「我相信在多條戰線採取貿易自由化的

國希望盡可能主導地區貿易自由化的進程。但是，九十年代末期以來，美國對東亞地區一體化進程開始採取模糊與容忍的態度，最明顯的是美國對於以東盟為中心的東亞 10＋3 合作模式並沒有提出明確的反對意見。美國這樣做的原因很多。首先，美國可能認為，美國自身推動北美自由貿易區（NAFTA）、美洲自由貿易區的建設，難有理由反對東亞一體化的努力。如果反對，將引起本地區國家對於美國霸權政策的反感。第二，「九一一」事件使得美國全神貫注於全球反恐與國土安全，無暇過多考慮東亞地區一體化進程對於美國利益的影響。第三，美國相信由於中日兩個大國間結構性矛盾的存在，東亞地區一體化的進展將十分有限。基於這些考慮，美國並不過分擔心在東亞建立起一個沒有美國參與的類似於歐盟的地區一體化組織。

但是，美國對於在東亞地區形成一個以中國為中心的地區經濟機制一直存在擔心。歐盟的不斷擴大，以及歐元作為挑戰美元霸權貨幣的出現，又反過來進一步加劇了布希政府對於東亞一體化進程的憂慮。在這種情況下，我們看到，美國政策研究人士提出了種種設想，抵消地區一體化對於美國霸權的挑戰。

第一，一些美國戰略家提出了爭取維持在歐洲和東亞地區安全主導權的建議。具體來講，歐盟的擴大催生共同外交防務政策特別是聯合防務力量的誕生，這一發展顯然與美國領導的北約集團相重疊，美國擔心，遲早有一天歐盟防務力量最終取代北約防務安排，屆時美國將失去對於歐洲的控制。[65]同樣在亞洲，美國看到在 10＋3

戰略——無論是全球範圍的，還是地區的、雙邊的——有助於增加我們的談判籌碼，推動市場開放進程。歐洲人對我說，他們曾援引 NAFTA 與 1993-1994 年 APEC 第一次高峰會的例證說服歐盟完成烏拉圭回合的談判。我贊成美國居於網路中心的『自由化競爭』的局面。」但是，作者認為，當前的形勢不同於以往，美國推動地區機制反而加劇了地區自由貿易區的擴散，可能最終瓦解 WTO，損害美國的利益。

[65] 比如美國人 Jeffrey L. Cimbalo 在《外交》雙月刊著文闡明這一觀點，見「Saving NATO From Europe」，*Foreign Affairs*，Nov/Dec2004, Vol. 83，Issue 6,

的框架下，包括在「東亞峰會」10＋6 的範圍內（東盟，中日韓，再加上印度、澳大利亞、新西蘭），東亞地區合作正在蓬勃發展，尤其是中國對於地區合作的積極參與和推動，使得美國擔心中國主導東亞地區秩序，從而把美國排擠出亞洲。基於這種擔心，一些美國政策研究者提出，在參與東亞經濟一體化進程的同時，美國要積極爭取控制地區安全安排。[66]在美國普林斯頓大學公布的最新《21 世紀美國國家安全報告》中，也提出了美國要主導亞太安全秩序並把中國納入其中的建議。[67]

第二，建立亞太地區「民主國家共同體」，企圖以意識形態分化積極參與東亞地區合作的國家。2005 年初以來，美國對於東亞地區合作更感不安，美國學者弗朗西斯·福山提出，建立一個以東北亞自由貿易區為中心的民主亞太合作夥伴體系，以東北亞自由貿易區為中心，包括美國、日本和其他所有希望加入的國家。這一建議表面並不反對東亞共同體的目標，但是，實際上通過自己的參與以及強調美國式的民主觀念，沖淡東亞地區建設共同體的主題。[68]前述美國普林斯頓大學 2006 年國家安全研究報告提出了美國建立「民主國家聯盟」（Concert of Democracies）的建議，也滲透了這種理念。

第三，為了防止東亞地區一體化對其霸權特別是對其主導的安全結構的侵蝕，美國採取措施加以預防。作者在 2005 年的一篇研究

pp.111-121.

[66] 美國《外交》雙月刊的主編 James Hoge 在文章中提出這種看法，見 James Hoge,「A Global Power Shift in the Making」, *Foreign Affairs*, Jul/Aug 2004, Vol. 83, Issue 4, pp.2-8.

[67] 「Forging A World Of Liberty Under Law:U.S. National Security in The 21st Century」, G. John Ikenberry and Anne-Marie Slaughter, Co-Directors，Final Paper of the Princeton Project on National Security, September 27, 2006.

[68] 〈美國要建立「民主亞太合作夥伴體系」〉，《國際先驅導報》2005 年 3 月 15 日，第 7 版；王勇，〈「東亞共同體」：地區與國家的觀點〉，《外交評論》2005 年 8 月，第 83 期，第 27 頁。

中寫道，美國的措施大致分為以下幾個方面：一曰「進入戰略」，通過投資和貿易進入地區市場，透過 WTO 的渠道，維持身處地區一體化的國家的市場開放。二曰「控制閥」戰略，借助雙邊自由貿易區協定對於整個地區一體化的進程造成干擾，集聚談判籌碼，通過雙邊 FTA 這些「控制閥」掌握地區一體化的進程。比如，美國在東亞就與新加坡、泰國簽署了雙邊 FTA 協定，同時考慮與日本、臺灣簽署類似的協定。三曰「代理人戰略」，通過與地區中的某些國家發展「特殊關係」，使它們成為代表自己利益的工具，減緩或破壞地區一體化的進程。比如，美國與英國和日本結有「特殊關係」，並積極鞏固這種特殊關係。我們知道，出於種種原因，英國和日本對於地區一體化的發展不甚積極；在歐洲，美國還利用所謂「新歐洲」（中東歐國家）平衡「老歐洲」（主要是法德）的勢力。四曰推廣「北約模式」，維護或編織美國主導的地區安全安排，在歐洲就是維護北約的壓倒性地位，在亞洲試圖編織「亞洲版」的北約等。種種迹象表明，美國顯然把區域化當成對其霸權地位的挑戰。由於事情本身的複雜性，美國在處理它與地區一體化的關係時不得不強調「兩手」，即合作與競爭並舉的做法。

　　第四，美國政府提出建立「亞太自由貿易區」（FTAAP）的政策倡議，挑明了反對東亞建立單獨貿易集團的立場。美國顯然接受了華盛頓國際經濟研究所伯格斯滕等學者和工商界人士的建議，開始接受「亞太自由貿易區」的倡議，推動在 APEC 範圍內的自由貿易區建設。伯格斯滕明確提出，建立一個 FTAAP 就是要阻止排斥美國的東亞經濟集團的出現。他特別提到，東亞地區內部雙邊的或次區域的 FTA 的安排（比如中國—東盟自貿區、日本、韓國與東盟自貿區等），有可能演變成範圍更廣的「東亞共同體」或者是一個東亞自由貿易區，可能會以太平洋劃線，從而分裂了太平洋地區。美洲也同樣出現了這種讓人擔憂的情況。他寫道，「亞太地區的分裂，東亞和西半球逐漸提高相互的貿易壁壘，將使本地區內的許多國家面臨

嚴重的政治、經濟甚至是安全問題」。因此，迫切需要一個廣泛的涵蓋整個太平洋的計劃來避免這樣的危險。「APEC 是唯一可以作為體制基礎的安排，而 FTAAP 是唯一一個具有操作性的實現上述安排的工具。」[69]

伯格斯滕還提出了另外一個觀點來支持建立 FTAAP 的觀點，即 FTAAP 有助於控制中美經濟關係的緊張局勢。他分析指出，美國對華貿易赤字達到 2,020 億美元，美國已經對中國的出口施加了一系列的限制，美國國會也正在考慮更加嚴格的限制措施。為了避免經濟衝突，宏觀經濟的調整包括人民幣升值是必要的。他認為，為了避免中美衝突，建設 FTAAP 有利於把中美貿易衝突放在更大的跨太平洋的大背景下考察。地區的安排比雙邊安排有更多的好處，他認為雙邊安排迄今為止「沒有效果，帶有衝突性和危險性」。[70]

如何應對美國日益加強的干預東亞地區一體化進程的壓力，中國需要仔細觀察，謹慎決策。排斥美國的存在並不符合中國的利益，同時也不符合東亞地區的政治經濟現實。中美之間經濟相互依賴關係不斷深化，可以為緩解兩國在地區一體化問題上的分歧與摩擦找到答案。未來可能的情況是，在現有框架下的東亞地區一體化進程會繼續進行下去，但是由於美國的擔心、日本的消極政策、東盟國家內的分歧等因素，將可能出現越來越複雜的局勢。中國明智的政策選擇是積極參與不同層次、不同範圍的地區合作，並謀求在其中不斷擴大影響。同時，加快、深化類似於中國—東盟自貿區安排等雙邊措施，以此作為應對各種複雜局面的堅實基礎。

---

[69] C. Fred Bergsten, 「A Free Trade Area of the Asia Pacific in the Wake of the Faltering Doha Round: Trade Policy Alternatives for APEC」 (Chapter 2), in *An APEC Trade Agenda? The Political Economy of a Free Trade Area of the Asia Pacific*, A Joint Study by The Pacific Economic Cooperation Council &The APEC Business Advisory Council，pp.15-16.C.

[70] Ibid, p.16.

第九節　中國「走出去」與美國的反應

正如中美領導人多次強調的，中美之間的經貿關係越來越具有全球意義。其中一個背景顯然與中國企業實行「走出去」戰略、進行國際化經營有關係。

中國擴大對外投資符合國際經濟學有關跨國投資目標的解釋。大致說來，中國企業「走出去」，主要是為了達到下面的目標：第一，獲得能源、原材料的安全供應。中國經濟持續高速的發展，提高了中國對海外能源、原材料的需求。第二，繞過發達國家與某些發展中國家的貿易保護壁壘。中國在紡織品與成衣加工的海外投資專案十分明顯。第三，擴大海外知名度，提高全球市場份額。這方面主要是技術密集型企業通過併購發達國家公司資產，實行國際化戰略。

根據中國官方公布的資料，在對外投資的地區分布上，亞洲仍為中國對外投資的最重要地區，占中國對外投資總額的 71%。其次是拉美地區，占 20%。非洲與歐洲各占 3%（見表 8-3）。

截至 2005 年底，中國對拉丁美洲累計直接投資為 114.5 億美元，其中，開曼群島 51.6 億美元；英屬維爾京群島 19.8 億美元。顯然，這兩項都屬於利用其「避稅天堂」的地位進行的投資。對美國投資，到 2005 年底為 8.2 億美元。

表 8-3　2003-2005 年中國在各地區對外直接投資存量情況

單位：萬美元

國家（地區）	2003 年末	2004 年末	2005 年末	占對外投資總量的比重（2005 年末）（%）
亞洲	2655939	3340953	4062904	71
非洲	49122	89955	159525	3
拉丁美洲	461934	826837	1146962	20
歐洲	53152	74666	159819	3
北美洲	54849	90921	126324	2
大洋洲	47226	54394	65028	1
合計	3322222	4477726	5720562	100

資料來源：中國商務部《2005 年度中國對外直接投資統計公報》，商務部網站。

單位：億美元

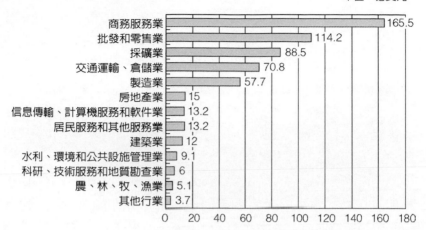

圖 8-5 2005 年末中國對外直接投資存量分行業情況

資料來源：中國商務部《2005 年度中國對外直接投資統計公報》，商務部網站。

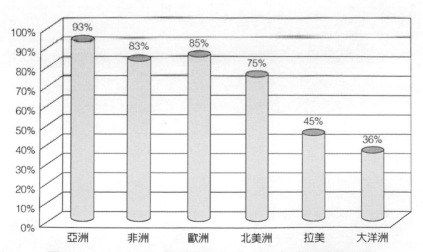

圖 8-6 2005 年中國境外企業在世界各地區覆蓋比率

資料來源：中國商務部《2005 年度中國對外直接投資統計公報》，商務部網站。

　　中國實施「走出去」戰略，引發了美國一些人的擔心。但是，迄今為止，美國政府認為沒有必要過分擔心中國在發展中地區上升的影響。美國國內存在不同意見。美國國會擔心中國擴大對世界各地的戰略投資對美國現存利益造成損害，他們認為中國「侵入」了美國傳統的經濟地區，挑戰了美國的主導權。他們強調，中國在拉美、中東、非洲、亞洲的挑戰是全面的，尤其應當警惕中國在美國「後院」拉丁美洲的行動。為此，國會有關委員會舉行了多次專題聽證會，聽取各方面的意見。

　　來自傳統基金會的保守派專家提出，中國與拉美的經濟聯繫不斷加強，對於美國在拉美的影響和利益構成了嚴重的「未來」威脅。他們認為，「中國正在利用拉美挑戰美國在西半球的主導地位，中國把那些在利益和價值觀方面與美國不同甚至對美國懷有敵意的國家組成一個第三世界的集團。」為此，美國必須對中國在拉美地區的商業利益表示警覺和關注。[71]他們還指出，一旦中國採取行動保護在拉美的利益，將會極大影響美國在該地區的戰略利益。中國的行動主要是由於美國「忽視」拉美這一「弱點」導致的。美國應當制定對拉美的新戰略，包括擴大美國主導的自由貿易區，幫助友好國家發展健康的市場經濟，建立更加緊密的安全合作關係，以應對來自中國的挑戰。[72]

　　出席聽證會的溫和派學者則認為，中國在拉美的行動主要屬於「相對善意的發展」，中國的主要目的限於尋求貿易與投資的機會。

---

[71] Hearing testimony of June Dreyer, U.S.-China Economic and Security Review Commission, Western Hemisphere Subcommittee, House International Relations Committee, April 6, 2005. 中國國家主席胡錦濤 2004 年 11 月參加 APEC 首腦會議，率領了龐大的政府和商業代表團，訪問了巴西、阿根廷、智利和古巴，簽訂了 39 項協定。

[72] 「China Focuses on Latin America,」 United States South Command, Open Source Report, November 30, 2004, prepared by Open Source Solutions；Hearing testimony of Peter Brookes, Heritage Foundation, Western Hemisphere Subcommittee of the House International Relations Committee, April 6, 2005.

與美國長期建立的經濟聯繫相比，中國在拉美的利益仍然具有「邊緣」的性質，美國不必對中國的活動過於敏感。他們提出至少三個方面的理由為自己的立場的辯護：第一，中國在拉美地區的貿易和投資規模無法與美國相比，兩者相去甚遠。2004 年美國從拉美的進口達到 2,550 億美元，截至 2003 年美國在拉美累計直接投資高達 3,040 億美元。[73]中國的數字有限，無法與美國相比。第二，中國在拉美經濟利益的增長潛力受到地理位置的制約，而美國則具有得天獨厚的「地緣」優勢。第三，美國在拉美具有「人緣」優勢。拉美國家向美國的移民大大加強了美國與該地區的文化和經濟聯繫，中國則缺少這個優勢。因此，溫和派的建議是，美國不應當對中國在拉美的經濟活動「反應過度」；中國在該地區日益增長的存在不會對美國造成威脅，相反，與美國長期堅持的將中國「納入」世界體系的政策目標是一致的。[74]

美國國會研究部有關中國在拉美影響的專題報告傾向於溫和派的看法，認為中國在拉美的行動更多具有商業色彩，不對美國的利益構成威脅。[75]

出席聽證會的布希政府官員表達了美國政府的正式立場。他們的基調是，中國在拉美的活動從長遠角度看需要加以注意，但是，近期不會有什麼影響。美國負責西半球事務的助理國務卿指出，從情報、通訊和網路戰等方面看，美國政府對長遠發展的趨勢有一定

---

[73] See Guillermo R. Delamer, et al, 「Chinese Interests in Latin America,」 in Paul D. Taylor ed., *Latin American Security Challenges*, Naval War College, Newport, Rhode Island, 2004; Hearing testimony of Dr. Cynthia Watson, Western Hemisphere Subcommittee of the House International Relations Committee, April 6, 2005.

[74] Hearing testimony of Riodan Roett, School of Advanced International Studies (SAIS), Johns Hopkins University, Western Hemisphere Subcommittee of the House International Relations Committee, April 6, 2005.

[75] Kerry Dumbaugh and Mark P. Sullivan, 「China's Growing Interest in Latin America」, Order Code RS22119, CRS Report for Congress, Congressional Research Service , The Library of Congress, April 20, 2005.

的「擔憂」。但是,「中國目前在本地區的影響還是比較小的。」美國仍將是受到本地區各國歡迎的合作夥伴。不過,他也表示,美國將繼續監視中國在該地區的行動。美國國防部助理國務卿幫辦羅傑里奧‧帕多—毛洛(Rogelio Pardo-Maurer)也指出,目前尚未發現中國軍方在西半球的活動,中國未出售武器,在常規武器方面中國未對美國構成任何威脅。他也指出,美國需要對中國在拉美地區不斷增長的能力保持警惕,美國將對情報、通訊和網路戰等方面的能力加以重點監控。美國也將鼓勵拉美國家警惕中國這方面的有關行動。

美國媒體當前也十分關注中國在海外投資與貿易企業的情況,存在一些歪曲報導的情況,顯然「惡化」了中國的國際形象。比如,2006 年 8 月 10 日,「美國之音」網路版刊登了題為《非洲、拉美國家為何不滿中國公司》的報導。報導未經核實,誇大甚至歪曲了事實真相。報導主要認為,由於中國公司在投資企業內的勞動條件惡劣,工資待遇低下,已經引發了發展中國家對中國的批評。報導指出,「無論是贊比亞還是安哥拉或者尼日利亞、摩洛哥,當地工人對中國公司對待勞工的態度和工資待遇都有很多不滿」。文章重點列舉最近發生的兩件事作為例證,一是 2006 年 7 月,由中國有色金屬礦業集團在贊比亞經營的一家銅礦因為工資太低發生暴亂;二是中國首鋼秘魯鐵礦的當地工人舉行罷工。文章還提到在 2004 年,贊比亞政府曾經要求紡織廠的中國經理們不要在晚上把工人們鎖在工廠裏面。《環球時報》記者經過調查發現,這些報導存在很多失實的地方。比如,這篇報導既沒有現場採訪,也沒有對援引其他通訊社報導的內容進行核實。「美國之音」的報導還將路透社英文原文「6 個人被槍擊並受傷」,轉成了「5 名工人遭到槍殺和受傷」。誇大了原本是兩起普通的勞動糾紛案的性質。在首鋼秘魯鐵礦案例上,從 2006 年8 月 8 日開始,首鋼秘魯鐵礦公司有 600 多名「轉包」工人舉行罷工,罷工工人封堵道路,阻止未參加罷工員工上班。秘魯當地政府已經裁定這次罷工為「非法」,因為參加罷工的轉包工並不是秘鐵的

直接雇員，而是轉包公司的雇員。這些工人的工資也不由首鋼秘鐵直接支付，他們的罷工抗議對象應該是雇用他們的公司，而不是首鋼秘鐵。在裁定罷工為「非法」後，秘魯司法當局派出警察維持秩序，並試圖清除路障，以便未參加罷工的正式員工能夠進入礦區。而贊比亞銅礦案例中，當地工人要求漲工資舉行罷工。為了維護秩序，贊比亞警方打傷 6 名工人。但是，中國企業尊重當地的法律，也尊重當地工人，完全不存在虐待當地員工之說。傷者已經出院，說有 5 個人被打死純屬無稽之談。目前銅礦的生產已恢復正常。[76]

中國企業走出去，是當地重大利益格局的調整，必然會在投資東道國造成各種衝擊。中國企業應當加強文化與社會的研究，提高公共關係意識，融洽與當地社會的關係。還是前述的兩個勞資糾紛案例，中國相關企業缺乏公關意識，缺乏積極應對當地媒體的經驗。這是因為中國企業傾向於把遭遇勞資糾紛、環保糾紛等負面事件看成「醜事」迴避媒體採訪，不敢主動出面澄清事實、闡述自己的觀點。秘魯媒體對罷工的報導均是引述工會組織領導人、罷工工人、非政府組織、當地政客的表態，而沒有首鋼秘鐵的聲音。在公共危機的過程中，中國企業實際上把「話語權」拱手讓出，助長了媒體報導「一邊倒」的現象。當地媒體對中國投資企業的不利報導進而影響公眾和政府、議會、司法部門的看法，使中國企業陷入處處被動挨打的境地。[77]

中美之間就中國「走出去」保持對話，溝通對雙方是有利的。溝通、對話有利於防止誤判。中美兩國職能部門已就相關問題開展對話。中國國家發改委與美國國務院啟動了雙邊經濟發展與改革對話會，其中就涉及對外投資、國際組織等議題。截止 2005 年 8 月，中美共舉行四次對話。雙方討論的議題包括經濟改革、電信和資訊

[76] 范劍青等，〈西方媒體？中國企業奴役非洲和拉美地區的勞工真相〉，《環球時報》，2006 年 8 月 16 日。
[77] 同上。

技術、產業結構調整、老工業基地改造以及農業等問題。第四次對
話在北京舉行，雙方圍繞中美經濟發展戰略、能源政策和能源安全、
國際組織作用及海外投資等話題進行了「全面和富有成效」的討論。
中美經濟發展和改革對話會由國家發改委和美國國務院共同倡導，
旨在就經濟領域中的宏觀經濟政策和重大問題進行交流和討論，以
增進理解，加強合作。由於美國國務院是美國方面的對話夥伴，我
們可以說，對話在某種程度上將直接回答美國對於中國經濟崛起
特別是中國推行「走出去」戰略對其全球經濟利益的影響等擔心
的問題。[78]

第十節　中美在全球能源領域的競爭與合作

　　中美是世界上最大的能源消費國與進口國之一。隨著中國經濟
的發展，中國從 1993 年開始成為石油的淨進口國，預計中國對於進
口石油的依存度到 2020 年超過美國。為了保證能源的安全供應，中
國油氣企業開始在世界範圍內進行投資，專案目前遍及中亞、中東、
東南亞、非洲、拉美等地。中國在世界能源領域的擴張，引發美國
方面的關注與擔憂。

　　美國關注的問題有幾個：（1）中國公司在海外大肆擴張投資，
獲得開採權，單獨向中國供應油氣，可能會對世界石油市場造成衝
擊，致使油價上漲；（2）中國與反美的所謂「非民主」政權進行石
油合作，對美國的地區安全戰略產生了不利影響。美國政府希望中
國按照國際市場的方法，解決石油安全供應問題；同時，謹慎對待
那些有爭議的反美國家。美國擔心的目標不僅是中國，還包括印度
等近年大力開拓國際油氣資源的國家。

---

[78]　〈中美舉行經濟發展與改革對話會〉，《經濟日報》2005 年 8 月 04 日，第
　　四版。

2005 年 7 月 26 日，美國經濟與商業事務助理國務卿安東尼‧韋恩（E. Anthony Wayne）指出，美國一直致力於推動減少能源貿易與投資的障礙，同時歡迎世界油氣市場增加新的供應國。但是，他又強調，中國、印度等國在伊朗、蘇丹等國建立能源合資企業不利於全球穩定。美國方面認為，中國要解決能源需求問題，必須放開國有企業對於能源產業的壟斷控制，才能滿足日益擴大的能源需求。他指出：「專家們認為，通過購買商業上並不划算的海外資產，中國不可能滿足對於石油的需求，也不會減少對於主要石油公司的石油依賴。」美國專家與政府給予中國的建議是，開放石油產業的所有權，允許私人企業經營石油。

韋恩援引國際能源署（IEA）的報告指出，中印美三國將成為未來世界市場上最大的石油能源消費國家。到 2030 年，中國、印度能源需求將增長一倍，而美國的需求量也將增長 35～50%。對此，美國政府的政策是，保持與中印兩國的接觸，促使它們提高能源的利用效率，加強對於環境的保護；通過促進合作而非衝突的方式推動美國的能源利益。因此，他提出，美國要與中國、印度等國保持持續的能源對話，發展並加深與兩國的雙邊、多邊的合作，包括與印度發展民用核能的合作，與中國開展清潔再生能源技術的合作等。[79]美國、日本等發達國家均主張，通過合作推動中國使用更多的再生能源、清潔能源，提高能源使用效率，因為這樣就可以減少中國對石油等碳氫燃料的依賴和進口，從而減低國際油價上漲的壓力，減少溫室效應氣體排放總量的過快增長。

美國在能源問題上的擔憂顯然引起了中國政府的注意。中國與美國開展了各個層次的能源對話，聽取美國的看法，幫助美國理解中國的能源政策，並在相關領域開展合作活動。

---

[79] Andrzej Zwaniecki,「China, India Oil Deals Can Undermine Global Diplomacy, U.S. Says」, 07/26/2005,*Washington File*, see www.usembassy-china.org.cn/shanghai/pas/hyper/2005/0726/epf205.htm.

在中美能源問題對話方面,能源安全問題納入了 2005 年中美外交事務副部長級首次戰略對話;2005 年 7 月,中美兩國政府在華盛頓舉行了首次能源政策對話,議題包括了清潔能源、石油天然氣、核電、節能和提高能源使用效率等內容。截止 2006 年底,中美業已進行兩次能源政策對話。在對話中,中美政府代表系統地介紹了各自對國際能源形勢的看法,就能源政策、發展規劃和戰略目標交換資訊,圍繞能源安全、能效與節能、可再生能源等專題進行了深入討論,並就如何繼續推進中美能源合作提出具體設想。中美雙方一致同意,將提高能源效率和發展新能源與可再生能源作為未來一段時期兩國能源合作的重點領域。主導中方對話的中國發展改革委員會認為,中美兩國在能源領域面臨許多共同挑戰,合作潛力很大;加強雙邊交流,對增進互相理解、擴大互利合作、維護中美兩國能源安全和促進世界能源可持續發展都具有重要意義。[80]

在中美政府能源政策對話外,中國科技部與美國能源部在再生能源方面開展專案合作。此外,中國企業還參與了美國能源部倡導的清潔能源專案。比如,中國華能集團加盟美國「未來電力」專案,參與建設世界首座污染物近零排放的燃煤發電商業示範電站。[81]

---

[80] 「中美進行第二次能源政策對話」,《經濟日報》2006 年 9 月 14 日,第三版。
[81] 美「未來電力」專案是 2003 年美國能源部在戰略發展規劃中提出的四大戰略目標之一,即「通過多元化供給,提供可靠的、可承受的和環境友好的能源,來保障國家和經濟安全」的直接措施。該專案計劃用 10 年時間,投資 9.5 億美元,設計、建設、運營全球第一座污染物近零排放的燃煤發電商業示範電站。該電站設計裝機淨容量為 27.5 萬千瓦,以聯合迴圈發電技術為核心,集煤氣化、制氫、碳收集等先進技術於一體,可大幅提高發電效率,將目前世界最先進的煤電發電效率 40%多提高到 60%以上,同時每年還可分離和封存 100 萬噸二氧化碳。該專案的實施採取政府與企業合作的方式,由美國能源部負責組織協調,聯盟負責具體實施工作。專案建設投資由美國能源部提供 5 億美元的直接專案資助,美國能源部二氧化碳分離專案提供 1.2 億美元的資助。此外,企業聯盟將提供 2.5 億美元資金,即由參與企業聯盟的成員公司每家提供 2000 萬美元。另外 8000 萬美元擬由外國政府負擔。目前,已有美、英、澳大利亞等國的 7 家國際知名能源企業簽署了成員協定加入聯盟,華能集團是第 8 家也是我國目前惟一加入聯盟的企業。見「華

　　中美兩國在能源問題的對話與合作還體現在雙方積極推動國際能源合作機制的建設上。多邊機制方面的進展又反過來推動中美兩國在能源問題上建立互信、共贏的關係格局。國際能源合作方面的進展包括：

　　2004 年 1 月，中美達成《關於在和平利用核能、核不擴散和反恐領域合作的意向性聲明》，為兩國在和平利用核能方面的合作掃除了最後障礙。2006 年 12 月，在中美首次戰略經濟對話期間，正式達成了中國購買美國核電技術建設核電站的協定。

　　2005 年 7 月，中國與美國、日本、韓國、澳大利亞和印度 6 國發表了《亞太清潔發展和氣候新夥伴計劃意向宣言》。該宣言是對聯合國氣候變化機制（京都議定書）的重要補充，也為中美在能源與氣候領域展開更全面深入的合作提供了政策框架。

　　2006 年 12 月 16 日，中、美、印、日、韓五國能源部長會議在北京舉行，會議被稱為「能源消費國大會」，美國首次與會。會議目的在於促進石油消費國的合作，平衡產油國的影響。五國討論了包括能源合作在內的穩定國際油價的各種途徑，並就穩定油價發布五國聯合宣言，簽署雙邊或多邊合作開發協定、「團購」原油的協定，並就與石油輸出國組織（OPEC）爭奪「話語權」問題展開討論。會議發表《中國、印度、日本、韓國、美國五國能源部長聯合聲明》，確定了五國進行能源合作的規劃，穩定油價的方案，包括確保國際市場穩定及維護能源安全。五國占世界石油消費總量的近一半，對於世界能源市場具有舉足輕重的影響。會議提出，針對近年來國際石油價格波動、上漲，對世界經濟特別是發展中國家經濟的負面影響，五國決定共同努力，增加能源投資、節約能源、提高能源效率、發展替代能源、利用清潔高效能源技術（包括核能、潔淨煤）、建立石油儲備等。聯合聲明強調，中印日韓美在能源領域擁有「共同

能加盟美「未來電力」專案」，《經濟日報》2005 年 10 月 28 日，第六版。

利益」，認識到推動能源新技術開發應用、提高能效的政策，將極大地促進五國和全球的能源安全。為保障共同能源安全，五國決定在五個領域進行合作：（1）能源結構多元化；（2）節能提效；（3）加強戰略石油儲備合作，促進全球能源安全；（4）通過更好地資訊共用，提高市場資料透明度，加強石油市場穩定；（5）鼓勵五國間在能效、替代能源和運輸等領域，開展廣泛、深入的商業合作；（6）鼓勵五國間在能效、替代能源和運輸等領域，開展廣泛、深入的商業合作。[82]五國能源會議具有重大意義，五大能源消費國從競爭走向合作，對改變國際原油定價格局將具有重要影響。

當前，中美能源合作的潛力尚未得到完全的發揮，主要有以下幾個方面的表現：

第一，中美兩國政府推動的能源合作迄今為止主要集中在能源「下游」領域的合作，特別是集中在提高中國能源使用的效率上。但是，在石油產業的「上游」，中美間能源關係更多的表現為競爭而非合作。中國學者查道炯認為，美國基於地緣政治的考慮，擔心中國獲得穩定的海外能源供應的努力。他列舉例證證明自己的觀點。比如，中國油氣公司在伊朗、蘇丹、緬甸等與美國存在雙邊外交困難甚至對美敵對的國家開採油氣資源，受到了美國政界、新聞媒體的廣泛批評。在中國海洋石油公司（中海油）競購美國加州聯合石油公司（優尼科）一案中，美國的深層擔心在於中國控制優尼科公司遍佈東南亞、非洲和中亞的海外油氣資產。此外，美國媒體也對中國在南美洲和非洲國家獲得上游開採權的努力表示擔憂。他認為，這主要是地緣政治的因素導致美國對中國的不信任。[83]

---

[82] 〈中國、印度、日本、韓國、美國五國能源部長聯合聲明〉（中國北京，2006年12月16日），《經濟日報》2006年12月17日，第二版。

[83] 查道炯，〈中美能源合作及對東亞合作的影響〉，《外交評論》，2005年第6期，第34-35頁。

　　第二，中美在石油上游產業開展國際合作，開始顯露端倪，預示兩國在能源領域的合作在不久的將來有可能向縱深方向發展。儘管美國國內政治氣氛不利於中美上游能源合作，但是，兩國政府均已表達在海外投資合作開發油氣資源的意願。比如，在 2006 年 9 月舉行的中美第二次能源政策對話會議上，中國發改委副主任張國寶提出，中國將加強與美國公司以及其他國家公司的合作，共同參與國際油氣資源的勘探開發。中美企業間的合作涉及油氣勘探開發、煉油化工、能源生產裝備等領域。當前，中美上游石油企業的合作，主要局限於中國境內。根據發改委的統計，截止 2005 年底，美國企業在中國境內的油氣開發專案累計投資達到 50 億美元。[84]

　　與此同時，美國能源部助理部長幫辦弗雷德‧里克森在美國參議院作證時也表示，美國和中國面臨同樣的能源挑戰，雙方加強在能源安全領域的合作，符合彼此利益，也有利於世界的能源穩定。對美國議員較為關注的中國海外石油投資問題，弗雷德‧里克森表示，中國目前在海外的石油產量，只相當於美國石油消耗量的 2%，還不到世界石油總產量的 0.5%，因此中國海外石油投資對世界能源市場的影響很有限。

　　第三，美國國內因素影響中美能源合作的深化。美國國內因素主要表現在：其一，「九一一」事件之後，美國對國家安全的關注空前提高，美國外國投資委員會加強了對外國投資的審查。美國國會總審計局（GAO）的一篇報告批評美國外國投資委員會對「國家安全」的理解過於狹隘，處理過於寬泛，要求將能源、通訊等領域也列入國家安全問題系列。該報告促使一些國會議員提出修改外國投資委員會審查的建議，其中包括加倍延長審查期限的修改建議。其二，石油價格上漲是美國加緊審查的外部原因。其三，美國機構間協調問題，表現在能源部門與安全部門的衝突上。比如，美國對

---

[84]　桂衍民、張廣明，〈中美能源合作諱言海外投資〉，《新京報》，2006 年 10 月 24 日。

外投資委員會的諸多構成機構中沒有能源部。一些分析人士認為，中美在能源領域的合作與較量其實是美國安全部門和能源部門相互間利益沒有協調好的結果。[85]

　　因此，中美之間建立戰略互信，是兩國開展能源合作的關鍵。因為「信任」因素對於中美在能源問題上是競爭還是對抗顯得尤為重要。正如中國學者王緝思所說的，由於意識形態和社會制度的原因，中美之間缺乏「戰略互信」，進而影響到能源領域。他舉例指出，美中日同為世界前三位的石油消費大國，但是，美國為什麼對日本在能源上的憂慮遠遠少於對中國的擔心呢？他認為，問題不在於能源短缺致使石油價格上揚等物質因素，而在於中美間包括中日間缺乏「戰略信任」，才導致中美、中日爭奪能源的說法，而少見「美日能源爭奪」的說法。[86]

　　針對美國方面的擔心，中國開展了旨在建立信任關係的積極外交。2006 年 4 月，胡錦濤主席訪問美國，他強調了中美合作維護世界能源市場秩序的重要性。他提出，隨著中國經濟不斷發展，中國對能源的需求相應上升。中國在能源供應上實行立足於國內的基本方針，堅持開發與節約並舉，重視提高能源利用效率。他表示，中國將按照國際規則，同包括美國在內的其他國家在能源領域開展互利合作，共同維護世界能源市場秩序。[87]這是十分重要的政策宣示，對於消除美國在能源問題上的擔憂起到了很好的作用。

　　中美能源合作的潛力是很大的。為了深化兩國的能源對話與合作，中國學者查道炯提出了一系列問題領域，供雙方進一步討論。他提出的議題包括：在中國的油氣公司開拓海外開採市場時，如何「磨合」中美兩國的國際政治和國際經濟利益？如何創造一個雙邊

---

[85] 同上。

[86] 王緝思，〈美國霸權與中國崛起〉，《外交評論》2005 年 10 月，總第 84 期，第 14 頁。

[87] 〈胡錦濤出席美國友好團體午餐會並發表講話〉，《經濟日報》2006 年 04 月 21 日，第二版。

外交政策環境，以利於中國的油氣公司同在美國註冊的跨國石油公司在中國、美國、以及第三國合作開發？中美兩國如何通過雙邊和多邊渠道維護世界主要產油地區和國家的政治與社會穩定？中美兩國如何認定海上石油運輸通道等國際「公共物品」，並為了維護它的高效能使用而共同努力？中美之間如何在民用核能利用的技術和政策層面走向實質的合作，以推動核能在中國能源供應成分中的較快上升？[88]解決好上述這些問題，中美顯然需要進一步擴大互信，把兩國能源關係放在互利互信的全球框架下加以考察。儘管當前離實現這一目標尚有很大的距離，但是，隨著中美兩國在全球能源問題上接觸更加頻繁，這些問題上的對話與合作最終難以迴避。

第十一節　美國霸權興衰與中國的崛起

中國的崛起發生在美國主導的國際經濟體系中，中國的發展得益於當前的國際經濟體系。儘管中美之間在相互適應各自實力地位變化的過程中產生了不少摩擦，相互不信任，但是，總的來說，中美兩國都採取了接觸、適應、調整、並逐漸接受對方的政策。

一、有關美國霸權興衰的爭論

有關美國實力地位的興衰問題，始終存在著兩種觀點，一是美國霸權「相對衰落」論，一是美國「注定領導」世界論。正如中國學者王緝思所說的，這兩種觀點受到不同政治立場的很大影響，帶有強烈的感情色彩。立場、感情不同，則得出的有關美國興衰的結論也不同。[89]

---

[88] 查道炯，〈中美能源合作及對東亞合作的影響〉，《外交評論》2005 年第 6 期，第 34-35 頁。

[89] 王緝思，〈高處不勝寒——冷戰後美國的世界地位初探〉，《美國研究》，1997 年第 3 期，第 7-38 頁。

　　在美國霸權相對衰落論方面，霸權穩定論學者認為，美國霸權的衰落帶有必然性，因為美國霸權體制下，將產生越來越多的所謂「搭便車者」（free rider），隨著維護霸權成本的上升，美國將失去對霸權的國內支持基礎。美國學者阿瑟・斯坦在研究美國霸權時也強調，美國倡導的自由主義開放體制下，美國儘管會享受霸權帶來的好處，但該體制帶有一個致命弱點，即必然會培養起美國的競爭對手，也就是說，體制本身就埋藏著美國最終被其他國家超過而在國際經濟競爭中必然失敗的種子。這是開放體系下霸權國家的「宿命」。[90]具體來說，美國自身的種種問題，將推動美國霸權走向衰亡。王緝思支持美國前國家安全顧問布熱津斯基的觀點，認為，美國內部的問題將導致美國霸權的式微。布熱津斯基指出：「對美國的特別的全球角色的真正挑戰越來越多地來自內部而不是外部。實際上，美國的主要薄弱部位可能不是被其對手的有形挑戰所突破，而是被它自己文化形成的無形威脅所突破，因為這種文化在國內越來越削弱、渙散、分化美國的力量乃至使其癱瘓，同時又引誘和腐蝕外部世界乃至使其異化和革命化。」[91]王緝思認為，暴力犯罪、道德淪喪、吸毒販毒、貧富懸殊等社會痼疾的蔓延，今後可能對外部世界造成更大的威脅。

　　美國「注定領導」世界的信仰者也可以找出諸多理由為自己的立場辯護。美國國力的衰落是相對的，按照約瑟夫・奈的想法，美國的國力始終處於一個穩定的水平。新美國基金會（New America Foundation）高級研究員懷特海（Whitehead）也認為，在過去的100多年中，美國在世界經濟中的實力地位沒有什麼變化。他寫道：「一個世紀以來，美國在全球經濟實力中所占的份額，以及它在全球軍

90　Arthur Stein,「The Hegemon's Dilemma,」 *International Organization*, Vol. 38, Spring 1984.

91　茲比格涅夫・布熱津斯基，《大失控與大混亂》（潘嘉玢、劉瑞祥譯，朱樹揚校），中國社會科學出版社，1994 年版，第 158 頁。

事力量中的潛在份額，基本上沒有變化，而在今後一個世紀或更長時間裏，情況可能依然如此。」他認為，一個國家的國內生產總值（GDP）可以作為該國潛在軍事力量的實用替代指標。據世界銀行的資料顯示，2000 年美國占全球 GDP 的 27%。但是 1913 年美國所占份額更大，達 32%。而在更早的 1900 年達到 38%。他援引美國政治學家羅伯特・A・佩普（Robert A. Pape）的研究指出，「在過去一個世紀，美國占世界生產總值的份額，往往是任何其他一個國家的兩倍（或更多）：1913 年是 32%，1938 年 31%，1960 年 26%，1980 年 22%。」二戰結束時，美國占全球製造業產出的一半左右，但這並不新鮮。早在 1929 年，美國占全球製造業產出的份額就超過 43%。」因此，他認為，並不存在所謂美國「衰落」的問題。

有關未來的發展，懷特海指出，中國、印度的力量將獲得很大的增長，但是，中印崛起也同樣並不意味著美國的衰落。根據有關預測，到 2050 年，中國、印度和美國預計將成為世界上人口最多的國家。法國國際關係研究所（Ifri）預測，大中華（中國大陸、香港、澳門和臺灣）屆時將成為主要經濟大國，占全球經濟的 24%；北美（美國、加拿大和墨西哥）次之，占全球 GDP 的 23%。美國高盛公司（Goldman Sachs）也預測，到 2050 年，中國將成為世界最大的經濟體，美國和印度緊隨其後。歐洲由於人口下降嚴重，其在全球GDP 中所占份額將會減少。部分預測顯示，半個世紀後，整個歐洲的人口將少於美國。他指出，如果高盛的預測正確，那麼 2050 年美國、墨西哥和加拿大占全球 GDP 的份額為 23%，那麼，美國在全球總量中所占的份額將與七十年前，也就是 1980 年 22%的份額大致相當。但是，美國的人均收入至少到 22 世紀仍將大大超過中國和印度，即便不是 22 世紀以後的話。

但是，懷特海也同時警告，美國全球霸權的支持者也不要過於高興。儘管美國長期以後仍將占世界 GDP 約四分之一，仍可以在未來的多極世界中保持第一的位置，但是，如果美國試圖成為新羅馬

帝國，讓過度的軍事動員削弱了經濟實力，那麼美國很可能會成為下一個蘇聯。而且伊拉克戰爭也表明，在以政治為本質的較量中，優越的武器與財力並不能保證勝利。[92]

　　王緝思在綜合考察了冷戰結束後美國國內經濟社會發展的指標和趨勢，以及全球化進程同美國國內變化的互動關係等多方面情況之後，也得出結論指出：「美國不會失去其超級大國的地位，但不會擁有傳統意義上（如 19 世紀的大英帝國）那種稱霸世界的能力」。他同意，美國推行霸權的最大障礙是它自己。王緝思認為，美國的主要問題在於將國家資源轉化為政治影響力的主要困難，表現在「軟力量」特別是社會凝聚力的削弱；缺乏戰略遠見；舊有聯合中的主要力量即其他西方發達國家，從總體上和相對於新興發展中國家來說，力量正在逐漸分散和削弱。[93]

　　另外一個值得思考的問題是，美國的霸權地位除了有強大的經濟實力支撐外，還得益於二戰之後建立起來的國際體系，美國在這個體系中居於領導地位。這一體系實際上為美國提供了一個合法的「道德」包裝，避免了美國因完全依賴赤裸裸的武力手段維護全球地位而遭遇道義困境。但是，美國實力的加強，始終存在一個輕視、背離多邊機制的傾向。單邊主義的傾向在小布希政府時期更加凸出了。這樣的例子很多，比如濫用美元霸權，造成消費過度，儲蓄不足，結果造成美國經濟不得不依賴國際資本流入度日；宏觀經濟只考慮本國利益，無視美國政策的外在影響，導致國際金融危機頻頻發生，但又拒絕建立有效監管的國際金融機制；外交政策過多依賴軍事手段，過分強調建立自我為中心的安全同盟體系等。所有這些問題都表明，美國單邊主義政策與其自身創建的國際體系之間的矛

---

[92] 懷特海（Whitehead），〈美國世紀〉，英國《金融時報》，2006 年 2 月 21 日。
[93] 王緝思，〈高處不勝寒──冷戰後美國的世界地位初探〉，《美國研究》，1997 年第 3 期，第 7-38 頁。

盾，美國式的民族主義與國際社會之間的矛盾將長期存在下去，並將成為今後世界的主要問題。

二、美國霸權與中國崛起

正如前面講到的，中國的崛起得益於美國為核心的當前國際經濟體系。中國的快速發展得益於國內不斷自由化的過程，包括經濟、政治與社會的自由化。美國作為「外壓」因素同樣扮演了重要的角色。內外因素的結合造成了中國不斷開放的壓力與動力，釋放了過去被抑制的發展潛力，中國經濟從資本、人員、資訊、思想的自由流動中，從大規模的國際交流與協作中獲得了巨大的利益。

中國還借助了美國的市場發展了本國經濟，從勞動密集型產業開始逐步積累資金，不斷進行產業的升級。目前，中國企業與產業競爭力的提高，儘管給一些美國產業帶來了競爭壓力，但是，總的來講，兩國經濟的互補性和互利性仍然大於競爭性，這個趨勢還將延長很長一段時間。

隨著中國融入國際經濟體系的程度日益提高，中國對美國發揮核心作用的國際經濟體系及其規則的「認同感」越來越高了。其中最重要的是中國與當今國際經濟體系間形成了巨大的共同利益。中國的發展維護了國際經濟機制，而中國經濟對外依賴程度的提高，使得中國比以往任何時候都更加依賴於全球經濟體系的成功。

當前，中美之間在多邊經濟體系中存在更多的共同利益，但是，在地區結構中似乎出現了更多的利益衝突。正如前面提到的，在亞太地區中美之間的結構性利益衝突似乎不可避免。不少中外學者都認為，隨著中國對東亞地區一體化政策的調整，中美在利益與目標上的衝突越演越烈，大有超過合作的勢頭。美國擔心，以中國為中心的亞洲經濟集團將排擠美國勢力，並最終削弱美國在東亞地區和全球的霸權。一些美國學者甚至開始討論所謂中美之間的「力量轉

移」問題。這種提法過於誇大了中國的力量和影響，顯然是十分危險的。

　　作者認為，面對全球化與區域化深化發展的形勢，中國應當在多邊與區域兩個層次採取中美協調的政策。具體做法可以包括：

　　第一，與美國聯手加強全球層次的開放市場安排，最重要的是完成 WTO 多哈回合的談判。中美之間在加強多邊貿易體制，開放市場方面存在諸多共同利益。儘管中國從農業談判中的收益不會太大，但是，中國可以借助與美國合作確保自己的出口和對外投資利益。

　　第二，繼續推動東亞地區合作的同時，加強與美國的戰略理解與合作，東亞國家可以設計出一個既「納入」美國同時又使其不反對本地區區域一體化的政策。有鑒於此，加強地區內國家的共識和凝聚力是至關重要的。

　　第三，積極參與地區安全機制的建設，防止產生美國主導的排除中國的新的地區安全安排。

　　美國政府內部存在著容忍東亞地區一體化的聲音。比如，2002年1月31日，美國貿易代表佐立克在美中貿易全國委員會的演講中分析了亞洲經濟一體化對於美國的影響。他的意見是：「亞洲經濟一體化——中國與之互聯在一起，不必被視為對美國利益的威脅，而應被視為對美國加速達成自由貿易協定、加深我們與整個太平洋地區一體化的一種推動。」他強調，「區域一體化會鞏固經濟上的相互依存，有助於各國戰勝跨國經濟活動帶來的挑戰，從而能夠促進發展中的全球貿易自由化進程。」[94]2006年5月22日，主管東亞事務的美國助理國務卿克利斯托弗・希爾在新加坡國立大學李光耀公共政策學院發表演講時指出，「美國政府相信可以在全球任何區域同中國合作，東南亞也不例外。」美國和中國在東南亞所發揮的影響力

---

[94]　美國貿易代表佐立克2002年1月31日在美中貿易全國委員會的講話，載張向晨、孫亮前引書，第177-189頁。

不會此消彼長，兩國可以在東南亞事務上進行合作。他指出，美國和中國並不是東南亞事務上的競爭對手。「中國是區域經濟發展的驅動力，美國政府其實樂見東南亞國家同中國建立友好關係，這完全不損害美國的利益」。[95]這些都是十分積極的資訊。

三、積極管理中美在國際體系中的關係

　　中國在國際體系中地位的上升，必然帶來各種挑戰，其中，中美領導人是否能夠對兩國在國際體系中的關係加以良好管理，事關中美與國際體系的未來。美國學者蘭普頓（David M. Lampton）提出，中美兩國未來領導人面臨的最重要的任務分別是：對美國領導人來說，就是必須為力量不斷壯大的中國「騰挪」空間，以讓中國加入 8 國集團（G-8）作為良好的開端，美國必須認識到美國單方面行使其影響力的有限性。兩國必須既要構築在地球上合作的基本框架，又要同時考慮如何在太空合作的問題。對於中國領導人來說，在使用力量的時候必須使其他國家放心，並且保證尊重他們的利益。「互相確保與合作來解決共同的問題」是最重要的任務。他提出，美中兩國在未來一定要成為「建設性的競爭者和夥伴」。[96]

　　所幸的是，中美兩國領導人對於處理兩國關係的共識在不斷增加，他們都表明了致力發展中美全球夥伴關係的立場。2005 年 11 月，胡錦濤主席在會見布希總統時提出了進一步發展中美建設性合作關係的五點建議，其中有很多建議與中美在全球機制中的合作有關。胡錦濤的五點建議是：第一，保持兩國高層交往的積極勢頭。兩國領導人可通過多種方式，就雙邊關係和共同關心的重大問題保持密切溝通和磋商。雙方還應加強其他級別的對話和交流，以及兩

95　〈美國助理國務卿希爾：中美可在東南亞事務上合作〉，人民網，2006 年 5 月 23 日。
96　David M. Lampton, 「The United States and China: Competitors, Partners, or Both?」, delivered at U.S. Foreign Policy Colloquium George Washington University, June 4, 2004, p.13.

國議會的友好交往。第二，共同開創中美經貿合作的新局面。雙方
應堅持平等互利、共同發展的原則，不斷拓展合作領域，實現互利
共贏。努力在發展中逐步實現兩國貿易平衡。通過對話和協商妥善
處理兩國經貿合作中出現的摩擦和問題。第三，加強兩國在能源領
域的互利合作。雙方可就能源戰略加強磋商。鼓勵和支持雙方企業
在油氣資源勘探和開發領域開展合作。共同開發清潔能源，妥善應
對能源和環境挑戰。第四，加強兩國在反恐、防擴散、防控禽流感
問題上的合作。在雙向互利基礎上深化反恐合作。在相互尊重和信
任基礎上，繼續開展在防擴散問題上的建設性對話與合作。兩國有
關部門應儘快落實雙方關於加強禽流感防控雙邊合作的共同倡議。
第五，擴大兩國在人文領域的交流與合作。雙方應積極擴大文化交
流，探討建立中美文化合作對話協商機制。進一步發揮中美科技聯
委會的作用。鼓勵兩國政府主管部門、科研機構和產業界加強科技
合作。[97]

　　美國權力精英也越來越看到了中美合作給兩國帶來的現實利
益。美聯儲主席格林斯潘在任時對美國國會多次強調了這一點。他
當時指出，中國近 6,700 億美元的外匯儲備的 70%以上購買了美國
國債，支撐了美國房地產市場的繁榮；從中國回流的大量資金使美
國經濟在 2000 年急劇衰退時得以「軟著陸」；來自中國的價廉物美
的商品有效地幫助美國經濟抑制了通貨膨脹，維持了一個良好的經
濟環境，同時也減少了因貧富收入懸殊而擴大的階層矛盾。[98]最近
公布的普林斯頓大學《21 世紀美國國家安全報告》也承認，美國從
與中國的貿易關係中獲得了巨大的實質性的好處。美國前國務卿亨
利‧基辛格博士指出，美中兩國雖然現在沒有了共同的敵人，但有

---

[97] 〈中美關係越來越具全球意義〉，《人民日報海外版》，2005 年 11 月 21 日，
　　第一版。

[98] See Testimony of Alan Greenspan at the Senate Banking Committee，July
　　17,2003；「Capitalism and the Role of Globalization」,Speech delivered at the
　　World Affairs Council of Greater Dallas, Dallas, December 11,2004.

了共同的機遇。我們面臨著建立一個基於和平與進步的國際體系的機遇。中國已經存在了 4000 年，我們無法摧毀中國，所以中美共存對世界和平來說絕對是必要的，也是必需的，因為我們生活在一個新的世界中。[99]美國學者約瑟夫‧奈更加明確地指出：「美國與中國沒有必要兵戎相見。並不是所有的崛起中的大國都會引發戰爭——19 世紀末美國超過英國提供了佐證。如果中國保持和平崛起，那麼，中國人民和鄰國將從中受益，美國人也會受益。但是，請記住修昔底德的話，重要的是，不要把理論家的理論當成現實，要不斷提醒政治領導人和公眾這一點。」[100]

中美在國際體系的框架下處理彼此的關係，共同成為「負責任的利益攸關方」，將把和平與繁榮帶給中美兩國與全世界的人民。

---

[99] 袁明，〈與基辛格博士面對面〉，《環球時報》，2005 年 6 月 21 日，第 11 版。

[100] Joseph Nye，「Beware of Self-Fulfilling Prophecies」，*Taipei Times*, March 21, 2005.

第九章　結論與建議

第一節　中國「入世」：全球化的分水嶺

　　中國加入 WTO 成為中國經濟與全球經濟聯繫的分水嶺，中國經濟擺脫了相對孤立的發展狀態，更多地融入到全球經濟當中，同時也更多地受到國際通行規則的制約。

　　中國加入 WTO，在某種程度上也可以說經濟全球化發展的重要分水嶺。這是因為，如果沒有「中國因素」的拉動，「九一一」事件後的經濟全球化可能因失速而停滯，或因受重創而一蹶不振。事件發生後，不少人曾對此表示擔心。當時，美國陷於本土自衛的恐慌中，美國經濟步入蕭條，歐洲增長低速，中東陷入伊拉克戰爭，石油價格高漲等等，所有這些發展似乎均預示著世界經濟可能重蹈 1970 年代中東石油危機後的覆轍，或 1980 年代西方經濟「滯脹」的歷史。但是，「入世」後中國經濟的快速成長，拉動了中國與全球投資與需求，最終使全球經濟保持了較高速度的增長。中國成為繼美國經濟之後世界經濟增長的新「引擎」。當然，中國因素對全球經濟的拉動作用是與其他發展中國家，特別是所謂「金磚四塊」（BRIC）中的其他國家（巴西、俄羅斯、印度）同時發揮作用的。

　　發展中大國「整體」的興起，既是全球化繼續發展的動力，也是全球化進程加深的重要表現。發展中國家在西方主導的全球經濟秩序中的「主動」地位大大加強了。如果說，全球化有所謂的「形成者」（shaper）和「適應者」（adapter）的話，那麼，發展中國家在全球化進程中影響的上升，標誌著它們正從「適應者」變成「形成

者」。[1]2003 年 WTO 在墨西哥坎昆召開的第五次部長會議上，發展中國家「21 國集團」（G-21）的崛起，與發達國家在農業、投資問題上的對抗，具有某種程度的象徵意義，它標誌著發展中國家在全球經濟中的作用將進一步加強，全球化由此可能已經進入了一個新的階段。

在這種大背景下，中美關係與中國與美國的經貿關係也發生了巨大的變化。中美兩國出於自身利益的需要，順應了全球化發展的大趨勢。特別值得提出的是，所謂「亞洲的崛起」已經成為美國政策研究界的重要議題，顯然中國與印度等亞洲國家的崛起已經引起了美國的高度關注。中東以外的亞洲地區主要是基本解決了地緣政治問題，同時快速融入全球經濟中。

中國「入世」後，中國與美國的經貿關係發展的速度遠遠超過人們的想像，表現在以下幾個方面：

第一，中國實力大增，在地區和全球經濟中的影響大幅度上升，中國與美國的經貿關係的性質更加「平等」了。

中國「入世」前的中國與美國的經貿關係，美國在很大程度上具有相對主導地位，這是由中美間「不對稱」的相互依賴導致的，中國依賴於美國市場、技術及投資。1990 年代，美國正是利用這種不對稱的相互依賴關係，通過談判迫使中國進行改革，接受美國主導的國際規則，而中國往往處於被動讓步的地位。當然，我們必須指出，中國經濟潛力的釋放與參與國際經濟分工程度的提高，與中國接受這些規則和經濟貿易政策的自由化有很大的關係。

但是，中國「入世」迄今，一系列的指標表明，中國與美國的經貿關係進入了一個更加平等的新階段。隨著中國在地區和全球經濟影響的上升，中國手中的「籌碼」大大增多。中國外匯儲備急劇上升，對國際匯市和美元走勢具有很大的影響力；中國購買美國國

---

[1]　See Thomas Friedman ,*The Lexus and the Olive Tree*, New York: Anchor Books , 2000.

庫券，中國資本「反哺」美國經濟；中國公司啟動對美國公司的併購，中國投資者著眼於美國技術、品牌、國內營銷網絡與海外能源等資源；中國擴大對世界各地的戰略投資，「侵入」了傳統美國的經濟「領地」，挑戰美國的主導權；中國在東亞地區經濟一體化方面發揮著越來越大的作用；中國成為眾多多邊經濟組織的重要成員，並開始利用規則「反制」美國⋯⋯，所有這些發展均增加了對美談判籌碼，在一定程度上抵消了美國的影響力，中美之間的關係更加平等。

第二，中國在全球經濟中上升的速度超過人們的想象，引起人們觀念與行為的調整與適應。

中國入世以後，中國出口結構發生較大變化，所謂「先進技術產品」（ATP）出口迅速增加，引發不少美國人的恐慌。除此之外，中國在精密機床、汽車製造、發電機組、航空航太等關鍵技術與製造產業的進步，也引起了世人關注。前世界銀行專家、美國中國經濟問題專家鮑特里埃曾認為，中國經濟的優勢主要集中在勞動密集型的輕紡工業品和電子產品上，在大型機械、裝備製造業方面，中國尚處於落後地位。他預計，中國這方面的進步需要很長的時間，中國「入世」也不會很快改變這種局面。[2]但是，情況的發展變化顯然超出他與其他經濟學家的想像。

此外，中國政府提出的「創新」戰略，研發經費投入的快速增長，引起了發達國家的高度關注。由於國家在研發與創新上的作用，不少人把中國政府的產業扶持政策稱之為「技術民族主義」。我們已經看到，中美經貿摩擦開始向「規則」領域的鬥爭轉移，美國等國試圖以 WTO 規則限制中國國家出臺的產業政策的空間。可以預見，中美之間圍繞規則的鬥爭在今後將更加激烈。

第三，中美利益融合和經濟合作的速度也超出人們的想像。

---

[2]　張向晨、孫亮，《WTO 後的中美關係——與美國學者對話》，廣東人民出版社，2002 年版，第 72-73 頁。

　　中國「入世」前的十餘年中，美國國內政治因素構成中國與美國的經貿關係深入發展的巨大障礙。僅舉一例，根據中國 WTO 談判核心成員張向晨當時的觀察，由於美國國會存在強烈的反華情緒，「在中美進行的 WTO 談判中，美國很長時間藉口國內立法困難，迴避給予中國永久正常貿易關係的問題，因此 1998 年尼古拉斯・拉迪幾乎肯定美國將會引用 WTO『互不適用條款』[3]。」[4]但是，令人想像不到的是，2000 年，美國政府與工商界發起了前所未有的遊說運動，要求國會給予中國永久性正常貿易關係地位（PNTR），並獲得了巨大的成功。美國的行動清楚表明，中美經濟利益已經事關美國在 21 世紀的競爭地位，對美國絕不是什麼可有可無的小事。

　　美國民意對於中美合作的看法也跟著發生很大的變化。2002 年，美國芝加哥外交關係協會民意調查顯示，83%的美國民眾認為，「中國關係著美國的重大利益」。這一比例比 4 年前的 1999 年增長了 9%，也是自 1978 年這項調查設立以來（每 4 年進行一次）最高的。[5]美國傑出華人社團「百人會」（Committee of 100）2004 年底調查也表明，美國人對於中國的看法發生了很大的變化，59%的普通民眾和意見領袖以「積極」的眼光看待中國，與十年前 1994 年比例（46%）相比有很大的提高。有超過 60%的人（包括工會成員）認為，中國的低價商品使美國消費者受益，有 70%的人認為對華貿易使美國受益。[6]

　　中美宏觀經濟間關聯性大大增強。中國資金「反哺」美國經濟，但也增加了中國對於美國資本市場的影響力；中美都擔心，各自經

---

[3] See Nicolas R. Lardy, *China's Unfinished Economic Revolution*，Brookings Institution Press, 1998, p.44.

[4] 張向晨、孫亮前引書，《WTO 後的中美關係——與美國學者對話》，第 72-73 頁。

[5] 轉引自李海燕，〈中國、美國經貿合作如火如荼〉，《中國貿易報》，2002 年 10 月 29 日。

[6] 美國百人會，〈美國人對華態度：關於大中華及美中關係問題的意向調查〉，見百人會網站（www.committee100.org）。

濟增長速度一旦減緩，將對彼此經濟產生很大的負面影響。由於金融、匯率、經濟增長等經濟因素的聯繫，中美共同利益呈現出前所未有的增長態勢。

第四，全球經濟、美國經濟與中國經濟間互動影響明顯上升，但是，中美宏觀政策對此準備不足。中國經濟與全球經濟之間的關聯度增長之快，超過了人們的想像，這是中國參與經濟全球化的重要結果，這一變化相應地要求我們提高對全球經濟政治快速變化的敏感意識，同時也要求我們改進我們的決策體制與決策方式。中國出口激增衝擊國際市場；國民經濟與加工貿易的快速增長拉升對進口原材料、能源的需求；急速增加的外匯儲備對國際匯市形成了潛在的巨大影響。所有這些因素都提高了中國宏觀經濟決策對地區和全球經濟的影響力，中國經濟與全球經濟均衡發展息息相關。中國匯率管理政策的演變、發展即是一個典型的案例。連續 10 多年維持人民幣與美元「掛鈎」的制度顯然不能適應中國經濟與全球經濟的發展，這是我們 2005 年 7 月推動匯率機制改革的大背景。但是，鉅額外匯儲備業已形成國內流動性過剩的過大壓力，這一壓力需要經過一段時間方能釋放，中國宏觀經濟風險顯然增加了。從某種程度上講，這是我們正式參與全球經濟的「第一課」。

第二節　「絕對所得」與「相對所得」：中美合作與衝突的基本動力

儘管包括中國在內的發展中國家在全球經濟中的地位發生了很大的變化，獲得了更多的談判籌碼，但是，美國仍將在相當長的時間裏維持「霸主」的地位，美國仍將是全球經濟的中心，這一點暫時難以撼動。

中美之間仍將維持著較大的力量差距。中美差距僅從一個指標上即能看出來：2002 年，中國占世界 GDP 的份額是 4%，美國占世

界 GDP 的 32%，美國 GDP 份額達中國的八倍之多。中國的 GDP
份額與美國加利福尼亞州在世界經濟中的 GDP 份額相當，都是
4%。美國紐約州占世界 GDP3%，德克薩斯州、佛羅里達州、伊利
諾伊州各占 2%；新澤西州、俄亥俄州、賓夕法尼亞州各占 1%。美
國剩餘各州占世界 GDP 的份額是 16%（見圖 9-1）。

　　儘管其中有統計標準的差異，但是，中美力量懸殊是顯而易見
的，更不用說，美國經過了多年的財富積累，其累積實力規模更要
遠遠超過中國。

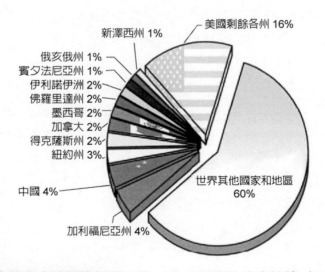

圖 9-1　中美在全球經濟份額比較：2002 年國內生產總值（GDP）

資料來源：Bates Gill and Sue Anne Tay, "Partners and Competitors: Coming to
　　　　　terms with the U.S.- China economic relationship", Center for Strategic
　　　　　and International Studies，April 2004.

　　因此，我們在與美國打交道時必須保持對現實的清醒認識，不
能被中國經濟快速的發展和世界對中國的溢美之辭衝昏頭腦，防止
「誤判」很重要。這是中國領導人明智提出「和平發展」大戰略的
基本國情背景。

　　但是，另一方面，我們也必須看到，美國經濟與全球經濟聯繫的密切程度超過了任何一個時期。特別是美國走上以服務業為主的經濟道路，美國經濟的福祉已經與全球經濟緊緊連在一起了。美國經濟更加依賴於世界廉價的商品與資金，更加依賴於進入外國市場與進入美國的移民。美國經濟要繼續獲得這些寶貴的經濟資源，必然依賴於美國保持在世界政治經濟格局中的主導地位，其中也包括依賴於美國國內穩定的市場經濟與政治體制。至少在可以預見的將來，美國體制、市場的優勢不會消失，其在全球經濟中的主導地位也將維持一段時間，但是所有這一切均有賴於全球政治經濟形勢的穩定。

　　當前，中國國情與政策也決定中國在世界經濟中的地位將進一步提升，中國市場與制度的優勢將繼續發揮作用。經過一個世紀的探索，中國吸取了正反兩方面的經驗教訓，已經找到了一條適合中國這樣的人口大國的快速發展道路，即通過加強執政黨的建設，保持政治穩定與內部和諧，不斷完善市場經濟與民主政治，對外開放，深度參與全球市場，充分利用外來資源包括資本、知識、資訊、技術、管理、人才、市場、能源與原材料等。中國的發展道路是一種「共用型」的發展道路，中國的發展將繼續是開放的發展。在這個過程中，具有強大的規劃、調節能力的國家與政府仍將在中國未來的發展中起到十分重要的作用。儘管中國在這個過渡期中，將面臨內外諸多挑戰，但是，只要堅持中國當前的發展道路，中國就有能力解決前進道路上出現的種種問題，並最終大大提升在全球經濟中的地位，實現中華民族偉大復興的目標。

　　因此，中美兩國將長期共存、共同發展。國際政治經濟發展的「絕對所得」與「相對所得」並存的規律，將決定著未來的中美經濟關係將既是一個長期融合、合作的過程，同時也將是一個長期摩擦、衝突的過程。

在這個長期過程中，重要的是，中美雙方要以戰略的眼光看到共同利益的不斷增長，看到雙方對於全球經濟與社會健康發展的責任。中美共同利益包括：

（1）中美經濟的發展將繼續成為全球經濟發展的「引擎」。中美「雙引擎」格局不會改變。中美都在調整對彼此的看法，認識到合作與互利遠遠大於競爭。越來越多的美國人認識到，中國的所謂「威脅」不是中國經濟的強大，而是中國經濟增長的放緩。

（2）共同抵制貿易保護主義，維護開放的國際貿易體制，中美擁有共同的利益與責任。反對保護主義，維護開放的多邊貿易體制關係到兩國的利益，關係到全球經濟的發展。中美兩國由於處於不同的發展階段，它們在開放貿易體制中的利益也是不同的：中國的利益主要在於維持國際商品貿易的開放，而美國則主要關注服務貿易市場與投資的開放。但是，隨著中國經濟的發展，中國在投資領域開放方面的利益也將不斷提高。

（3）促進全球經濟更加公平地發展，減少貧困，中美兩國負有特殊的責任。在目前階段，中美兩國在這個問題上的看法存在較大的分歧，不過，隨著對話、溝通的加深，應當能夠找到共同的解決方案。

（4）維護地區和全球的和平與安全，共擔大國責任。在和平與安全方面，共同責任是明顯的，但是，在實現目標的途徑與手段上中美存在明顯的分歧。目前，兩國加深「戰略理解」最重要，避免兩國迎頭相撞本身就是對世界和平與安全的巨大貢獻。

雙邊貿易與投資為雙方帶來的好處更是不言而喻的。合作與融合的動力來源於貿易與經濟合作的「互利性」，也就是國際政治經濟理論所強調的「絕對所得」的基本理念。

但是，由於中國與美國的經貿關係還同時受到「相對所得」規律的支配，兩國又不可避免地在利益多寡的分配問題上產生摩擦與衝突。也就是說，在國際經濟合作的價值鏈條中，存在著所謂高端、

中端與低端的分別，存在著不同環節收益率的差異。比如，資本、技術、金融服務業等高端環節收益高，增值率高，而「貼牌」加工、勞動密集型的製造等環節收益較低，增值率較低。另外，也因此，在全球經濟格局中存在著所謂「中心」、「邊緣」與「半邊緣」之間的區別。美國通過跨國公司的運作顯然佔據了高端的地位，美國也將不惜一切地維護自己在國際分工中的領先地位，以及在全球經濟中的「中心」地位。中國等發展中國家則決心向高端價值環節挺進，通過各種努力使本國的產業逐步升級，從而擺脫僅僅加工鞋襪、成衣、組裝電子產品等低端增值的分工地位，同時也將進軍到全球經濟的「中心」、「半中心」的地位。

「相對所得」的現實預示著中美未來的摩擦與衝突將集中在技術、品牌、金融、產業政策等領域。中國加入 WTO 以來，這些領域已經成為雙方角逐的競技場。

第三節　「規則」之爭：中美經貿摩擦的新領域

技術、品牌、金融與產業政策上的競爭，一句話，都將體現在國際規則領域的衝突與競爭上。

隨著中國經濟的快速發展和在國際價值鏈地位的攀升，美國不少人擔心經濟地位受到挑戰。於是，在「公平貿易」、「遵守國際規則」的口號下，美國借助 WTO 的有關規則，對中國的一系列政策措施採取行動。

美國貿易代表辦公室在向國會提交的有關中國遵守世貿組織協定情況的 2004 年度報告中指出，「（中國）有些政策嚴重偏離軌道，在市場准入、國民待遇和技術轉讓等領域已幾乎到了與中國的世貿組織承諾相抵觸的危險邊緣。」美國貿易代表辦公室的報告還指出，

「中國越來越多地採用限制非源自中國產品的市場准入政策和旨在
獲取外國產權持有者的技術和知識財產的政策。」[7]

2006 年 2 月，美國貿易代表辦公室發表的美中貿易新階段的報
告強調加大對於 WTO 規則的執法力度，認為這是中國與美國的經
貿關係第三階段的開始。2006 年 12 月舉行的中美戰略經濟對話會
上，美國代表團對中國提出的「創新」戰略表示了很大的關注。

具體來說，中美「規則之爭」將體現在下述五個方面：[8]

第一，稅收領域。美國指責中國實行「有區別的稅負待遇」，刺
激出口，導致中國出口大量增加。

美國認為，中國往往為了刺激某些產品的出口或鼓勵外資向本
國進行直接投資，對部份產品採取免除增值稅或退還部份稅款的做
法，並提供其他減稅待遇。美國貿易代表辦公室在國別貿易壁壘評
估報告中指出：「中國最重要的稅收來源，即增值稅（VAT）的徵收
是不公平的。」積體電路（即半導體）工業即是其中一例。報告指
出，為了實現五年計劃規定的將半導體產值從 2000 年的 20 億美元
增加到 2010 年的 240 億美元的目標，中國對半導體積體電路晶片實
施差別對待的增值稅率。

美國產業界在稅收問題上不斷向中國施加壓力。2004 年 3 月，
美國半導體行業協會（Semiconductor Industry Association，簡稱 SIA）
向 WTO 申訴，企圖改變中國這種促進出口的有差別的稅收政策。
美國全國製造商協會（NAM）中小製造商委員會指責中國一直利用
稅收支持等產業政策，謀取「不公平」競爭優勢地位，其中包括給
予化肥工業以優惠稅率。美國表示，美國通過雙邊途徑和世貿組織
試圖解決稅收問題，但是美方認為「收效甚微」。

---

[7]　Susan Krause，〈美國專家說中國的產業政策與世貿組織規則相抵觸〉，美國
國務院國際資訊局《美國參考》，2005 年 6 月 2 日。

[8]　同上。

　　美國還指責中國利用「差別稅收」政策阻止進口。美國在外國貿易壁壘評估報告中提出：「中國 1993 年實行的消費稅制度繼續引起美國出口商的關切。由於中國用於計算國內產品和進口產品消費稅所採用的稅基差別很大，從含酒精飲料到化妝品直至汽車的各類進口貨的稅負要高於與之競爭的中國本國產品。」

　　美國認為，中國有吸引力的稅負優惠，鼓勵了跨國公司在中國設立研發機構。美國國會美中經濟安全審議委員會對此問題尤其關注，已經組織多次聽證會審議這個問題。

　　美國認為，中國上述所有做法違反了 WTO 有關「最惠國」和「國民待遇」的原則。

　　第二，技術轉讓領域。美國指責中國繼續推行強制性的「技術轉讓」政策，推動中國高科技行業的發展。

　　美國認為，中國仍然堅持「以市場換技術」的政策，脅迫企圖進入中國市場的外國公司向中國轉讓技術。美國主管國際環境與科學事務的首席副助理國務卿安東尼‧羅克（Anthony Rock）指出，中國正在利用其新興的巨大消費市場的吸引力，誘使希望進入中國市場的公司簽訂往往包含某種形式技術轉讓條款的投資協定。他指出，有些跨國資訊技術公司為了獲得在中國市場的一席之地，「竟然同意轉讓源代碼之類的核心技術」。這類做法在中國國有企業和地方政府十分普遍，違反了 WTO 有關規則。

　　美國認為，中國推動「補償交易」，包括建立「一個用於在資訊技術、遠端通訊、電子、化學和汽車製造等關鍵行業進行聯合研究與開發的實驗室、中心或研究所。」[9]美國國務院認為，中國「以市

9　美國針對中國的有關「補償交易」的指責，主要基於 WTO《建立世界貿易組織協定》的四個附件之一《政府採購協定》（government procurement agreement），1996 年 1 月 1 日正式生效。《協定》是各締約方對外開放政府採購市場，實現政府採購國際化和自由化的重要法律文件。2001 年 12 月 11 日我國正式成為 WTO 成員時並未簽署《政府採購協定》，因此不受約束。但是，有專家認為，「我國徘徊《協定》之外雖然在一定時期對本國的民族

場換技術」的策略，是迄今美國向中國轉讓技術的「主要來源」。摩托羅拉、國際商用機器公司（IBM）和通用汽車公司（GM）等跨國公司已在中國建立了 400 多個研發分支機構。

第三，政府補貼與價格控制領域。美國表示，關注中國利用價格補貼與價格控制等手段，加強中國產品競爭力的做法。

美國半導體行業協會（SIA）指出，在半導體增值稅申訴案解決後，中國支持半導體工業的策略「似乎」轉到了研發補貼等形式上。比如，中國政府頒佈了新的「半導體工業研發特別基金臨時辦法」，國家可能最多承擔各公司研發費用的 50%，給予半導體生產商以新的稅收優惠措施，將全部或部份免稅的時間給予延長。美國產業認為，中國政府的優惠措施，特別是地方政府建立強大的地方半導體工業的決心，連同中國市場的吸引力，對於中國半導體工業大幅度提高在世界半導體產量的份額起到了強大的推動作用。

為此，美國國會美中經濟安全審議委員會向國會提出建議，要求對中國為製造業提供政府補貼的制度進行調查，調查內容「包括稅收優惠、優先獲得國有或受國家影響的金融機構提供的信貸和資本、水電煤氣等的補貼以及要求轉讓技術的投資條件。」

第四，技術性條例和產品標準領域。

美國認為，中國在「入世」時同意接受 WTO 的《技術性貿易壁壘協定》（WTO's Agreement on Technical Barriers to Trade）規定的義務，美方承認，中國在使其技術規定符合國際標準方面取得了進步，但是，中國又在汽車製造、電子產品和通信設備等方面增加了額外的要求。美方認為，中國試圖建立新的技術標準，增加了外國進口產品進入中國的「門檻」。美國國際貿易法律師特倫斯・斯圖爾

產業和薄弱產業有保護的作用，但也使得中國企業被阻礙在外國政府採購市場之外，這將不利於我國融入 WTO 多邊自由化的遊戲規則，也限制了我國享受 WTO 給予發展中國家的特殊待遇。因此，接受《協定》，開放政府採購市場將是我國的大勢所趨、早晚必須完成的事情。」見谷遼海，〈政府採購進入國際法制軌道〉，《中國經濟時報》，2005 年 04 月 29 日。

特（Terence Stewart）在向美中經濟安全委員會提交的報告中指出：「這些獨有的標準將為產品進入市場設置相當大的障礙，對外國公司來說，要做到符合標準成本很高。」

中美技術標準之爭的一個案例是無線局域網問題。2003 年 5 月，中國頒布無線局域網（WLANs）加密強制性標準，遭到美國廠商反對。美國利用中美貿易不平衡等摩擦手段，最終迫使中國做出讓步。2004年4月，中美雙方在美國舉行的美中商貿聯合委員會（JCCT）會議上達成協定，中國同意無限期停止考慮執行安全通信加密標準的建議，並同意加入電腦網路無線加密的眾多國際標準組織。

此外，美國政府與工商界擔心，中國利用產品認證程式對於美國產品進口設置「不合理」的障礙。美國全國製造商協會（NAM）指出，中國產品與技術認證規章「含義不清」，程式具有較大的「任意性」，將增加美國廠商的額外負擔。此外，中國醫療監督部門存在商業賄賂問題，也阻礙了美國產品進入中國市場。

第五，政府採購領域。

美國擔心，中國利用政府採購的手段，促進本國工業技術的發展。美國敦促中國早日加入世貿組織《政府採購協定》（WTO Government Procurement Agreement）。美國認為，中國政府利用《政府採購法》，推動政府採購「國產」貨物和服務。美方提出了對中國限制政府採購外國軟體產品的擔心。[10]

中美規則之爭將日益加劇，將成為中美競爭與摩擦的一個主要領域。它反映了中美共同利益不斷擴大的同時，兩國經濟競爭性日漸增強的現實，對此中國應該有充分的心理準備。這主要是因為，對於現存大國美國來說，為了保護其唯一超級大國地位，美國已經通過制定 WTO 等多邊組織規則，為後起大國參與競爭設置了「規制障礙」。在中美規則衝突中，表面上看美國是為了所謂「鏟平競技

---

[10] Susan Krause，〈美國專家說中國的產業政策與世貿組織規則相抵觸〉，《美國參考》，2005 年 6 月 2 日。

場」，但是，事實是它是要通過規則來限制中國等後起大國崛起的速度。中美雙邊利益相互交融，共同利益不斷上升，同時競爭性不斷加劇，反映了中國與美國的經貿關係的錯綜複雜性。

那麼，對於中國來說，如何應對美國發起的一波又一波的規則之戰呢？

首先，要加強體制改革，進一步掃除市場經濟建設中的種種障礙，進一步完善統一的全國性市場的建設，排除腐敗等權力因素對市場競爭的「負面」干預。工業化國家發展的經驗證明，國內市場的統一與競爭是培養本國企業國際競爭力的先決條件。中國企業在競爭中不斷壯大，將成為抵制美國「規則」壓力的主力。

其次，利用 WTO 的「灰色」領域，對於某些對國民經濟具有重要戰略意義的「幼稚」工業進行一定程度、一定期限的扶持。這個方針要明確，不能動搖。當然，也要吸取歷史上扶持汽車工業等產業發展的教訓，切實注重「扶持」政策的實際效果。

第三，提高 WTO 規則鬥爭的靈活性。在一些情況下，某些產業政策措施可能經過 WTO 判定，與 WTO 規則不相符合，限期撤銷。但是，中國完全可以採用其他的產業扶持辦法，以不同名目對產業提供支持。WTO 爭端解決機制的訴訟從產業提議、雙邊磋商再到最終裁定，將歷時相當長的時間，在這段時間裏對產業推行扶持政策，就能贏得時間。等到 WTO 再次裁決時，扶持的產業可能已經迅速壯大了，競爭力更強了。美國對其出口企業提供優惠稅收支持，對本國鋼鐵業、農業提供支持，都是採取這種「變相」支持的「靈活」策略進行的。

第四，利用 WTO 規則與國家經貿政策審議的時機進行「反訴」、「反制」。中國已經開始更加積極地運用 WTO 有關規則和定期的政策審議的機會，中國在這些方面的經濟外交活動空間還很大，我們應當進一步加以運用。但是，這裏需要培養更多的精通 WTO 法規以及國際經貿事務、國際政治經濟方面的專家，與政府與產業相互

配合相互支持。在必要時，可以延聘外國專家參與有關訴訟。反訴、反制有助於壓制美國對我訴訟的頻度，改善「一面倒」的對中國不利的形象。

第五，進一步學習與借鑒美國駕馭「國際規則」的經驗與做法，提高中國運用「遊戲規則」的能力。與諸多中小貿易國家形成鮮明對照的是，美國既是 WTO 規則的積極制定者與主導者，又是運用規則維護自我利益的最為積極的國家。中國除了要加強對於 WTO 規則的研究外，還要進一步研究美國等國利用規則的過程與程式以及背後蘊藏的體制原因。在運用規則維護美國利益方面，學術界、企業界特別是行業協會、產業遊說團體，發揮著十分重要的作用。美國體制中官、產、學相互配合的模式值得中國認真借鑒。

第六，通過擴大中美合作領域，拓展共同利益，緩解有關規則的衝突。比如，美國在華投資企業也同樣享受中國政府提供的有關優惠待遇，他們可以成為平衡美國出口產業壓力的重要的「利益攸關方」。隨著中美產業投資與合作的升級，美國在中國經濟中的存在也將越來越明顯。中國完全可以在今後的規則鬥爭中把美國在華投資拉入「遊戲」中，發揮它們遊說與平衡美國國內產業的作用。

第四節　中美貿易政治的規律與經驗[11]

要更好地應對美國的貿易壓力，瞭解美國貿易政治的特性是十分重要的。

美國是一個以「衝突型」利益集團政治為特徵的社會，美國所有公共政策的制定都是在不同利益集團間相互競爭的基礎上進行的，而三權分立的憲政體制以及公眾對利益集團影響的寬容，更助長了利益集團在決策過程中發揮影響。美國利益集團政治的最大特

---

[11] 部分內容參見王勇，〈中美經貿：常擦槍，難走火〉，《鳳凰周刊》，2003 年第 12 期。

點就是競爭與衝突，通過衝突的方式凸現自己的利益，然後在遊說與政策過程中實現不同集團之間的平衡。因此，在這種決策體制下，利益集團極盡渲染之能事，誇大外國因素對於美國利益的損害。這就是為什麼美國從全球化與中國與美國的經貿關係中獲取了最大的利益，但是，美國在全世界以及本國國民面前仍然以「最大受害者」的面目出現的原因。在這種體制下，利益集團的誇大渲染往往嚴重影響美國公眾輿論對某一國家的看法；而對於美國來說，多數利益集團為了贏得人心拼命標榜美國人權與民主，在愛國主義的喧囂聲中，公眾對於美國乃世界「最完美的國家」的認知更加深化。中國學者袁明曾對於這種「美國第一」的心態作了深刻分析。她指出，「經過兩個多世紀的發展，尤其是經過第二次世界大戰後幾十年在經濟、科技、軍事和外交上的發展，『美國第一』的觀念已在美國人心中深深扎根。與此同時，美國人將一切影響這種『美國第一』的內部和外部力量視作挑戰。」[12]在某種程度上可以說，美國公眾普遍存在的這種「美國第一」心態，助長了利益集團和政客通過「汙名」其他國家，達到自己「狹隘」利益目的的做法。

渲染、吵嚷、衝突是這種「衝突型」利益集團政治的重要特徵，通過這種方式，美國較好地維護了本國「整體」國家利益。但是，這種衝突型體制對於改善美國的國際形象並不有利，這也是美國在全世界不受歡迎的重要原因，美國的「軟實力」地位遠遠低於其在當今世界的實際實力地位。

因此，對於中國來說，面對美國這種「衝突型」利益集團政治驅動的決策過程，面對利益集團驅使美國政府向外國政府施加強大壓力的現實，我們一要瞭解美國貿易政治的這一特性，做到心中有數；二要瞭解規則，據理力爭；三要不怕衝突，在關鍵利益問題上要敢於與美國「硬碰硬」，不要害怕美國發出的制裁威脅。美國習慣

[12] 袁明，〈冷戰後美國對華政策探源——兼論面向 21 世紀的中美關係〉，趙寶煦主編：《跨世紀的中美關係》，東方出版社，1999 年版，第 3 頁。

於把威脅當成施加壓力達到目標的手段。最重要的是，我們要瞭解中美利益底線，美國的行動絕對會避免傷害自己的利益，因為一旦美國制裁行動危及國內其他某些利益集團的利益，那麼，他們必定會站出來積極干預，以平衡提出過分要求的利益集團的影響力。

「入世」迄今，中國市場越來越開放，美國對華出口呈現前所未有的增長勢頭。但是，與此同時，美國對華貿易摩擦似乎有愈演愈烈的勢頭。人民幣匯率之爭尚未平息下來，美國又開始在中國輸美紡織品、彩電、鋼管、家具等一系列產品上發難，同時，利用WTO規則發起了半導體、無線局域網加密技術標準、汽車零配件關稅、知識產權等糾紛。真是一波未平，一波又起，大有「黑雲壓城城欲摧」之勢。很多人擔心，中美之間的經貿摩擦將最終導致兩國的貿易戰，並最終破壞雙邊關係的基礎。

在這種嚴峻的形勢下，我們回顧中國與美國的經貿關係的歷史教訓，總結其中經驗，對於我們當今應對中美貿易摩擦將是極有裨益的。

過去近30年中，中美雙邊貿易獲得了空前的發展，但是，兩國在此期間曾多次瀕臨「貿易戰」的邊緣。

1983年1月，中美談判未能就中國輸美紡織品配額問題達成協定，美國政府單方面宣布對中國的限制措施。中國政府採取了強硬的反應措施，包括停止批准自美國進口棉花、大豆、化纖的新合同，並削減從美國進口小麥、大豆等主要農產品。這場衝突的背後實際上是美國紡織利益與農業利益的衝突，美國紡織業力主限制中國輸美紡織品的數量，但是，在農業利益集團的強大壓力下，美國政府緩和了立場，促使雙邊爭端和平解決。但是，中國仍然減少了從美國進口的農產品的數量。有趣的是，美國政府同時放鬆了對華出口管制的限制，以彌補農產品貿易減少的損失。

進入1990年代以後，中美圍繞「最惠國待遇」（MFN）或「正常貿易關係」（NTR）問題發生了一系列激烈的經貿衝突。老布希政府

以及後來的柯林頓政府，為了「保住」對華最惠國待遇這一兩國關係的根基，不惜在其他經濟問題上對中國採取「強硬」姿態，以此為妥協滿足國內不同利益集團的需要。美國採取強硬立場的問題包括中國勞改產品出口、市場准入、紡織品轉運貿易、知識產權保護及臺灣加入多邊貿易體制等諸多問題。當時，中國出於維護中美關係的大局考慮，給予美方以一定的「理解」或「配合」。經過艱苦的談判，雙方達成了勞改產品出口、市場准入、知識產權保護等多項雙邊諒解備忘錄。在談判過程中，特別是在知識產權問題上，美國兩次威脅制裁，公布了高達 10 億美元的制裁清單。中方也不示弱，同樣公布了等額的反制裁清單。中國的反制裁行動起到了良好的反制作用，美國國內反對兩國「貿易戰」的利益集團出來「說項」、「滅火」。沸沸揚揚的「貿易戰」最終因兩國及時達成協定而「熄火」。

2002 年，剛剛加入世界貿易組織的中國，策略性地抵制了美國對鋼鐵業的保護措施，令美國當局對中國刮目相看。該年 4 月，小布希政府發動「201」條款臨時「保障」措施，對來自歐盟、日本和中國等國的鋼鐵徵收臨時性的附加關稅。中國與同是「受害者」的歐盟等各方積極協調立場，一紙訴狀把美國告上了 WTO 貿易爭端解決機制，WTO 最終裁定美國的做法違反 WTO 的有關規定，限其撤銷決定。當時，中國的果斷做法令美國貿易代表辦公室的官員頗為「吃驚」，認為中國行為「過分」，沒有給美國「面子」。

美國不斷挑起貿易摩擦，主要有兩個最重要的原因。一是美國經濟超強，無一國能比，是全球最大的市場和全球經濟增長的「發動機」。美國自認有實力採取「單邊主義」的做法，製造貿易摩擦為自己的政治經濟利益服務。缺乏國際社會的有效制約是美國動輒揮舞制裁大棒的主因。二是與美國的國內貿易法規和政府制度有關。美國國內法鼓勵利益集團參與對外貿易決策過程，不同利益集團有權要求政府採取各種保護措施，包括對國外所謂「不公平」、「不合理」與「限制性」的貿易做法進行調查，直至啟動制裁程式。美

國每四年一次的大選為利益集團干擾對外經貿政策提供了難得的機會。

縱觀過去近 30 年，中美貿易摩擦存在下面一些變化規律：

（1）美國大選年前後是中美貿易摩擦的「易發期」和「高發期」。大選對美國貿易政策的影響可分為兩種情況，一是共和、民主兩黨為了爭取選民的支持，迎合某些利益集團的利益；二是投桃報李，當選者「回報」某些利益集團的支持，採取保護主義措施。1992 年，老布希與柯林頓對決總統職位，促使布希政府對中國發起知識產權的制裁威脅；而 2002 年 4 月，小布希政府徵收進口鋼鐵的「保障」關稅，屬於後一種情況，即「回報」煤鋼各州對其選舉的支持。

（2）美國經濟的狀況影響貿易摩擦的方向。當美國經濟景氣時，採取的貿易制裁或威脅制裁相對較少。如柯林頓當政的 8 年中，美國經濟連續 100 多個月的成長，美國採取了一系列貿易自由化的政策，如推動完成烏拉圭回合談判，成立 WTO，建立北美自由貿易區並規劃擴大到整個美洲，也在其任內，柯林頓排除反對勢力，完成了中國「入世」的雙邊談判，並給予中國「永久性正常貿易關係」（PNTR）地位。但是，從 2001 年開始，美國經濟步入景氣「衰退期」，美國政府承受的保護主義壓力明顯上升，勞動密集型產業、受到進口競爭的製造行業紛紛要求政府採取保護或救助措施，布希對華經貿政策中明顯注入了摩擦和衝突的色彩。美國經濟學家蓋里‧霍夫鮑爾等也觀察到這一規律，他們指出：「當美國經濟出現下滑、失業率上升時，特別是當經濟的困難與地緣政治緊張局勢重合的時候，貿易摩擦的烈度會大幅度上升。」[13]

（3）中美政治和安全關係的大方向直接影響美國對華貿易政策。其中的規律是，中美安全戰略關係影響政治關係，政治關係又影響經貿關係。1980 年代，中美兩國作為「準盟友」共同對抗蘇聯

---

[13] Gary Clyde Hufbauer, Yee Wong and Ketki Sheth，*U.S.-China Trade Disputes*, August 2006, p.77.

的威脅，關係處於所謂「蜜月期」，經貿問題即使有衝突也顯得容易調整。比如，1983 年中美雖然在紡織品配額管理問題上發生了激烈的貿易衝突，但是卻迎來了雙邊經貿關係的大發展。但是，進入 1990 年代以後，貿易摩擦驟然增多，主要原因是，美國認為，冷戰的結束使中國喪失了可以利用的「戰略價值」，美國完全可以根據國內需要，「自由」地製造貿易摩擦和衝突，滿足自己利益與政策的需要。「九一一」事件後，中美安全戰略關係處於穩定時期，美國在反恐與地區安全問題上對中國的需求明顯增加，所以我們看到，美國經貿壓力來勢洶洶，但往往是提出問題多，採取實際行動少。美國政府在很大程度上抵擋住了利益集團的不少壓力。

（4）當然，還與中美經貿形勢直接相關。1980 年代中美雙邊貿易還很小，中國出口並不對美國國內產業構成什麼太大的威脅；但是，1990 年代雙邊貿易飛速發展，美國國內一些產業感受的衝擊大大增強。特別是，美國對外投資和產業轉移的步伐加快，引起了勞工界和勞動密集型產業的恐慌。儘管許多產業並不與中國進口產品直接競爭，但是，它們仍然對中國產品抱有高度的懷疑和敵意。美國對華貿易赤字不斷擴大正好成為它們攻擊美國海外投資、「外包」的最佳口實。

近 30 年來，在中國與美國的經貿關係長足進步的同時，我們對美國的法律與政府體制逐漸熟悉起來，並開始積累了一些應對中美經貿摩擦的經驗。總結這些經驗，大致有以下幾個方面：

第一，認識美國貿易政治的複雜性，把握不同產業、不同利益集團之間的微妙平衡。利益集團是美國對華決策的重要參與者。美國的產業大致可以劃分為「出口促進」集團和「進口競爭」集團。農業和高科技產業是出口促進集團的代表，而紡織業與鋼鐵業則是進口競爭集團的代表，後者往往是引發中美貿易摩擦的「推動」力量。中國完全可以通過促進美國出口集團的對華利益，來緩解「進口競爭」集團的政治壓力。中國通過派出赴美採購團，緩解美國進

口競爭集團壓力的做法是正確的。但是，隨著中國經濟的快速發展，中國出口結構升級很快，結果引發美國更多製造業部門對中國進口的不滿。不過，中國加入 WTO，促進了中國市場特別是服務業領域的開放，中國成為美國金融、電信服務業等向往的投資市場。美國對華出口促進集團的力量進一步壯大。這些新型集團對於中國與美國的經貿關係的作用存在「兩面性」，一方面是中國與美國的經貿關係的穩定者和推動者，另一方面又是雙邊關係緊張的製造者，為進一步打開中國市場，他們又向美國政府施壓，對中國發出談判與威脅制裁的壓力。在目前這個時期，中美經貿衝突越來越激烈，主要是因為美國進口競爭集團與金融、高科技等出口促進集團同時在向中國施加壓力，結果引發一波連一波的對華行動。但是，有理由相信，經過一段時間，出口促進集團將穩定下來，再次扮演中國與美國的經貿關係「穩定者」的角色。

第二，高度重視國會在中美經貿摩擦中的作用。美國「民主」政治就本質而言是利益集團政治，國會議員則是不同產業、不同利益集團的代言人。在發動對華貿易行動時，往往是利益集團和國會議員聯合發難，向政府施加壓力。1983 年，紡織品配額危機背後是代表美國紡織產業利益的、臭名昭著的共和黨參議員傑西・赫爾姆斯，而推動美國緩和對華立場的則是農業州遊說議員團的核心人物參議員羅伯特・多爾。1990 年代的中美經貿紛爭中，美國國內角逐更是集中於國會對華的立法鬥爭上。中國「入世」以來，中美摩擦同樣是利益集團和某些國會議員的「傑作」，迫使人民幣匯率升值的「舒默—格拉海姆立法案」即是勞工集團、製造產業與金融服務業聯合運作的產物。

第三，特別重視美國農業利益集團及其政治能量。農業集團是美國最有政治影響力的利益集團之一。儘管農業人口在美國不到人口的 2%，但是，美國議會制度規定每個州都擁有參議院的兩個席位。這樣，中西部農業州儘管人口很少，但同樣擁有兩個議席。在

這種體制下，農業利益集團的利益自然得到了很好的保護。在眾多
立法中，農業州議員聯盟往往成為美國總統和其他議員爭取的對
象。1983年，中美紡織品配額危機由於多爾參議員的出馬而解決；
1991年，老布希無條件延長中國最惠國待遇的努力危在旦夕，又是
中西部農業州中間派議員聯盟出面干預，化險為夷。2000年，美國
國會授予中國永久性正常貿易關係地位的立法鬥爭中，農業遊說集
團身先士卒，再次立下汗馬功勞。因此，可以說，農業利益集團是
中國可以利用的「戰略」資產，通過不斷鞏固中美農業合作關係，必
能使農業集團進一步起到緩和或化解雙邊摩擦的作用。

　　第四，不怕衝突，敢於並善用反制裁的手段。在使用制裁手段
上，中美政治文化差異很明顯，主要是美國是「衝突型」政治思維，
認為在衝突中可以達到平衡；而中國的傳統是「和諧型」政治思維，
往往不願意破壞兩國之間的和諧氣氛。但是，對待美國這樣一個以
衝突型思維指導的大國，必須敢於鬥爭，大膽運用反制裁的手段，才
能調動美國國內不同利益集團抵消某些利益集團的消極影響。

　　第五，有理有據提出中國的關切，是贏得談判、贏得尊敬的好方
式。美國衝突型利益集團政治，往往造成資訊不對稱、力量不平衡的
現象。我們通過大膽提出中方關切，有理有據，可以達到諸多政治經
濟目標。比如，有助於改變美國媒體與公眾「一面倒」的對中國不利
的印象。美國利益集團擁有龐大的調研資源，同時具有系統的遊說組
織，為了達到自己的目的，他們往往傾向於誇大中國的「負面」問題，
他們提供的各種資訊充斥各種媒體。久而久之，美國公眾容易形成中
國對美進行「不公平」貿易的印象。中方如果能夠精心研究，針鋒相
對地發表中國的觀點，以適當的形式投放給美國媒體與公眾，將有助
於糾正資訊「不對稱」的被動效果。

　　中方據理力爭，大膽陳述中方關切，有助於為美國政府減輕壓
力。在美國政策過程中，面對對中國「一邊倒」的批評聲浪，美國
行政部門即使願意維護中國與美國的經貿關係的穩定，但是，由於

缺乏來自中國的聲音和壓力，他們也會感到難以抗拒美國利益集團
與國會的壓力。因此，中方提出反對的意見，也有助於減輕美國政
府的壓力。另外，對中國國內政治來說，也能起到同樣的功效：即
在美國的攻勢面前，我們能夠沉著應對，據理力爭，表達中國的利
益訴求，顯然，有助於爭取國內民眾與輿論的支持。這樣做的結果
反而有助於中國與美國的經貿關係的平衡發展，有助於鞏固中國與
美國的經貿關係的兩國「國內基礎」。

在表達中國的利益訴求方面，我們取得了很大的進展。中國商
務部發布了貿易夥伴國貿易投資環境報告，表達了對美國不公平、
不合理與 WTO 有關規則衝突的做法的關切，顯然有助於減少中美
間資訊不對稱的負面影響；中方與美國在華投資企業一道呼籲美國
政府放寬對華出口管制，開放中國企業赴美商務簽證、旅遊合作及
改進動植物檢疫等中方關切問題，取得了良好的效果。[14]

第六，調動國內不同利益群體參與中美經貿決策，以收到「社
會對社會」的功效。在中美貿易政治當中，研究者經常發現，美方
具有體制方面的優勢。美國所謂利益集團政治，就是調動國內不同
利益群體或集團參與政府決策過程，通過它們之間的相互牽制與制
衡，實現所謂政府、國會、利益集團、公眾四方互動合作維護美國
整體利益的目標。他們的聯合製造了強大的攻勢，迫使中方在博弈
中不得不做出讓步。相應地，中國在與美方的博弈中由於缺乏強有
力的社會群體或集團的支持與配合，往往由政府統一對外負責，產
界、學界參與決策有限，結果，致使我們不能有效地利用「國內壓
力」來增加我們在對美談判的籌碼。[15]美國也正是利用這一點，主
要針對中國政府有關部門做工作，以獲取其利益。也就是說，在過

---

[14] 中國商務部新聞辦公室，〈薄熙來會見美國貿易代表施瓦布〉，商務部網站，
2006 年 8 月 3 日報導。
[15] 在中美「國家對社會」模式問題上，作者深受王緝思教授的啟發，他在論述
中美關係時曾提出這一觀點。

去的諸多談判中，美方常以「社會」談判陣容對決中國的「國家」談判陣容，自然我們容易處於劣勢。「入世」以來，中方決策更加開放，社會角色參與決策日益增多，如果我們能夠把工商界、學術界、其他社會群體以及公共輿論的力量進一步吸納到對美決策過程，那麼，我們將形成一個更有效的對美談判模式，從而能夠更好地維護中國的國家利益。

第五節　把握中國與美國的經貿關係的歷史大趨勢

美國衝突型貿易政治以及當前過於頻密的中美經貿摩擦，容易使人誤判認為摩擦與衝突乃中國與美國的經貿關係的主流，以至於難以認清中國與美國的經貿關係中蘊藏的歷史大趨勢。當我們又一次站在歷史轉捩點上，認識並把握中國與美國的經貿關係的歷史大趨勢，對於正確選擇未來的道路至關重要。

1784 年，美國商船「中國皇后號」從紐約抵達廣州，開啟了近代中美關係的第一頁。這一事件十分具有象徵意義，它表明，經貿因素自始至終都在中美關係中居於極其重要的地位。美國對中國市場的熱情與重視始終是美國對華政策的一大特色。從美國在 19 世紀末推出「門戶開放」政策到 2000 年給予中國永久性正常貿易關係地位，我們無不感到美國人對於中國市場的憧憬與嚮往。當然，冷戰時期是一個十分特殊的例外，意識形態因素最終壓倒了經貿因素，造成中美間直接對抗長達 20 年之久的歷史悲劇。

在這跨越 200 餘年的歷史長時段中，世界發生了翻天覆地的驚人巨變，中美兩國在世界歷史中的地位發生了令人扼腕亦令人反思的「倒轉」。中國從 18 世紀世界最大的經濟體和「中心」地位，迅速跌落到 19 世紀和 20 世紀上半葉全球經濟的「邊緣」地帶。美國則在立國後短短 100 年中上升到世界經濟的「中心」位置，成為最發達、最強大的現代經濟國家，而 1945 年之後美國保持對世界政治

經濟的主導地位也已超過半個世紀。「美國世紀」的印迹在當今世界
秩序的機制與規則中無處不在。對比中美兩國的興衰沉浮，僅僅強
調侵略、剝削等因素是難以給出令人滿意的答案的。其中因素很多，
但是內在體制與文化的因素，國家與市場的良性互動，科技進步，
開放的精神，以及抓住經濟全球化發展的機遇等可以說是其中最為
重要的因素。回顧中國與美國的經貿關係 200 餘年的歷史，我們也
同樣能體會到美國市場經濟的活力與不斷向外擴張的精神。從早期
中國與美國的經貿關係中美國商人普遍使用速度更快的「飛剪船」
到開拓從暹羅到中國東北糧食運輸線，到 20 世紀上半葉中美之間進
行的桐油換煤油的生意，無一不讓人體會到美國商人的創業精神與
抓住商機的敏銳眼光。美國在世界經濟中的崛起不是偶然因素造成
的，而是得益於國內穩定的憲政體制，利於市場經濟發展的宏觀經
濟政策，以及得天獨厚的地緣環境。美國經濟現代化的歷史經驗顯
然值得中國借鑒。在中美經貿交往的歷史中，美國也一度成為中國
追求經濟現代化的榜樣。

相對其他國家來說，中國與美國的經貿關係更符合「比較優勢」
的原理，中美雙方均從這種貿易、投資關係中獲得了巨大的利益。
美國獲得了中國的市場，鞏固了其在全球市場的競爭地位，中國則
吸收了美國的先進技術和管理經驗，增加的對美出口提升了中國的
製造業能力。這種關係到今天依然如此，而且對彼此都變得更加重
要了。這是因為隨著中國經濟的發展壯大，美國人長期以來對中國
市場懷抱的「夢想」在某種程度上正在「好夢成真」，中國已經成為
美國最重要的海外市場之一，而中國市場的重要性在不遠的將來將
變得越來越重要。美國則成為中國經濟現代化、融入全球經濟並在
其中發揮重要影響的最重要、最強大的動力。這種基於互利基礎上
的關係理應得到更進一步的發展。

在回顧歷史的時候，我們應當看到，中國的改革開放事業與中
美關係的正常化是同時起步的，這是一種歷史的巧合，也是一種歷

史的必然。正是打開了與以美國為首的西方國家的關係,我們才開啟了開放與改革的大門。在某種程度上我們可以說,美國始終是中國經濟與社會現代化的支持者和推動者,是促進中國不斷參與全球經濟並在其中扮演要角的重要推手。正是與美國在加入 WTO 談判中的艱難交鋒與妥協,我們才化壓力為動力,深化市場經濟和政府體制改革,最終實現中國經濟借助「入世」的契機而沖天騰躍。中國與美國的經貿關係的歷史恰恰反覆驗證了歷史的複雜性,在摩擦衝突的背後,往往蘊藏著巨大的共同利益;而共同利益的提升又往往開啟新的一輪的競爭與衝突。也因此,我們必須清醒地認識到,美國開展對華貿易投資,正是為了其自身的經濟利益與意識形態利益;其推動中國改革與開放,也同樣是為了美國自身的利益。但是,美國在這樣做的同時,又恰恰推動了中國經濟與社會的發展與進步。第二次世界大戰後國際政治經濟的歷史中,類似中美之間的案例俯拾即是。美國為了達到自己的利益目標,卻又經常培養了自己的最強大的競爭對手,德國、日本、東亞新興工業化經濟體等的經濟崛起無一不與美國有關。當我們圍繞美國這一認識難題進行辯論時,我們應當慎思這一重大歷史現象。

中國完全可以繼續實施「借船出海」的戰略,完全可以更進一步地利用美國的資源、經驗與舞臺,壯大自己,實現自己經濟的現代化,從而實現中華民族的復興目標。

當然,在與美國進行經濟交往時,我們也必須時刻注意其中的風險。主要是作為最大經濟國家,美國經濟政策的制訂更多考慮的是國內壓力和國內需要,而美國經濟政策的調整又往往給與其有密切聯繫的經濟夥伴帶來較大的衝擊,甚至十分嚴重的負面影響。中美經貿史上曾多次發生此類危機,如 19 世紀下半葉美國國會立法收購白銀,致使中國白銀大量外流,造成中國銀根緊縮與經濟蕭條。白銀危機在 20 世紀 30 年代再度上演,美國收購白銀的政策加之日本侵華勢力偷運中國白銀,致使中國白銀不斷流向國際市場,導致

中國當時百業凋敝。這裏有兩點教訓值得記取：一是美國中西部白銀利益集團力促國會通過收購白銀，穩定白銀價格，結果導致銀本位制的中國深受其害；二是當時中國貨幣體制未能跟上世界各國貨幣體制紛紛向金本位制過渡的大潮流，故遭此禍。無獨有偶，1980年代拉丁美洲發生嚴重的債務危機，致使油價高漲支撐的經濟繁榮轉瞬即逝，其原因在於美國調高了國內利率，而吸走了在拉美的游資。1994 年基於同樣的原因，爆發了墨西哥「比索危機」。這兩次危機都是美國基於國內經濟調整的考慮而上調利率，但是卻最終「城門失火，殃及魚池」。從中外案例中，我們知道，在與美國經濟這一龐然大物打交道的時候，必須時刻觀察其經濟調整的動向，特別是要提防資本市場的變化。聯想到當前美元匯率的波動，人民幣匯率在 2005 年以前長時間保持與之「掛鉤」，而對主要貨幣對美元已經發生貶值的大背景重視不足，想來不能不讓人暗捏一把冷汗。

當前，中美經貿處於多事之秋，中美關係也再次走到歷史的十字路口上。我們應當排除干擾，與美國有識之士一道維護中美關係的大局，不斷深化兩國的戰略理解與戰略信任，使中美關係渡過當前的危險期。在中國與美國的經貿關係方面，我們應當始終相信，美國作為經濟夥伴對於中國經濟現代化的巨大價值，積極擴大共同利益，同時，在必要時又能進行堅決的鬥爭，捍衛我國利益。

可喜的是，中美兩國領導人均表示把握歷史機遇，把兩國關係帶向光明的 21 世紀。中國領導人提出了「和平發展」的理念，美國領導人提出了「負責任的利益攸關者」的構想，雙方思想第一次達到難得的戰略默契，中美關係在向一個更高階段的良性互動邁進。

在中美戰略共識的框架下，中美經貿摩擦與衝突的勢頭也將得到遏制。同時，隨著經貿等共同利益的深化，中美之間的戰略安全關係也將進一步牢固。美國學者弗雷德・伯格斯坦、季北慈（Bates Gill）以及德雷克・米歇爾（Derek Michel）在有關全面認識中國的題為《中國平衡表》的新著中指出：

中國和中美關係的方向，將影響未來世界的戰略方向。沒有
其他任何關係對於解決我們時代面臨的持續挑戰有這麼大的
影響，無論是好的還是壞的：保持大國間關係的穩定，維持
全球經濟增長，阻止危險武器的擴散，反恐，應對傳染性疾
病、環境惡化、國際犯罪以及失敗國家等新的跨國威脅。對
於美國來說，中國的崛起對於美國的經濟繁榮和安全的影響
越來越大。這些都要求我們對這些問題進行深入的思考，我
們面臨政治、經濟和安全方面的選擇。一句話，美中關係太
重要，我們不能忽視；太關鍵，不允許我們誤判。[16]

這一段話清楚地反映了當前多數美國人對於中美關係重要性與敏感
性的認知。中國方面也應當有同樣的認識，中美合作處理好上述這
些挑戰，把挑戰變為促進中美關係發展的機遇。

這裏需要注意的是，美國在提倡「負責任的利益攸關者」的對
華政策的同時，還在實行所謂「兩邊下注」（hedging policy）的政
策。這一政策的本質應當說，不是進攻，而是防守，是一種防止最
壞結果的「防範」政策。它恰恰說明，在美國國內還有相當一部分
人對於中國未來的發展道路不放心，中美間更有必要加強戰略對
話，深化戰略理解，特別是通過加強中美在國際事務中的合作來進
一步打消這部分人對中國的疑慮。

前述美國學者還提出：「不難想像，中國會利用成為世界最大
經濟體的機會，來修改國際貿易和國際金融的規則，以使之符合自
己的利益。中國或許會採取其他的方式把自己的意志強加給鄰近國
家。它或許會把增長中經濟的相當大的部分用於發展軍事目的，也
因此會在一些可能發生衝突的區域發出潛在的威脅。」作者指出，

---

[16] C. Fred Bergsten, Bates Gill, Nicholas R. Lardy and Derek J. Mitchell, *China The Balance Sheet: What the World Needs to Know Now About the Emerging Superpower*, New York: Public Affairs, 2006, p.1.

美國應當認識到，美國對於中國的國內經濟能夠做的很少。但是，如果加以適當的管理，美國的政策能夠而且已經影響中國的經濟目標、安全政策，使它們朝向積極的方向發展。[17]

　　中美關係、經貿關係實際上是一場「雙向」的遊戲。美國在發出合作訊息的同時，也希望收到中國合作的訊息；我們也是一樣。只要我們沿著當前的既定路線，堅持走改革開放的道路，堅持走融入全球經濟的道路，堅持「和諧世界」的理念，中美關係一定能夠有一個光明的未來。而在這個過程中，中國與美國的經貿關係的擴大能夠起到促進雙邊戰略互信的作用。中美經貿共同利益的擴大，哪怕有時處於激烈的交鋒與博弈中，都能起到重要的「穩定器」和「粘合劑」的作用。

---

[17] ibid, p.4-5.

主要參考文獻

中文文獻

《馬克思恩格斯選集》（第二卷），北京：人民出版社 1972 年版。

《馬克思恩格斯選集》（第三卷），北京：人民出版社 1972 年版。

《毛澤東外交文選》，北京：中央文獻出版社、世界知識出版社 1994
　　年版。

《周恩來外交文選》，北京：中央文獻出版社 1990 年版。

《鄧小平文選》（第三卷），北京：人民出版社 1993 年版。

《江澤民文選》（第一、二、三卷），北京：人民出版社 2006 年版。

《為了世界更美好——江澤民出訪紀實》，北京：世界知識出版社
　　2006 年版。

陳寶森，《美國跨國公司的全球競爭》，北京：中國社會科學出版社
　　1999 年。

陳繼勇，《美國對外直接投資研究》，武漢：武漢大學出版社 1993 年版。

陳繼勇主編，《二十一世紀初的美國經濟》，北京：中國經濟出版社
　　2003 年版。

陳繼勇主編，《美國新經濟周期與中國與美國的經貿關係》，武漢：
　　武漢大學出版社 2004 年版。

陳志敏、〔加〕崔大偉主編，《國際政治經濟學與中國的全球化》，，
　　上海：上海三聯書店 2006 年版。

曹均偉，《中國近代利用外資思想》，上海：立信會計出版社 1996 年版。

丁一凡，《美國批判：自由帝國擴張的悖論》，北京：北京大學出版
　　社 2006 年版。

丁一凡，《歐元時代》，北京：中國經濟出版社 1999 年版

丁一凡，《大潮流經濟全球化與中國面臨的挑戰》，北京：中國發展出版社 1998 年版。

樊亢等，《主要資本主義國家經濟簡史》（增訂本），北京人民出版社 1997 年版。

樊勇明，《西方國際政治經濟學》，上海：上海人民出版社 2001 年版。

傅夢孜主編，《中美戰略關係新論》，北京：時事出版社 2005 年版。

郭益耀、鄭偉民主編，《經濟全球化與中國與美國的經貿關係》，北京：社會科學文獻出版社 2001 年版。

海聞，《國際貿易：理論、政策、實踐》，上海：上海人民出版社 1993 年版。

何思因，《美國貿易政治》，臺北：時英出版社 1994 年版。

侯本旗，《當代國際直接投資與中國外資策略》，北京：中國財政經濟出版社 1999 年版。

胡國成等著，《21 世紀的美國經濟發展戰略》，北京：中國城市出版社 2002 年版。

江小涓，《中國的外資經濟：對增長、結構升級和競爭力的貢獻》，中國人民大學出版社 2002 年版。

蔣相澤、吳機鵬主編，《簡明中美關係史》，廣州：中山大學出版社 1989 年版。

賈慶國，《未實現的和解：中美關係的隔閡與危機》，北京：文化藝術出版社 1998 年版。

金燦榮，《美國國會與貿易政策——以冷戰後美國對華貿易政策為例（1989-1998）》，北京大學法學博士論文，1999 年 5 月。

金燦榮，〈國會與美國貿易政策的制定——歷史和現實的考察〉，《美國研究》2000 年第 2 期。

李京文、何仕金，〈人民幣匯率對中美經濟的影響及建議〉，《中國經貿導刊》，2005 年第 4 期。

李明德，《「特別 301 條款」與中美知識產權爭端》，北京，社會科學
　　文獻出版社 2000 年版。

連玉如：《新世界政治與德國外交政策：「新德國問題」探索》，北京：
　　北京大學出版社 2003 年版。

孔寒冰：《金橋：外資與中國的過去、現在和未來》，鄭州：河南文
　　藝出版社，2002 年版。

李壽祺編著，《利益集團與美國政治》，北京：中國社會科學出版社
　　1988 年版。

李道揆，《美國政府與政治》，北京：商務印書館 1990 年版。

林毅夫等，《中國的奇蹟：發展戰略與經濟改革》，上海：上海三聯
　　書店、上海人民出版社 1999 年版。

劉力，《中國：直面國際經濟摩擦》，北京：中國大百科全書出版
　　社 2004 年版。

劉力，《經濟全球化與中國和平崛起》，北京：中央黨校出版社 2005
　　年版。

梁守德、洪銀嫻，《國際政治學概論》，北京：中央編譯出版社 1994
　　年版。

黃輝，《中歐貿易摩擦》，北京：社會科學文獻出版社，2005 年版。

李景治，《科技革命與大國興衰：科教興國的歷史思考》，北京：華
　　文出版社 2000 年版。

李義虎，《國際格局論》，北京：北京出版社 2004 年版。

李一文：《近代中美貿易關係的經濟分析》，天津人民出版社 2001 年版。

陸仰淵、方慶秋主編：《民國社會經濟史》，北京：中國經濟出版社
　　1991 年版。

羅榮渠，《從「西化」到現代化》，北京大學出版社 1990 年版。

羅榮渠，《現代化新論》，北京大學出版社 1993 年版。

馬振崗主編，《中國和平發展國際環境的新變化：2005 年國際形勢
　　研討會論文集》，北京：當代世界出版社 2006 年版。

門洪華，《構建中國大戰略的框架：國家實力、戰略觀念與國際制度》，北京：北京大學出版社 2005 年版。

金應忠、倪世雄，《國際關係理論比較研究》（修訂本），北京：中國社會科學出版社 2003 年版。

龐中英主編，《全球化、反全球化與中國：理解全球化的複雜性與多樣性》，上海：上海人民出版社 2002 年版。

龐中英，《權力與財富：全球化下的經濟民族主義與國際關係》，濟南：山東人民出版社 2002 年版。

裴長洪等，《歐盟與中國：經貿前景的估量》，北京：社會科學文獻出版社 2000 年。

彭澎，《國際政治經濟學》，北京：社會科學文獻出版社 2001 年版。

錢其琛，《外交十記》，北京：世界知識出版社 2003 年版。

秦亞青，《霸權體系與國際衝突——美國在國際武裝衝突中的支持行為（1945-1988）》，上海：上海人民出版社 1999 年版。

秦亞青，《權力、制度、文化：國際關係理論與方法研究文集》，北京：北京大學出版社 2005 年版。

裘元倫、王鶴，《歐盟對華長期政策與中歐經貿關係》，北京：中國社會科學出版社，2000 年版。

仇華飛，《中美經濟關係研究（1927-1937）》，北京：人民出版社 2002 年。

任東來，《爭吵不休的夥伴——美援與中美抗日同盟》，廣西師範大學出版社 1995 年版。

任曉、沈丁立主編，《自由主義與美國外交政策》，上海：上海三聯書店 2005 年版。

蘇長和，《全球公共問題與國際合作：一種制度的分析》，上海：上海人民出版社 2000 年版。

世界銀行，《中國的參與：2020 年的中國經濟與全球經濟的一體化》，中國財政金融出版社 1998 年版。

宋泓，〈世界投資的擴張與中國共用型發展〉，《世界經濟》，2005
　　年第 3 期。
沈丁立、任曉主編，《現實主義與美國外交政策》，上海：上海三聯
　　書店 2004 年版。
沈光耀，《中國古代對外貿易史》，廣州：廣東人民出版社 1985 年版。
沈伯明，《當代美國經濟與貿易》，廣州：中山大學出版社 1996 年版。
沈覺人主編，《當代中國的對外貿易》，北京：當代中國出版社 1992
　　年版。
盛斌，《中國對外貿易政策政治經濟學》，上海三聯 2003 年版。
時殷弘，《國際政治與國家方略》，北京大學出版社 2006 年版。
宋新甯、陳嶽，《國際政治經濟學概論》，北京：中國人民大學出版
　　社 1999 年版。
宿景祥編著，《美國經濟統計手冊》，北京：時事出版社 1992 年版。
宿景祥，《美國經濟中的外國投資》，北京：時事出版社 1995 年版。
孫哲，《崛起與擴張：美國政治與中美關係》，北京：法律出版社
　　2004 年版。
孫大雄，《憲政體制下的第三種分權——利益集團對美國政府決策的
　　影響》，北京：中國社會科學出版社 2004 年版。
陶堅，《美國自由市場經濟》，北京：時事出版社 1995 年版。
屠啟宇，《制度創新：貨幣一體化的國際政治經濟學》，上海：上海
　　社會科學院出版社 1999 年版。
譚融，《利益集團政治研究》，北京：中國社會科學出版社 2002 年版。
譚雅玲、王中海，《國際金融與國家利益》，時事出版社 2003 年。
陶文釗，《中美關係史：1911-2000》，上海：上海人民出版社 2004
　　年版。
童振源，《全球化下的兩岸經濟關係》，臺北：生智文化事業有限公
　　司 2003 年版。

汪敬虞，《十九世紀西方資本主義對中國的經濟侵略》，北京：人民
　　出版社 1983 年版。

汪堯田、周漢民主編，《世界貿易組織總論》，上海遠東出版社 1995
　　年版。

汪熙、〔美〕霍爾頓主編，《中美經濟關係：現狀與前景》，上海：
　　復旦大學出版社 1989 年版。

王緝思主編，《高處不勝寒：冷戰後美國的全球戰略和世界地位》，
　　北京：世界知識出版社 1999 年版。

王緝思，《國際政治的理性思考》，北京：北京大學出版社 2006 年版。

王傑主編，《國際機制論》，北京：新華出版社 2001 年版。

王紹熙等主編，《中國對外貿易概論》，對外經貿大學出版社 1994 年版。

王列、楊雪冬編譯，《全球化與世界》，中央編譯出版社 1998 年版。

王逸舟：《西方國際政治學：歷史與理論》，上海：上海人民出版社
　　1998 年版。

王逸舟主編，《全球化時代的國際安全》，上海：上海人民出版社
　　1999 年版。

王逸舟主編，《磨合中的建構：中國與國際組織關係的多視角透視》，
　　北京：中國發展出版社 2003 年版。

王勇，《最惠國待遇的回合：1989-1997 年美國對華貿易政策》，北
　　京：中央編譯出版社 1998 版。

王勇，〈試析後冷戰時期美國對外政策的思想爭論〉，牛軍主編《柯
　　林頓治下的美國》，中國社會科學出版社 1998 年版。

王勇，〈試論利益集團在美國對華政策中的影響——以美國對華最惠
　　國待遇政策為例〉，《美國研究》，1998 年第 2 期。

王勇，〈國際政治經濟學研究的新進展〉，《世界政治與經濟》，2003
　　年第 5 期。

王正毅，《世界體系論與中國》，北京：商務印書館 2000 年版。

王正毅、張岩貴,《國際政治經濟學:理論范式與現實經驗研究》,北京:商務印書館 2003 年。

王志樂主編:《美國跨國公司在中國的投資》,北京:中國經濟出版社 1998 年版。

王志樂主編,《著名跨國公司在中國的投資》,北京:中國經濟出版社 1996 年版。

吳心伯,《金元外交與列強在中國:1909-1913》,上海:復旦大學出版社 1997 年版。

蕭虹,《中國與美國的經貿關係史論》,北京:世界知識出版社 2001 年版。

熊良福主編,《當代美國對外貿易研究》,武漢大學出版社 1997 年版。

熊志勇,《百年中美關係》,北京:世界知識出版社 2006 年版。

徐小傑,《新世紀的油氣地緣政治:中國面臨的機遇與挑戰》,社科文獻出版社 1998 年版。

閻學通、孫學峰著,《國際關係研究實用方法》,北京:人民出版社 2001 年版。

楊潔勉,《後冷戰時期的中美關係:分析與探索》,上海:上海人民出版社 1997 年版。

楊潔勉,《大合作:變化中的世界和中國國際戰略》,天津:天津人民出版社 2005 年版。

余永定、何帆主編,《人民幣懸念:人民幣匯率的當前處境和未來改革》,北京:中國青年出版社 2004 年版。

楊國華編譯,《中國與美國的經貿關係中的法律問題及美國貿易法》,北京:經濟科學出版社 1998 年版。

楊永華等著,《利用外資與維護國家經濟安全》,北京:中國發展出版社 1999 年版。

葉江,《大變局:全球化、冷戰與當代國際政治經濟關係》,上海:上海三聯書店 2004 年版。

葉自成,《中國大戰略:中國成為世界大國的主要問題及戰略選擇》,
　　北京:中國社會科學出版社 2003 年版。

俞可平,《西方政治分析新方法論》,北京:人民出版社 1989 年版。

俞可平主編,《全球化:全球治理》,北京:社會科學文獻出版社
　　2003 年版。

俞可平,《全球化與政治發展》,北京:社會科學文獻出版社 2003 年版。

俞可平等著,《全球化與國家主權》,北京:社會科學文獻出版社
　　2004 年版。

袁明、〔美〕哈里・哈丁主編,《中美關係史上沉重的一頁》,北京:
　　北京大學出版社 1989 年版。

袁明主編,《美國文化與社會十五講》,北京:北京大學出版社 2003
　　年版。

袁征,〈利益集團政治與美國的對華政策〉,《當代亞太》,2000 年第
　　6 期。

查道炯,《中國石油安全的國際政治經濟學分析》,北京:當代世界
　　出版社 2005 年版。

章節根、沈丁立,〈軍工複合體對美國軍控政策的影響〉,《美國研
　　究》,2004 年第 2 期。

張麗娟,《美國商務外交策略》,北京:經濟科學出版社 2005 年版。

張敏謙,《美國對外經濟戰略》,北京:世界知識出版社 2001 年版。

張清敏,《美國對臺軍售政策研究:決策的視角》,北京:世界知識
　　出版社 2006 年版。

張世鵬、殷敘彝編譯,《全球化時代的資本主義》,北京:中央編譯
　　出版社 1998 年版。

張世鵬編譯,《全球化與美國霸權》,北京:北京大學出版社 2004 年版。

張錫鎮主編,《東亞:變幻中的政治風雲》,北京:中國國際廣播出
　　版社 2002 年版。

張宇燕、張靜春，〈匯率的政治經濟學——基於中美關於人民幣匯率爭論的研究〉，《當代亞太》，2005 年第 9 期。

張蘊嶺，《世界經濟中的相互依賴關係》，北京：經濟科學出版社 1989 年版。

張蘊嶺，《探求變化中的世界》，北京：社會科學文獻出版社 2002 年版。

張向晨，《發展中國家與 WTO 的政治經濟關係》，北京：法律出版社 2000 年版。

張向晨、孫亮，《WTO 後的中美關係——與美國學者對話》，廣州：廣東人民出版社 2002 年版。

張向晨主編，《WTO 與中國貿易政策分析》，北京：中國商務出版社 2003 年版。

張小明，《喬治·凱南遏制思想研究》，北京：北京語言學院出版社 1994 年版。

張學斌，《經濟外交》，北京：北京大學出版社 2003 年版。

章開沅、朱英主編，《對外經濟關係與中國現代化》，武漢：華中師範大學出版社 1990 年版。

張任編著，《美國對華直接投資，1980-1991 年》，上海：復旦大學出版社 1993 年版。

張仲禮主編：《中國近代經濟史論著選譯》，上海社會科學院出版社 1987 年版。

趙寶煦主編，《跨世紀的中美關係：中美學者論中美關係的現狀與前景》，北京：東方出版社 1999 年版。

趙瑾，《全球化與經濟摩擦》，北京：商務印書館 2002 年版。

趙英、胥和平、邢國仁，《中國經濟面臨的危險——國家經濟安全論》，雲南人民出版社 1994 年版。

鄭友揆，《中國近代對外經濟關係研究》，上海社會科學院出版社 1991 年版。

鄒加怡，〈國際經濟關係中的中國理念〉，《世界經濟與政治》，2003
　　年第 10 期。

朱鋒，《彈道導彈防禦計劃與國際安全》，上海：上海人民出版社
　　2001 年版。

朱文莉，《國際政治經濟學》，北京：北京大學出版社 2004 年版。

〔美〕賈格迪什・巴格沃蒂，《今日自由貿易》，海聞譯，北京：中
　　國人民大學出版社 2004 年版。

〔美〕C・弗雷德・伯格斯坦，《美國與世界經濟：未來十年美國的
　　對外經濟政策》，北京：經濟科學出版社 2005 年版。

〔英〕熊・布思林，〈國際關係學、區域研究與國際政治經濟學——
　　關於使用 IPE 批評理論研究中國的問題〉，龐中英譯，《世界經
　　濟與政治》，2003 年第 3 期。

〔日〕濱下武志，《近代中國的國際契機：朝貢貿易體系與近代亞洲
　　經濟圈》，北京：中國社會科學出版社 1999 年版。

〔美〕詹姆斯・布坎南，《自由，市場和國家：20 世紀 80 年代的政
　　治經濟學》，吳良建、桑伍、曾獲譯，北京經濟學院出版社 1988
　　年版。

〔美〕I・M・戴斯勒，《美國貿易政治》，中國市場出版社 2006 年版。

〔美〕詹姆斯・多爾蒂、小羅伯特・普法爾茨格拉夫：《爭論中的國
　　際關係理論》，閻學通等譯，北京：世界知識出版社 2003 年版。

〔巴西〕特奧托尼奧・多斯桑托斯，《帝國主義與依附》，北京社會
　　科學文獻出版社 1999 年。

〔美〕托馬斯・弗里德曼：《世界是平的：21 世紀簡史》，何帆、蕭
　　瑩瑩、郝正非譯，長沙：湖南科學技術出版社 2006 年版。

〔德〕安德烈・貢德・弗蘭克，《白銀資本：重視經濟全球化中的東
　　方》（劉北成譯），中央編譯出版社 2000 年版。

〔瑞士〕B.S.弗雷，《國際政治經濟學》，吳元湛等譯，重慶：重慶
　　出版社 1987 年版。

〔美〕羅伯特・吉爾平，《國際關係政治經濟學》，楊宇光等譯，上海：上海人民出版社 2006 年版。

〔美〕羅伯特・吉爾平，《全球資本主義的挑戰：21 世紀的世界經濟》，上海世紀出版集團 2002 年版。

〔美〕羅伯特・吉爾平，《全球政治經濟學：解讀國際經濟秩序》，楊宇光、楊炯譯，上海：上海人民出版社 2003 年版。

〔美〕伊曼努爾・華勒斯坦，《歷史資本主義》，路愛國、丁浩金譯，北京：社會科學文獻出版社 1999 版。

〔美〕查爾斯・P・金德爾伯格，《1929-1939 年世界經濟蕭條》，宋承先譯，上海：譯文出版社 1986 年版。

〔美〕查爾斯・P・金德爾伯格，《世界經濟霸權 1500-1900》，高祖貴譯，北京：商務印書館 2003 年版。

〔英〕伯納德・霍克曼、邁克爾・考斯泰基，《世界貿易體制的政治經濟學——從關貿總協定到世界貿易組織》，北京：法律出版社 1999 年版。

〔美〕安妮・O・克魯格編，《作為國際組織的 WTO》，上海：世紀出版集團 2002 年。

〔美〕保羅・克魯格曼、茅瑞斯・奧伯斯法爾德，《國際經濟學》，海聞等譯，北京：中國人民大學出版社 2006 年版。

〔美〕保羅・克魯格曼主編，《戰略性貿易政策與新國際經濟學》，海聞等譯，北京：中國人民大學出版社、北京大學出版社 2000 年版。

〔美〕保羅・克魯格曼，《流行的國際主義》，張兆傑、張曦、鍾凱鋒譯，北京：中國人民大學出版社、北京大學出版社 2000 年版。

〔美〕保羅・克魯格曼：《預期消退的年代：美國 90 年代經濟政策》，王松奇譯，北京：中國經濟出版社 2000 年版。

〔美〕羅伯特・基歐漢、約瑟夫・奈，《權力與相互依賴》，門洪華譯，北京：北京大學出版社 2002 年版。

〔加〕羅伯特・考克斯：《生產、權力、世界秩序》，世界知識出版社，林華譯，北京：世界知識出版社，2004 年版。

〔美〕彼得・林德特，《國際經濟學》第九版，范國鷹譯，北京：經濟科學出版社，1992 年版。

〔美〕理查德・隆沃斯：《全球經濟自由化的危機》，三聯書店 2002 年版。

〔美〕丹尼・羅德里克，《新全球經濟與發展中國家——讓開放起作用》，王勇譯，北京：世界知識出版社 2004 版。

〔美〕約瑟夫・S・奈、約翰・D・唐納胡主編，《全球化世界的治理》，王勇等譯，北京：世界知識出版社 2003 年版。

〔美〕小約瑟夫・奈，《理解國際衝突：理論與歷史》，張小明譯，上海：人民出版社 2002 年版。

〔英〕彼得・諾蘭、王小強，《戰略重組：全球產業強強聯手宏觀透視》，上海：文彙出版社 1999 年版。

〔美〕約翰，奧德爾：《世界經濟談判》，北京：世界知識出版社 2003 年版。

〔美〕奧克森伯格、埃克諾米編，《中國參與世界》，北京：新華出版社 2001 年版。

〔美〕曼瑟爾・奧爾森：《集體行動的邏輯》，上海：上海三聯、上海人民出版社 1995 年版。

〔美〕帕特・喬特，《銀彈攻勢：日本的「金錢政治」手腕操縱美國的經濟貿易政策》，林晨輝等譯，北京：中國經濟出版社 1991 年版。

〔英〕約翰・斯托普福德、蘇珊・斯特蘭奇，《競爭的國家，競爭的公司》，北京：社科文獻出版社 2003 年版。

〔美〕入江昭、孔華潤編，《巨大的轉變：美國與東亞，1931-1949》，上海：復旦大學出版社 1991 年版。

〔美〕J·E·斯貝茹:《國際經濟關係學》，儲祥銀等譯，北京：對外貿易教育出版社 1989 年版。

〔美〕斯塔夫里阿諾斯，《全球通史：1500 年以後的世界》，上海：社會科學院出版社 1992 年版。

〔英〕蘇珊·斯特蘭奇，〈全球化與國家的銷蝕〉，美國《當代史》，1997 年 11 月號，載王列、楊雪冬編譯《全球化與世界》，中央編譯出版社 1998 年版。

〔英〕蘇珊·斯特蘭奇，《國家與市場：政治經濟學導論》，楊宇光等譯，北京：經濟科學出版社 1990 年。

〔英〕蘇珊·斯特蘭奇，《賭場資本主義》，李紅梅譯，北京：社會科學文獻出版社 2000 年。

〔美〕羅拉·迪森:《鹿死誰手？高科技產業中的貿易衝突》，劉靖華等譯，中國經濟出版社 1996 年版。

〔美〕陶美心、趙梅主編，《中美長期對話：1986-2001》，北京：中國社會科學出版社 2001 年版。

〔美〕阿諾德·沃爾弗斯，《紛爭與協作：國際政治論集》，于鐵軍譯，北京：世界知識出版社，2006 年版。

〔美〕肯尼思·沃爾茲，《國際政治理論》（胡少華、王紅纓譯），北京：中國人民公安大學出版社 1992 年版。

〔美〕肯尼思·沃爾茲:《人，國家與戰爭：一種理論分析》，倪世雄、林至敏、王建偉譯，上海譯文出版社 1991 年版。

英文文獻

Andrews and Willett. 1997. "Financial Interdependence and the State." International Organization (Summer). 51: 479-511.

Bhagwati, Jagdish. 2002. *"Coping with Antiglobalization."* Foreign Affairs (Jan/Feb).81(1): 2-8.

Bergsten, Fred, ed. 2005. The United States and the World Economy: Foreign Economic Policy for the Next Decade. Washington DC: Institute for International Economics.

Bergsten, C. Fred, Bates Gill, Nicholas R. Lardy and Derek J. Mitchell. 2006. China The Balance Sheet: What the World Needs to Know Now About the Emerging Superpower, New York: Public Affairs.

Bird, Graham. 1996. "The International Monetary Fund and Developing Countries: A Review of the Evidence and Policy Options." International Organization (Summer). 50(3): 477-511.

Breslin, Shaun. 2000. "Decentralisation, Globalisation and China's Partial Re-engagement with the Global Economy". New Political Economy.5(2).

Breslin, Shaun. 2005. "Power and production: rethinking China's global economic role." Review of International Studies.31:735-753.

Bronfenbrenner, Kate. et al. 2001. "Impact of U.S.-China Trade Relations on Workers, Wages and Employment." Pilot Study Report for U.S.-China Security Review Commission/U.S. Trade Deficit Review Commission (June).

Caporaso, James A. 1978. "Dependence, dependency and power in the global system: a structural and behavioral analysis." International Organization. 32(1):13-43.

Thomas J. Christensen. 1996. Useful adversaries : grand strategy, domestic mobilization, and Sino-American conflict, 1947-1958 . Princeton, N.J. : Princeton University Press.

Clark, William Roberts, Erick Duchesne, Sophie Meunier. 2000. "Domestic and International Asymmetries in United States-European Union Trade Negotiations." International Negotiation. 5: 69-95.

Cohen, Stephen D. 2000. The Making of United States International Economic Policy: principles, problems, and proposals for reform.5th ed. Westport, Conn.; Praeger.

Crafts, Nicholas. 2000. "Globalization and Growth in the Twentieth Century." IMF Working Paper. see www.imf.org/external/pubs/ft/wp/2000/wp0044.pdf.

Destler, I.M. 2005. American Trade Politics. 4th ed. Washington, D.C.: Institute for International Economics ; New York : Twentieth Century Fund.

Destler, I. M., Peter J. Balint. 1999. The New Politics of American Trade: Trade, Labor, and the Environment. Policy Analyses in International Economics 58(October).

Downs, Erica Strecker. 2000. China's Quest for Energy Security. Rand Corporation. www.rand.org/publications/MR/MR1244/.

Dumbaugh, Kerry. 2001. US China Policy: Interest Groups and Their Influence. Nova Science Publishers, Inc.

Dumenil, Gerard, Dominique Levy. 2004. "The Economics of US Imperialism at the Turn of the 21st Century." Review of International Political Economy (Special Issue Oct.) 11(4):657-76.

Eckstein, Alexander, ed. 1971. China Trade Prospects and U.S. Policy. N.Y.: Praeger Publisher.

Epstein, David, Sharyn O'Halloran. 1996. "Divided Government and the Design of Administrative Procedures: A Formal Model and Empirical Test." The Journal of Politics (May).58.

Eichengreen, Barry. 1986. "The Political Economy of the Smoot-Hawley Tariff." NBER Working Paper Series. No. 20001(August)

Fearon. 1998. "Bargaining, Enforcement and International Cooperation." International Organization (Spring).52: 269-306.

Feldstein, Martin. 1998. "The IMF's Errors." Foreign Affairs (March/April).

Fisher, Stanley. 1998. "In Defense of the IMF." Foreign Affairs (July/Aug).

Frieden, Jeffrey A. , David A. Lake, eds. 2003. International Political Economy: Perspectives on Global Power and Wealth. Beijing: Peking University Press.

Friedman, Thomas. 2000. The Lexus and the Olive Tree. New York: Anchor Books.

Gill, Bates, Sue Anne Tay. 2004. "Partners and Competitors: Coming to Terms with the U.S. - China Economic Relationship." April 28.see www.csis.org/china/partners_0404.pdf.

Goldstein, Judith. 1996. "International Law and Domestic Institutions: Reconciling North American 'unfair' Trade Laws." International Organization (Autumn).

Goldstein, M. 2004. "Adjusting China's Exchange Rate Policies." Washington: Institute for International Economics (May).

Golub, Philip S. 2004. "Imperial Politics, Imperial Will and the Crisis of US Hegemony." Review of International Political Economy. 11(4): 763-86.

Haas, Richard E.B. 1958. The uniting of Europe: Political, social, and economic forces, 1950-1957. Stanford, Calif.: Stanford University Press.

Harding, Harry. 1992. A fragile relationship : the United States and China since 1972. Washington, D.C. : Brookings Institution.

Herrmann, Richard K. 2004. "Beliefs, Values and Strategic Choice: U.S. Leaders' Decisions to Engage, Contain and Use Force in an Era of Globalization." Journal of Politics (May).

----."How Americans Think About Trade: Reconciling Conflicts Among Money, Power, and Principles." International Studies Quarterly.

Hufbauer, Clyde, Yee Wong. 2004. "China Bashing 2004." International Economics Policy Briefs. Washington, DC: Institute for International Economics (September).

Hufbauer, Gary Clyde, Yee Wong, Ketki Sheth. 2006. U.S.-China Trade Disputes. Washington, DC : Institute for International Economics.

IMF Staff. 1998. "The Asian Crisis: Causes and Cures." Finance and Development (June):18-21.

International Energy Agency. 2000. China's Worldwide Quest for Energy Security. See www.iea.org/textbase/nppdf/free/2000/china2000.pdf.

Department of Commerce, International Trade Administration. 2005. The Trade and Economic Impacts of U.S. Currency Valuation: A Global Modeling Analysis. (January).

Kalicki, Jan H. 2001. "Caspian Energy at the Crossroads." Foreign Affairs(Sep/Oct).

Kapoor, Ilan. 2004. "Deliberative Democracy and the WTO."Review of International Political Economy (August).11(3):522-41.

Kapstein，Ethan B. 1996. "Workers and the World Economy." Foreign Affairs (May/June). 75(2).

Kapur, Devesh. 1998. "The IMF: A Cure or a Curse?" Foreign Policy (Summer)

Krasner, Stephen D. 1982. "Structural Causes and Regime Consequences: Regimes as Intervening Variables." International Organization (Spring). 36(2): 185-205.

Krasner, Stephen, Peter Katzenstein, Robert Keohane, eds. 1998. "*International Organization* and the Study of World Politics." *International Organization (*Autumn): 52 .

Katzenstein, Peter J. 1977. "Introduction: Domestic and International Forces and Strategies of Foreign Economic Policy." International Organization (Autumn):31.

Kennedy, Scott. 2005. "China's Porous Protectionism: The Changing Political Economy of Trade Policy." Political Science Quarterly. 120(3): 407-432.

Kindleberger, Charles P. 1981. "Dominance and Leadership in the International Economy: exploitation, public goods and free rides." International Studies Quarterly. 25: 2.

Kull, Steve, et al. 2004. Americans on Globalization, Trade, and Farm Subsidies，Program on International Policy Attitudes (PIPA) and Knowledge Networks (January).

Lake, David. 1993. "Leadership, Hegemony and the International Economy." International Studies Quarterly. 37 (4): 459-89.

Lampton, David M. 2001. Same Bed, Different Dreams: Managing US-China Relations, 1989-2000. California: University of California Press.

----. ed. 2001. The Making of Chinese Foreign and Security Policy in the Era of Reform. Stanford, CA: Stanford University Press.

Lardy, Nicholas. 1994. China in the World Economy. Brookings Institution Press.

----. 2002.Integrating China into the Global Economy. Brookings Institution Press.

----.2003. "Trade Liberalization and Its Role in Chinese Economic Growth."   see www.imf.org/external/np/apd/seminars/2003/newdelhi/lardy.pdf.

----2005. "Exchange Rate and Monetary Policy in China." Cato Journa.l 25 (1): 41-47.

Lapres, Daniel Arthur. 2000. "The EU-China WTO Deal Compared." China Business Review (July-August).

Lampton, David M., Nicholas R. Lardy, Kenneth Lieberthal, Laura D'Andrea Tyson, Douglas H. Paal. 1997. "Promoting U.S. Interests in China: Alternatives to the Annual MFN Review." NBR Analysis. 8(4).

Lieberthal, Kenneth. 2004. Governing China : from revolution through reform. 2nd ed. New York : W. W. Norton.

Lindberg, Leon, Stuart Scheingold. Europe's world-be polity: patterns of change in the European Community, Englewood Cliffs, N.J.: Prentice Hall, 1970.

Lipsey, Robert E. 2000. "The role of foreign direct investment in international capital flows." NBER Working Paper No.w7094˙ see papers.nber.org/papers/W7094.

----. 2001. "Foreign Direct Investment and the Operations of Multinational Firms: Concepts, History, and Data." NBER Working Paper No.w8665.see papers.nber.org/papers/W8665.

Lohmann, Susan, Sharyn O'Halloran. 1994. "Divided Government and U.S. Trade Policy: Theory and Evidence." International Organization (Autumn).

Mansfield, Edward, Helen Milner. 1999. "The New Wave of Regionalism." International Organization (Summer). 53: 589-627.

Simmons, Martin. 1998. "Theories and Empirical Studies of International Institutions." International Organization (Autumn). 52 (4): 729-757.

Milner, Helen. 1997. Interests, Institutions, and Information: Domestic Politics and International Relations. Princeton: Princeton University Press.

----. 1999. "The Political Economy of International Trade." Annual Review of Political Science. 2: 91-114.

----, Keiko Kubota. 2005. "Why the Move to Free Trade? Democracy and Trade Policy in the Developing Countries." International Organization (Winter). 59: 107-143.

----.1998. "Rationalizing Politics: The Emerging Synthesis of International, American and Comparative Politics." International Organization. 52(4): 759-786.

----, Peter B.Rosendorf. 1997. "Democratic Politics and International Trade Negotiations." Journal of Conflict Resolution. 41(1): 117-146.

----. 1998. "International Political Economy: Beyond Hegemonic Stability." Foreign Policy(Spring).

Morse, Edward L., James Richard. 2002. "The Battle for Energy Dominance" , Foreign Affairs(Mar/Apr).

Odell, John S, ed. 2006. Negotiating trade: developing countries in the WTO and NAFTA. Cambridge, UK, New York : Cambridge University Press.

Paarlberge, Robert. 1997. "Agricultural Policy Reform and the Uruguay Round, Synergistic Linkage in a Two-Level Game." International Organization(Summer).

Palan, Ronen, Jason Abbott. 1996. State Strategies in the Global Political Economy. London and New York: Pinter.

Pastor, Robert A. 1980. Congress and the Politics of U.S. Foreign Economic Policy Berkeley: University of California Press.

Patterson, Lee Ann. 1997. "Agricultural Policy reform in the European Community: A Three-level Game Analysis." International Organization (Winter).

Pauly, Reich. 1997. "National Structures and Multinational Corporate Behavior." International Organization. 51 (1): 1-30.

Pearson, Margaret M. 2000. China's new business elite : the political consequences of economic reform. University Presses of California.

Polaski, Sandra. 2004. "Protecting Labor Rights through Trade Agreements: An Analytical Guide." Journal of International Law and Policy. 10: 301-13.

Putnam, R.D. 1988. "Diplomacy and Domestic Politics: The Logic of Two-Level Games." International Organization. 42(3): 427-460.

Evans, P.B., H.K. Jacobson, R.D. Putnam, eds. 1993. Double-Edged Diplomacy : International Bargaining and Domestic Politics. Berkeley CA: University of California Press.

Ramo, Joshua Cooper. "The Beijing Consensus." Foreign Policy Center (UK).see fpc.org.uk/publications/123.

Rodrik, Dani. 1997. Has Globalization Gone Too Far? Washington, DC: Institute for International Economics.

Ross, Robert S., ed. 1998. After the Cold War: domestic factors and U.S.-China relations. Armonk, N.Y.: M.E. Sharpe.

Ruggie, John Gerard. 1982. "International Regimes, Transactions and Change: Embedded Liberalism in the Postwar Economic Order." International Organization. 36: 379-415.

Schamis. 1999. "Distributional Coalitions and the Politics of Economic Reform in Latin America." World Politics. 51 (2): 236-68.

Schoppa, Leonard J. 1993. "Two-Level Games and Bargaining Outcomes: Why Gaiatsu Succeeds in Japan In Some Cases but not Others." International Organization (Summer).

Shirk, Susan L. 1994. How China Opened Its Door: The Political Success of the PRC's Foreign Trade and Investment Reforms. Washington, D.C. : Brookings Institution.

Smith, James. 2004. "Inequality in International Trade? Developing Countries and Institutional Change in WTO Dispute Settlement."Review of International Political Economy.11(3): 542-73.

Story, Jonathan. 2003. China: The Race to Market. London, New York: Financial Times Prentice Hall.

Strange, Susan. 1996. The retreat of the state: The diffusion of power in the world economy. Cambridge, New York and Melbourne: Cambridge University Press.

----.1987. "The persistent myth of lost hegemony." International Organization (Autumn).

----. "Cave! Hic Dragones: A Critique of Regime Analysis." International Organization. 36(2): 479-496.

Suettinger,Robert. 2003. Beyond Tiananmen: The Politics of US China Relations, 1989-2000. Washington, D.C.: Brookings Institution Press.

Sutter, Robert G. 1998. U.S. Policy Toward China—An introduction to the Role of Interest Groups. Rowman & Littlefield Publishers.

Tabb, William K. 1999. "Progressive Globalism: Challenging the Audacity of Capital." Monthly Review.50 (9).

Tooze, Roger, Christopher May, eds. 2002. Authority and Markets: Susan Strange's Writings on International Political Economy. Palgrave Macmillan.

Tucker, Nancy Bernkopf. "The Taiwan Factor in the Vote on PNTR for China and Its WTO Accession." NBR. 11(2).

Wade, Robert Hunter. 2003. "What Strategies Are Viable for Developing Countries Today? The World Trade Organization and the Shrinking of 'Development Space." Review of International Political Economy. 10(4): 621-44.

Wade, Robert Hunter. 2002. "US Hegemony and the World Bank: The Fight Over People and Ideas." Review of International Political Economy. 9(2): 201-29.

Wolfe, Robert. 2004. "Crossing the River by Feeling the Stones: Where the WTO Is Going after Seattle, Doha and Cancun." Review of International Political Economy. 11(3): 574-96.

Jisi, Wang, Wang Yong. 2001. "A Chinese Account: The Interaction of Policies." David Shambaugh, Michel Oksentberg and Ramon Myers, eds. Making China Policy: Lessons from the Bush and Clinton Administrations. Rowman & Littlefield Publishers.

Wang, Yong. 1999. "Why China Went for WTO." China Business Review (July-August).

----.2000. "China's Domestic WTO Debates." China Business Review (January-February).

----.2002. "China's Stakes in WTO Accession-The Internal Decision-Making Process", Heike Holbige, Robert Ash, eds. China's WTO Accession: National and International Perspectives. UK: Curson Press.

----.2003. "The Impact of China's WTO Accession on Foreign Trade Regime" Asia Pacific Study Journal (Korea) (Spring).

----. 2004. "China's WTO Accession and Making of Trade Policy." Mitsuo Matsushita, Dukgeun Ahn, eds. WTO and East Asia: New Perspectives. London: Cameron May.

----.2004. "Post-WTO Politics of China: A Cautiously Optimistic View." The Study of Business and Industry (Nihon University)(20).

----.2006. "China in WTO: A Chinese View."China Business Review (September/October).

Wolf, Chen Shuxun, eds. 2000. China, US and the Global Economy. Rand Corporation.

Wilson, Ernest J. , III. 1987. "World Politics and International Energy Markets." International Organization. 41(1): 125-149.

Young, Oran R. 1986. "International Regimes: Toward a New Theory of Institutions." World Politics. 39(1).

Zhang, Yongjin. 2005. "China Goes Global" London：Foreign Policy Centre.

國家圖書館出版品預行編目

中國與美國的經貿關係 / 王勇著 . --一版. --
　臺北市：秀威資訊科技，2007.12
　　面；　公分 . --(社會科學類；AF0073)
　參考書目：面
　ISBN 978-986-6732-58-4(平裝)

　1.中美經貿關係

558.51　　　　　　　　　　　　　　96025375

 社會科學類　AF0073

中國與美國的經貿關係

作　　者 / 王勇
發 行 人 / 宋政坤
執行編輯 / 黃姣潔
圖文排版 / 黃莉珊
封面設計 / 蔣緒慧
數位轉譯 / 徐真玉　沈裕閔
圖書銷售 / 林怡君
法律顧問 / 毛國樑　律師
出版印製 / 秀威資訊科技股份有限公司
　　　　　臺北市內湖區瑞光路 583 巷 25 號 1 樓
　　　　　電話：02-2657-9211　　　傳真：02-2657-9106
　　　　　E-mail：service@showwe.com.tw
經 銷 商 / 紅螞蟻圖書有限公司
　　　　　臺北市內湖區舊宗路二段 121 巷 28、32 號 4 樓
　　　　　電話：02-2795-3656　　　傳真：02-2795-4100
　　　　　http://www.e-redant.com

2007 年 12 月 BOD 一版
定價：600 元

讀 者 回 函 卡

感謝您購買本書，為提升服務品質，煩請填寫以下問卷，收到您的寶貴意見後，我們會仔細收藏記錄並回贈紀念品，謝謝！

1.您購買的書名：＿＿＿＿＿＿＿＿＿＿＿＿＿＿＿＿＿＿

2.您從何得知本書的消息？

　□網路書店　□部落格　□資料庫搜尋　□書訊　□電子報　□書店

　□平面媒體　□ 朋友推薦　□網站推薦 □其他＿＿＿＿＿＿

3.您對本書的評價：(請填代號　1.非常滿意 2.滿意 3.尚可 4.再改進)

　封面設計＿＿　版面編排＿＿　內容＿＿　文/譯筆＿＿　價格＿＿

4.讀完書後您覺得：

　□很有收獲　□有收獲　□收獲不多　□沒收獲

5.您會推薦本書給朋友嗎？

　□會　□不會，為什麼？＿＿＿＿＿＿＿＿＿＿＿＿＿＿＿＿

6.其他寶貴的意見：＿＿＿＿＿＿＿＿＿＿＿＿＿＿＿＿＿＿

　＿＿＿＿＿＿＿＿＿＿＿＿＿＿＿＿＿＿＿＿＿＿＿＿＿＿

　＿＿＿＿＿＿＿＿＿＿＿＿＿＿＿＿＿＿＿＿＿＿＿＿＿＿

　＿＿＿＿＿＿＿＿＿＿＿＿＿＿＿＿＿＿＿＿＿＿＿＿＿＿

讀者基本資料

姓名：＿＿＿＿＿＿＿＿＿　年齡：＿＿＿＿　性別：□女 □男

聯絡電話：＿＿＿＿＿＿＿　E-mail：＿＿＿＿＿＿＿＿＿

地址：＿＿＿＿＿＿＿＿＿＿＿＿＿＿＿＿＿＿＿＿＿＿＿＿

學歷：□高中(含)以下　□高中　□專科學校　□大學

　　　□研究所(含)以上 □其他＿＿＿＿＿＿＿＿＿

職業：□製造業 □金融業 □資訊業 □軍警 □傳播業 □自由業

　　　□服務業 □公務員 □教職　□學生 □其他＿＿＿＿＿

(請沿線對摺寄回,謝謝!)

秀威與 BOD

BOD（Books On Demand）是數位出版的大趨勢，秀威資訊率先運用 POD 數位印刷設備來生產書籍，並提供作者全程數位出版服務，致使書籍產銷零庫存，知識傳承不絕版，目前已開闢以下書系：

一、BOD 學術著作—專業論述的閱讀延伸
二、BOD 個人著作—分享生命的心路歷程
三、BOD 旅遊著作—個人深度旅遊文學創作
四、BOD 大陸學者—大陸專業學者學術出版
五、POD 獨家經銷—數位產製的代發行書籍

BOD 秀威網路書店：www.showwe.com.tw
政府出版品網路書店：www.govbooks.com.tw

永不絕版的故事・自己寫・永不休止的音符・自己唱